U0021505

1. 歷史上最早的世界地圖：巴比倫世界地圖，出自伊拉克南部的西巴爾，約公元前七〇〇－五〇〇年。

2. 世界如同劇場，亞伯拉罕 · 奧特流斯《世界劇場》扉頁（一五七〇年）。

3. 世界地圖，出自目前已知最早的托勒密《地理學》抄本，以希臘語書寫，十三世紀。

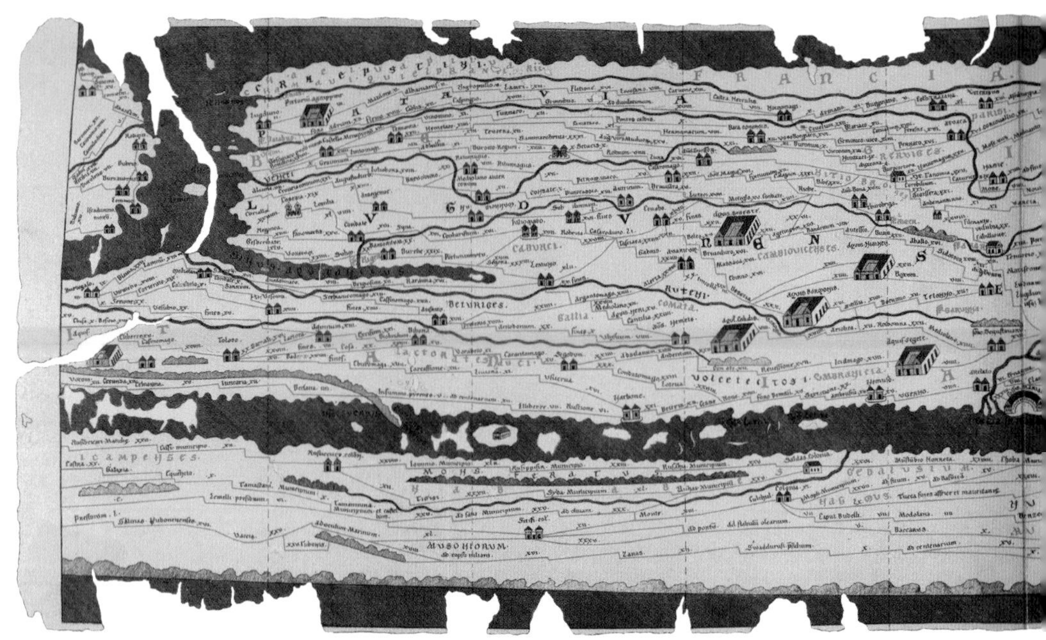

4a.〈普丁格地圖〉（約一三〇〇年）十九世紀的複製本，呈現出（由左至右）英國、法國和阿爾卑斯山脈，以及穿過地圖底部的北非。

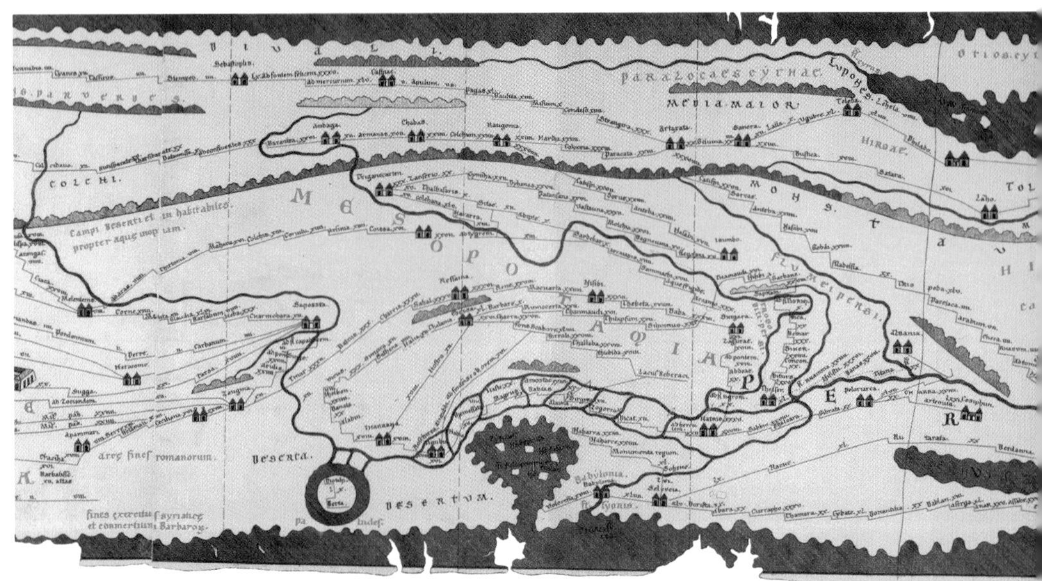

4b.〈普丁格地圖〉上羅馬世界的最東邊：伊朗、伊拉克、印度及韓國。

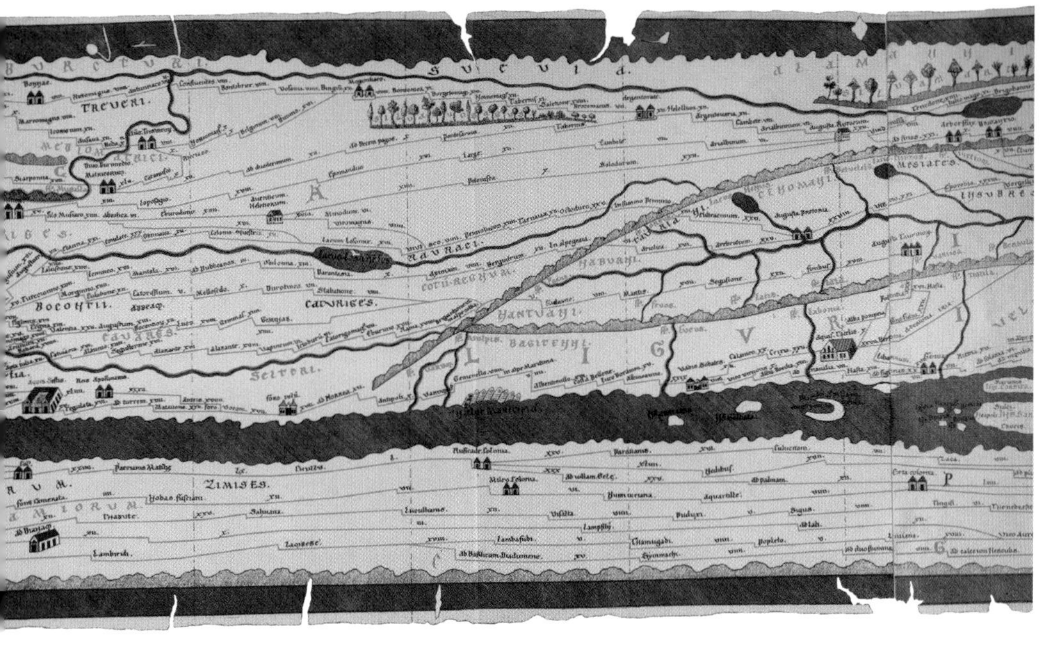

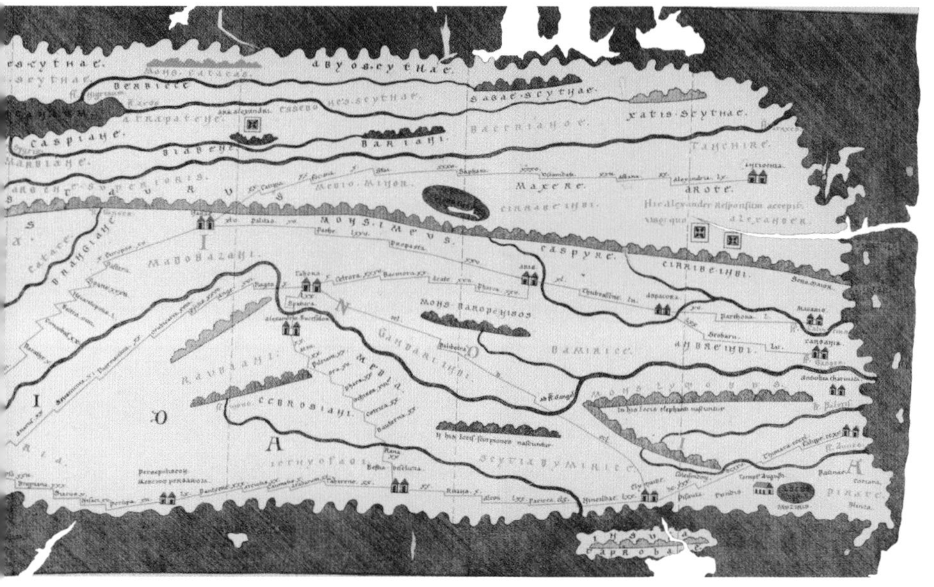

5. 十二世紀的希臘語、阿拉伯語和拉丁文抄寫員一起在西西里國王羅傑二世的檔案館工作。

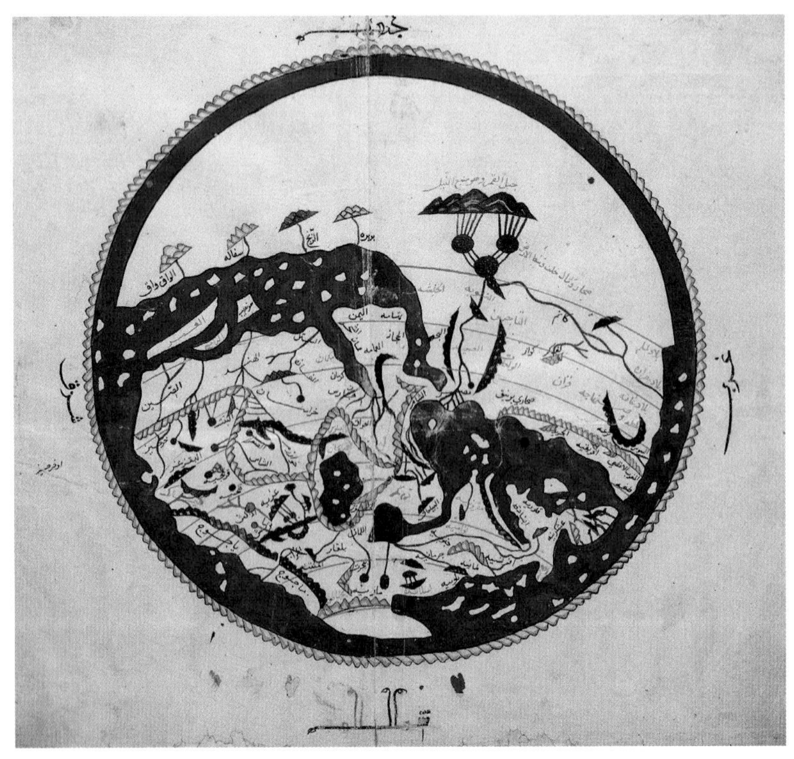

6. 圓形世界地圖，出自伊德里西《娛樂》（一一五四年）的十六世紀複製本，呈現拉丁文和阿拉伯語地理學知識的匯集。

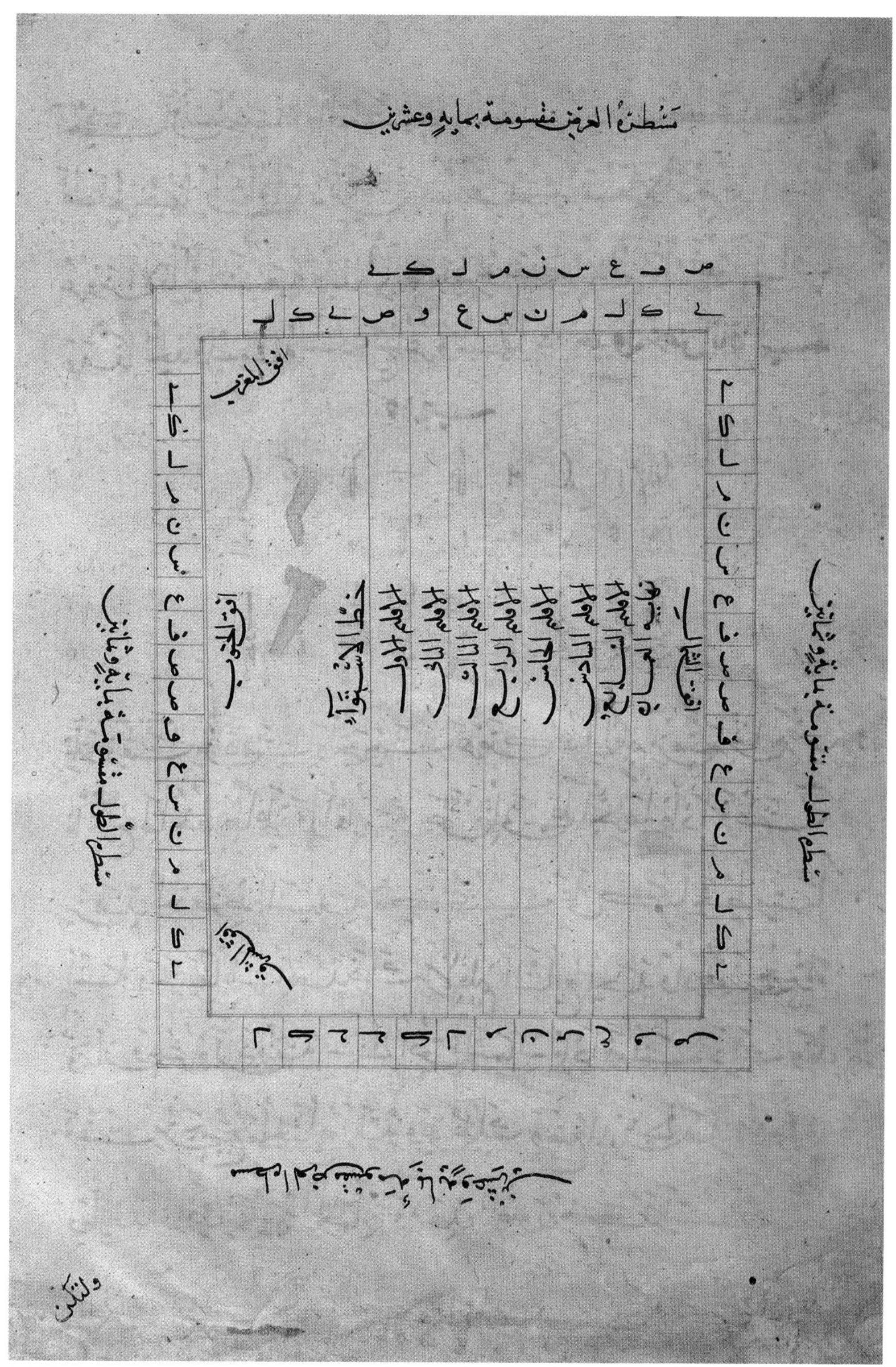

7. 索拉博的世界地圖圖解，〈人居世界七大氣候的奇景〉（十世紀），以圖解式的地圖呈現地球的七大氣候。

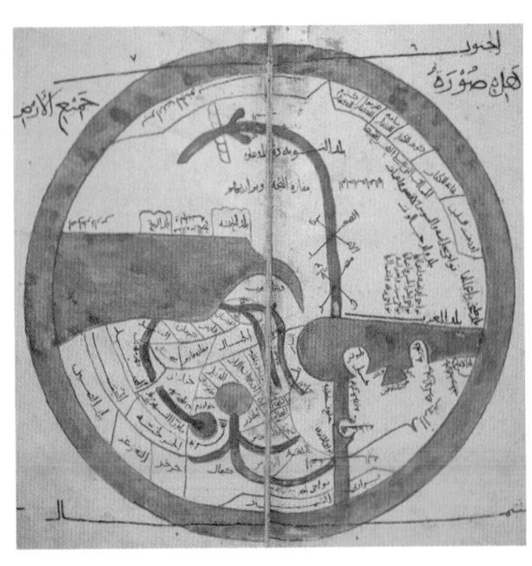

8. 伊本・豪蓋勒的世界地圖（一〇八六年），南方位於地圖頂端。

9. 圓形世界地圖，出自作者不詳的《奇珍之書》，和伊德里西《娛樂》書中的世界地圖幾乎一模一樣。

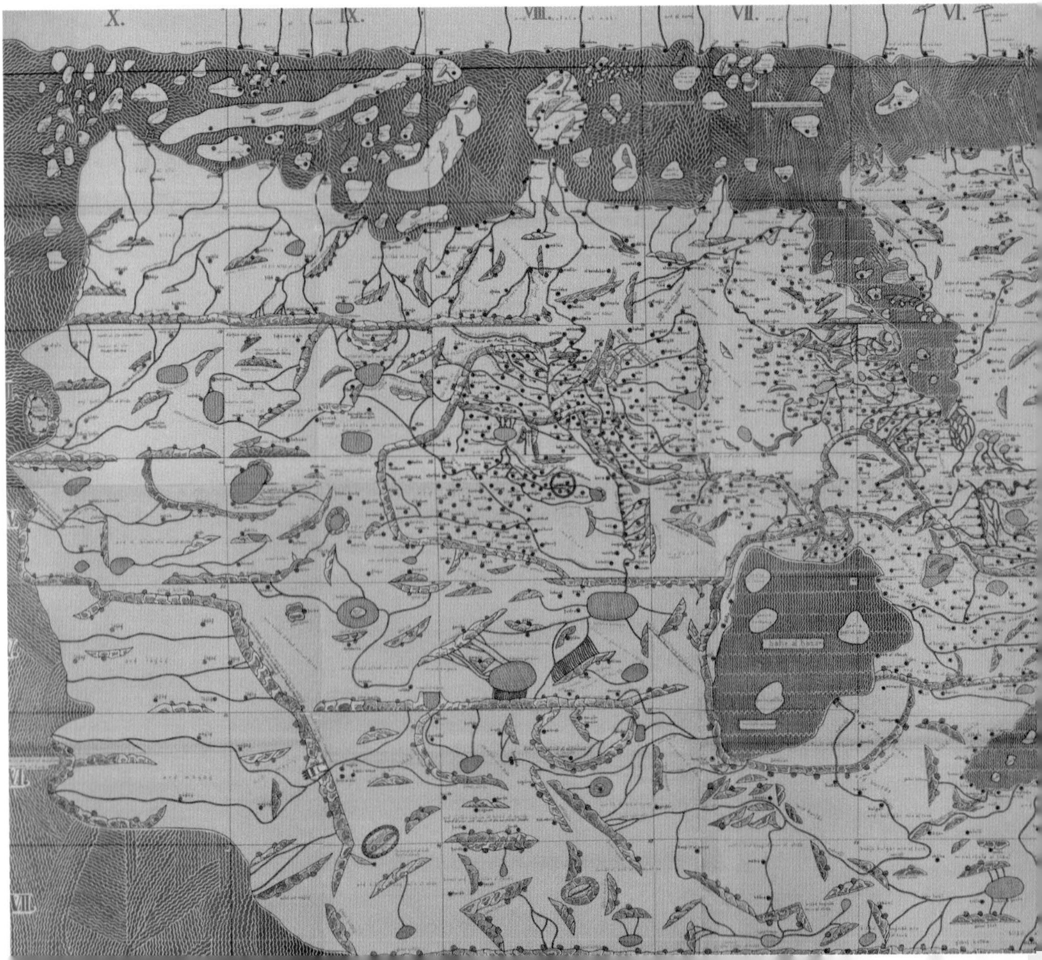

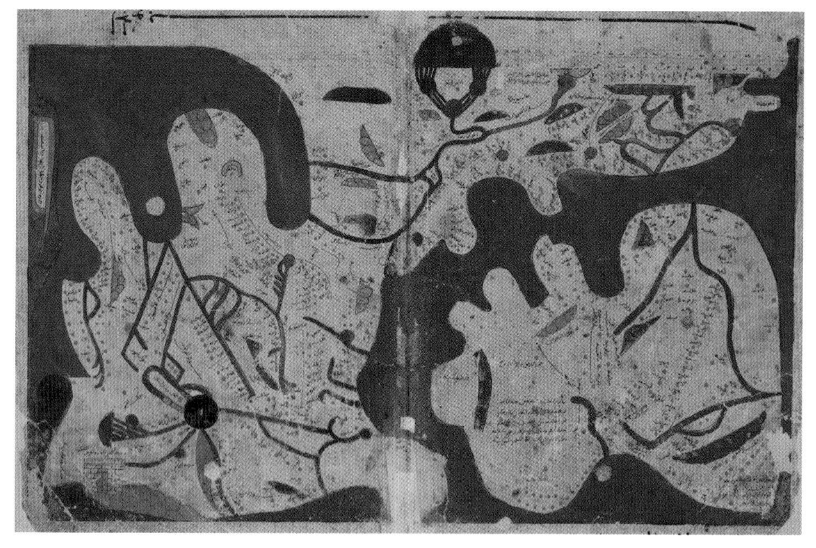

10. 獨特的長方形世界地圖，收錄於《奇珍之書》，出自十三世紀的複製本，地圖頂端是南方，還有一條刻度尺。

11. 伊德里西《娛樂》中的七十幅區域地圖結合而成的世界地圖之重建。

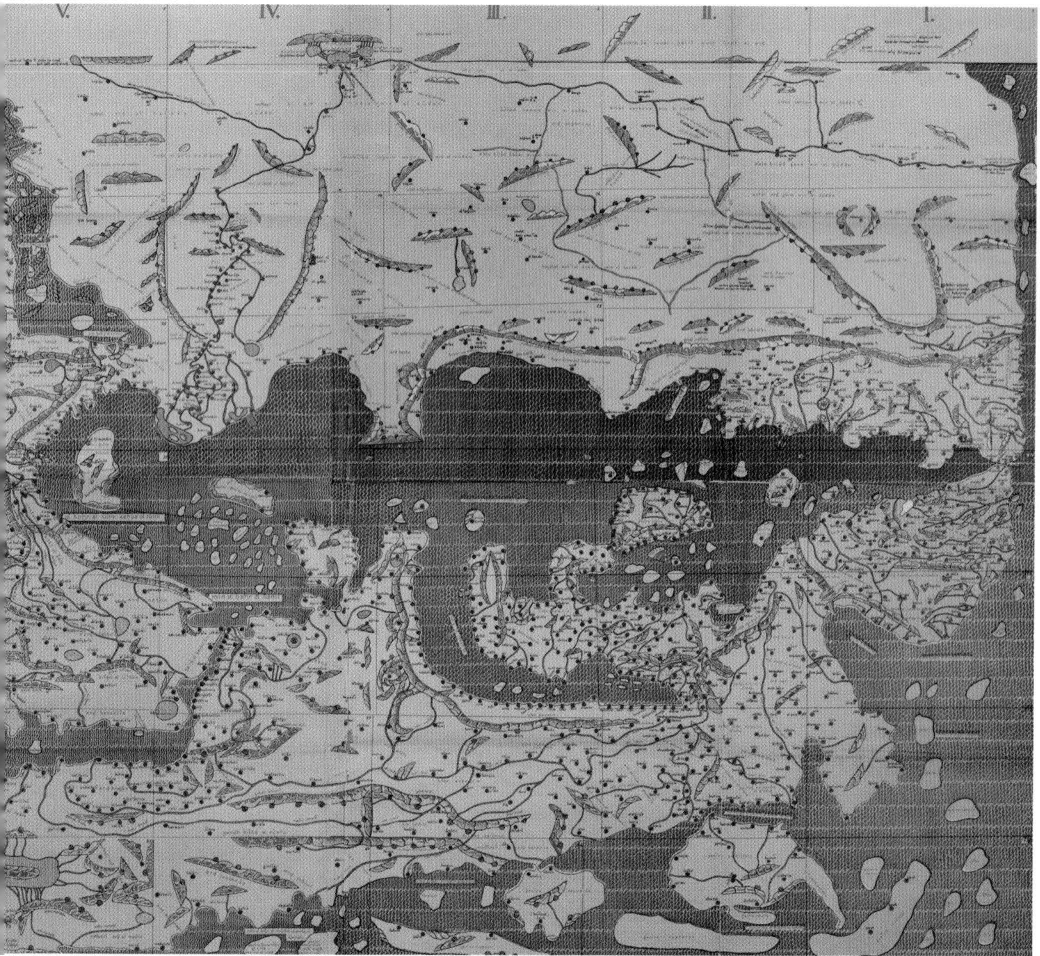

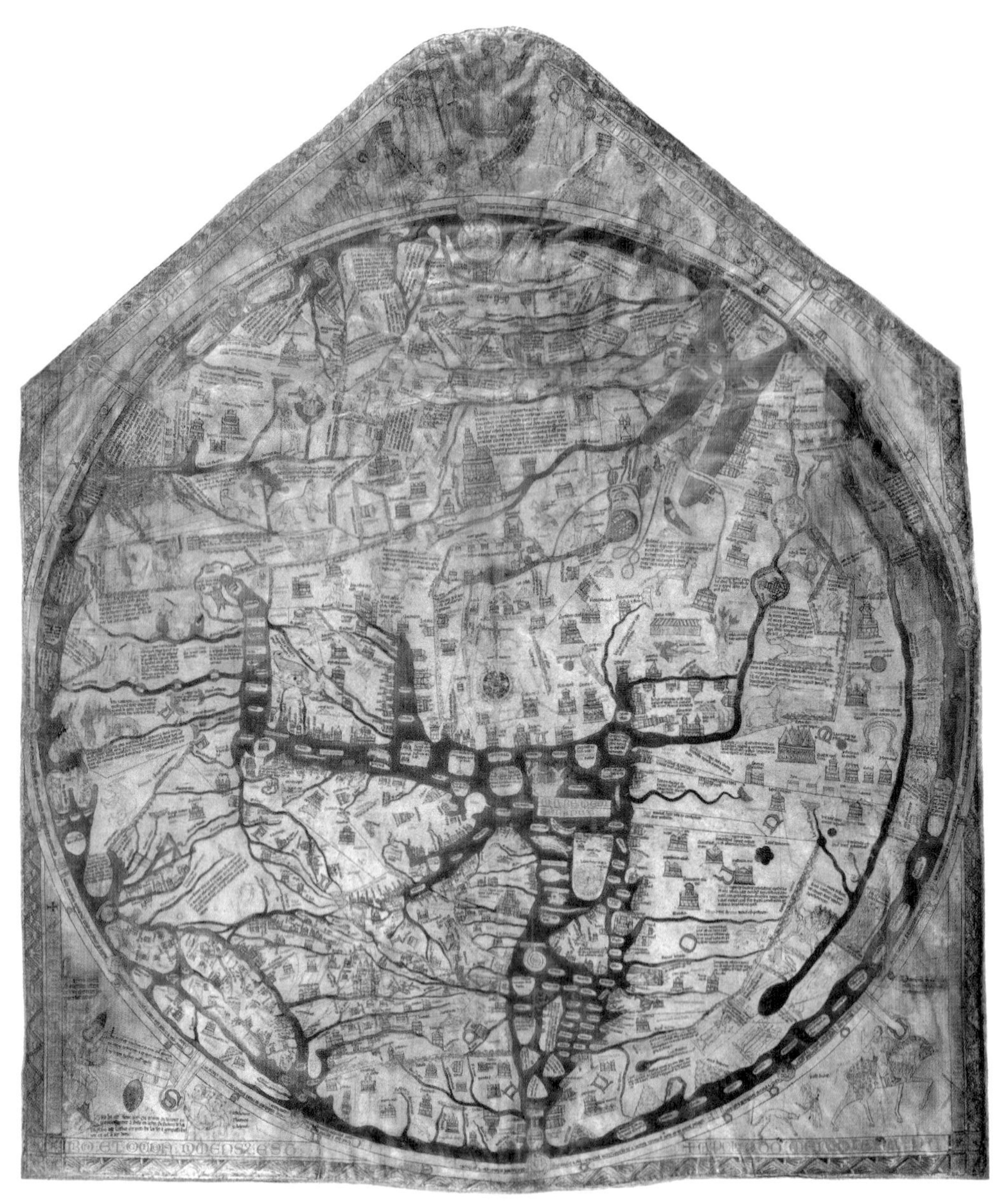

12a. 赫里福德mappamundi（約一三〇〇年），東方位於地圖頂端。

12b. 天使分居基督兩旁，引領世人前往天堂和地獄。

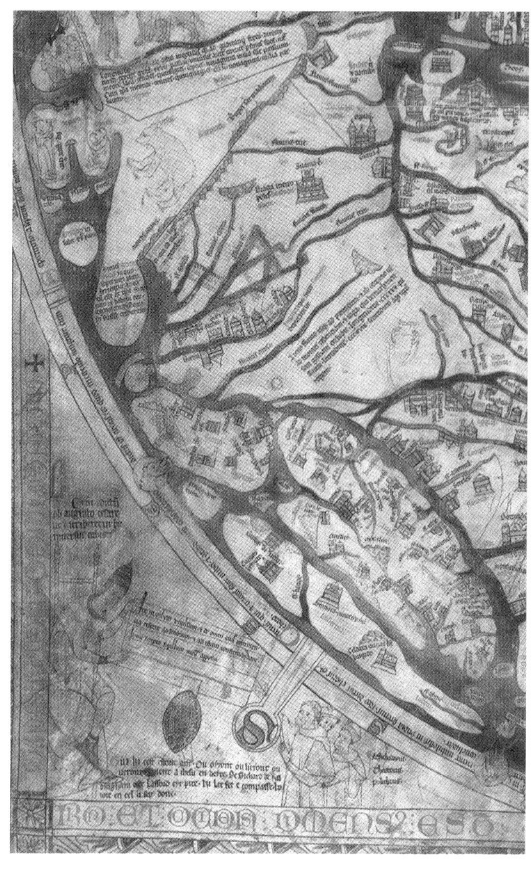

12c. 羅馬皇帝奧古斯都派遣執政官測量地球。地圖上的不列顛群島就在他正對面。

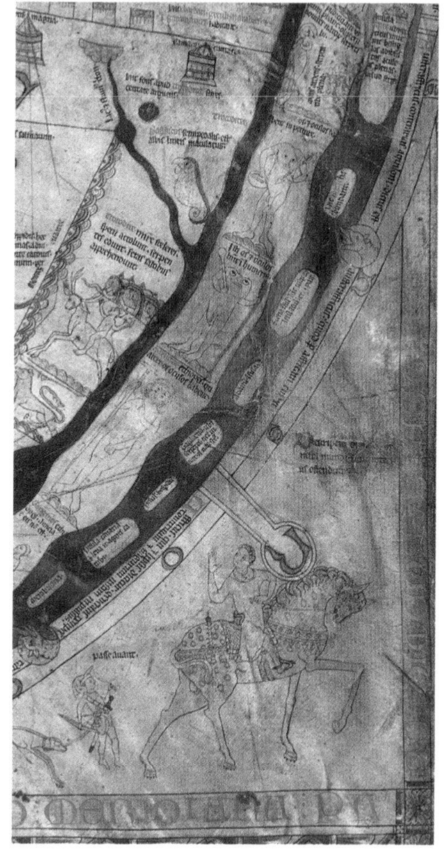

12d. 一名騎士抬頭凝望非洲和非洲的醜怪人種，旁邊寫著這幾個字，「只管去」。

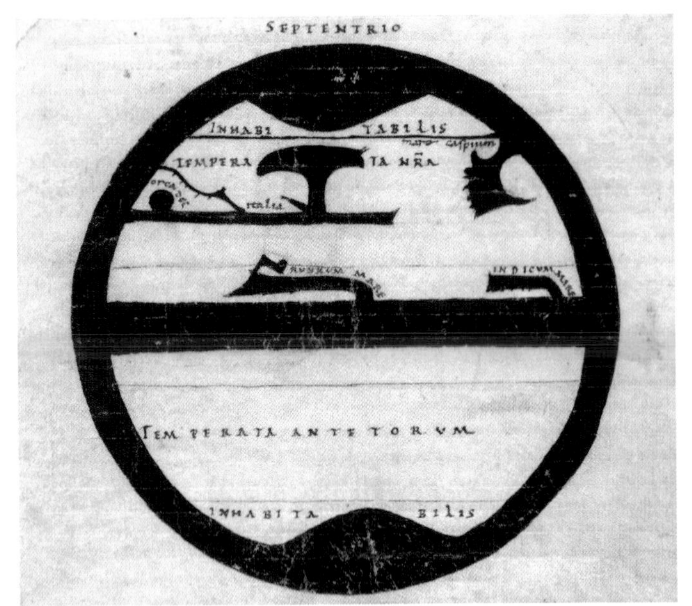

13. 帶狀地圖，出自馬克羅比烏斯的《〈西比歐之夢〉疏》（九世紀），把地球分為溫帶、寒帶和熱帶。

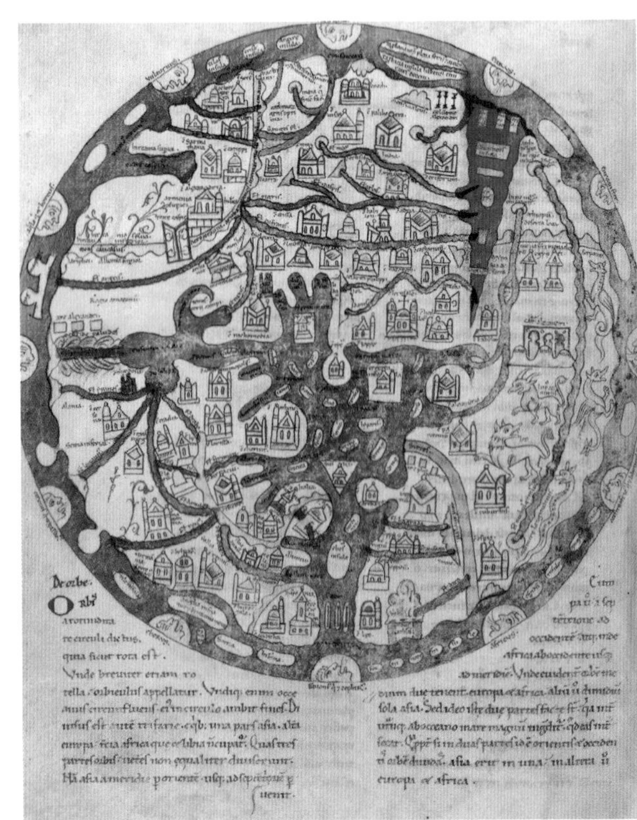

14. 一幅十二世紀的世界地圖，伊西多爾《詞源學》的插圖。儘管直徑只有二十六公分，卻非常類似赫里福德mappamundi。

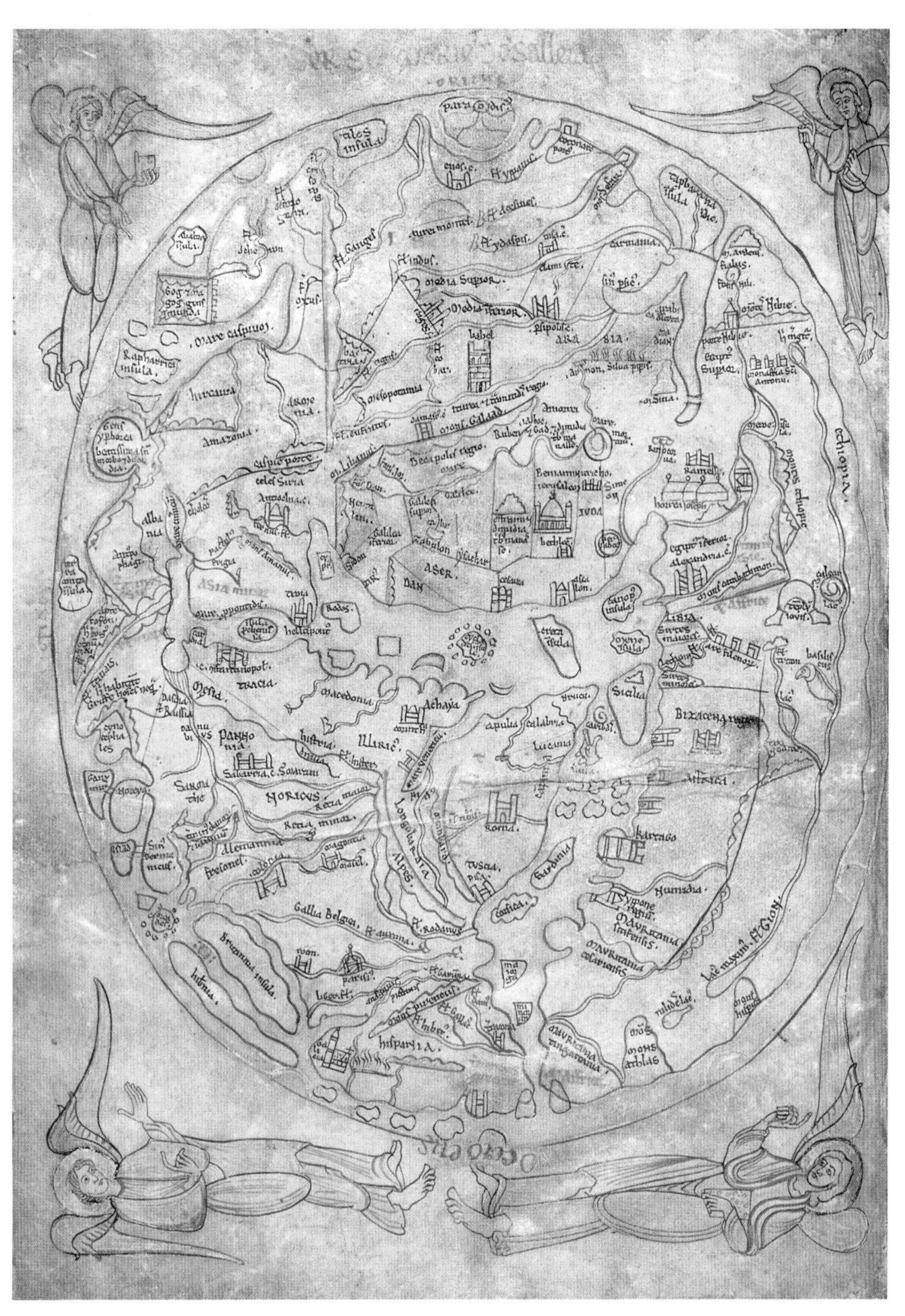

15. 索里地圖：英國歷史上最早的mappamundi（一一九〇年），在約克郡一間西妥會修道院被發現。

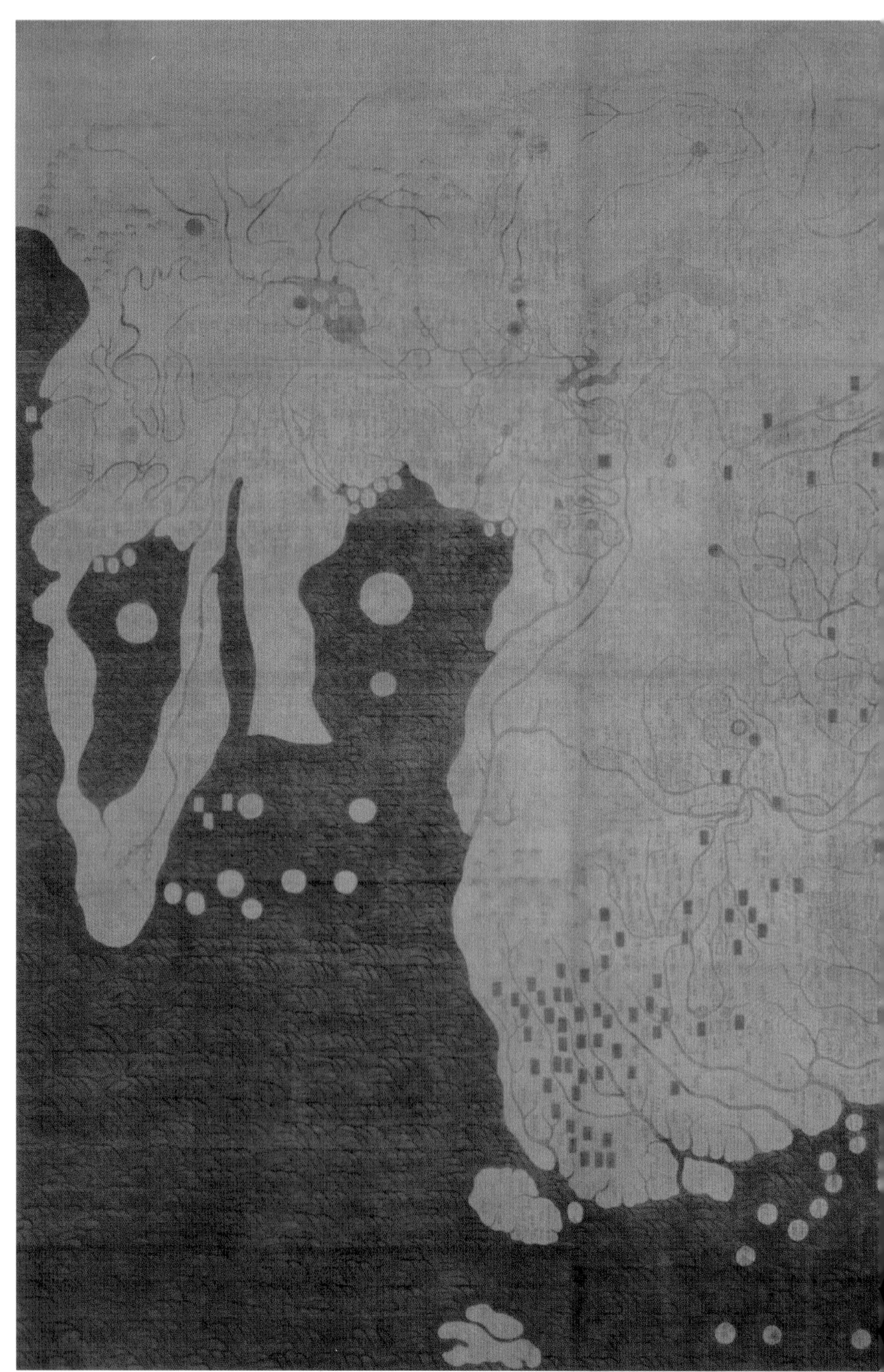

16. 疆理圖（一四七〇年），已知最早呈現全世界、歐洲和朝鮮的東亞地圖。

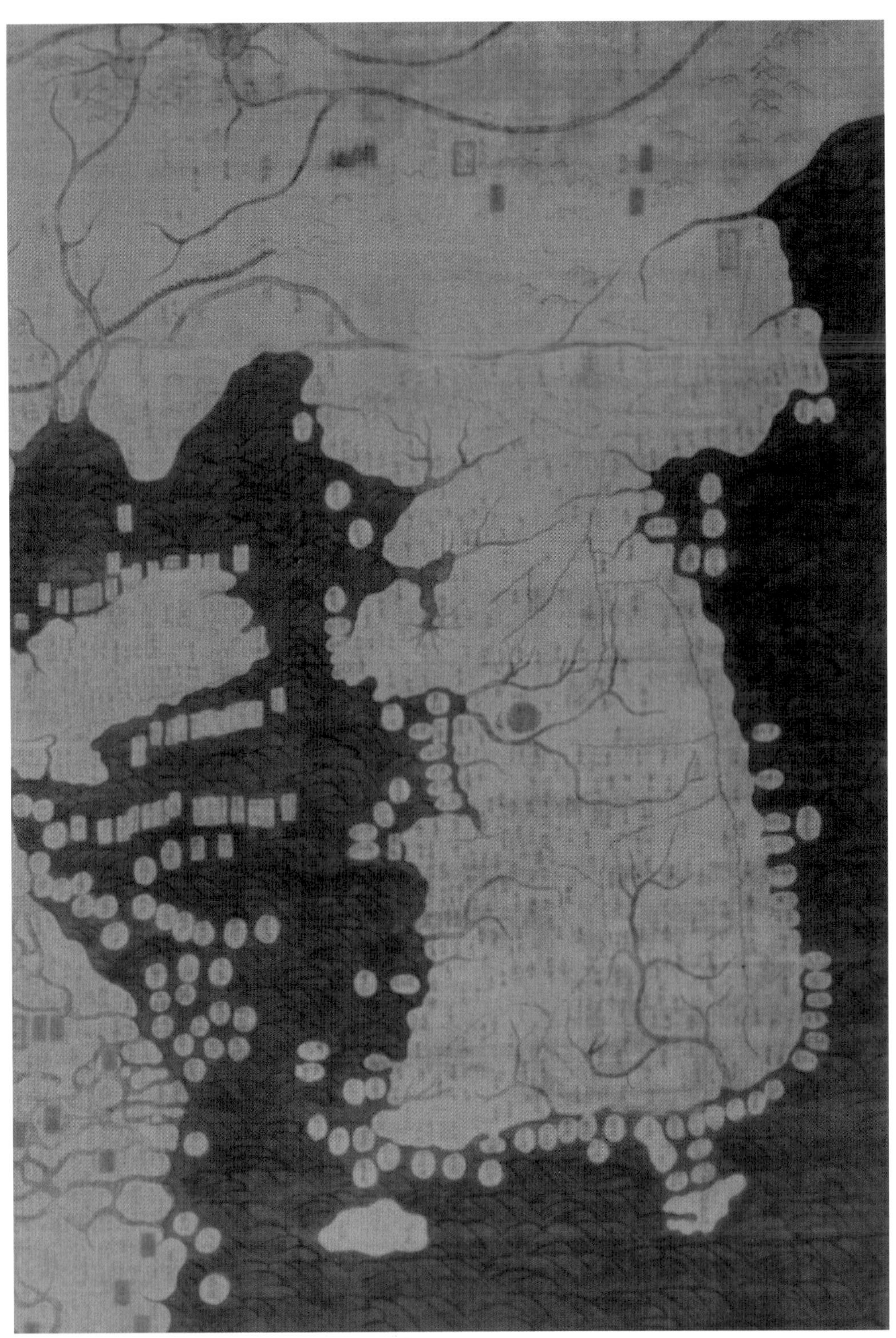

17. 疆理圖的韓國半島細部，顯示行政和軍事關鍵位置。

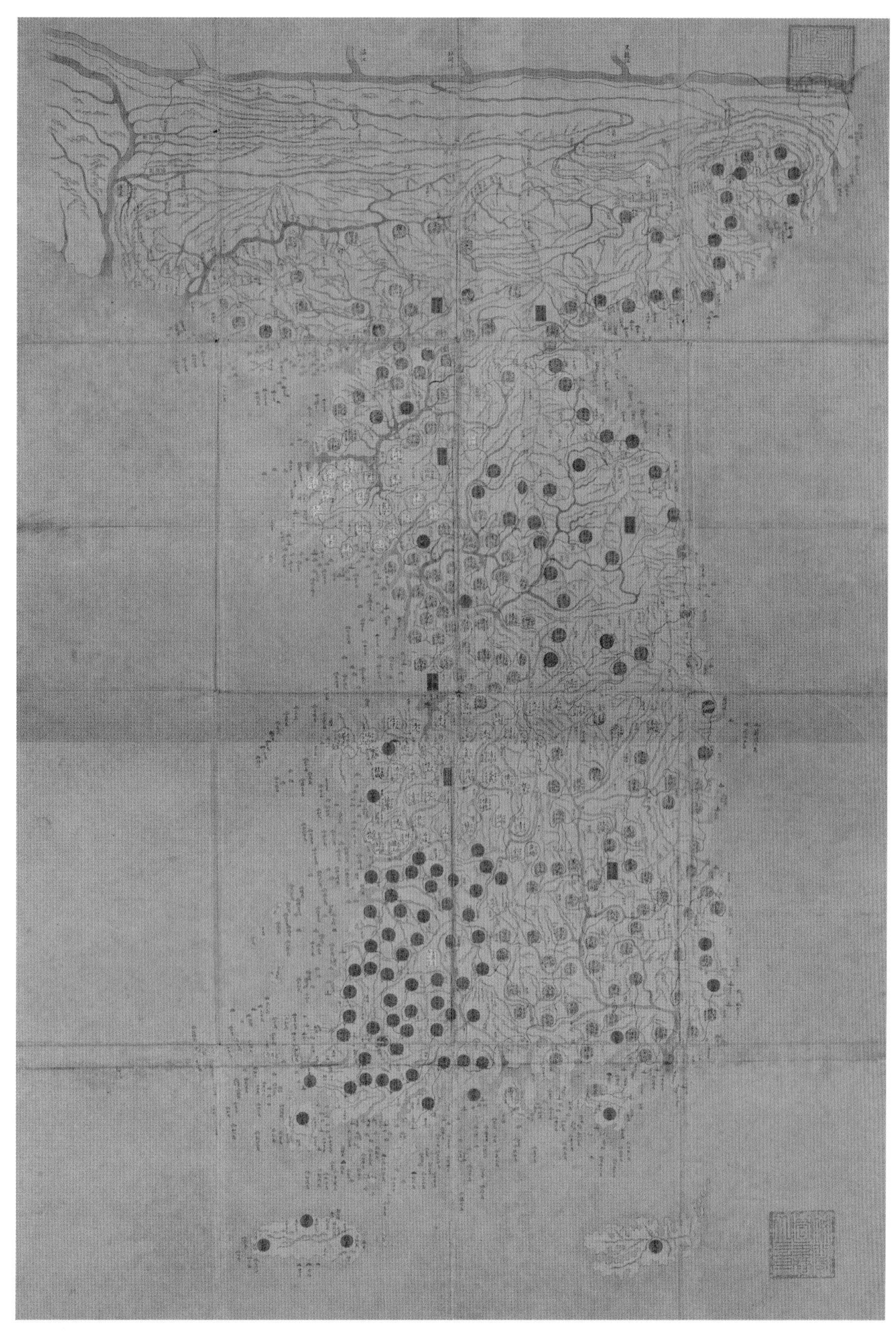

18. 鄭陟（一三九〇－一四七五）製作的官方韓國地圖複製本，顯示風水製圖的影響，用顏色編碼的「宇宙能量」流經水系（藍色）和山脈（綠色），各地區依照其省／道而給予不同的顏色。

19. 美洲的出生證明：馬丁・瓦爾德澤米勒的世界地圖（一五〇七年），最早為美洲命名，並把美洲認定為一個獨立存在的大陸，二〇〇三年由國會圖書館以一千萬美元購得。

APARCTIAS
AMERICI VESPVCII
AQVILO
MARE GLACIALE

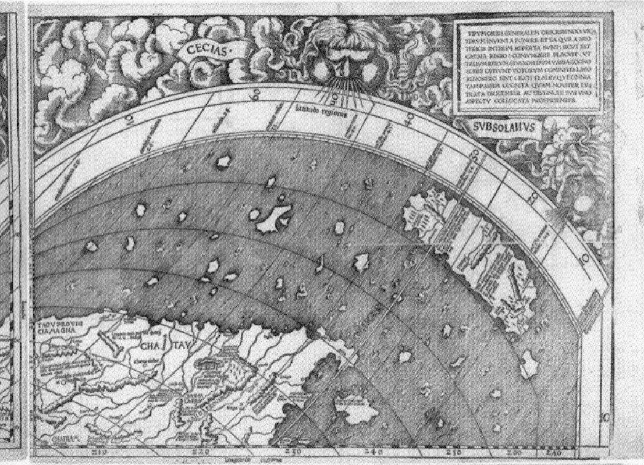
CECIAS
SVBSOLANVS
CHA TAY

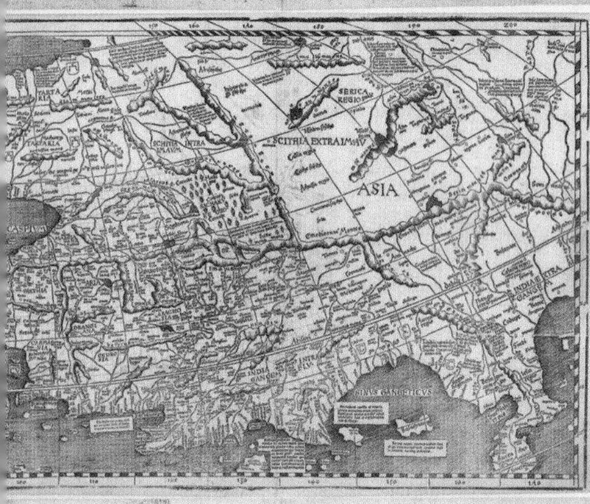
SERICA REGIO
SCITHIA EXTRA IMAV
ASIA

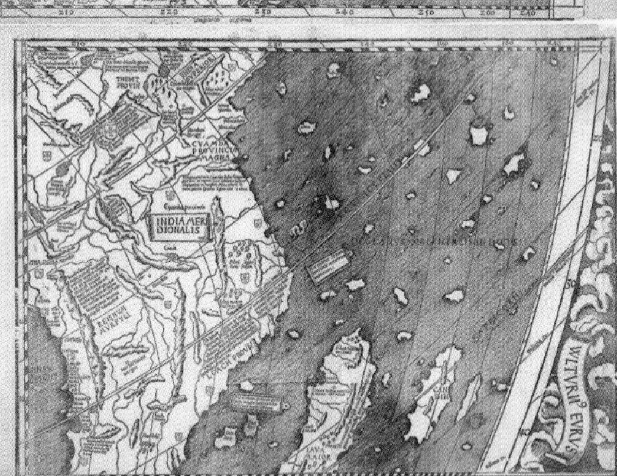
INDIA MERIDIONALIS

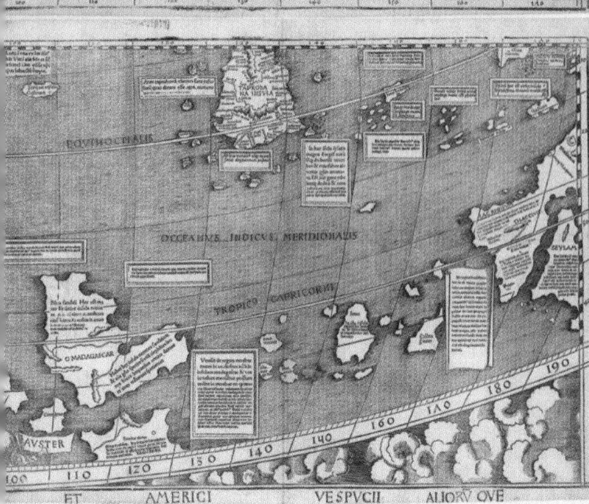
OCCEANVS INDICVS MERIDIONALIS
TROPICVS CAPRICORNI
SEYLAN
AVSTER
ET AMERICI VESPVCII ALIORV QVE

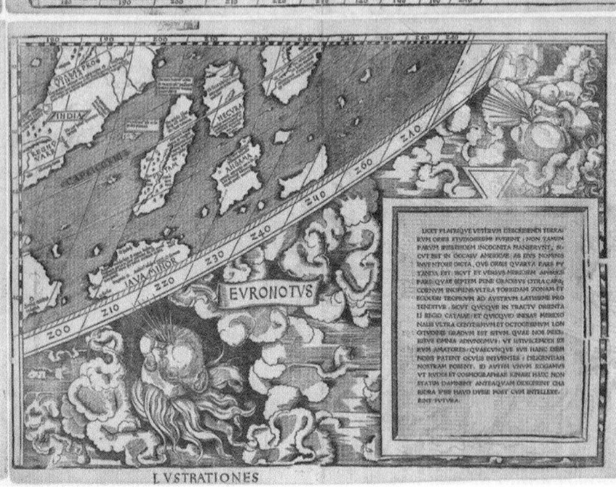
EVRONOTVS
IAVA MINOR
LVSTRATIONES

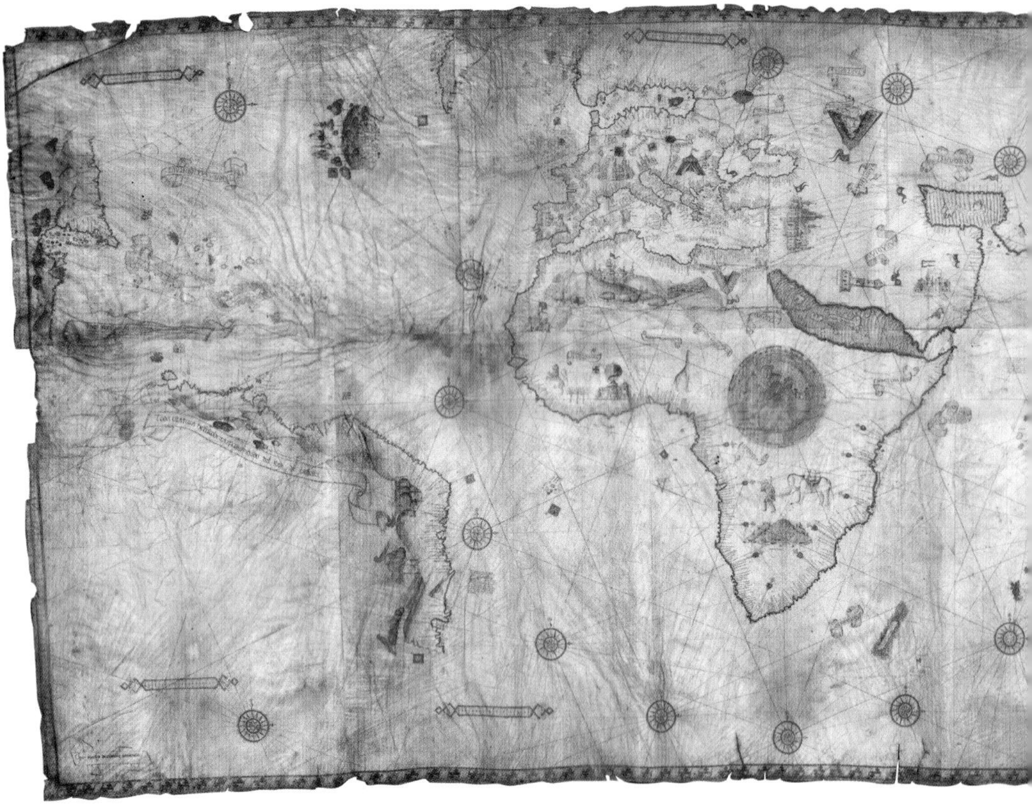

20. 尼柯洛．卡維里的世界海圖（約一五〇四－五年），呈現當時的地理新發現，但仍然受惠於mappamundi的傳統，以耶路撒冷為中心。

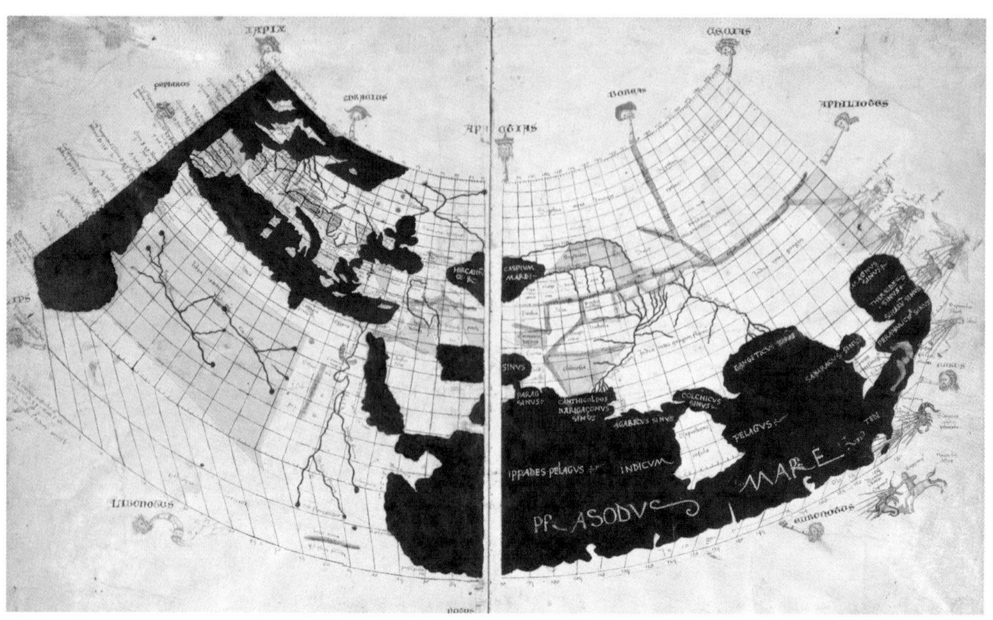

21. 拉丁文版托勒密《地理學》（十五世紀初）最早的世界地圖，屬於歐洲文藝復興對希臘羅馬古典文明的「重新發現」。© 2012 Biblioteca Apostolica Vaticana (Cod. VAT. Lat. 5698)

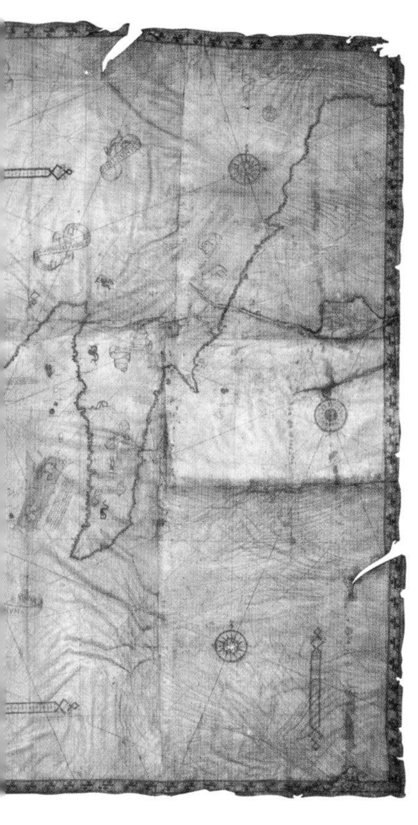

22. 改變主意？托勒密一五一三年版《地理學》收錄的馬丁·瓦爾德澤米勒的地圖，「亞美利加」已經改成了「未知之地」。

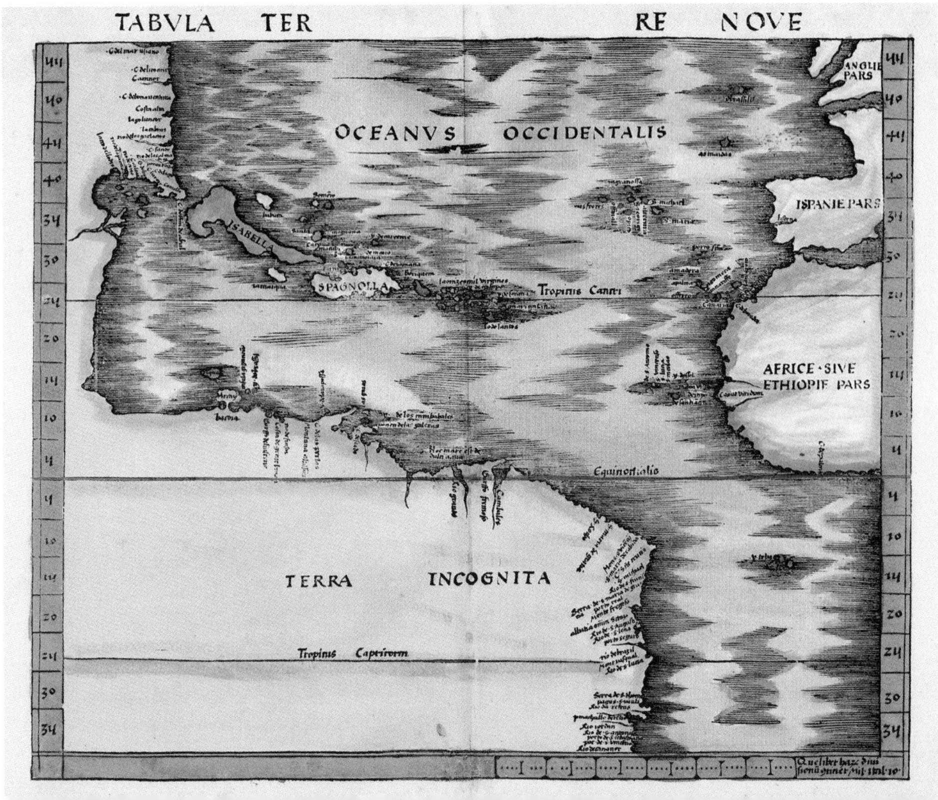

TABVLA TERRE NOVE

OCEANVS OCCIDENTALIS

ANGLIE PARS

ISPANIE PARS

ISABELLA

SPAGNOLLA

Tropicus Cancri

AFRICE · SIVE ETHIOPIE PARS

Equinoctialis

TERRA INCOGNITA

Tropicus Capricorni

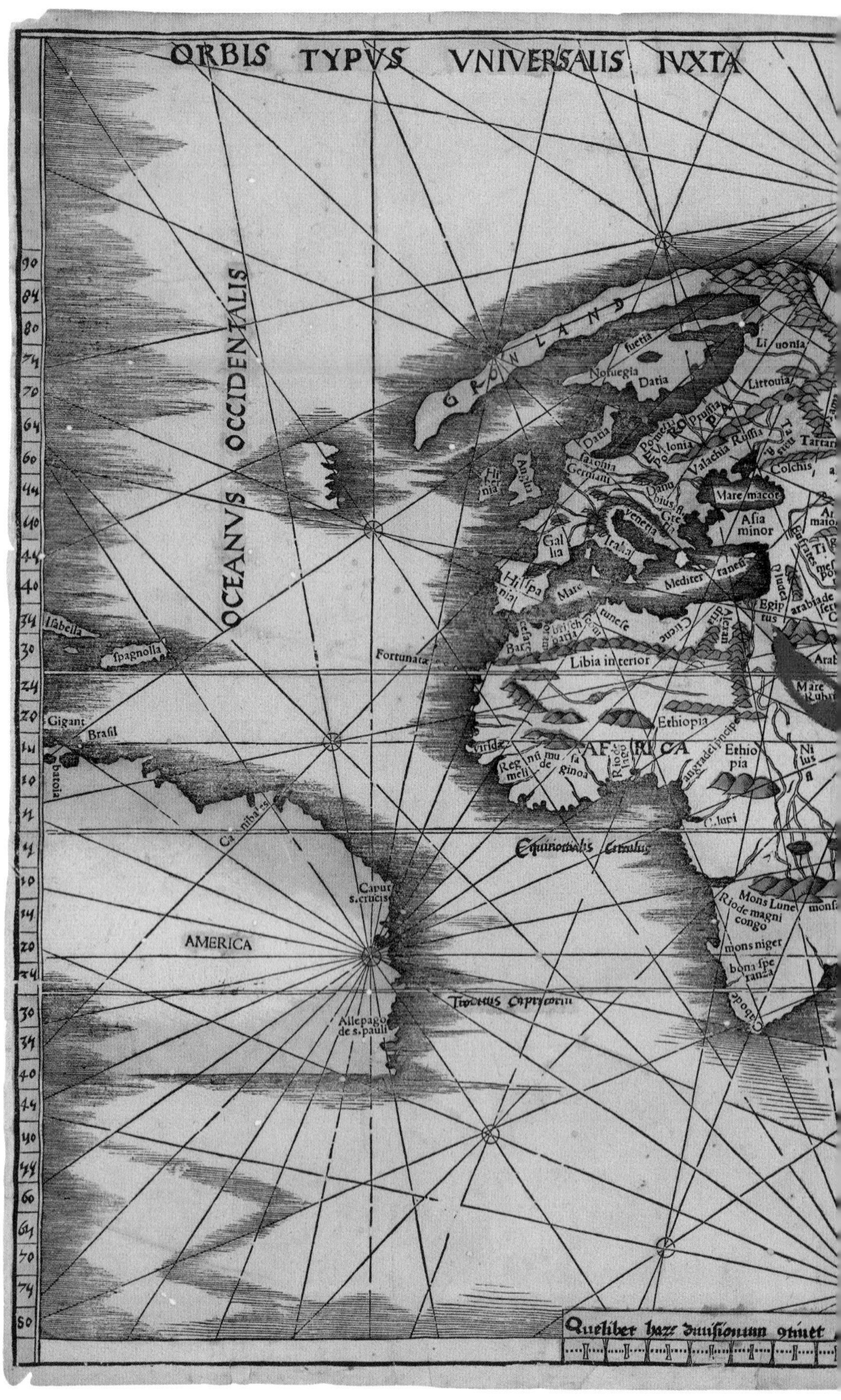

23. 被認為由瓦爾德澤米勒繪製的世界地圖，上面寫著「亞美利加」，不過（照亨利・史帝文斯的說法）出自一五〇六年。難道這是第一幅為美洲命名的地圖？

HYDROGRAPHORVM TRADITIONEM
ASIA
Auracithis regio
serica regio
sacharum regio
Scithia intra Imau
India intra
India
Indus fl.
Ganges fl.
Oxia flus
Rudiana
Cambaia
Balor regio
Tangut puin.
Cathaya
tholoma puin.
Quinsay civit
Magi puin.
India superior
Ciamba puin.
Murfuli regnu
Faliandra
Sinus magnus
Sin9 ganget ic9
Calicut
Cochim
Taprobana
Mallaqua
Moabar regnu
Lear regnu
Regnu var
Regnum Lac
Peuta
Iaua maior
Iaua minor
MARE INDICVM
olita · 50 · Theuto · 10

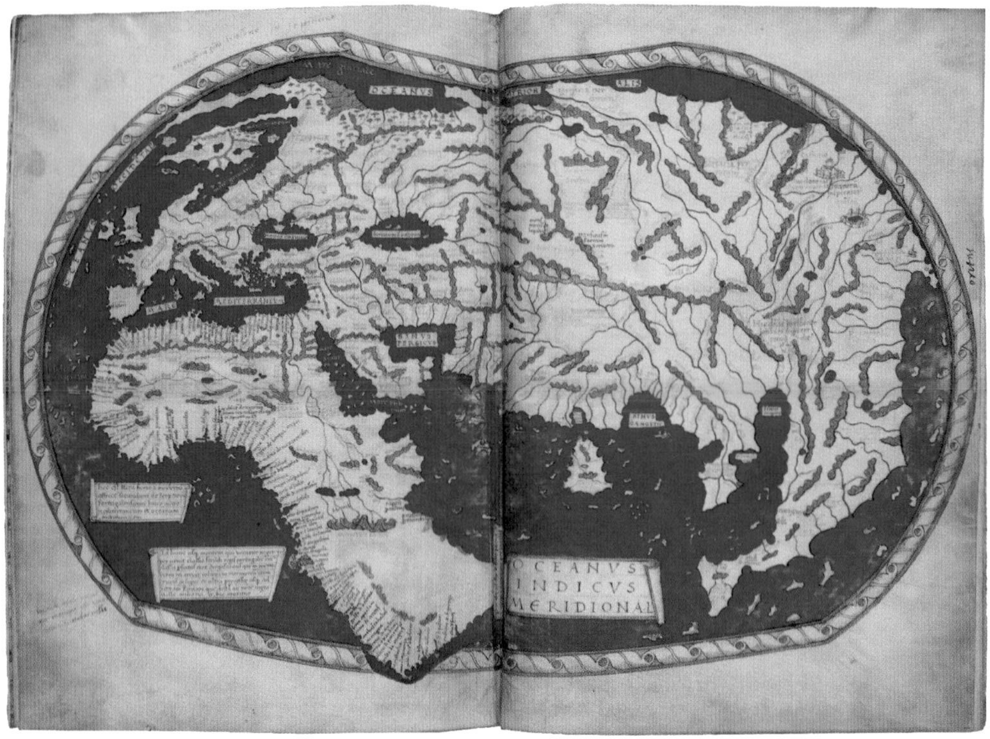

24. 亨利庫斯．馬特魯斯的世界地圖（約一四八九年）。好望角的發現撕裂了托勒密式古典世界地圖的邊界。

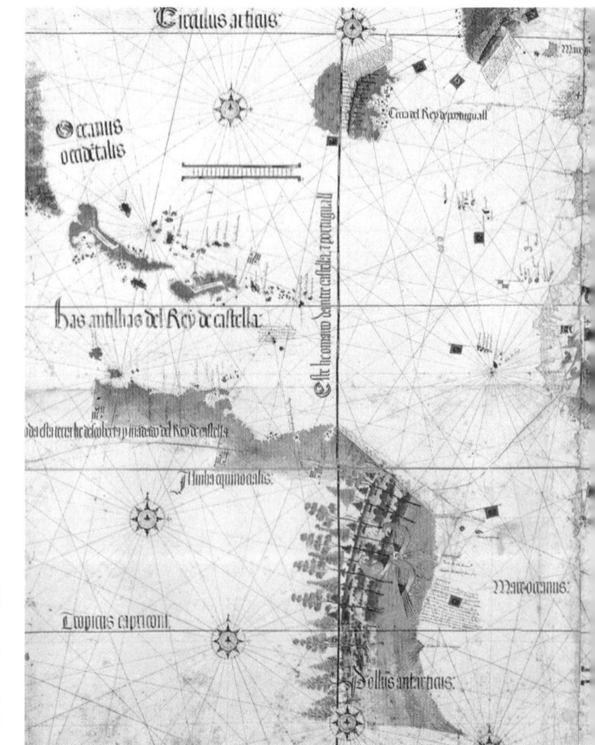

25. 坎丁諾平面球形圖（一五〇二年），一名義大利間諜從里斯本夾帶潛逃，以便得知葡萄牙具有商業利益的地理發現。

26. 歷史上最早的地球儀，由馬丁 · 貝海姆在一四九二年製作。這個地球儀低估了地球的大小，促使哥倫布和麥哲倫向東方航行。

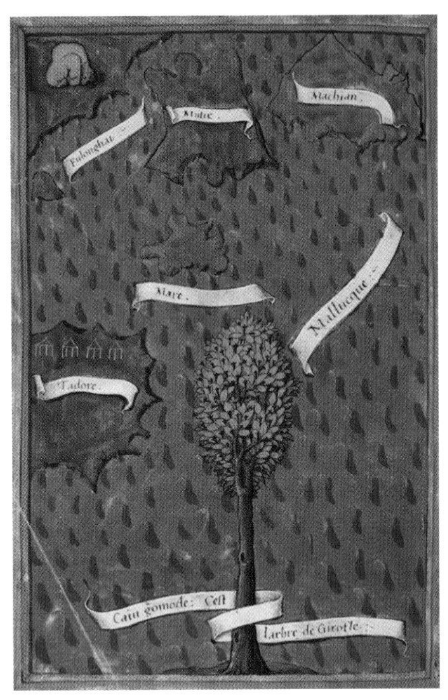

27. 安東尼奧 · 皮加費塔的摩鹿加群島地圖（一五二一年），根據他在這些盛產香料的群島的第一手經驗繪製。

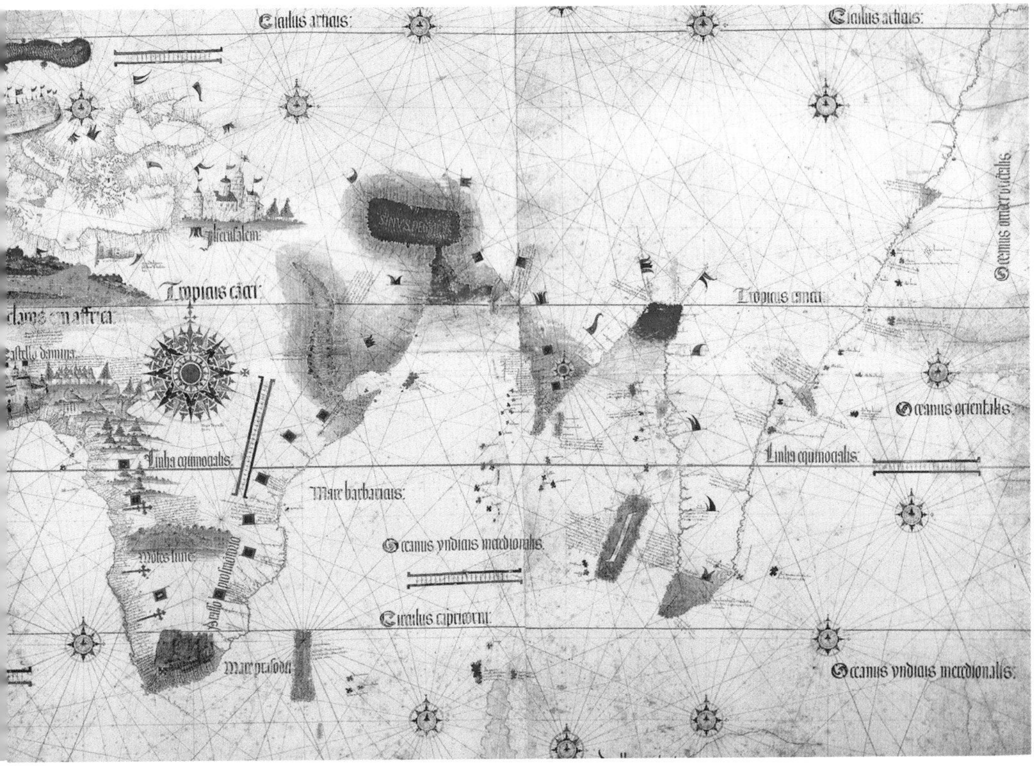

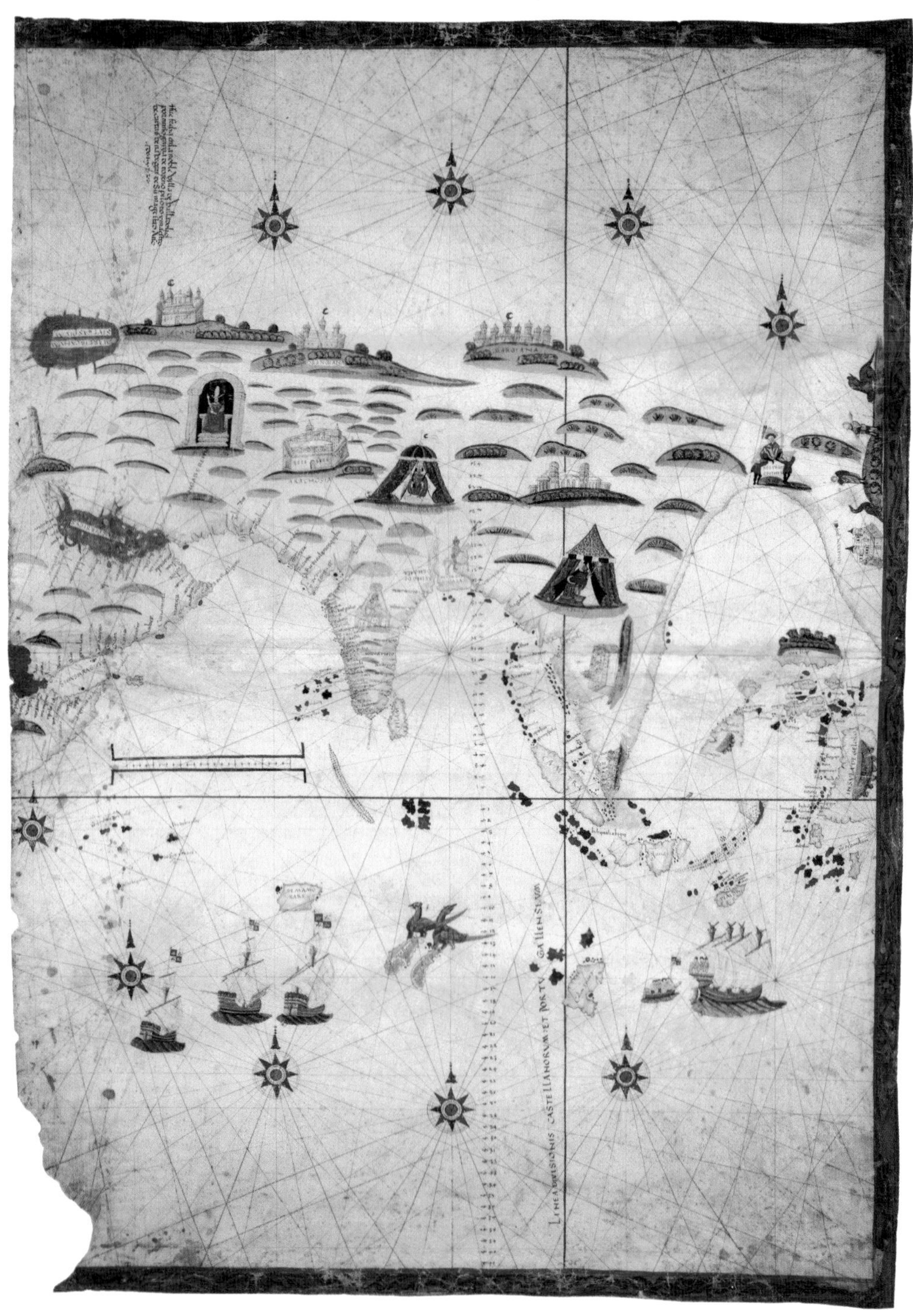

28. 努諾・賈西亞的摩鹿加群島海圖（約一五二二年），顯示群島在卡斯提爾的半球，位於兩國在托爾德西利亞斯同意的紅色分界線以東（一四九四年），這條線貫穿蘇門答臘，在此與赤道相交。

29. 柏納德・凡・歐爾利（Bernard van Orley）著名的掛毯，〈朱彼得與朱諾保護下的地球〉（Earth under the Protection of Jupiter and Juno，一五二五年），描繪葡萄牙國王約翰與出身哈布斯堡家族的妻子凱薩琳，以及國王海上帝國的範圍。

30. 迪歐哥・列比路的世界地圖（一五二五年），開啟了支持卡斯提爾對摩鹿加（出現在最左邊和右邊角落）領土主張的一系列地圖，並呈現北美洲海岸線的新輪廓。

31. 列比路的第三幅，也是最偉大的世界地圖（一五二九年），以高明的製圖操弄手法，把摩鹿加群島（同樣位於最左邊和右邊角落）畫在卡斯提爾的半球裡。

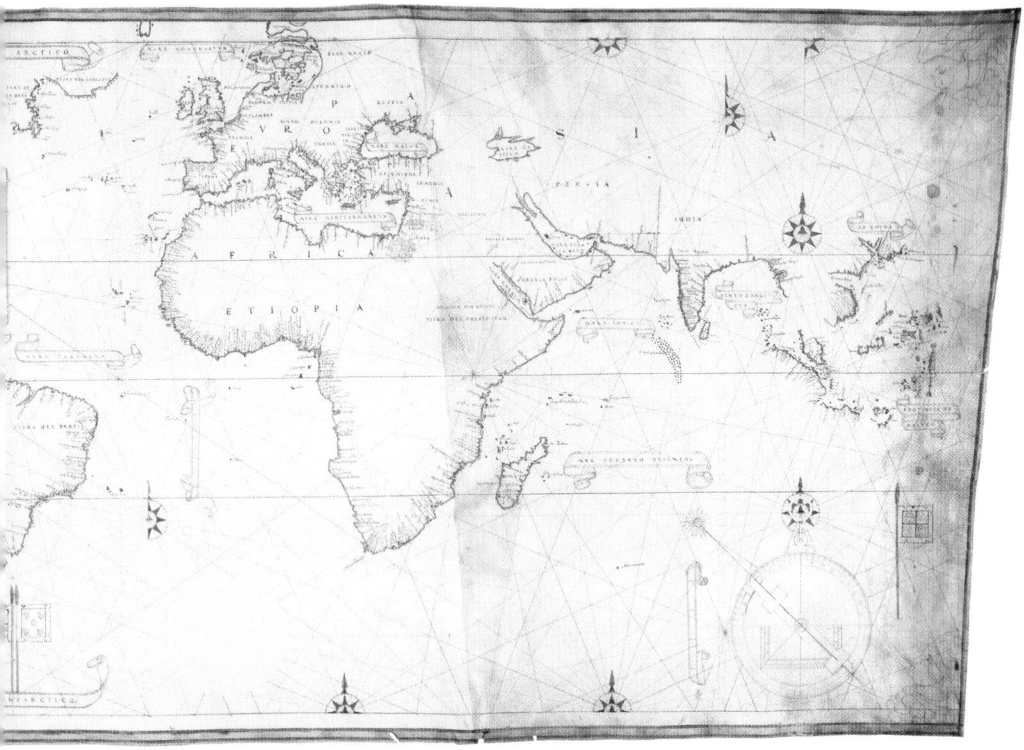

ARTICO
EVROPA
ASIA
PERSIA
INDIA
AFRICA
ETIOPIA 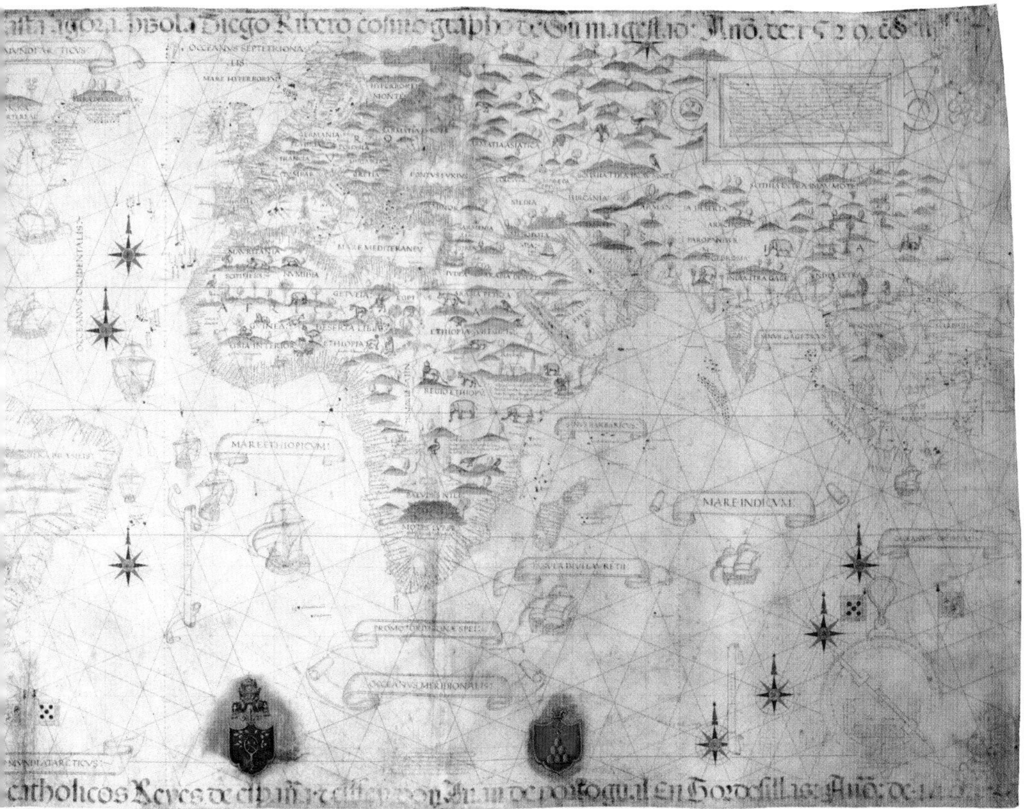
TIERA DEL BRASIL
MARE OCCEANO ORIENTAL
ANTARTICO
Diego Ribero cosmographo de Su magestad: Año de 1529
OCCEANVS SEPTETRIONALIS
MARE HYPERBOREVM
MARE MEDITERANEV
OCCEANVS OCCIDENTALIS
MARE ETHIOPICVM
MARE INDICVM
PROMOTORIVM BONAE SPEI
OCCEANVS MERIDIONALIS
catholicos Reyes de castilla y el Rey don Juan de portogual en Tordesillas: Año de

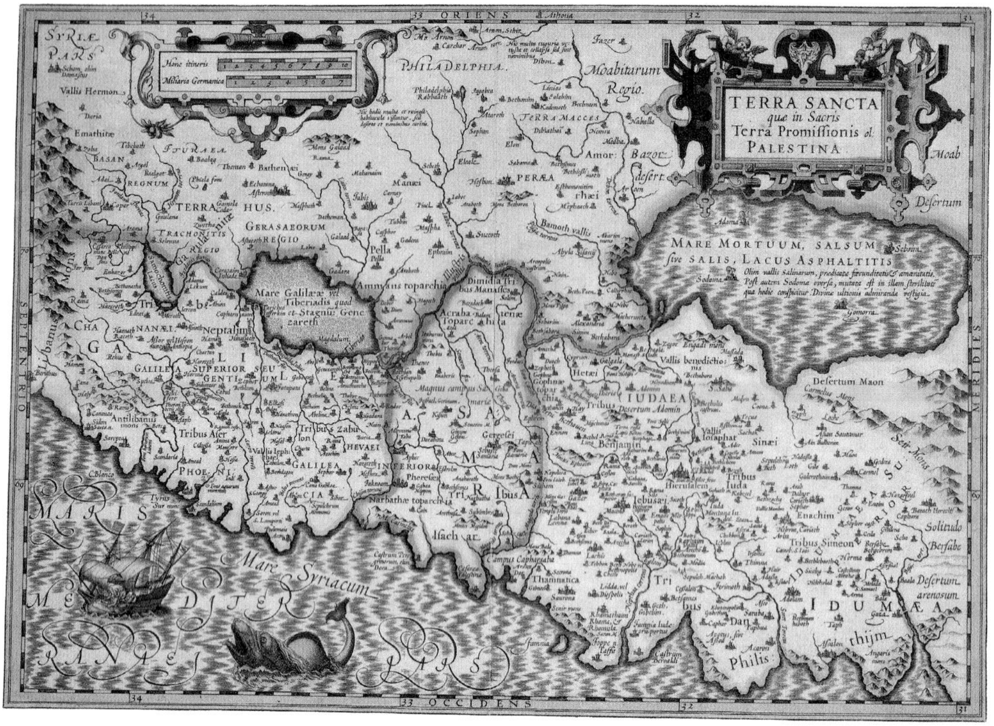

32. 傑拉德・麥卡托的聖地地圖（一五三八年），和路德的支持者繪製的地圖相似得令人詫異。

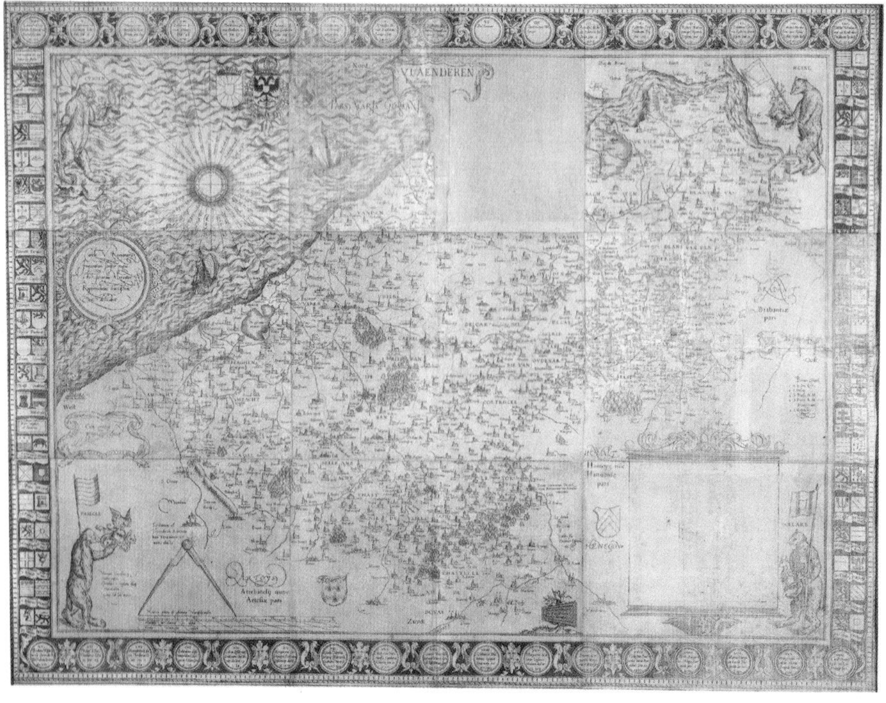

33. 傑拉德・麥卡托未完成的法蘭德斯掛圖（一五三九－四〇年），一五四〇年在倉促間製作，試圖阻擋哈布斯堡王朝佔領根特，有些部分未完成。

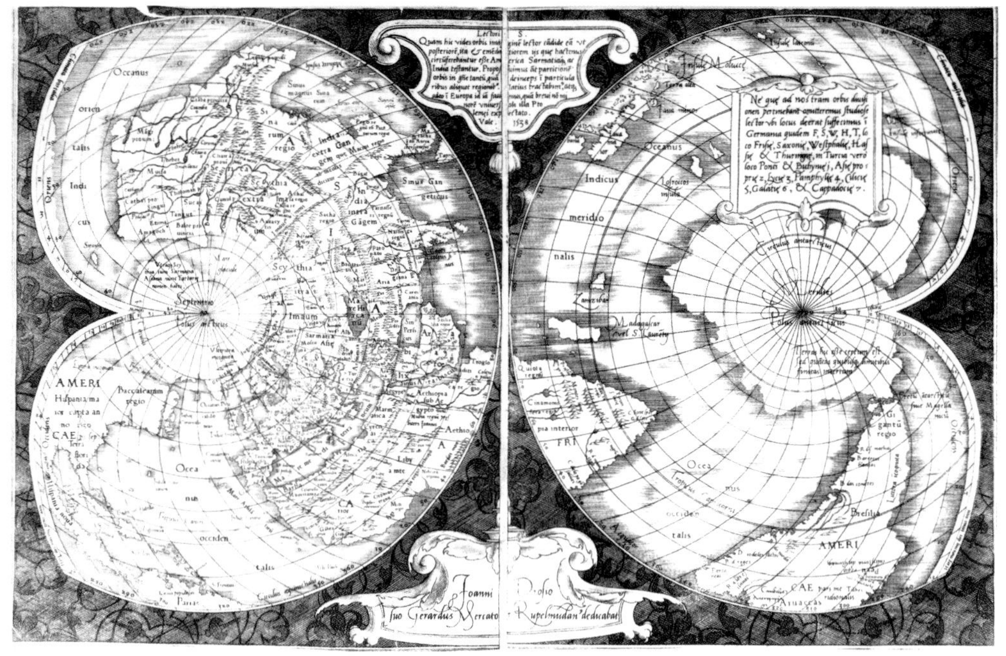

34. 麥卡托首次嘗試繪製的世界地圖（一五三八年）。雙心形投影法只是他可以採用的眾多替代選項之一。

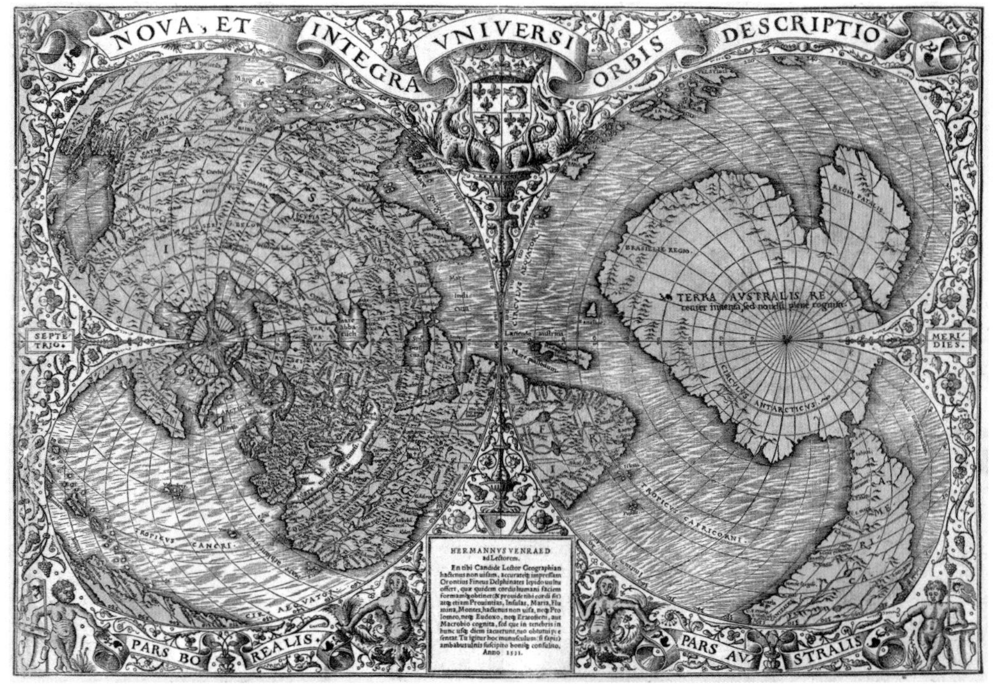

35. 歐龍斯・費恩的心形世界地圖（一五三一年），由麥卡托複製。費恩和其他崇尚神祕和改革派宗教信仰的製圖師選擇採用這種投影法。

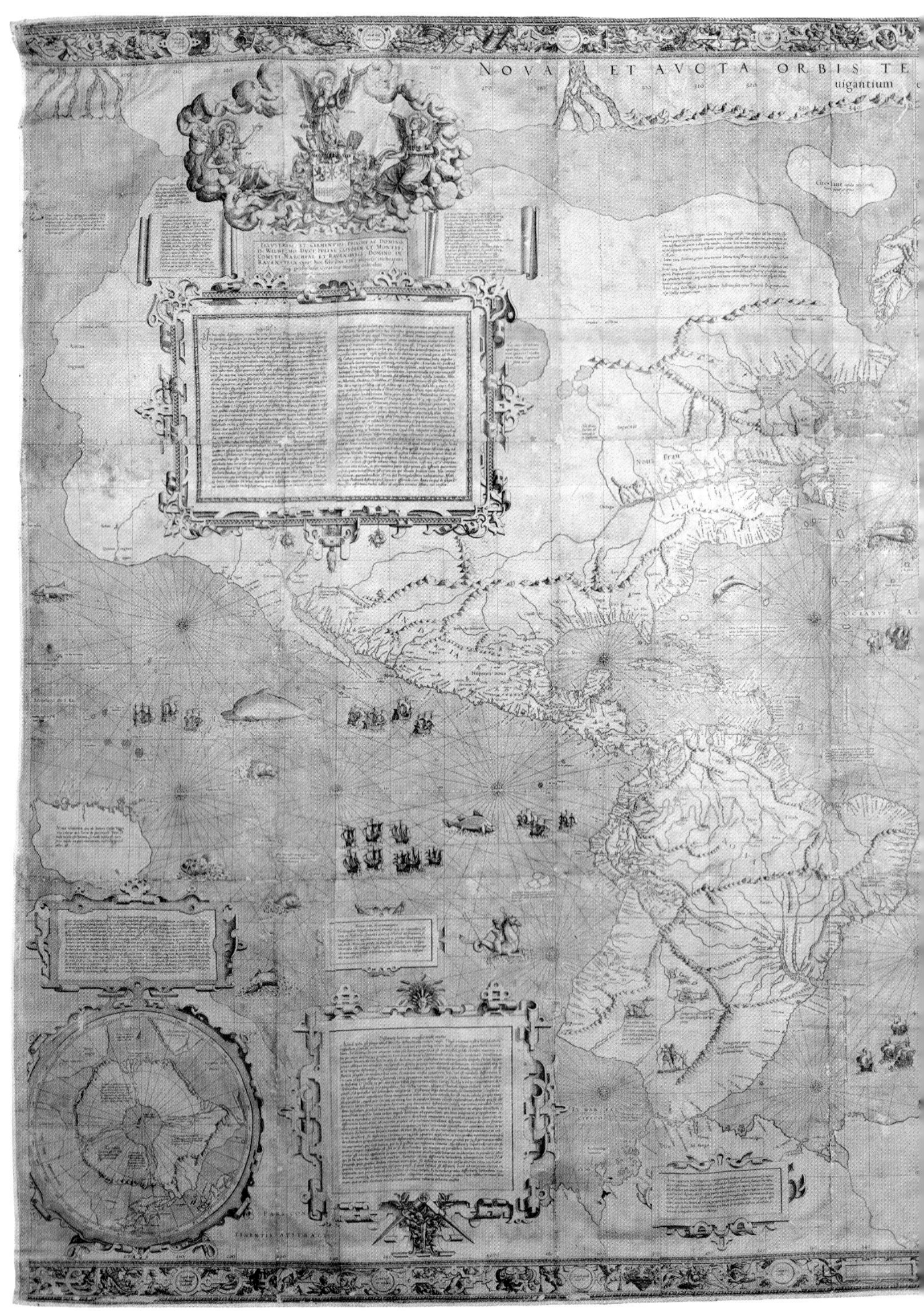

36. 傑拉德 · 麥卡托以他著名的一五六九年投影法製作的世界地圖。

DESCRIPTIO AD VSVM NA
accommodata
PARS CON
TINENTIS AV
STRALIA

37. 阿姆斯特丹市政廳的地板上以布勞的世界地圖（一六四八年）為藍本製作的三幅鑲嵌半球（一六五五年）。

38. 約翰・布勞《大地圖集》扉頁（一六六二年）。

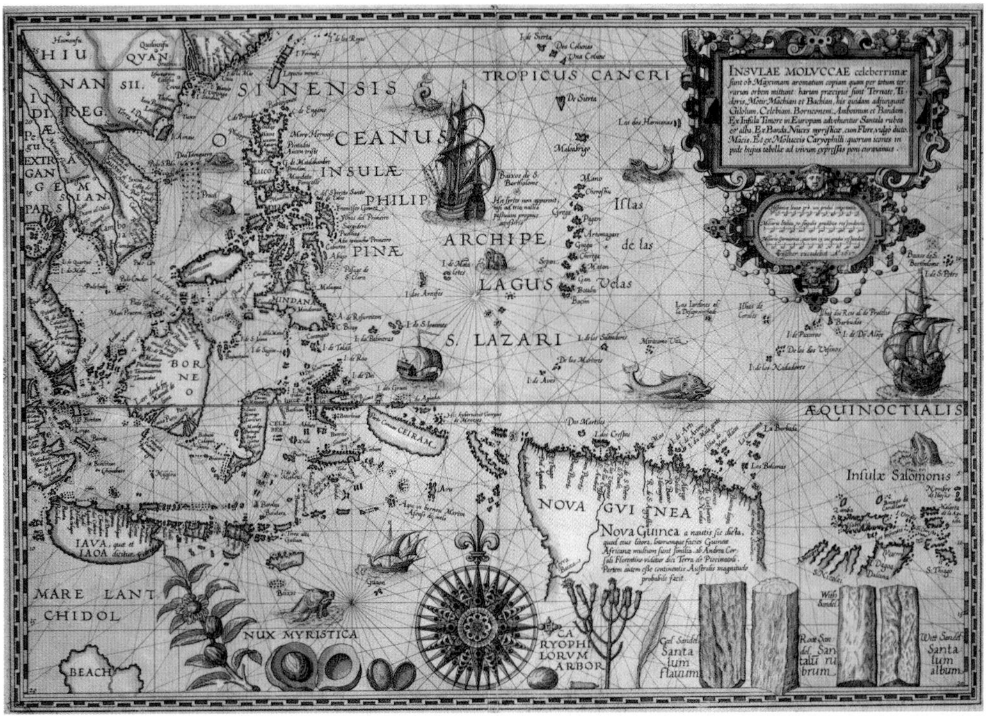

39. 佩特魯斯・普蘭修斯的摩鹿加群島地圖（一五九二年），顯示荷蘭對買賣當地商品的興趣：地圖前景描繪了肉荳蔻、丁香和檀香。

40. 約翰．布勞的世界地圖（一六四八年），慶祝荷蘭共和國獨立，並稱頌荷蘭東印度公司的全球企圖心。也是第一幅根據太陽中心論的太陽系所繪製的世界地圖。就在地圖的標題底下，也就是兩個半球交會處上方，是一個太陽系圖解，標示為「哥白尼的假設」，顯示地球環繞太陽旋轉。

RVM ORBIS TABVLA.

41. 約翰尼斯・維梅爾的《士兵與笑臉女郎》（約一六五七年），牆上掛著伯肯羅德的荷蘭與西菲士蘭邦的地圖（一六二〇年）。

42. 傑拉德・麥卡托和約道庫斯・洪第烏斯的雙肖像，收錄在麥卡托死後出版的《地圖集》（一六一三年）。

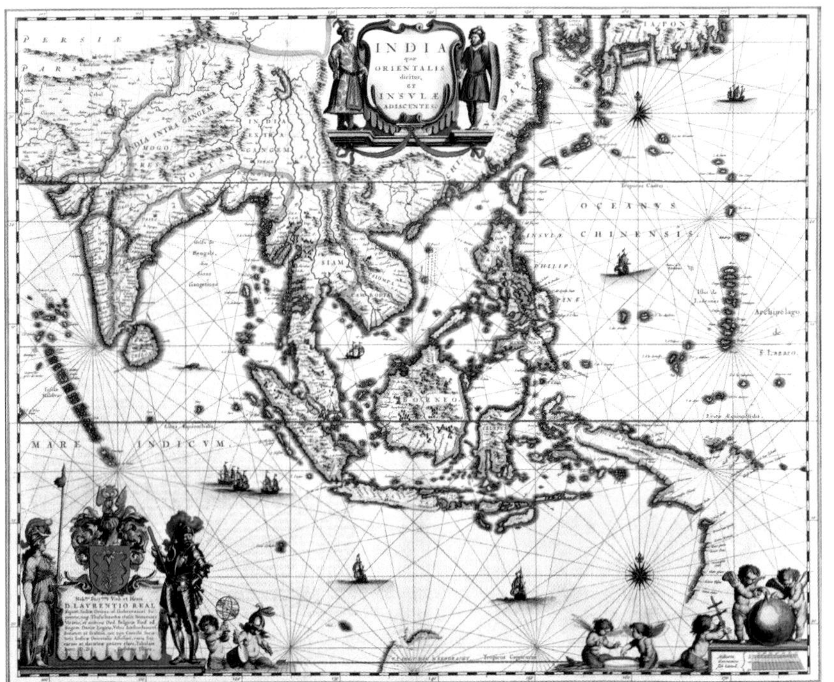

43. 威廉・布勞的印刷印度地圖，收錄在他的《地圖集》（一六三五年）。

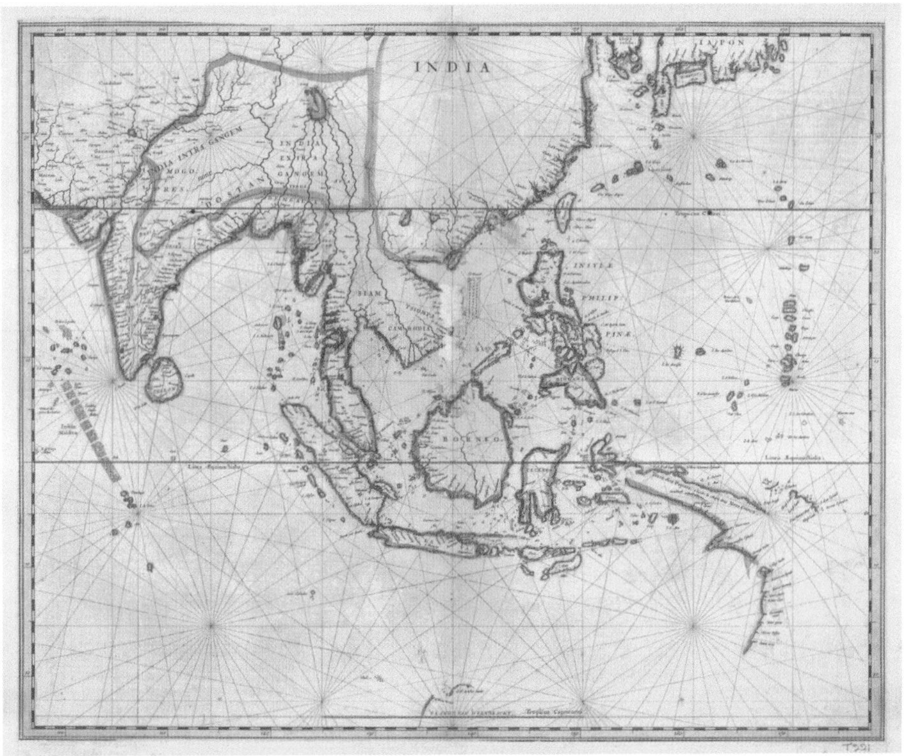

44. 黑索・黑利德松的手繪印度地圖（一六三二年）。黑利德松死後，布勞直接複製這幅地圖，然後加上自己的名字。

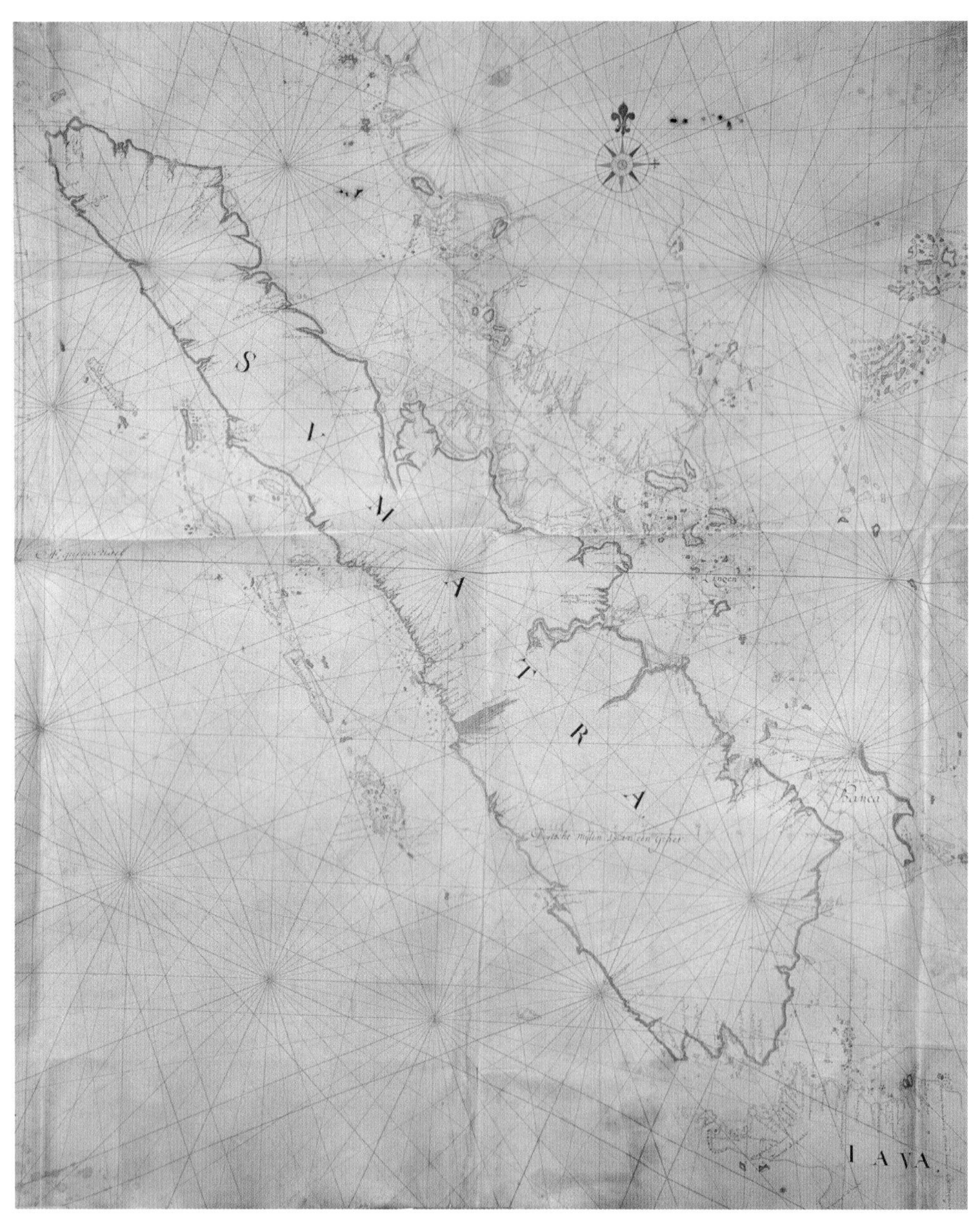

45. 東印度公司提供給領航員的典型海圖：約翰 · 布勞手繪的蘇門答臘與麻六甲海峽海圖（一六五三年）。

46. 約翰・布勞收錄在《大地圖集》（一六六四年版）裡的世界地圖。一次傳統與創新的試探性混合，對照托勒密的古典主義（左）和哥白尼的創新（右）。揚棄了麥卡托的投影法，改用雙半球的立體投影法，但依照距離太陽遠近的正確順序逐一呈現擬人化的行星（頂端），為哥白尼主義背書。

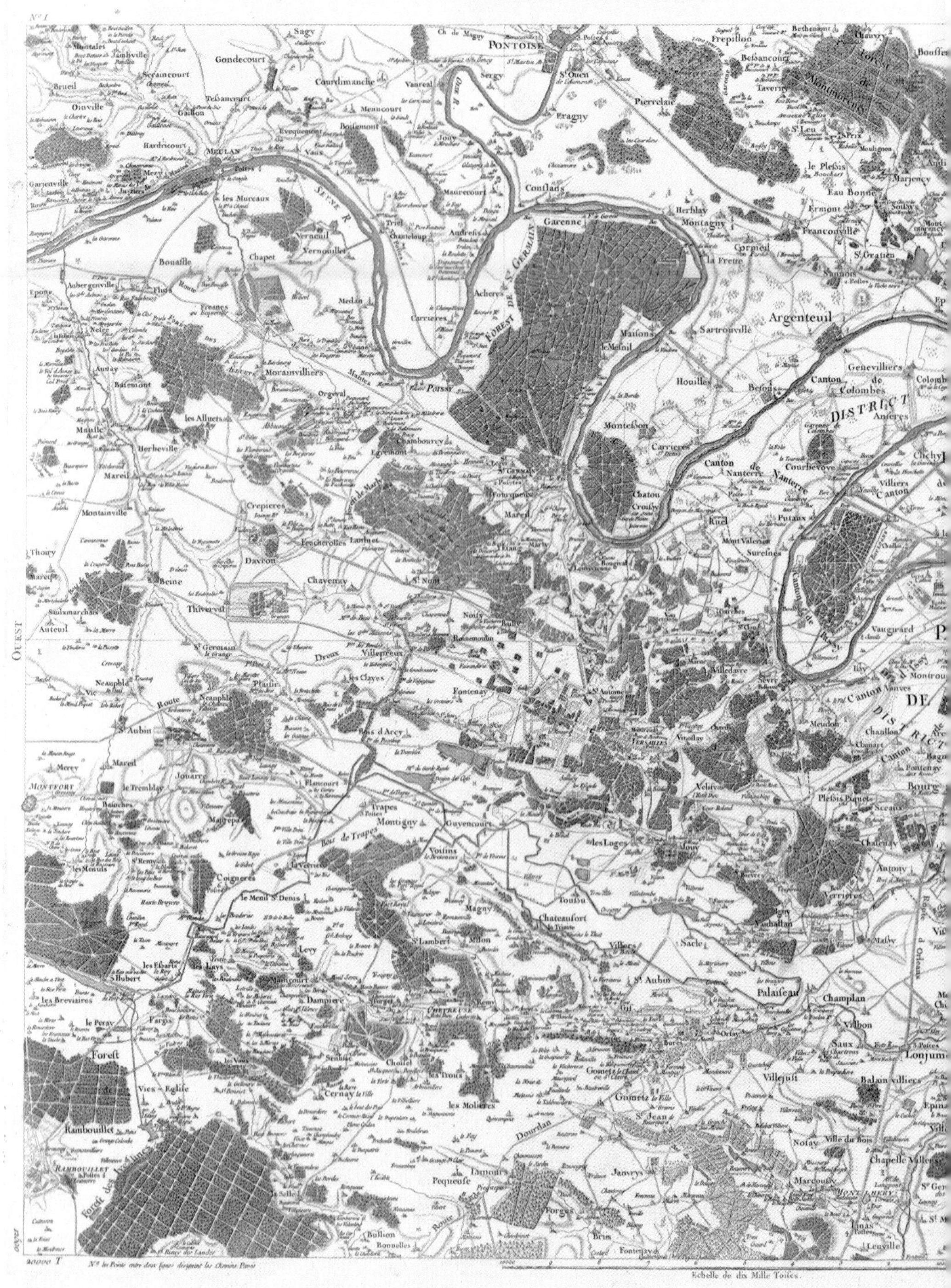

47. 凱撒—方索瓦・卡西尼・德・蒂里第一幅法國地圖，呈現巴黎和周遭地區（一七五六年）。

E DU ROY PREMIERE FEUILLE

Fe 1ere

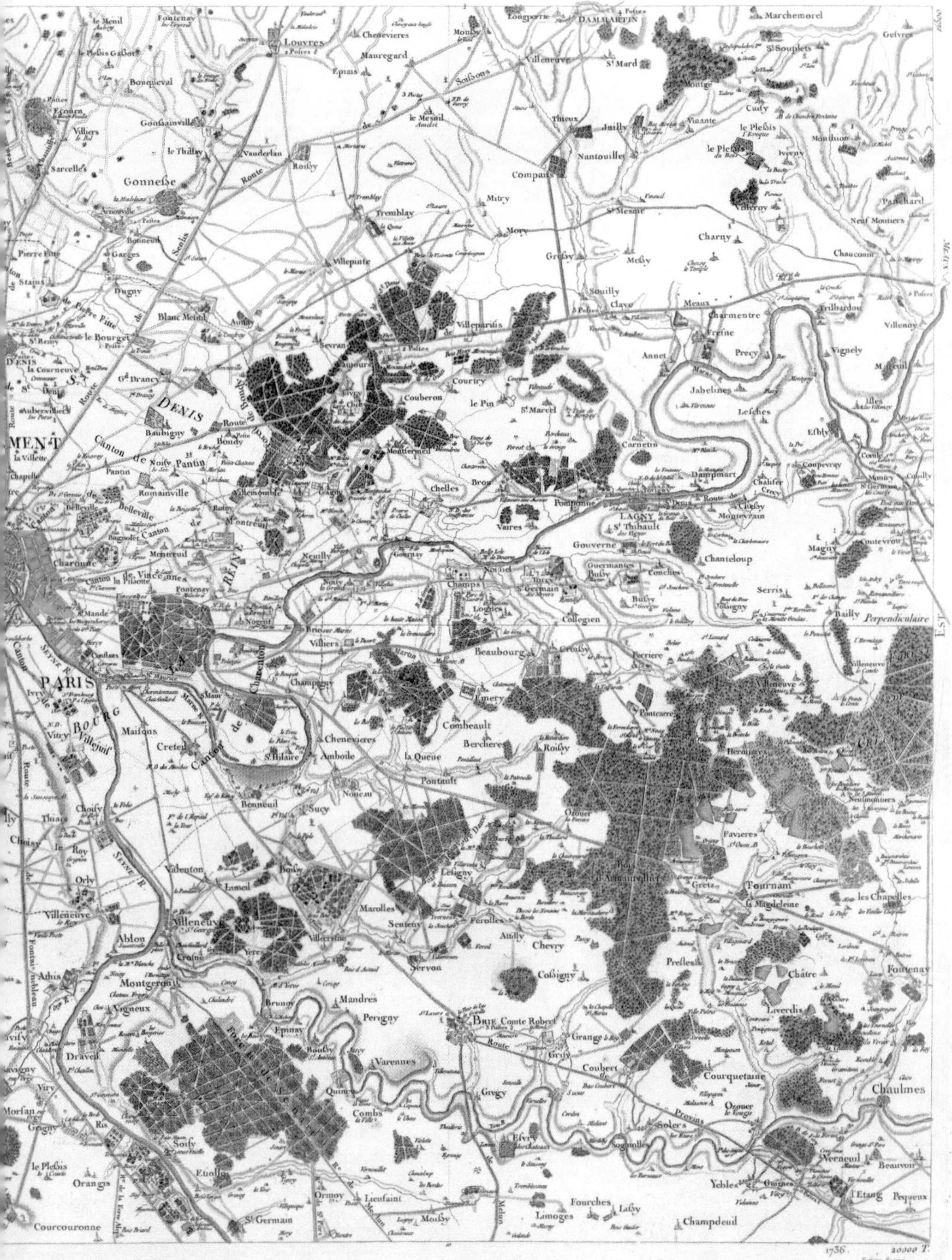

48. 路易・卡比泰納的法國地圖（一七九〇年）。運用卡西尼數十年的測量結果繪製，是第一幅顯示一個新國家國內分界線的地圖：法國大革命因應中央集權政府的需求，把宗教和貴族利益所形成的舊區域劃分改成一般的省。

MER DU NORD
MER MÉDITERRANÉE

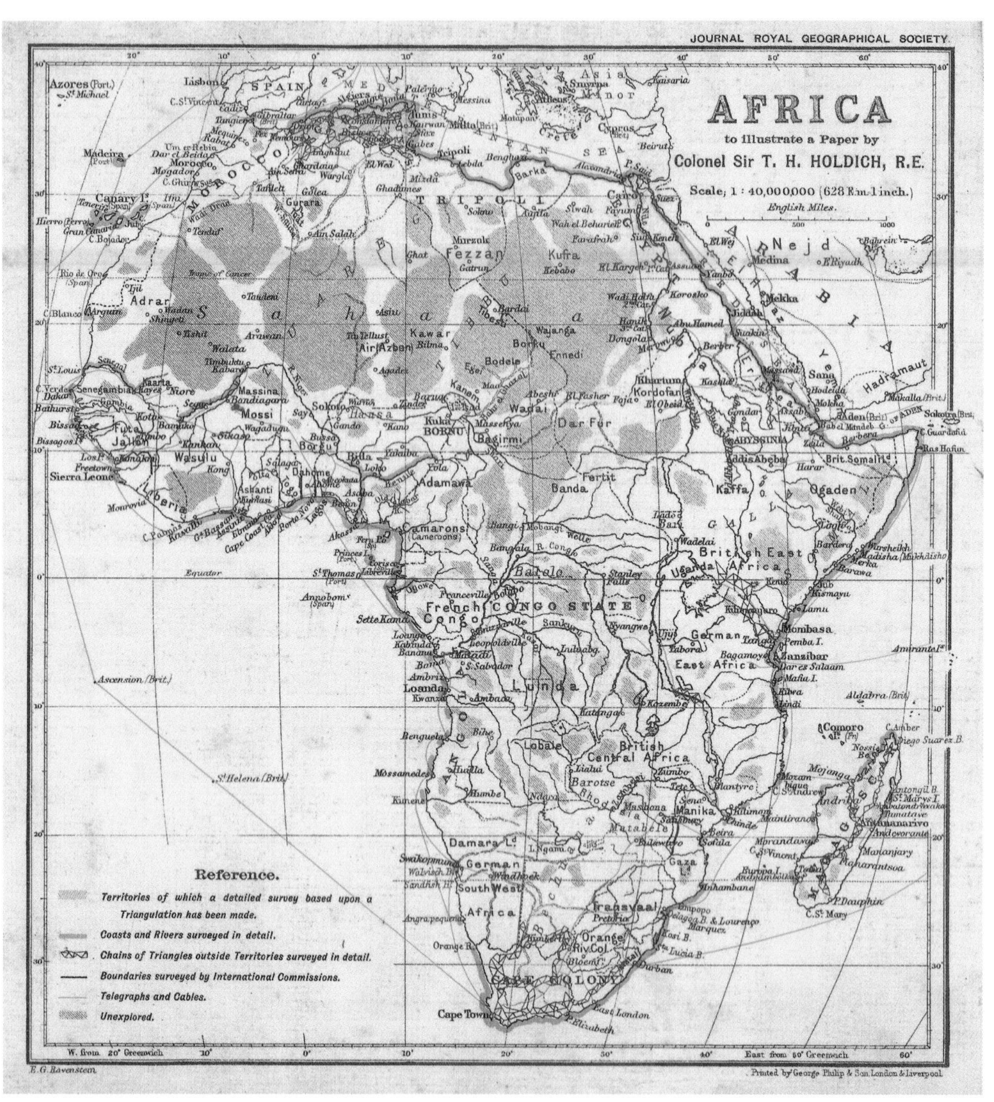

49. 上校湯瑪斯・霍爾迪奇爵士的非洲地圖（一九〇一年），呈現出大英帝國在非洲進行測量的有限性。紅色是用三角法測量的地區，藍色是「詳細測量」的地區。其他地方（包括大片的灰色區域）皆屬「尚未探索」。

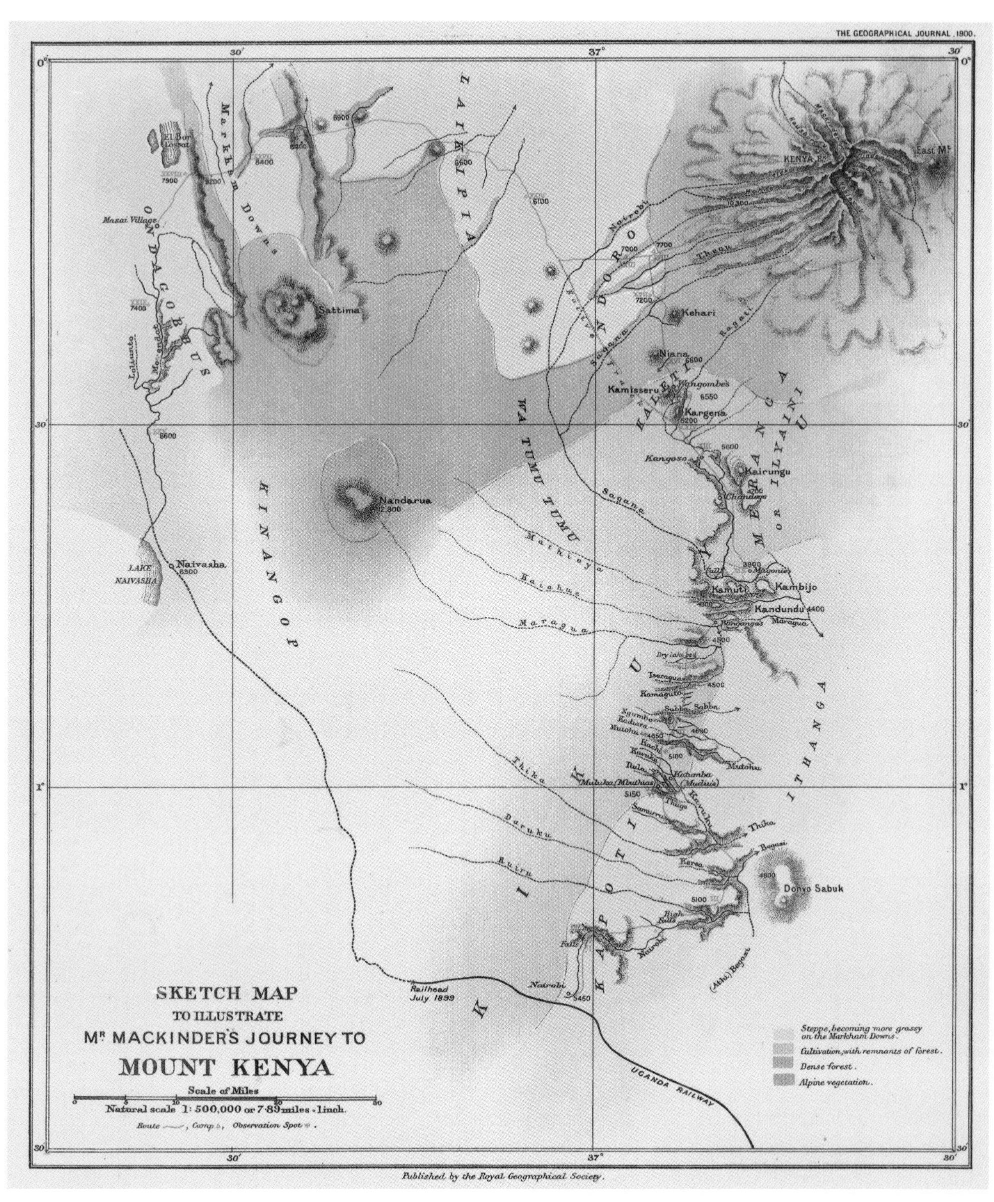

50. 哈爾福德 · 麥金德旅行（紅色）的地圖，從地圖最底部的奈洛比到右上角的肯亞山山峰（一九〇〇年）。西邊是馬克漢姆山，這個名稱是為了紀念皇家地理學會主席。

51. 第一張整個地球的照片，由阿波羅十七號的組員從太空拍攝（一九七二年），一個脆弱的「藍色地球」的指標性影像，激發了環保運動。

52. 一個虛擬世界：Google地球首頁（二〇一二年）。

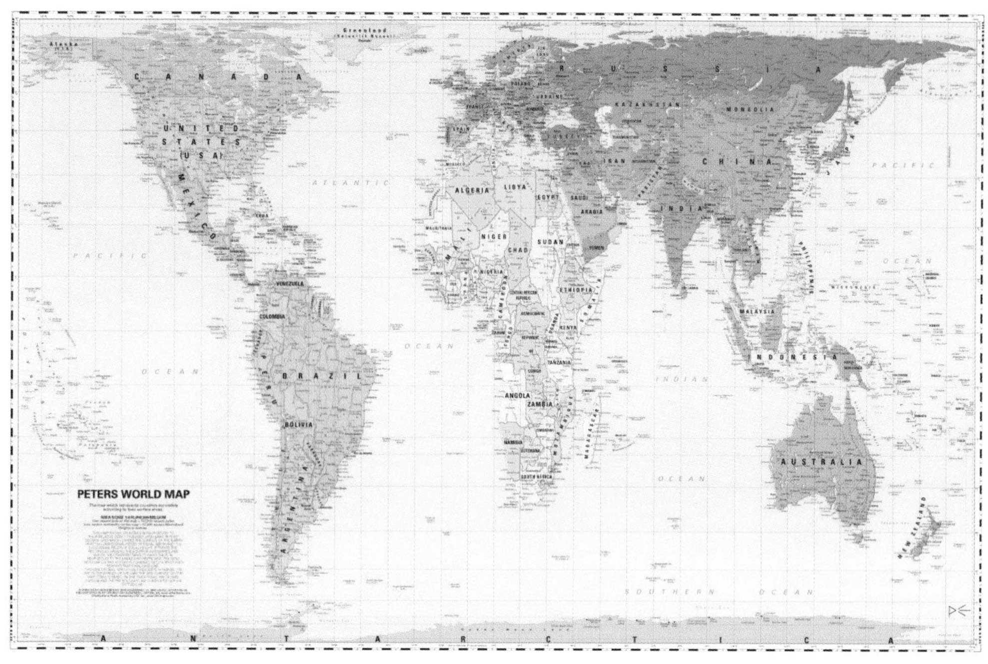

53. 一個平等的世界？阿諾 · 彼得斯用高爾正射投影法繪製的世界地圖（一九七三年）。

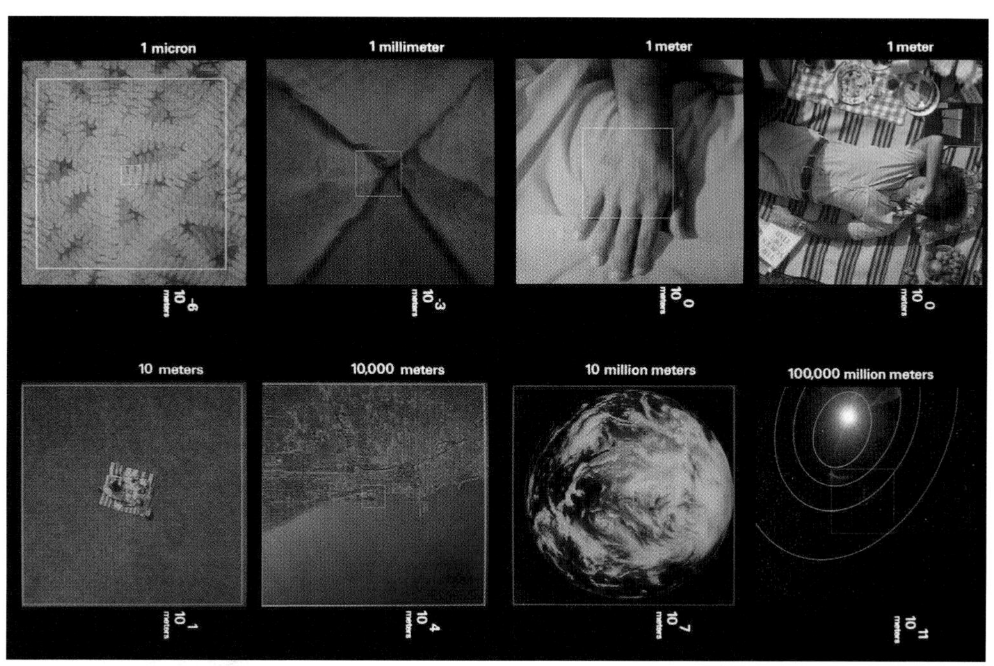

54. 早期的地理空間視覺化：《十的次方》的劇照，查爾斯與雷 · 伊姆斯拍攝的一部短片，深受電腦工程師的喜愛。

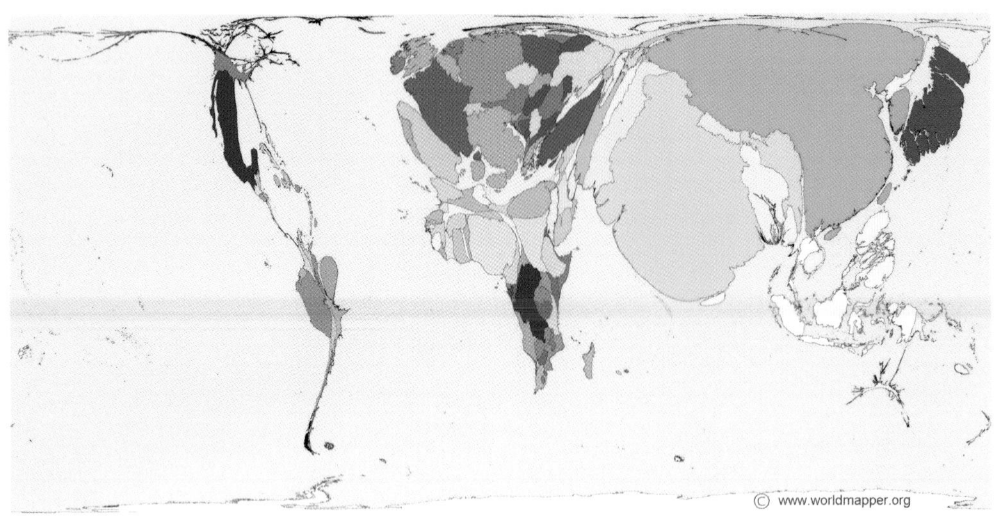

55. 一張顯示一五〇〇年人口分布的統計地圖（二〇〇八年）。當世界的圖像變得越來越熟悉，人口統計學問題將比地理投影法的辯論更重要。

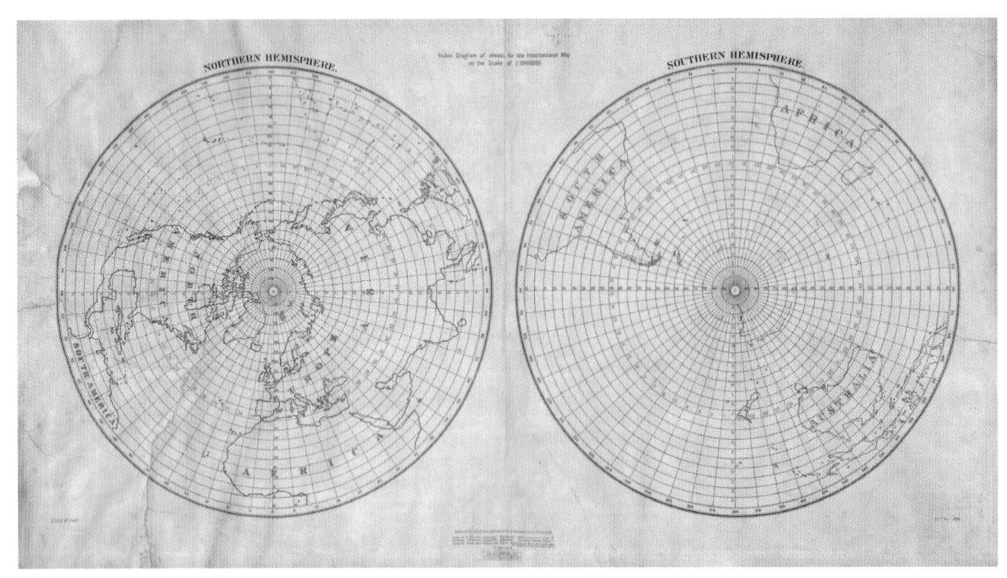

56. 當時提議的1:1,000,000比例尺國際世界地圖所包含之各張地圖的索引圖解。

十二幅地圖看世界史

傑瑞．波頓——著
楊惠君——著

Jerry Brotton

從科學、政治、宗教和帝國，到民族主義、貿易和全球化，
12 個面向，看見人類歷史的全貌

A HISTORY OF THE WORLD IN TWELVE MAPS

獻給吾妻夏珞特

導論　7
西巴爾（現代伊拉克的特爾阿布哈巴城），公元前六世紀

第一章　科學　23
托勒密的地理學，約公元一五〇年
埃及，亞歷山卓，約公元一五〇年

第二章　交流　59
伊德里西，公元一一五四年
西西里，巴勒莫，一一五四年二月

第三章　信仰　87
赫里福德世界地圖，約一三〇〇年
義大利，奧維特，一二八二年

第四章　帝國　117
疆理圖，一四〇二年
中國東北，遼東半島，一三八九年

第五章　發現　145
馬丁·瓦爾德澤米勒，世界地圖，一五〇七年
德國，漢堡，一九九八年

第六章　全球主義　183
迪歐哥·列比路，世界地圖，一五二九年
卡斯提爾，托爾德西利亞斯，一四九四年六月

第七章　寬容　215
世界地圖，傑拉德·麥卡托，一五六九年
比利時，魯汶，一五四四年

第八章 **金錢** 255
大地圖集，約翰・布勞，一六六二年
阿姆斯特丹，一六五五年

第九章 **國家** 287
卡西尼家族，法國地圖，一七九三年
法國，巴黎，一七九三年

第十章 **地緣政治** 327
哈爾福德・麥金德，〈歷史的地理軸心〉，一九〇四年
倫敦，一八三一年五月

第十一章 **平等** 363
彼得斯投影法，一九七三年
印度，一九四七年八月十七日

第十二章 **資訊** 393
Google地球，二〇一二年
地表上空一萬一千公里，虛擬軌道太空，二〇一二年

結語 **歷史之眼？** 425

致謝辭 435

註解 441

導論

西巴爾（現代伊拉克的特爾阿布哈巴城），公元前六世紀

一八八一年，伊拉克裔考古學家霍姆茲德·拉薩姆（Hormuzd Rassam）在巴比倫古城西巴爾（Sippar）的廢墟發現了一塊兩千五百年前楔形文字泥板的小碎片，西巴爾是現在的特爾阿布哈巴城（Tell Abu Habbah），位於巴格達西南郊。在長達十八個月的時間裡，拉薩姆挖出將近七萬塊碎片運回倫敦的大英博物館，這不過是其中之一。當時英國有一群亞述研究專家，費盡心力解讀楔形文字，在他們的啟發下，拉薩姆此行的任務，是找出一塊可望為聖經的大洪水提供歷史記載的泥板。[1]剛開始，因為有其他更精彩、更完整的文物，泥板無人理會。部分原因是拉薩姆不懂楔形文字，看不出泥板的重要意義，直到十九世紀末，上面的文字被成功翻譯成英文，這塊泥板才受到重視。如今，泥板在大英博物館公開展覽，被稱為「巴比倫的世界地圖」。這是已知的第一幅世界地圖。

拉薩姆發現的泥板，是目前殘留的遺跡中最早從上往下觀看地球，以鳥瞰角度把整個世界以平面圖的形式呈現的文物。這幅地圖由兩個同心圓組成，內側是一系列看似隨機排列的圓圈、橢圓形和弧形，以正中央的一個洞為圓心，顯然是以早期的圓規畫成。雖然有八個三角形平均分布在外圈周圍，但只有五個還隱約可見。直到泥板上的楔形文字被解讀出來，才知道這是一幅地圖。

外圈被標示為「marratu」，也就是「鹹海」，表示環繞著人居世界的海洋。在內圈的內側，最醒目的弧狀長方形貫穿正中央的小洞，畫的是幼發拉底河，從北方一個標示為「高山」的半圓形往下流，

最後匯入南方的水平長方形，這裡被描述成「水道」或「沼澤」。把幼發拉底河一分為二的長方形被標示為「巴比倫」，周圍的一系列圓圈排成弧形，表示各個城市和區域，包括蘇薩（Susa，在伊拉克南方）、比特雅金（Bit Yakin，迦勒底〔Chaldea〕的一個地區，拉薩姆本人在附近出生）、哈班（Habban，古代喀西特族〔Kassite〕居住的地方）、烏拉爾圖（Urartu，亞美尼亞）、德爾（Der）和亞述。從代表海洋的外圈向外放射的三角形被標示為「nagû」，可以譯為「區域」或「省分」。三角形旁邊用楔形文字寫的圖例（legend）是描述距離（例如「距離看不見太陽的地方有六里格〔league〕」）[2]和異國的動物——變色龍、野生山羊、瘤牛、猴子、鴕鳥、獅子和狼。這些是未載於地圖的空間，是神祕遙遠的他方，位於已知的巴比倫世界圓形的邊界之外。

從泥板頂端和背後楔形文字來看，這不只是一張地球表面的地圖：這是巴比倫宇宙論的完整圖解，表現的是人類居住的世界。這塊令人充滿好奇的碎泥板說的是創世的神話，是巴比倫神明馬杜克（Marduk）和提亞瑪特（Ti'amat）的戰爭。在巴比倫的神話裡，馬杜克戰勝了泥板上記載的「墮落的神」，於是以巴比倫為中心，在「變換不定的大海上方」，創造出天與地、人類和語言的基礎。馬杜克從海水的原始洪荒中創造出地球，也締造了後來人類文明的種種成就，這塊用泥土製成的板子正是馬杜克豐功偉績的具體表現。

泥板創作當時的環境至今不明。從泥板背後的文字，可以確認這段文字的抄寫員是「伊—貝爾—伊里」（Ea-bēl-ilī）這個人的後裔，來自西巴爾南方的古城波爾西帕（Borsippa，今日的比爾斯尼姆魯德〔Birs Nimrud〕），但是為什麼製作這塊泥板，又是為誰而做，至今依然成謎。儘管如此，我們看得出泥板反映了早期人類智能的一個最基本目標：把某種秩序和結構加諸於已知世界浩瀚無垠、彷彿無窮無盡的空間上。泥板的地圖除了以象徵及神話的方式敘述世界的起源，同時也呈現出一種地球世界的抽象化。它把地球分類為圓圈、三角形、橢圓形和點，藉此理解地球，把文字和圖形統合在一幅世界圖像裡，巴比倫則位於世界的中心。從太空深處俯瞰地球的夢想如今已然實現，然而早在八千多年前，巴比倫的世界地圖就讓觀者有機會從上空俯瞰世界，以神祇般的觀點看塵世之創造。

地球的表面積是五億一千多萬平方公里，即便到了今天，連最熱衷的旅行愛好者也只能行經其中一小部分。在古代世界，即使短途旅行也是難得而艱困的活動，而上路的人通常不是百般不願意，就是萬分恐懼。[3]「看到」世界的尺寸被複製在十二公分長、八公分寬的泥板上，必定令人嘆為觀止，甚至無比神奇。這就是全世界，泥板如是說，而且巴比倫就是全世界。凡自認為是巴比倫一分子的人，看了當然很安心。如果不是巴比倫的一分子，看了以後會覺得泥板把巴比倫的勢力和統治權描述得再清楚不過。難怪從古代開始，像巴比倫泥板這種文物所傳送的地理資訊，向來是祕教領袖或統治菁英的專利。對巫師、學者、統治者和宗教領袖而言，世界地圖對其製作者和擁有者賦予一種奧祕、神奇的權威，稍後本書將一一呈現。如果這些人瞭解創世的祕密和人類居住的範圍，那麼無庸置疑，他們一定懂得如何主宰變幻無常、無從預測的地球世界。

雖然巴比倫世界地圖代表人類首次嘗試把整個已知世界製成地圖，卻是人類地圖製作史上出現得相當晚的例子。史前藝術用平面圖呈現地景，刻在岩石或黏土上，目前所知最早的例子，比巴比倫世界地圖早了兩萬五千多年；可以回溯到公元前三萬年的舊石器時代晚期。儘管考古學家經常辯論其年代與意義，這些早期的銘刻似乎再現了有人居住的小屋、牲畜的圍欄、基本住宅的分隔、對獵場甚至山川的刻畫。圖案大多非常簡單直接，也許很容易被誤認為是想用抽象的幾何圖形來表示物件或事件的空間分布，然而，這些圖案恐怕其實是象徵性比較強的記號，代表著不可解的神話、神聖和宇宙論的意涵，是我們永遠不會知道的。如今，考古學家比十九世紀的前輩更加謹慎，不再輕易把這些早期的岩石藝術以「地圖」一詞名之；要確定史前岩石藝術究竟在什麼時候出現，就像界定嬰兒什麼時候第一次學會以空間的角度區別自己和周遭環境，似乎是白費力氣。[4]

製作地圖的渴望，是人類基本而恆久不變的本能。[5]沒有地圖，我們會怎麼樣？當然，不說也知道會「迷路」，但除了指示如何從甲地到乙地，地圖還解答了許許多多的問題。從蒙童時期，我們就以空間的角度處理訊息，從周遭的實體世界來理解我們自己。心理學家把這種活動稱為「認知繪圖」（cognitive mapping），個人透過這個精神機制來獲得、整理和回想他們空間環境的相關訊息，在這個過程中，個人依據浩瀚、駭人、不可知的「外在」世界，以空間的方式區分和界定自我。[6]不只人類懂得這種繪圖法，動物也會運用繪圖的過程，例如狗或狼用味道來標示地盤，或者是蜜蜂用「跳舞」的動作界定蜂窩到花蜜的所在地點。[7]但關鍵在於只有人類會從繪圖（mapping）躍向製圖（mapmaking）。[8]持久性的圖形溝通方法出現在四萬多年前，人類也培養出這方面的能力，把轉瞬即逝的空間資訊轉譯為持久及可複製的資訊。

那地圖是什麼？英語的「map」這個字（及其衍生字）出現在許多現代歐洲方言裡，例如西班牙語、葡萄牙語和波蘭語，最初是源於拉丁文字mappa，意思是桌布或餐巾。法語的地圖carte源於另外一個拉丁文字，carta，義大利語和俄羅斯語的地圖一字（carta和karta）也是同出一源，拉丁文的carta是指正式的文件，從希臘語的莎草紙這個字衍生而來。古希臘語的地圖pinax指的是另一種東西。pinax是木頭、金屬或石材製成的平板，上面繪製或銘刻了文字或圖像。阿拉伯語的「地圖」一詞比較視覺化：包含兩個字，sūrah（意思是數字）和naqshah（也就是圖畫），而中文也採用類似的字，圖（tu），意思是繪圖或圖解。[9]「map」（或「mappe」）這個用語到公元十六世紀才成為英語的一部分，從十六世紀到一九九〇年代之間，總共出現了三百多個不同的定義，競逐正統之位。[10]

現在，學者普遍接受《製圖史》（*History of Cartography*）提供的定義，本書由J. B.哈利（J. B. Harley）和大衛·伍沃德（David Woodward）擔任總編輯，是一本多卷冊書籍，自一九八七年出版後，迄今仍持續編纂。哈利與伍沃德在第一冊的前言為這個字提出了新的英文定義。他們表示：「地圖（maps），是一種圖形再現（graphic representations），幫助人們以空間的方式來理解人類世界中的事物、概念、情況、過程或事件。」[11]這個定義（本書將全程採用這個定義）

「自然延伸到天體製圖學，以及人類想像的宇宙學（cosmography）的地圖」，使地圖一詞超越了本身比較狹隘的幾何學定義。哈利與伍沃德對地圖的定義囊括了宇宙學——藉由分析地球和天體來描述宇宙——我們才能夠把巴比倫世界地圖這種古代文物視為一種宇宙圖解，也是一張世界地圖。

對地圖的自覺性識覺（perception），以及創造地圖的科學，都是相當晚近的發明。數千年以來，不同文化中所謂的「地圖」的製作者，並不認為地圖有別於從岩石到紙張等各種不同媒介上的正式文件的書寫、畫圖、繪製或銘刻圖解。地圖和我們所謂地理學的關係就更加微妙。從希臘時代開始，地理學一直被界定為對地球（gē）的圖文（graphein）研究，而製圖是其中最重要的一環。不過作為一個知識領域，地理學一直到十九世紀才正式成為西方的一種專業或學術研究科目。

地圖強大的威力和不朽的魅力，很大一部分就潛藏在這林林總總、各有千秋的地圖裡——有布料、平板、圖畫或印刷品。地圖既是一種實體物件，也是一份圖文文件，兼具文字和視覺性：沒有文字的地圖是看不懂的，而沒有視覺元素的地圖，只不過是一堆地名罷了。地圖採用藝術性的製作方法，以極具想像力的方式再現一個不可知的物體（世界）；不過地圖也是科學原理的產物，依照幾何學的線條和形狀將地球抽象化。如哈利與伍沃德所言，地圖是以空間為其終極目標。讓人們以空間的方式理解人類世界的事件；然而本書稍後會提到，地圖要求觀者觀察這些事件是如何一件接著一件發生，因此時間往往也是地圖的重點。我們當然是以視覺的方式看地圖，但也可以把地圖解讀成一系列不同的故事。

*

涵蓋以上種種思維的地圖，正是本書的主題：世界地圖。但「地圖」一詞本身雖然難以捉摸、反覆無常，「世界」（world）這個概念也不遑多讓。「世界」是一個人為的、社會的觀念，指稱地球的完整實體空間，但也代表著構成文化或個人「世界觀」（world view）的種種想法和信仰。對古今中外的許多文化而言，地圖一直是表達「世界」這兩種觀念最完美的工具。中心、邊界和任何一幅世界地圖所包含的其他所有工具，其定義不但取決於這些「世界觀」，也取決於製圖者對地球的實體觀察，而這種觀察無論如何都不可能出自一個中立的文化觀點。本書的十二幅地圖各自呈現出對全世界實體空間的不同想像，亦即理念和信仰的產物。世界觀造就了世界地圖；但世界地圖反過來定義其文化的世界觀。這是絕無僅有的一種共生魔法。[12]

世界地圖帶給製圖者的挑戰和機會，和製作地方地圖有所不同。首先，由於比例尺的關係，世界地圖絕不能被認真當成找路的工具，讓使用者從地表的甲地到乙地。但地方地圖和世界地圖的製作，最重要的差異在於識覺，這一點是任何一幅世界地圖在製作上的嚴重問題。有別於地方性區域，世界永遠不可能讓製圖者一眼看出大概。即便在古代，也可能找到自然或人造地物（features），從這裡用傾斜的角度（「鳥瞰」視角）往下觀察某個小區域，看到當地的基本元素。在太空照相出現以前，人類根本沒辦法透過這種角度來感知地球。

在這項劃時代的變革之前，製圖者在製作世界地圖時特別仰賴兩種資源，兩者在實體上都不是地球的一部分：製圖者頭上的天空和腦子裡的想像力。透過天文學，他可以觀察太陽和星星的移動，並且推估地球的大小和形狀。然而天文觀察無法擺脫基於個人偏見、民間神話及信仰而產生的比較富有想像力的假設，稍後我們就會知道，其實任何一幅世界地圖都依然受到這些力量的影響。拜衛星照相所賜，人們才相信自己看到地球在太空中漂浮，但衛星照相的運用是相當晚近的現象；在更早的三千年裡，這樣的視角必然要靠想像才能達成（儘管如此，從太空拍攝的照片不是地圖，本書最後一章的內容是線上地圖及其對衛星影像的運用，屆時筆者會指出這種照片仍然無法擺脫傳統和操弄）。

除了識覺以外，還有更多挑戰與機會影響了所有世界地圖，連本書選錄的地圖也不例外，回顧巴比倫世界地圖，可以看出每一幅地圖的雛形。最大挑戰是抽象化（abstraction）。任何一幅地圖都替代了它宣稱要展現的實體空間，建構它所代表的事物，並依照一系列抽象標記（亦即國界和邊界、中心和邊陲的開端）來組織地球表面無窮盡的多樣化感官經驗。從地形岩石藝術的簡單線條，或是巴比倫泥板上那種越來越規律的幾何形狀，都能看出這種標記。當這種線條被套用在整個地球上，地圖就不只是描繪世界，而是透過想像來製造世界。數千年來，人類只能透過心眼來理解世界，而世界地圖則是以想像的方式，展現出在實體上無從得知的世界樣貌。製圖者不只是複製世界，也在建構世界。[13]

製圖作為一種強大想像之舉的必然結果，就如同波蘭裔美籍科學家阿佛列德・科日布斯基（Alfred Korzybski）在一九四〇年代留下的那句格言：「地圖不是領土（the map is not the territory）。」[14]如同語言和語言指的物體之間的關係，地圖根本不可能包含它聲稱要再現的土地。英國人類學家格雷格里・貝特森（Gregory Bateson）認為：「紙張做的地圖，是再現製圖者的視網膜再現的畫面；把問題倒推回去，你會發現無盡的倒退，無盡的一系列地圖。而領土從來不曾出現在紙上。」[15]地圖永遠在操縱它企圖呈現的現實。它的操縱工具是類比（analogy）：地圖上的道路是用某一個特殊象徵來代表，這個象徵和道路本身幾乎毫不相似，但觀者會接受這個象徵**就像**一條路。地圖沒有模仿這個世界，反而發展出慣用符號（conventional signs），而我們也承認這些符號代表了它們永遠無法真正展示的事物。唯一可能完整再現其刻畫之領土的地圖，應該是以一比一這種純屬多餘的比例尺作圖。事實上，比例尺（一種比例法，用來決定地圖尺寸大小與地圖再現空間之固定關係）的選擇和抽象化的問題息息相關，對許多作家來說是趣味和喜劇的豐富靈感來源。在路易斯・卡羅爾（Lewis Carroll）的《希爾薇與布魯諾大結局》（*Sylvie and Bruno Concluded*，1893）裡，來自另一個星球的角色米恩・赫爾（Mein Herr）宣告：「〔我〕們其實做了一幅國家地圖，用的是一哩比一哩的比例尺！」當人家問他這張地圖是否經常使用，米恩・赫爾坦承「地圖從來沒打開過」，而且「農夫反對：他們說地圖會遮蔽全國，擋住陽光！所以我們現在把國家本身當國家地圖用，我敢打包票，效果差不了多少。」[16]波赫士（Jorge Luis Borges）把這個誇張的比喻進一步發揮，他那篇只有一段話的短篇故事〈論科學之嚴謹〉（On Rigour in Science，1946），把卡羅爾的說法變得比較陰沉。波赫士描述一個神話中的帝國，這裡的製圖藝術已經詳細到：

> 「眾家製圖學院合力製作一幅帝國地圖，地圖和帝國本身一樣大，每一點都對得剛剛好。後代子孫沒那麼醉心於製圖學的研究，知道這幅覆蓋全國的地圖完全沒用，便讓它飽受酷日和嚴冬的蹂躪，這麼做多少有些不敬。在西方的沙漠裡，破敗的地圖殘骸依然存在，成了動物和乞丐的棲身之地；全國上下沒有其他地理學科的遺跡。」[17]

波赫士瞭解製圖者永恆的困境及潛藏的傲慢：要製作一幅完整的世界地圖，必須經過縮小和篩選的過程。但如果一比一比例尺的地圖是一場不可能實現的夢，那製圖者應該選擇哪一種比例尺，以確保做出的世界地圖不會遭遇他描述的那種命運？本書描寫的許多世界地圖提供了一個答案，但這些地圖選擇的比例尺（或其實是和比例尺相關的其他任何一種特徵）都不曾被公認為權威性的比例尺。

製圖的另外一個問題在於觀點（perspective）。動手製作世界地圖之前，製圖者究竟站在哪個想像位置？就像前面談過的，答案必然取決於製圖者的主要世界觀。以巴比倫世界地圖為例，巴比倫位於世界中心，或者說是歷史學家默西亞．伊利亞德（Mircea Eliade）所謂的「世界之軸」（axis mundi）。[18]伊利亞德表示，古代社會一律用儀式和神話來創造他所描述的「邊界處境」（boundary situation），也就是「人赫然發現自己察覺到自己在世界上的處境」的當下。這個發現創造出神聖國度和世俗國度之間的絕對區隔，前者經過仔細劃分，是一種井然有序的存在，後者不為人知，混沌無形，因此危機四伏。在巴比倫世界地圖上，這樣的神聖空間被內圈包圍，和圈外的三角形所界定的世俗空間形成強烈對照，這些三角形代表混亂、區分不明的地方，和神聖的中心全然相反。從這個觀點來制訂方位及建構空間，是複製神的創世之舉，從混亂中塑造形式，並且把製圖者（和他的贊助者）置於和神明相同的地位。伊利亞德認為，這種圖像牽涉到中心的創造，從而在地球世界與神聖世界之間建立一條垂直管道，建構人類的信仰與行動。或許巴比倫世界地圖正中央的小孔（通常被認為是用圓規畫出地圖的圓形界線時刺穿的）其實是從一個世界通往另一個世界的管道。

巴比倫世界地圖所採用的觀點，也可以稱之為自我中心式製圖（egocentric mapping）。看本書討論的許多世界地圖就知道，自有歷史記載以來，絕大多數的地圖是以產生地圖的文化為中心。即便現在的線上製圖，多少也是受到使用者想立即在數位地圖上找出自己所在位置的慾望所驅使，不管三七二十一，先鍵入自己的住家地址，然後放大畫面，看自己的家在哪裡。我們懷疑世界根本無視於我們的存在，所以從周遭的世界找出我們作為個人的自我在哪裡，這是一種永恆不變讓自己安心的舉動。但如果這種觀點確實是以個人為中心，那麼個人也同時被晉升到神的地位，以神的觀點翱翔天際，俯瞰地球，超然地一眼打量全世界，凝視著困守地面的凡人只能想像的情景。[19]地圖這種掩飾手段的高明之處，是讓觀者在剎那間相信這樣的觀點**的確**是真的，在凝視地圖那一刻，他們不再困守地面。在此地圖有一個最重要的特徵：觀者同時置身於地圖之中**與**地圖之外。觀者一面尋找自己在地圖上的位置，一面想像他們凌駕在地圖之上（之外），在超越性的片刻凝視中，不受時間和空間的桎梏，從無處之處遍覽萬物。如果地圖能解答觀者這個永恆的存在論問題「我在哪裡？」，那也是透過一種神奇的分裂，讓觀者在同一時間置身兩地。[20]

*

如何界定觀者相對於世界地圖所採取的位置，這個問題已經困擾了地理學家好幾個世紀。對文藝復興時期的地理學家而言，要解決這個問題，不妨把地圖的觀者比喻成劇場的觀眾。一五七〇年，法蘭德斯製圖者亞伯拉罕・奧特流斯（Abraham Ortelius）出版了一本書《寰宇概觀》（*Theatrum orbis terrarum*，直譯為「世界劇場」），收錄了世界和當地的區域地圖。奧特流斯採用劇場（theatron）的希臘語定義，是「一個看表演的地方」。在我們面前打開的地圖，就如同劇場，把我們自以為知道的現實，以創意手法展現在我們眼前，卻在這個過程中把現實改頭換面。對奧特流斯及其他許多文藝復興時代的製圖者而言，地理學是「歷史之眼」，是記憶的劇場，因為就像他說的：「地圖攤開在我們眼前，我們可能看到事件的發生過程和發生地點，彷彿就發生在此時此刻。」地圖像一面鏡子，因為「像鏡子一樣擺在我們眼前的地圖，會在記憶中保存更久，讓我們留下更深刻的印象。」不過，奧特流斯也如同所有頂尖戲劇大師，坦承他的鏡子是一個創作性協調的過程（creative negotiation），因為在某些地圖上，「凡是我們覺得好的地方，有的在我們斟酌下被更改，有的被刪除，而其他地方，我們也視需要加入了不同的地物和地點。」[21]

奧特流斯描述觀者看世界地圖的位置，和方位息息相關——我們辨別東南西北的立足點。嚴格地說，方位通常是指**相對的**位置或方向；到了現代，方位被定義為依照羅盤上的各個點所固定的位置。中國在公元二世紀發明指南針，不過在此之前，世界地圖早就根據四個基本方向（東、南、西、北）來定向。要依照哪一個基本方向來為地圖定向，每個文化的選擇各有不同（稍後看本書討論的十二幅地圖就知道），但為什麼某一個方向優於另一個方向，抑或現代西方地圖為什麼習慣把北方定在所有世界地圖頂端，背後的原因並非純屬地理問題。

為什麼北方最終榮膺為西方地理學傳統中的首要方向，這一點一直沒有得到完整說明，尤其考慮到「北方」最初對基督教來說具有負面含意（於第二章討論）。後來的希臘地圖和中世紀初的航海圖，或是航海指南，都是利用羅盤繪製，或許因此確立了南北軸線在導航上優於東西軸線；但即便如此，也無從解釋為什麼不能以南方作為最簡單的首要方位點，再說穆斯林製圖者在採用羅盤以後，仍然長期把南方畫在地圖頂端。無論基於什麼原因使北方最終被定為世界地圖的基本方向，我們從本書後續幾章可以清楚看到，不管選擇以哪個方向為尊，都不是因為什麼天大的理由。

製圖者所面對的最複雜的問題，或許是投影法（projection）的問題。對現代製圖者而言，「投影」是指用一整套數學原理，把三維物體（也就是地球）畫在平表面上的二維繪圖，直到公元二世紀，才被希臘地理學家托勒密（Ptolemy）刻意整理成一種方法，托勒密用緯度和經度的幾何線條構成的網格（經緯網格，graticule），把地球投影在平表面上。在此之前，像巴比倫世界地圖這樣的地圖，並未用明顯的投影法（或比例尺）來建構地圖對世界的編繪（雖然這些地圖當然仍是根據所屬文化對於地球形狀及大小的認定，投影出一個世界的幾何學圖像）。千百年來，人類用過圓形、正方形、長方形、橢圓形、心形，甚至梯形和其他各種形狀，把地球投影在平面上，每個圖形背後都有一套特定的文化信仰。有的認定地球是球狀，有的則不然：在巴比倫世界地圖上，世界被再現為一個扁平的圓盤，人類的居地範圍四周被海洋環繞，海洋之外則是混沌無形的邊際。早期的中國地圖似乎也認定地球是扁平的，只不過本書稍後會說明，這多少是因為中國人自己特別嚮往天圓地方這個至高無上的宇宙學原理。至少在公元前四世紀，希臘人已經指出地球是一個球體，並製作了一連串投影在平表面上的圓形地圖。

上述種種投影法都無法擺脫一個地理和數學上的永恆難題：怎麼把整個地球縮小為單一的扁平圖像？當科學證明地球是球狀以後，問題變得更加棘手：如何才可能把球體正確投射在平表面上？[22]德國數學家卡爾・腓特烈・高斯（Carl Friedrich Gauss）一八二〇年代對投影法的研究最後證明，答案是「不可能」。高斯證明，曲形的球面和平表面的尺寸根本不等量：換句話說，如果用固定的比例尺把地球測繪在地圖的平表面上，形狀或角度一定會產生某種扭曲；稍後我們會看到本書的地圖也有其中幾種扭曲。[23]儘管高斯早就看出這一點，人類卻只是更積極地追求「更好」，也就是更準確的投影法（連高斯也繼續提出他自己的投影法）。即便到了現在，這個問題仍是公開的祕密，世界地圖和地圖集無一不承認，卻被埋藏在建構地圖的技術性細節中。

*

地圖的諸多矛盾之一，是儘管製圖者已經製作了數千年，我們對地圖的研究和理解仍然相對粗淺。歐洲直到十九世紀才出現地理學這個學科，同時製圖者的工作職業化，被重新冠上比較有科學味的製圖師（cartographer）頭銜。因此，一直到不久之前，地理學才開始系統性地瞭解地圖的歷史及其在不同社會中的角色。一九三五年，鑽研考古學出身的俄國海軍軍官里奧・巴格羅（Leo Bagrow，1881-1957）創辦了《世界形象》（*Imago Mundi*），是第一本專門研究製圖史的期刊，接著在一九四四年，巴格羅完成了他的《製圖學的歷史》（*Die Geschichte der Kartographie*），是第一部全面性的製圖學研究。[24]此後，這個領域的專家只出版過幾本暢銷書，哈利與伍沃德主編的多卷冊書籍《製圖史》（編輯計畫開始後，兩人雙雙悲劇性死亡）未來多年都無法更新。製圖學仍然是一門需要鍛鍊的學科，這方面的研究通常由其他不同領域出身的學者進行（像筆者本人），而製圖學的前途，恐怕比它企圖詮釋的地圖更不確定。

從本書的內容可以瞭解，儘管一代代的製圖師殫精竭慮，科學製圖的終極主張卻從來不曾實現。以啟蒙時代的科學原理為基礎所進行的第一次全國性大測量，《卡西尼地圖》（*Carte de Cassini*，本書第九章會加以討論）一直沒有完成，而在十九世紀末發想的全球性測量計畫，國際世界地圖（International Map of the World，本書的結論會交代這幅地圖的來龍去脈），也在二十世紀末被放棄。作為一門學術和專業科目，地理學過去兩百年來反覆無常的發展，顯示地理學不曾積極質疑本身的知識性假設。近年來，地理學家對於他們參與地球的政治區劃，其實相當不能苟同。對地圖的客觀性也不再深信不疑，現在地理學界的人已經認知到，他們和主流的權力和權威體系有密不可分的關係。他們創造出的不是一門客觀的科學，而是一種寫實主義的追求，渴望找到某一種描繪現實的方法。寫實主義是對世界的風格化再現，和自然主義、古典主義或浪漫主義沒兩樣，無怪乎對製圖學客觀性的宣傳不遺餘力的時刻，也是十九世紀寫實主義小說在歐洲稱霸的時候。本書不認為製圖術在科學準確性和客觀性方面不斷進步，反而主張正是「毫無進步的製圖學」，讓不同的文化在特定的時間點上對世界產生特定的想像。[25]

本書從不同文化和世界史不同的時間點選了十二幅世界地圖，並仔細檢視這些地圖試圖透過什麼樣的創作過程，解決製圖者所面臨的種種問題，從識覺到抽象化到比例尺、觀點、方位和投影法。問題本身是不變的，但製圖者的回應卻是其所屬的特定文化所獨有，同時我們發現，他們的回應方式除了基於地理、技術和數學上的原因，同樣也有個人、情感、宗教、政治和財務的因素。每一幅地圖要不是塑造了人們面對周遭世界的態度，就是在全球歷史的特定時刻，具體形成了某一種世界觀——往往兩者皆然。這十二幅地圖都是在特別的關鍵時刻創造而成，製圖者在當時大膽決定了如何再現世界和再現些什麼。在這個過程中，他們創造了對世界的新想像，除了向觀者說明世界就是這副模樣，還要說服觀者相信世界為何存在，並說明他們個人在世界的位置。同時每一幅地圖包含了某種觀念或議題，除了驅使地圖本身的創造，也捕捉到當時的人對世界的理解，從科學、政治、宗教和帝國，到民族主義、貿易和全球化。但地圖未必總是全然出自有意識或無意識的意識型態。不成熟的情感力量也在地圖製作方面扮演了一定的角色。從十二世紀一幅伊斯蘭地圖對知識交流的追求，到一九七三年阿諾·彼得斯（Arno Peters）充滿爭議的世界地圖對寬容與平等的全球性觀念的鼓吹，都是這方面的範例。

雖然本書並未宣稱要提供任何類似全面製圖史的內容，卻也對有關這個學科的主要假設提出幾個挑戰。首先，無論我們如何詮釋地圖的歷史，製圖畢竟不是西方的專利。當前的研究顯示，從巴比倫世界地圖到印度、中國和穆斯林的地圖，前現代、非西方的文化在製圖史上佔有一定的地位。其次，世界的歷史地圖繪製也沒有隱含任何演化或進步的議題。本書所檢視的地圖皆是文化的產物，不同文化以不同的方式來感知實體、陸地空間，而這些識覺影響了他們製作的地圖。從這裡要談到第三個挑戰，每一幅地圖對其使用者和其他人而言，都是一樣包羅萬象、邏輯清晰，無論是中世紀的赫里福德世界地圖（Hereford mappa mundi），或是Google的地理空間應用程式。因此，本書訴說的故事斷斷續續，充滿了斷裂和驟變，而非不斷累積準確度越來越高的地理資料。

不管採用什麼媒介或傳達什麼訊息，地圖永遠是對它宣稱要描繪的空間所做的創造性詮釋。科日布斯基、貝特森等作家以批判的角度

「解構」了地圖是現實之客觀再現的迷思，使地圖彷彿淪為意識型態惡意操弄的工具，無所不用其極地編織欺詐和掩飾的陰謀之網。而本書所收錄的地圖反而被詮釋為一系列巧妙的論證，創意的命題，以極為講究的方式指引人們認識這些地圖所創造的世界。地圖讓我們得以夢想和幻想我們一生無緣得見的地方，無論是在這個世界，或其他迄今不得而知的世界。對地圖最好的隱喻，或許正是倫敦潘汀頓火車站附近鐵軌旁的牆上用四十五公分字母所寫的塗鴉：「觀異地之圖像，萬里天涯亦唾手可得。」隱喻如同地圖，把事物從一處帶到另一處。地圖永遠是異地的圖像，以想像的方式把觀者帶到遙遠、未知的地方，在掌中重新創造距離。參考地圖，是確定那遙遠的他方永遠唾手可取。

「一幅好的地圖是多麼寶貴，」十七世紀畫家賽謬爾．凡．胡格斯特拉登（Samuel van Hoogstraten）以類似的語氣寫道：「在地圖上，吾人宛如從另一個世界看世界。」[26]王爾德（Oscar Wilde）也培養出胡格斯特拉登那種超越性的情懷，故而說了那句名言：「一幅不包含烏托邦的世界地圖根本不值一瞥，因為它遺漏了人類經常登陸的那個國家。當人類在那裡登陸，往外一看，發現有更好的國家，便啟航出發。」[27]地圖總是在選擇要納入什麼和省略什麼，但王爾德夢想，在做這些決定的時候，或許可以創造一個不一樣的世界——或甚至是超越我們所知所見的新世界（這是科幻小說作家忍不住被地圖吸引的原因之一）。奧特流斯坦承，每幅地圖每呈現一樣東西，就會刪除另外一樣，既然以一種方式來表現世界，就沒辦法用另一種方式呈現。[28]這些或許往往是政治決定，但必然也是一種創造。本書收錄的製圖者展現出凌駕於地球之上，從神的觀點俯瞰大地的能力，代表人類內心在理想主義驅使下，任由想像力馳騁，但這個想像如此偉大，以致各種不同的政治意識型態都設法利用它來遂行自己的目的。

基於這項遺風，我們也來討論現在的問題，以及數位線上製圖應用程式日漸普及所引發的爭議，這些爭議都是現在進行式，例如筆者最後一章所討論的主題，Google地球。將近兩千年，一直用石板、獸皮和紙張來製作的地圖，目前正出現自十五世紀發明印刷術以來就不曾經歷過的快速變遷，而且隨著世界和世界地圖被數位化和虛擬化，地圖眼看著就要過時了。或許這些新的應用程式會創造一波前所未有的地圖民主化浪潮，大幅增加民眾的取用管道，甚至賦予他們各自建構地圖的能力。但更有可能的發展似乎是跨國公司的企業利益將締造全新的線上地圖世界，只有基於財務必要性才能擷取，受到政治審查制度管轄，而且對個人隱私漠不關心。本書的其中一個論證就是：任何人如果想瞭解線上製圖的結果，及虛擬的線上世界地圖為什麼是現在這種樣貌，就必須從一個更遠距離的觀點出發，回溯到希臘人最初試圖把已知和未知世界製成地圖的時候。

世界不斷改變，地圖亦然。但本書要談的不是哪些地圖改變了世界。從希臘時代到Google地球，改變從來不是地圖的重要本質。地圖所提供的反而是論證和命題；地圖的功能是界定、重造、塑造和調解。而不變的是地圖永遠達不到自己的目標。本書選錄的地圖有許多在成圖當時遭到嚴厲批判，或很快被取而代之。有的在當時被忽略，或是後來被斥為過時或「不精準」，從此默默無聞。可是這些地圖全都證明了一點：要瞭解我們世界的歷史，不妨研究一下地圖裡的空間如何測繪。空間是有歷史的，而筆者希望本書能透過地圖，稍微幫忙說說這段歷史。

第一章

科學

托勒密的地理學，約公元一五〇年

埃及，亞歷山卓，約公元一五〇年

古典時代的旅人從東方渡海航向亞歷山卓，最早在地平線上看到的是巨大的石砌法羅斯燈塔（tower of Pharos），座落在亞歷山卓港入口的一個小島上。埃及的海岸線基本上沒什麼地物，這座一百多公尺高的燈塔就成了水手的地標。在白天，塔尖上的一面鏡子向水手召喚，晚上便點起火，指引領航員進港靠岸。但法羅斯燈塔不只是一座導航的地標。它是向旅人宣告，他們即將抵達古代世界的一個大城市。亞歷山大大帝在公元前三三四年建立了亞歷山卓城，以自己的名字為城市命名。亞歷山大死後，托勒密王朝（托勒密原是亞歷山大手下的一名將軍）定都亞歷山卓，統治埃及長達三百多年，並將希臘的觀念與文化傳播到地中海沿岸各地和中東。[1]在公元前三世紀，旅人經過石造的法羅斯燈塔，進入港口之後，發現眼前城市的規劃宛如一件斗篷，亦即亞歷山大及麾下大軍所穿的長方形羊毛披風，是希臘軍事力量的指標性形象。希臘號稱是古典世界的「肚臍」（umbilicus），亞歷山卓就如同當時文明世界的其他地方，完全籠罩在希臘的影響力之下。是把希臘城邦移植到埃及土壤的一個活生生的例子。

這個城市的崛起代表古典世界政治地理學一次關鍵性的變遷。亞歷山大戰無不勝、攻無不克，把希臘世界從一群孤立的希臘小城邦變成一連串的帝國王朝，版圖擴及整個地中海沿岸和亞洲。像托勒密王朝這樣把財富和權力集中在帝國內部，戰爭、科技、科學、貿易、藝術和文化自然隨之改變。使人們以全新的方式互動、做生意、交換理念及互相學習。公元前大約三三〇到三〇年之間，希臘化世界從雅典延伸到印度，不斷發展，亞歷山卓就在世界的中心。西邊有來自地中海沿岸各大港口及城市的商人和貿易業者，有的甚至遠從西西里和南義前來，同時亞歷山卓和日益強盛的羅馬有貿易往來，因而致富。北方的雅典和希臘城邦，帶來深遠的文化影響。東方波斯各大王國的影響力不容小覷，為南方肥沃的尼羅河三角洲，以及撒哈拉沙漠以南遼闊的貿易路線和古代帝國，注入了源源不絕的財富。[2]

如同大多數位於民族、帝國和貿易交會點的大城市，亞歷山卓也成為學識和學術的重鎮。在西方的想像裡，亞歷山卓諸多偉大的建築地標中，影響力最大的莫過於當地的古代圖書館。托勒密王朝在公元前三〇〇年左右創立的亞歷山卓圖書館，是歷史上最早的公共圖書館之一，目的是蒐羅每一部用希臘文書寫的手抄本，以及譯自其他古代語言的著作，尤其是希伯來文。圖書館藏書上萬本，以莎草紙卷書寫，全部編成目錄，供人查詢。托勒密王朝在皇宮網絡的正中央建立了一座「Mouseion」，也就是博物館，原本要用來祭祀九位繆斯女神，但托勒密家族把這裡重新界定為朝拜學識和學術繆斯的神殿。博物館邀請學者前來研究，提供住宿、俸祿，最大的優點是能隨時進入圖書館。當代最偉大的幾位學者，從希臘各地被引誘前來博物館及圖書館工作。偉大的數學家歐幾里德（Euclid，約325-265 BC）來自雅典，詩人卡利馬科斯（Callimachus，約310-240 BC）和天文學家埃拉托斯特尼（Eratosthenes，約275-195 BC）都是利比亞人；身兼數學家、物理學家和工程師身分的阿基米德（Archimedes，約287-212 BC）則來自敘拉古（Syracuse）。

亞歷山卓圖書館是最早把古代世界的知識進行系統化收集、分類和編目的單位之一。托勒密王朝下令，凡是進入亞歷山卓的書都必須交給官方，並由圖書館的抄寫員謄寫（雖然書本的主人有時只拿回一份原書的抄本）。由於古典時代的資料彼此的說法嚴重矛盾，因此無從估計館內究竟有多少藏書，不過就算保守估計也超過十萬本。一位古典文化的評注者已經懶得計算。「有關藏書的數量和圖書館的興建，」他寫道：「既然完全出自人的記憶，還有什麼談論的必要？」[3] 這所圖書館其實是個龐大的倉庫，把古典世界的集體記憶保留在館內編目的書籍裡。套一句科學史的說法，這是一個「計算中心」，一個掌握資源的機構，負責蒐集和處理各門學科五花八門的資訊，無論「圖表、目錄或發展軌跡，普遍都能就近取得，隨意結合」，學者可以從中綜合出相關資訊，以尋求更全面、更普遍的真理。[4]

這裡是全球計算與知識的核心重鎮之一，也是現代製圖術的誕生地。公元一五〇年左右，天文學家克勞狄烏斯．托勒密（Claudius Ptolemaeus）寫了一篇論文，標題是*Geōgraphikē hyphēgēsis*，也就是「地理學指南」，後來被簡稱為《地理學》（*Geography*）。坐在昔日宏偉圖書館的廢墟裡，托勒密編纂了一部典籍，號稱是描述已知的世界，也為日後兩千年的地圖製作下了定義。《地理學》以希臘文在八卷莎草紙上寫成，扼要說明希臘人一千年來對人居世界之大小、形狀和範圍的想法。托勒密把自己作為地理學家的任務定義為「純粹只考慮在已知世界更廣泛、普遍的輪廓中與之相關的事物，藉此展現作為單一而連續之實體的已知世界，及其本質與所在位置」，他列出的相關事物包括「海灣、大城市、比較顯著的民族和河川，以及每一種比較醒目的事物。」他的方法很簡單：「首先必須調查地球的形狀、大小以及與周遭環境的相對位置，這樣就可能論及地球已知的部分，以及其大小和樣貌」，還有「每個地方位於天球的哪些平行圈下方」。[5] 依據上述調查而寫成的《地理學》同時具備多重角色：歐、亞、非洲八千多個地點的經度和緯度的地形紀錄；說明天文學在地理學當中的角色；地球及區域地圖製作的詳細數學指南；也是一篇對西方地理學傳統賦予一個永恆地理學定義的論文——簡而言之，是古代世界構想出的一套完整的製圖工具箱。[6]

在托勒密之前或以後，沒有任何一部典籍曾經如此全面地介紹地球，並說明如何描述地球。托勒密的《地理學》完成後，足足消失了千年之久。托勒密當時的原始抄本俱已失傳，直到十三世紀才重新出現在拜占庭，而書中附帶的地圖由拜占庭抄寫員繪製，顯然是以托勒密對地球及書中八千個地點的位置所做的描述為基礎，展示出他在公元二世紀的亞歷山卓所看到的古典世界。地中海、歐洲、北非、中東和亞洲某些地區，看起來一個比一個眼熟。托勒密不知道的南北美洲和澳洲、非洲南部和遠東皆付之闕如，太平洋和大部分的大西洋亦然。印度洋被畫成一片大湖，非洲的南部繞過地圖的下半部，銜接到馬來西亞半島以東的亞洲，臆測的程度也越來越高。儘管如此，這是一幅我們好像看得懂的地圖：北方位於頂端，有幾個標示出關鍵區域的地名，同時以經緯網格建構。如同自柏拉圖以降的大多數希臘前輩，托勒密知道地球是圓的，並且用這個網格來處理把球狀地球投影於平面的困難。他承認，繪製一幅長方形地圖，必須用經緯網格「才能和地球的樣貌相似，因此在拉平的表面上用網格畫出的間隔，也必須盡可能和真實的間隔比例相稱。」[7]

基於以上種種原因，我們不禁想把托勒密的《地理學》視為現代製圖的開山祖師。可惜事情沒那麼簡單。《地理學》內附的地圖是不是托勒密親筆繪製，學術界對此仍是各說各話：許多史學家認為，一直到十三世紀的拜占庭抄本出現，他這部著作才首度出現地圖。不同於醫學之類的科目，希臘地理學沒有所謂的領域或「學派」。實際上，沒有任何史料記載地圖在古典希臘的實際用途，當然也無從證明托勒密的論著曾被當作地圖使用。

想透過托勒密的傳記來瞭解他這本書的重要性，也是白費力氣。我們對他的生平一無所知。他沒有留下自傳、雕像，甚至沒有同時代的人寫下的隻字片語。至於托勒密其他的科學論文，許多迄今不見蹤跡。即便是《地理學》本身，也流散到羅馬帝國淪亡後趁勢興起的基督教和穆斯林社群。從早期的拜占庭手抄本，幾乎無從判斷內容和托勒密的原著相差多少。我們對托勒密僅有的一絲瞭解，純粹是基於他留下來的科學著作，以及多年以後拜占庭對他模糊描述的資料。從托勒密這個姓氏看來，他恐怕是在托勒密埃及土生土長，在他的一生中，埃及已經被羅馬帝國統治。儘管沒有確切證據，「托勒密」也顯示他的祖先是希臘人。「克勞狄烏斯」這個名字表示他擁有羅馬公民身分，可能是克勞狄烏斯皇帝（Emperor Claudius）對他先人的賞賜。他最早的科學研究所登載的天文學觀察，顯示他在哈德良（Hadrian）、馬可·奧里略（Marcus Aurelius）等皇帝統治期間飛黃騰達，可以推估他生於公元一〇〇年左右，並且最晚在公元一七〇年逝世。[8]對於托勒密的生平，我們只掌握了這些資料。

托勒密《地理學》的創造，在某些方面顯得矛盾。儘管該書堪稱製圖史上最具影響力的著作，然而依前文所述，誰也不清楚這本書是否內附地圖。作者本身是數學家兼天文學家，從未以地理學家自居，而他的生平更是一片空白。雖然他住在晚期希臘學術的大城市，不過當時希臘學術的權威和影響力已日趨衰落。羅馬在公元前三〇年推翻托勒密王朝，刻意讓一度偉大的圖書館漸漸衰敗凋零。但托勒密很幸運。唯有當希臘化世界開始慢慢地由盛轉衰，他這本書才能水到渠成，奠定地理學和製圖術的定義；非要等到希臘化世界跌入谷底，才有可能描繪它的地理構造。如果說亞歷山卓圖書館曾經匯聚「人類的記憶」，爾後又遺失不見，托勒密的《地理學》就是再現了人類世界一個重要部分的回憶。但若非作者吸收了希臘在文學、哲學和科學領域上對天與地將近千年的思辨，這樣一部著作是斷然無法完成的。

*

雖然古希臘找不到「geography」這個字，至少從公元前三世紀起，早期希臘人就把我們口中的地圖稱為pinax。另一個常用的說法是periodos gēs，字面意思是「環繞地球之行」（這個用語成為日後許多地理學論文的基礎）。雖然這兩個用語最終被拉丁文的mappa取代，後來古典希臘對地理學的陳述——由名詞gē（地球）和動詞graphein（畫或寫）[9]複合而成——卻流傳後世，亙古不移。這兩個用語都透露出希臘人處理地圖和地理學的方式。pinax是一種刻有圖像或文字的實體媒介，而periodos gēs意味著身體的活動。特別是以繞圈圈的方式「繞行」地球。geo-graphy的字源也顯示它既是一種視覺（圖畫）活動，也是一種語言（書寫）陳述。儘管從公元前三世紀起，這幾個用語的使用越見頻繁，卻仍然隸屬於希臘學術中比較受到認可的學門，也就是神話（mythos）、史學（historia）或自然科學（physiologia）。

希臘地理學發展伊始，就是出自對世界之起源與創造所做的哲學和科學思辨，而非基於任何具體的實際需求。自詡為地理學家的希臘史學家斯特拉波（Strabo，約64 BC-AD 21），在耶穌誕生時，他正在撰寫十七冊巨著《地理學》（*Geography*），回顧何謂世界的起源，他認為「地理的科學」是「哲學家關心的問題」。斯特拉波認為，實踐地理學所需要的知識，完全掌握在「研究人類和神祇的人手中。」。[10]對希臘人而言，地圖和地理都隸屬於一門更大的學問，亦即對萬物秩序的思辨型研究：以文字和視覺來說明宇宙的起源和人類在宇宙中的地位。

有關我們所謂的希臘地理學，最早的陳述出現在一部詩篇裡，詩人是斯特拉波心目中的「第一位地理學家」：荷馬（Homer）。他的史詩《伊里亞德》（*Iliad*）通常被認定是公元前八世紀的作品，在第十八卷的結尾，希臘人和特洛伊人的戰爭進入最高潮，希臘戰士阿基里斯（Achilles）的母親塞蒂斯（Thetis）請求火神赫淮斯托斯（Hephaestus）為她兒子打造一副盔甲，讓阿基里斯穿上之後和特洛伊的對手海克特（Hector）對決。荷馬描述赫淮斯托斯為阿基里斯打造那面「巨大雄偉的盾牌」，就是文學界最早的ekphrasis（對藝術品的生動描繪）範例之一。但也可以視之為一幅宇宙論的「地圖」，或是希臘地理學家所謂的kosmou mimēma，也就是「世界的圖像」，[11]對希臘世界的一種道德與象徵性描繪，這一幅世界圖像由五層同心圓構成。正中央是「地、天、海、生生不息的太陽和月盈，以及綴滿天空的耀眼星群」。再往外看，盾牌描繪著「兩座凡人的美好城市」，一個安享和平，一個陷入戰火；農業生活展現的是犁田、收割和採葡萄；「直角牛」、「白毛綿羊」的放牧世界；最後是「浩瀚大洋河，沿著堅固盾牌的邊緣流動。」[12]

雖然現代讀者不會馬上把荷馬對阿基里斯盾牌的描述當作地圖，或是地理學的範例，「地圖」和「地理學」的希臘語定義卻另有一番見解。嚴格地說，荷馬提供了一種「地—理」——對地球的圖文紀錄——再現了（這裡是以象徵手法）世界的起源和人類在世界的地位。這段敘述也恪遵希臘對地圖的定義，無論究竟是pinax或periodos

圖1　阿基里斯的盾牌，青銅鑄造，John Flaxman設計，一八二四年。

gēs：盾牌不但是刻上文字的實體媒介，也是環繞地球之行，被「浩瀚大洋河」所包圍，這條河標示出一個可能無限的（apeiron）世界的界限（peirata）。後來希臘的評注者認為，荷馬這番敘述提供的不只是地理學，還有創世的故事：宇宙起源說（cosmogony）。火神赫淮斯托斯代表創世的基本元素，而圓形盾牌的構成是一則寓言，說明球體的宇宙如何形成。煉製盾牌的四種金屬（金、銀、銅、錫）代表了構成自然界的四大元素，五層同心圓則與地球的五大地帶相符。[13]

阿基里斯的盾牌不但是宇宙起源說，也是對已知世界的描述，亦即從地平線抬頭凝望天空的人所看到的世界。地球是一個扁平的圓盤，海洋環繞四周，天空和星辰高懸其上，太陽東起西落。這是oikoumenē（人居世界的希臘語）的形狀和範圍。這個字的根源是希臘語的oikos，亦即「房舍」或「居住空間」。從這個字可以發現，如同大多數的古代社群，早期希臘人對已知世界的識覺基本上是以自我為中心，從身體及其永久的居家空間向外放射。世界始於身體，由家界定，終於地平線。地平線之外則是無邊無際的混沌。

對希臘人來說，要懂得地理學，就必須瞭解宇宙起源說。因為瞭解地球（Gē）的起源，就是瞭解世界的創造。除了荷馬以外，另一位詩人海希奧德（Hesiod）在他的《神譜》（*Theogony*，約700 BC）中說得更清楚，宇宙的創造始於無形無體的混沌，卡俄斯（Chaos），後來才出現另外三個神祇，塔耳塔洛斯（Tartaros，是原初世界的地底黑洞之神）、愛洛斯（Eros，愛欲與繁殖之神），以及最重要的蓋亞（Gaia，大地的女性擬人化）。卡俄斯與蓋亞生下尼克斯（Nyx，黑夜）和烏拉諾斯（Uranus，天空）。爾後蓋亞與烏拉諾斯結合，生下了泰坦十二神：包含六子——歐克亞諾斯（Oceanus）、海波利翁（Hyperion）、克伊厄斯（Coeus）、克羅諾斯（Cronus）、伊亞佩特斯（Iapetus）和克利厄斯（Crius），以及六女——尼莫辛尼（Mnemosyne）、費碧（Phoebe）、瑞亞（Rhea）、泰西絲（Tethys）、緹伊雅（Theia）和緹米絲（Themis），後來被宙斯率領的奧林帕斯山眾神打敗。有別於基督教的傳統，在希臘最早期的史料中，有關人類誕生的記載相互矛盾，往往是神明鬥爭的附屬品。荷馬從來沒有說明人類的誕生，海希奧德則完全相反，他號稱人類是泰坦巨神克羅諾斯的造物，卻幾乎完全沒有解釋原因為何。在其他版本的神話中，人類是泰坦巨神普羅米修斯所創，他因為把「火」（也就是自覺性知識〔self-conscious knowledge〕的精神）賜給人類而觸怒了宙斯。其他版本的創世神話（海希奧德及其他人的敘述）則說，人類出自土壤或泥土，因此不具備任何神性。[14]

早期希臘神話的創世記載中這些對人類之誕生語焉不詳的說法，迥異於公元前六世紀在愛奧尼亞的米利都（Miletus，現在的土耳其）興起的論述，當時有一群思想家以科學與自然主義的角度說明「萬物之秩序」，對創世提供了具有科學精神的說明。米利都佔地利之便，受益於巴比倫的創世理論及星象的天文觀察，巴比倫的星象觀察最早源自公元前一八〇〇年，展示在泥板上（如同本書一開始看到的泥板），地球被海水環繞，而巴比倫位在地球正中央。據公元三世紀的傳記作者第歐根尼．拉爾修（Diogenes Laertius）表示，米利都哲學家阿那克西曼德（Anaximander，約610-546 BC）是「畫出海洋與大地輪廓的第一人」，而且「出版了第一幅地理地圖（geographikon pinaka）」。[15]

如同大多數比托勒密更早討論地理學的希臘作家，阿那克西曼德的著作或地圖幾乎全數失傳；如果企圖為希臘地理學的發展拼湊出一個清晰的樣貌，只能仰賴後世的希臘作家憑記憶所做的重建和報導，這些人被稱為古希臘哲學的編集者（doxographer），包括浦魯塔克（Plutarch）、希波利特斯（Hippolytus）和第歐根尼．拉爾修，致力於詳述前輩作家的生平和重要學說。至於許多年後才出現的地理學作者，其重要性往往很難評估，例如斯特拉波和他的《地理學》之所以具有不成比例的影響力，純粹是因為這部著作安然流傳後世。儘管如此，幾乎每一位希臘作家都認為阿那克西曼德是第一個把「萬物之秩序」（the order of things，一般相信這個說法是他自己發明的）說得鏗鏘有力的思想家。海希奧德說宇宙的創造始於卡俄斯，阿那克西曼德的說法略有不同，表示宇宙一開始是永恆的無盡，也就是apeiron。不知怎麼地，這永恆的無盡分泌出一粒「種子」，然後種子產生火焰，「火焰沿著地球周邊的空氣蔓延，如樹皮包裹著樹幹」。[16]當地球開始形成，周遭的火焰熄滅，由下而上出現了「一圈圈」的行星、恆星、月亮和太陽。這一圈圈的星辰日月繞行地球，但要透過「孔眼」（vents）才看得見，從地球透過孔眼看到的天體，是一個個圓形的物體。阿那克西曼德認為人類的生命來自宇宙原初的濕氣（有的版本說人類出生自多刺的樹皮，也有魚類是人類始祖的說法）。像這樣以自然主義的角度解釋宇宙和人類的創生，比起以前奠基於神明和神話的說法，已經有了長足進步，但這番宇宙起源說之所以別具原創性，在於阿那克西曼德如何解釋地球的位置。古希臘哲學的編集者告訴我們，阿那克西曼德主張「地球凌駕萬物，至高無上；和「〔天體周邊〕每一個點保持差不多的距離，因此一直維持在固定位置」，而地球的形狀「是圓柱形，深度是寬度的三分之一」。[17]這一套宇宙起源說孕育了新的宇宙論——對實體宇宙的研究。巴比倫人和過去的希臘人篤信地球漂浮在水面或空氣中，阿那克西曼德反其道而行，提出純粹從幾何學和數學出發的宇宙論，認為宇宙是對稱的，而地球以完美的均衡之姿，穩坐宇宙中心。這是已知最早用科學論述來解釋地球為宇宙中心的觀念。

對於創世的具體起源，阿那克西曼德提出的理性主張，定義了日後希臘形而上學的思辨。他對希臘的地理學影響至深。儘管已經找不到有關他的世界地圖的描述，希臘哲學論述集約略說明了他世界地圖的模樣。把地球想像成一個圓鼓，一圈圈的天體環繞四周：圓鼓的一邊是無人居住世界，另外一邊則是oikoumenē（人居世界），被海洋環繞。圓鼓的正中央如果不是阿那克西曼德的家鄉米利都，就是岩石的omphalos，也就是世界之「臍」（近年才確定位於德爾菲〔Delphi〕的阿波羅神殿），後來的希臘地圖大多據此為中心制定方位。或許有些文字敘述可以補充阿那克西曼德的不足之處：希臘神話的阿耳戈英雄（Argonauts）和奧德修斯（Odysseus）的旅程；periploi，亦即橫跨地中海之行的航海記事；以及黑海、義大利和地中海東岸等區域早期殖民的紀錄。[18]這樣拼湊出的地圖大概包含歐洲、亞洲和利比亞（或非洲）這三座巨大島嶼的基本輪廓，以地中海、黑海與尼羅河為界。

後來的地理學作家會把阿那克西曼德的地圖加以改良或發展，但他的宇宙論鏗鏘有力，幾乎無人能敵。歷史上第一部專門的地理學論文，出自米利都政治家及史學家赫卡塔埃烏斯（Hecataeus，在世期為公元前五百年）筆下，題目叫Periodos gēs，也就是「環繞地球之行」，內附一張世界地圖。如今地圖迭失，只留下論文的些許片段，但多少可以看出，赫卡塔埃烏斯在阿那克西曼德早先的地理學基礎上有了多少進展。赫卡塔埃烏斯的Periodos敘述了歐洲、亞洲和利比亞，始於已知世界最西端的赫丘力士之柱（Columns of Hercules，又稱為直布羅陀海峽），循地中海沿岸東行，經黑海、塞西亞（Scythia）、波斯、印度和蘇丹（Sudan），以摩洛哥的大西洋沿岸為終點。除了提筆談論具體的地理，赫卡塔埃烏斯也參與了在愛奧尼亞起義（Ionian Revolt，約499-493 BC），當時愛奧尼亞有幾個城市挺身反抗波斯統治者，但終告失敗。

赫卡塔埃烏斯的地圖仍舊把世界視為一個圓盤（如荷馬）或圓柱體（如阿那克西曼德）。這種神話及數學的假設一再遭到希臘第一位也堪稱最偉大的史學家希羅多德（Herodotus of Halicarnassus，約484-425 BC）的攻擊。他的長篇巨著《歷史》（*History*）的第四卷，原本正在討論波斯的壯盛國力，和位於已知世界最北端的塞西亞，這時希羅多德突然叉開話題，譴責像赫卡塔埃烏斯這樣的地理學家。「我忍不住嘲笑」，他寫道：「所有地圖製作者的荒謬——這樣的人還不少——他們把海洋化成一條河川，環繞著圓得不得了的地球，而且亞洲和歐洲的大小相同。」[19]希羅多德既是旅行家，也是史學家，對荷馬的神話或阿那克西曼德的科學描述所呈現的那種對稱工整的地理構造非常不以為然。儘管希羅多德一再指出赫卡塔埃烏斯把世界分成歐洲、亞洲和利比亞（非洲）三部分，他也仔細列出和他同時代的人所知道的人、帝國和領土，然後下結論表示：「我不禁詫異居然有辦法這樣繪製利比亞、亞洲和歐洲的地圖。這三大洲的面積其實差別很大。歐洲和另外兩大洲加起來一樣長，而且，在我看來，寬幅不能和兩者相提並論。」[20]他拒絕接受人居世界被海水全面包圍的假設，也質疑為什麼「世界其實是一大塊陸地，卻要分別取三個不同女子名」——歐羅巴（被宙斯誘拐的黎巴嫩公主）、亞細亞（普羅米修斯的妻子——儘管有其他傳說認為這是色雷斯國王科提斯〔Cotys〕的兒子）和利比亞（朱彼得之子艾帕佛斯〔Epaphus〕的女兒）。[21]希羅多德沒興趣探究他口中這些扁平、圓盤狀世界地圖（全數失傳）的幾何學或命名法。對他而言，應該用以經驗為基礎的旅行和個人見聞這種可驗證的事實，來取代上述抽象的理想化。

希羅多德對製圖術隱約提出的種種質疑，成了製圖術未來數世紀的定義——有時是分水嶺。光憑科學（尤其是幾何學）號稱的客觀性，是否足以製作精準的世界地圖？抑或地圖的製作更應該仰賴旅行家過度渲染、往往矛盾又靠不住的報告，藉此研發出已知世界更完整的圖像？基於兩者之間的差異，我們不禁要問，製圖究竟是一門科學還是一種藝術：根本上是一種空間或時間、圖像或文字的活動？雖然希臘製圖術一直以數學和天文學計算為基礎，希羅多德提出了一個問題：在創造更完整的世界地圖時，要如何蒐羅、評估和納入旅行家所收集的原始資料。

希羅多德的憂慮幾乎沒有得到任何當代人士的共鳴，他們繼續鑽研有關地球本質的數學和哲學問題。阿那克西曼德之所以相信宇宙的幾何對稱性，要歸功於畢達哥拉斯（Pythagoras，在世期530 BC）及其門徒，還有巴門尼德（Parmenides，在世期480 BC），是他依據邏輯，提出宇宙是球體，地球亦然。不過有關地球是球體的說法，根據記載最早出現於柏拉圖在蘇格拉底辭世前幾天與他著名的對話《費多篇》（*Phaedo*，約380 BC）的結尾。這番對話最經典的地方，是以哲學角度說明柏拉圖靈魂不死的理念和理想形式的理論，不過在談話結束前，蘇格拉底道出了他所謂「地球奇妙區域」的景象，是有德者在死後看到的畫面。「我相信，」蘇格拉底說：「如果地球是圓的，又位於天空的中心，那支撐著地球，防止它墜落的，既不是空氣，也不是其他任何自然力，而是因為和天空每一個方向維持等距，加上地球本身的均衡所致。」[22]接下來是對地球獨特的柏拉圖式想像。蘇格拉底說明人類居住的只是地表的一小部分，棲身在一系列凹洞裡，「形狀和大小各不相同，水、霧氣和空氣一起流進去；而地球本身位於星辰所在的天空，是一個純粹環境裡的純粹物體。」蘇格拉底解釋說，真正的地球是一個理想的世界，唯有不朽的靈魂才看得見，而「我們的地球」是「真正的地球」之劣質、「腐敗」的複製品。[23]最後，他對地球的超越性提出了精彩的敘述，描述他如何向上升起，低頭俯瞰球形的世界，同時預言了自己的死亡：

> 「首先，如果由上往下看，據說真正的地球看起來就像用十二塊皮革製成的皮球，色彩斑駁，以不同的顏色組成，而我們畫家使用的顏色，其實是這些顏色的樣本。在那裡，整個地球的色

彩其實要比這些顏色鮮豔多了，也更加純粹：一部分是紫色，美不勝收，另外一部分是金色，凡是白色的地方都比白堊或白雪更白；地球包含的其他色彩也一樣，比我們看過的任何一種顏色都更加繽紛美麗。」[24]

不朽的靈魂在精神超越的剎那看到的這個前所未見的幽冥異象，一個球狀、發光的理想世界，被納入日後各式各樣的全球地理學想像中，特別是基督教救贖與精神超升的傳統。同時也界定了柏拉圖在《迪美吾斯》（*Tiamaeus*）提出的信仰，相信世界的創造是出自神聖的造物主或「工匠」。這個地球的異象，是柏拉圖論證形式理論（theory of forms）與靈魂不朽的核心。只有不朽的靈魂能領會世界的理想形式；但凡人以畫家、製圖者或數學家身分所呈現的智識和想像力，儘管是劣質的複製品，也能夠再現理想世界至聖至美的秩序。即便是數學家，也無法再現這個理想的地球於萬一：柏拉圖提到十二塊皮革製成的皮球，是參考畢達哥拉斯十二面體（dodecahedron）的理論，也就是最接近球狀的固體。柏拉圖看到的異象——直到兩千多年後外太空旅行的時代，才實現了升到地球上空，俯瞰燦爛地球的夢想——日後成為世世代代地理學家心目中難以捉摸卻很有說服力的完美典型。

界定了地球在更廣大的創世脈絡中的位置，晚期的古典希臘思想家開始思索天球和地球之間的關係，以及前者如何協助測量後者的形狀和面積。柏拉圖的弟子，數學家暨天文學家尤得塞斯（Eudoxus Cnidus，約408-355 BC）做了一個模型，是天球以同心圓的方式，環繞著貫穿地球的中軸旋轉。尤得塞斯在知識上大步邁進，擺脫地球世界的侷限，畫出一個從「外」往內看的天球，以猶如神明的觀點看著星星和地球，想像不受時間和空間侷限的宇宙（且地球位於其中心）。因此他可以標示出天體在地球上的移動，示範包括赤道和南北回歸線在內的主要天球大圓（想像把地球的中軸向太空延伸，星星似乎是以這條中軸為圓心，在周圍環繞），如何在地球表面縱橫交錯。

尤得塞斯以地球為中心的宇宙，是天體圖製作（celestial mapmaking）的一項重大發展，使他研發出一套黃道帶（zodiakos kuklos，也就是「動物圈」）的擬人化版本，塑造了後來所有的天體圖製作和占星學，而且仍然影響現代地理學的語言，例如北回歸線和南回歸線（巨蟹和摩羯）。除了天文運算，尤得塞斯也寫過一部著作《繞行地球之旅》（*Circuit of the Earth*），如今已不知去向，據說是歷史上最早推算地球周長的著作之一，估算是四十萬個賽跑場（stade，這是希臘的測量方式，出了名的難，相當於用犁在田裡翻一次土所涵蓋的距離。估計在一四八到一八五公尺之間）。[25]把天體和地球的經驗觀察，結合阿那克西曼德和柏拉圖的哲學思辨，尤得塞斯的計算影響了最重要的古代哲學家的著作，以及他對已知世界的識覺：亞里斯多德（Aristotle，384-322 BC）。

亞里斯多德有幾本著作詳細說明了地球的形狀和大小，包括在公元前三五〇年左右完成的宇宙學論文《論天》（*On the Heavens*）和《天象論》（*Meteorology*，精確的話應該翻譯成「高處事物之研究」）。亞里斯多德在《論天》提出的證據，應該足以讓我們認為地球是球狀。他引用阿那克西曼德的宇宙起源論，堅信地球「陸塊的每個地方和中心的距離是相等的」，換句話說，是球狀。亞里斯多德接著說：「感官的證據，進一步確證了這一點。」「否則的話，」他問：「我們看到的月蝕怎會是一段段的〔弧形〕？」除非地球是圓的，否則為什麼「只要把位置稍微往南或往北移動一下，地平線就會出現變化？」[26]

《天象論》把這些論證進一步推衍。亞里斯多德把本書的主題界定為「所有自然發生的現象」，而且「發生的區域極為接近恆星的運行」，和地球的距離也最近。[27]這本書敘述的是慧星、流星、地震、打雷和閃電等等，雖然現在讀起來非常深奧，卻是亞里斯多德企圖對以地球為中心的宇宙賦予形狀和意義的嘗試之一。在《天象論》的第二卷，亞里斯多德敘述人居世界。「因為地球表面有兩個可居住的地區」，「一個是我們居住的地方，朝向比較高的極點，另一個地區朝向另一個極點，即是南極……這兩個地區是圓鼓形。」他推斷「當前的世界地圖」把oikoumenē畫成一個扁平的圓盤，從哲學和經驗的角度來說「很荒謬」：

「因為理論計算證明地球的寬幅有限，而且就氣候而言，很可能像連續的腰帶環繞地球：因為造成溫度劇烈變化的不是經度的差異，而是緯度的差異……根據我們海上和陸上旅行的經驗，也證實了地球的長度遠超過寬度的結論。因為只要能在旅行中獲得精準的資訊，如果計算這些旅程或旅行，從赫丘力士之柱到印度的距離，以大於五比三的比例，超過從衣索比亞到麥奧提斯湖〔Lake Maeotis，即亞速海，鄰近黑海〕和塞西亞最遠端的距離。然而我們知道可居住世界的寬度一直延伸到邊界的不可居區域，一邊因為太冷，另一邊因為太熱而無法居住；而位於印度和赫丘力士之柱以外的是海洋，隔開可居住的陸地，無法形成一條環繞地球的連續腰帶。」[28]

亞里斯多德的地球被分成五個氣候帶，也就是klimata（意思是「傾斜」或「斜度」）：兩個極地，赤道兩側兩個適於居住的溫帶，還有一個順著赤道延伸、因為酷熱而無法居住的中央地帶。這種劃分法是引用巴門尼德提出的klimata，而且率先著手建立氣候的民族誌（ethnography）。[29]亞里斯多德認為，「氣候」，或者是太陽光線的「斜度」，往北離赤道越遠，就越來越少。因此，無論是赤道難耐的酷熱，或是冰冷、「嚴寒」的北極地區，都不可能長期維繫人類的生命，只有北方或南方的「溫帶」才有可能。亞里斯多德相信，要界定已知世界的寬度和廣度，不能欠缺經驗和他認為的經驗事實，這個想法不但會讓希羅多德滿意，也大幅擴張了已知世界的範圍，因為亞里斯多德最著名的門生亞歷山大大帝（Alexander the Great）在公元前三三五到三三二年間從巴爾幹半島一路打到印度，戰績輝煌。亞里斯多德對地球的描述，加上後來托勒密的論文，共同主宰地理學長達一千多年。

古典希臘對已知世界的理論性思辨，在亞里斯多德的《天象論》達到顛峰。他相信必須信任感官，同時高度仰賴實際觀察，背離了阿那克西曼德和柏拉圖的宇宙論，但在亞里斯多德之前的希臘地理學並非純屬理論。偶爾有些典籍提到（許多屬於回顧性質）早在愛奧尼亞起義反抗波斯的時候，地圖就派上了用場。希羅多德敘述米利都的阿里斯塔格拉斯（Aristagoras of Miletus）如何向斯巴達國王克里昂米尼（Cleomenes）請求軍事援助來對抗波斯，說他「見面時帶了一幅刻在青銅上的世界地圖，呈現出海洋和河川」，以及「各個國家的相對位置」。地圖詳細描繪呂底亞（Lydia）、弗利吉亞（Phrygia）、卡帕多細亞（Cappadocia）、賽浦路斯（Cyprus）、亞美尼亞（Armenia）和「整個亞洲」的地理構造，引用的資料似乎遠超過阿那克西曼德的當代地圖，還包括了巴比倫的「皇家幹道」，是從巴比倫向外放射的管制道路，設計於公元前一九○○年左右，專門用來運輸戰車，也作為貿易和傳播通路。[30]阿里斯塔格拉斯承認，照地圖看來，斯巴達大軍必須從海邊跋涉漫漫長路馳援，因此無法說服克里昂米尼出兵援助：所以這個故事是地圖作為政治和軍事用途最早的範例之一。

另外一個故事就比較輕鬆了，亞里斯多芬尼茲（Aristophanes）公元前五世紀的喜劇《雲》（*The Clouds*），敘述一個叫史粹普西底斯（Strepsiades）的雅典公民挖苦一名學生和他的學習用具。該名學生告訴他：「我們有一張全世界的地圖。看到沒有？那是雅典。」史粹普西底斯逗趣的回答充滿了懷疑：「別胡鬧了，」他說：「我連一間法院都沒看到。」當學生指出敵國斯巴達所在位置，史粹普西底斯告訴他說：「那未免太近了！你最好把它搬遠一點。」這些例子在在顯示，早在公元前五世紀，希臘的世界地圖已經是具體、公開的物品，當成一種作戰或勸說的工具。這些地圖非常詳細，銘刻在黃銅、石材、木材或甚至地板上，並展現出某種程度的地理學素養。但地圖也是菁英的專利：亞里斯多芬尼茲諷刺一般人根本不知道地圖精湛的再現功力，但他的笑話要能夠逗趣，前提是觀眾知道地圖只是領土的再現，不可能因為兩個國家好像靠得太近而亂搬。

這是希臘地理學在公元前四世紀的情況。亞歷山大大帝的軍事征服，把地圖製作推向一個比較敘述性的走向，奠基於對遙遠國度的親身體驗和文字紀錄，最後在托勒密的《地理學》臻於顛峰。亞歷山大的軍事征服之所以重要，不只是由於希臘對已知世界的瞭解因此擴大。亞歷山大從恩師亞里斯多德身上學到了經驗觀察的重要性，便指定了一群學者，蒐集他們造訪之處的植物、動物、文化、歷史和地理資料，同時以書面報告軍隊每日的進展。把亞里斯多德及其先輩的理論知識，結合亞歷山大作戰時的直接觀察和發現，在亞歷山大死後的希臘化時代，為地圖的製作法帶來改變。

古典希臘的製圖著眼於宇宙起源說和幾何學，希臘製圖納入這樣的取向，藉此用我們認為比較科學的作法來測繪地球。和亞歷山大同時代的馬薩利亞（馬賽）的皮西亞斯（Pytheas of Massalia）走遍伊比利亞島、法國、英國，可能甚至到波羅的海的海岸，探索歐洲西面和北面的海岸線。這幾趟旅程讓他確定了圖勒（Thule，分別被認定為冰島、奧克尼〔Orkneys〕或甚至格陵蘭）是人居世界的最北端，也準確地確定了天極（celestial pole，地球的中軸線延伸後和天球的交會點）的正確位置。不過對地理學最重要的一點，恐怕是他確定了一個地點的緯度關係到當地最長的白晝有多長，再接著投影環繞地球的緯度平行圈。[31]大約在同一時間，亞里斯多德的門生，麥西那的狄凱阿克斯（Dicaearchus of Messina，在世期約326-296 BC）發展出更精密的模式，來計算人居世界的面積，以及歷史上最早的幾個經度和緯度計算。在已經失傳的著作《繞行地球之旅》（*Circuit of the Earth*）中，狄凱阿克斯把亞里斯多德的理論改得更為精密，主張已知世界的長寬比例是三比二，還畫了一幅地圖，以便進行基本的緯度計算，一條緯線在北緯卅六度左右，由西向東穿過直布羅陀、西西里、羅德島和印度。和這條緯線垂直的是一條經線，由北向南穿過羅德島。

人居世界慢慢開始像一塊不完整的長方形，而不是完好無瑕的圓形。巴比倫和早期希臘的哲學與幾何學對已知世界的識覺，是假設一個理想、抽象的球體，一個有固定圓形邊界（海洋）的有限空間，球體的周長取決於圓心，一個自視為世界文化領導者的地方（巴比倫，或德爾菲）。早先的理想對稱圖形，變成了刻在一個長方形內側的不規則長橢圓形。奠基於幾何學和信心的精準圓心不復存在，轉而用羅德島這樣的地方來計算，純粹因為它剛好位在基本緯線和經線的交叉點上。這番改變隱約顯示人們對於製圖的角色有了不同的想法。描述人居世界的專題論文開始出現不一樣的題目：《論海洋》（*On the*

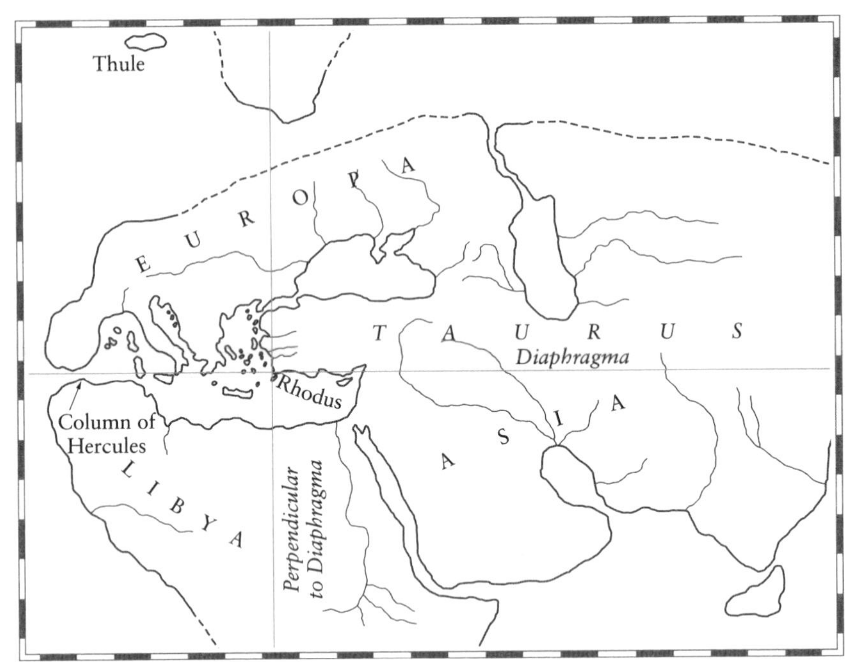

圖2　重建的狄凱阿克斯世界地圖，公元前三世紀。

Ocean）、《論港口》（*On Harbours*）之類的題目取代了比較傳統的《繞行地球之旅》。地理資訊日增，慢慢改變並擴大了人居世界的長方形尺度，不再像圓形的幾何圖形那樣完美定界限。把幾何學和天文及陸地觀察相互合成，讓希臘思想家得以展開一項偉大的集體事業，運用新資訊來計算緯度，估計已知世界的長度，或確認某一個城市或區域的位置。秉持這種合作精神，人們以新的眼光看待地圖，將其視為儲藏知識的寶庫，百科全書式的資訊編纂，或是古典史學家所謂「萬事萬物的詳細清單」。[32]一篇地理學專論可以涵蓋創世、天文學、民族誌、歷史、植物學或其他任何和自然界有關的學科的觀念。「地圖」，就像克里斯汀．傑可（Christian Jacob）說的「成了一種把人居世界的相關知識整理歸檔的裝置」。[33]

不管一個文化究竟從什麼時候開始蒐集本身的知識，整理歸檔，無論用哪一種物質形式呈現，都需要一個具體地點，才能安全容納這樣的知識。對希臘化世界而言，這個地方就是亞歷山卓圖書館，而初期（比托勒密更早）的一任館長概括整理了希臘地理學，自然順理成章。生於利比亞的希臘人埃拉托斯特尼（Eratosthenes，約275-194 BC）在雅典求學，後來在國王托勒密三世的邀請下，前往亞歷山卓擔任國王之子的教師及皇家圖書館館長。在這段期間，埃拉托斯特尼寫了兩本極具影響力的著作（俱已佚失）：《地球之測量》（*Measurement of the Earth*）和《地理學》（*Geographica*）——這是第一本以我們現在所理解的「地理學」一詞來談地理學的書，也是第一本在人居世界的地圖上繪製地理投影的著作。[34]

埃拉托斯特尼的偉大成就，是發明了一種結合天文學觀察和實際知識的方法來計算地球圓周。埃拉托斯特尼運用指時針，亦即日晷的早期樣式，在賽伊尼（Syene，現在的亞斯文〔Aswan〕，他估計位於亞歷山卓以南，距離五千個賽跑場）做了一系列觀察。他發現在夏至的正午時分，太陽光線不會投射出影子，因此太陽就位在頭頂正上方。埃拉托斯特尼在亞歷山卓運用同樣的算法，測量出指時針在同一時間投射出的角度是五十分之一個圓圈。假設亞歷山卓和賽伊尼位於同一條經線，他計算發現兩地之間五千個賽跑場的距離，代表地球圓周的五十分之一。埃拉托斯特尼把兩個數字相乘，得出地球圓周的總數，他估計是二十五萬二千個賽跑場。雖然沒有人知道他的賽跑場究竟有多大，埃拉托斯特尼最後的測量結果大約相當於三萬九千到四萬六千公里之間（學者大多相信比較接近後者）。[35]既然在赤道測量的地球真正的圓周是四萬零七十五公里，埃拉托斯特尼的計算異常精確。

雖然埃拉托斯特尼的算法是根據某些錯誤的假設——例如，亞歷山卓和賽伊尼其實不在同一條經線上——卻因此算出環繞地球的任何平行圈的周長，並推估oikoumenē的長度和寬度。斯特拉波在他的《地理學》中提到，埃拉托斯特尼直接處理如何為地球製圖的問題。埃拉托斯特尼想像世界的形狀像一件希臘斗篷，如同這個讓他一步步瞭解世界的城市，中間是長方形，兩端是錐形。他運用狄凱阿克斯的模式，投影一條由東向西的緯線，從直布羅陀穿過西西里和羅德島，一直到印度和托魯斯山脈（Taurus Mountains，他的托魯斯山脈太往東偏）。和這條緯線垂直的經線，北起圖勒，南至麥羅埃（Meroë，衣索比亞），和緯線在羅德島相交。埃拉托斯特尼進一步精算狄凱阿克斯推估的數字，算出oikoumenē由東到西是七萬八千個賽跑場寬，從北到南的距離是三萬八千個賽跑場。換句話說，已知世界的寬度是長度的兩倍。這個推算帶來了一些錯誤但引人入勝的認定。如果埃拉托斯特尼算得沒錯，oikoumenē恐怕是往東邊過度擴張了，從伊比利亞西岸延伸到超過東經一三八度，也就是現在的韓國，而非位於希臘化世界界限的印度。在一次對地球的精彩想像中，斯特拉波引述埃拉托斯特尼的話，他堅持地球「形成一個完整的圓，起點與終點相接；因此，要是沒有浩瀚的大西洋阻隔，我們可以沿著同一條緯線，從伊比利亞航向印度」。[36]雖然這種說法是基於對地球的尺寸和東邊範圍的錯誤假設，但仍舊對文藝復興時代的探險家產生巨大的影響，包括哥倫布（Columbus）和麥哲倫（Magellan）。

計算了地球的大小，也畫出緯線和經線構成的簡單網格，埃拉托斯特尼在地理學上最後一項重要革新，是用一種幾何學圖形來劃分他的oikoumenē，他把這個圖形叫做斯弗拉吉德斯框格（sphragides），從「印鑑」或「圖章」的行政用語衍生而來，是土地的計算單位。[37]埃拉托斯特尼試圖為不同區域的面積和形狀，找出相符的不規則四邊形，把印度畫成長斜方形，波斯東部是平行四邊形。雖然這好像是一種倒退的作法，卻符合當時盛行的希臘傳統，把哲學、天文學和幾何學投影在實體世界上。也顯示在埃拉托斯特尼之前擔任過亞歷山卓圖書館館長的希臘數學家歐幾里德（Euclid，在世期300 BC）擁有不容置疑的影響力。

在長達十三卷的偉大數學論文《幾何原本》（*Elements*）當中，歐幾里德確立了幾何學和數學的先驗原理，也就是「元素」（elements）。他說明數字與幾何學理論的基本規則，使埃拉托斯特尼這樣的思想家得以根據宇宙不可約分的數學真理和真相，瞭解任何一樣東西（以及每一樣東西）是如何運作的。從點（「沒有部分」）、線（「沒有寬度的長度」）、面（只有長度和寬度）的定義開始，歐幾里德繼續談到平面（plane）與立體（solid）幾何學的原理。據此假定的一系列真理，仍然是中學幾何學的主要內容，例如任何三角形的三個內角和都是一百八十度，或是畢達哥拉斯定理，在任何直角三角形裡，斜邊的平方等於直角兩邊的平方和。歐幾里德的原理確定了一個由幾何學這種基本自然律形成的世界。雖然歐幾里德綜合了很久以前的希臘人在這方面的思維，總的來說，他的《幾何原本》提供了一種對空間的識覺，沿用了將近兩千年，直到愛因斯坦提出了相對論，以及非歐幾里德的幾何學出現為止。對歐幾里德而言，空間是空的、同質的、扁平的，沒有方向之分，而且可以化約為一系列的圓圈、三角形、平行線和垂直線。這樣一種對於空間的識覺，在地圖製作上留下了極其重大的影響。這種影響最初顯示在埃拉托斯特尼相當笨拙的企圖上，他想把所有地球空間都化約為一連串的三角形計算和四邊形形狀，但後來的地圖製作者也因為這種識覺，得以用全新的方式來處理經驗地理學資訊。理論上，所有的地球空間現在都可以依照永恆的幾何學原理來測量和界定，然後投影在由線與點構成、用來編繪世界的數學網格上。因此歐幾里德的幾何學不只構成了後來以埃拉托斯特尼為始的所有希臘地理學，也打造了西方的地理學傳統，直到二十世紀為止。

希臘化世界對於埃拉托斯特尼的天文和地理計算的反應，是公元前二世紀與三世紀政治世界的變遷形塑而成。羅馬共和國的崛起，包括共和國在迦太基和馬其頓戰爭的勝利，標誌著希臘諸帝國的衰亡，亞歷山卓的托勒密王朝也終將毀滅。不管是羅馬共和國或羅馬帝國，幾乎沒有留下任何一幅世界地圖，這是製圖史上的一個巨大謎團。石材或青銅的地籍（或土地測量）圖確實保留了羅馬帝國製圖學的證據，然而要從這些有限證據做出任何推斷，毋寧是危險的，儘管如此，從地面的馬賽克、工程圖、地形繪圖、書面的旅行遊記和道路圖看來，對希臘地理學那種比較抽象的執著，羅馬人相當不以為意，反而偏好地圖在軍事戰役、殖民、土地劃分、工程和建築方面更為實際的用途。[38]

無論如何，要說希臘化世界的製圖傳統比較偏向理論、抽象，而羅馬地理學比較講究實用、組織，這種壁壘分明的區隔在某種程度上是一個錯覺，尤其是這兩種傳統在公元前二世紀相遇，並且融合。希臘化世界其他幾個學術中心當時開始挑戰亞歷山卓的文化霸主地位。到了公元前一五〇年，建都於佩加蒙（Pergamon）、和羅馬的興起有密切關連的阿塔利德王朝（Attalid dyansty）興建了一座圖書館，僅次於托勒密王朝的圖書館，由知名哲學家暨地理學家馬魯斯的克拉特斯（Crates of Mallos）管理。斯特拉波告訴我們，克拉特斯打造了一個地球儀（後來不知所蹤），其中包含四個對稱的人居大陸，海洋像個巨大的十字架，東西向穿過赤道，南北向貫穿大西洋，把四個大陸分開。北半球有oikoumenē，但西邊也有periokoi（「鄰近居住者」），南半球有antoikoi（「反向居住者」）和antipodes（「雙腳反向的人」）。[39]克拉特斯的地球儀巧妙結合了希臘幾何學的固有傳統，以及羅馬共和國正在發展的民族誌，正式形成antipodes的地理學，也預示了日後文藝復興時期對世界「第四部分」的發現之旅。

但不是每個人都接受埃拉托斯特尼。天文學家尼西亞的希伯諸斯（Hipparchus of Nicaea，約190-120 BC）在羅德島寫了一系列專題論文，其中有三卷叫《斥埃拉托斯特尼》（*Against Eratosthenes*），批評他的前輩用天文觀察來繪製地圖。斯特拉波告訴我們：「希伯諸斯證明不管是外行人或學者，除非像我們觀察到的天體和日月蝕那麼確定，否則任何人都不可能獲得必要的地理學知識。」[40]希伯諸斯對八百五十幾顆恆星做了詳細的天文學觀察，因此能夠指出埃拉托斯特尼把緯度計算錯了，也承認除非對日蝕和月蝕做精確的比較性觀察，否則很難測量從東邊到西邊的距離——經線。一直到十八世紀，利用天文鐘，加上對航海時間的準確測量，才妥善解決了這個問題，不過希伯諸斯在歷史上最早的天文圖表中，提出他自己對緯度和經度的初步運算。

站出來挑戰埃拉托斯特尼的人未必都是對的。最具影響力的修正主義地理學家之一，是敘利亞的數學家、哲學家兼史學家波希多尼（Posidonius，約135-50 BC）。除了在羅德島辦學，他也是龐培（Pompey）和西塞羅（Cicero）等羅馬聞人的朋友，寫了幾篇專題論文（全部失傳），精算和修正希臘化地理學的諸多元素。他根據天文學和民族誌的觀察（包括羅馬近期出兵佔領的西班牙、法國、德國等地居民的某些詳細資訊），提出全球有七大氣候帶，而非亞里斯多德的五大氣候帶。更具爭議的是波希多尼質疑埃拉托斯特尼計算地球圓周的方法。波希多尼以他移居的羅德島住家為起點，主張羅德島和亞歷山卓位於同一條經線，相距僅三千七百五十個賽跑場（不管他所謂賽跑場的長度是多少，這個數字都是嚴重低估）。然後他在羅德島觀察船底座（Carina）星雲的老人星（Canopus）的高度，宣稱老人星就位在地平線上，不過到了亞歷山卓，老人星上升了七又二分之一度，也就是四十八分之一個圓。波希多尼把三千七百五十個賽跑場乘以四十八，估計地球的圓周大約是十八萬個賽跑場。可惜他把兩地之間傾斜的角度估計錯誤，羅德島和亞歷山卓之間的距離也算錯了。他的計算嚴重低估了地球的大小，但卻被一代又一代的人繼續沿用。

從歷史的角度，波希多尼代表的正是希臘化時代與羅馬時代製圖傳統交會的時刻。這個發展在斯特拉波寫於公元七年到十八年間的著作《地理學》達到顛峰。斯特拉波的《地理學》共有十七卷，大多保留了下來，分毫不差地保留了地理學和製圖術在托勒密時代之前曖昧不明的情況，當時羅馬帝國主宰了地中海，而希臘化世界進入漫長的衰敗期。原籍本都（Pontus，位於現在的土耳其）的斯特拉波在知識上深受希臘化文明影響，在政治上卻是羅馬帝國主義的產物。雖然大致上遵循埃拉托斯特尼的計算，斯特拉波把 oikoumenē 的尺寸縮小，長度低於三萬個賽跑場，寬度是七萬個賽跑場。他建議打造一個直徑至少三公尺的「大地球儀」，藉此迴避了把地球投影在平表面上的問題。如果到頭來這個方法也不可行，他願意用一張緯線和經線構成的長方形網格畫出扁平的地圖，同時相當輕鬆地說：「如果用直線來代圓形，也差不了多少」，因為「我們的想像力可以輕易把眼睛在平表面看到的形狀或規模轉移到球狀或球體的表面。」[41]

斯特拉波的《地理學》承認哲學、幾何學和天文學在地理研究中的重要性，同時也盛讚「地理學」對「政治家和指揮官活動」的「效用」。斯特拉波認為「地理學的研究需要百科全書式的學識」，從天文學和哲學到經濟學、民族誌和他所謂的「地球史」，缺一不可。斯特拉波所謂的地理學，符合羅馬人一貫的態度，是高度政治性的人文地理學，研究地球如何被人類據為己有。這是和政治活動有關的實用知識，讓統治者能夠更加有效地統治，抑或照斯特拉波的說法，如果「政治哲學主要是處理統治者，如果地理學提供了那些統治者的需求，那麼地理學似乎比政治學更佔優勢。」[42]斯特拉波不是地圖製作者，但他的著作標示出從希臘化地理學到羅馬地理學的一個重要變化。希臘化世界把地理學視為有關oikoumenē（已知世界之「居住空間」）的哲學和幾何學研究；現在羅馬人則把地理學視為實用的工具，用來理解他們所認定的人居世界：orbis terrarum，亦即「寰宇」，一個從奧古斯都皇帝以降就被認為和羅馬共同存在的空間，被稱為imperium orbis terrarum，也就是「世界帝國」。[43]在地理學和帝國主義最早也最大膽的綜合體中，orbis terrarum認定世界就是羅馬，羅馬就是世界。

*

實際上，剛開始閱讀托勒密的《地理學》，上述這些在知識界和政治界的變化都不是一下子看得出來的。沒有多少人看出這位天文學家寫作當時，正是希臘製圖術千年傳統的顛峰期，也絲毫嗅不出羅馬地理學對他著作的影響，儘管從公元前三十年被奧古斯都征服開始，亞歷山卓已經接受羅馬一代又一代的帝國統治。托勒密的書裡也沒有提到亞歷山卓圖書館，公元前四十八年，一場大火燒毀了許多藏書和建築物，到了公元二世紀中葉，圖書館在埃拉托斯特尼掌管下的光輝已不復見。相反地，托勒密的著作讀來像希臘化學術盛期一篇不朽的科學論文，冷淡看待周遭世界的變化。托勒密遵循固有的地理學傳統：建立自己的天文學資歷，然後撰寫研究論文，如同斯特拉波的《地理學》和希伯諸斯的《斥埃拉托斯特尼》，他的論文也用大部分篇幅來解釋自己有哪些意見和當代的前輩相左。

托勒密更早之前完成的劃時代天文學論文，是一部十三卷的數學天文學彙編，題目叫《天文學大成》（*Almagest*），提供了地球中心論的宇宙最完整的模型，而且流傳了一千五百多年，才遭逢哥白尼（Nicolaus Copernicus）太陽中心論的論文《天體運行論》（*On the Revolutions of the Celestial Spheres*，1543）的挑戰。托勒密的宇宙論徹底背離了柏拉圖的宇宙論，以及神聖天體的理念。《天文學大成》擴大了亞里斯多德的地球中心宇宙論信仰，這種宇宙論深受因果關係的機械物理學影響。托勒密主張地球是靜止不動的球體，而球狀的天體宇宙以地球為中心，每天從東往西繞轉一圈。太陽、月球和行星也加入繞行的行列，但各自沿著和固定恆星不同的軌跡轉動。托勒密也依據和地球的鄰近程度，將行星一一羅列，從月球開始，然後是水星、金星、太陽、火星、木星和土星。托勒密發展希伯諸斯的天文觀察和歐幾里德的幾何原理，把一千零廿二顆恆星分為四十八個星群；他說明天球要如何製作；並且運用三角法（尤其是弦〔chords〕）瞭解並準確地預測日月蝕、太陽偏角，以及從地球中心的角度看來，行星與恆星彷彿不規律或倒退的運行。[44]

如同希伯諸斯和許多希臘前輩，托勒密也相信「恆星與人類相似，而且我們的靈魂是天體的一部分」。[45]從這種精神性的論述裡，產生了一種對宇宙比較實際的研究取向：對恆星運行的測量越準確，對地球大小和形狀的計算就更精準。在《天文學大成》的第二卷，托勒密說明為什麼蒐集天文資訊能夠更準確地測量地球的緯線，同時坦誠表示：

> 「初測還沒辦法確定每一省的重要城市在經線和緯線上的位置，以計算那些城市裡的現象。但既然這個資訊的提出關係到一個獨立的製圖學計畫，我們會把這些資訊單獨呈現，不過要先說明是哪些研究人員把這個題材研究得最完整，記錄在劃過城市的經線上，每個城市和赤道的距離是多少度，以及在赤道上，這條經線位於劃過亞歷山卓的經線以東或以西多少度，因為我們是靠那條經線確定了和〔天體的〕位置相對應的時間。」[46]

《天文學大成》大約是在公元一四七年後不久寫成的。因為需要以《天文學大成》書中記錄的天文學觀察作為基礎的一個「獨立的製圖學計畫」，才激勵托勒密提筆撰寫下一部著作，《地理學》：這是一份說明文，目的是補充較大的天文學著作之不足，以圖表的方式呈現，提供關鍵城市的座標。在《天文學大成》和幾篇研究占星學、光學和力學的論文完成以後，托勒密又完成了這第二部巨作的八卷內容。

完成後的文本遠超過當初承諾的一系列關鍵地理座標圖表。托勒密決定不要親自出馬或透過代理人蒐集資料，轉而對照和比較他在亞歷山卓能拿到的每一份文本。他強調旅行家敘述的重要性，但也提醒這些敘述可能靠不住。《地理學》承認有必要「大致遵循我們手上」出自優秀地理學家和史學家「最新的報告」。這些包含語源學和史學的資料——像泰西塔斯（Tacitus）這樣的羅馬作者，以及他在《年鑑》（*Annals*，約AD 109）當中對北歐的描述，還有來源不明的環航記（periploi），例如作者不詳的《厄立特里亞海航行記》（*Periplus of the Erythraean Sea*，約公元一世紀），是一名商人對紅海和印度洋各地的旅遊指南。《地理學》所引述的最重要作者是泰爾的馬里努斯（Marinus of Tyre），他的著作早已失傳，不過照托勒密所言，他「似乎是我們這個時代最新一個研究這種題材的〔作者〕」[47]。第一卷是界定地理學的題材，以及如何繪製人居世界的地圖。第二到第七卷是他承諾過的地理座標圖表，不過現在擴大到涵蓋八千個城市和地點，依照緯線和經線一一羅列，從最西邊的愛爾蘭和不列顛開始，往東經過德國、義大利、希臘、北非、小亞細亞和波斯，最後到達印度。第八卷提出如何把oikoumenē分成二十六幅區域地圖：歐洲十幅、非洲（當時仍稱為「利比亞」）四幅，以及亞洲十二幅，拜占庭帝國最早出現的《地理學》複製本，也是照這個次序呈現，書中附有地圖，以及後來大多數的世界地圖集。

托勒密的圖表囊括豐富的地理學資訊，不只包含地理學研究的學術傳統，還有旅行家的天文學計算和文字見證。從《地理學》一開始，托勒密就說得很清楚，「這種作法的第一步是系統性研究，從受過科學訓練、曾經周遊列國的人所寫的報告中盡量收集知識；而且這種調查和報告有一部分是測量，有一部分是天文觀察。」這樣的「系統性研究」之所以成為可能，全靠參考亞歷山卓圖書館的Pinakes，也就是「綱目表」（Tables），這是歷史上最早依照主題、作者和題名編纂的圖書館目錄，由昔蘭尼的卡利馬科斯（Callilmachus of Cyrene，約250 BC）編纂而成。《地理學》是一個龐大的資料庫，編纂者是第一位被公認的椅子地理學家，一個在不變的中心運作的「不動心靈」[48]，把形形色色的地理學資料變成一個龐大的世界檔案庫。

托勒密認為，討論宇宙的起源，容不下臆測性的宇宙起源說，也不允許意圖固定oikoumenē不確定和變動不居的地理和政治疆界。《地理學》一開始就定了調，地理學的永恆定義，是「藉由繪製整個已知世界，以及在廣義上和已知世界相關的事物，而形成的一種模仿」。托勒密認為地理學是對已知世界完整的圖文再現（但必須提一下，不是再現整個地球），迥異於他所謂的地誌學（chorography），也就是「區域地圖製作」，在這方面，他贊同羅馬人專注於土地測量。雖然地誌學需要「地景繪圖」的技巧，托勒密說製作世界地圖「完全不需要這種技巧，因為只要藉由線條和標誌，就能讓人看到「〔地物〕位置和大概的輪廓」，在這個幾何學的過程裡，數學方法「居於絕對優先」[49]。托勒密用鮮明的身體隱喻來對比這兩種地理學研究取向，他相信地誌學提供的是「一個局部的印象，只畫出一隻耳朵或眼睛；但世界製圖學的目標是提供整體概觀，類似繪製整個頭的肖像。」

確立方法學以後，托勒密繼續詳細批評泰爾的馬里努斯的方法，藉此討論地球的大小，以及經線和緯線的尺度，然後提供他自己用來繪製世界地圖的地理投影法。托勒密的計算方式最重要的層面之一，牽涉到整個地球和人居世界（oikoumenē）的相對大小。托勒密再次參考埃拉托斯特尼和希伯諸斯的計算，把地球圓周分成三百六十度（根據巴比倫的六十進位系統，以六十作為所有事物的測量單位），估計每一度的長度是五百個賽跑場。因此他算出的地球圓周和波希多尼相同：十八萬個賽跑場。這個數字當然太低了，依照賽跑場這個計算單位的長度，大概低估了一萬公里，也就是地球實際圓周的百分之十八以上。但如果托勒密相信地球比埃拉托斯特尼之類的前輩所想像的更小，他卻繼續主張地球人居世界的尺度遠超過許多人的認定：他的oikoumenē從西到東的弧度只約略大於一七七度，從穿過幸運島（Fortunate Isles，迦納利群島〔the Canary Islands〕）的本初子午線到卡蒂加拉（Cattigara，被認定位於現在越南的河內〔Hanoi〕附近），他估計中間的距離是七萬兩千個賽跑場。計算後發現寬度略大於長度的一半，不到四萬個賽跑場，從北緯六十三度的圖勒，到位於南緯十六度的「亞入新巴」地區（Agisymba，現今的查德），依照他的測量，中間的緯度距離略大於七十九度。[50]

這樣的測量結果讓我們不禁要問：托勒密的緯度和經度是怎麼算出來的。他依照在地球上任何一個地點對每年最長的白晝所做的天文觀察，計算出緯度平行圈線。從白晝最長是十二小時的赤道零度開始，每一條緯線增加四分之一小時，一直到白晝最長十五個半小時的緯線，他把每一條緯線的增幅改為半小時，直到抵達oikoumenē的邊界，他估計這裡緊貼著穿過圖勒的緯線，最長的白晝是二十小時。採用這種測量方式及希伯諸斯的計算（根據至點對太陽高度角所做的天文觀察），托勒密寫出了他的緯度圖表，儘管他的觀察方法相對簡單，很多位置都不正確（包括亞歷山卓）。

經度的計算則更加困難。托勒密相信斷定經度的唯一辦法，是把太陽當作時鐘，根據時間而非空間，由西往東測量經線之間的距離：只要位於同一條經線，每個地方會在同時看到正午的太陽跨過子午面（plane of the meridian）。於是托勒密著手計算他的人居世界最西點（幸運島）的經度，然後以五度或是一個二分小時（equinoctial hour）的三分之一的間隔，往東畫出每一條經線，總共包含十二小時，相當於一百八十度。他的測量結果或許不準確，但這是歷史上首度採取系統性的方法，提供一致的資訊，使後來的地圖製作者可以把經緯網格投影在人居世界，一個以時間而非空間計算所構成的經緯網格。我們往往把製圖當成一種空間再現的科學，但托勒密所呈現的世界是以時間作為測量單位，而非空間。[51]

在《地理學》第一卷的結尾，托勒密不再談論馬里努斯，轉而說明他在地理學的另一項偉大革新：一系列的數學投影，目的是把球狀的地球再現於平表面上。儘管承認地球儀「和地球的形狀極其相似」，托勒密指出，這樣的地球儀必須大得不得了，才能讓我們看到地球，並精準規劃如何在地球表面活動，而且無論如何都無法讓我們「一眼看盡整個球體」。於是托勒密反而提議「把地圖畫在平面上」，製造出一眼看遍整個地表的錯覺，「就能完全去除這些棘手的問題」。儘管如此，他承認這種作法本身也有問題，而且「必須用某種方法，才能讓地圖和地球儀的圖像類似，因此在扁平化的表面，地圖上的間隔也必須盡可能和真正的間隔形成適當的比例。」[52]托勒密這句話涵蓋了日後製圖者面臨的一項重大挑戰。

馬里努斯曾試圖解決這個問題，他創造出直角（rectangular）或「正射」（orthogonal）投影，照托勒密的說法，「讓代表緯圈和子午圈的線條都變成直線，也讓代表經線的線條互相平行」。可是當地理學家把想像的緯線和經線構成的一張幾何網投影在球狀的地球上，其實會出現長短不一的圓圈。馬里努斯不去理會這一點，只強調最重要的是沿著他在北緯三十六度穿過羅德島的主要緯線測量，並也坦承在這條線以南或以北，扭曲的情況會越來越嚴重。他承認對地球空間做離心再現（centrifugal representation），準確性會從可確認的中心向外流失，越靠近邊緣的準確性越低，最後形成絕對的扭曲。如同優秀的歐幾里德派數學家，托勒密希望他的地球空間具有同質性和方位一致性，於是很快就摒棄了馬里努斯的投影法。但就連托勒密也無法將地圖投影的圓形變成正方形，也承認必須妥協。

他心裡想到的顯然仍是歐幾里德，於是轉朝幾何學和天文學尋找解決之道。想像一下，托勒密寫道，從太空望著地球中心，想像地球表面畫著一條條幾何緯線和經線。他辯稱經線「可以製造出直線的假象，只要「把〔地球或眼睛〕從一邊轉動到另外一邊，每一條經線都站在〔眼睛〕正對面，同時子午面穿過視線的最頂端」。對照之下，緯線「看起來顯然就像往南加長的一段又一段圓圈」。托勒密根據這個觀察，提出所謂他的第一種投影法。經線被畫成一條條直線，集中在北極上方一個想像的點上。但緯線以同一個點為中心，被畫成長度不同的曲形弧線。把重點放在繞行赤道和圖勒的緯線，現在托勒密對

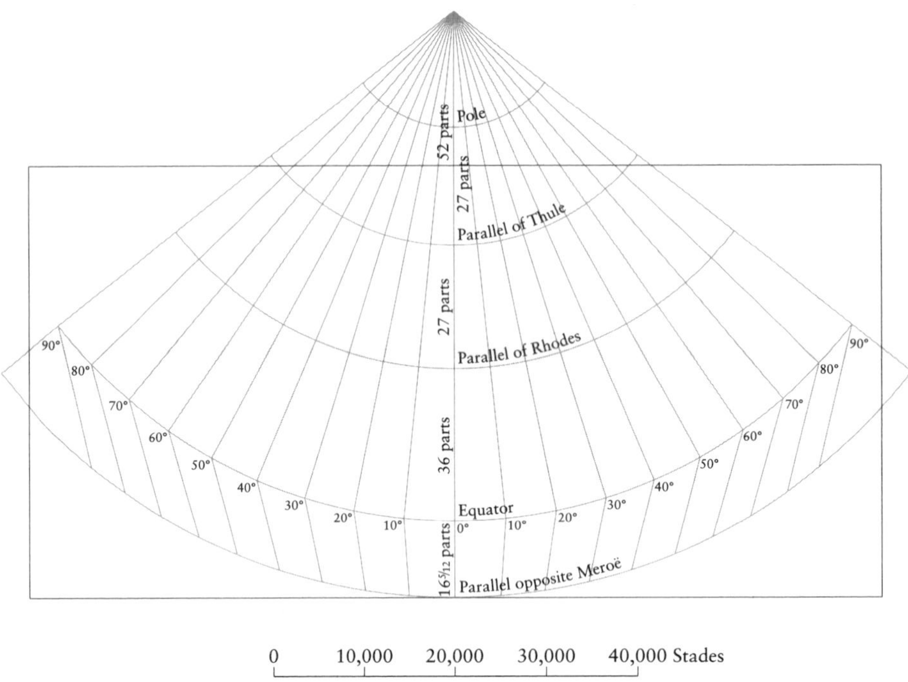

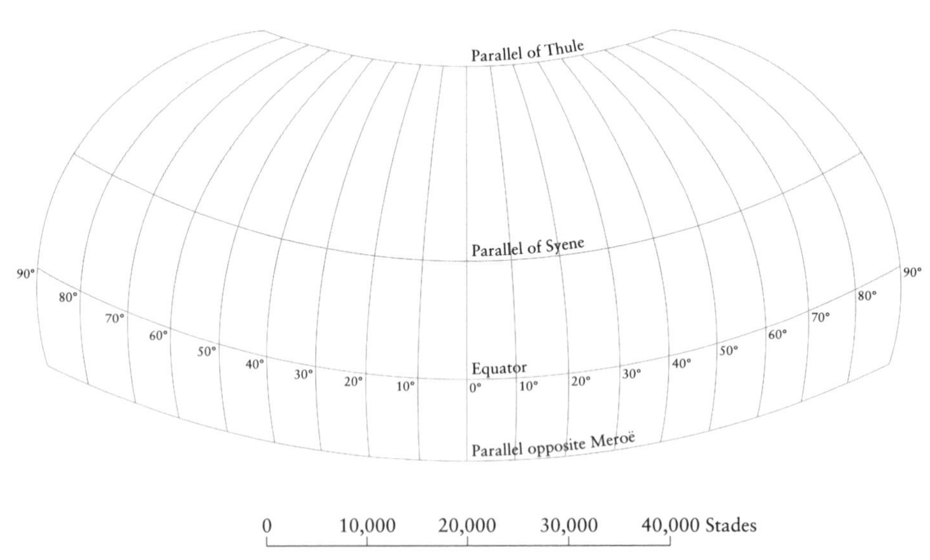

圖3　托勒密第一種與第二種投影法圖解。

緯線的長度及其相對比例可以有更準確的推算。這個方法無法完全去除每一條緯線的比例失真，但提供了優於過去任何一種投影法的構成模式，在地圖大多數的點上，都維持了一致的角度關係。

為了把地球投影在平表面上，這是迄今設計出最有影響力也流傳最久的作法。這是歷史上第一個簡單的圓錐地圖投影（conical map projection）的例子，從形狀看來，雖然托勒密的圓錐也很類似另一個我們比較常見的形狀：馬其頓短斗篷，也就是塑造了托勒密王朝亞歷山卓的基礎，並啟發埃拉托斯特尼oikoumenē地圖的指標性圖像。托勒密的投影法也提供了一個簡單卻又巧妙的辦法來繪製世界地圖，然後納入地理資料。他運用簡單直接的幾何學，描述如何「以長方平行四邊形的形狀來塑造一個平坦的表面」，用一把旋轉尺標出裡面的點、線和弧線。確立了基本的幾何輪廓之後，製圖者用尺，以北極上方一個想像的點作為圓心，測量圓形的半徑。然後在尺上依序標出從赤道到穿過圖勒那條緯線的緯度等級。把尺貼在想像中的點上，就能在以一小時為間隔、劃分出一百八十度的赤道線上自由擺動，這樣只要參照托勒密的經緯度座標圖表，就有辦法在空白的地圖上找到並標示出任何一個地點。只要按照赤道線上的標示，把尺擺到需要的經度，照托勒密的說法，然後只要「運用尺上的分度，就知道每一個地點在緯線上的位置」[53]。在這種地圖上，地理輪廓相對不重要：這種地圖的特徵不在於輪廓，而在於一系列透過托勒密的緯度和經度座標而確立的點。「點」當然是歐幾里德定義幾何學的第一原理：「沒有部分」；無法分割、沒有長度或寬度。為了創造出準確的地圖投影，托勒密直接回頭引用歐幾里德幾何學的基本原理。

這裡的第一種投影法仍然有其缺點：在地球儀上，平行線在赤道以南會縮短，可是如果畫在托勒密的投影圖上，其實會變得更長。托勒密讓經線在赤道形成銳角，企圖藉此解決這個問題，實際上是違背他自己投影法的一致性。因此投影出的形狀很像短斗篷，但實在有欠理想。托勒密認為這只是個小缺失，因為他的oikoumenē只延伸到南緯十六度，不過等後來旅行家開始環航非洲，這一點會帶來嚴重問題。儘管如此，第一種投影法仍然投影出筆直的經線，托勒密從一開始就承認，這樣只符合從太空往地球看的偏頗角度；經線一如緯線，順著地球的圓形弧線繞行，基於幾何學的真實面，在平面的地圖上也應該保留這樣的曲率。於是他提出了第二種投影法。「我們可以，」他寫道：「讓平坦的表面上的oikoumenē地圖在形狀和比例上更加類似〔地球儀〕，只要我們也讓經線類似地球儀的經線。」[54]這種投影法，他說「優於之前那一種」，原因是緯線和經線都被再現成彎曲的弧線，並且所有的緯線其實都保留了正確的比例（不像第一種投影法，只有穿過赤道和圖勒的緯線保留了正確比例）。其中牽涉的三角學比第一種投影法更複雜，而且托勒密仍然無法讓中央經線從頭到尾維持統一的比例。他也承認。要用第二種投影法來建構地圖更是難上加難，因為不能借助旋轉尺畫出彎曲的經線。

在鉅細靡遺地描述兩種地圖投影法之後，托勒密在《地理學》第一卷最後提出一些非常樂觀的觀察。雖然偏好第二種投影法，但他明白「這種方法或許不如另一種方法那麼容易製作地圖」，並且建議未來的地理學家，「考慮到有人會因為簡單而選擇比較好操作的投影法，一定要記住關於這兩種方法的描述。」他的建言影響了公元十三世紀以後，學者和製圖者對於《地理學》再次盛行的反應。

托勒密的前輩使用地理學是想瞭解宇宙起源說，亦即對於萬物創生的說明。托勒密在《地理學》當中沒有在這方面深究。他的書裡沒有神話，也幾乎沒有政治疆界或民族誌。而是秉持亞歷山卓學術兩個永恆的原理——歐基里德的幾何學原理和卡利馬科斯的書目分類法——來重造他這門學科的起源。托勒密的創新之處是依照公認的數學原理，製作已知世界的地圖，確立了一套可以重複使用的製圖方法學。任何對歐幾里德幾何學有基本瞭解的人，都可以照他的地圖投影法繪製世界地圖。他利用亞歷山卓圖書館的綱目表，全面更新了緯度和經度圖表，確立整個oikoumenē的位置座標。有了這些圖表，製圖者可以非常輕易地在地圖上畫出每個已知地點的位置，而且托勒密拒絕在他的oikoumenē上標示明確的疆界，從而鼓勵未來的製圖者在世界地圖的表面畫出更多地點。

托勒密自稱在地理和天文資料的蒐集上客觀而精準，這當然是一種錯覺。在公元二世紀，任何長距離的測量都失準得離譜，天文觀察也因為有限而笨重的儀器而打了折扣，托勒密在地點位置方面的資料，有不少是根據希臘人所謂的akoē，也就是「道聽途說」——某個商人的說法、據說是數世紀前的天文學家留下的觀察，或是不知名的旅行紀錄。他的投影法也只適用於半個地球，只有一百八十度寬的人居地表，儘管他和其他同時代的人都知道，在oikoumenē之外還有另一個世界。[55]從許多方面來說，這樣只會激發未來更多的思辨和投影法。提供了一套製作地圖的方法學工具以後，托勒密邀請其他人修改他的圖表，更改地點的所在位置。區域地圖的製作（地方誌）是一種藝術，但現在世界地圖的製作是一種科學。只要新的資訊出現，區域的輪廓或地點的位置可隨時更改，但他堅信，依照永恆的數學原理在地圖表面標示某一個點，這種方法學是恆久不變的。

要評估托勒密對於地圖製作的重要性，仍然有一個謎尚未解開。《地理學》完全沒有指明內附地圖的出處。前面已經提過，《地理學》殘留的文本，直到十三世紀末才首次出現在拜占庭，距離成書當時已經晚了一千多年。這些早期的文本包括世界地圖（主要是照第一種投影法繪製而成），但不清楚這些地圖究竟是複製托勒密的原始插圖，抑或在拜占庭時代根據托勒密的書面指示添加。關於托勒密有沒有畫過這些地圖，作為《地理學》原作的圖解，製圖史學者數十年來各執一詞；現在學界的意見傾向於認定雖然他可能畫了，但完全沒有把這些地圖收錄在《地理學》原作中。[56]希臘羅馬時代的地理學專題論文極少收錄地圖，比較常見的情況是把地圖掛在公共空間，例如公元一世紀初，奧古斯都皇帝的友人阿格里帕（Agrippa）把地圖掛在羅馬一處門廊的牆上。[57]

《地理學》沒有收錄地圖，可能是這本書最初的形式使然。托勒密可能是用煤灰製成的燈煙墨水，在一卷從尼羅河三角洲沿岸的植物割下來的莎草紙上寫作。這個時代的莎草紙卷是把紙張相互連接製成，平均長達三百四十公分。不過紙卷的高度很少超過三十公分。[58]這種尺寸很適合書寫羅馬時代的旅行路線圖，例如所謂的〈普丁格地圖〉（Peutinger Map），是公元四世紀的一幅羅馬地圖在十二或十三世紀的複製品，畫出了從印度、斯里蘭卡和中國到伊比利亞和不列顛諸島的世界。這些路線圖以線性方式描繪橫越地球空間的活動，這種單一向度的再現幾乎感覺不到深度、明暗或尺度，主要是因為媒介的侷限。〈普丁格地圖〉是以長度超過六公尺的羊皮紙卷書寫，不過寬度僅三十三公分，造成明顯的橫向扭曲。實際上，用這種尺寸的紙張來複製托勒密描繪如此詳實的世界或區域地圖，一定會產生嚴重的簡化和失真。托勒密的解決辦法是在他的著作之外另外畫地圖（但若是如此，這些地圖沒有一張保存下來），再不然就是，依照《地理學》最晚近的譯者提出的說明，他決定「把地圖用文字和數字編成代碼」。[59] 如果是這種情況，那托勒密的作法是提供地理資訊和數學方法，剩下的就交給後代子孫解決。

*

「看我的功業，強者，然後絕望吧！」雪萊（Shelley）的埃及法老奧西曼狄亞茲（Ozymandias）如此呼喊。雪萊這首詩是探討帝國權勢的傲慢，除了雕像的遺跡，暴君的王國和境內所有耀眼的偉大建築物，「無一倖存」。同樣的，有關托勒密王朝和他們對埃及的統治，所有的蛛絲馬跡俱已消失，淹沒在亞歷山卓港的海水底下。圖書館早已湮滅，館內藏書泰半被人劫掠或燒毀。從此以後，這些書籍的喪失一直在西方人的想像中縈繞不去，古往今來，各種不同意識型態的史學家把藏書的毀滅怪在每一個人頭上，不管是羅馬人、基督徒或穆斯林。直到今日，這仍是一段具有無限可能的浪漫回憶，是臆測和神話的來源，是學術和文明發展中一個「沒有發生的可能」，也讓我們見識到所有帝國骨子裡的創造和毀滅的本能。[60]

但其中有些「作品」被保存下來，並向外流傳，托勒密的《地理學》正是其中之一。雖然托勒密的著作似乎完全不受他周遭發生的事件影響，字裡行間卻透露出他渴望以一種比地圖或偉大建築更不朽的形式，來傳揚自己的理念。無論是偶然或是刻意，《地理學》是第一本可能以**數位形式**傳達地理學資料的書籍。從流傳後世的抄本看來，《地理學》並非透過複製不可靠的圖文、類比元素來描述地理資訊，而是採用離散、不連續的數字和形狀符號——從人居世界各個地方的座標，到繪製托勒密的投影圖所需要的幾何學——來傳播它的方法。這第一種基本的數位地理學創造出的世界，奠基於一系列交會的點、線和弧線，深植於希臘天文學觀察和數學思辨的傳統，可以從埃拉托斯特尼和歐幾里德一路回溯到阿那克西曼德。托勒密把一張用幾何學及天文學的永恆抽象原理及經緯度的測量劃定的網，蓋在已知世界。他最偉大的成就之一，是後來世世代代的人把一系列在地球儀上縱橫交錯的幾何線條——南北極、赤道和南北回歸線——「看成」真的，而非投射於地表的人為幾何投影。

托勒密的科學方法，是把幾何學秩序加諸於雜亂無章的「外在」世界，讓世界變得可以理解，同時又保留人們對世界變化無窮的驚奇感。《地理學》最早談到地球之幾何學測量的一段話，銘記了他的遠見，將啟發世世代代的地理學家，連文藝復興以後也不例外，一直到載人太空飛行的時代：

> 「這些事物屬於最崇高和最美好的知識追求，也就是透過數學，向人類的智識展現具體的天體本身（因為可以看到天體環繞我們旋轉）和地球的本質（透過繪圖顯示，因為真正的地球極為龐大，而且並未環繞我們旋轉，因此任何一個人都無法整個或一部分一部分地察看）。」[61]

第二章

交流

伊德里西，公元一一五四年

西西里，巴勒莫，一一五四年二月

一一五四年二月二十七日，「阿普里亞公國（duchy of Apulia）暨卡普阿侯國（principality of Capua）的西西里國王羅傑二世（Roger II，king of Sicily）在自己位於巴勒莫（Palermo）皇都中心的皇宮（Palazzo Reale）駕崩，享年五十八歲，以國王之儀葬於巴勒莫大教堂的南側廊，二十四年前，公元一一三〇年聖誕節當天，他正是在這座教堂登基。他的死亡結束了這個島國非常特殊的一段統治時期，對現代人而言，羅傑二世的統治代表了中世紀和平共存（convivencia）的輝煌時刻，「convivencia」是西班牙語，意思是天主教、穆斯林和猶太人在同一君主統治下和平共存。

歐特維爾王朝（Hauteville dynasty）起源於諾曼第的科唐坦半島（Cotentin peninsula），羅傑及其祖先是歐特維爾王朝的後裔，在公元十一世紀末率領諾曼人連番征戰歐洲、非洲、中東各地，戰績輝煌。當拜占庭帝國先後面臨波斯和阿拉伯穆斯林對其權威的挑戰，國力逐漸衰微之際，諾曼人趁著中世紀基督教世界各國擾攘紛亂，迅速佔領南義某些地區、西西里、馬爾他和北非，並且在一〇九五年第一次十字軍東征（First Crusade）之前，繼續揮軍征服英格蘭，甚至在安提阿（Antioch）創立了一個侯國（橫跨現在的土耳其與敘利亞）。[1]

諾曼人在出兵征服諸國的每一個階段，同化被征服國家的文化

（績效各有不同）。一〇七二年，羅傑的父親羅傑．吉斯卡爾（Roger Guiscard）佔領巴勒莫，任命自己為西西里伯爵（Count of Sicily），結束了阿拉伯在當地一百多年來的統治。在阿拉伯統治之前，西西里島曾被希臘、羅馬及拜占庭先後統治。這樣的文化遺產，讓諾曼人掌握了整個地中海最具文化多樣性和戰略重要性的島嶼。羅傑二世在一一三〇年加冕之後，便對穆斯林和猶太人採取政治包容和宗教寬容的政策，使西西里很快成為中世紀組織最嚴明、文化最活潑的王國。羅傑的王國主要負責治理的單位，皇家樞密院（royal chancery），聘請了希臘語、拉丁文和阿拉伯語的抄寫員。他的宮廷製作三種語言的禱告詩篇，據說禮拜儀式上吟唱的是阿拉伯語。

羅傑的死代表一個時代的結束。一一五四年，在他葬禮上的弔唁者，因羅傑辭世而最為哀痛的莫過於他的至交好友，Abu Abdallāh Muhammad ibn Muhammad ibn Abdallāh ibn Idrīs al-Sharif al-Idrīsī，一般稱之為夏里夫．伊德里西（al-Sharīf al-Idrīsī）。就在羅傑死前幾星期，伊德里西終於完成了他大部頭的地理學概要，自從一一四〇年代初期接受羅傑的委託以來，此書已耗費他十幾年的心血。這本書對已知世界提供了一份全面性的摘要，書中穿插七十幅區域地圖——和一幅面積雖小但設計精美的世界地圖。

以阿拉伯語編寫，成書於伊斯蘭曆法的十月分（Shawwāl）（依書中導論所言），也就是一一五四年一月十四到十五日，書名叫*Kitāb nuzhat al-mushtāq fī khtirāq al-āfāq*，意思是「渴望周遊世界者的娛樂」。羅傑與伊德里西的關係親密，因此*Kitāb nuzhat al-mushtāq*（此後稱為《娛樂》）直接被稱為《羅傑之書》（*The Book of Roger*）。極少有統治者會對自己贊助的地圖或製圖者有這麼濃厚的個人興趣。原本委託出版這本書，是為了宣示羅傑的帝國和文化雄心，然而就在成書前的幾個星期，伊德里西的書成為對已故國王遺業的紀念，也是對王國民族融合傳統的強力宣言，彌補他任內興建的皇宮與大教堂之不足。但隨著贊助者的辭世，伊德里西和他剛完成的書面對的是一個不確定的未來。[2]

由於地理範圍遼闊，加上費心描述的細節，《娛樂》成為中世紀地理學的傑作，也是繼托勒密的《地理學》之後對人居世界最詳實的敘述之一。伊德里西的書和內附的地圖，引用了希臘、基督教和伊斯蘭的科學、地理學和旅遊傳統，產生了一種混合的世界觀，以不同信仰彼此間的文化理念與信念的交流為基礎。現在我們很難不把伊德里西的著作視為基督教和伊斯蘭教彼此親善的產物，兩種文化在顯然非常友善的理念交流中互相學習。不過以十二世紀諾曼人統治下的西西里，以及羅傑二世和伊德里西這種人的希冀，這種親善恐怕偏向於戰略性的暫定措施。在羅傑的統治下，穆斯林只能得到有限的權利，而諾曼人繼續支援十字軍東征，侵略聖地的穆斯林。從伊斯蘭神學的觀點來說，已知世界分成兩個部分：伊斯蘭地區（dār al-Islām）和完全由非穆斯林居住的戰爭地區（dār al-harb）。在穆罕默德的神聖天啟被普遍接受之前，兩者陷於永無休止的戰爭狀態。

但非穆斯林也不盡相同。基督徒和猶太人被視為「有經人」（ahl al-kitāb），虔誠信奉透過標準的祈禱經書來說明的天啟信仰（聖經、摩西五經和古蘭經）。這三個宗教信仰共同的上帝，但各自主張自己在神學上優於另外兩個宗教，產生了各式各樣的文化互動，這種交流互動多半是以改宗和衝突為主，而非對話和多樣性。[3]儘管如此，彼此間仍不乏討論、辯論，就在這種高度競爭性的交流中，出現了伊德里西的《娛樂》。

伊德里西如何和羅傑二世建立深厚關係，又如何創造地圖，箇中情況不是穆斯林的東方和基督徒的西方以平等地位打交道。反而看得出這些地緣政治的區隔在此才剛開始發展，而且王朝的衝突和宗教的分歧，使「穆斯林」和「基督徒」這種標籤必然成為變動不定的類別，一而再、再而三地分裂、改宗和叛教，而非無條件的教義信仰。在更廣大的地中海世界，隨著拜占庭帝國的衰敗，穆斯林哈里發（Caliphate）日益興盛，分裂而相對弱小的拉丁基督教夾在兩者之間，試圖（但往往失敗）主張些許殘餘的政治自主和控制權。

伊德里西的《娛樂》只留下十份手抄本，最早的出自公元一三〇〇年，最晚的在十六世紀末抄寫完成。如同托勒密的《地理學》，這本書和內附的地圖是在原版成書數百年後才抄寫而成。博德利圖書館（Bodleian Library）的波寇克館藏（Pococke Collection）中有一份保存得極好的《娛樂》手抄本，出自公元一五五三年，書裡有一幅圓形的世界地圖，簡約素雅，可以看出十二世紀中葉的伊德里西如何再現這個世界。這幅地圖最令人詫異的，是它以南方為上。

從語源學來看，「方位」（orientation）出自原始的拉丁字根oriens，指的是東方，或日出的方向。實際上，古代文化都記載了他們依照東—西軸線（基於日出〔東方〕和日落〔西方〕的觀察）和南—北軸線（根據北極星或正午太陽的位置）[4]辨別方位的能力。這樣的方位具有象徵性、神聖性和指向性。在祭拜太陽的多神教文化中，東方（oriens）被尊為新生和生命的方向，緊接著是南方，可想而知的，西方和衰敗及死亡連結在一起，北方則代表黑暗與邪惡。猶太—基督教傳統中的禮拜地點和地圖都朝向東方，東方根本上被視為人間的天堂，從而發展出這些連結。相對地，西方代表死亡，也是基督被釘十字架時面對的方向。北方成了邪惡與魔鬼影響力的表徵，凡是被逐出教會和未受洗禮的人，下葬時頭部便朝向北方。[5]我們在下一章會提到，在公元十五世紀之前，基督教的世界地圖（mappaemundi）其實一律以東方為上。

伊斯蘭教及伊德里西這樣的製圖者，繼承了以東方為尊的類似思維，只不過古蘭經命令信徒，不管在地球上哪一個地方，都必須朝麥加的聖城方向禱告，使伊斯蘭對基本方向（cardinal directions）產生更強烈的興趣；為了尋找前往麥加及卡巴天房（Kā'aba）的距離和方向（被稱為qibla，即「神聖方向」），啟發了中世紀時期某些最複雜精細的地圖及圖表計算。[6]在公元七和八世紀，伊斯蘭教開始快速向國際擴張，皈依伊斯蘭教的會眾大多住在麥加正北方，於是把神聖方向視為正南方。因此，包括伊德里西的地圖在內，穆斯林的世界地圖大多以南為上，剛好符合伊斯蘭新近在波斯征服的索羅亞斯德教團體（Zoroastrian communities）的傳統，視南方為神聖方向。

其實沒有任何文化傳統把西方設在地圖正上方，因為人類幾乎普遍把西方和太陽的消失連結起來，是黑暗與死亡的象徵，「歸西」（意思是死亡）就是一個例子。位於巴比倫世界地圖正上方的最後一個基本方向，北方，背後有著更複雜的傳承。中國以北為四大方向之首，是神聖的方向。南方為帝國的廣袤平原帶來陽光與和煦暖風，也是皇帝俯瞰臣民的方向。人民從臣屬的位置仰望皇帝，自然是朝向北方。就語源學來說，因為皇帝的背部朝北，因此中文的「背」與「北」是同義詞。中國的世界地圖也據此制訂方位，中國的地圖乍看之下極為現代，這也是其中一個原因。古代美索不達米亞不同社群的諾斯底（Gnostic）和二元神教（Dualist）信仰，也把北方當作神聖方向，視北極星為光明和天啟之源，巴比倫世界地圖以北為上，可能是因為這個緣故。

伊德里西的世界地圖受到古蘭經經文的啟發，把四個基本方向標示在火燄般金色光環構成的地圖框架外側。地圖本身呈現的世界有希臘 oikoumenē（人居世界）的淵源。地中海沿岸和北非編繪得非常詳細，中非也畫了壯麗的水母形山脈和支流。山脈的名稱叫「月之山脈」（The Mountains of the Moon），被認定是尼羅河的源頭。埃及、印度、西藏和中國都以阿拉伯語標示，裡海、摩洛哥、西班牙、義大利甚至英格蘭亦然。地圖對南非和東南亞的瞭解仍舊是一貫地模糊，雖然地球完全被大海環繞，但沒有像托勒密的地圖那樣，出現一個可環航的非洲。

這幅世界地圖最特殊的地方，恐怕是和收錄地圖的書籍本身格格不入。《娛樂》的其他幾幅地圖和文本大量描繪人文地理，對照之下，這幅世界地圖純粹是地理構造的具體再現。沒有城市，而且根本看不出人類對地球表面的影響（除了位於地圖左下角，傳說由亞歷山大大帝建立的屏障，位於高加索山，用來阻擋神話巨人歌革〔Gog〕與瑪各〔Magog〕）。《娛樂》一書對地球各區域的描述引人入勝，世界地圖則純屬幾何構圖，要解釋兩者之間明顯的矛盾，必須說明羅傑委任伊德里西製作地圖時想要的是什麼：伊斯蘭三百年製圖傳統的成果。

*

「伊斯蘭地圖」這個說法算是用詞不當。公元七世紀末，隨著伊斯蘭教在阿拉伯半島興起而逐漸融合的地理學傳統和製圖作業，在區域、政治和族群上都太過多樣化，怎麼樣都不能算是一套統一的製圖術（雖然「希臘」或「基督教」地圖多少也有類似的情況）。早期的伊斯蘭語言完全沒有任何一個明確的名詞來定義「地圖」。如同希臘語和拉丁文，伊斯蘭語言也用過各種不同說法來描述今天所謂的地圖。當中包括sūrah（意指「形式」或「形狀」）、rasm或tarsīm（繪圖），以及naqsh或naqshah（圖畫）。[7]古蘭經和聖經一樣，幾乎沒有給地圖製作者任何直接協助。雖然提供了一連串引人入勝的典故，但找不到鮮明的宇宙論，清楚說明在更大的宇宙裡，地球有多大、是什麼形狀。天空被描述成一片覆蓋地球的遮篷，由群山支撐，靠日月照明。真主「創造了七個穹蒼，地球的數量也差不多」，只不過沒有說明這些地球的明確尺寸。[8]經文數度提及一個被水包圍的圓盤狀地球，並描述地中海和阿拉伯海之間有屏障阻隔，似乎是引用早期的巴比倫宇宙論，雖然經文提到「太陽落入黝暗的泉水」，暗示古蘭經傳承希臘人的觀念，知道了大西洋的存在。[9]

直到公元八世紀末，定都巴格達的阿巴斯哈里發（Abbasid Caliphate）成為伊斯蘭帝國的中心，才發現屬於伊斯蘭的製圖作業。公元七五〇年，阿巴斯王朝第二任哈里發曼蘇爾（al-Mansur）建立帝國首都巴格達，代表阿巴斯王朝經過一番苦戰，終於擊潰了在公元六六一年定都大馬士革的伍麥亞哈里發（Umayyad Caliphate）。權力的東移對伊斯蘭文化產生深遠的影響，減少伊斯蘭權威較早期的阿拉伯部落基礎，也讓哈里發對波斯、印度，甚至中國的科學和藝術傳統有了更密切的接觸，彌補伊斯蘭教一開始吸收基督教、希臘和希伯來宇宙論的不足之處。同時，帝國和拉丁學術的接觸逐漸減少，後來，建於安達盧斯（al-Andalus）的敵人伍麥亞哈里發興起，使情況更為複雜。首都移往巴格達，也使伊斯蘭的權力和權威更有效地集於中央，中央集權的程度甚於同時代其他任何帝國。統治的哈里發集大權於一身，專制的君主政體吞噬了部族同盟，任命高位階的維齊爾（vizier，大臣）來監督底萬（diwan，高級行政部門），底萬控制公共和政治生活的所有層面。阿巴斯哈里發勢必會開始委託專人對其統治的領土進行地理描述。[10]

根據資料記載，巴格達第一次委託製作世界地圖，是在第七任阿巴斯哈里發瑪蒙（al-Mā'mūn，813-833）統治時期，他贊助的科學研究機構被稱為「智慧之家」（bayt al-hikma）。當時的人根據智慧之家贊助者的名字，把這份地圖稱為「al-sūrah al-ma'mūnīyah」，但地圖失傳了。然而透過現存的少數目擊者敘述，我們赫然發現瑪蒙的宮廷知識交流的程度有多高，托勒密《地理學》的大量知識也在交流之列。阿拉伯史學家暨旅行家馬蘇第（al-Masūdi，卒於956年）回想自己滿懷景仰地看著「瑪蒙命令一群當代學者製作的地圖，再現世界及其球體、星辰、陸地與海洋、人居世界與無人居住的區域、各民族的聚落、城市等等。」最後他總結說：「這幅地圖優於從前任何一幅地圖，不管是托勒密的《地理學》，馬里努斯的《地理學》，或其他任何世界地圖。」[11]拉丁西方直到四百年後才知道托勒密《地理學》的存在，馬里努斯的手稿全數失傳，而瑪蒙的宮廷忙著把托勒密（以及他研究天文學與光學的其他許多著作）納入他們的世界地圖裡。

巴格達的宮廷並非僅限於研究希臘典籍。馬蘇第表示，瑪蒙的世界地圖採用托勒密經度氣候（longitudinal climates）的觀念（climate源自希臘語的klimata，翻譯成阿拉伯語是aqālīm或iqlīm），把已知世界區分成七大區域，日後這個傳統塑造了伊德里西的地理學思維。托勒密klimata的觀念源自亞里斯多德，但瑪蒙的學者在創造他們的地圖時，修改了這個模式，引用波斯把世界分成七大區域（kishvars）的觀念。而這個觀念又是出自古代巴比倫和印度宇宙學的識覺，把世界當作一片蓮花瓣，其他區域環繞著一個主要地帶，通常代表的是神聖地區或都城。[12]結果形成了這樣一個系統：巴格達位於中央——第四個——區域，其他六個區域從北到南環繞著中央區域。雖然巴格達和伊拉克沒有明確標示在地圖正中央，但被認為座落在地球的中心位置，這裡從氣候和自然之美到個人的聰明才智，「一切都屬溫和取向」，從地理學、天文學和氣候的充分混合可見一斑。[13]

遺憾的是我們看不到上述種種所締造的結果。世界史上失傳的地圖不少，瑪蒙宮廷創造的地圖正是其中一幅，恐怕也是早期穆斯林世界最重要的一幅。地圖大概是圓形的，反映當時盛行的伊斯蘭宇宙論信念，認定宇宙和地球都是球體。但如果納入了托勒密和馬里努斯的想法，地圖也可能是長方形，而且是用托勒密兩種投影法的其中一種繪製而成。

至於這幅地圖可能是什麼模樣，多年以後一部手稿裡的圖解提供了線索，手稿的名稱是「人居世界七大氣候的奇景」（Marvels of the Seven Climates to the End the Habitation），作者是公元十世紀上半葉一名鮮為人知的學者，居住在伊拉克，自稱索拉博（Suhrāb）。這篇專題論文率先以阿拉伯語完整說明如何繪製世界地圖，是早期伊斯蘭人居世界概念的寶貴資料來源，並且揭露瑪蒙的地圖可能是什麼模樣，引人入勝。雖然索拉博論文裡的圖解沒有呈現任何具體的地理形貌，卻提供了一個長方形的框架，在內側繪製已知世界。首先，索拉博指點有志於製圖者如何建構一幅世界地圖。「地圖的寬度，」他寫道：「必須是長度的一半。」接著他說要在地圖的邊緣加上「四個刻度尺」，代表經度和緯度。但他主要的興趣在於「七大氣候的緯度，從地球赤道往北逐一列出」。[14]如同托勒密，索拉博用論文內附的最長白晝圖表決定他的七大氣候，建構出一張七大氣候圖解，從赤道的南緯二十度（左）到北緯八十度（右），北方面向讀者（位於圖解下方）。這是假定索拉博的世界地圖以南為上。索拉博的座標和托勒密如出一徹（雖然他其實擴大了托勒密人居世界的緯度範圍），但他全部投影在線條以直角相交的長方形上，這種作法更接近馬里努斯。索拉博也大量複製了花剌子密（al-Khwārazmi，卒於847年）的著作《地球圖像》（*Kitāb sūrat al-ard*）裡的方位，這位作者也是瑪蒙智慧之家的成員，更加顯示這位哈里發的世界地圖可能是長方形，並且依照穆斯林的普遍信仰，以南方為上。

索拉博的圖解透露出瑪蒙的地圖可能的形狀和方位，雖然哈里發的學者後來對地球的大小做出更精確的計算，顯示地球製圖又往前進了一步。據說哈里發希望「知道地球的大小」[15]，因此派了測量員深入敘利亞沙漠，測量太陽在巴爾米拉（Palmyra）和拉卡（Raqqa）這兩個城市的相對仰角——重演埃拉托斯特尼測量地球圓周的雄心壯志。測量員大多斷定經度的一度是五十六又三分之二阿拉伯哩長。

一阿拉伯哩相當於現代的一又十五分之十一哩，根據這個算法，換算後的地球圓周略多於四萬公里（兩萬五千哩）。如果這個等值（equivalence）算得沒錯，那麼瑪蒙的測量員推估的數字，低於在赤道測量的正確地球圓周不到一百公里。對照托勒密算出的數字不到兩萬九千公里（一萬八千哩），嚴重低估了地球的圓周，相形之下這個結果更加驚人。

「智慧之家」留下的證據在在顯示，當時發展的是一幅深受希臘學術影響的世界圖像，具備深厚的印度—波斯傳統，產生一幅以氣候劃分為基礎，以南方為上的地圖。儘管像花剌子密這樣的學者挪用托勒密的理念，以sūrat al-ard（圖像）這個通稱，建立了世界地圖的類別，但《地理學》只有一部分（而且經常錯誤）從希臘語翻譯成阿拉伯語。花剌子密及其追隨者幾乎只專注於托勒密的經度和緯度圖表，修正了他的許多錯誤和疏漏。他們更精確地測量了地中海沿岸，地圖上的印度洋不再是內陸水域，而是匯入現在的太平洋。但他們沒有明確地承繼托勒密把地球投影在經緯網格上的投影法，而索拉博的圖解頂多只是修正了被托勒密大肆批評的馬里努斯長方形投影圖。而且早期的穆斯林學者也無心把地球劃分為幾大洲。伊斯蘭哈里發反而把地圖製作帶到一個不同的方向。

這個製圖學的變化，一開始可以從巴格達和薩邁拉（Samarra）的郵政和情報長官伊本・胡爾達茲比赫（Ibn Khurradādhbih，約820-911）的作品看到蛛絲馬跡。公元八四六年左右，伊本・胡爾達茲比赫完成了他早期的一部著作，書名叫《路線與省分志》（*Kitāb al-masālik wa-al-mamālik*）。雖然這本書公開向托勒密致謝，也沒有任何地圖穿插其間，卻突顯出伊斯蘭地理學對已知世界的樣貌有了不同的認知。相對於sūrat al-ard的傳統，《路線與省分志》反映出伊本・胡爾達茲比赫在伊斯蘭地區各省如何參與貿易活動、朝聖和郵件往返，以及帝國在中央集權下的成長。這本書沒興趣研究非伊斯蘭主權的區域（稱為戰爭地區），也看不到希臘oikoumenē的痕跡。反而專門介紹郵寄和朝聖路線，並測量伊斯蘭世界各地間的距離。書中描述了前往中國的航海路線，但除此之外，伊本・胡爾達茲比赫主要的興趣在於能夠直接影響伊斯蘭世界的地方。[16]

到了公元九世紀末，伊斯蘭走入兩個不同的地緣政治方向。除了在巴格達的阿巴斯哈里發統治下逐漸中央集權，伊斯蘭同時也在人居世界快速擴張，因此不可避免地造成分裂與脫離。最明顯的衝突肇因於安達魯斯的伍麥亞哈里發興起，但公元十世紀的王朝，如法蒂瑪（the Fatimids）、塞爾柱克土耳其（the Seljuk Turks）和柏柏爾阿爾摩拉維德（the Berber Almoravids），都創立了自己的世襲國家，開始挑戰阿巴斯無上的地位。到了伊德里西編纂《娛樂》時，伊斯蘭地區至少包含十五個不同的國家。[17]雖然在名義上都是穆斯林國家，不少成員公開反對巴格達的政治或神學統治，不然就是視而不見。中央集權像這樣分崩離析，對地圖製作有明顯的影響，其中最重要的結果是希臘傳統被進一步侵蝕，而伊本・胡爾達茲比赫所建議的路線與省分的描繪則引發更多人的興趣，對於瞭解日趨分散的穆斯林世界，首度發揮如此大的功效。因而形成了一種迥然不同的世界地圖製作法，不再以巴格達的阿巴斯哈里發為中心，而是將阿拉伯半島置於世界中心，而伊斯蘭信仰中最神聖的地方，則是半島正中央的麥加和卡巴天房。

這種製圖傳統通常被稱為巴爾希地理學派（Balkhī School of Geography），這個名稱來自一位生於伊朗東北部的學者，阿布・薩伊德・阿哈瑪德・伊本・薩爾・巴爾希（Abū Zayd Ahmad ibn Sahl al-Balkhī，卒於934年）。我們對巴爾希的生平及職業不甚瞭解，只知道他在巴格達住了大半輩子，針對一系列地圖寫了一篇簡短的評注，標題叫〈氣候之圖像〉（Suwar al-aqālīm），只是這些地圖都失傳了。儘管如此，他的著作影響了後來的一群學者，他們製作的區域和世界地圖，無疑完全拜他所賜。

巴爾希的傳統仿效伊本・胡爾達茲比赫的典範，編纂詳細地理遊記，關鍵差別在於巴爾希學派也附上地圖。巴爾希的一個門生寫道，他的老師「編纂這本書的主要用意是以地圖再現地球」，[18]基於這些地圖的重要性，很快就發展出一種和現代地圖集看起來非常類似的格式，有一位批評家描述為編繪了一本「伊斯蘭地圖集」（Islam-atlas）。[19]巴爾希的追隨者所寫的論文包含了地中海、印度洋和裡海地圖，然後是多達十七幅的區域地圖，呈現公元十世紀的伊斯蘭帝國，最後是一幅世界地圖。區域地圖是長方形，沒有任何投影或比例尺，儘管以一天的路程（mardalah）為測量單位，標示各地之間的距離。對照之下，世界地圖呈圓形，雖然同樣沒有經度、緯度、比例尺或投影。地圖的輪廓不再有幾何學的色彩，雖然土地和地物仍是用直線、圓圈、半圓弧線、正方形和正規曲線繪製。標示為iqlīm的省分取代了希臘地圖上的氣候（klimata），代表希臘的傳統如何被伊斯蘭的領土（territory）觀念吞噬。這些地圖同樣只描繪伊斯蘭世界，對戰爭地區幾乎或根本沒興趣。同時，無論是區域或全球，這些地圖一律以南方為上。

巴爾希學派技術最精湛的成員是阿布・卡西姆・穆罕默德・伊本・豪蓋勒（Abū al-Qāsim Muhammad ibn Hawqal，約卒於367/977年）。伊本・豪蓋勒在伊拉克出生，遊遍波斯、土耳其斯坦（Turkestan）和北非。他最著名的著作是《地球之圖像》（*Kitāb sūrat al-ard*），也叫作《路線與省分志》（*Kitāb al-masālik wa-al-mamālik*），和伊本・胡爾達茲比赫的書同名，以感謝這部新近的伊斯蘭地理學著作對該書的幫助。

除了在文字間穿插區域地圖，伊本・豪蓋勒也繪製世界地圖，其中第一幅就示範了巴爾希學派對世界地理學的識覺，揚棄投影和氣候，幾乎完全專注於伊斯蘭世界。地圖以南為上，雖然還看得出托勒密的元素。世界的周圍被大海環抱，地球看不見的另一邊被視為不宜居住之地，是一片水鄉澤國。人居世界大致分成三部分：非洲是最大的陸塊，位居地圖上半部，亞洲佔據左下角，歐洲被塞進地圖右下角。非洲最醒目的地物是尼羅河，蜿蜒貫穿東非，通往顯然位於月之山脈的源頭。埃及、衣索比亞和北非的穆斯林國家都標示得清清楚楚，相形之下，歐洲只有西班牙、義大利和君士坦丁堡很顯眼。可想而知，包括阿拉伯、紅海和波斯灣在內的亞洲被描繪得相當詳細，而且分成三個獨立的行政區域。再往東行，伊斯蘭的影響力減弱，地理構造也簡化了。雖然畫出了中國和印度，但只有概念性的輪廓，而名稱源於希臘語的班托塔（Taprobana，現在的斯里蘭卡）根本沒出現在地圖上；事實上，印度洋的小島全都不見了。這是一幅新的世界地圖，唯伊斯蘭是從，依據伊斯蘭的行政和商業利益建構而成。

伊本・豪蓋勒的世界地圖顯示，編繪省分、專注於宗教聖地和貿易路線的地理學成為主流。地圖必須確立巴爾希派製圖者所謂的 hadd ——界定穆斯林國家彼此之間的內部邊界。當巴格達的政治和神學勢力衰微，巴爾希學派的製圖者不再把哈里發的首都當作地圖的中心，而且，在地理學伊斯蘭化的關鍵時刻，把麥加置於已知世界的中心。自托勒密以來，這個區域的地圖製作一向差強人意，這些製圖者付出長期的努力，設法首度呈現伊斯蘭世界詳細的自然地理構造。從希臘幾何學轉變到鮮明的伊斯蘭自然地理學，對伊德里西的地圖製作有顯著的影響。

在本書描述的所有製圖者中，家世最好的是夏里夫・伊德里西（al-Sharīf al-Idrīsī）。在伊斯蘭，夏里夫這個用語（意思是「高貴」或「傑出」）指的是先知穆罕默德的女兒法蒂瑪（Fatima）這邊的後裔。看名字就知道伊德里西的祖先是強盛的什葉派伊德里斯王朝（Idrisid dynasty），於公元七八六年建立了伊比利亞第一個伊斯蘭國家，並在公元九世紀統治摩洛哥的許多地方，其血統可以追溯到公元七世紀末在大馬士革創建的伍麥亞哈里發。公元七五〇年，伍麥亞王朝被阿巴斯王朝擊敗，包括伊德里斯家族在內的遺族隨後逃出大馬士革，落腳在伊比利亞和北非，在科多巴（Córdoba）創立哈里發，與阿巴斯王朝對抗。這個新的哈里發繼續征服伊比利半島大多數的地方，公元九八五年，併吞了因內部互相殘殺而衰敗的伊德里斯王朝。伊德里西的直系祖先是哈穆迪王朝（Hammūdids），統治現在的馬拉加（Malaga）。等到公元一一〇〇年伊德里西出生的時候（可能在北非最北端的休達〔Ceuta〕，是哈穆迪王朝的最後據點），他的家族對伊斯蘭王朝與宗教的激烈鬥爭早已見怪不怪。

關於伊德里西的生平事蹟，留下的歷史資料很少，而且往往互相矛盾。至今無法斷定他究竟在哪裡出生，有人說是西班牙，有人說是摩洛哥或甚至西西里，但所有證據都顯示他是在科多巴受教育。伍麥亞哈里發的首都科多巴，在公元八和九世紀的興盛期，是全球數一數二的大城市，估計人口高達三十幾萬，擁有世界第三大清真寺（七八六年興建），是號稱歐洲第一所大學的所在地，幾位中世紀最傑出的人才都是這所學校出身，包括穆斯林哲學家伊本·魯施德（Ibn Rushd，又稱阿威羅伊〔Averroes〕），以及猶太拉比、哲學家兼醫師，摩西·本·邁蒙（Moses Ben Maimon，又稱邁蒙尼德〔Mamonides〕）。[20]這個城市也是早期實施和平共存政策的一個例子，穆斯林、基督徒和猶太學者都相當自由，把科多巴建立為阿巴斯王朝的巴格達在學術上（就算不是政治上）的對手。

根據當時一位伊斯蘭註解者的記載，科多巴成為「智慧的原鄉，智慧的起點與終點；大地的核心，科學的泉源，伊斯蘭的圓頂，伊瑪目（imām）的聖座；正確推理的發祥地，理念果實的花園」。[21]不難理解為什麼會有這種描述：伍麥亞王朝支持了四百多間清真寺、九百多間浴場、二十七所免費學校和一間皇家圖書館，藏書四十萬冊，足以和巴格達與開羅的大量館藏媲美。除了作為研究和實踐伊斯蘭法學的中心，科多巴的學校和大學傳授科學及其他從醫學和天文學到地理學、詩學和語言學（包括把古典希臘典籍譯成阿拉伯語的蓬勃翻譯產業）等各種科目。

三十多年後，伊德里西在他的《娛樂》中談到他受教育的這座城市，稱之為「安達魯斯最美麗的珠寶」[22]。不過在他抵達科多巴的時候，哈里發已經成了遙遠的記憶，公元一〇三一年瓦解之後，科多巴落入一個又一個酋長國手裡，最後在公元一〇九一年被阿爾摩拉維德王朝（Almoravids）佔領，伊德里西開始求學的時候，科多巴人完全不信任這個柏柏爾人的王朝，但儘管如此，南進的基督教收復失土運動（reconquista）威脅性日增，阿爾摩拉維德王朝是他們唯一救贖的希望。伊德里西一面吸收這個城市的多文化學術，同時也瞭解到，他身邊這個伊斯蘭世界的政治地理學可以在一夜之間改變。

離開科多巴是伊德里西一個聰明的決定。夾在阿爾摩拉維德王朝的佔領者和卡斯提爾（Castile）的基督教大軍之間，這個城市的未來必然黯淡無望（一二三六年被卡斯提爾大軍拿下）。到了一一三〇年代，他已經遠行，足跡遍布小亞細亞、法國、英格蘭、摩洛哥和安德魯斯其他地方。我們找不到任何當時的紀錄，說明他為什麼在一一三八年左右來到西西里。羅傑對伊德里西的興趣主要可能是出於政治而非知識的考量：在統治期間，這位諾曼國王佔領了北非海岸線的某些地方（包括的黎波里），扶植了幾個伊斯蘭後裔的傀儡統治者；說不定他很希望或許能以這種方式重用像伊德里西這樣傑出的穆斯林貴族。[23]事實上，歐特維爾王朝曾經庇護過哈穆迪王朝的男性親戚：哈穆迪王朝最後一任統治者，穆罕默德・伊本・阿布杜拉（Muhammad ibn ʻAbd Allah）在公元一〇五八年逃離馬拉加，得到羅傑二世的父親，西西里伯爵羅傑一世的庇護[24]，因而留在西西里。十四世紀，大馬士革學者薩法迪（al-Safadī，1297-1362）的著作交代羅傑庇護伊德里西的動機：

> 「羅傑，法蘭克國王暨西西里君主，非常欣賞飽讀哲學的人，是他把夏里夫・伊德里西從北非找來……他抵達時，羅傑隆重地迎接貴客，務必使其榮華加身……羅傑請他留下。說服他接受，他對他說：『你是哈里發家族出身，如果在穆斯林統治下，他們的王侯會設法殺了你，但如果留在我身邊，定能保你安全。』伊德里西接受國王的邀請之後，國王賜給他一份豐厚的收入。伊德里西習慣騎驢子去見國王，他人一到，羅傑便起身迎接，然後兩人一起坐下。」[25]

關於這兩個人初次見面的情景，這是唯一僅存的紀錄，撰寫於將近兩百年後。用這位睿智、仁慈的贊助者和他沉默、心存感激的臣民彼此永恆的語言表達出來。但同時也捕捉到羅傑融合政治和學術的高明手腕，並點出他很清楚伊德里西因為家世的關係，成了其他同一宗教的信徒及國王眼中的目標。在一個檯面上不贊同這種行為的時代，這兩個人基於截然不同的裡由，早就學會包容納其他文化的習俗和儀式。他們倆都是身處異地的異鄉人，遠離故鄉數百公里。而且兩人對宗教的態度都和正統相差甚遠。

伊德里西抵達巴勒莫時見到的統治者，和先人一樣，對其宗教信仰維持著永遠愛憎交織的關係，對於藉宗教信仰之名提出的政治主張也抱持健康的懷疑態度。諾曼人從公元十一世紀中期就從拜占庭帝國手中奪得了義大利南部的某些地方和西西里，控制卡拉布里亞（Calabria）、阿普利亞（Apulia）、瑞吉歐（Reggio）和布林迪西（Brindisi），只不過基督教世界的強權在這些領土有自己的既得利益，無一不和他們長期作對。可想而知，對於諾曼人主宰羅馬以南的國家，教皇一定有所疑慮，而同樣佔領義大利某些地區的德國霍亨斯陶芬王朝（Hohenstaufen dynasty）也反對歐特維爾王朝蠶食他們的領土。就連君士坦丁堡的拜占庭皇帝也認定歐特維爾王朝竄奪帝國對西西里的傳統權利而做出激烈反應，痛斥羅傑是「暴君」。[26]

雖然有各方勢力和他作對，事實證明羅傑是個狡猾的對手。一一二八年，就在伊德里西抵達巴勒莫之前，教宗霍諾留斯二世（Pope Honorius II）拒絕批准羅傑佔領阿普利亞，甚至頒布一紙絕罰令，並鼓勵十字軍出兵討伐。不料討伐失敗，霍諾留斯的地位降低，只好勉強答應為羅傑佔領義大利背書。霍諾留斯在一一三〇年二月過世以後，教廷分裂，羅傑趁勢支持駐羅馬的克雷二世（Anacletus II），抵抗和他敵對的英諾森二世（Innocent II）。為了確保羅傑提供軍事援助，政治權力萎縮的克雷後來在同一年頒布教皇飭令，賜予他西西里國王的頭銜，不過到了公元一一三八年，羅傑的王國陷入了另一次危機。克雷教宗辭世，而支持英諾森二世即位的德國統治者強烈反對羅傑統治西西里。羅傑再度遭遇極力反對他的教宗。次年，英諾森再次把羅傑逐出教會，後來卻在一場小規模的軍事衝突中被羅傑的部隊逮捕。他不得不含辱承認國王的主權，並承諾不再支持任何勢力挑戰他對西西里的統治。[27]

在整個一一四〇年代，反對羅傑統治的行動不曾停歇。儘管消弭了教宗的反對，拜占庭和德國的統治者仍然企圖罷黜羅傑，但這些行動全都失敗了。接著，當王國進入少數相對穩定的統治時期，諾曼統治者和他這位穆斯林臣民開始聯手編纂《娛樂》。

當伊德里西習慣了巴勒莫的新生活，他發現作為一個穆斯林和學者，可以在島上擷取各式各樣的知識傳統。從羅馬時代開始，西西里一直以富庶和繁榮聞名。如同托勒密的亞歷山卓，西西里位居地中海不同的文化和傳統之間，確保它商業上的富裕和政治上的重要性。這座島嶼是政治領袖往來羅馬和君士坦丁堡之間的休息站，島上的港口迎接來自地中海沿岸各地、信仰不同宗教的商人。也是基督教和穆斯林朝聖者的避風港。前往麥加朝聖的西班牙穆斯林往往會在西西里的港口暫時歇腳，前往聖地的歐洲基督徒也在這裡稍事休息。公元一一八三年，從瓦倫西亞取道西西里前往麥加的西班牙穆斯林伊本．朱巴伊爾（Ibn Jubayr）寫道：「島上的繁榮非言語所能形容。只能說在文明的程度上、收穫的豐富和福利安康方面，它是西班牙〔安達魯斯〕的女兒，擁有種類繁多的農產品，以及每一個種類和品種的水果。」伊本．朱巴伊爾敘述穆斯林社群和基督徒統治者和平共存，甚至以讚許的口吻引述古蘭經的一句經文，說「基督徒善待這些穆斯林，而且『把他們當作朋友』〔古蘭經，20、41〕，但每年卻課徵他們兩倍的稅」。他很詫異諾曼宮廷竟然有「華麗的宮殿和優雅的花園」，最後總結說西西里行使法律、行政及帝王的權威時，「作風很類似穆斯林國王」[28]。

拜這樣駁雜的文化遺產所賜，一一三〇年，羅傑登基時，西西里已經成為學術中心。早在被羅傑納入他的義大利帝國之前，薩勒諾（Salerno）已經是著名的學術中心，將希臘和阿拉伯的醫學知識傳播到整個拉丁語世界。羅傑的皇家樞密院所有的官方文告都以拉丁文、希臘文與和阿拉伯語公布，以確保不斷有符合資格的學者，能夠延續這個蓬勃的傳統，把文字在這三種語言之間相互翻譯及散播。希臘外交官兼卡塔尼亞（Catania）總執事亨利．阿里斯提波（Henry Aristippus）把亞里斯多德《天象論》的某些部分從希臘語翻譯成拉丁文，他待在島上的時候，還完成了柏拉圖《費多篇》的第一部拉丁文譯本。而且他從君士坦丁堡把托勒密希臘語版的《天文學大成》帶回西西里，托勒密天文學論文最初的一部拉丁文譯本，就是以本書為基礎。[29]公元一一四〇年左右，希臘神學家尼羅斯．多薩巴特勒（Nilos Doxapatres）從君士坦丁堡逃往巴勒莫，羅傑也給予庇護，並委託他就「教長神座的品位與等級」（The Orders and Ranks of the Patriarchal Thrones）寫一篇親拜占庭的手稿，被譽為「教會世界的歷史地理學」[30]。在阿拉伯語方面，羅傑贊助了至少六位詩人，寫詩讚頌他的政治和文化成就。[31]

巴勒莫的多語言文化，以及為這種文化提供養分的各種知識傳統，使巴勒莫成為最適合的地點，來完成羅傑即將交付給伊德里西的偉大任務。在《娛樂》的前言中，伊德里西敘述國王委託這項任務的緣起。最初的構想是作為一種政治地理學的探索，羅傑這麼做，當然不令人意外。國王

> 「希望他應該準確地知道他領土的細節，並以確切的知識精通這些細節，而且他應該知道邊界和陸上及海上路線，以及這些地方屬於什麼樣的氣候，面臨哪些海洋和海灣，同時也瞭解七大氣候下的其他土地和區域，只要得到不同的學術來源共同認定，並得到過去遺留的手稿或不同作者的確立（說明每一種氣候涵蓋某一個國家的哪些區域）。」

自從托勒密用圖表確認了整個人居世界八千多個地方的位置，包括後來羅馬人做的測量在內（已經佚失），這是最具企圖心的一次自然地理學研究。羅馬人至少可以憑藉本身帝國遼闊，加上可以隨時取用希臘地理學典籍，來進行這樣一個計畫。羅傑的小王國沒有足夠的資源和人力來完成這種測量，但可以運用多樣化的希臘語、阿拉伯語和拉丁文典籍館藏。伊德里西專注研究兩個主要資料來源：托勒密的《地理學》（有希臘語原文版和阿拉伯語譯文版），以及早期基督教神學家保祿．奧羅修斯（Paulus Orosius）的著作。奧羅修斯和伊德里西一樣，是一名巡迴學者，在伊比利亞、北非和聖地到處生活和工作，他的《對抗異教徒史》（*History against the Pagans*，416-17）提供了基督教興起的地理學史。

國王羅傑堅決要統一過去、現在及正在發展中的地理學概念，採用托勒密和奧羅修斯著作中所能蒐羅到的資料，和伊德里西及其手下一群宮廷學者的地理學知識拼湊在一起，輔以新近委託的旅行家周遊人居世界之後所寫的報告：

> 「他們一起研究，但有關他在前述著作中找到的資料，他沒有從〔其他學者〕身上得到太多額外的知識，當時召集他們就這個題目開會時，他派人到境內各個地方，下令更多可能周遊列國的學者前來，詢問他們個別和集體的意見。但他們沒有達成一致的看法。不過，只要是他們一致同意的資料，他照單全收，但如果他們有歧見，他就予以排除。」[32]

後來那些年，羅傑的學者費盡心力校對資料。只要就某些問題達成一致的看法，就把結果列入一張大畫板上，一幅巨大的世界地圖就在這裡慢慢成形。

> 「他希望確定這些人就經度和緯度〔以及兩地之間距離的測量〕達成的一致看法都是準確的。所以他帶了一塊畫板（lauh al-tarsīm）給他，用鐵製工具把前述幾本書提到的資料一一描在畫板上，再加上學者們比較可靠的決議。」[33]

如此大費周章所產生的第一個結果，不是托勒密傳統的地名錄，而是一大張圓形世界地圖，以白銀製成。伊德里西告訴我們，羅傑下令

> 「應該用純銀製作一個大尺度的圓盤，重達四百個羅馬拉特爾（ratls），每個拉特爾有一百一十二個迪拉姆（dirham），製作完成時，他已經在上面刻上一幅地圖，包含七大氣候和相關的土地和區域，海岸線和腹地、海灣和海洋、河道和河川所在地、有人和無人居住的區域、每個地方之間是多少〔距離〕（無論是沿著經常行經的道路，或列出確定的哩數，或經過鑑定的測量結果），以及畫板上的版本所列出的已知港口。」[34]

這面獨一無二的銀製世界地圖或地理畫板都沒有保存下來，但伊德里西說明，在地圖完成後，羅傑委託他「寫一本書，解釋這種地圖

是怎麼畫出來的，並補充他們先前在土地和國家的環境方面遺漏的部分」。這本書要描述「和每個〔國家〕及其所屬氣候的美好事物，也描述各個民族和他們的風俗與習慣、外貌、服裝和語言。這本書要叫作*Nuzhat al-mushtāg fī khtirāq al-āfāq*（《渴望周遊世界者的娛樂》），在一月上旬完成，正好是伊斯蘭曆五四八年的十月。[35]

羅傑對地理學的偉大雄心，只留下完成後的這本書。如今翻閱，一望即知國王為何想得到伊德里西協助。除了引用希臘語和拉丁文的地理學資料，例如托勒密和奧羅修斯，這本書納入了伊德里西帶來的第三個重要傳統：長達三百多年的阿拉伯地理學知識。《娛樂》代表了有史以來第一次有人努力把希臘、拉丁和阿拉伯學術這三種古典地中海傳統，整合在一本介紹已知世界的書籍中。

適合從事這件工作的人，未必要受過天文學和宇宙學的訓練，伊德里西沒用什麼篇幅描繪地球的起源，只聲明地球是球體，合理推估圓周是三萬七千公里（兩萬三千哩），像「雞蛋的蛋黃一樣穩定不動」。他在前言裡說的話沒什麼特別透徹或創新之處，和標準的希臘或伊斯蘭的權威資料相差不遠；本書史無前例的地方，是他如何處理把資料提供給羅傑的人所蒐集的各種不同資訊。伊德里西採用托勒密的方法，把他這本書其餘的部分從東到西分成七種經度氣候，但地圖卻以南方為上。第一種氣候從赤道非洲一路延伸到韓國。「第一種氣候，」他寫道：「始於西方之海的西方，稱為陰影之海（Sea of Shadows）。沒有人知道陰影之海以西存在著什麼。這片海上有兩座島嶼，稱為幸運島（al-Khālidāt），托勒密是從這裡開始計算經度和緯度。」[36]最後的第七種氣候涵蓋了現在的斯堪地那維亞和西伯利亞。他最大膽的創舉是把每一種氣候再分成十個部分，如果加在一起，就成了七十個長方形地區組成的世界網格。伊德里西從沒想過用這種方法來統一他的地圖——這樣拼湊出的地圖，即使在典禮場合，也實在大到無法使用——但這是一種進行全世界地理描述的新方法。在《娛樂》一書中，這七十幅區域地圖每一幅的前面，都有關於當地的文字敘述，讓讀者在初次閱讀資料後，對當地有一番想像。

伊德里西在前言提過，是什麼動機讓他用這種方法劃分世界，關於地圖如何補強字面的地理描述，這段話算是提供了前現代最詳細的說明：

「我們在每個區塊加入了它涵蓋的城鎮、地區和區域，看地圖的人就能觀察到他平常看不到或不瞭解、抑或因為路途艱險或民族性不同而無法親自走一趟的地方。這樣他可以藉由看地圖來糾正這些資訊。因此這些分區地圖總共有七十張，不算位於兩個不同方向的兩個極端邊界，一個因為過熱和缺水而成為人居世界的南界，另一個因為過冷而成為人居世界的北界。」

這番說明具體證明了透過地圖的力量，可以把觀者因旅程遙遠及路途艱險而從來不曾想像自己會親自踏足的地方形諸視覺。但伊德里西也承認他的區域地圖所能提供的資料有限。他重申描述自然地理的重要性，然後說：

「現在很清楚，當觀者看這些地圖和文字所說明的國家時，他看到的是真實的描述和悅目的形式，但除此之外，他必須弄清楚有關各個省分及各地民族外貌的描述、他們的服裝和配飾，以及實際的道路和道路的里程數與法爾桑〔farsangs，波斯一種測量單位〕，以及由旅行家目睹、周遊列國的作家提及，並得到敘述者證實的地方奇景。因此在每一幅地圖之後，我們在書中適當的位置加入所有我們認為必要及適合的資料。」

這段流暢的陳述講的是製圖術的力量和侷限，如同托勒密先前所言，坦承必須對人居世界賦予一種「形式」或幾何秩序，但也隱約承認「周遊列國的作家」帶來akoē（「道聽塗說」）的問題。要完成羅傑屬意的那種詳細的人文地理學，旅行家的報告顯然不可或缺，但這些報告要如何驗證，並得到「敘述者的確認」？伊德里西認為地圖的基本幾何學無可質疑，而且能夠可靠地複製，然而，即便經驗最豐富的旅行家，提供的也是偏頗的陳述。

伊德里西解不開的，正是希羅多德在一千五百多年前提出的問題。他的解決方案違背了從古典世界和早期穆斯林製圖術流傳下來的製圖學傳統，採取非科學的作法，刻畫人居世界的在地實況。這樣會產生中世紀世界最詳盡的地理學描述，但也會使他的作品乏人問津，因為政治意識型態越來越崇尚教化性質的製圖世界觀。

對於過去從瑪蒙宮廷到伊本・豪蓋勒的製圖史，伊德里西的反應頗為複雜，因為他很少提及自己的資料來源，也因為他的抄本文化（culture of manuscripts）裡有理念流通和交流的問題。我們評估伊德里西的成就，靠的是《娛樂》（以及附帶的地圖）後來的複製抄本。同樣的，他在伊斯蘭世界最西端的求學和早期事業經歷，讓我們很難解釋他在科多巴或西西里可能接觸到哪些典籍。他似乎絕口不提像馬蘇第這種人的影響力，這究竟純屬無知，還是代表某種不為人知的知識和意識型態衝突？我們恐怕永遠不得而知，不過把他確實引述到的資料拼湊起來，加上他的地圖和字面的地理描述，或許多少能猜到他想達到什麼目標。

在《娛樂》的前言中，除了其他資料來源，伊德里西宣稱他引用了托勒密、奧羅修斯、伊本・胡爾達茲比赫和伊本・豪蓋勒的著作。[37]這份名單透露不少端倪：一個希臘人、一個基督徒和兩個穆斯林，一個是行政官員，另一個是一上路就流連忘返的旅行家。讀著伊德里西的文字，看著根據他的文字繪製的地圖，他似乎沒有特別倚重哪一個資料來源。他借用所有人的資料，然後做出自己的結論，默然承認這些人的侷限。他運用伊本・胡爾達茲比赫對地球形狀、圓周和赤道尺度的理論性理解，再回頭利用托勒密來描述和繪製氣候，進而推算出他地圖上的區域尺度。

在接下來描述他這七十個區域的文本和地圖中，伊德里西不露痕跡地遊走於托勒密和他的穆斯林資料來源之間，他對地方的描述和位置的推估，經常和這些地方在他地圖上的位置不一致。一章又一章的文字，描述每一幅地圖上兩地之間的路線和距離，例如「麥加到麥地那（Madina），又稱為亞隋（Yathrib），最方便的路線要六天「路程」，亦即四百一十五公里。伊德里西對這條路線的論斷，顯示他馬上從托勒密轉回伊本・胡爾達茲比赫，這一次是借用他這位前輩對行政和實務的興趣：

> 「從薩布拉（Sabula）到米雷（Mêlée），一個有香甜泉水的落腳處，二十七公里。
>
> 從那裡到柴德（Chider），麥地那居民聚會的地方，住了少數阿拉伯人，十九公里。
>
> 從柴德到麥地那，十一公里。」[38]

從麥加的地圖不太看得出它神聖的意義，從附帶的文字敘述也看不出來。「麥加」，伊德里西寫道：「是一個古老到連如何起源都不得而知的城市；當地頗負盛名，蓬勃發展，人們從穆斯林世界的每一個角落來到此地。」對卡巴天房的敘述也同樣平淡。「傳統敘述卡巴天房是亞當的居所，以石塊和黏土興建，被大洪水沖毀後一直荒廢，直到上帝命令亞伯拉罕與以賽瑪利重建。」[39]這不是當時基督教mappaemundi（世界地圖，在下一章討論）或巴爾希學派製圖術的神聖地理學，前者以耶路撒冷為世界的神聖中心，後者以麥加為中心。反而是對自然世界提供了一種自然主義的描述，充滿了奇景和奇事，但無意對神創造世界的創舉多所著墨。

當伊德里西把注意力轉移到哈里發的首都巴格達，他的說明也同樣內斂。「這個大城市，」他寫道：「是曼蘇爾哈里發在底格里斯河西岸所建，他把周圍的領土分封給他的朋友和追隨者。」[40]對照之下，基督教的大城市就被仔仔細細地讚美一番。他描述羅馬是「基督教的支柱之一，也是最早的大主教轄區」，以古典建築、繁榮的市場、美麗的廣場和包括聖彼得教堂在內的一千兩百多間教堂而為人稱道。伊德里西也提到：「被稱為教宗的君王所住的宮廷。這位君王的權力凌駕所有國王；各國國王對他敬若神明。他以正義執政，懲罰壓迫者，保護窮人和弱者，防止濫權。他的精神力量勝過所有的基督教國王，任何國王都不得反對他的命令。」[41]如果說伊德里西刻意貶抑伊斯蘭城市而讚揚基督教城市，是為了取悅羅傑，這番有關教宗權威的描述，恐怕不是國王想聽到的。

但伊德里西的書在描述耶路撒冷時，開始出現一種帶有微妙融合意味的地理學觀點。他以編年史的方式記載這個城市糾結的猶太教、基督教和穆斯林神學史，文中不斷提到耶穌是「救世主」（Lord of Messiah），從地理學的角度敘述他從降生到被釘十字架的生平事蹟。有一段鏗鏘有力的文章，描述的是聖殿山（Temple Mount），也就是伊斯蘭所謂的尊貴聖殿（Noble Sanctuary），伊德里西是這麼說的：

> 「大衛之子所羅門建造的聖所，在猶太強權時代是朝聖之地。穆斯林進城時，奪走了聖殿，也把他們驅逐出去。在穆斯林的統治下，聖殿被擴建，如今成了穆斯林的阿克薩清真寺（Masjid al-Aqsa）。世上沒有一座神殿比它更宏偉，除了安達魯斯的科多巴大清真寺；因為根據報告，那座清真寺的屋頂比阿克薩清真寺的屋頂更大。」[42]

這是猶太教最神聖的地點，是伊斯蘭僅次於麥加和麥地那的聖地，因為先知在異象中騎天馬從麥加前往耶路撒冷，因此命名為「遠寺」（Farthest Mosque），後來曾短暫作為穆斯林朝拜的方向（qibla）。但在敘述清真寺地基的建物時，伊德里西不忘提醒讀者，在一一〇四年，「基督徒以武力奪取耶路撒冷，直到本書編纂時，仍在基督教掌控之下」。如同伊德里西的製圖生涯，不曾被任何宗教主導；《娛樂》從頭到尾都不避諱他的穆斯林身分，但他似乎無意鞏固任何一種知識或宗教傳統的主導地位。

《娛樂》顯然擴大了羅傑在世界地圖上的地位。西西里——被描述為「珍珠中的珍珠」——讓地中海其他小島相形見絀，西西里的統治者被譽為「錦上添花的統治權和高貴的主權」[43]。但這是肇因於政治上的迫切需求，也是自我中心製圖術的典型案例，伊德里西藉此放大了他自己和他的君主的位置。從一個更基本的層次來說，不管是托勒密的幾何學，或是巴爾希製圖學派的神聖地理學，在《娛樂》一書都不具優先地位。伊德里西的地圖沒有一幅包含比例尺或固定的距離測量單位。對照伊本・豪蓋勒繪製的地圖，伊德里西的地圖刻畫的世界沒有hadd，也就是伊斯蘭所謂的界限，某個城市、國家或陸塊的盡頭。[44]羅傑長年贊助這個計畫，顯示他對《娛樂》的政治地理學很滿意，可是對伊德里西來說，他的《娛樂》顯然另有一番意涵：adab（禮儀），高雅又有教養的追求薰陶性、休閒性——或娛樂性——學術作品。一個adīb——擁有adab的人——努力探索天地萬物，而這本百科全書式的地理學書籍代表了這種志業的一種最佳表現工具。[45]

*

促使伊德里西編纂《娛樂》的因素，包括被大肆吹捧的和平共存精神，以及目標、理念和信仰的多文化交流與傳播，其實是一個短暫現象。當這種現象在羅傑的晚年崩解，伊德里西的地理學成就也陷入困局，這是因為基督徒和穆斯林的意識型態越來越兩極化，一個通曉數國語言的基督教宮廷，實在容不下穆斯林的地圖製作者。公元一一四七年，正當伊德里西忙於編纂《娛樂》時，羅傑積極支持第二次十字軍東征的計畫，最終目的是把穆斯林趕出耶路撒冷。一貫狡猾的羅傑打算利用參與十字軍東征來助長自己的政治大業，然而這也表示，在這個時代，他發現越來越難迴避這兩種信仰日益激烈的對立。

羅傑在公元一一五四年崩逝，其子威廉一世登基為王。雖然威廉繼續維持父親對學術的熱誠贊助，卻缺乏羅傑的政治頭腦。根據當時記載威廉統治期間的一份史料，「過了沒多久，所有的寧靜一步步消失於無形」，西西里王國不久即陷入派系紛爭和互相殘殺的衝突裡。[46]如同當年逃出科多巴的年輕伊德里西，或許他明白時不我與，於是離開西西里，踏上人生最後一段旅程，返回北非，很可能定居休達，後來在一一六五年辭世，享年六十五歲。在他離開的同時，穆斯林反抗諾曼統治者的行動擴大。羅傑的外甥，身兼神聖羅馬帝國皇帝與西西里國王（統治期一一九八至一二五〇年）的腓特烈・巴巴羅薩（Frederick Barbarossa）採取全然不同的手段對付島上的穆斯林社群，把許多人逐出小島。他也披上了神聖十字軍的戰袍，領導第六次十字軍東征，最後在一二二九年登基成為耶路撒冷的國王。到他逝世的時後，西西里島殘餘的穆斯林不是被放逐，就是被賣為奴隸。諾曼人在島上和平共存的實驗走到窮途末路，穆斯林從此在西西里絕跡。[47]

十二世紀末，地中海世界的文化邊界變動不居，而且這些移動的邊界曾經締造友善的知識交流氛圍，意味著伊德里西在地理學方面留下的遺產有限。我們很難想像，像《娛樂》這麼龐大而複雜的書籍可以輕易從西西里傳播到整個伊斯蘭世界，而且不管怎麼說，許多穆斯林學者認為伊德里西背叛了自己的信仰。後來有些伊斯蘭作家引用他的著作，也複製他的地圖，其中包括著名的北非學者伊本・赫勒敦（Ibn Kaldūn，1332-1406），當初安達魯斯漸漸瓦解時，他的家族也離開了。他的世界史鉅著《世界史書》（*Kitāb al-'ibar*）把伊德里西的地圖和托勒密相提並論，都是描述「已開化世界的山岳、海洋和河川」[48]。除此之外，伊德里西的著作只在北非的學術圈流通。雖然《娛樂》的拉丁文刪節本於一五九二年在羅馬刊印，卻被視為一件歷史珍品，當成伊斯蘭地理學退步的佐證而擱置不理。

二十世紀末，學者開始重新思考伊斯蘭製圖學的重要性，伊德里西的名譽才慢慢恢復。若非近年出了一項絕無僅有的發現，他的製圖術，尤其是他的圓形世界地圖，很可能越來越受到器重。二〇〇二年六月，牛津博德利圖書館的東方文獻部（Department of Oriental Collections）取得一份阿拉伯語抄本，重新釐清了阿拉伯地理學的發展，也挑戰學界對伊德里西世界地圖既定的想法。根據抄本作者提到的政治情勢和朝代推測，原始的手稿應該出自公元十一世紀，但留下來的卻是十三世紀初的複製品，可能是在埃及抄寫完成。作者的姓名至今不詳，但譯成英語的書名顯示，這部手稿和伊德里西的《娛樂》同屬地理描述類的著作，令人充滿好奇。

這本書的名稱是《科學奇珍與令人大開眼界的異寶之書》（*The Book of Curiosities of the Sciences and Marvels for the Eyes*），內容分成三十五章，以阿拉伯語書寫，描述天球與地球的世界。更重要的是論文內附至少十六張地圖，描繪印度洋、地中海、裡海、尼羅河、幼發拉底河、底格里斯河、奧克薩斯河（Oxus）和印度河。其他的地圖包括塞浦路斯、北非和西西里。前幾章還收錄了兩幅世界地圖的插圖，一為長方形，一為圓形，兩者各有獨特之處。長方形的世界地圖有別於其他任何一幅伊斯蘭地圖。繪製得非常簡略，以南方為上，顯示世界其實是由兩塊廣袤的大陸構成，右邊是歐洲，左邊的亞洲和一片無盡的非洲相連。阿拉伯半島特別醒目，同時把麥加畫得像一個黃金馬蹄鐵。地圖還畫了刻度尺，極其類似索拉博把世界地圖投影在平表面的方法。從地圖的右上方延伸到左上方，停在東非海岸的某個地方。雖然抄寫員顯然看不懂經緯網格（數字標示不正確），但刻度尺的存在，顯示伊斯蘭世界地圖在測量距離和應用比例尺方面，比我們原先以為的更加先進。[49]

圓形的地圖看起來比較眼熟：和至少六本伊德里西《娛樂》抄本當中穿插的世界地圖其實一模一樣。既然《奇珍之書》地圖的出現比《娛樂》早了至少一個世紀，傳統上把伊德里西視為製圖者的說法不攻自破。至於這幅地圖為什麼會出現在《娛樂》一書中，有兩種可能的解釋。第一種是伊德里西沒有引述來源就複製了這幅地圖，收錄在自己的論文裡，第二種可能性更耐人尋味，是後來的抄寫員自作主張，加入《奇珍之書》的地圖，以為這樣可以補充《娛樂》其他內容的不足。有鑑於伊德里西通篇沒提過什麼世界地圖，再加上這幅地圖純粹是再現地球的自然地理，有別於《娛樂》其他部分對區域性人文地理的濃厚興趣，因此第二種推測似乎最有可能。無論真相為何，《奇珍之書》的出現，顯示地圖和地理學概念在中世紀穆斯林世界的流通和交流，在時間上比歷史學家原先認定的早了許多，範圍也大得多。無論是哪一種宗教派別，我們對中世紀製圖術的理解仍有不足之處。

《奇珍之書》出現圓形的地圖，改變了我們對伊德里西地理學成就的看法。他的人居世界區域地圖製作法，是前現代世界以非數學方法製圖的傑出範例，這要歸功於基督徒和穆斯林，以及希臘人和猶太人的交流所賜。從現代的眼光來看，這種區域地圖製作的傳統或許不客觀，但它們追求的是一種寫實主義，以統一的方式繪製空間，在相當程度上擺脫他那個時代許多地圖不可或缺的宗教修辭。伊德里西區域地圖和他對整個人居世界的城鎮、城市、社群、商品及貿易路線和距離的描述，反映出他有統合基督教和伊斯蘭製圖術的企圖，儘管如此，他似乎不太願意為哪一個宗教的宇宙起源說或普世統治權的主張背書。

伊德里西和托勒密一樣，把世界地圖的創作當成一種知識的演練，一件像羅傑那樣充滿雄心的贊助者要求的任務。但他真正感興趣的，似乎是區域地圖永無窮盡的可能性；他不願意把自己的七十張地方地圖統合成一幅全球性圖像，因為一定會有人根據某一種信仰的信念，質疑這個圖像的創造。地中海沿岸諸國後來的宮廷和統治者，無論是基督徒或穆斯林，越來越不能接受地球多樣化的自然奇景被製成地圖。到了公元十三世紀，兩邊的人都背離了伊德里西，反而要求地圖必須明白支持他們特定的神學信仰。儘管伊德里西在地理學方面頗有創新，基督徒或穆斯林都不懂他地圖的價值，地理描述終究不敵宗教信仰。

第三章

信仰

赫里福德世界地圖，約一三〇〇年

義大利，奧維特，一二八二年

一二八二年八月二十三日，赫里福德主教湯瑪斯·坎特路普（Thomas Cantilupe）在義大利奧維特（Orvieto）附近的佛倫特（Ferente）過世。坎特路普曾任英格蘭大法官、牛津大學校長、倫敦與約克的教士、國王愛德華一世的私人顧問，是十三世紀英國教會生活中最有影響力的人物之一。到了晚年，他和上級坎特伯里大主教約翰·佩肯（John Pecham）陷入激烈論戰。坎特路普生於男爵統治階級，堅信資深神職人員領取多重聖俸——宗教聖職所附帶的土地和財產——的既得權利，這種作法在當時通稱為兼任制（pluralism）。佩肯大力批判兼任制，以及在他眼中無紀律、怠忽職守及非正統的神學教育。一二七九年被任命為大主教時，佩肯就明白告知包括坎特路普在內的資深神職人員，他打算廢除這些惡習。佩肯代表一種新的教會權威。他堅決支持一二一五年羅馬第四屆拉特倫會議（Fourth Lateran Council）制訂的命令，要求強化教會統治菁英的權力，給予他們更多的權威，對教友宣揚教義的基本要點，藉此將基督教的教義形式化。[1]佩肯極力贊成這種改革，把他的管轄權擴大到主教教區，但在這個過程中，卻削弱了他手下許多主教所擁有的權威和特權。

佩肯特別注意如何讓威爾斯神職人員對兼任制的問題達成共識。這不但是宗教問題，也是政治問題。在一二七〇和一二八〇年代，為了把威爾斯納入英格蘭，愛德華國王和獨立的威爾斯統治者陷入漫長而激烈的衝突。赫里福德的主教教區位於瑪爾奇斯（Marches，邊界區域），夾在英格蘭和威爾斯之間，代表英格蘭政治和教會權威的邊陲地帶，佩肯說什麼也要讓這個教區服膺他的改革。儘管坎特路普在政治問題上忠於愛德華國王，但他反對佩肯意圖挑戰在英國宗教生活中根深柢固的兼任制和其他習俗，並抗拒大主教要改革他教區的企圖。一二八二年二月，雙方的爭執白熱化，大主教在蘭貝斯宮（Lambeth Palace）把坎特路普逐出教會，令人大吃一驚。蒙羞的主教流亡法國，在一二八二年三月前趕往羅馬，準備當面懇求教宗馬丁四世收回將他逐出教會的絕罰令。[2]

一二八二年夏季，坎特路普見到了教宗，並當面陳情。但問題還來不及解決，坎特路普的健康開始走下坡，到了八月，他已經出發趕回英格蘭。在佛倫特過世之後，坎特路普的心臟很快被取出，遺體就地焚燒，使肉身和骨骼分離。肉身葬在奧維特一處教堂，心臟和骨骼被帶回英格蘭。遺骸送回後，一直到一二八三年初，佩肯始終不肯讓坎特路普的骨骸在赫里福德下葬。多虧坎特路普的門徒和赫里福德主教一職的繼任者理查・斯溫菲德（Richard Swinfield）幫忙，在一二八七年，前任主教的骨骸總算於大教堂安息。墳墓上雕刻著站立的士兵們，腳下踩著醜怪的猛獸，象徵基督徒對抗邪惡，並保護德行高潔的坎特路普，他長眠在天堂花園裡，受到基督的大軍保護。[3]

斯溫菲德千方百計要讓恩師被封為聖徒，這個聖墓只是起點，他苦心經營坎特路普的墳墓，使全國各地的信徒前來朝聖。從一二八七年到一三一二年，發生了五百多個和墳墓有關的「奇蹟」，從瘋子和殘障人士痊癒，到被認定淹死的孩童奇蹟似地復活。一位騎士最鍾愛的獵鷹被隨從踩死之後活過來，唐卡斯特一個舌頭被強盜割掉的人，竟然恢復了說話的能力。一三二〇年，教宗法庭禁不住再三請求，終於將坎特路普封為聖徒，是宗教改革前最後一位獲此殊榮的英國人。

*

坎特路普的神職生涯和他與佩肯因為教會權威問題而發生衝突的故事，完全涵蓋了十三世紀天主教英格蘭信仰的興衰變化。不過現在已經沒什麼人記得坎特路普的生平事蹟和他最終的安息地（在赫里福德大教堂的北面側廊還看得到墳墓的基座）。到大教堂從事世俗朝聖的觀光客，大多略過坎特路普的墳墓，直接前往教堂後面的現代附屬建築，這裡專門用來收藏教堂最著名的古蹟：赫里福德世界地圖。

mappamundi（世界地圖）這個用語出自拉丁文的mappa——桌布或餐巾，還有mundus——世界。公元八世紀末，這個字開始在說拉丁語的基督教西方發展，未必專門用來指稱世界地圖，也可以用來稱書寫的地理描述；同樣的，這個時期的世界地圖未必都叫mappaemundi（mappamundi的複數形），也用過其他的說法，包括descriptio、pictura、tabula，或是像赫里福德這幅地圖，被稱為estoire，也就是歷史。[4]既然這個時代不把地理學視為一門獨立學科，在拉丁語或歐洲各種方言裡，自然也沒有一個公認的名詞來敘述我們現在所謂的地圖。不過在當時流通的各種用語中，mappamundi成為最通俗的說法，用來界定有關基督教的地球近六百年的文字和繪圖敘述。在當時流傳下來的一千一百份mappaemundi當中，絕大多數都出現在抄本書籍裡，有些不過幾公分大小，收錄在當時最有影響力的幾位思想家的著作中，作為插圖：西班牙神職人員暨學者塞維爾的伊西多爾（Isidore of Seville，約560-636）、公元四世紀末的作家馬克羅比烏斯（Macrobius）和公元五世紀的基督教思想家奧羅修斯。赫里福德mappamundi獨樹一格；是製圖史上最重要的地圖之一，也是近八百年來完整保存的同類地圖中最大的一幅。這幅地圖以百科全書的方式，呈現出十三世紀基督徒眼中看到的世界。不但反映，也再現了中世紀基督教世界神學、宇宙論、哲學、政治、歷史、動物學和民族志的信仰。不過儘管這是現存最大的一幅中世紀地圖，卻仍是個猜不透的謎。我們不清楚它在何時製作，也不知道它在大教堂究竟有什麼功能；更不確定它為什麼會出現在盎格魯—威爾斯邊界的一個大教堂小鎮。

如今訪客前往赫里福德，走進大教堂的附屬建築仔細端詳mappamundi，一開始會覺得這東西真不對勁，當作地圖就更不對勁。形狀宛如房屋的山牆端，地圖表面起伏有波紋，活像一頭神祕的動物——事實上也是如此。這張地圖有一點五九公尺（五呎二吋）高，一點三四公尺（四呎二吋）寬，用一張巨大的獸皮製成。從地圖最高點的脖子，到貫穿地圖中央的脊椎，動物的體態依稀可見。乍看之下，地圖可能像個骷髏頭，或是屍體的橫斷面，公然展示血管和器官；再看一眼，可能是一隻怪異、蜷曲的動物。托勒密和伊德里西那種測量網格不見了。這幅地圖反而散發出一種近乎有機的氣氛，體現了一個混亂、豐沛的世界，充滿奇景，但也不乏恐怖的畫面。

羊皮紙幾乎被一幅圓形的世界繪圖佔滿，世界位在一個龐大的球體內側，流水在外環繞。仔細凝視地圖的陸塊分布和地理方位，現代觀者不免感到陌生而困惑。地球被分成三大部分，特地在地圖上用金箔貼著「歐羅巴」（Europa）、「亞細亞」（Asia）和「阿非利加」（Affrica）。[5]歐洲和非洲的名稱寫反了，表示公元十三世紀的地理學知識有限，否則就表示地圖最後揭幕時，地圖的抄寫員羞愧難當（除非背後有更不為人知的意圖，呈現經過刻意混淆的世界圖像，和現實形成對比）。地圖的外圈標示著四個基本方向，從地圖正上方依順時鐘方向，分別是Oriens（東方，日出）、Meridies（南方，正午太陽的位置）、Occidens（西方，日落）和Septemtrio（北方，出自拉丁文的七，指大熊星座的北斗七星，亦即推算北方所在位置的依據）。伊德里西書中的世界地圖以南方為上，赫里福德mappamundi更改了世界的方位，以東方為上。不過就如同伊德里西的地圖，在赫里福德mappamundi裡，亞洲佔據了整個球體將近三分之二的面積。南方是地圖右側角落的非洲，非洲南端的半島和亞洲銜接，這一點與事實不符。歐洲位在西邊，是地圖的左下方，北方是現在的斯堪地那維亞。除此之外，其他的地方都是亞洲。

如果照現在的地理學來更改mappamundi的方位，觀者必須在心裡把地圖順時鐘旋轉九十度，使頂端朝向右側，但即使如此，圖上的地形仍然顯得陌生。站在mappamundi前面，大多數人會先尋找赫里福德的位置，設法分清楚東南西北，但幾乎一點用也沒有。除了威河（River Wye，標示成「wie」）和十三世紀的重要聚落，例如康威（Conway）和卡納芬（Carnarvon），這個小鎮也在地圖上，但卻位於幾乎認不出來的香腸型島嶼，標示為「Anglia」（英格蘭），被擠進地圖的左下角。雖然在現代人眼中，不列顛群島似乎難以辨認，但島上的地名透露出區域和民族認同所帶來的衝突，這些衝突帶有強烈的現代色彩，至今仍糾纏著我們。Anglia這個字用紅色寫在赫里福德東北邊，不過再往南一點，同樣的島嶼被標記為「Britannia isula」，也就是不列顛島嶼。威爾斯（「Wallia」）好像被英格蘭（或不列顛？）用一條線吊著，愛爾蘭（「Hibernia」）則像一隻邪惡的鱷魚，漂浮在地圖邊緣，彷彿差點就一分為二。北邊的蘇格蘭（「Scotia」）則和英格蘭完全分離。

跨過彎曲的狹長水域到了「歐洲」，情況還是一樣混沌。歐陸同樣難以辨認，像個牛角形的楔子，被一條條蜿蜒而過的水道撕裂，主要是靠地圖所描繪的山脈、貿易路線、宗教聖地和巴黎與羅馬之類的大城市來辨認，巴黎莫名遭到塗抹刪除（恐怕要歸咎於古老的反法情緒），羅馬則被奉為「世界之首」（head of the world）。地圖底下的一座島上矗立著兩支古典圓柱，圖例上寫著「直布羅陀巖山（The Rock of Gibraltar）和雅科山（Monte of Acho），被認為是赫丘力士之柱」，由這位希臘英雄一手建立，是古典時代已知世界的最西端。就在赫丘力士之柱左邊，西班牙大陸的科多巴和瓦倫西亞上方有一行圖例寫著「Terminus europe」（歐洲終點）。地中海從赫丘力士之柱回頭沿著地圖的脊椎向上延伸，海中散落著諸多島嶼，以及混雜凌亂的古典時代資訊。米諾卡島（Minorca）被描述成「最早發現投石器的地方」，地圖上薩丁尼亞「和人腳的形狀近似，以希臘語稱之『Sandaliotes』」。最突出的島嶼是伊德里西居住的西西里島，和非洲海岸分離，緊鄰一座刻畫「強大迦太基」的城堡。這座島嶼被畫成巨大的三角形，圖例提供了三個岬角之間精確的距離。克里特島位於西西里正上方，島上最大的地標是「迷宮：也就是戴德勒斯（Daedalus）的家」。在古典神話中，雅典發明家戴德勒斯建造這座迷宮是為了囚禁米諾塔（Minotaur），也就是克里特島國王邁諾斯（Minos）的妻子帕西斐（Pasiphae）生下的人身牛頭怪物。克里特島上方的地中海一分為二，右邊是尼羅河出海口，匯入左邊的亞得里亞海與愛琴海。越過羅德島和島上的巨像遺跡（Colossus，古代世界七大奇景之一），就到了赫勒斯滂（Hellespont），現在叫作達達尼爾海峽（Dardanelles），海峽正上方是拜占庭帝國的首都，君士坦丁堡。這個城市在地圖上歪了一邊，巍峨的城牆和堡壘被複製得維妙維肖。

距離中心點越遠，地圖和現代的地理實況差異越大。越往地圖上方看，聚落的分布越稀疏、圖例越詳細，開始出現長相奇特的怪物和模擬圖像。一隻山貓昂首跨過小亞細亞，圖例寫著：「牠可以透視牆壁，撒出的尿液化為黑石。」挪亞方舟位於更上方的亞美尼亞，再上去是兩隻面目猙獰的動物，在印度來回踱步。左邊是老虎，右邊是「蠍尾獅」（manticore），長了「三排牙齒、人臉、黃眼、血紅膚色、獅身、蠍尾、發出嘶嘶聲。」繼續深入亞洲，會看到金羊毛、神話中的獅鷲、人吃人的恐怖場景，還有一段圖例描寫恐怖的塞西亞人（Scythians），說他們住在山洞裡，「把敵人的頭顱製成杯子」。最後，在地圖的左上方，也就是已知世界的盡頭，有一段圖例總結說：

> 「這裡有各種超乎想像的恐怖：難耐的寒冷，強風不斷從山上吹來，當地人稱為「比索」（「bizo」）。這裡有極度野蠻的民族，吃人肉、吸人血，是該隱被詛咒的子孫。上主用亞歷山大大帝把他們關起來，因為在看得到國王的地方，發生了一場地震，高山倒塌在周遭的山岳上。在高山消失的地方，亞歷山大築起一道不滅的高牆，把他們封在裡面。」

這段圖例融合了聖經和古典時代的「野蠻民族」的起源，也就是歌革與瑪各的部族。他們是挪亞之子雅弗的後裔，模樣醜怪，散居在已知世界最北端。啟示錄預言當末日到來時，撒旦將從「地上四方」集結歌革與瑪各的部族攻擊耶路撒冷，然後敗下陣來（啟示錄20:8-9）。早期基督教和古蘭經記錄亞歷山大大帝輝煌戰績的版本指出，國王抵達高加索山脈時，用黃銅和鐵鍛造大門，阻擋歌革和瑪各——號稱是伊德里西繪製的圓形界地圖也複製了這道屏障。上述所有的經外傳說都認為歌革和瑪各是最大的蠻族，在事實和隱喻上都是基督教的邊緣人，對任何一種文明都是永久的威脅。

來到地圖上的亞洲右側，地圖想像出一個同樣令人詫異而驚恐的世界。棲息在東南區域的有鱷魚、犀牛、人面獅身獸、獨角獸、風茄怪獸（mandrakes）、半人半羊獸和一個非常不幸的人種，「一片外凸的嘴唇大到足以為臉孔遮陽」。在地圖的右上角，紅海和波斯灣以紅色的爪形切入陸地，斯里蘭卡（被標示為「Taphana」，或是照古典資料來源標示為Taprobana）位於紅海和波斯灣的出口，而非印度東南海岸外海。回頭往下看，一條蝌蚪狀的河川代表尼羅河上游，貫穿非洲南方海岸（當時誤以為尼羅河上游先流經地底，然後重新銜接到尼羅河下游，因此在地圖上的位置比較偏向內陸）。

尼羅河右側是拉得極長的非洲，除了西北岸的赫斯珀勒斯山（Mount Hesperus）以外，沿途沒有任何聚落，直到右上角（埃及南部）才出現幾間聖安東尼修道院。地圖上描繪的非洲完全不符合地理實況：它唯一的功能是說明尼羅河的源頭，並刻畫出另一種「怪物」民族的世界；不是歌革和瑪各，而是位於地圖最南端，和他們遙遙相對的醜怪民族。在赫斯珀勒斯山以南，地圖上出現各種稀奇古怪的人，長相和行為都異乎尋常，首先是「干金斯衣索比亞人」（Gangines Ethiopians），全身赤裸，拄著枴杖，互相推擠。圖例上寫著「他們沒有友誼可言」。說不上是怪物，比較像反社會分子。但再往南會看到長了四隻眼睛的「馬米尼衣索比亞人」（Marmini Ethiopians）；一個「嘴巴和眼睛長在肩膀上」的無名種族；「嘴巴和眼睛長在胸口」的「布雷米斯人」（Blemmyes）；菲利人（Phillis）會「把新生兒拿到蛇面前，來測試妻子的貞潔」（換句話說，是殺害私生子）；還有可憐的蹺腿人（Himantopods），只能「用爬的，不能用走的」。

來到現代地圖上的赤道南方，這裡的人種更加醜怪而奇特。一個紮了頭巾、留著大鬍子的人，身上長了一個女人的乳房，還有男性和女性的生殖器，被標示為「兼具兩性的民族，在許多方面都違反自然」，下面是一個無名人士，「嘴巴被封死」，只能用麥管進食；再往下是「影腳人（Sciapodes），雖然只有一條腿，但跑起來飛快，還可以用腳掌遮蔭；這個人種也叫作獨眼人（Monoculi）」。地圖上畫的影腳人不但只有一條腿（腳上多了三根腳趾），眼睛也只有一隻。這份怪物人種名單上的最後一個人種在非洲東岸，「是一個沒有耳朵的人種，叫作無耳人（Ambari），兩隻腳掌互相排斥」。

這不是我們現代人所理解的地圖。這是一個由神學而非由地理學界定的世界圖像，圖上的地點是透過信仰而非位置來理解，依照聖經事件的時間行進，比地球空間的刻畫更重要。矗立在地圖正中央的是基督教信仰的中心：耶路撒冷，耶穌被釘十字架的地點，生動的耶穌受難圖位於耶路撒冷正上方，聖城以圓形的城牆表示，很像一個巨大的神學嵌齒。耶路撒冷位於地圖中心，是因為上帝在舊約聖經的以西結書說過：「這就是耶路撒冷。我曾將它安置在列邦之中，列國都在它的四圍。」（以西結書5: 5）伊德里西對這個城市的描述展現了多層次的神話地理學，如今只剩下純屬基督教的想像。

以神學而非地理學的角度從耶路撒冷往外探索地圖呈現的地形，我們開始看出地圖形狀本身一個比較清楚的邏輯。亞洲布滿了舊約聖經的地點和場景。耶路撒冷被法蓮山（Mount Ephraim）、橄欖山和約沙法谷（Valley of Jehoshaphat）環繞；再往北是巴別塔，以及巴比倫、所多瑪和蛾摩拉等城市。右邊是約瑟的「穀倉」——中世紀對埃及金字塔的說法——和西奈山，摩西在山上領取上帝交給他的十誡。這幅地圖也編排了出埃及記錯綜複雜的行路歷程，穿越死海和約旦河，然後抵達耶利哥（Jericho），沿途經過一系列的著名景點，包括變成鹽柱的羅得（Lot）之妻。

在多采多姿的地理、聖經、神話和古典學細節中，觀者不斷仰頭凝望地圖最頂端，及其背後的神學思維。在地圖頂端，圓形邊界下面就是伊甸園，人間樂園，是一座固若金湯的圓形島嶼，以四條河流灌溉，是亞當和夏娃的家園，地圖上畫的是他們被逐出伊甸園的當下。伊甸園南邊是被逐出的這一對男女，上帝詛咒他們要在下面的地球世界行走。在這一幕場景的正上方，脫離了人文時空的俗世框架，復活的基督坐在那裡主持審判日。他周邊的圖例寫著「看哪，我的見證者」，意謂被釘十字架的疤痕（他的釘痕和右胸矛刺出的傷口）證明他就是上帝應許的彌賽亞。基督的右邊（觀者的左邊）是使靈魂從墳墓裡復活的天使，高喊「起來吧！你將得到永恆的喜樂」。基督的左邊是被詛咒的人，一個天使揮舞著燃燒的劍，喊著「起來！你們要到地獄燃起的火裡」，把他們帶到地獄之門。

在這兩幕對比強烈的場景之間，坦胸的馬利亞抬頭凝望著她的兒子。「看哪，親愛的兒，我的胸口，你從這裡得到了肉身，」她對他說：「你也在我的胸口尋覓聖母的乳汁。」「發發慈悲，」她苦苦哀求：「遵照你自己許的諾言——垂憐所有服侍過我的人，既然你使我成為救贖的道路。」馬利亞這番懇求恐怕是一種刻意的提醒。要我們想起路加福音裡那段對話，「眾人中間有一個女人」大聲對耶穌說：「懷你胎的和乳養你的有福了。」看這幅地圖的人應該很清楚耶穌的回答：「是，卻還不如聽神之道而遵守的人有福。」（路加福音11: 27-28）他們會知道，最後的審判是根據你是否有嚴格遵守上帝之言。

聖經整個復活和審判的場景就位在mappamundi最頂端，現代讀者可能會在這裡尋找世界地圖或地圖集的注釋或說明。但赫里福德mappamundi提供的不是文字名稱，而是基督教創世和救贖故事的視覺圖像。它描繪世界如何在上帝手中創造，又如何隨著審判日來臨而走向末日，以及「新天新地」的創造（啟示錄21: 1）。這是一幅宗教信仰的地圖，中心具有象徵意義，邊緣充滿了怪物，迥異於托勒密將近一千年前在亞歷山卓創造的幾何學地球規劃圖，或短短一百年前在巴勒莫創造的伊德里西世界地圖。從托勒密到赫里福德mappamundi出現的這段時間，基督教成為全球性宗教，也根據本身的神學形象，創造鏗鏘有力的新世界觀。赫里福德mappamundi是這個野心勃勃的世界新圖像永恆的典範，形塑這個新圖像的不是科學，而是以信仰為主。從這幅地圖陌生的地理構造，以及在現代人眼中顯得古怪的民族志和異乎尋常的地形，或許可以看出古典希臘羅馬文明以後的發展，以及基督教的興起，但儘管這個宗教只是勉強接受地理學，卻仍採用出自公元八世紀的mappaemundi，作為未來六百年世界最重要的圖像。

*

希臘羅馬對地球及其起源的態度，和新興的一神論基督教信仰

（基督教相信神創造了世界，並且應許給人類永恆的救贖）經過數世紀的衝突和逐步調和，mappamundi是這些衝突與調和後的產物，赫里福德地圖則是其中典型的範例。希臘和羅馬雖然被視為「異教」社會，不利於基督教創世故事的流傳，但卻提供了當時僅有的地理學資料，透過這些資料，才能瞭解聖經在地球的形狀和大小方面的種種莫衷一是的說法（通常很模糊，甚至相互矛盾）。因此在使徒死後負責為基督教信仰界定教義的早期教父（Father of the Church）只得步步為營，一方面稱頌古典世界在知識上的成就，同時也要譴責他們的異教信仰。

儘管如此，畢竟是羅馬為基督教提供了最早的地理學知識。早期的mappaemundi令人費解的一點，是不斷推測有一幅標準羅馬世界地圖存在，這幅失傳的原版地圖成了日後所有羅馬和早期基督教製圖術的基礎。赫里福德mappamundi左上角的五角形外框有一段圖例寫著：「在凱撒統治期間，開始測量地球陸塊。」這是指凱撒在公元前四十四年決定測量整個地球，派遣執政官測繪每一個基本方向——尼可多薩斯（Nicodoxus，東）、泰奧多克斯（Teodocus，北）、波里克利特斯（Policlitus，南）、狄迪姆斯（Didymus，西），帶回的世界地圖將在羅馬公開展示。前三人在地圖的東、北、南角有屬於自己的圖例，左下角又出現他們的插圖。他們正上方是凱撒的養子奧古斯都（Augustus Caesar），坐在王位上，戴著基督教的教皇三重冠，賜給這三人一副卷軸，上面寫著：「深入全世界，然後向元老院報告世界各大陸的情形：為了證明確有其事〔這個命令〕，我在這份文件加上我的印璽。」在這個場景上方是另一段圖例，寫著「路加在他的福音裡說：『凱撒奧古斯都有旨意下來，把天下一一描寫出來』」，詹姆斯國王版本的聖經把這段話翻譯成「叫天下人民都報名上冊」，但後來的翻譯並沒有遵照這種解釋，因此mappamundi引述的這段話顯然是指地形，而非人口。[6]

無論羅馬測量和製圖的科學成就為何，許多拉丁教父——包括特土良（Tertullian）、聖居普良（St Cyprian）、聖希拉里（St Hilary）和聖安博（St Ambrose）——對這種革新興趣缺缺。公元三世紀的基督教殉道者聖達米安（St Damian）對此當然不以為然。「基督徒」，他問道：「從科學能得到什麼？」[7]在知識上比較勇於冒險的教父，例如聖奧古斯汀（St Augustine，354-430）和幾乎跟他同時代的聖傑洛姆（St Jerome，約360-420），則抱持著很不一樣的態度。奧古斯汀承認，要是沒有古典時代的自然（physica，神創造的世界）研究，就無法瞭解智慧（sapientia，奧古斯汀指的是關於「神聖事物的知識」）。[8]照奧古斯汀的說法，如果不瞭解「地上、天空和世界的其他元素」，我們就看不懂聖經，暗示我們不能成為好的基督徒。他主張研究聖經的時間和歷史時，應該和空間和地理學對照，這樣更能瞭解神的創造。奧古斯汀在他的著作《論基督教教義》（*On Christian Doctrine*）中，很有技巧地主張應該研讀地理學和歷史，完全沒說這樣有人類挑戰上帝的意味。「因此，」他表示：「敘述時間順序的人並非自己編排時間，」同樣的：「說明地點位置，或動物、植物或礦物之本質的人，展示的並非人類創造的事物；示範星辰及星辰運行的人，示範的不是他自己創造的事物。」這樣的觀察只是反思神之造物的輝煌，讓從事相關研究的人「學習或傳授」。[9]

聖傑洛姆接受奧古斯汀的建議，把聖經裡的地點一一羅列。現在的人對傑洛姆比較熟悉的一點，是他蒐集早期希伯來語和希臘語的各種版本，翻譯出標準化的拉丁文聖經（Vulgate）。不過在公元三九〇年左右，他也出版了一本書，《論希伯來地點之位置與地名》，通常被簡稱為《地點書》（*Liber locorum*），依照字母順序逐一描述聖經裡出現的地點。傑洛姆這本書是以從前一位教父的著作為依據，也就是凱撒勒雅（Caesarea）的主教優西比烏（Eusebius，約260-340），他寫下了基督教會最早的史書之一；也曾擔任君士坦丁一世（272-337）的顧問，君士坦丁一世建立了拜占庭帝國的首都，君士坦丁堡，也是第一位皈依基督教的羅馬皇帝。公元三三〇年左右，優西比烏完成了他的希臘語典籍，《專用名詞表》（*Onomasticon*），「包含一系列適合當作人名或地名的名詞」，是一部地形學字典，羅列出近千個聖經地點。傑洛姆把優西比烏的典籍加以校正及更新，提供一本完整的拉丁文聖經地名辭典，所以「熟悉古代城市和地方的所在位置及名稱的

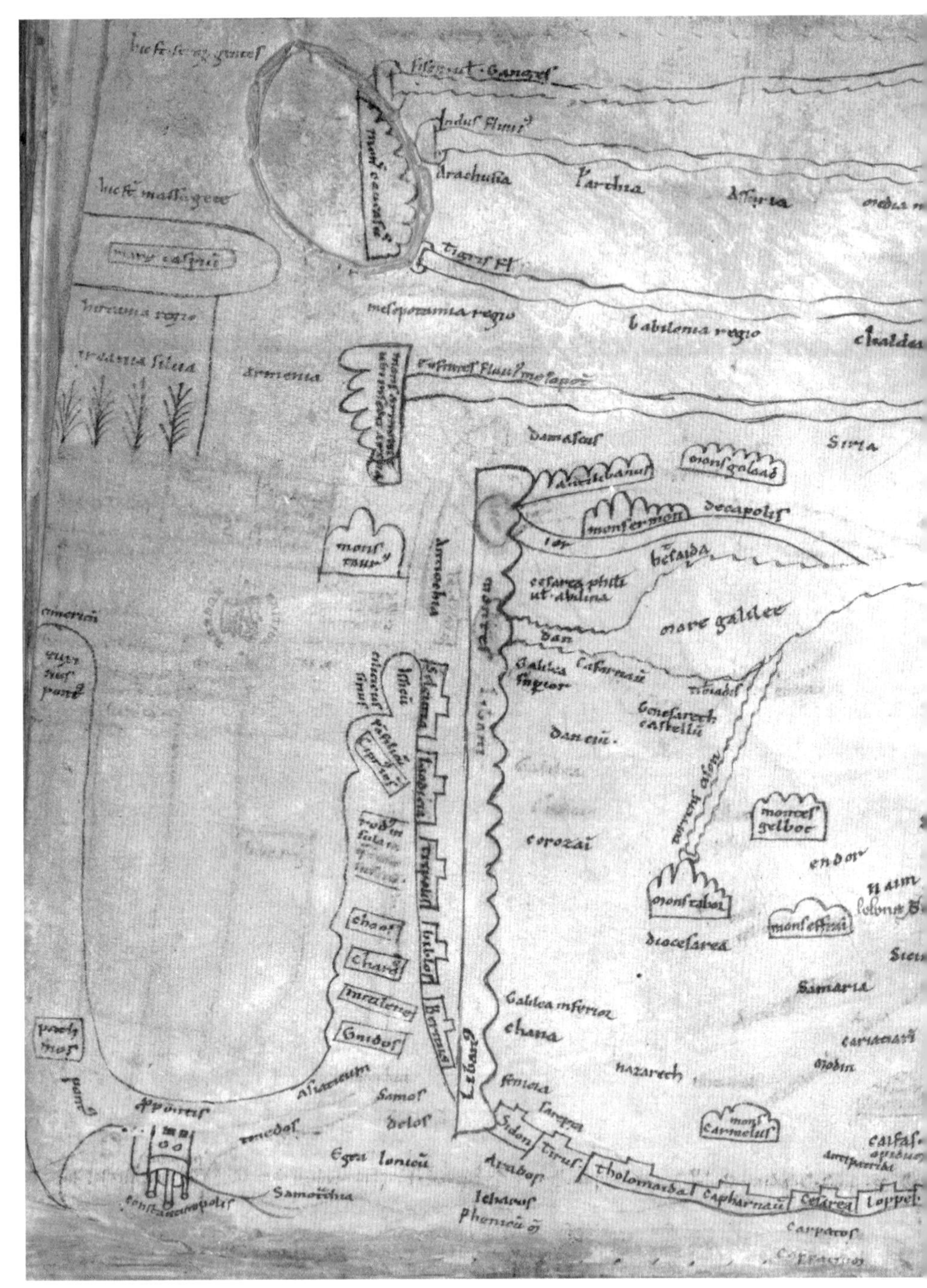

圖4　巴勒斯坦地圖，聖傑洛姆，《地點書》，十二世紀。

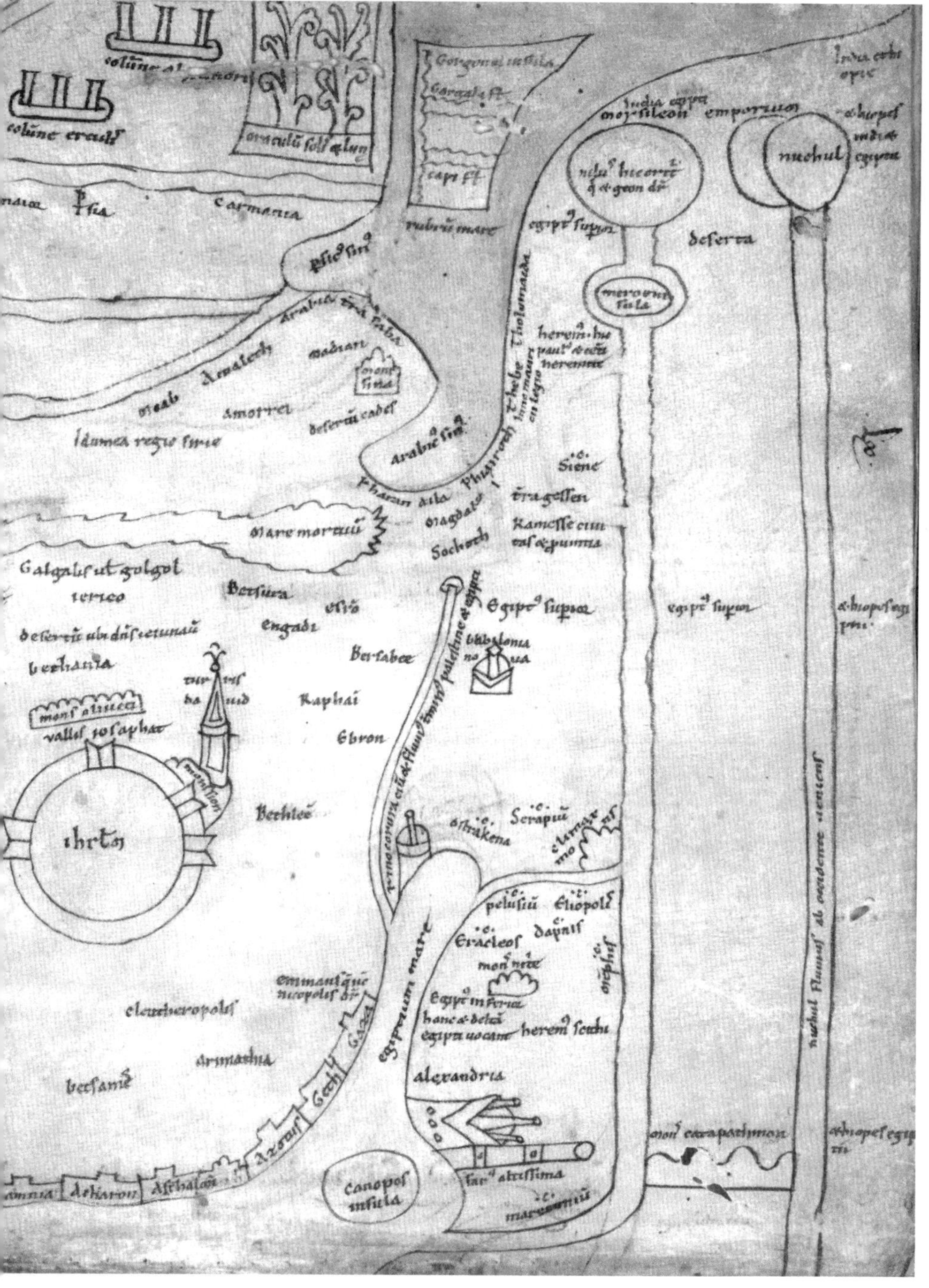
deserta
Siene
mare mortuu
Bersabee
Raphai
Ebron
Engadi
Serapiu
Canopos insula
emporium

人，無論地名有沒有改變，讀神聖經典時都會更加清晰。」[10]

優西比烏、奧古斯汀和傑洛姆，和其他早期的教父一樣，都活在古典羅馬帝國衰亡，並逐漸基督教化的陰影下。皇帝君士坦丁在公元三一二年左右皈依，是對基督教信仰最大的支持，不過他改信基督教當時的背景，是羅馬的軍事和政治霸權逐步削弱，君士坦丁決定把帝國分成東、西兩國，把君士坦丁堡定為東邊的帝都。直到公元四一〇年，羅馬遭到西哥德人劫掠，才有人赫然發現過去數百年來想都沒想過的事：羅馬或許終究不是永恆的。這種醒悟為教父帶來更多問題。在君士坦丁皈依之前，羅馬一直代表著異教信仰、強勢鎮壓的過往歲月，可是到了公元四世紀末，羅馬已經把基督教定為國教。如今許多人擔心，羅馬帝國在政治上的頹勢，或許多少和新近信仰的宗教有關。奧古斯汀的《上帝之城》（*The City of God*）就是為了直接回應羅馬之劫，文中對羅馬的衰敗提出了在神學和知識上都非常深刻的答案。奧古斯汀以羅馬城作為隱喻，表示世上有兩個城市：人類的地上之城，以羅馬、羅馬的異教神明、對榮耀的追求為代表；還有上帝的永恆之城，是地上朝聖者組成的宗教社群，暫時在人世間棲身，致力於興建天國的神聖之都。奧古斯汀認為，羅馬以及世間更早的城市和帝國（例如巴比倫和波斯），都是必要的歷史預兆，預示了最後上帝之城的創造。這一套有關信仰和救贖的說法，成為後來基督教神學的核心。

對基督徒而言，上帝之城是一個精神社群，而非實際地點，那傑洛姆和奧古斯汀這樣的思想家要如何設想地球世界，才能和聖經完全一致？他們如何在扁平的地圖上重現基督教的世界？傑洛姆在他的《地點書》提出了一個答案。後來十二世紀在圖爾奈（Tournai）製作的《地點書》抄本，包含了巴勒斯坦和亞洲的區域地圖，作為傑洛姆地名清單的插圖。和赫里福德地圖類似的mappaemundi，在傑洛姆的文字和附帶的地圖影響下，採用聖經裡的地名及其地理位置。在傑洛姆的巴勒斯坦地圖中，耶路撒冷位於正中央，在這座圓形的要塞裡，最醒目的是大衛塔（tower of David）。埃及位在耶路撒冷右邊，圖上兩個不同版本的尼羅河重現在赫里福德mappamundi。在耶路撒冷上方，恆河、印度河、底格里斯河和幼發拉底河從高加索和亞美尼亞汩汩流下，有一段圖例指出挪亞方舟停靠在此，赫里福德地圖也複製了這段話。雖然圖上的一百九十五個地點大多出自聖經，一看就知道是一幅聖經地圖，卻也顯示出希臘羅馬神話相當迂迴的影響力。在地圖頂端的印度，矗立著亞歷山大的祭壇，旁邊就是他在東征期間詢問的預言或「神喻」樹。

傑洛姆的地圖主要集中在一部分的已知世界。但教父們還有其他製圖傳統可以採用，不但號稱能夠再現整個地表，對赫里福德mappamundi的形狀也會帶來關鍵性的影響。首先是現在所謂的T-O地圖，就是在圓形裡出現一個T字，圓形內部包含被水環繞的歐、亞、非三大洲。構成T字的正是分割陸塊的三條水道：分割歐洲和亞洲的頓河（the Don，通常被標示為塔奈斯〔Tanais〕），分割非洲和亞洲的尼羅河，以及分隔歐洲與非洲的地中海。包括赫里福德的地圖在內，mappaemundi大多繼承了T-O傳統以東方為上的方位。這些地圖的古

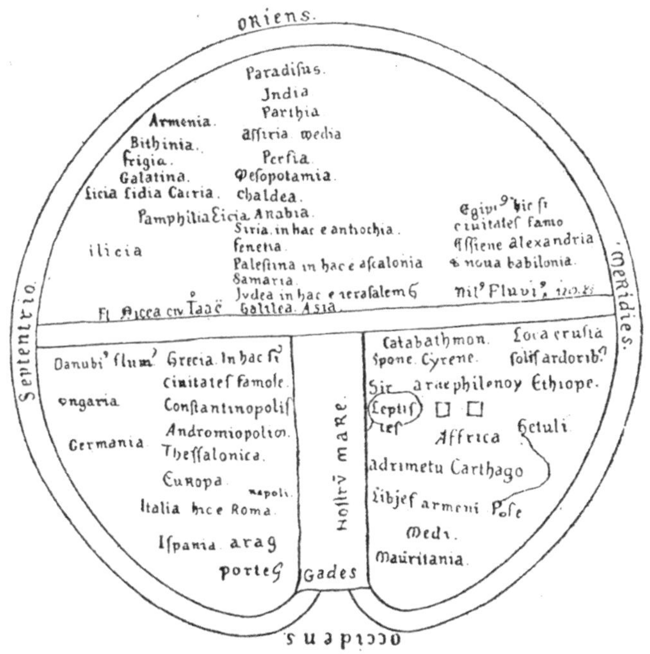

圖5　T-O地圖，出自薩盧斯特，《朱古達戰爭》，十三世紀手稿。

典來源一直混沌不明。有一個可能來源是猶太人相信三大洲的人是挪亞之子——雅弗（歐洲）、閃（亞洲）與含（非洲）——的後裔，不過這個屬於猶太教的經外傳說，沒有留下任何例證。

現存最早的T-O設計出自公元九世紀，是古典時代羅馬史抄本的插圖。在羅馬共和國衰亡、帝國興起前後，戰爭和權力鬥爭頻仍，像薩盧斯特（Sallust，86-34 BC）和盧坎（Lucan，AD 39-65）之類的史學家，就用地理描述作為他們筆下戰役和權力鬥爭的歷史場景。在《朱古達戰爭》（*Jugurthine War*，40 BC）裡，薩盧斯特敘述公元前一一八到一〇五年，利比亞國王朱古達起兵反抗共和國，最後終告失敗。在第十七章，他停下來反思，「我筆下的題材似乎需要我在這個地方簡短說明一下非洲的情況，以及曾經和我們作戰或結盟的非洲國家。」在討論有關地球劃分的辯論時，薩盧斯特接著說：「大多數的權威人士把非洲視為第三塊大陸」，只不過他隨即坦承「少數人只承認亞洲和歐洲是大陸，把非洲看成歐洲的一部分」。接著薩盧斯特用兩章的篇幅描述他所謂的「非洲原住民、外來種族和兩者的異族交配」，然後才回頭評論朱古達的反抗行動。[11]薩盧斯特引述的地理學資料有限，卻提供了一份在古典時代寥寥可數的敘述，也就是現代所謂的人文地理學：人類如何和自然環境互動，並塑造自然環境。這本書和其中的地理學內容很受歡迎：從公元九世紀到十二世紀，留下了一百零六部抄本，一半以上都有T-O地圖的插圖。[12]

教父們掌握的第二種製圖傳統是帶狀地圖（zonal map），對赫里福德mappamundi的影響比較模糊。這種世界地圖製作法有比較清晰的傳承，前面已經提到，這種傳統比T-O地圖更早，可以透過阿拉伯天文學回溯到托勒密、亞里斯多德、柏拉圖和早期的希臘宇宙學學者。在早期基督教時代，最具影響力的代表是公元五世紀的作家馬克羅比烏斯和他的《〈西比歐之夢〉疏》（*Commentary on the Dream of Scipio*）。[13]我們對馬克羅比烏斯的生平幾乎一無所知。他可能是希臘人，或者更可能是在非洲出生的羅馬駐北非行政官。他這本書是對西塞羅（Cicero）《共和國》（*Republic*）最後一部分所做的注解，西塞羅的《共和國》本身是為了回應柏拉圖的《共和國》（*Republic*），但西塞羅沒有探索烏托邦的理念，而是以羅馬的共和國作為理想國（ideal commonwealth）的典範。後來西塞羅的文本大多散失不見，但馬克羅比烏斯承繼了這本書的後半段，叫作〈西比歐之夢〉，他把這個部分詮釋為一部天文學和地理學典籍。

馬克羅比烏斯在《〈西比歐之夢〉疏》中描繪一個古典時代以地球為中心的世界圖像。「地球」，他主張：「固定在宇宙的中心」，七個行星從西到東環繞地球旋轉。地球「分成過冷或過熱兩個區域，在熱、冷兩個區域之間夾著兩個溫帶。南、北極點終年冰封」，而且馬克羅比烏斯相信，這裡無法孕育生命，「結冰使動物和植物失去生命力；唯有在能夠孕育植物的氣候下，動物才能蓬勃生長。」中央地帶「被一陣接連不斷的酷熱烤得焦枯，佔據寬度和圓周比較大的地區，因為熾熱而無人居住。」溫帶夾在冰封的極地和中央的熱帶之間，「得到相鄰帶狀地區嚴酷氣候的調節；大自然只允許人們生存在這種地帶。」馬克羅比烏斯預見將來會發現澳洲（Australia這個名稱來自拉丁文的auster，也就是南風），聲稱南半球的溫帶有人居住，因為「那裡的氣候和我們這裡一樣，但究竟是誰住在那裡，我們過去無從得知，將來也永遠不會知道，因為夾在兩者之間的熱帶讓兩邊的人沒有機會彼此交流。」[14]

T-O地圖提出的是一份簡化的人文地理學圖解，人類塑造出最基本的輪廓，把世界分成三塊不同的大陸，馬克羅比烏斯描述的那種帶狀地圖則企圖提供某些自然地理學的知識，也就是自然世界如何決定人類住在地表的什麼地方。對教父而言，這兩種模型都要經過某種程度的挪用和操弄，才能符合他們的基督教神學世界觀。帶狀地圖所採用的希臘傳統，主張人類住在地球的什麼地方，主要取決於自然環境，因此特別棘手。這些地圖還假定地球的南半部有一個不得而知、也無從接觸的種族。這個種族是不是上帝創造的？如果是的話，為什麼聖經隻字未提？在這段時期，這種問題一直得不到答案，卻持續困擾著神學家。

不過，帶狀地圖確實讓教父得以主張一種新柏拉圖哲學，作為新的基督教神學。像馬克羅比烏斯這樣的作家給了教父們一個關鍵性的概念，而且從赫里福德mappamundi看得出來。這個概念是對超越性（transcendence）的信仰，相信人能夠在肉體分離，心靈頓悟的一刻，掙脫地球的拘囿。馬克羅比烏斯在詮釋西塞羅描述的西比歐之夢時，辯稱「他之所以強調地球的微小，是因為聰明人可能明白，對名氣的追求應該被視為無關緊要，因為在這麼小的地球，名氣再大也大不到哪裡去。」[15]對教父來說，這種頓悟似乎符合對耶穌復活的救恩信仰——基督升上天國，超越了他在天上以全知全能的角度俯瞰的人世間種種瑣碎的小衝突，提供赫里福德mappamundi頂端那一幅整體的救贖景象。

包括奧羅修斯（伊德里西的《娛樂》和赫里福德mappamundi製圖者的資料來源之一）在內的早期基督教作家，發展出這個新柏拉圖式想像（vision）。奧羅修斯的《對抗異教徒史》由聖奧古斯汀委託撰寫，完成後也獻給了奧古斯汀。奧羅修斯這本書和奧古斯汀的《上帝之城》一樣，駁斥羅馬是因為基督教興起而衰敗的想法。奧羅修斯是以道德化的地理學，展開他所謂「從世界的創建到〔羅馬〕城市的創建」的歷史。「從瞭望塔上看著世界，」他對讀者說：「我認為有必要，透過世界各個不同部分——有的被邪惡焚燒，有的被貪婪的火炬點燃——揭露人類與世界的衝突，因此我首先會描述被我們祖先分成三部分的人類居住的世界本身。」奧羅修斯主張這種研究取向是必要的，這樣「在描述戰爭的現場和疾病的蹂躪時，凡是有興趣的人可以更容易獲得知識，不只瞭解他們的時代發生的事件，也能知道他們所在的地點發生的事件。」[16]

相較於帶狀地圖，T-O地圖更容易讓基督徒接受，帶給教父的哲學性難題也比較少，部分原因是這種地圖看起來很簡單。漸漸地，T字就被當作耶穌被釘十字架的圖像，而採用這種設計的地圖，以及像赫里福德那樣的mappaemundi，都把耶穌被釘十字架的地點，耶路撒冷，置於地圖正中央。和T-O地圖基督教化關係最密切的人是塞維爾的伊西多爾，他也是製作赫里福德mappamundi的重要資料來源。伊西多爾在擔任塞維爾主教期間（600-636），促成了一系列教會會議的召開，目的是把基督教信仰和教義的原則正式定形。現在的人對他比較熟悉的一點，是他寫了中世紀初期最重要的兩部百科全書式典籍，對後來的基督教地理學都產生關鍵性的影響。這兩本書的書名都強調了伊西多爾追求知識的雄心：《萬物的本質》（*De natura rerum*）大約在公元六一二至六一五年成書，而且名符其實，企圖解說天地萬物，從創世、時間和宇宙，到氣象學及其他上帝啟發的自然現象。伊西多爾強調，他「和古代作家一樣」提出他的理念，「而且不僅如此，還加入了天主教徒的研究。」[17]

同樣的，他的《詞源學》（*Etymologiarum sive orginum libri XX*，622-33）——簡稱為《起源》（*Origins*）——融合了古典和聖經的知識，主張語言是所有知識的關鍵。「當你知道一個名字源出何處，」伊西多爾說：「會比較快知道它的意義。因為藉由詞源學的研究，對萬事萬物會知道得更清楚。」他把這個方法發展到地理學領域，《詞源學》第十四卷很仔細地概述了基督教世界。伊西多爾開始描述樂園的所在地亞洲，然後往西經過歐洲、非洲，接著敘述投影圖上的第四個大陸，「由於太陽酷熱，我們至今仍不得而知」，[18]承認了古典帶狀地圖的影響力，此舉將影響後來大多數的mappaemundi，包括赫里福德的世界地圖在內。在全篇敘述中，伊西多爾運用古典和聖經詞源學來解釋地理：利比亞一定比歐洲更古老，他說，因為歐羅巴是利比亞國王的女兒；阿非利加是依照亞伯拉罕的後裔阿非爾（Afer）命名；亞述（Assyria）的字來自閃的兒子阿舒爾（Assur）。[19]伊西多爾認為，自然現象都反映了上帝神聖的創造。四季的變化是依循基督教信仰的興衰變遷：冬季代表苦難，春季代表重新恢復信仰。太陽代表基督，月亮代表教會。伊西多爾甚至聲稱大熊星座代表基督教的七種美德。

伊西多爾這兩本書早期的手抄本包含的T-O地圖，通常只是把世界一分為三的基本圖解。不過從公元十世紀起，伊西多爾的著作開始穿插比較詳細的地圖，最後總共出現六百多張地圖，其中不少把耶路撒冷設在正中央。像奧羅修斯和伊西多爾這種作家的地理學著作，很快被納入中世紀早期的課程，成為人文七藝的一部分。前三藝（trivium）包括文法、修辭學和邏輯。不過在公元九世紀和十二世紀之間又加入了四門學科，稱為四藝（quadrivium）——算術、幾何學、音樂和天文學——基督教對地理學的新研究取向因而傳播開來。雖然地理學本身不被視為一門學科，但公元五世紀的異教徒學者馬提亞努斯·卡佩拉（Martianus Capella）介紹了「幾何學」的角色，滿口說著地理學語言，是擬人化的人文七藝之一。在馬提亞努斯的《訓詁學與信使的結合》（*Marriage of Philology and Mercury*），幾何學解釋說「我名叫幾何學，因為我經常來回測量地球，而且能提供地球形狀、大小、位置、區域和尺寸的計算與證據」，接著提供了古典時代的世界分區描述。[20]馬提亞努斯的銳意創新，等於在幾何學和四藝的名義下，為地理學的學術研究提供一個新的出路。也使基督教學者能夠提筆描述已知世界，敘述mappaemundi所刻畫的地點與事件。這些是文字版的mappaemundi，而且他們遍查古典時代的地理學資料，以瞭解地圖上提到的某些聖經地點。[21]

這個以文字來描述mappaemundi的新傳統，把基督教的創世故事引進地理學中。古典時代的希臘—羅馬宗教不曾依照一系列創世、救世和救贖的事件來自我看待，對世界也沒有一個開頭、中段、結尾俱全的陳述。從傑洛姆到伊西多爾，這些教父都是根據一個有限的聖經故事——始於創世紀，終於啟示錄——來理解自然世界。依照這種信仰，人世間所有時間、空間和個人的關係，完全是依循一連串垂直的敘述性事件而連結在一起，而這些事件最後必然回到源頭，上帝的神聖眷佑（God's Divine Providence）。從這個角度來看，發生在人類、地球身上的每個事件，無一不預示或預見上帝神聖計畫（God's Divine Plan）的完成。教父在解釋聖經的時候，會清楚地區隔什麼是歷史人物或歷史事件，什麼是比較廣泛的上帝計畫的實現。例如，舊約聖經以撒獻祭的故事，「預示」新約聖經裡基督的犧牲。前者的人物預示了後者的事件，後者則成就（或證明）了前者。兩者一如聖經所言，透過神聖眷佑的邏輯連結在一起。[22]

這一套新的基督教時間哲學對地圖的影響甚鉅。從公元九世紀起，繪圖和文字的mappaemundi，不只穿插在馬克羅比烏斯和伊西多爾等作者的著作中，也出現在學生手冊、大學和修道院的地理學論文、史詩和傳奇詩篇的文學寫作裡，另外在修道院和教堂之類的公共空間展示，以達到更多政治和教化的目的。[23]這時出現的世界地圖融合了分區和T-O地圖的特質，對特定的地理位置也有更詳細的說明。這些都是以基督教之名為之。這些地圖幾乎沒有提供任何從旅行或探險得來的世界地理新資料。反而是把古典時代和聖經的地點湊在一起，將基督教創世、救世和審判的歷史投影在地圖表面上。觀者可以在大多數的mappaemundi看出聖經時間沿著垂直的軸線前進，以地圖頂端的東方伊甸園為起點，在西方告終，時間的終點位於地圖框架之外，處於最後審判永恆的當下。

有一幅早期的mappamundi反映了這些不同的傳統，而且和赫里福德mappamundi極為相似，是所謂的慕尼黑「伊西多爾」世界地圖，大約出自一一三〇年。地圖直徑僅二十六公分，公元十二世紀初在巴黎成圖，作為伊西多爾《詞源學》手抄本的插圖。這是一本書，也是一幅地圖，目的是讓學者私下閱讀，而非公開展示給外行人觀賞。儘管如此，和赫里福德mappamundi相似的程度著實令人詫異。陸塊的整體構造極為相似，而且兩幅地圖的外框都是十二道風，周邊有島嶼漂浮。非洲南部醜怪種族的位置相同，位於幾乎一模一樣的尼羅河上游兩側。紅海以及地中海主要的島嶼，包括三角形的西西里島，在兩幅地圖上的位置相同。儘管慕尼黑地圖比赫里福德的地圖小得多，因此無法呈現出刻畫精緻的伊甸園和大段古典作者的引文，但仍舊融合了古典和聖經的資料來源，追溯亞歷山大的旅程、歌革和瑪各的所在地點、挪亞方舟的下落和橫跨紅海的典故。慕尼黑的「伊西多爾」mappamundi顯示，基督教學者漸漸脫離了古典和早期基督教的資料來源。慕尼黑mappamundi雖然是《詞源學》抄本的插圖，但形狀與細部和伊西多爾的文字幾乎一點也不像，反而代表了當時正在發展的基督教世界圖像的形狀和輪廓的總和。

聖維克托的休格（Hugh of Saint-Victor，1096-1141）的思維是慕尼黑mappamundi的另一個基礎，[24]體現了基督教教義對於使用mappaemundi的新取向。休格是公元十二世紀影響力最大的神學家之一，也是奧古斯汀的追隨者，在巴黎聖維克托修道院擔任校長，利用職務宣揚自己的經院哲學著作，像是《教學論》（*Didascalicon*，一一三〇年代），這是一本談論基督教基本教義的教科書，他在書中主張「整個感官世界就像上帝親筆書寫的一本書」。[25]休格的《描繪世界地圖》（*Descriptio mappe mundi*，約1130-1135）應該是對聖維克托學生演說的一篇講稿，依循慕尼黑mappamundi的方式，詳細描述了地球和世界各區域。

休格在他的神祕主義著作《神祕的挪亞方舟》（*De Arca Nnoe mystica*）裡明白表示，對地理學的興趣是他研究上帝創世的其中一部分。休格的論文把地球比喻成挪亞方舟，文中所描述的宇宙平面圖，似乎早就畫在聖維克托修道院迴廊的牆上，也是他教學的內容。雖然已經消失不見，多虧休格說明得非常仔細，所以有可能重新詳細繪製這幅mappamundi。畫中勾勒基督的身體，天使分居兩旁。在擁抱全世界的那一刻，他成了宇宙的化身，一看就知道這裡引用的典故是以賽亞看見圍繞在上帝身邊的撒拉弗呼喊「他的榮光充滿全地」（以賽亞書6: 3）。基督的口中發出六個圓圈，代表上帝創造天地的六天。往正中央看過去，休格的模型畫出了黃道十二宮和一年的十二個月份、四個基本方向、四個季節，最後正中央出現的是一幅mappamundi，依照挪亞方舟的尺寸繪製：

> 「一個橢圓形環繞著完美的方舟，碰到方舟的每一個角，圓周包含的空間代表地球。在這個空間裡，繪製了一幅這樣的世界地圖：方舟的船首面對東方，船尾面對西方⋯⋯介於方舟船首和圓圈之間的東邊尖頂是樂園⋯⋯在另一個向西方伸出的尖頂，是最終的審判，上帝的選民在右，被屏棄的人在左。這個尖頂的北角是地獄，受詛咒的人和叛教的靈魂一起被丟在這裡。」[26]

就像赫里福德mappamundi，休格的方舟世界可以當成一個時序由上而下的故事來讀。最頂端是上帝，俯瞰著地圖正上方（東方）、神創造的世界和伊甸園。從東到西往下看，由東向西，地獄在北方，醜怪人種居住的非洲在南方，而最西端包含了最後的審判，還有世界末日。對休格而言，方舟世界無疑預示了教會的誕生：如同方舟拯救挪亞的家人免於遭大洪水毀滅，基督建立的教會方舟也會保護信眾免於死亡和永恆的詛咒。方舟是貯藏所有宗教知識的寶庫，既是一本書，也是一座建築物，「從世界的起點到末日，大量收藏我們救世的普世作品，也納入了普世教會的狀況。歷史事件的敘述在這裡交織，聖典的奧祕在這裡發現。」[27]

這種神祕主義的神學統合了基督教的時間和空間。方舟世界透過圖畫和文字，訴說了一個基督教史從創世到救世的完整故事，從時間的起點到終點。就像奧羅修斯和奧古斯汀，休格依照時間的演進提出了一種基督教史的版本，始於東方，終於西方。他宣稱「在一連串的歷史事件裡，空間的順序和時間的順序可說幾乎完全一致。」他接著表示：「發生在時間起點的事件也發生在東方——所謂世界空間的起點。」基於這種信仰，創世發生在東方，一如從赫里福德mappamundi所看到的。不過在大洪水爆發之後，「最早的王國和世界的中心都在東方地區，分別是亞述人、迦勒底人和米底亞人。後來霸權轉移到希臘人手裡；爾後當世界末日來臨，至高無上的權力落進西方的羅馬人手裡。」休格的mappamundi顯示出這種移轉，這是一種垂直的移動，始於地圖頂端的東方（世界和時間的起點），預期將終於地圖底部的西方。

帝國權力從東方移往西方，也是個人救贖與世界末日之預兆的總結。或者照休格的說法，「當時間進行到終點，事件的中心會移到西方，這樣我們或許能看出來，當事件已經進行到世界在空間的極點，世界也接近了它在時間的終點。」[28]休格一再用地理學來定義他的神學，對他而言，像這樣把基督教的時間和空間統合的工具就是mappamundi，可以把聖經的時間和世界末日雙雙投射在這個空間裡，人類也可以繪製出自己最後的救贖——或詛咒。他的觀點聽起來或許很極端，甚至古怪，不過他的書留下五十三份手抄本，加上他研究中世紀mappaemundi的著作被大量引用（其中赫里福德地圖引用了他描述的羅德島「宏偉圓柱」，以及騎鱷魚航行尼羅河的種族），證明有廣大讀者閱讀並相信他的看法。[29]

這個悠久的史學傳統在赫里福德mappamundi達到巔峰。同一時代的mappaemundi不只赫里福德這一幅，但保存下來的地圖沒有一幅在規模和細節上足以媲美。儘管英國還有更早的mappamundi，然而缺乏前後統一的說明，也沒有任何史料說明這些文本如何傳播及相互影響；儘管如此，這些mappaemundi在地形和神學上相似的程度令人咋舌。約克郡的索里修道院（Sawley Abbey）屬於西妥會（Cistercian），院裡的圖書館發現了所謂的「索里地圖」（Sawley Map），出自公元一一九〇年左右，公認是英國歷史上最早的mappamundi。就像慕尼黑「伊西多爾」mappamundi，這幅地圖很小，是十二世紀一本地理學暢銷書的插圖，因為篇幅有限，不能完整呈現伊甸園和最後的審判，但地圖的四個角落有四個天使，似乎衍生自聖維克托的休格的宇宙論，並且再現了聖經啟示錄裡叫風不吹的天使。[30]這幅地圖的地形和赫里福德地圖極為相似，從聖經典故和遠北的醜怪人種，到位置一模一樣的河川、海灣和海洋。不過在當時遺留下來的地圖中，赫里福德mappamundi的獨特之處，是它吸收了古典時代和當時各種不同的地理學與神學信仰，並在過程中提供了完整的書面和視覺論述，呈現出基督教和基督徒的過去、現在和預期中的未來。聖經、聖傑洛姆、奧羅修斯、馬提亞努斯．卡佩拉、伊西多爾和其他許多資料來源，從老浦林尼（Pliny the Elder）的《自然史》（*Natural History*，AD 74-79）所描述的「東方奇蹟」，到加伊烏斯．朱利葉斯．索利努斯（Caius Julius Solinus）描述奇景和怪物的《要事集》（*A Collection of Memorable Facts*，公元三世紀），都（直接或迂迴地）成了地圖的一千一百段文字典故。從直接引述聖經經文，到複製浦林尼書中提到的非洲的長度和寬度，並引述伊西多爾為何相信獨角獸（monoceros）的存在。

地圖上也出現了一種專屬基督教版本的新式身心之旅：朝聖。北歐在十二世紀就確立了前往聖地的朝聖路線，朝聖被認為是個人虔誠之心的宣示。赫里福德mappamundi畫出了基督教三個最重要的朝聖地點——耶路撒冷、羅馬和聖地牙哥康波斯特拉（Santiago de Compostela），地圖標示為聖詹姆斯聖堂（The Shrine of St James）。[31]

這三個地方都塗了鮮紅色，朝聖路線沿途的城鎮都記載得非常詳細。Mappamundi也重新勾勒出聖保羅在小亞細亞各地的宣教旅程，同時為了反映當代前往聖地朝聖的經驗，複製了當地五十八個地名，其中十二個沒有出現在當時任何其他地圖上。[32]

這幅mappamundi雖然因為尺寸龐大而無法當作中世紀朝聖的尋路工具，但其目的似乎是激勵信徒考慮啟程朝聖、佩服那些朝聖者的虔誠，同時也思索中世紀普遍的信念——基督教生活本身是一場進行中的隱喻性朝聖。布道和講經不斷提醒信徒，他們在人世間的生命是一段短暫的放逐，遲早要回到他們最終的目的地和真正的永恆天國之家。[33]在希伯來書的聖保羅使徒書信中，信徒被認為「在世上是客旅的，是寄居的」（希伯來書11: 13），他們要「找一個家鄉」，一個他們曾經離開，渴望能回去的家鄉。世間的生命只是人類精神朝聖的一個階段，在個人層次上重現巨大的歷史鴻溝，這一頭是亞當、夏娃被趕出伊甸園，那一頭是尋求最終的救贖，重回神聖的耶路撒冷。

赫里福德mappamundi的精髓在於距離接近，每個地方相距不遠，都是基督教特定事件的發生地點。形塑這幅地圖的是和特定地點相關的宗教史，而非地理空間。地圖忠實地描繪創世、墮落、基督生平和啟示錄的場景，由上而下，讓信徒看到基督教史的垂直發展，並從中看到自己得到獲得救贖的可能。赫里福德的信眾或前來造訪的朝聖者會依照預定的時序進展，垂直閱讀這幅mappamundi，從伊甸園和亞當被逐出樂園，接著往下是亞洲大帝國的成長、基督的誕生和羅馬的興起，最後再現地圖的最西端，赫丘力士之柱，預示最後的審判。在赫里福德mappamundi上，這些透過地理位置確認的歷史關鍵時刻，彼此之間的距離相等。每一個位置都是宗教故事的下一個階段，而最後的結局是神的啟示，展現在地圖五角形外框的最頂端，不受地球的時間和空間所拘束。無論是一般的mappaemundi或赫里福德這一幅，其神妙之處在於能夠用一幅圖像來具體呈現人類所有的歷史，同時也能依照時序敘述神的審判和個人的救贖。

因此這一幅地圖應許了救贖；但也預示了本身的毀滅。人類是地球上的朝聖者，追尋並預期最後的審判：地球本身是個空殼，一個由神所創造的外殼，但終究是個消耗品，到了時間的盡頭，當「先前的天地已經過去」，準備迎接「新天新地」時，地球將被取而代之（啟示錄21: 1）。Mappaemundi在創造時就預示自己的末日；基督教的救贖降臨之前，俗世的個人及其居住的世界必須消失。中世紀的基督教信仰瀰漫著contemptus mundi（字面意思是「輕世」）的主題，主動放棄地球世界，準備迎接死亡和新天新地。教宗英諾森三世的輕世小書《論人類處境之不幸》（*On the Misery of the Human Condition*，約1196）留下了四百多份中世紀抄本。[34]其中的訊息——人世間的朝聖之旅最後不可避免地會面臨死亡和神的審判——形成了宗教習俗，也充斥了mappaemundi。這一點在赫里福德描繪得最為生動。從地圖的頂端預示天國（或地獄）的到來，到底下的騎士和世界揮手告別，踏上最後一段旅程，如圖例所言，「只管去吧」，走入來世的永恆當下。Mappamundi預示它對世界的再現將隨著最後的審判而結束，也預示輕世傳統的終結以及新天新地的開始。十三世紀的赫里福德mappamundi是這一類地圖的登峰造極之作。自十四世紀末以降，這項傳統開始式微，不是因為發現天國的新世界，而是比較平凡的世俗旅行家發現了許許多多的新世界。

因此，赫里福德mappamundi其實具備幾個不同層次的功能：向信徒展示上帝創世的奇蹟；說明創世、救贖以及最終的上帝最後審判的性質；由東至西，從時間的起點到終點，透過地點來投射世界史；描繪朝聖的自然和精神世界，以及世界最後的末日。這一切都是奠基於赫里福德mappamundi所承繼、可以從早期基督教神父回溯到羅馬時代的悠久歷史、哲學與精神傳統。

*

這種地圖的創造還有最後一個比較實用的面向，起源於聖湯瑪斯·坎特路普的生與死。在五角形外框的左下角，奧古斯都腳下的圖例寫著：「讓每個擁有這段歷史的人——或將來聽到、讀到或看到的人——祈求神聖的耶穌垂憐製作及規劃這幅地圖的哈丁漢或拉福德的理查（Richard of Haldingham, or of Lafford），願將天國的喜樂賜予他。」這段圖例透露是誰製作了這幅mappamundi，也提到它曾掛在赫里福德大教堂。和這幅地圖的歷史有關的理查其實有兩位，而且彼此關係密切。哈丁漢與拉福德的理查，又叫德．貝羅（de Bello），是拉福德（現在林肯郡的斯里福〔Sleaford〕）受俸的神職人員，也掌管林肯大教堂的財務，直到一二七八年辭世為止。拉丁化的姓氏德．貝羅看來是家族姓氏，而「哈丁漢」是他的出生地──十三世紀經常像這樣把這兩種姓氏交互使用。

另外還有第二個年紀較輕的理查．德．貝羅（或是「德．拉．巴泰爾」〔de la Bataille〕）。看他的姓氏就知道他的家族出身薩西克斯郡的巴特（Battle），另外一支族人住在林肯郡，因此年輕的理查可能是年長的哈丁漢的理查姪子。理查．德．貝羅一二九四年在林肯投入神職，但後來被派到赫里福德郡的諾頓擔任受俸神職人員，其後還在索里茲柏里（Salisbury）、利奇菲爾德（Lichfield）、林肯和赫里福德從事神職。換句話說，他是個兼任者（pluralist），享有一連串非長駐宣教（non-residentiary）的聖俸，一如他的聖職推薦人，一二七〇年代末期管理林肯大教堂辦事處的理查．斯溫菲德，以及斯溫菲德的恩師，湯瑪斯．坎特路普。看來理查．德．貝羅、理查．斯溫菲德和坎特路普主教都是聖職兼任者，透過教會聖職推薦權（ecclesiastical patronage）建立了綿密的關係，而且都有充分理由反對約翰．佩肯大主教反兼任改革運動。一二七九年，佩肯對林肯主教理查．格雷夫森德（Richard Gravesend）發動猛烈的抨擊，堅持改革他認定的種種濫權行為，包括沒收聖俸在內。斯溫菲德似乎是被享有主教轄區聖俸的坎特路普從赫里福德派到林肯去，為兼任者說話，並反對他和支持者眼中的坎特伯利的干預（Canterbury's interference）。[35]

這些由教會權利引起的衝突，一一點出mappamundi的創作背後有個非常世俗的背景脈絡。mappamundi誕生的地點甚至可能不是赫里福德，而是在林肯，集老理查．哈丁漢（德．貝羅）、理查．斯溫菲德和小理查．德．貝羅三人之力，由後者指示參與製作地圖的工匠。這幾個人擁有無上的特權，能自由進出十三世紀英格蘭的大型教會圖書館，可以吸收充分展現在整幅地圖上的各派古典與聖經學術，並參考全國各地其他宗教機構收藏的當代mappaemundi。他們的財富加起來，足以任命負責製作地圖的人。包括先繪製地圖的插圖、然後上色的藝術家；抄寫地圖表面冗長、複雜文字的抄寫員，以及為地圖的展示筆跡與生動的彩飾畫龍點睛的專業畫師。

雖然這幅mappamundi沒有對坎特路普與佩肯的爭執及前者對兼任制的捍衛提供任何神學的支持，但地圖框架裡的最後一幕場景，似乎在坎特路普過世前幾年的另一場爭議中支持了主教。一二七七年，坎特路普抗議格洛斯特的吉爾伯特伯爵（Earl Gilbert of Gloucester），指控後者篡奪了主教在馬爾文丘陵（Malvern Hills）打獵的權利。受命裁決的皇室法官判決主教勝訴，指示伯爵的森林管理人員讓開，讓坎特路普及其隨從任意狩獵。Mappamundi右下角的輕世場景是一名衣著優雅的騎士，騎著一匹掛滿裝飾的馬，尾隨在後的獵人率領一對獵犬。獵人對騎士說「只管去吧」，此時騎士彷彿聽到了對方的話，轉過身，抬起手，策馬急馳而去，仰頭瞥了上面的世界一眼。這一幕場景是邀請地圖的讀者「只管去」超越地球的國度，進入超越了時間、空間和地圖框架的天國世界。但或許也是在比較平凡的層次上，令人憶起坎特路普和格洛斯特在地方上的爭執。獵人代表格洛斯特的人，允許騎士（可能是坎特路普本人）「只管去」，在他們的地方打獵。[36]

最後還有一段令人感興趣的情節，或許能把坎特路普和赫里福德mappamundi的創造扯上關係：它代表的是支持將一位高度爭議的主教封聖的企圖。一二八〇年代初期，坎特路普和佩肯大主教之間的不合白熱化，導致坎特路普被逐出教會，前往義大利，最後在一二八二年八月辭世。他生前有不少人計畫製作歌頌坎特路普的mappamundi。但他的死反而製造了一個難得的好機會，既可以紀念他，也能讓赫里福德登上國際基督教的地圖。這一切之所以成為可能，要歸功於坎特路普的門徒理查．斯溫菲德。斯溫菲德繼坎特路普之後擔任赫里福德的主教，前面曾經提過，他不顧佩肯的反對，極力遊說各方將他的恩師封聖，並使大教堂成為國際朝聖中心。

所有的朝聖地點都需要某種「奇觀」，通常是一個有形，而且不斷重複出現的奇蹟。如果做不到這一點，就需要其他的奇景來吸引朝聖者，並將他們崇拜的物品神聖化。斯溫菲德很快著手在大教堂北面的翼廊打造一座精緻陵墓。一二八七年復活節前一週，大教堂舉行了一場盛大典禮，將前任主教的遺骸移靈至此。根據最新的考古證據，mappamundi起初甚至可能掛在坎特路普墳墓旁邊的牆上，這是一個能打動一位評論家口中「坎特路普朝聖情結」的「奇觀」，既新奇又搶眼，一系列經過精心編排的路線、地點和布置在整座大教堂裡的物品，都是為了吸引朝聖者，並證實坎特路普的聖潔。[37]

十八世紀的古物研究者約翰．卡特（John Carter）筆下的一張赫里福德mappamundi繪圖顯示，這原本是一套裝飾華麗的三聯畫，應該是由斯溫菲德委託製作，mappamundi位於正中央，兩側是可摺疊的畫板。[38]這是令人刮目相看的創舉，也是西歐最早期的三聯畫之一——和文藝復興早期的義大利繪畫大師契馬布埃（Cimabue）及喬托（Giotto）的時代差不多。從卡特的繪圖看來，赫里福德三聯畫的左右兩聯是天使報喜圖，左邊畫的是大天使加百列，右邊是聖母馬利

圖6　約翰．卡特繪製，約一七八〇年，包含赫里福德地圖在內的三聯畫。

亞，強化了正中央的mappamundi所傳達的訊息。這幅三合一的畫作促使朝聖者思考天使報喜預言的基督第一次降臨，和mappamundi頂端所再現的第二度降臨兩相對照。[39]兩側的畫板歌頌生命，中央畫板在邊緣拼寫出「死亡」── MORS ──向凝視地圖的朝聖者證實了mappamundi的預示：死亡和世界末日、未來的「新天」和「新地」。

許多看到赫里福德mappamundi的朝聖者對待精神朝聖的態度，大概都和十二世紀住在貝茲修道院（Bèze Abbey）那位本篤會無名僧侶一樣，他祈禱說：「願你的靈魂離開這個世界，穿過穹蒼，越過星辰，直到神的面前。」誰，他問道：「會給我們如鴿的翅膀，讓我們飛越這個世界的所有王國，讓我們穿透東方深邃的天空？然後誰會引領我們前往偉大國王的城市，好讓我們此刻在這些書頁上讀到，以及彷彿只是在幽暗的鏡子裡看到的，屆時都能凝視上帝呈現在我們眼前的面容，從而歡欣喜悅？」[40]要踏上這種想像的神聖耶路撒冷之行，必須放棄人間的世界，並仿效馬克羅比烏斯的《西比歐之夢》──化為基督教的異象，從地球往上攀升，自天空向下俯瞰，領悟到地球的渺小，以及在面對神的時候，人類在地表的掙扎都是徒勞無功、必死無疑的。

在十八世紀末的某個時候，赫里福德mappamundi兩側的畫板不見了，從此再也不是三聯畫的一部分。如今獨自懸掛在特地增建的附屬建築裡，吸引一種比較世俗的朝聖者：現代觀光客。這幅mappamundi幾乎不可避免地改掛別處（不管原來可能掛在哪裡），因而扭曲了我們現代人對其原始功能的理解。這一幅地圖乃是歌頌宗教信仰，不過卻在許多不同的層次上進行，有的抽象而普世，有的實用而在地（既然這幅地圖可能和坎特路普有關）。這也是製圖史上獨一無二的地圖類型，熱切地預示並歡迎自己的殲滅。它期待基督教審判的時刻到來，屆時我們所認識的地球世界將會毀滅，我們所有的行旅和遊歷亦將終止，救贖即將來臨。赫里福德mappamundi希望並祈求時間和空間雙雙終結──一個不需要地理學家或地圖的永恆當下。

第四章

帝國

疆理圖，一四〇二年

中國東北，遼東半島，一三八九年

公元一三八九年，高麗右軍都統使李成桂（Yi Sŏnggye，1335-1408）在中國與高麗邊界，準備出兵遼東半島，李成桂屬於高麗王朝派出的一支遠征軍，要攻打建國不久的明朝（1368-1644）。由於明朝可能吞併鐵嶺以北的土地（高麗北方疆土），高麗舉國震怒，派李成桂發兵攻打。遼東半島屬於滿州的一部分，在後續六百年間發生了數不盡的流血衝突，但在一三八九年，李成桂拒不出戰。他與明朝關係友好，不滿高麗如此對付這個新建立的強大鄰國，也反對出兵的決定。在明朝邊界鴨綠江口的威化島，李成桂命大軍止步，並且做了一個非常重大的決定。他宣布大軍不再進軍中國，反而倒戈對付高麗禑王（King U）。

在後來發生的政變中，李成桂推翻禑王及其親信大臣，結束了高麗王朝在朝鮮半島將近五百年的統治。李成桂自立為太宗（King T'aejong），改國號為朝鮮（Chosŏn），統治韓國長達五百年，是東亞諸王國中統治時間最久的王朝。高麗崇尚的佛教價值觀，克服了古老的薩滿部族習俗，不過佛教寺院及寺院住持被賞賜大批土地，且免除稅賦，貪污腐敗和用人唯親的風氣日盛，終使許多統治菁英再也無法支持。從公元九世紀起，中國各朝代對佛教的不滿與日俱增，轉而提倡復興儒家思想，也就是新儒學，強調入世統治和官僚組織比佛教的出世清修更重要。像李成桂這樣的韓國人採用了新儒學，從此韓國的改變再也擋不住了。

新儒學所支持的社會與政治革新，憑藉的是中國古代賢君的古典典籍。迥異於塑造高麗社會的薩滿與佛教原則，韓國新儒學提倡個人必須積極參與公共生活，才能瞭解人性和維持社會秩序。學習實用的知識比研究深奧的學問更受用：佛教講究自我的修為，新儒學則把個人視為國家管理的一部分。對新的朝鮮菁英而言，新儒學強調入世觀，佛家宣揚靈魂的解脫及拋棄世俗煩惱，兩者之間的強烈對比，為一三九〇年代以來雷厲風行的社會改革及政治革新（亦稱維新，yusin）提供了強大的正當性。[1]

從高麗到朝鮮王朝的過渡期間，被視為韓國歷史上的關鍵時刻，透過政治、法律、公民和官僚結構的改革，使朝鮮的文化與社會脫胎換骨。權力集中在君王手中，打造新的軍事基礎設施來統一管理領土。官僚的權力集中，並依照新儒學的信念，引進文官考試制度；土地國有化；提出更公平的新賦稅制度；佛教幾乎全面廢除。[2]同時朝鮮的興起，也屬於帝國與文化地理學比較廣泛的一次重組。明朝在一三六八年建國，表示蒙古在東亞的影響力逐漸消失。在東邊，東亞另一個強權，日本，正開始統一南北朝，建立了一段和明朝及朝鮮的關係相對和平與繁榮的時期。[3]

為了把自己謀朝篡位的舉動正當化，太宗和他的新儒學輔臣運用古代中國的「天命」（Mandate of Heaven）觀來解釋王朝興衰。只有上天能給予統治的道德權利。對太宗而言，為了不負這個新天命，除了更換新的統治者，還要遷移到新首都。朝鮮把都城從松都（Songdo，現在北韓的開城〔Kaesŏng〕）遷至漢陽（Hanyang，現在南韓的首爾〔Seoul〕），建立景福宮（Kyŏngbok Palace）作為新居。新政府同時委託製作兩幅新地圖，一幅畫的是地球，一幅畫的是天空。後者被稱為「天象列次分野地圖」（Positions of the Heavenly Bodies in their Natural Order and their Allocated Celestial Fields），刻在一塊逾兩公尺高的黑色大理石碑上，展示於景福宮。這幅天文圖是以中國的星象圖為依據，難得的是複製了希臘黃道十二宮的中文名稱

（中國從公元九世紀開始與穆斯林世界往來，黃道十二宮因而傳到了中國）。雖然有許多地方出錯（許多星星排列錯誤），卻顯示了一三九〇年代初期，太宗和他的天文學家所看到的天象位置。這張地圖代表了新王朝對天空的新想像，藉此對朝鮮王國賦予天定的正當性。[4]

到了一三九五年，太宗手下的天文學家完成了這幅星象圖，而率領這班天文學家的權近（Kwŏn Kŭn，1352-1409）是一位新儒學的改

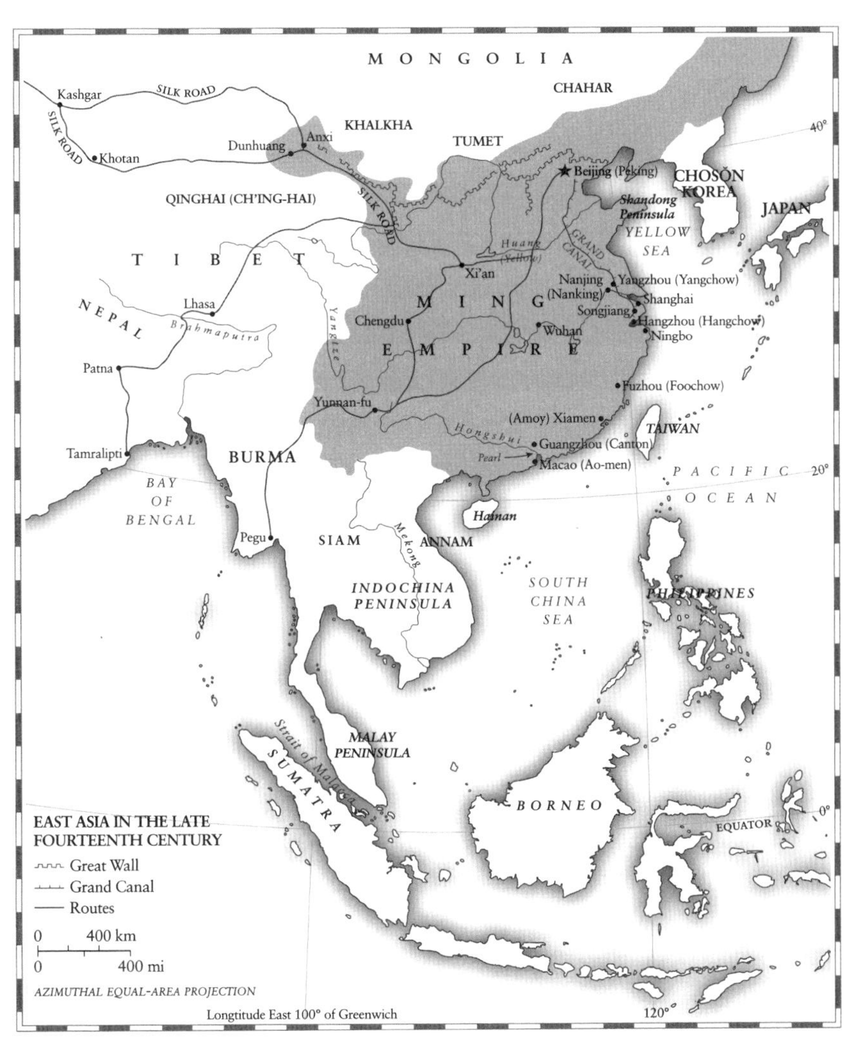

圖7　顯示十四世紀末期區域情勢的現代東亞地圖。

革者，官拜議政府贊成事，是朝鮮新政權最高品階職務。權近當時已經著手製作另一幅地圖，這一次囊括整個世界，於公元一四〇二年繪製完成。原版的地圖沒有流傳下來，但有三份摹繪本，目前都收藏在日本。京都龍谷大學圖書館（Ryūkoku University Library）收藏的摹繪本最近被鑑定是一四七〇年代末期或一四八〇年代的產物，是公認最早、也保存得最好的版本，其中還包括權近所寫的跋。名稱叫《混一疆理歷代國都之圖》（*Honil kangni yŏktae kukto chi to*），多半被簡稱為疆理圖（Kangnido map）。是東亞現存最早的世界地圖，比中國和日本的世界地圖更早，是李氏朝鮮最早的製圖學呈現，也是最早把歐洲畫出來的亞洲地圖。[5]

疆理圖以鮮豔彩墨繪於絲絹而成，做工精巧，富麗堂皇。大海是橄欖綠色，河水是藍色。山脈標示成鋸齒狀的黑線，比較小的島嶼畫成圓圈。大地豐潤的土黃色把這些地物襯托得更加鮮明。地圖來來回回寫滿了黑色的中文字，明確指出各個城市、山岳、河川和重要的行政中心，長寬各為一百六十四與一百七十一公分，原本用一根棍棒繫著，可以從上往下展開，大概和星象圖一樣，是為了掛在屏風或牆壁上而設計，展示在像景福宮這種備受矚目的地點。就像星象圖使朝鮮王朝座落在新的天空下，疆理圖也讓李氏朝鮮在地球的新繪圖上有了位置。[6]

我們在第三章談過，基督教的地圖以東方為上，許多伊斯蘭地圖以南方為尊，疆理圖則是以北為上。世界是一片綿延不絕的大陸，沒有一塊塊分離的陸地或環繞周邊的海洋。地圖是長方形，加上正上方以陸地為主，似乎呈現出一個扁平的地球。位於正中央的不是韓國，而是中國，一片鐘擺形的遼闊大陸，從印度西岸延伸到中國東海。事實上，中國在地圖上非常搶眼，印度次大陸彷彿被吞噬了，看不出西岸在哪裡，而印尼群島和菲律賓群島縮小成一連串圓形的小島，沿著地圖最下方顛簸前進。中國無遠弗屆的政治和知識影響力，也可以從地圖頂端的題字看出來，題字下方羅列出中國歷代都城，緊接著描述當時中國的省、縣，以及往來各省縣的路線。

中國的東邊是地圖上面積僅次於中國的大陸，韓國，周邊彷彿被一大串小島包圍；這些其實是海軍基地。乍看之下，製圖者對其祖國的描繪，跟韓國現在的輪廓大同小異，尤其是和伊德里西所描繪的西西里，或甚至哈丁漢的理查所畫的英格蘭一比，更顯得極為相似。雖然北邊的疆界平扁無奇，地圖卻把韓國畫得格外詳細。標示出四百二十五個地點，包括二百九十七個縣、三十八個海軍基地、二十四座山、六個省會，朝鮮的新都漢陽以鋸齒狀的紅色圓圈標示，十分醒目。[7]

漂浮在地圖右下角的是東亞另一個主要強權，日本，畫在實際位置的遠西南方。叉狀的尖端指向中國與韓國，頗具威脅意味。為了抵銷這種明顯的威脅感，故意把日本相對於韓國的面積縮小，地圖上的韓國是實際面積的三倍，而且日本又比實際上的面積少了一半。日本最西端的島嶼九州（Kyushu），在地圖上指向北方，把群島實際的位置順時針轉了九十度。

更讓現代人跌破眼鏡的，是地圖如何描繪中國以西的世界。偌大的斯里蘭卡位於中國西岸（而非印度東南岸）外海，但楔形的阿拉伯半島很容易認出來，紅海及非洲西岸也很鮮明。在葡萄牙航海探險首度發現可以環航非洲之前八十幾年，疆理圖就畫出了非洲，包含現在世人很熟悉的非洲南端，儘管整體的面積被嚴重低估（非洲大陸比現代的中國大了三倍以上）。另一個古怪的地方是非洲大陸正中央好像有一片大湖，雖然這也可能代表撒哈拉沙漠。地圖在非洲、歐洲和中東標示的許多地點，是把阿拉伯語地名翻譯成中文，顯示在這個相對早期的階段，伊斯蘭製圖涵蓋的範圍已經非常廣泛（伊德里西的地理學知識所及最遠的地方是韓國）。[8]

刻畫在非洲上方的歐洲同樣令人好奇。地中海（雖然不像地圖上其他的海洋畫成綠色，令人有些混淆）的形狀畫得簡單卻容易辨認，伊比利半島也一樣。亞歷山卓畫得像一座寶塔。有一個首都被標示成紅色，可能是君士坦丁堡，歐洲的輪廓包含大約一百個地名，多半仍舊沒有可信的翻譯。連德國都出現在地圖上，根據語音拼成A-lei-man-i-a。[9]地圖最邊緣有一個很小的長方形，好像是不列顛群島，不過更像是亞速爾群島，也就是《地理學》裡的世界最西端，可能是因為托勒密的觀念有一部分傳到了中國，才會被複製在疆理圖上。

疆理圖對非洲和歐洲地名與形狀的知識，很可能傳承自托勒密，不過他的影響力僅及於此。疆理圖上看不出明顯的經緯網格、比例尺或明確的方位；可想而知，疆理圖對南亞地區提供了較為詳細的視角，而托勒密的座標在這裡漸漸淪為臆測性的地理學，同時也看不到他的地名。像赫里福德或西西里製作的那些中世紀基督教和伊斯蘭地圖，都繼承了希臘的文化傳統，相形之下，疆理圖秉承的是截然不同的製圖學傳統，根植於韓國和作為基礎的中國，對於地球在更浩瀚的宇宙中的地位有怎樣的識覺。

希臘羅馬世界的社會與文化傳承各不相同，產生了各種互相衝突的宗教信仰和政治世界，前現代的東亞則不然，廣義地說，這個區域是由一個大帝國塑造而成：中國。千百年來，中國自視為是正當帝國權威的中心，無庸置疑，作為中國的統治者，皇帝自視為文明世界（也就是天下，「普天之下」）的領袖。像韓國這樣的衛星王國只是中國大局勢中的一個小角色；不在中國勢力範圍內的民族被當作無關緊要的蠻族，根本不值一提。治理一個廣大而相對疆界分明的帝國，必須由歷史上最先進的前現代官僚體系來創造和管理。維繫遼闊（而且不斷變化）的帝國邊界耗資甚巨，加上知識界堅信中國天生在政治上至高無上，在地理上居於中心，因此，不同於中世紀末期的歐洲，中國對世界其他地方興趣缺缺。中國人的信仰以佛教和儒家傳統為基礎，迥異於西方在希臘羅馬世界衰亡後發展出來的基督教和穆斯林的經書宗教。基督教和伊斯蘭作為普世的宗教，相信自己肩負神聖的責任，要把他們的宗教宣揚到世界各地，佛教和儒家則完全沒有這種觀念。[10]

這樣形成的製圖傳統著重於確立邊界和維繫帝國的實務作業，官僚菁英研究這些問題，要比西方的宗教社會早得多。中國的製圖傳統不曾試圖以某個宗教或意識型態之名，把想像出來的地理學投射到中國邊界以外的地方，也無意鼓勵或促成遠至印度洋以外的長途旅行和海權擴張（明朝在一四三〇年代就把船隊召回，從此不再到海外探險）。中國怎麼做，韓國就怎麼跟。韓國早期的歷史可以追溯到公元前一〇〇年，在這段期間，韓國往往是帝制中國的附庸國，韓國的製圖者幾乎都想為王國的統治菁英提供實用的地圖，以達成政治統治的行政管理。疆理圖的目的也一樣，但背後有一個非常獨特的觀點。地圖的製作務必要符合朝鮮半島鮮明的自然地理，以及符合韓國與疆域更大、勢力高高在上的鄰國之間的關係。

*

地圖大多會呈現圖像與文字的交互作用，疆理圖也不例外，地圖下方有洋洋灑灑的四十八行圖例，出自權近筆下：

> 天下至廣也，內自中邦，外薄四海，不知其幾千萬里也。約而圖之於數尺之幅，其致詳難矣。故為圖者皆率略。惟吳門李澤民《聲教廣被圖》，頗為詳備；而歷代帝王國都沿革，則天台僧清濬《混一疆理圖》備載焉。建文四年夏，左政丞上洛金公，右政丞丹陽李公燮理之暇，參究是圖，命檢校李薈，更加詳校，合為一圖。其遼水以東，及本國之圖，澤民之圖，亦多缺略。今特增廣本國地圖，而附以日本，勒成新圖。井然可觀，誠可不出戶而知天下也。夫觀圖籍而知地域之�遐，亦為治之一助也。二公所以拳拳於此圖者，其規模局量之大可知矣。[11]

權近的跋文似乎和伊德里西處理《娛樂》的手法有些相似：基本上不確定已知世界的大小和形狀；為了製作比較全面性的地圖，必須借用既有的地理學傳統（伊德里西借用了希臘和伊斯蘭傳統，權近則採用中國的傳統）；關鍵在於對一批專家提供政治和行政贊助；最後產生令人驚奇和喜悅的成果。

跋文裡提出的兩個彼此相關的元素，提供了理解這幅地圖的一個方法：首先是當時地圖創作的政治背景，其次是中國製圖術的影響。金士衡（Kim Sahyong，1341-1407）和李茂（Yi Mu，卒於1409年）屬於朝鮮王朝新儒學輔臣的核心成員。一四〇二年，就在疆理圖製作前幾個月，兩人雙雙參與韓國北疆的土地測量，然後聯袂出使中國；金士衡一三九九年前往中國時，取得了權近提過的中國地圖。權近記載疆理圖在一四〇二年成圖，但寫的不是朝鮮王朝的年號，而是鄰國中國的年號建文。建文帝朱允炆（統治期1398-1402年）是明朝第二任皇帝，也是明太祖洪武帝朱元璋（統治期1368-1398年）的孫子。佛教高僧兼製圖師清濬被洪武皇帝召為左覺義，負責監督一三七二年在南京舉行的法會，為新政權取得正當性。清濬《混一疆理圖》一份十五世紀的摹繪本顯示，上面描述了中國早期各朝代的地理與歷史，據權近指出，李薈（Yi Hoe）東邊「增廣」了韓國，西邊增繪了阿拉伯半島、非洲和歐洲。[12]李薈（1354-1409）是高麗政權的高官。後為朝鮮太宗流放，一四〇二年返回都城，繪製朝鮮王朝的地圖，到了著手籌畫疆理圖時，他已在李氏朝鮮擔任檢詳官（kŏmsang）（可能是看中他繪製地圖的長才）。[13]

繼洪武皇帝登基的朱允炆被叔父燕王朱棣推翻，經過兩年的血腥內戰，朱棣自立為永樂皇帝。[14]待疆理圖完成時，朱允炆已死。儘管明白使用明朝而非朝鮮的年號，當權近指出必須校正中國製圖師李澤

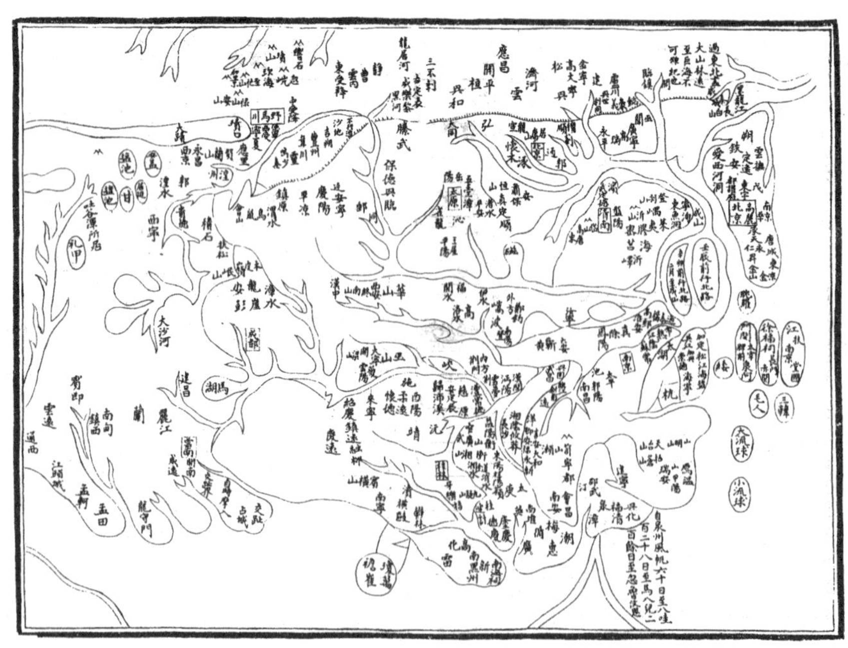

圖8　清濬的中國地圖摹本，出自十五世紀中期葉盛（Ye Sheng）的《水東日記》。

民「遼水以東」的韓國地圖的缺略時，他點出了兩國近代爭議中最具軍事敏感性的地區。除此之外，他唯一的地理觀察是疆理圖上增加了日本，另一個在歷史上不斷為韓國帶來麻煩的強大鄰國。這幅地圖顯然企圖在十五世紀初變動不定的東亞政治世界中，為新成立的朝鮮王國取得一席之地。

無論權近的跋文喚起了中國與韓國之間多少區域朝代政治的變遷，既然明白表示這幅地圖的繪製是以中國製圖術為基礎，他對中國地圖製作的仰慕是無庸置疑的。李澤民和清濬的地圖都是在十四世紀上半葉繪製，但中國對韓國政治和地理學的影響力可以回溯到更早之前。自從公元前四世紀初，韓國成為獨立王國以來，面對在疆域與國力上更勝一籌的鄰國的文明，歷朝君主與學者都想從中尋找治國之道、科學與文化上的啟發。這絕對不是一種全然被動的關係。一方面，韓國不斷主張在政治上脫離中國而獨立，另一方面，只要情勢有利，就大膽挪用中國的文化成就。

中國最早在公元前四世紀發現了算是所謂地圖的東西。不過正如任何在漫長的時間和廣大的空間裡出現手稿地圖（manuscript map）的前現代社會，要說中國有什麼長達數千年的製圖「傳統」，恐怕問題多多，甚至是弄錯了時代。第一個問題在於留下的資料來源有多少。公元十世紀之前留下來的地圖相當稀少，幾乎不足以說中國的製圖有什麼「發展」可言。如果只留下文字紀錄，地圖卻已消失，很難臆測這樣的地圖**可能**是什麼樣子。畢竟地圖太少，詮釋的空間又太多。即便果真流傳了下來，這些地圖也不免遭遇手製地圖在流通和傳播方面常見的問題，從靠不住的複製和學術傳播，到阻礙進一步普及的政治禁令。

更棘手的問題是確定「地圖」究竟指什麼。就如同希臘、基督教和伊斯蘭社會，中文「地圖」的意思也不甚精確，包含許許多多不同的意義和物品。在前現代的中國，「圖」通常是指西方所謂的map（地圖）或plan（平面圖），雖然也可以指稱以種種不同媒介（木材、石材、黃銅、絲綢和紙張）製成的各式各樣圖片、圖解、圖表和表單。「圖」既可以是文字，也可以是圖像，而且往往把圖形的視覺再現和書面、文字的敘述（包括詩作）結合在一起，彼此相得益彰。十二世紀有一位學者說過：「圖，經也。書，緯也……見書不見圖，聞其聲不見其形。見圖不見書，見其人不聞其語。」[15]這種「圖」與「書」的交互作用所產生的情感共鳴，在西方對地圖的定義中幾乎看不到。「圖」當作動詞的意思是計畫、預期或思考。有時候甚至直接解作「計畫難也」，相當簡潔地描繪出許多早期製圖活動的實務經驗，而且中外皆然。[16]

近來的漢學家主張，中文的「圖」有別於早期希臘人所說的pinax，是一個動態的行為，不是一種物質媒介，他們把「圖」定義為一種「行動的樣板」。[17]迥異於希臘語的環繞地球之行（periodos gēs），地圖和主流的宇宙論信仰沒什麼密切的關係。在這方面，中國人又發展出一種有別於希臘人的處理方式。在早期的中國神話裡，不是靠神的意志來批准創造的舉動。中國人幾乎沒有什麼受到宗教或政治認可的宇宙起源說（這一點和猶太—基督教及伊斯蘭傳統不一樣），從而對於地球及地球居住者的起源，發展出格外多樣化的信仰。其中有三個宇宙論思想學派特別具有影響力。

歷史最悠久的是蓋天說，相信天空的圓頂像斗笠似地蓋在地球上。地球形若棋盤，四方端正，往棋盤的四個角落傾斜，環繞四周的大海便以此為界。民間更盛行的是公元前四世紀出現的渾天說。主張「天包地外，地居天中」（令人好奇的是這個理念居然和希臘同心天球宇宙學〔concentric celestial cosmography〕的理論在同一時間發展出來）。渾天說的提倡者張衡（AD 78-139）說道：「天之形狀似鳥卵。地居其中、天包地外。猶卵之裹黃。圓如彈丸。」[18]最激進的信仰則是隱喻意味比較深的宣夜說：「天了無質」，後漢一位作家表示，而「日月眾星，自然浮生虛空之中，其行其止皆須氣焉。」[19]

自公元六世紀以降，正史奉渾天說為尊，儘管這三種說法都反覆出現在中國從古至今的天文學、宇宙論和宇宙起源說中，而渾天說本身也不是沒有曖昧難明之處。雖然被比喻為天空正中央的「卵黃」，顯示世界是一個球體，但渾天說經常被直接了當地畫成一個四方、扁平的地球，被天空所包覆；甚至這個假定也不是絕對的。中國天文學

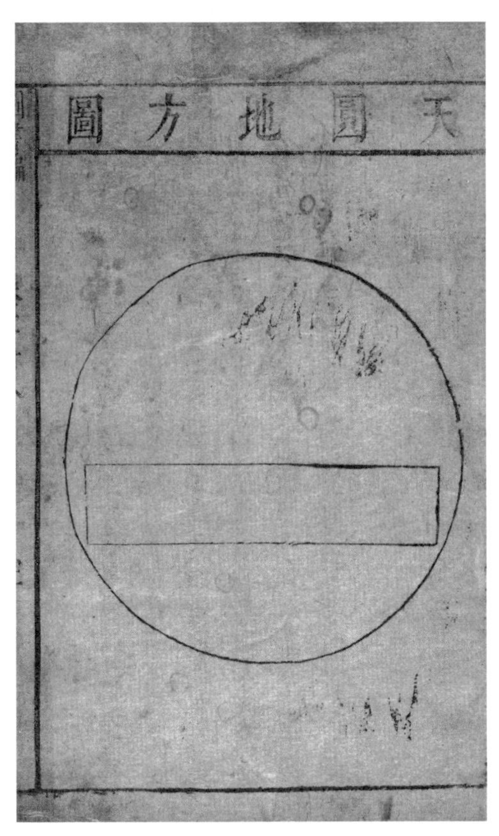

圖9 天圓地方的刻畫，出自章潢（Zhang Huang），《圖書編》（*Tushu bian*），一六一三年。

早就使用渾儀（把天空畫成球狀），當時留下的計算結果（以詳細的觀察為依據）假定圓形的地球乃是宇宙的再現。儘管如此，這些理論有一個共通的基本信仰，認定「天圓，地方」（最初是在公元前三世紀的數學著作發現了現存最早的相關紀錄）。[20]

這個信仰所依據的是貫穿早期中國文化的一個更基本的原理，亦即依照「九宮格」（nonary square）來組織地球空間，這是古代中國「建構世界秩序的一個偉大發現或發明」。[21] 九宮格是九個大小相等的方格，形成一個橫三格豎三格的網格。至今不知究竟起源於何處，可能是古人對龜殼形狀的觀察（圓形的龜殼覆蓋四方形的胸甲），更可信的說法是華北大平原啟發了一種用直線來理解和劃分空間的方式。[22] 中國人對四方形的歌頌和希臘哲學（及地理學）完美圓形的理想恰成對比。九宮格也讓「九」這個數字成為古典中國每一個領域最主要的分類方式：天有九野、京城九陌、人有九竅、九孔、九臟、地府有九口井，連黃河都有九曲。

這種九分法起源於古典中國文化最重要的基礎典籍之一，《尚書》〈禹貢〉篇，編纂於公元前五世紀至三世紀期間，被公認為現存最古老的中國地理學書籍。書中描述遠古時代（約2000 BC）的傳奇人物，夏朝的開國國君大禹。相傳大禹「別九州，隨山濬川」。[23]從黃河與長江流域開始，「禹敷土，隨山刊木，奠高山大川。」[24]中土劃分為九州（或「宮」），被描述為九山與九川。九州被描述成三乘三的網格，九個方格每邊各一千里（一里等於四百公尺左右）。[25]

除了根據數字「九」來劃分已知世界的空間，〈禹貢〉以圖解的方式把全世界分成五個同心的直線地區，依照以風向為基礎的四個基本方向來制訂方位，是典型的自我中心地理學。文明位於圖的正中央，代表皇室的活動領域。越是外圍的方格，野蠻的程度越高，從附庸國的君主、邊界、蠻族「盟邦」，最後是無文化的野蠻地區，包括歐洲在內。同樣的，這和希臘羅馬的圖解天差地遠。雖然西方的帶狀地圖也是直線構成的，卻是以緯度地帶為依據，不像〈禹貢〉是以象徵性的帝國中心為分區標準。[26]

九宮格及其數字「九」，使中國的地圖製作者可以採用一種宇宙論的世界觀，並應用在政治管理和實務政策上。在象徵的層次上，圓形和正方形之間的關係使學者可以提出某一種管理帝國的方法。秦朝一位文人說過：「治之於天下，則主陰臣陽，主靜臣動，主圓臣方，主因臣唱，主默臣言。」[27]在比較實際的行政層次上，九宮格也運用了所謂的「井田」農耕制度。中文的「井」字和三乘以三的網格非常相似，被當作農田分配的基礎。八戶人家分配到相等的土地，中央的第九塊土地由八家共耕。這樣井然有序的空間劃分法，被認為是社會團結和效能政府的一個基本元素。「夫仁政，必自經界始。」儒家學者孟子說（公元前四世紀）。「經界不正，井地不鈞，穀祿不平。是故暴君汙吏必慢其經界。」[28]

在現存的史料裡，最早和地圖（或圖）有關的描述，同樣關係到朝代統治及其管理的問題。有一份最早的書面參考資料來自戰國時代（約403-221 BC），當時各地諸侯國戰爭不斷，互相爭霸。《書經》（出自戰國時代初期）記載周公參考地圖之後，決定建都洛邑，也就是現今的河南省洛陽，位於北京西南方八百公里：

「我卜河朔黎水。我乃卜澗水東，瀍水西，惟洛食。我又卜瀍水東，亦惟洛食。伻來以圖及獻卜。」[29]

周公對周朝首都所在地的預言，充滿了政治地理學及天意的意味。周公尊〈禹貢〉之言，專心經營黃河和長江流域的農業和政治樞紐地區。無論周公的「圖」上到底畫了什麼，其作用顯然是彌補周朝另覓新都的說法之不足，目的是把剛征服的政治空間和古聖先賢的傳說地理學（legendary geography）結合起來。

在後續中國朝代政治的關鍵時刻，地圖的圖像似乎都佔有一席之地。公元前二二一年，戰國時代結束，秦朝勢力興起，一統中國。但這個戰果得來不易：公元前二二七年，秦始皇即位之前，有刺客將匕首裹在燕督亢的絲絹地圖裡，意圖行刺始皇。[30]而且秦朝局勢也不穩定：公元三世紀的一位學者（蘇秦）建議反秦諸國：「臣竊以天下之地圖案之，諸侯之地五倍於秦……六國為一，並力西鄉而攻秦，秦必破矣。」[31]

除了具備如此明確的政治和象徵作用，地圖也被視為王朝統治的行政工具之一。「法者，編著之圖籍，」哲學家韓非子寫道（卒於233 BC）：「設之於官府，而布之於百姓者也。」話雖如此，其他學者卻抱持比較懷疑的態度。儒家哲學家荀卿（卒於230 BC）主張官吏「循法則、度量、刑辟、圖籍」，但可惜「不知其義，謹守其數，慎不敢損益也。」[32]

在現存戰國時期最早的地圖裡，有一幅是青銅雕版，出自公元前四世紀，在戰國時代中山國君主礜的陵墓出土。銅版上鑲嵌了一系列金色和銀色的長方形和正方形，有文字穿插其間，很難看出是一幅地圖。這其實是一幅陵墓的平面圖，稱為兆域圖。中山王的墓地乃是依照九宮格精心規劃，兆域圖刻的正是陵墓的建築地形。銅板上外圈的長方形代表兩道宮垣，中間夾了四座正方形建築。第三個長方形內側是高起的夯土台，台上是五座正方形的享堂，台下是中山王及其家族的陵墓。兆域圖吸收了九州和井田制度的古典測量法，是中國現存最早的鳥瞰式地圖類文物。而且是照比例尺繪製：銅版上的文字說明了尺寸和距離，以尺（約二十五公分）和步（相當於六尺左右）為單位。[33]

沒有人知道地圖為什麼會在陵墓裡。傳統上，陪葬品都很貴重，被灌輸了神祕的力量，藉此傳達對祖先的行儀禮敬。[34]把地圖放進去陪葬，可能是中山王生前管理空間相當先進的政治行政系統，在他進入來世的靈魂世界時，作為一種紀念。

秦朝及後來的漢朝（206 BC-AD 220）利用地圖的目的是為了達到政治、行政和軍事上的中央集權。輿地圖仍然被當作一種儀式性或紀念性的物件，包括和鄰國（例如韓國）在外交場合交換地圖，也用來確認軍事勝利或附庸國的臣服。但帝國治理的行政工作也開始到處使用地圖。《周禮》提出了漢朝官僚制度的完美典範，以地圖做為政策制訂的核心。不管是水資源保存計畫；課稅、採礦和道路劃定；邊界紛爭的解決、田地的劃定和牲畜的評估；人口分布情況的稽查；政府官員紀錄的保持、諸侯國的忠誠及其封邑的確認，在在都少不了地圖。任命兩名官員，隨時向統治者說明地理情況，顯示公民越來越意識到地圖的重要性。這兩名官員隨行在皇帝左右。土訓（「土訓，掌道地圖，以詔地事」）負責解釋地圖，而誦訓（「誦訓，掌道方志，以詔觀事」）是在發生爭議的時候解釋地方志。[35]

這段時期中國人對於地圖的取向，從裴秀（AD 223-71）的著作看得最清楚。裴秀經常被當作中國的托勒密，主要是因為建立了他所謂的「製圖六體」。晉朝（AD 265-420）的開國皇帝封裴秀尚書一職，他以〈禹貢〉為基礎，研究古代地理學，創作出《禹貢地域圖》，後來不幸失傳。現存的《晉書》記錄了裴秀對地理學的研究取向，描述他「甄摘舊文，疑者則闕，古有名而今無者，皆隨事注列」。於是作成《禹貢地域圖》十八篇，上奏皇帝，「藏於祕府」。

裴秀製作地圖乃依照製圖六體。「一曰分率，以辨廣輪之度；二曰準望，以正彼此之體；三曰道里，以定所由之數；四曰高下；五曰方斜；六曰迂直。」[36]

在西方讀者看來，裴秀的製圖六體似乎提供了現代科學製圖學的基礎，強調需要經緯網格，使用標準的比例尺，用基礎幾何學和數學計算方式來計算距離、標高和曲率。水準不遜於當時的希臘人或羅馬人——不過中國沒有利用製圖六體來發展具有現代特色的製圖科學，部分原因在於裴秀不是只對這種地圖製作法有興趣。他的著作是漢學家所謂「考證」的早期範例，考證是透過文本研究來重現過去，特別講究古代典籍的研究，鑑古知今。裴秀的製圖法也屬於考證學的一種。他承認自己的研究是「甄摘舊文」，他製作地圖的方式不是直接測量地形，而是以閱讀舊文資料為基礎。對裴秀和初建的晉朝而言，他們要做的是把權威的〈禹貢〉古典文本加上更新過的新地理資料。裴秀重視過去，並且延續過去，表示他極力想結合古今，在朝代傳承延續的平面圖像（和文字敘述）中確認過去，並肯定現在。[37]

這個文字傳統牢不可破，因此後世追隨裴秀的人甚至指出自然地理學的視覺描述有哪些侷限。唐朝學者賈耽（AD 730-805）表示：「圖上不可備書，憑據必資記注」。[38]即便裴秀似乎是在描寫空間，也依然脫不了古典的文字傳統。「准望之法既正，」他寫道：「則曲直遠近無所隱其形也。」[39]這不但為他新的量化製圖原則提供了正當性，同時也稱頌了以九宮格為基礎的朝廷行政工作的古典文字傳統。

明朝開國於公元一三六八年，過去製作的許多地圖都失傳了，裴秀的地圖也不例外。難得留下來的一幅是著名的「禹跡圖」，成圖於宋朝（907-1276），記載的年分是公元一一三六年，以大禹治水的傳說為本。李約瑟（Joseph Needham）譽為「當時全球文化中最了不起的製圖學作品」，聲稱任何人看到當時歐洲的mappaemundi，「都會忍不住詫異，那時中國地理學竟然超前西方這麼多。」[40]地圖刻在一塊八十公分見方的石碑上，豎立於現在陝西省省會西安府學的院子裡。如同裴秀的製圖六體，禹跡圖乍看之下也極具現代特色。在許多方面都把中國領土的輪廓刻畫得精確無誤。這也是中國第一幅照裴秀提出的方法，用製圖網格來代表比例尺的地圖。地圖上有五千多個方格，每個方格的一邊代表一百里（相當於五十幾公里）。估計地圖的比例尺是一比四五〇萬。不過這個網格不同於西方的經緯網格。後者是對照地表其他地方，透過緯度和經度來標繪位置；中國的網格無意將球體的地球投影到扁平的表面，只是幫忙計算距離和當地的面積。

石碑的背面是另外一幅地圖，稱為「華夷圖」。這幅地圖顯然在某方面彌補了禹跡圖的不足，但怎麼個彌補法呢？華夷圖的規模大得多，標示出五百多個地點，包括九州的河川、湖泊和山岳，以及東北方的長城。也描繪出帝國邊界的「夷邦」（包括韓國在內），地圖周邊有大量的註解，列出其他一百多個夷邦。不過這幅地圖和禹跡圖也

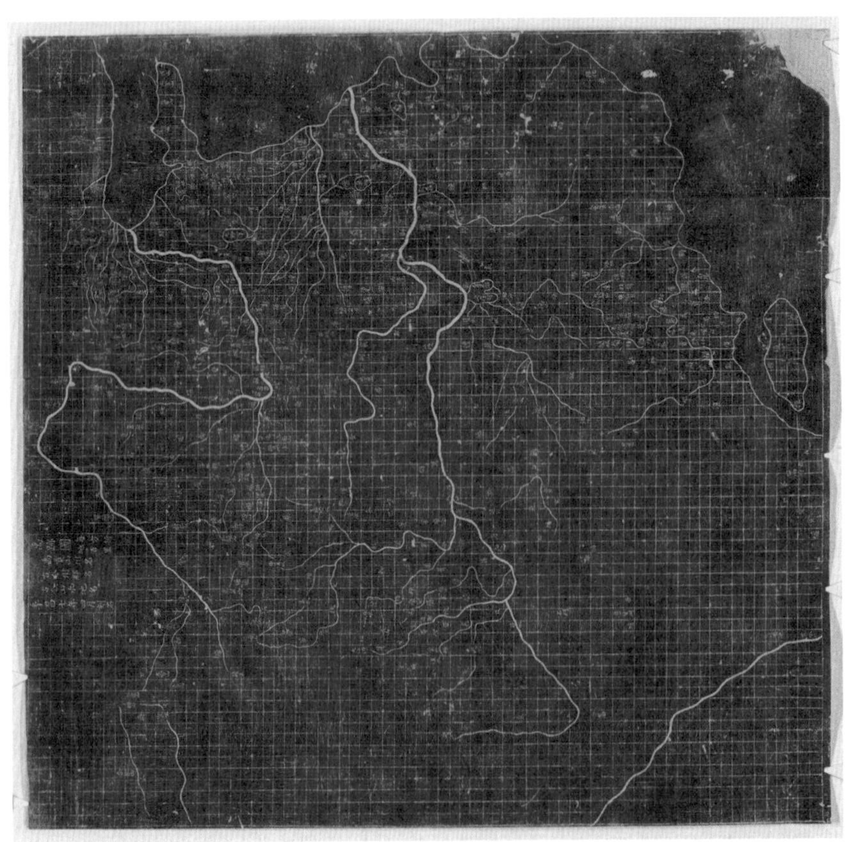

圖10　禹跡圖，一一三六年。

有很大的不同，沒有網格，海岸線極為模糊，往往是錯誤的（特別是在關鍵的遼東半島），河系也不正確。要知道究竟是怎麼回事，觀者必須繞回石碑的另一邊，再好好看看禹跡圖。

和禹跡圖的網格一樣驚人的是地表綜合交錯的河川網，有北邊的黃河，南方的長江和中間的淮河。這幅地圖的地名以山岳的名稱最重要，但也包含了城市和州省的名字。左上角的圖例顯示，這幅地圖同樣也是文字考證與量化測量並重。圖例寫著：「禹貢山川名，古今州郡名，古今山水地名。」[41] 禹跡圖描述傳說中的時間和地名，從而再現當時的地理構造。禹跡圖的特徵是提到了〈禹貢〉的基礎文本，以

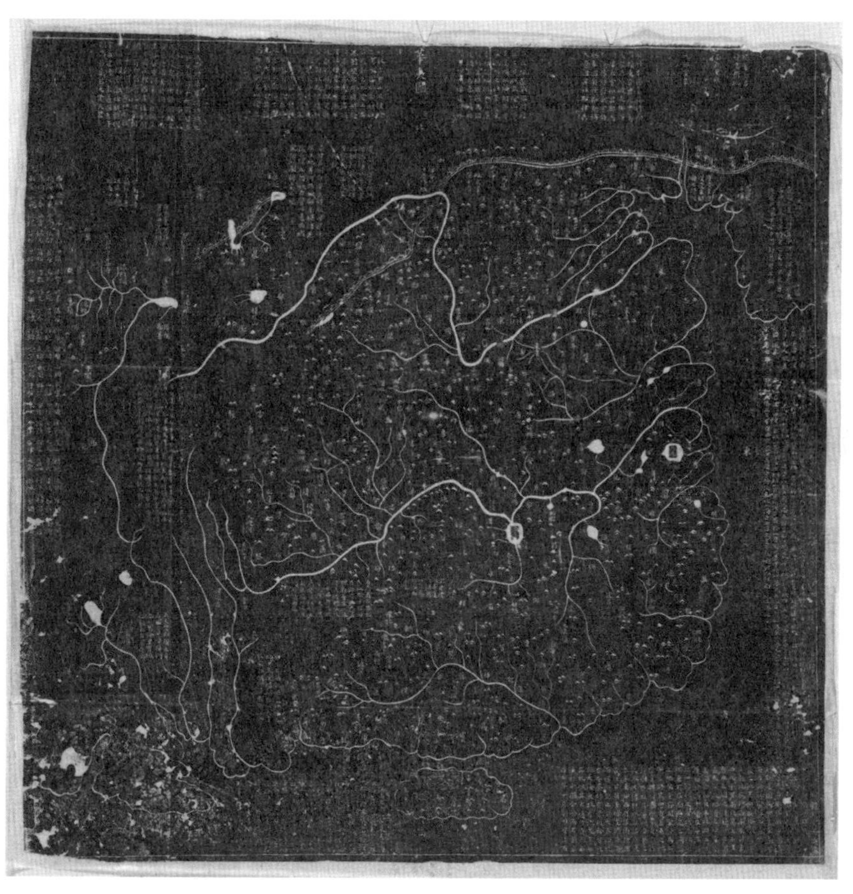

圖11　華夷圖，一一三六年。

及文中描述的山川為界的神話、統一的中國。舉例來說，傳說禹是從積石這個地方整治黃河，禹跡圖也複製了這個地點，即使十三世紀的學者知道黃河的發源地其實是中國西北的崑崙山脈。地圖仍然保留了〈禹貢〉的地理學，即便後來的中國製圖者已經證明這一點是錯誤的。

禹跡圖的優點不是用了比例尺和納入新的地理資料，而是融合神話地理學和當代的地名——而且背後的理由非常明確。有一百多年的時間，宋朝一直想把分散到古典中國各地的軍事和行政權威收歸中央。儘管在政治上面臨諸多困難，又或者正是這些難題使然，宋朝發動了一段空前絕後的文化與經濟改革，發行人類歷史上最早的紙幣（交子）之一，大量擴張士大夫階級，並且開創了中國自公元七世紀末發明印刷術以來最創新的一段木刻版與活字印刷時期。[42]不過到了公元十二世紀初，女真金國（滿州北方的通古斯各部落形成的聯盟）覬覦宋朝北邊的領土。公元一一二七年，黃河南岸的宋朝首都開封被金人佔領，宋退至長江以南，遷都杭州。一一四一年，宋金議和，割讓將近一半的領土，將國界劃在黃河和長江之間。此後一直到一二七九年亡國為止，宋朝的統治者和士大夫一直夢想要收復北方失土，重建古典帝制的中國。[43]

南宋不曾收復失土，但禹跡圖卻透過有形或隱形的圖像或文字，讓宋朝重新統一。這幅地圖沒有畫出國界，對女真金國的領土隻字不提。反而將〈禹貢〉的神話地理學和宋朝在女真金國入侵之前的理想地理學融合。宋朝不僅企圖將自己再現為統一的國家，更是中國大一統（由大禹創立、接受四夷朝貢的九州）這個原始理念名正言順的繼承人。政治現實和地圖上勾勒的理想化懷舊空間相去甚遠，只會放大地圖表面上的力量，讓宋朝看地圖的人相信國家仍有統一的可能。

「禹跡圖」和「華夷圖」說的是同一個故事，卻代表了帝制中國製作地圖的兩條路線。「禹跡圖」投射的是一個永恆不變的世界，擺脫當代的政治分離，以禹在神話中描述的九州統一為特徵。「華夷圖」秉持著相同的理想，把帝國界定為「中國」，意指位於地圖中心的華北地區，針對夷邦再次強調權力和權威集於中央，這點在南宋動亂時期迫切需要。看在西方人眼裡，這兩幅地圖在地形上都「錯」得很離譜，但既然要依照「禹貢」這種古典典籍來投射一個理想中的帝國地景，這些錯漏自然無關緊要。[44]

詩作在描述宋朝分裂前後的地圖時，也捕捉到地圖先承認、後哀悼失土的力量。一百多年前，公元九世紀的唐朝詩人曹松描述〈觀華夷圖〉：

> 落筆勝縮地，展圖當晏寧。
> 中華屬貴分，遠裔占何星。[45]

這首詩幾乎是冥想般地展開地圖，看到地圖中央統一的中國王朝，頓時有安全和放心的感覺。後來南宋詩人採用類似的比喻，但感覺非常不同。十二世紀末的名詩人陸游（1125-1210）感嘆說：

> 行年七十初心在，偶展輿圖淚自傾。[46]

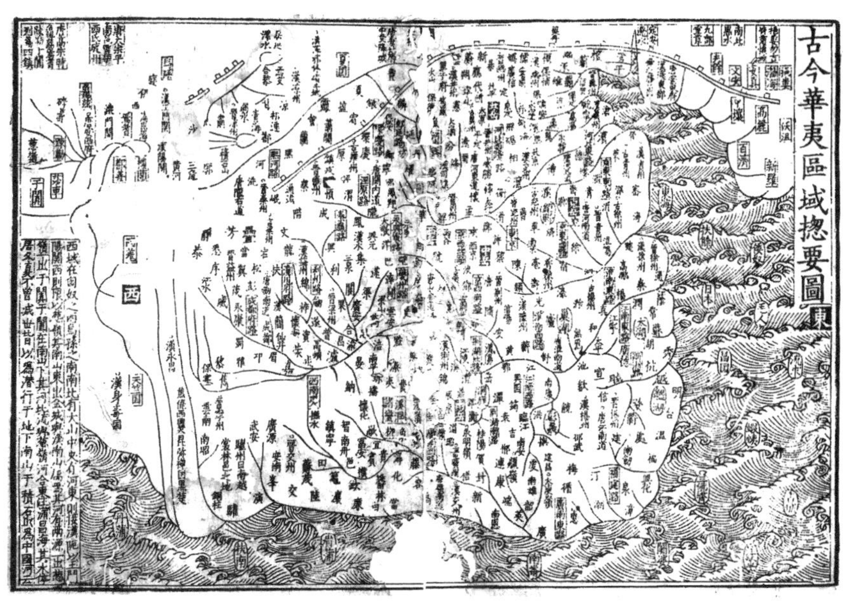

圖12　古今華夷區域總要圖，約一一三〇年。

現在地圖成了失落和哀傷的情感象徵，或許也是「行動的樣板」，是收復失土的號召。

宋朝詩人提到的地圖，不只是石碑上的「華夷圖」，還有當代其他木刻版印刷的地圖，例如「古今華夷區域總要圖」（約1130年），是中國現存最早的印刷地圖之一。公元十二和十三世紀，宋朝的文官增加，科舉生員人數高達四十萬人，他們準備考試的過程中，必須瞭解地圖的實務和行政用途。印刷商很快利用這個新生的市場牟利，生產類似「總要圖」的地圖。這種地圖多達六個不同的版本，由許多不同的印刷商進行更新和修訂，從這一點就看得出總要圖多麼受歡迎，在菁英之間又是多麼普及。總要圖的政治功能可以從某些文字圖例略知一二，這些文字描述「古今州郡分布勢」、「北狄」，甚至還有橫跨地圖頂端的「長城」。不過正如這些圖例所示，地圖上的帝國既是過去，也是現在。這些印刷地圖和石碑一樣，透過永恆不變的中國境內的河川山岳，喚起一個帝國的想像。雖然被學者和官員用來處理帝國的日常行政事務，卻也包含對圖中亙古不移的空間懷抱著一套根深柢固的信仰。

*

要透過這段散亂、不連續的中國製圖史來解讀疆理圖，可謂困難重重。儘管如此，透過疆理圖的文字參考資料，或許可以追索在哪些方面延續了中國的製圖法：地點的複製，對神話、文字地理學的依賴。但不難理解，疆理圖也充斥著韓國特別關注的課題。韓國在前現代世界獨樹一格的地方，是使用了一種朝鮮半島形狀的貨幣交易單元。公元一一〇一年，朝鮮正式發行「銀瓶」（ŭnbyŏng），「狀似這個國家的領土輪廓」。[47]這個區域的地理型態特殊，全國主要是山脈地形，加上近乎偏執地關注在領土和軍事上都更為強大的鄰國，中國和日本，因此出現了一種獨特製圖傳統，兼顧神話的精神性和政治的安全感。韓語的地圖是「지도」，最早出現「지도」的史料，出自公元七世紀初。雖然這些早期的地圖俱已佚失，但現存的相關參考資料顯示，如同前面討論過的許多中國地圖，早期發展這些地圖是為行政和帝國所用。公元六二八年，韓國向中國的唐朝獻上封域圖（Map of the Infeudated Region，日後失傳），是附庸國以地圖向宗主國朝貢的一個典型例子。[48]

另外對韓國製圖術同樣重要的一點，是對「풍수」（亦即中文的風水，亦稱形勢〔hyŏngse〕）由來已久的信仰。所謂的風水學，就是墳墓、居所、僧院，甚至城市，必須選在吉利的地方，能夠和大地能量（也就是「氣」）的自然流動調和，透過山川等地物疏導。如同中國人使用九宮格，風水學對自然空間的識覺和猶太—基督教傳統天差地遠。比佛教信仰更早出現的風水學，認為地景和人體大同小異，風水師就像「地球醫師」，測量大地的脈搏，追蹤動脈經過哪些特別重要的山川。藝評家郭樂知（Roger Goepper）描述中國山水畫裡的風水時寫道：「在某個鄉間，大自然每一個部分的內部和本身可以說是一個封閉的世界，一個基本上與世隔絕的小宇宙，和周圍的大結構之間，與其說是空間的連結，不如說是『氣』這種普遍存在的宇宙力的連結。」[49]

朝鮮半島的地形特殊，土地表面高達百分之七十是山脊，風水學製圖（也就是形勢）在這裡比中國更普遍。[50]風水師認為北邊的白頭山和南方的智異山都被賦予了無限能量，中間正是居住的風水寶地，離山上的源頭越遠，這能量也隨之遞減。白頭山是半島東北地區的一座火山，依照神話所言，這座山代表了韓國人的源頭，以及這個國家的自然能量。韓國官員李詹（Yi Ch'ŏm）在一四〇二年一篇典型的論半島風水之言，就強調這座山的重要性。「中央高地自此（白頭山）延伸而下，地物與圖卷就此打住，逕自入海；純粹的原始物質在此混合累積，故此山脈高聳陡峭。」對李詹而言，對自然地理的描述，是重現了精神上的形勢。「原始物質在此流動，在彼凝結，」他接著說：「高山河川各行其道」。（意譯）[51]創建高麗王朝的太祖（王建，統治期935-943年間）也以類似的風水原理作為政治統治的基礎，建議兒子「車硯山以南，公州江外，山形地勢並趨背逆，人心亦然」，警告說這樣的人「巧言語弄權亂政以致災變者必有之矣。雖其良民不宜使在位用事。」[52]雖然朝鮮王朝崇尚新儒學，對於前朝高麗所謂風水選址的佛教傳統（尤其是禪宗）始終戒慎小心，然而這種信仰仍然持續存在（特別是在地方上），只不過形式有所收斂。朝鮮的觀象監（Chosŏn Office of Astronomy and Geomancy）利用這種信仰促成了新都漢陽的選址和興建。[53]

這些早期的風水地圖已經失傳，不過知名的形勢專家鄭陟（Chŏng Ch'ŏk，1390-1475）在一四六三年製作的韓國官方地圖，稱為東國地圖（Tongguk chido），反映出風水的普遍關注。整張地圖的特徵在於縱橫交錯的河川（藍色）和高山（綠色），全都發源自白頭山這個無限能量的最終源頭。每個省／道都有自己的顏色，重要城市畫了圓圈，讓觀者評估如何根據周遭的山川來挑選風水吉地。不過除了風水的影響，從這幅地圖也能看出韓國對國家安全的強烈關注。儘管大量提供有關韓國國界的地理知識，但這幅地圖極度壓縮了北面的疆界，雖然韓國的北疆是白頭山所在地，在風水上的重要性不言可喻。結合了韓國製圖者對風水學和政治安全感特有的執著，地圖的北疆似乎經過刻意扭曲，以防落入中國或女真等北方侵略者手裡（有鑑於這個時期經常在外交場合交流地圖，確實很有可能）。[54]

疆理圖巧妙地融合了這些相異的製圖學元素；有的淡化，有的加強。疆理圖在中國的資料來源，亦即十四世紀中葉清濬和李澤民的地圖，是文字和歷史製圖傳統的產物，把宋朝「禹跡圖」和「華夷圖」分別代表的傳統合而為一。不過對於要借用這種地圖的哪些元素，疆理圖非常講究，不免令人好奇。它不採用比例尺網格，但卻把「夷邦」描繪出來，而非只用文字圖例交代一下。中國透過「禹貢」這種典籍裡的神話基礎來收復失土，疆理圖卻未背負這種傳統，盡可自由再現中國疆域以外的世界，這種作法是出於好奇，而非焦慮。儘管如此，把中國設定在整個構圖的正中央，顯然承認中國重要的文化和政治地位；雖然沒有使用網格，地圖仍是長方形，迂迴地承認中國宇宙學的九宮格原理。

疆理圖受到中國的諸多影響，其中最令人詫異的應該算是以北為上的方位。從古代開始，韓國的墓葬地點一直朝向東方，北方的蒙古和突厥也是這麼做。不過依照我們在第二章看到的古代中國經書傳統，高高在上的國王或皇帝朝南面對子民，臣民朝北「仰望」皇帝，皇帝則低頭「俯瞰」子民。前面曾經提到，中文的「背」（意指身體的背）和「北」在語音和字形上都是同義詞，因為皇帝的背永遠朝向北方。「背（誦）」在語音和字形上也和「北」這個字有關，因為學生背課文必須「背」對著老師，才不會看到擺在教室裡的書本。在有關方位的措辭裡，依照皇帝的視角，「左」指的是東邊，「右」指的是西邊。就連中國的羅盤也指向南邊，被稱為「指南針」，因為依照傳統的方位，使用者會面向南方——除非皇帝在場——因為這是暖風吹起、陽光使農作物成熟的方向，這個因素也影響了中國陽宅和陰宅的風水選址。[55]

儘管韓國人對風水學念茲在茲，地圖對韓國的描繪卻沒怎麼受到風水的影響。韓國人心目中最重要的地方莫過於白頭山，但疆理圖幾乎沒有把白頭山突顯出來，而且和現代地圖一比，反而會發現位置太偏向東南方。半島上的主要山脈，只淡淡畫了幾條鋸齒狀的線，貫穿王國東岸的主要山脈白頭大幹（Baekdudaegan）亦然，主要的河川往西流向松都與漢陽等主要城市。這些河川畫得很準確，像血管一樣貫穿這個國家的地表。不過和李詹等人的風水學說法一比，疆理圖的國際眼界比較寬廣，形勢傳統似乎被大幅抑制。

權近清楚瞭解到，一旦推崇更遼闊的政治觀點，地圖會變得高度敏感，而他參與了一三九六至九七年的外交使節團，更清楚說明他為什麼要在中韓關係進入新時代時創造疆理圖。一三八九年發動政變之後，朝鮮政權亟欲維持和鄰國明朝長期以來「〔以小〕事大」的外交關係。李成桂在一三九二年登基之前，便遣使者送表箋給洪武皇帝朱元璋，為自己的行為辯護，甚至向明朝請教為自己的王國取什麼新國號（中國人偏愛「朝鮮」，是因為這是古朝鮮的國名）。不過一三九六年，為了確保韓國忠心臣服，明朝斥責朝鮮的表箋措辭「輕薄戲侮」，並扣留使者。[56]引發了史稱「表箋之禍」的外交危機，其癥結在於帝國和領土的朝代定義與文字定義。

朱元璋認為朝鮮「故為戲侮」，他在此事的官方紀錄中展現的政治地理學，幾乎可以說是後來製作疆理圖的原因所在：

今朝鮮在當王之國，性相好而來王，頑嚚狡詐，聽其自然，其來文關請印信誥命，未可輕與。朝鮮限山隔海，天造地設，東夷之邦也，風殊俗異。朕若賜與印信誥命，令彼臣妾，鬼神監見，無乃貪之甚歟？較之上古聖人，約束一節決不可為。[57]

這番不賜予印信誥命的說法，是典型的外交辭令，但明朝之所以可以這麼說，是依據帝國的新儒學原則。朝鮮被視為「限山隔海」的「東夷」之邦，「風殊俗異」，可說是化外之民。是否應該將他們納入「華夏化內封疆之制」，明太祖問道，或是一旦頒賜印信誥命，會侮慢古聖先賢？

全靠權近的調停，表箋之禍才得以解決。他停留南京八個月，和洪武帝發展出友好的私人情誼，協商將被扣留的使者釋放，重新建立明朝與朝鮮的外交關係。兩人甚至交換詩作。洪武帝寫的詩被稱為御製詩，權近寫的是應制詩。詩中採用風格化及隱喻的語言，記錄了兩國在互相接納對方的政治和領土異見時的複雜外交操作。

洪武帝的第一首詩專注談論兩國充滿爭議的邊界，鴨綠江，高麗和明朝在一三八〇年代因為鴨綠江弄得關係緊張，李成桂一三八九年也在這裡兵變，自立為王。

題鴨綠江

鴨綠江清界古封，強無詐息樂時雄。
逋逃不納千年祚，禮義咸修百世功。
漢代可稽明在冊，遼征須考照遺蹤。
情懷造到天心處，水勢無波戍不攻。[58]

洪武帝的詩就像前面提到的宋朝地圖，以古喻今，主張明朝在這個區域的統治權。中國古代經書把鴨綠江界定為華夏文化影響力的邊界，但也是文明傳到半島（也就是韓國）的重要管道。反明的高麗不久前被推翻，加上拒絕窩藏帝國越界的「逃犯」，這個區域總算得到了和諧和穩定。但洪武帝也提醒權近，中國對遼東半島的主權是「可稽在冊」的歷史，可以回溯到漢朝在公元前一〇九年征服遼東，也包括晚近發生在一三八〇年代末的衝突。歸根結柢，鴨綠江被視為兩國可以互相往來的天然國界，目前在政治上「無波」。

在後來寫的〈使經遼左〉一詩中，洪武帝來到鴨綠江以西，想像朝鮮使者跨過半島，進入大明領土。詩中充滿和平、永恆社會的意象，最後的結語是：「際天極地中華界 禾黍盈疇歲歲收。」[59]權近的詩以奉承的口吻回應，也是描述鴨綠遼東一帶的政治敏感區域。在〈渡鴨綠〉這首詩裡，他沒有像洪武帝那樣大力主張中國在歷史上的影響力，反而巧妙給了一句修辭性疑問句：

皇風不限華夷界，地理何分彼此疆。[60]

同樣的，在描寫〈由遼左〉時，權近不提這一帶長期被軍事佔領的歷史。只提到儒家的「周遊列國」。「鶴野漫漫道路長」，不過「名藩碁布摠雄強」。[61]

在地理學的層次上，權近的詩賦外交描述了在他回到朝鮮後才完成的疆理圖的內容。他的詩和這幅地圖都反映出朝鮮在創建初期從佛教轉向新儒學。雖然中國位於地圖正中央的「中原」，但這是個沒有政治疆界的世界，強調兩個崇尚儒學的鄰近國家在區域和文化上的緊密連結；而鴨綠江（韓語是압록강）在政治上的重要性顯而易見，因為地圖只畫出三條河川，其中之一就是鴨綠江。即便是和表箋之禍的解決沒有直接關係的詩，權近也描述了後來重現在疆理圖的一種道德地理學。在〈相望日本〉這首詩裡，他敘述日本人「自肆兇奸」，「剽竊侵隣境」。[62]權近在疆理圖的跋文中提醒讀者，為什麼非要加入日本的新地圖不可，雖然日本諸島的正確方位和大小無關宏旨。以日本所代表的相對威脅或外交機會來看，要緊的是日本和朝鮮距離接近。在地圖和詩作中，權近對日本的反應完全一致，因此他可以在中國和韓國之間建立共同的目標，雙方都忌憚日本倭寇，以及和幕府將軍打交道的外交難度。

在對日關係方面，朝鮮追求的是「交鄰政策」（kyorin），必須藉由「儀」（ye）的原則來教化「稟性頑」的日本人。[63]權近出使明朝的成就斐然，回朝鮮之後，在他的文集《陽村集》（*Yangch'on chip*）中謙虛地寫他「樂觀此〔疆理〕圖之成而深幸之」，[64]朝鮮王朝已經鞏固了在已知世界的外交和地理地位，對華與對日關係亦然。這一點從疆理圖很容易看出來。

如果想重建一四〇二年的疆理圖，現存最好的摹繪本出自十五世紀下半葉，由龍谷大學收藏。龍谷版疆理圖不久前被鑑定是公元一四七九至一四八五年間的產物，似乎反映出朝鮮王朝在十五世紀下半葉的焦慮。在地名方面，納入了這段期間朝鮮在內政和行政方面執行的幾項措施，包括一四七九年在全羅建立海軍基地，在地圖的西南岸標示得很清楚；相形之下，在更廣大的世界地理方面幾乎沒有心思更新，雖然已經有了更新的資料，但地圖上的中國和十四世紀初的元朝地圖一模一樣。因此龍谷版本的地圖可能不只是失傳的一四〇二年原版疆理圖的摹繪本，還更新了朝鮮國內快速變遷的資料。十五世紀末期的摹繪人員可能希望傳達一點：雖然世界其他地方依然如故，這個相對嶄新的政府在民政和軍事管理方面正火速前進。[65]

選擇一四〇二年的地圖當樣板，而且保留了權近的跋文，龍谷版疆理圖顯示，在一四七〇年代，朝鮮政權在其他方面的利益和十五世紀初仍然很近似。這兩個版本都關注如何在更廣大的世界裡為朝鮮王國「選址」（用風水學的說法）。在那個快速變遷的世界，疆理圖必須讓朝鮮的帝國雄心和中國及日本鼎足而立。不過也是在這樣的世界裡，不必百分之百遵守中國的原則，負責繪製原始地圖的那一批學者—官員，可以投射出東亞以外的「蠻夷」之國。雖然經常被中國視為蠻夷，韓國也有充分的獨立性，瞭解「世界非常寬廣」，並且想用地圖獨立展現自己的位置和歷史，不管周邊有哪些鄰國。

*

看在現代西方人眼中，疆理圖顯得似是而非。**表面上**是一幅世界地圖，足以和《奇珍之書》或赫里福德mappamundi相提並論，但西方觀者同時也意識到，這是一幅從異國文化產生的世界圖像，理解和組織自然空間的方式迥然不同。全球的社會可能都知道「世界」；但對於何謂世界，應該如何再現世界，不同的社會有著截然不同的想法。儘管如此，疆理圖和更早的中國地圖顯示，這些天差地遠的世界觀對地圖的製作者和使用者而言，絕對是一以貫之，而且效果良好。疆理圖是專程以製圖的方式，依照韓國對本身的自然和政治地景的識覺，回應全球最大的古典帝國。中國和韓國的經驗所創造出的地圖，不只是要準確地把領土繪製成圖：同時等於是在繪製結構關係。[66]疆理圖及其摹繪本提出了一個方法，讓小而驕傲的新王朝在強大帝國的勢力範圍裡找到自己的位置。

第五章

發現

馬丁．瓦爾德澤米勒，世界地圖，一五〇七年

德國，漢堡，一九九八年

菲利浦．波登（Philip D. Burden）是英國最有名望的地圖商、美洲製圖學專家，也是《北美洲製圖》（*The Mapping of North America*）的作者。一九九八年夏天，倫敦一名書商代表漢堡的一位客戶找上他，請他鑑定一幅古地圖。波登在工作上不時會遇到這種邀約，不過得知客戶找他找得很急，還要求他在鑑定地圖之前必須簽署保密協議，反而激發了他的好奇心。簽下保密協議之後，波登日後回想，「我就接到一通畢生永難忘懷的電話。」

波登得到的訊息非比尋常，正在加州迪士尼樂園和家人度假的他，不得不中止假期，馬上飛回倫敦，再轉往漢堡。他客戶的代表開車接他到漢堡的銀行區。波登被帶進其中一家銀行的會議室，看到了他受聘鑑定的東西：號稱是德國製圖師馬丁．瓦爾德澤米勒（Martin Waldseemüller）唯一現存的印刷世界地圖，叫作Universalis cosmographia secundum Ptholomaei traditionem et Americi Vespucii aliorumque lustrations：「依照托勒密傳統及亞美利哥．韋斯普奇等人的航程繪製的世界地圖」，這幅地圖被認為出自公元一五〇七年，公認是歷史上第一幅為「亞美利加」（America，美洲）命名，並將其描述為與亞洲分離的一塊大陸的地圖。波登處理古地圖多年，憑著印刷這幅地圖的紙張的獨特觸感，他認定是「真品，不是製作精細的

贗品」。他很清楚自己眼前就是製圖史上最重要（也最有價值）的文物。「我相信，」他日後寫道：「除了獨立宣言和美國憲法，這是現存的印刷美國史料中最重要的文件，這麼說來，也是美洲的出生證明。」[1]

波登仔細端詳了四個小時，才著手給客戶寫報告，對方是一位德國富商，不久前剛賣掉名下的電腦軟體公司，很想購買這幅地圖，當時地圖的所有人是德國南部巴登—符登堡邦（Baden Württemberg）沃爾夫埃格城堡（Wolfegg Castle）的約翰內斯．瓦爾德堡—沃爾夫埃格伯爵（Count Johannes Waldburg-Wolfegg），地圖待售的消息傳出，馬上冒出另一個志在必得的買家：美國國會圖書館（US Library of Congress）。波登原來的客戶打退堂鼓，決定不買地圖，把錢投資到另外一家公司。賣家開出一千萬美元的價格，瓦爾德澤米勒地圖算是全球最昂貴的地圖。圖書館的代表現在請教波登另一個問題：這幅地圖到底值不值得這個許多人認為是獅子大開口的天價？波登證實他至少有兩名客戶準備依價購買，圖書館的代表提議在一九九九年夏天交易。擬定契約的時候，圖書館列出了一系列要點，說明這幅地圖對製圖史和美國史的重要性，以證實購圖的正當性：

- 這幅地圖是史上第一次用「亞美利加」來稱呼克里斯多夫．哥倫布在一四九二年發現的新大陸，由馬丁．瓦爾德澤米勒首創。
- 這幅地圖是馬丁．瓦爾德澤米勒目前僅存的木雕版印刷品，大約在一五〇七年印製。
- 馬丁．瓦爾德澤米勒想出用「亞美利加」這個名字，為原先被稱為「未知之地」（terra incognita）的新大陸命名，給予這片大陸一個歷史身分。
- 而且，在這個基礎上，馬丁．瓦爾德澤米勒的地圖代表了對美國人民的歷史最重要的文件。

這份說帖接著表示，把地圖賣給圖書館的交易背後還有另一個目標，就是提升德國和美國的友好關係。[2]

這件地圖交易的起源要追溯到二十世紀初。公元一九〇〇年，德國耶穌會士兼歷史和地理老師約瑟．費雪神父（Father Joseph Fischer），在沃爾夫埃格城堡的檔案中發現了現存唯一的瓦爾德澤米勒地圖。費雪的發現吸引美國許多圖書館和收藏家接連登門求購，其中也包括美國國會圖書館，賣家在一九一二年首次兜售，但館方因缺乏資源而回拒。在後續的五十年間，圖書館多次有意出價購買，但一直到一九九二年，也就是哥倫布首次登陸美洲的五百週年紀念，地圖的命運出現了決定性的轉變。在精心籌畫的五百年紀念慶祝活動中，華盛頓國家藝廊（Washington National Gallery）舉行的展覽「約一四九二年：探險年代的藝術」（Circa 1492: Art in the Age of Exploration），以難得出展的瓦爾德澤米勒地圖作為主要展品。國會圖書館一心想慫恿瓦爾德堡—沃爾夫埃格伯爵出售地圖，便請退休的名譽圖書館長暨《發現者》（*The Discoverers*）一書的普立茲得獎作者丹尼爾．布爾斯汀（Daniel Boorstin）寫信給伯爵。布爾斯汀在信中表示：「作為第一幅出現亞美利加大陸名稱的地圖，這份文件標誌了歐洲和美洲長久關係的開始，以及歐洲製圖師在西方文明發展中扮演的開路先鋒角色。」伯爵自從繼承爵位之後，就把沃爾夫埃格城堡和家族莊園轉型為保健與高爾夫球度假勝地，生意興隆，不需要費太多口舌就動心了。他很快向國會圖書館放出消息，說願意賣出家族傳承了三百五十多年的地圖，後來又在一次訪問中表示他決定將地圖出售，是基於「貴族對傳統的意識與現代企業家精神」的結合。不過在伯爵和圖書館達成協議之前，必須克服一個嚴重的政治障礙：這幅地圖早已被列入德國受保護文化財產的國家名冊（National Register of Protected German Cultural Property），凡是列入名冊的文物，一向無法取得出口許可。國會圖書館的代表在一九九三年向當時的總理柯爾（Helmut Kohl，學歷史出身）請求，結果被斷然拒絕。

柯爾總理在一九九八年德國全國大選中敗給施洛德（Gerhard Schröder），標誌了德美文化關係的轉捩點。施洛德任命諾曼博士（Dr Michael Naumann）為一九三三年以來的首任文化部長（該職位在一九三三年被納粹廢除），是決定地圖前途的關鍵。諾曼曾在霍爾茨布林克集團（Holtzbrinck Group）擔任出版社長，這個跨國出版集團在美國有資產，自然大力鼓吹兩國建立更緊密的文化關係，或許還有貿易關係。他極力支持伯爵及國會圖書館和德國聯邦政府重啟協商，甚至表示剛剛合併不久的汽車公司戴姆勒克萊斯勒（DaimlerChrysler）可能有興趣資助國會圖書館取得這幅地圖，成為「彰顯德美兩國友誼的完美搭檔」。一九九九年，諾曼巧妙地為地圖取得官方出口許可的協議鋪路，同時律師正在草擬同意交易條款的合約。

一九九九年十月十三日，伯爵和國會圖書館簽下一紙合約，同意出售瓦爾德澤米勒地圖。雖然開價一千萬美元，但圖書館暫時只出得起五十萬的訂金：合約明文規定他們只有兩年時間籌足餘款，否則就得顏面掃地，把地圖歸還伯爵。圖書館繼續拚命募款，設法湊足這個天文數字。他們找《富比士》雜誌的全美四百大富豪商量，也和個人及企業接觸，從德州商人到前總統候選人裴洛（Ross Perot）、季辛吉和梅隆（Henry Mellon），到美國在線（AOL）和美國運通等等。當圖書館設法向跨國公司募捐數百萬時，美國民眾也展開小額捐款。「我不是有錢人，」葛瑞格．史耐德（Greg Snyder）在二〇〇〇年十月寫了一封電子郵件：「但我手頭上有幾百塊美元，我想捐錢購買瓦爾德澤米勒地圖。」儘管如此，初步籌款的成果不盡如人意，圖書館只好從其他管道想辦法。在否決了用館藏的珍本書來支付部分款項的計畫後，圖書館獲得國會一個委員會提撥五百萬美元，協議是必須先從私部門募得相同數目的資金才能撥款。委員會說明給款理由時，引述了一個奇特的前例：一九三九年，國會支付五萬美元購買「卡斯提洛項鍊盒」（Castillo Locket）——一個黃金和水晶製成的十字架項鍊盒，「收藏了哥倫布的少許骨灰」。來自私部門的半數金額是向少數幾位富有的私人捐贈者募得，包括發現頻道（Discovery Channel）的大筆捐獻，而圖書館同意協助發展一系列「世界地圖集」（The Atlas of the World）的節目。這筆交易並非人人樂見。德國學術界的克勞斯．葛拉夫博士（Dr Klaus Graf）早就在一篇線上文章抱怨「任何想購買極少數被正式列冊國家文化財產之文化財產的意圖，都是不道德的行為」，然後問道：「國會圖書館沒有羞恥心嗎？」《紐約時報》評論這筆交易時，尖酸刻薄地說最近美國和德國的關係其實已經快速惡化，國會決定出這麼大一筆錢買地圖，在此同時，聯邦政府卻刪減公共圖書館的預算，兩者形成強烈的對比。[3]

二〇〇三年六月，圖書館終於宣布購買地圖的交易完成。二〇〇三年六月廿三日，經過了十幾年的協商，瓦爾德澤米勒地圖首度在傑佛遜館（Jefferson Building）揭幕，這時已經是美國國會圖書館的財產了。作為「路易斯與克拉克一八〇三－六年遠征」（Lewis and Clark Expedition of 1803-6）展覽的搭配展品，堪稱當之無愧。該遠征是第一次由國家贊助、從密西西比州到大西洋的北美洲系統性製圖任務。在梅里韋瑟·路易斯（Meriwether Lewis）、威廉·克拉克（William Clark）和其他成員的率領下，遠征隊展開了一場史詩之旅，測量大陸內部九百五十萬平方公里的土地，這片大陸的名稱和輪廓顯然是在近三百年前，首次由馬丁·瓦爾德澤米勒繪製在地圖上。

圖書館購買瓦爾德澤米勒地圖的情況，對任何文化產業的從業人員都不陌生。強權與帝國彼此之間的歷史文物交易，無一不牽涉到更重大的外交、政治和財政利益的發展或解決。以這個案例來說，圖書館購買和展出瓦爾德澤米勒地圖，充分顯示美國很清楚自己的國家定位和國際地位。交易完成時，國會圖書館網站引用波登的鑑定，把這幅地圖譽為「美洲的出生證明」，率先「描繪出獨立的西半球土地，並把太平洋畫成獨立的海洋」。在「文藝復興初萌芽時，這是印刷技術絕無僅有的精緻典範」，「反映知識大幅向前躍進，承認新發現的美洲大陸，而且從此改變了人類對世界本身的理解和識覺。」[4]瓦爾德澤米勒地圖讓美國擁有大多數國家渴望的東西：一個精確起源點的正當性，通常是和某個事件或文件有關。以這個例子來說，瓦爾德澤米勒地圖顯示，是一五〇七年的一個出生日期，讓美洲被認定為一個獨立存在的大陸。

有了出生證明，自然就知道來源，瓦爾德澤米勒地圖確認美洲無疑是源自歐洲。丹尼爾·布爾斯汀一九九二年寫給伯爵的信上說，這幅地圖使美國得以確認自己和精彩的歐洲文藝復興有密切關係，在文藝復興期間，歐洲重新發現希臘羅馬古典文明的價值，從而自我改造，終於如十九世紀的偉大史學家雅各．布克哈特（Jacob Burckhardt）所言，「發現了世界與人類」。[5]根據此番詮釋，在舊日古典世界重生（renaissance，「文藝復興」這個法文字的字面意義）的同時，文藝復興的人文主義（一種有關個人自我的新思考方式）興起，也「發現」了個人在快速擴張的世界裡佔有什麼地位（預示了西方現代性的興起）。而且，事實上，地圖右下角的圖例證實了這種詮釋方式。「雖然許多古人都很想計算出世界的圓周，」圖例上說：「他們仍對很多事情渾然不知；例如，西方以發現者的名字命名的亞美利加，現在已經知道是世界的第四部分。」[6]語氣中充滿了新發現的理性（rationality）所帶來的自信現代風，運用古典文明的目的，只是要在歐洲現代的自我意識塑造完成後將其揚棄。這種信仰瀰漫在國會圖書館對瓦爾德澤米勒地圖的論述：它代表了知識大幅向前躍進；利用革命性的印刷新技術；而且不只改變我們對世界的理解，也改變我們在世界的地位。換句話說，這幅地圖是歐洲文藝復興最典型的文獻。

這幅地圖當然再現了一個和前面看過的歐洲赫里福德mappamundi完全不同的世界。在兩幅地圖相隔的兩百年間，對世界的整體再現、知識與實務上的創造，甚至是用來描述這兩幅地圖的說法，全都改變了（雖然mappaemundi的製作一直延續到十六世紀，和呈現出地理新發現的新地圖一起展出）。一二九〇年，赫里福德mappamundi被稱為「estorie」，也就是歷史；到了一五〇七年，瓦爾德澤米勒地圖自稱為cosmographia（宇宙學）——一種描述地球和天空的科學。mappamundi以東為上的方位，宗教式的尖頂和怪物佔據的邊緣都消失了。在瓦爾德澤米勒地圖上換成北—南向方位，再現了清晰的海岸線和陸塊，科學性的經線和緯線，還有一系列的古典主題。十五世紀末和十六世紀初大多數的歐洲世界地圖，例如瓦爾德澤米勒地圖，結合了托勒密的建議（以北為上的地圖方位）和航海方式的發展（採用以北為尊的羅盤方向），把基本的定位標點逐漸從東方換成北方。兩幅地圖都展現出各自的古典學知識，但方法大不相同。赫里福德mappamundi引用羅馬和早期基督教的作者來證實它對創世的宗教式瞭解，瓦爾德澤米勒地圖回到甚至更遠古的托勒密的希臘文化世界，以及他對地球和天球世界的幾何學識覺。赫里福德mappamundi的尖頂描繪的是基督，瓦爾德澤米勒地圖頂端供奉的是一位古典地理學家和一位當代航海家。赫里福德mappamundi對於明確地取經其他地圖幾乎沒興趣，瓦爾德澤米勒地圖則公然宣示受惠於許許多多的前輩製圖師——包括托勒密的理論性、學術性地圖和投影法，以及十五世紀初以後的當代領航員和航海家，為了研究如何從歐洲向海外航行而製作的比較實用的波特蘭海圖（portolans）、航海圖和地圖。

熱那亞製圖師尼柯洛．卡維里（Nicolo Caveri或Canerio）在一五〇四至一五〇五年間製作了所謂的卡維里海圖（Caveri chart），這一類的海圖開始把過去一百年來在歐洲大陸的東、西、南方發現的土地慢慢繪製成地圖。卡維里海圖承認mappaemundi的地理世界，在位於中非地區的海圖中心，有一個很小的圓形世界圖像，只是已經有了海圖精密的恆向線網（rhumb lines，恆向線，和經線以固定角度交會的線條）和羅盤分劃圖（compass rose，畫出讓領航員駛離陸地的方向與方位線）。

至少從公元十二世紀起，航行地中海的船員就使用這種航海圖，到了十五世紀，再由航行海外的領航員加以發展，包括哥倫布在內，他從一四九二年八月開始的四次美洲「新世界」之行都使用這種航海圖。一四九八年，哥倫布第三次出海，八月五日，他的船員在委內瑞拉海邊登岸，是史上第一次有歐洲人踏上西半球大陸的土地。眾所周知，哥倫布終其一生都不相信自己發現了新大陸：瓦爾德澤米勒地圖的全名，還有左下角的圖例，稱頌的是另外一位義大利探險家，他的名氣一度蓋過了哥倫布，被當成「新世界」的「發現者」，但這片大陸的名稱就此決定，不曾改變。圖例描述這幅地圖：

> 大致描繪出不同土地和島嶼的輪廓，包括一些古人沒有提過的地方，是不久前在一四九七年到一五〇四年之間的四次航海中發現的。最尊貴的君主，卡斯提爾的費南多（Fernando）和葡萄牙的曼努爾（Manuel），各自兩度下令出航探險，亞美利哥．韋

斯普奇是船隊的一位航海家及高級船員；特別是描繪了許多迄今無人知曉的地方。我們已經把這些地點小心畫在地圖上，以提供真實而精確的地理學知識。[7]

從瓦爾德澤米勒地圖看來，佛羅倫斯商人兼航海家亞美利哥·韋斯普奇在十五世紀末啟程西行，證實歐洲橫跨大西洋的探險之旅，的確發現了世界的第四部分，是赫里福德mappamundi的中世紀世界，以及地圖上分成歐、非、亞洲三部分的世界聞所未聞的新大陸。

這幅地圖不只在地理學構造上有別於赫里福德的地圖。醞釀出這種風格和形式的世界，處理製圖事業的方法也迥異於中世紀mappaemundi的製圖師與觀者所處的世界。瓦爾德澤米勒地圖的製作，是透過歐洲的一項新發明：活字模。抄本的抄寫員和彩繪人員的特點不見了，取而代之的是木版雕刻匠、印刷工匠和排版工人，由他們負責把手繪的地圖原稿轉移到十六世紀初德國的印刷機上。地圖理念不是出自有關神創造世界的宗教信仰，而是像托勒密《地理學》之類的古典地理文獻，和卡維里海圖這樣的現代航行圖擺在一起評估；在創造這幅世界新圖像的時候，這些製圖作業被逐一比較、對照，有的被採納，有的棄之不用。雖然地圖的名稱包含托勒密的名字，他的肖像也立在地圖的左上方，卻直接和畫在地圖另一頭的韋斯普奇更新的發現形成對照。

在某些方面，Universalis cosmographia打破了古典時代托勒密式的世界圖像，把第四塊大陸和連帶的一整套新的宗教、政治、經濟及哲學問題引進歐洲的地理學意識中，成為未來一代又一代學者鑽研的課題。但我們絕不能貿然說這幅地圖是對地理新世界的一種激進，甚至是革命性的描述。這當然不是地圖出版時的初步反應——甚至也不是初步發想。不管是瓦爾德澤米勒的名字，或是地圖所謂一五〇七年初版的日期，都沒有出現在圖例或邊緣。事實上，我們甚至不清楚國會圖書館珍藏的地圖是不是在一五〇七年印刷，抑或這究竟是不是第一幅將美洲命名並再現成一塊獨立大陸的地圖。在和地圖共同出版的書裡，瓦爾德澤米勒和他的同僚沒有一口咬定西方地理新發現的性質為何，主張（我們稍後會看到）美洲未必是一片新**大陸**，而是「島嶼」，從這個謹慎的描述看來，未來一旦這個新世界的航行及發現證明他們應該修訂原先的認定，他們也準備從善如流。這幅地圖的另一個基礎是托勒密有一千三百年歷史的地圖投影法，不但複製了這位希臘地理學家的諸多錯誤，也恪遵以地球為中心的宇宙觀，直到哥白尼（Copernicus）的《天體運行論》（*On the Revolutions of the Celestial Spheres*）一五四三年出版，才讓這個觀念受到挑戰。從以上種種，委實看不出什麼充滿挑戰性的現代思維。

瓦爾德澤米勒繼續創造一系列地圖，直到一五二一年過世為止，但他不曾再把「亞美利加」這個名稱用在其他任何展現這個「新世界」的地圖上。這位製圖師似乎非常懷疑一五〇七年把新大陸命名為「亞美利加」是不是明智之舉，而且又過了一個世代，「亞美利加」的名稱才被世界地圖和地圖集普遍接受。雖然國會圖書館購得地圖一事在媒體得到了空前大量的宣傳，Universalis cosmographia在第一次和後續幾次出版時，卻幾乎沒有得到公眾關注，一般認為印出的地圖（不到一千份）不到幾十年就不知去向。

Universalis cosmographia的歷史證明，不管是界定起源，或是確定非凡的地理發現的時刻，都比我們想像中複雜得多。美洲大陸的起源，正如同這幅地圖的源頭，充斥著諸多探險家、製圖師、印刷商和史學家各種互相扞格的說法和難以定論的起點。事後回顧，很容易把這段全球史視為地理大發現時代（Great Age of Discovery），而Universalis cosmographia和這種重大事件的規模與戲劇性也很相稱。當然，葡萄牙和西班牙帝國從一四二〇年到一五〇〇年的成就是無可比擬的。在這段期間，葡萄牙人航行到未知的地方，在非洲海岸登陸，殖民亞速爾群島、加那利群島和維德角諸島。一四八八年，葡萄牙已經在西非建立了貿易站，並且環航非洲最南端，一五〇〇年更抵達印度和巴西。一四九二年，在西班牙的財務支持下，哥倫布首度航向新世界，加上後來的兩次航行，讓歐洲人認識了加勒比海群島和中美洲，接下來的幾次航行則抵達北美洲和南美洲不知名的海岸線。這一次又一次的發現都記載在Universalis cosmographia，展現比托勒密的oikoumenē（人居世界）大出一倍以上的世界。

儘管如此，在這幅地圖的相關語彙中，最難解釋的正是每次提到這幅地圖就會反覆使用的詞彙：發現（discovery）。現在我們都把發現當作一個簡單明瞭的概念，主要是得知或揭露了什麼原本不知道的事，尤其是牽涉到旅行和「發現」迄今不為人知的地方。乍看之下，瓦爾德澤米勒地圖也許代表了西方製圖史上一次劃時代的「新世界」之「發現」，不過既然採用這個說法，表示這幅地圖反而是以更慎重的態度來看待它所描繪的「新」國度。

發現新地方，甚至是新世界，看在十六世紀初的人眼裡，其實帶著謹慎，甚至懷疑。新世界的發現挑戰了亞里斯多德和托勒密等古典作家傳承下來的知識基礎，甚至質疑聖經的權威：如果美洲的新世界和居民確實存在，為什麼聖經都沒提過？而「發現」這個字牽涉到各種不一致且往往相互矛盾的意義，加上當時歐洲各種方言興盛，把問題弄得更加棘手。英語的discovery直到十六世紀下半葉才被普遍使用，至少包含六個不同的意義，包括uncover（揭開）、disclose（洩漏），或只是reveal（揭露）。從十五世紀初以來，葡萄牙語是最早記錄航海新「發現」的語言之一，descobrir這個字通常被翻譯成discover（發現），一般是用來表示「探險」、「揭開」，但也意味著「偶然發現」，甚至只是「撿起來」。[8]在荷蘭語當中，「發現」通常翻譯成ontdekking，意思是揭開、找到真相，或察覺錯誤。因此「發現」一方面是指偶然來到早就從神話或古典知識當中知道的領土或國度，另一方面也有首次揭露「新世界」的意思。即便「新世界」這個說法也刻意模糊：葡萄牙人所謂的「發現」「新世界」，是指在公元一四八八年環航好望角，即便當時地圖上畫的是某種版本的印度洋及其周遭領土。文藝復興學者面對新事物時，不像我們現在這麼大驚小怪，而且一定會設法將這種「發現」融入古典地理學知識中。因此，在古巴或巴西這種地方著陸，可能會被當作「發現」「新世界」，不過探險家和製圖師的描述顯示，這些「新世界」經常被誤認成既有的地方——古巴可能被當作日本、巴西被說成中國等等。

我們以為文藝復興的地圖是頌揚新國度的「發現」，但這些地圖的創造者，反而是努力使新資訊符合托勒密和斯特拉波等作家既有的古典世界模型：經驗報告往往有別於學術權威，而且除非有不得不然的理由，製圖師多半不願意背棄地位崇隆的古典典籍。他們得到的新資訊零零落落，而且常常相互矛盾，像伊德里西，甚至是希羅多德這樣的作家和製圖師都提過這個問題，根據看似毫無缺陷的古典地理模型來評估新資訊，整個過程必須小心處理。製圖師一方面想追求全面性和正確性，同時要兼顧新印刷媒介帶給製圖業的一項全新使命：必須賣地圖賺錢。印刷是一種商業性產業，既要營利，也要提供新的製圖方式。Universalis cosmographia的製作重點，是必須同時兼顧上述所有目標。如果把瓦爾德澤米勒地圖譽為歐洲在發現自我和發現美洲的歷史過程中最重要的文獻，其實是誤解了十六世紀初地理學的實務與知識發展。要瞭解這方面的發展，不妨先從這幅地圖公認的創造者說起。

馬丁・瓦爾德澤米勒（約1470-1521，也有人依照他名字的希臘化版本，稱他希拉克米魯斯〔Hylacomylus〕或伊拉克米魯斯〔Ilacomilus〕）生於佛萊堡（Freiburg im Breisgau）附近的沃爾芬韋勒（Wolfenweiler）村，位於現在德國西南部的巴登—符騰堡邦（Baden Württemberg）。身為屠夫之子的馬丁後來在市議會任職，並在一四九〇年進入佛萊堡大學，成為天主教加爾都西會知名學者格雷戈爾・賴施（Gregor Reisch）的弟子（應該是研習神學）。瓦爾德澤米勒原本會繼續鑽研馬提亞努斯・卡佩拉公元五世紀的著作《訓詁學與信使的結合》所提倡的科目：文法、邏輯和修辭學的三藝，和算術、音樂、幾何學與天文學的四藝。透過四藝的幾何學和天文學，他認識了歐幾里德和托勒密之類的作家，為他打好了宇宙學原理的基礎。一四九〇年末期，瓦爾德澤米勒遷居巴塞爾，認識了賴施的合夥人，知名印刷商約翰內斯・阿默巴赫（Johannes Amerbach）。包含阿默巴赫在內的第二代印刷商，開始把活字模印刷的原始發展升級，出版聖經、靈修、法律和人文主義之類的各種書籍，以因應隨著教育逐漸普及而增加的讀者群。瓦爾德澤米勒開始學習如何把他在宇宙學和製圖學方面所受到的人文主義教育，轉化為日後他賴以成名的那種印刷地圖。

活字印刷一四五〇年左右在德國發展，比中國發明印刷術晚了大約四百年。儘管如此，仍算是歐洲文藝復興最重要的科技創新。一般認為第一台印刷機出自一四五〇年代，由約翰·古騰堡（Johann Gutenberg）、約翰·福斯特（Johann Fust）和彼得·薛佛（Peter Schöffer）三人在美因茲（Mainz）合作生產。一四五五年，古騰堡和他的工作人員印製了一部拉丁文聖經，一四五七年又刊印發行詩篇。到了十五世紀末，歐洲各大城市都設置了印刷機，估計總共印製六百萬到一千五百萬本書，發行了四萬版——超過從羅馬帝國滅亡至今的手抄本總產量（一五〇〇年，歐洲人口估計是八千萬人）。[9]凡是經歷過這第一波大量印刷的人，很快就瞭解到印刷術的重要意義：德國人文主義者塞巴斯汀·布蘭特（Sebastian Brant）略帶誇張地表示：「透過印刷術，一個人的單日生產量，相當於從前的千日抄寫量。」[10]

近年來，有學者質疑印刷機恐怕沒有伊莉莎白·艾森斯坦（Elizabeth Eisenstein）所謂「改變的媒介」那種革命性的影響力，不過這種新發明（或再發明）改變了知識和其傳播方式，幾乎是無庸置疑的。[11]在各類書籍的出版和經銷上，印刷術可望帶來速度、標準化和準確的可複製性。基於印刷廠營運的現實，和他們面臨的科技與財務上的壓力，這些希望未必都能實現，但印刷文字可以帶來相當一致的頁碼標示、索引、字母順序和書目——這些都是手抄本根本作不到的——讓學者可以用令人振奮的新方式研究學問。比方說，現在兩名讀者只要擁有托勒密《地理學》的同一個印刷版本，即便各居一方，只要知道彼此看的是相同的內容，就可以討論和比較這本書，詳細到某一頁的某一個字（或地圖）都不放過。手抄本文化強烈依賴抄寫員的手，這種特質斷然不可能達到如此的統一性和標準化。全靠這個精確複製的新工序，才能夠發行新版和修訂版。印刷商可以把新發現和修訂納入作家的作品或某一篇文字中。語言、法律和宇宙學等科目有新的參考書和百科全書出版，有了這些書籍，便可提出精準的定義，從事比較性研究，並依照字母及年代順序把知識分門別類。

新印刷機帶來的衝擊也影響了視覺傳播——尤其是地圖製作。印刷的重要性有一部分在於它容許某位批評家形容得一針見血的所謂

「可精確重複的圖示」。[12]新的印刷機讓製圖師能以迄今無法想像的精確性和統一性，把地圖一模一樣地複製並分銷幾百份，甚至幾千份。一五〇〇年，大約有六萬份印刷地圖在歐洲流通。到了一六〇〇年，更增加到令人咋舌的一百三十萬份。[13]十五世紀的製圖師和印刷商把手稿地圖改成印刷版本時，遭遇一系列嚴峻的技術性挑戰，想到這裡，這些數字更叫人跌破眼鏡。

馬丁・瓦爾德澤米勒在一五〇六年來到了洛林公國的城市聖迪耶（Saint-Dié）時，意識到印刷機帶來的問題和機會。聖迪耶靠近德、法邊界，現在叫作孚日聖迪耶（Saint-Dié-des-Vosges），位於歐洲文化許多層面的匯集點，這個地理位置也決定了當地的歷史。從中世紀開始，洛林公國就是貿易路線的樞紐，從北邊的波羅的海通往南方的地中海，從東邊的義大利連接到西邊低地國家的市場。夾在法國、勃艮第和神聖羅馬帝國等敵國之間，很容易捲入他們的政治和軍事衝突，因而產生了一種緊張但瀰漫世界主義的氛圍。公元十五世紀末，公國的統治者是洛林公爵勒內二世（René II），他在一四七七年的南錫之役（Battle of Nancy）擊敗了對手勃艮第公爵大膽查理（Charles the Bold）。這次勝利讓勒內得到他渴望的政治自治和軍事安全，然後他著手把聖迪耶建立為學術中心，和公國周遭的法國、勃艮第和哈布斯堡王朝的學術中心匹敵。

勒內委託其私人秘書暨聖迪耶教士高第耶・盧德（Gaultier〔或魏特林（Vautrin）〕Lud）創辦一個人文主義學會，稱為孚日古文學校（Gymnasium Vosagense），目的是追求他個人的榮耀，而非財政收入。為了確保該學會的理念可以成功傳播出去，盧德（奉勒內之命）計畫運用史特拉斯堡（Strasbourg）印刷商的專業技術，設置聖迪耶的第一台印刷機，距離聖迪耶僅六十公里的史特拉斯堡已經是歐洲北部最大的印刷中心之一，到了十六世紀下半葉，當地有七十幾家印刷廠。盧德要找一位史特拉斯堡當地的宇宙學學者，認定馬丁・瓦爾德澤米勒是「這方面知識最淵博的人」。[14]瓦爾德澤米勒和盧德一樣，是一名神學家，對宇宙學很有興趣，也想研究用印刷再現宇宙的新技術。一五〇六年，他成了孚日古文學校最早也最重要的成員之一。

除了瓦爾德澤米勒，該學會也加入了幾位人文主義學者，尤其其中兩人日後和Universalis cosmographia的製作關係匪淺。第一位是馬蒂亞斯・林曼（Matthias Ringman，也有人用他希臘化的名字菲列修斯〔Philesius〕稱呼他）。林曼在一四八二年左右生於阿爾薩斯，在巴黎和海德堡求學，後來在史特拉斯堡幾家不同的印刷廠擔任核稿、校對和學術顧問的工作。林曼和盧德一樣，參與葡萄牙和西班牙旅遊探險書籍的印刷，這恐怕就是他參與古文學校的原因。第二位是尚・巴森・德・桑達考爾（Jean Basin de Sendacour），也是一名精通拉丁文的神學家，後來成為翻譯古典和當代典籍不可缺少的要角。

一五〇六年，瓦爾德澤米勒來到聖迪耶，促成了一項雄心勃勃的地理學計畫，計畫的用意是讓古文學校成為歐洲北部知識生活的重鎮，但一開始並沒有打算製作一幅描繪發現美洲大陸的世界地圖。瓦爾德澤米勒、林曼和桑達考爾三人原來其實是想編纂新版的托勒密《地理學》。正當歐洲大陸以西或以東的海上航行把托勒密的地理學知識一一瓦解之際，這樣一組人馬居然要出版他一千三百年前的舊書，現在看來也許覺得很不可思議，但其實是一個合理的選擇。雖然至少從公元六世紀開始，就有學者提到托勒密的著作，但直到十四世紀，義大利才有人認真地研究和翻譯希臘語的手抄本。一三九七年，希臘學者曼努埃爾・赫里索洛拉斯（Manuel Chrysoloras）受邀從君士坦丁堡前往佛羅倫斯，教授以義大利頂尖學者薩盧塔蒂（Coluccio Salutati）為首的人文主義者學習希臘語。赫里索洛拉斯的佛羅倫斯同僚一心想學希臘語，不惜花錢把手抄本從君士坦丁堡送來，其中幾本就是托勒密的《地理學》。赫里索洛拉斯著手進行第一部拉丁語譯本，並在一四〇六至一〇年由另一位佛羅倫斯人文主義學者傑可波・安哲里（Jacopo Angeli）完成。安哲里把書名翻譯成《宇宙學》，而非《地理學》，點出早期義大利人文主義者如何看待托勒密的著作，這個決定影響到後續兩百年的製圖者和他們製作的地圖。我們在第一章讀到，宇宙學是藉由分析天空和地球來描述宇宙的特徵。文藝復興相信宇宙是神創造的，而且以地球為中心，因而必須以數學的方式描述宇宙和地球的關係。所以宇宙學必須綜合地（即使有些模糊）描述地球的活動（現在我們會認為這是地理學家的事），因為引用了托勒密和他自己的天—地方法學，因此看起來頗具古典權威。[15]

安哲里和他的佛羅倫斯友人認為，把托勒密的《地理學》翻譯成《宇宙學》，主要是為了解決天文和占星學的問題，而非就如何把地球投影到平表面上提出任何科學主張。許多義大利人文主義者參考這本書，是基於哲學理由，把古代的地形命名法和現代地名的命名法作對照。安哲里的翻譯扭曲並刪減了托勒密複雜的數學投影法，因此在整個十五世紀，這本書讀起來異常枯燥，令後來的許多學者不敢置信。經常有人說這本書發動了文藝復興製圖術的革命，其實不然，因為大部分讀者對書中的創新方法大多一知半解，甚至視而不見。[16]即使用新的印刷媒介出版托勒密的著作，附帶的地圖經過了新設計和資料更新，大多沒有印上縱橫交錯的數學座標網，顯示他們對托勒密把地球投影到地圖上的方法不甚了了。光是印地圖的挑戰，就足以讓大多數印刷商和學者傷透腦筋。

等瓦爾德澤米勒和同僚開始規劃他們的地圖時，托勒密的著作最多只發行了五個新的印刷版本。第一個是一四七五年在威欽察（Vicenza）印刷的拉丁語版，書裡一幅地圖也沒有，但波隆納很快就在一四七七年發行了第一個複製地區和世界地圖的版本（因此被視為史上最早的印刷地圖集，雖然書名不叫地圖集）。次年羅馬又印了新版本，接著在一四八二年，佛羅倫斯把托勒密的文章大致翻成義大利語，附上地圖出版。同年，托勒密的第一個德語版在烏爾姆（Ulm）發行。當時木雕版印刷在阿爾卑斯山以北蓬勃發展，並且在烏爾姆的版本派上用場，不過這些早期的義大利地圖都是採用銅版雕刻的技術印刷。這種作法比較花時間，因為不同於木雕版，銅雕版不能排活字模，但優點是線條的運用比較細緻、多變，到了十六世紀下半葉，便足以取代木版印刷的地圖。

托勒密的《地理學》於十五世紀復興及出版，不是只滿足了人文主義學者在文獻學方面的好奇心。表面上，面對葡萄牙和西班牙的航海探險，托勒密對世界的說明似乎越來越不合時宜。早期的葡萄牙航行順著西非海岸南下，才發現可以環航非洲，印度洋也不是內陸海，和托勒密的信念迥然不同。更重要的是哥倫布駛入西大西洋，證實有托勒密和希臘人顯然不知道的陸塊存在，深切衝擊了托勒密對已知世界的範圍與形狀的整體計算。但在這些航行一一瓦解托勒密理論的同時，他的著作卻是空前暢銷。哥倫布回來以後，《地理學》再出新版本——根據史料記載，到一五〇〇年為止，已經出版了二百二十幅印刷地圖，一半以上是直接以托勒密為本——然而一四九二年以後印製的地圖，幾乎完全不承認哥倫布的發現。[17]

文藝復興學者非但沒有揚棄托勒密，反而採用比較累積性的研究取向，企圖結合古典和現代的地理學知識。除了中世紀的mappaemundi，學者和哥倫布這樣的航海家唯一能取得的完整世界模型，是托勒密的圖表和文字敘述，因此他們的作法是設法讓自己的發現符合古典及中世紀的典範，即使這些模型顯然和他們的發現不符。儘管許多人還是看不出所以然，但托勒密的《地理學》確實說明了如何用間隔的緯線和漸趨交會的經線繪製已知世界的地理投影圖，而航海家和學者可以設法在這些投影圖裡畫出他們的新發現。結果往往令人困惑，而且相互矛盾，但卻刺激了進一步的自然與知識探索。從早期的托勒密印刷版看得出來，托勒密的著作納入的新發現越來越多，以致他的原始描述幾乎變得面目全非。

到十六世紀初為止，印刷業最重要的創新出現在德國城邦，例如紐倫堡和史特拉斯堡（日後參與了瓦爾德澤米勒地圖的出版），對古典知識與航海新發現有濃厚的興趣。透過貿易和資金，這兩個城市和文藝復興時義大利的知識發展，以及伊比利半島的航海探險，都有密不可分的關係。史上第一個地球儀就出現在紐倫堡，是商人馬丁·貝海姆（Martin Behaim）一四九二年的創作，在一四八〇年代，他不但出資贊助，還親身參與了葡萄牙南下西非海岸的貿易航行。像紐倫堡這樣的城市也被公認為印刷和製圖及導航科學儀器生產的卓越中心。

林曼在一五〇五年寫給友人的信中透露，古文學校印刷專家最初的計畫是發行新版的托勒密，讓義大利語版和烏爾姆發行的第一個德語版本相形見絀。但著手籌備新版本時，這一組人馬接觸到的文本似乎描述歐洲以西有一個全新的世界，和托勒密想像的世界很不一樣。

這些文本是佛羅倫斯商人暨旅行家亞美利哥·韋斯普奇個人書信的印刷譯本，描述一四九七年到一五〇四年之間的一系列航行，他宣稱就在航行途中發現了新大陸。在同一封信裡，林曼解釋其中有兩個主要元素，在兩年後Universalis cosmographia出版時產生了影響：

> 我們偶然取得了亞美利哥·韋斯普奇的書，匆匆翻閱之後，幾乎把整本書拿來和托勒密比較，你知道我們此時正在仔細地檢查他的地圖，因此忍不住想就這個新世界的區域建構地圖，這件小差事不但有詩意，也是一種地理學。[18]

一五〇三年，一封聲稱由韋斯普奇寫給他佛羅倫斯贊助者羅倫佐·德·梅迪奇（Lorenzo de'Medici）的信出版了拉丁文譯本，標題很聳動，叫《新世界》（*Mundus Novus*）。這封短信講的是一趟前往南美洲東岸的航行，描述「我們尋找並發現的那些新區域」，而且「可以稱之為新世界，因為我們的祖先對那裡一無所知。」[19]這是史上第一次把在西半球的發現視為一片新大陸。韋斯普奇這封信的出版似乎是故意跟哥倫布早先寫給路易士·德·桑塔戈爾（Luis De Santángel）的信別苗頭，哥倫布的信在一四九三年出版，描述他從一四九二年八月到一四九三年三月的第一次航行途中，在加勒比海登岸的重大事件。韋斯普奇號稱發現了「新世界」（對照哥倫布始終相信自己到了亞洲），又把當地土著的性愛與飲食習俗說得聳人聽聞，《新世界》注定會造成轟動。不到幾星期就火速在威尼斯、巴黎和安特衛普交付印刷，到了一五〇五年，德語版至少出了五版，其中一個版本由林曼編輯。

同年，韋斯普奇又有一封信出版了，標題叫lettera di Amerigo Vespucci delle isole nuovamente trovate in Quattro suoi viaggi（亞美利哥·韋斯普奇的一封信，關於他四次航行中新發現的島嶼），他稱呼對方「爵爺閣下」，相信應該是當時佛羅倫斯共和國的領袖，派羅·迪·托馬索·索德里尼（Piero di Tommaso Soderini），信中敘述韋斯普奇在一四九七到一五〇四年間，奉西班牙與葡萄牙國王之命展開的四次航行。這封信雖然沒有《新世界》的聳動，卻戲劇化地宣稱在一四九七年五月到一四九八年十月的首次航行途中，佛羅倫斯人韋斯普奇「發現了許多土地，和幾乎數不盡的島嶼」，「我們的祖先完全沒提過。」作者因此斷定「古人不知道這些地方的存在」。[20]然後繼續描述在中、南美洲海岸的一連串登陸行動，比哥倫布一四九八年八月在委內瑞拉首次登陸新大陸，早了將近一年。

這些信的原稿直到十八世紀才發現，他親筆寫的信比較枯燥，一比較就知道這兩封印刷書信都是偽造的，或至少是把韋斯普奇的旅程灌水並加油添醋。這些親筆信證明韋斯普奇在一四九九年首度登陸新大陸，比哥倫布晚了一年，吹噓韋斯普奇最早「發現」美洲的不是他本人，而是他熱心過頭的出版商。到了韋斯普奇的親筆信被發現時，他的成就已經不及國家利益重要：從十六世紀中葉起，西班牙作家積極頌揚哥倫布和他靠西班牙贊助的海上探險，蔑視韋斯普奇的印刷商提出的說法，甚至要求禁止出版任何使用「亞美利加」之名的地圖。

從一五〇五年到一五〇六年，聖迪耶孚日古文學校的成員不知道韋斯普奇的旅程遭人操弄和哄抬。他們別無選擇，只能仰賴一點一點蒐集到的韋斯普奇四次航行的資料，也就是《新世界》，以及後來那封描述四次航程、宣稱韋斯普奇比哥倫布更早抵達新大陸的信。林曼一五〇五年的信上說，韋斯普奇的兩封信全盤改變了古文學校的計畫。現在他們展開一個比編輯《地理學》更有企圖心的計畫：創造一幅世界地圖，比較韋斯普奇和托勒密的地理學資訊，還會連同地圖出版一份地理描述，陳述他們之所以放棄托勒密《地理學》的原因和作法。

古文學校的動作極快，一五〇七年春天就完成整個作業。他們的出版計畫分成三部分。第一部分，《宇宙學入門》(*Cosmographia introductio*)，一五〇七年四月二十五日在聖迪耶出版，是短短四十頁的宇宙學理論介紹，接著是六十頁的《亞美利哥・韋斯普奇的四次航行》(*The Four Voyages of Amerigo Vespucci*)，由尚・德・桑達考爾把法文印刷版翻譯成拉丁文。《宇宙學入門》的完整書名宣告了該計畫的另外兩部分：「宇宙學入門：除了亞美利哥・韋斯普奇的四次航行，也包含幾何學和天文學的必要原理，並妥善把整個世界再現為地球儀和地圖，包括了托勒密一無所知，直到最近才發現的偏遠島嶼。」[21]這書名算不上簡短有力，但確實點出了該計畫的規模和野心，如同在扉頁上題辭獻給「馬克西米利安·凱撒·奧古斯都（Maximilian Caesar Augustus）」，哈布斯堡王朝王子暨神聖羅馬帝國皇帝馬克西米利安一世（Maximilian I，1459-1519）。林曼題了一首詩獻給馬克西米利安，接著瓦爾德澤米勒題了一段散文，簡單陳述古文學校的辛勞。「在其他人協助下，」瓦爾德澤米勒說：「我鑽研了出自一份希臘語手抄本的托勒密著作，加上從亞美利哥·韋斯普奇的四次航行得到的資料，繪製了一幅全世界的地圖，作為一種地球儀和地圖的宇宙學入門，供學者的通識教育所用。這些作品，」他在最後表示：「我要獻給您，因為您是已知世界的君王。」

後來的章節嚴守托勒密的學說，就宇宙學提供了相當正統的說明，解釋幾何學和天文學的主要元素，以及兩者在地理學方面的應用。到了第五章才首度提及韋斯普奇的發現，依照托勒密和其他古典地理學家的理論，把地球分成五個地帶。敘述熱帶位於赤道以南，介於北回歸線和南回歸線之間，文中解釋：「很多民族居住在炎熱、乾燥的熱帶，例如黃金半島（Golden Chersonese〔馬來半島〕）的居民，塔布羅巴納斯人（Taprobanenses〔斯里蘭卡〕、衣索比亞人，以及地球上一直不為人知、但近年被亞美利哥·韋斯普奇發現的一大片地方的居民。」[22]在這段陳述裡，推定屬於韋斯普奇的西半球新發現，被輕易納入托勒密的古典地帶，而且視為和同一個緯度平行圈裡從東到西的其他國家居民毗鄰。兩章之後，《宇宙學入門》詳述劃分地球的氣候帶，再次引用托勒密的理論，逐一描述赤道南、北的七個氣候帶。文中幾乎不經意地解說「非洲最遠端、桑吉巴（Zanzibar）群島、小爪哇和索拉（Seula），還有地球第四部分，都位在朝向南極的第六種氣候」，座落於赤道南端。

下面這一段文字是歐洲早期探險中最重要的論述之一。「地球的第四部分，我們決定稱之為亞美利基（Amerige），甚至可以說是亞美利哥之地，或是亞美利加，因為是亞美利哥所發現。」[23]這是最早提到以韋斯普奇之名為美洲命名的文獻，但這段話竟然融入把地球劃分為不同氣候帶的古典思維裡，幾乎是天衣無縫。韋斯普奇在南、北美洲的發現，被納入了從東到西包含非洲南部和南印度洋諸島的同一氣候帶。因此，從《宇宙學入門》看來，韋斯普奇的「發現」非但沒有侵蝕托勒密的世界圖像，反而更加強化。

最後，《宇宙學入門》在第九章對地球做了大概的描述。一開始是這麼說的：「現在這個小世界出現了托勒密幾乎一無所知的第四部分，而且居住著和我們一樣的人。」接著描述歐洲、非洲和亞洲，然後回頭敘述新發現的土地，並再度提起為新土地命名的想法：

> 如今世界這幾個部分被探勘的範圍遠超過世界的第四部分（稍後會加以說明），而且亞美利哥・韋斯普奇已經發現這塊土地。因為眾所周知，歐洲和亞洲是根據女子命名，我看不出任何人有理由反對依照發現這塊土地的卓越人士的名字，把這第四部分稱為亞美利基，亞美利哥之地，或亞美利加。

本章的結尾如是說道：「現在知道地球共分成四個部分。前三個部分連結在一起，而且是大陸，但第四部分是島嶼，因為已發現它四周完全被海洋包圍。」[24]文章在歌頌新發現的同時，告訴讀者說托勒密對世界的第四部分「幾乎一無所知」——這和說他完全不知道這塊土地的存在是兩回事。從「現在知道」和「已經發現」等說法，可以看出新地理學資訊和地圖帶來的衝擊，不過連帶引發各方就新發現的土地究竟是島嶼或大陸大吵特吵。文藝復興製圖者根據古典的「帶狀」地圖理解島嶼和世界的「部分」，不過「大陸」（continent）就比較難定義。宇宙學家彼得・阿皮亞（Peter Apian）在一五二四年把大陸定義為「穩固或固定的土地，既不是島嶼或半島，也不是地峽」[25]，說了跟沒說一樣。歐洲、亞洲和非洲被理解為「大陸」，不過在公元一五〇七年，既然無法進一步證實美洲的形狀和大小，可想而知，瓦爾德澤米勒和同僚不太願意對於美洲的新土地賦予這麼重要的地位。因此，它只能維持島嶼的地位，等待進一步的消息。

如題辭所言，這件出版品的第二部分是一小幅木刻版印刷地圖，面積只有廿四乘以卅九公分，以月形圖（map gores）構成——這是兩邊弧形、兩頭越來越尖的長條，一起貼在圓球上就是一個完整的地球儀。這是人類歷史上最早用來製作地球儀的印刷月形圖，而且納入了西半球，把南美洲標示為「亞美利加」。這些地球儀月形圖密切關係到整個計畫最終、也最有企圖心的元素，十二張巨幅世界地圖，Universalis cosmographia，也是第一幅印刷掛圖（wall map）。

儘管印刷全本《宇宙學入門》對聖迪耶的小印刷機來說還算簡單，但Universalis cosmographia的比例尺和細部都不是小印刷機應付得了的，因此送到史特拉斯堡印刷，大概是在約翰．格呂寧格（Johann Grüninger）的印刷廠完成。即便按照現在的標準，這幅地圖的印刷仍是一項非凡的技術成就。地圖由十二塊個別的木刻版組成，印在手工製作的布漿紙上，每張面積各為四十五乘以六十公分。把十二張布漿紙組合起來，地圖的尺寸高達一百二十乘以二百四十公分（大約三十四平方呎）。考慮到地圖的印刷人員在實務上面對的難題，這個尺寸更是令人咋舌。

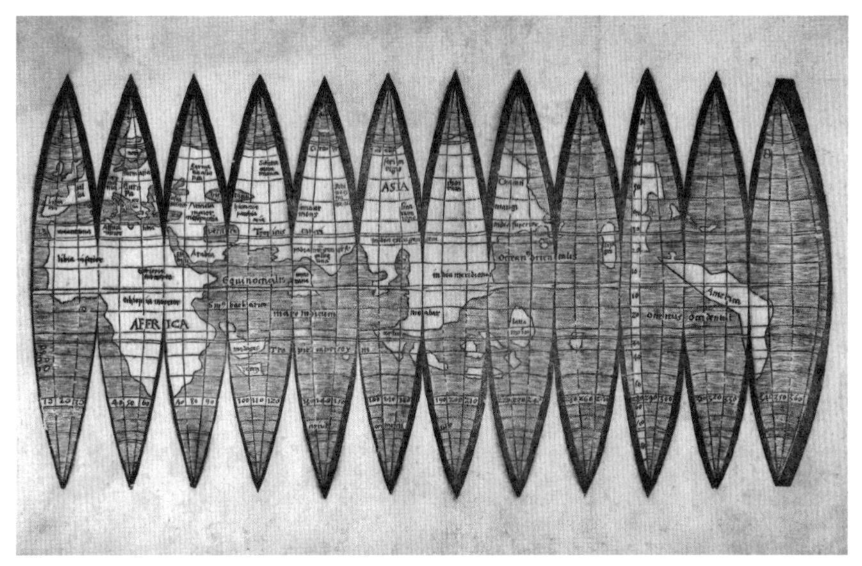

圖13　馬丁．瓦爾德澤米勒，地球儀月形圖，一五〇七年。

地圖是以十六世紀非常普遍的凸版木刻技術製作。像史特拉斯堡、紐倫堡和巴塞爾這樣的城鎮和都市，具有紮實的手工藝傳統，而且容易取得木材、紙張和水源，是發展印刷木刻版的最佳地點。木版印刷必須把一塊厚木板刻成一塊印版；工匠（德語叫Formschneider）用刻刀和鑿子刻鑿掉不印刷的地方（在最後印出來的版本上是白色），留下地圖凸出的線條設計，這些線條吸收墨汁，產生地理學特徵的印圖（impression）。比起為《宇宙學入門》這種簡短的書寫文字排版，這個過程要辛苦得多，技巧也高超許多，而且決定了最後印刷品的視覺語彙。土地的再現不能缺少漸層的色調和精細的線條及細部，木版印刷在這些方面的複製能力有限。當地理資訊有限，就讓木版保持平坦，不會在紙張表面留下任何印圖。所以Universalis cosmographia的非洲和亞洲有大片留白，固然是印刷過程的結果，也是地理學知識有限所致。

印刷人員面臨的另一個問題是字體（lettering）。地圖必須結合文字和線條，於是早期的印刷人員直接把字母連同地圖的視覺細節一起刻在木版上，因此產生用扁平刀片刻出的方正、樸素的鮮明哥德字體，不過古文學校製作瓦爾德澤米勒地圖，正是在這種老舊技術被羅馬字體取代的時刻，因為義大利人文主義者偏愛後者比較優雅的風格。看這幅地圖同時使用哥德和羅馬字體，就知道製作的過程多麼快速，儘管因此導致字母的大小和形狀莫衷一是。事實上，這幅地圖呈現了兩種複製字型的方法。第一種是直接刻在木版上，雖然這樣比較耗時。第二種是在木版上鑿一條縫，用黏膠把活字嵌進去。這種作法也讓印刷人員傷腦筋，因為很容易出錯，而且數度插入活字，會讓印版看起來猶如蜂巢，可能因此彎曲甚至裂開。在製版方面（排字的雙面版框已印在紙張的正反兩面），光是文字部分，就要兩名排字工人至少花一天的工夫。這還不包括把複雜的地理輪廓雕刻在木版上，然後在刻版上排字（會耗費更多時間），整個過程長達幾星期，不是幾天就能完成。把這種專業勞力乘上十二倍（Universalis cosmographia由十二張組成），就能約略知道這件差事多麼艱鉅，而古文學校這個計畫從一五〇六年初到一五〇七年底，執行的速度多麼驚人。[26]

另外一個難題在於調和木刻插圖和活字。印刷人員往往會視某個版本的需求，盡量用地圖插圖的木刻版多「拉」（付印）幾份，然後擺在一邊，把寶貴的活字拆開，用來印刷其他書籍。等到要重新組合地圖再次印刷時，就得重新排字，在這個階段，可能會矯正幾個小地方——也可能出現新的錯誤。當時保存下來的瓦爾德澤米勒地圖可能深受其害。十六世紀初生產的其他許多看起來「一模一樣」的印刷地圖，不同版本的字體明顯不同，戳破了印刷地圖永遠和原稿一模一樣的信仰。[27]這些複製上的問題，使很多讀者與學者不再像塞巴斯汀．布蘭特等人對印刷術那麼熱衷；和布蘭特同時代的一個人提醒說，「當印刷人員完全缺乏判斷力，印不出經過細心校勘的書，反而讓劣質與粗心的編輯破壞書籍的品質」，這樣的無心之失，將印刷媒介「變成了毀滅的工具。」[28]

史特拉斯堡印刷商面臨的最後一個問題，是如何把龐大的製圖設計（應該是瓦爾德澤米勒所畫）轉移到木版上。瓦爾德澤米勒的主要工作是繪製地圖原稿，同時也得監督印刷人員把原稿轉移到十二塊版上，無論是把地圖反過來畫在木版上，或是把原稿地圖黏上去，然後割開紙張、刻出輪廓。如果用第二種方法，必須在地圖的背面上色，

圖14　塞維爾的伊西多爾的T-O地圖，《詞源學》，一四七二年。

讓圖像滲透，然後割開紙張，鑿開木版。這個製程的主要缺點，當然是會破壞地圖原稿，雖然這樣也許能解釋瓦爾德澤米勒手繪的地圖為什麼沒有留下來（就像這個時期付印的許多地圖一樣）。歷史上最早的印刷地圖，是一幅T-O地圖，為塞維爾的伊西多爾《詞源學》某一版的插圖，印製於一四七二年八月，是圖解式的簡單地圖，印刷上的許多問題都相當簡單直接。不過像Universalis cosmographia這種規模的印刷地圖，牽涉的後勤問題非同小可。[29]

我們不知道這個分成三部分的出版計畫，是不是套裝出售，抑或每個部分各自銷售。兩者當然很不一樣：這幅掛圖由十二張組成，每一張的尺寸將近是《宇宙學入門》和月形圖的兩倍。不過加在一起，就是古典宇宙學和現代地理學一次全方位的豪邁宣示。這些文本共同代表中世紀的mappaemundi成為永遠的過去式。理由很明顯：印刷術的衝擊，使地圖的外觀徹底不同了；托勒密《地理學》的影響；當代地理發現的效應，尤其是韋斯普奇在南、北美洲的「新世界」發揮的效應。古文學校的成就不只是改變了地理學再現世界的方式：在生產方式和使用方式上，他們也以新的研究取向，把地理學視為一門知識領域。赫里福德mappaemundi為上帝創世和人的來世提供答案，Universalis cosmographia則企圖依照文藝復興的人文主義思維，統合古典、中世紀和現代對世界的再現，把大致上相同的圖像進行多重複製，在各界人士——學者、航海家、外交官——之間流通，這個剛出現的「新世界」對他們有各自不同的利益。

Universalis cosmographia以北方為上，把世界很整齊地一分為二，分成西半球和東半球（雖然沒有這樣命名）。右邊的六張從北到南穿過裏海、阿拉伯半島和非洲東岸。雖然看不到中世紀mappaemundi的方位和形狀，地圖上不少描述性細節仍然出自中世紀和古典地理學。對中亞和東亞的描繪主要根據十三世紀末馬可波羅的遊歷，此外則複製了托勒密錯誤的地理資料。儘管引用了卡維里的海圖（從瓦思科．達．迦瑪〔Vasco da Gama〕於一四九七至一四九九年首次出航印度開始，畫出葡萄牙人早期前往印度次大陸的路線），印度幾乎完全認不出來，因為瓦爾德澤米勒棄當代資訊不用，複製了托勒密的錯誤。這個區域的西部（標示為「India Gangem」）被描繪得太小，而且過度往東延伸，深入現在的東南亞，瓦爾德澤米勒和他的同僚在這裡又複製了托勒密的地圖和他的「Sinus Magna」，也就是「大灣」（Great Gulf）。現代製圖史學家把這個區域稱為「虎腿半島」（Tiger-leg peninsula），當然基於圖形的關係，它的位置接近現代的柬埔寨。瓦爾德澤米勒地圖對印度的刻畫也複製了中世紀對「普勒斯特・約翰」（Prester John）的信仰，他是一位神祕的基督教國王，傳說住在這個地區或東非（兩地都有自己的小型基督教社群）。雖然沒有直接把他畫出來（有別於同時代的其他幾幅地圖），印度東部（標示為「南印度」〔India Meridionalis〕）點綴著基督教的十字架，無異於承認他的存在。

西邊的馬達加斯加島標示了名稱，不過位置太過向東偏移，而斯里蘭卡（Taprobana）的位置太偏西，和實際的尺寸不成比例。繼續

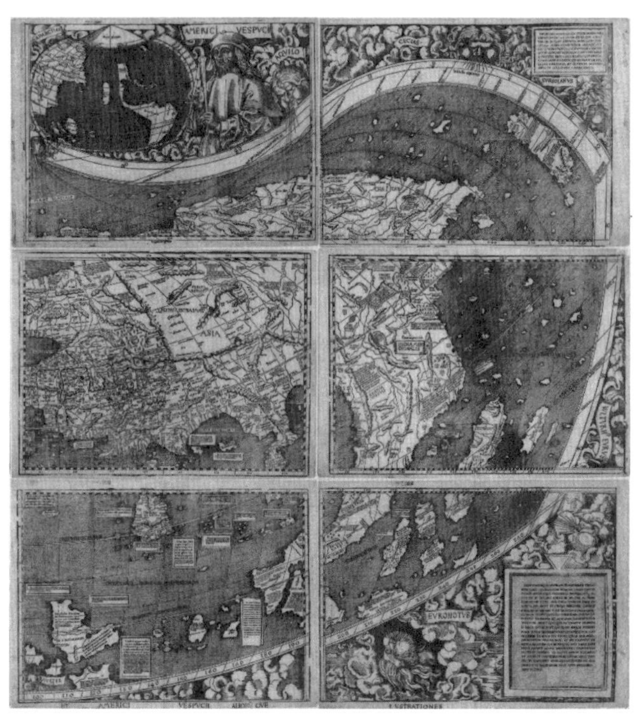

圖15　Universalis cosmographia東半球細部。

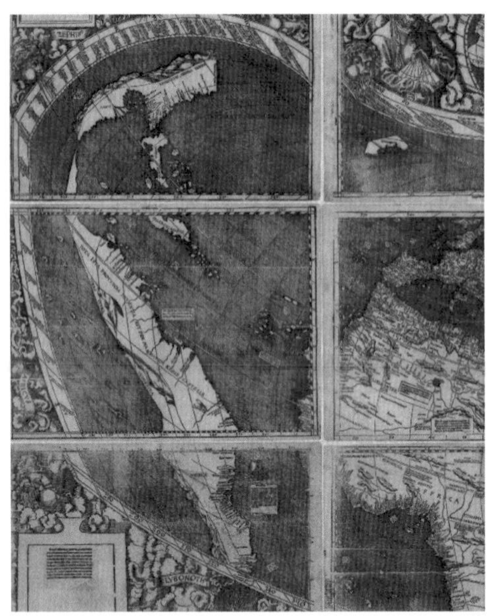

圖16　Universalis cosmographia西半球細部。

向東前進，地圖上畫了一群真實與想像混雜的島嶼，包括「大爪哇」（Java Major）和「小爪哇」（Java Minor）。日本（Zipangri）位於地圖右上角，但位置也錯得離譜。非洲畫得比較準確，符合近年來葡萄牙發現之旅的結果。非洲沿岸插滿了葡萄牙國旗，另外和托勒密不同的是船隻可以環航非洲，也畫出了好望角（Caput de bona speranza）和當地的原住民（整張地圖只有這裡畫了人像）。好望角豁出地圖外框，彷彿宣告揮別古典地理學。往北一點，地圖保留了更多中世紀mappaemundi民族誌的假想痕跡，靠西北邊的地區描述成「衣索比亞食魚族的國度」（Ichtiophagi Ethiopes），靠東北角則是「衣索比亞食人族」（Anthropophagi Ethiopes）。到了歐洲，更是大剌剌地用哈布斯堡王朝的帝國鷹徽和羅馬教會的教皇之鑰展現宗教與政治忠誠，和非洲與西亞代表伊斯蘭信仰的鄂圖曼新月相映成趣。但Universalis cosmographia之所以能百世流芳，是因為地圖最左邊的兩張木刻版地圖，描繪了「世界的第四部分」：美洲。

地圖上的美洲同樣也和現在相差甚遠。我們現在所謂的南、北美洲，被畫成連續的一整片大陸，在大約北緯三十度以一道狹窄的地峽銜接。大陸的北岸突然在北緯五十度變成直角線，西邊是綿延的高山，圖例寫著「更遠處是未知之地」（Terra ultra incognita）。這是現代北美洲的嚴重縮減版，但有些引人入勝的元素，包括看似佛羅里達半島和和墨西哥灣海岸的地方。東岸外海是加勒比海群島，包括「伊莎貝拉」（Isabella，古巴）和「斯帕諾拉」（Spagnolla，伊斯帕尼奧拉島〔Hispaniola〕），這片海域首次被標示為「西海」（Oceanus Occidentalis）。這片大陸飄揚著卡斯提爾的國旗，支持西班牙對這個區域的所有權，但名字不叫亞美利加。反而北美洲的南部標示著大寫的帕里亞斯（PARIAS）。所以這份偉大的美洲出生證明其實把北美洲叫作帕里亞斯，出自韋斯普奇對他和當地居民會面過程的記載，他們稱呼本土為帕里亞斯。

地圖用「亞美利加」這個名字來敘述南方陸塊，位在現代的巴西。南方這片區域比北方的鄰居大得多，也刻畫得詳細許多。雖然大陸最南端在南緯五十度被截斷（正好迴避這裡能否渡海環航的問題），西班牙和葡萄牙前後十五年密集的海岸線探險，在這個區域留下了印記。北邊的一則圖例寫著：「奉卡斯提爾國王之命發現該省份」，卡斯提爾國旗飄揚在東北面的海上，國旗上方的圖例寫著：「熱那亞船隊指揮官哥倫布奉卡斯提爾國王所託，發現了這些島嶼。」雖然這些圖例把政治優先要求權給了西班牙，東南岸外海一艘葡萄牙船隻下方的圖例寫著：「葡萄牙國王派往加爾各答〔在印度〕的十艘船首次行經此地，這是其中最大的一艘船。這座島嶼非常穩固，先前發現的周遭領域之大小不得而知。在這個地方，男人、女人、孩童，甚至母親都光著身子走來走去。卡斯提爾國王後來派人到這一帶的海岸查證是否屬實」——指的是佩德羅．阿爾瓦雷斯．卡布拉爾（Pedro Alvares Cabral）一五〇〇年的航程。[30]由於卡布拉爾比達．迦瑪更加深入大西洋，因此偶然「發現」了巴西。如同瓦爾德澤米勒和他的同事，他以為這是一座島嶼，於是繼續向印度航行。

這是第一幅再現西半球這片新大陸的地圖，不過整體而言，這幅地圖幾乎沒有被當作革命性發現大肆宣揚。再看看地圖頂端，這是有史以來第一次分別描繪東、西半球。左邊的托勒密拿著一個四分儀，象徵他對星星和土地的古典測量法。他旁邊是一幅古典時代的歐洲、非洲和亞洲的oikoumenē（人居世界）小地圖，他低頭俯瞰偌大的地圖，正是在凝視這個世界。右邊是亞美利哥·韋斯普奇，手上拿著一副圓規，是比較實用的象徵，代表他的現代航海方法，他身邊是西半球的小地圖，完全沒提到「亞美利加」，只標示為「未知之地」。不過，這是太平洋第一次出現在地圖上，北美洲西岸是一條在地理學上不可能出現的直線，和日本及更西邊的爪哇距離近得離譜。他和托勒密一樣，低頭俯瞰和他的發現有關的半個世界。兩人凝視著對方影響力所及的範圍，彼此目光交會，一副很貼切的英雄惜英雄表情，彷彿在強調這幅地圖對世界的詮釋：地圖記載了韋斯普奇和包括哥倫布在內的前輩們的地理大發現，並將之與古典地理學相提並論，但托勒密依舊功不可沒。

地圖上美洲的許多地理細節，是出自韋斯普奇數度出航的相關資料，但仍然沿用了托勒密的地圖外框，好滿足古文學校的信念。這幅地圖有球莖狀的奇特外觀和鮮明的經緯網格，因為製圖師試圖修改托勒密《地理學》描述的第二種投影法，用來繪製世界地圖。瓦爾德澤米勒決定採用托勒密的投影法，顯示他回歸古典時代的再現模型，以瞭解並描述剛冒出的新世界輪廓。在公元十五世紀已知世界發生地理擴張之前，地圖師可以只描繪他們居住的半球，不必認真思考如何把圓形的地球投影在平表面上。哥倫布和韋斯普奇先後航向美洲，這下製圖師必須絞盡腦汁，思索如何把東、西半球雙雙刻畫在平面的地圖上，當時的人很快就發現問題在哪裡。紐倫堡學者約翰尼斯·科克拉烏斯（Johannes Cochlaeus）一五一二年在文章裡承認：「現在地球人居世界的面積遠超過這些古代地理學家的描述。」接著他敘述的可能正是Universalis cosmographia：

> 過了恆河，印度群島的廣大土地向外延伸，包含東方最大的島嶼：日本。非洲的範圍據說也遠超過了南回歸線。出了頓河口也有一大片有人居住的土地，一直延伸到南極海。還有不久前才

發現，據說比整個歐洲還大的亞美利哥新國度呢？因此我們只能斷定，在緯度和經度方面，我們必須對宜居世界劃分更大的範圍。[31]

這個問題在地理學上有三種可能的因應方式，瓦爾德澤米勒及其同僚出版的書籍、地圖和月形圖一一再現了這三種方式。第一種可能的方式是把兩個半球都畫出來，也就是Universalis cosmographia頂端的小地圖。第二種方式是把世界分裂成一塊塊不連續的部分，像是連同地圖及《宇宙學入門》一起出版的印刷月形圖。最後一個方式是創造一幅投影圖，盡可能把地球再現在平面的地圖上，同時盡量減少對邊緣土地的扭曲。Universalis cosmographia再度向托勒密取經，複製他第二種投影法的某個版本，才大功告成。

托勒密在《地理學》指出，第二種投影圖比他的第一種投影圖更有企圖心，因為它「比前一種地圖更像地球上的形狀」，因此比較「卓越」，儘管比他的第一種投影圖更難畫。[32]這第二種投影法把水平的緯線畫成圓曲線，把垂直的經線畫成弧線，藉此保留地球球狀的錯覺。如此一來，便產生了一種從太空看地球的印象，眼睛等於「看到」球狀的地球平面。觀者一眼望去，中央子午線的大圓圈感覺像一條直線，兩側其他的經線則像均衡的弧線，越往東邊或西邊延伸，弧度越大。同樣地，水平的緯線實際上是環地球的圓圈，呈現出一條條同心圓弧線。[33]

瓦爾德澤米勒及其同僚採用托勒密的第二種投影法，這是他們所知道最能把世界再現為球體的模式，不過這樣勢必要大幅更改投影圖及其地球表面積。瓦爾德澤米勒地圖把托勒密的緯度平行圈擴展到北緯九十度和南緯四十度，多出了五十度來再現近年由北往南的探險之旅，特別是沿著非洲海岸南下，駛入印度洋的航行。這固然是一項重要改變，不過在東西向的經度軸線上，瓦爾德澤米勒背離托勒密之處顯得更加創新。雖然地圖保留了托勒密貫穿加那利群島的本初子午線，卻把托勒密已知世界的寬度加倍，增加到東經二百七十度和西經九十度。這樣才能容納西邊的南、北美洲和東邊的日本，但也導致兩端的經線產生嚴重扭曲。

向托勒密取經的結果未必都很成功，但即便效果不彰，至少點出了幾個很有意思的謎題。由於瓦爾德澤米勒及其團隊無法用現代的數學方程式來繪製經緯網格，他們的解決辦法既不平均，又不連貫，或許正因如此，地圖上的經線彷彿被截成一段一段，而非像平滑的弧線從赤道向南延伸，在地圖的東西兩端尤其嚴重（雖然另一個比較無趣的可能是只因為左下角和右下角的木版太小，無法保留經線滑順的弧度，只好突然更改角度）。南、北美洲的繪製也出現類似問題，海岸線有稜有角，與事實不符。原本學者一直認定這些問題只代表製圖師沒有能力投影更遠處的土地。直到不久之前，國會圖書館地理與地圖組（Geography and Map Division）的約翰·海斯勒（John Hessler）進行「地圖量算」（cartometric）分析，用計算的方法估算地圖刻畫的地區，並表示這些區域在地圖上之所以是這種模樣，不是因為欠缺地理資訊，而是由於把托勒密第二種投影圖做了部分修改和加長，因而造成嚴重扭曲。[34]海斯勒證明，如果把托勒密的投影法造成的扭曲考慮進去，這張地圖對美洲，特別是美洲太平洋西岸的再現，準確度高得令人吃驚。瓦斯科·努涅斯·德·巴爾博亞（Vasco Núñez de Balboa）在一五一三年看見太平洋（第一個看到太平洋的歐洲人），麥哲倫在一五二〇年橫渡太平洋，既然這幅地圖出現的時間更早，自然更讓人百思不得其解。海斯勒只能斷定古文學校取得了某些地圖和地理學資訊，只是後來失傳了，雖然一直沒有人知道他們為什麼會想隱瞞自己用哪些資料來描述新大陸和海洋。

透過文字敘述、連帶出版的《宇宙學入門》導讀教科書，加上納入托勒密第二種投影法，古文學校的出版品把跟「發現」新土地有關的緩慢而矛盾的資訊，融入已知世界的主流古典理論中。這是一份非常出色的出版品，但也隱約承認它本身只是約略呈現出一五〇七年快速演變的世界是什麼模樣。這件出版品的不同面向——世界地圖、月形圖、教科書——對於如何看待和瞭解這個變遷中的世界，提供了不同的觀點。瓦爾德澤米勒誇口說這幅地圖「分散到世界各地，得到不少榮耀和讚美」。[35]

這幅地圖後續的影響力當然很「分散」，但無疑也很混淆。瓦爾德澤米勒後來宣告Universalis cosmographia印了一千份。這個數字在當時來說並不稀奇，但由於印刷作業複雜，能達到這個數目，確實相當可觀。不過目前只找到一份資料提及有人取得這份地圖，甚至不能確定究竟是不是指Universalis cosmographia。一五〇七年八月，本篤會學者約翰．特里特米烏斯（Johann Trithemius）在文中提及自己不久前「很便宜地買到最近在史特拉斯堡印的一個很精緻的小地球儀，同時還買了一張很大的世界地圖，其中包含西班牙人亞美利哥．韋斯普奇在西海發現的各個島嶼和國家。」[36]如果這裡指的是Universalis cosmographia，那麼幾乎沒有讚頌它是革命性製品：特里特米烏斯似乎更慶幸能買到便宜、新奇的地球儀。其他製圖者競相模仿，並採用這幅地圖對美洲的命名，包括彼得．阿皮亞一五二〇年的世界地圖（記載一四九七年發現新大陸），以及塞巴斯汀．繆斯特（Sebastian Münster）一五三二年的世界地圖，把這個區域稱為「亞美利加」和「新土地」（Terra nova），後來一五四〇年的地圖稱之為「亞美利加或巴西島」。直到公元一五三八年，傑拉德．麥卡托（Gerard Mercator）才首度用「亞美利加」來指稱這整個大陸，不過在一五六九年繪製他自己的知名世界地圖時，又捨棄不用（見第七章）。由於德國和荷蘭製圖師需要一個名字來描述這片大陸，而且不能讓這個名字把新大陸歸於某一個帝國（有的地圖稱之為「新西班牙」）或宗教（有的地圖管它叫「聖十字架的國度），到了十六世紀末葉，這個名字終於獲得普遍的地理學和地名學地位。最後，「亞美利加」這個名字沿用至今，不是因為各方都認同是誰發現了新大陸，而是因為這是當時政治上最能被接受的說法。

就連瓦爾德澤米勒本人也對使用「亞美利加」一詞改變主意。在《宇宙學入門》和Universalis cosmographia出版後，他和林曼繼續執行將托勒密的《地理學》再版的計畫。儘管林曼在一五一一年過世，瓦爾德澤米勒繼續編纂，一五一三年由印刷商約翰尼斯．修特（Johannes Schott）在史特拉斯堡出版。這一版《地理學》把先前標示為「亞美利加」的區域變成了龐大的「未知之地」，不知道算是島嶼還是大陸，尤其去掉了西部的海岸線，以防後續的海上航行重新確定這塊土地和亞洲相連。不只「亞美利加」從地圖上消失，韋斯普奇也不見了：地圖的圖例寫著：「熱那亞人哥倫布奉卡斯提爾國王之命，發現了這片土地及毗連的島嶼。」[37]

或許把「亞美利加」寫在一五〇七年的Universalis cosmographia上的決定，一直是林曼在背後極力推動（他一開始編輯了韋斯普奇的《新世界》，有人說他是《宇宙學入門》的主要執筆人）。也許直到他在一五一一年過世，瓦爾德澤米勒才不必繼續複製一個他從來不曾真正相信的區域和命名方式。[38]不過瓦爾德澤米勒決定以後不再把「亞美利加」寫進他後續的地圖，應該是因為另外一批遊記出版，由他擔任顧問，叫作《新近發現的國度》（*Paesi novamenti retrovati*）。這批遊記一五〇七年在威欽察出版，不過一五〇八年才在德國問市，翻譯成《新的未知國度》（*Newe unbekanthe landte*）。這本書來不及改變韋斯普奇的發現在Universalis cosmographia的領先地位，但足以讓瓦爾德澤米勒在他後續所有地圖裡採用書中的地理發現年表。《新近發現的國度》主張是哥倫布一四九二年首次航行途中率先發現新世界，接著是佩德羅·卡布拉爾在一五〇〇年登陸巴西，然後才是韋斯普奇，他第一次登岸的時間是一五〇一年，而非一四九七年。[39]在日後製作的地圖中，瓦爾德澤米勒似乎繼續仰賴托勒密的地理學框架，同時十分謹慎地引進他獲得的新資訊，直到他在一五二〇到一五二二年之間的某一天辭世為止。諷刺的是，瓦爾德澤米勒身為當初在地圖上標示「亞美利加」的一分子，到了過世的時候，他顯然不再相信這個地名，也不相信這是一片獨立的大陸；就算是一五〇七年這份地圖，他也不把話說死，只把這片大陸叫作「島嶼」。

*

未來還會有一個新「發現」。一九〇〇年夏天，德國耶穌會神父約瑟·費雪在瓦爾德堡—沃爾夫埃格伯爵的准許下，得以檢視沃爾夫埃格城堡收藏的歷史文件。在清查城堡的檔案時，他看到紐倫堡學者約翰尼斯·舍恩那（Johannes Schöner，1477-1547）名下的一套十六世紀初的線裝作品集。包括德國藝術家阿爾布雷希特·杜勒（Albrecht

Dürer）畫的一張星圖、舍恩那製作的天球儀月形圖（兩者標示的日期都是一五一五年）、瓦爾德澤米勒一五一六年的世界地圖，以及僅存的一份一五〇七年世界地圖所包含的十二張圖。這些歷史文物，找到任何一件都很了不起：要同時發現四樣，可謂製圖史一件劃時代的大事。費雪知道自己發現了文藝復興時期一份失傳的偉大地圖。他趕忙就這個題目發表一篇學術論文，宣告這就是《宇宙學入門》討論的那幅失傳的地圖，而且是最早印刷完成的版本。新發現的一五〇七年和一五一六年地圖，很快就在一九〇三年出了摹本，叫作《瓦爾德澤米勒（伊拉克米魯斯）一五〇七及一五一六年的世界地圖》（*The World Maps of Waldseemüller (Ilacomilus) 1507 & 1516*）。

費雪找回了他所謂瓦爾德澤米勒繪製的第一幅新大陸的地圖，但也有人對此不以為然。在十九世紀末期，珍本書和古地圖的出處與真實性，早已成為一門有利可圖的生意，尤其是是北美洲，有錢的慈善家開始捐助博物館和文化機構，有意將美國史的研究變成一門受到國際尊敬的學科。約翰．卡特．布朗（John Carter Brown，1797-1874）就是這樣一號人物，他是一位熱心的收藏家，捐助一間以他名字命名的圖書館，也就是現在羅德島首府普洛威頓斯（Providence）布朗大學的附設圖書館，專門研究「有關美國的文物史料」。布朗大學最信任的顧問是亨利．史帝文斯（Henry N. Stevens），負責為圖書館蒐羅書籍和地圖。一八九三年，史帝文斯取得一本瓦爾德澤米勒一五一三年版的托勒密。雖然書中的世界地圖和其他所有一五一三年版本的托勒密世界地圖大同小異，但這本書的地圖多了一樣很重要的東西：西半球的南方大陸寫著「亞美利加」一字。史帝文斯相信地圖出自瓦爾德澤米勒筆下，但時間是一五〇六年。他這句話暗示自己「發現」了瓦爾德澤米勒和林曼在《宇宙學入門》討論的那一幅失傳已久的世界地圖。

史帝文斯的說法不盡客觀，因為他意圖把這幅地圖以一千鎊賣給約翰．卡特．布朗圖書館（史帝文斯促成這件交易，也可以賺到圖書館百分之五的佣金）。一九〇一年春天，史帝文斯提出一份報告，說明他基於哪些理由，在檢查過紙張、水漬、字體和地名之後，鑑定這

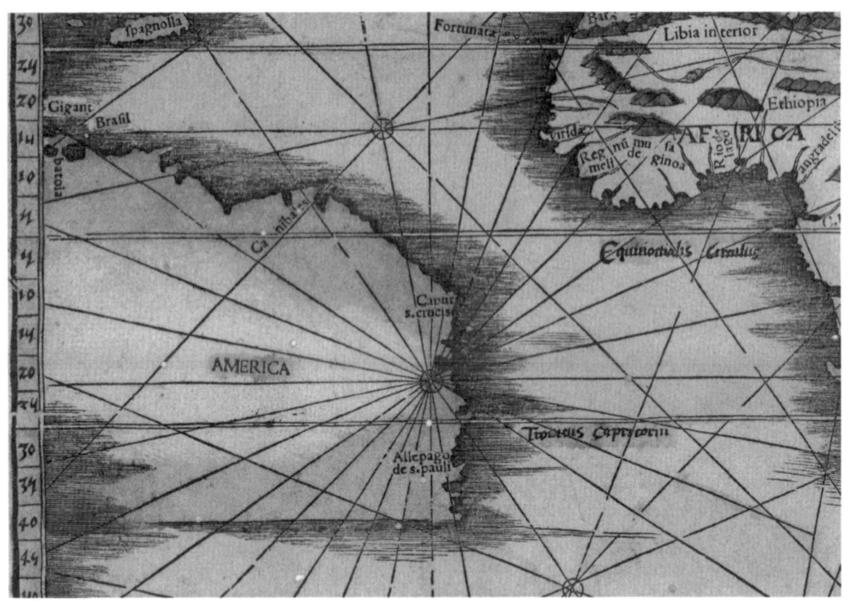

圖17　瓦爾德澤米勒的美洲細部，亨利・史帝文斯鑑定為一五〇六年的世界地圖。

幅地圖出自一五〇六年。他在報告的結論指出，地圖被插進一本一五一三年版的托勒密《地理學》，而且是為了孚日古文學校一五〇五至一五〇六年籌備中的版本所做的實驗性設計。能買到第一幅為美洲命名的地圖，圖書館非常滿意，而且在一九〇一年五月出資購買。至今仍收藏在館內。短短六個月後，費雪公開宣布他在沃爾夫埃格的發現，而且很快稱之為「一五〇七年最早出現亞美利加之名的地圖」。史帝文斯必須趕快出手，以免在同行面前丟臉。他的反應是馬上寫信通知約翰・卡特・布朗圖書館，表示願意協助購買沃爾夫埃格的地圖，同時很自信地宣稱他的地圖比費雪找到的地圖更早。他還說服了該領域的多位學者及館長，撰寫表面看似超然的文章，斷言他賣給卡特・布朗館藏的地圖比費雪發現的地圖更早。私底下，史帝文斯曾經寫道：「我衷心希望德國人留住那該死的東西。我希望他們從來不曾發現。」[40]透露他在學術上的憂慮，以及某種程度的民族偏見。

　　當時的伯爵麥斯・瓦爾德堡—沃爾夫埃格一如他二十一世紀初的子孫，一開始表示有興趣賣地圖，一九一二年還把地圖運到倫敦，向勞埃德銀行（Lloyds Bank）投保六萬五千英鎊，然後向國會圖書館開價二十萬美元（相當於二〇〇三年的四百萬美元）。圖書館予以婉拒。一九二八年，史帝文斯又加入這場論戰，再度主張「他的」地圖才是第一幅美洲地圖，在一本書裡重申卡特．布朗圖書館的地圖印製於一五〇六年。根據他對瓦爾德澤米勒和孚日古文學校其他成員在一五〇七年的往來書信所做的詮釋，有一幅描繪新發現區域的世界地圖「已經倉促準備好」要出版。史帝文斯斷定「他的」地圖印製於一五〇六年，而壯觀許多的十二張Universalis cosmographia後來才問世。

後續的爭論開始懷疑史帝文斯的結論。數位學者指出，製作史帝文斯那幅地圖所用的紙張和字體，也出現在遲至一五四〇年出版的書籍中。孚日古文學校在一五〇六年製作的地圖，在地理資訊方面應該不會比所謂後來出版的Universalis cosmographia更正確。知名的地圖史學者史凱爾頓（R. A. Skelton）在一九六六年為文坦承，史帝文斯的地圖大概是和Universalis cosmographia同一年印刷，但不管多少紙張、字體或其他技術規格的技術性分析，都不能徹底解決這兩幅地圖年代順序的爭議。結果在一九八五年，出現了一個很有意思的最終轉折，館長伊莉莎白．哈里斯（Elizabeth Harris）對費雪重新發現的沃爾夫埃格地圖做了一次詳細的印刷術分析。哈里斯分析地圖的紙張、水漬和木版，發現版上有裂痕。這通常表示經過重複印刷，文字明顯變得有些模糊。哈里斯斷定沃爾夫埃格地圖並非一五〇七年最早的印刷版，其實是後來用原始木版印刷的版本，不過印刷的時間不會早於一五一六年，而且可能比一五一六年晚得多。[41]

假如真有此事，哈里斯的結論透露，目前僅存的Universalis cosmographia實際的印刷日期，比原始木版的製作晚了至少九年。這未必會令人懷疑地圖是否原創於一五〇七年，但確實表示國會圖書館擁有的地圖是在一五一六年左右印製，可能比史帝文斯的地圖第一刷的時間更晚。這樣的結論，把任何宣示印刷地圖之首要地位或真實性的意圖變得更加複雜。究竟是哪一幅地圖最早為美洲大陸命名，這些爭議就像當初辯論第一個「發現」美洲的是哥倫布或韋斯普奇，說穿了其實是詮釋的問題。Universalis cosmographia的原始木版和第一份印圖俱已失傳，就算學術界仍然無法明確斷定地圖是在一五〇六年或甚至一五〇七年生產，難道約翰．卡特．布朗圖書館的史帝文斯地圖就應該優先成為「第一幅」為美洲命名的地圖？對於各自地圖的首要地位，約翰．卡特．布朗圖書館和國會圖書館雙雙保留在機構與財務方面的既得利益：國家圖書館花了千萬美元買到的地圖，其中一半由公家的錢支付，美國納稅人應該不樂見這幅地圖被羅德島一家私人圖書館在一九〇一年用區區一千美元買來的另一幅地圖搶在前頭。

所謂一五〇七年的瓦爾德澤米勒地圖，和先前的mappaemundi差別不可以道里計，自從一五〇五到一五〇七年間在聖迪耶製作完成後，作為地圖主軸的地理「發現」所引起的辯論，已成為過眼雲煙。瓦爾德澤米勒地圖確實代表了製圖的心態和製圖者的轉變，這一點算得上是歐洲文藝復興製圖學的代表。現在的地圖製作以前所未有的自信引用古典地理學，尤其是托勒密。製圖學給了自己一個宇宙學的新角色，描述天與地如何形成一個和諧、廣博的整體。除了運用古典地理學來描述這個世界，類似瓦爾德澤米勒繪製的這種地圖，納入了當代的地圖和圖表，呈現出托勒密和他的前輩所不知道的航海突破和地理探險。這是用累進的方法來探索知識，不代表以革命的手段和過去的地理學信仰決裂。這幅地圖及其製圖者慎重地提出他們從古典學所看到的世界出現哪些改變，一旦證據相互衝突，他們很可能回歸舊理論，而不願意接受新思維。

在印刷術的新時代，瓦爾德澤米勒及其同僚只能掌握極少數關於探險和地理發現的資訊，並據此做出決定。在一五〇七年把新發現的區域命名為「亞美利加」，是一項非常臨時性的決定，全靠印刷機能夠把哥倫布、韋斯普奇等人的「發現」等相關聳動但未經證實的消息四處流通。結果使聖迪耶的學者把一塊大陸稱為島嶼，當後續的出版品質疑他們最初的發現，這些學者便收回他們為其中一部分土地取好的名字，亞美利加。

歸根結底，印刷改變了我們對Universalis cosmographia及當時許多其他地圖的理解方向。這不只是因為印刷術增加了地圖和書籍被精確複製、標準化和保存的可能性，也因為在製作這些地圖的真實過程中，連帶產生了盜版、偽造、誤印，以及印刷商、排版人員、排字工人和編輯的金錢利益。印刷術為地圖製作帶來了中世紀的手稿製圖者不知道的全新面向（當時他們要一個人包辦地圖的製作，有時會有抄寫員及繪圖員幫忙），也在地圖的製作過程中增加了一層新人事，所以我們根本不可能把瓦爾德澤米勒或林曼或某一位印刷人員視為地圖的作者。印刷術改變了地圖的樣貌，包括對地理輪廓、漸層、象徵符號和字母的刻畫；也變更了地圖的目的，現在地圖牽涉到金錢，還有一種新的人文主義學術，把地圖視為一種工具，用來瞭解歐洲以外的世界如何擴張。

瓦爾德澤米勒地圖的歷史在許多方面還是個謎。從繪製太平洋和美洲那特殊的楔形，到它幾乎馬上從史料中消失，相關的問題至今撲朔迷離。不過它不經意透露出了一點，要發現——美洲和這兩幅地圖先後順序的——根源，其實是一種妄想。在創造任何一幅世界地圖的歷史時刻，我們所發現的，並非對其根源牢不可破的證明，而是各不相干的故事、相互競爭的地圖和彼此有別的傳統之間的紛爭。法國哲學家傅柯（Michel Foucault）批評人們對根源之確定性的信仰，他這段話同樣可以用來描述Universalis cosmographia的歷史：「虔誠信仰真理和科學方法的精確性，肇因於學者的熱情、他們的相互憎恨、他們狂熱而沒完沒了的討論，以及他們競爭的精神。」[42]早期印刷術的複雜多變代表著：儘管製作精美，還有學者投入多年心力，我們恐怕永遠沒辦法確定Universalis cosmographia是不是「第一幅」確切描繪美洲、並為它命名的地圖。

第六章

全球主義

迪歐哥・列比路，世界地圖，一五二九年

卡斯提爾，托爾德西利亞斯，一四九四年六月

一四九四年夏天，卡斯提爾和葡萄牙國王的代表團在卡斯提爾中部瓦拉多利德（Valladolid）的小城托爾德西利亞斯（Tordesillas）會面。目的是解決哥倫布一四九三年三月首次航向新世界返回以後所引發的外交和地理紛爭。葡萄牙人從十五世紀初就沿著非洲海岸南下航行，然後進入當時沒多少人知道的大西洋，直到卡斯提爾要求釐清葡萄牙佔領的範圍究竟有多大。一四七九年的阿爾卡索瓦斯條約（Treaty of Alcáçovas）明文規定，葡萄牙的勢力範圍擴及「迄今發現的所有島嶼，或日後發現或藉由征服而佔領的其他所有從加那利群島往南到幾內亞的島嶼」[1]——這份內容不甚明確的和解契約，必須馬上重新評估哥倫布在一四九二年發現新世界的消息。卡斯提爾和里昂的統治者，女王伊莎貝拉一世（Isabella I）和她的丈夫阿拉貢國王斐迪南五世（Ferdinand V），請求教宗亞歷山大六世（Pope Alexander VI，瓦倫西亞本地人）支持他們對新發現之領土的主權宣示。教宗在一四九三年公布的一系列敕書中同意他們的請求，令葡萄牙人忿忿不平，促使葡萄牙國王約翰二世（John II）要求展開新一波協商。

協商的結果就是一四九四年六月七日簽訂的托爾德西利亞斯條約（Treaty of Tordesillas）。這是歐洲全球帝國地理學最早也最狂妄的舉動之一，兩國國王同意「在上述海洋從北到南制訂並畫出一條界線

或直線，從極地到極地，從北極到南極。這條界線或線條應該劃得筆直，位於維德角群島（Cape Verde Islands）以西三百七十里格。」[2]凡是這條線以西的地方，包括哥倫布發現的領域，都歸卡斯提爾控制，這條線以東之處，包括整個非洲海岸線和印度洋，一律劃歸葡萄牙所有。世界被兩個歐洲王國一分為二，用一張地圖來宣示他們征服全球的野心。

兩國用來劃定相對勢力範圍的這幅地圖已經失傳，不過當時有幾幅世界地圖複製了雙方剛取得共識的這一條穿過維德角群島以西的經線。兩國瓜分領土的結果馬上就出現了：西班牙掌握機會繼續航向新世界，葡萄牙則領悟到，如果要靠東方航線的控制權牟利，非得抵達印度不可。葡萄牙國王約翰二世早在一四八五年告知教宗英諾森八世，說他對「探索蠻族海灣〔印度洋〕」很有信心，而且確信「如果第一流的地理學家所言屬實，魯西塔尼亞人（Lusitanian）海上探險的最遠端」，現在離這片海洋「只有幾天的航程」。[3]約翰的說法或許有些誇大，不過一四八八年十二月，葡萄牙航海家巴爾托洛梅烏・迪亞士（Bartolomeu Dias）在航行十六個月之後返回里斯本，他此行沿著非洲海岸南下，成為第一個繞過好望角的歐洲人。

亨利庫斯・馬特魯斯（Henricus Martellus）一四八九年的世界地圖是最早繪製迪亞士這趟旅程的地圖之一。這本來是一幅典型的托勒密式地圖，只不過製圖師打破了地圖外框，顯示船隻可以環航非洲南端，後來瓦爾德澤米勒有樣學樣，目的是再現葡萄牙航海之旅對他一五〇七年那幅世界地圖的影響。到了一四九〇年代末期，通往印度洋的航線已經打開，加上托爾德西利亞斯條約的條款禁止葡萄牙人把勢力範圍往西擴大到大西洋，約翰國王的繼承人曼努爾一世（Manuel I）轉而全心支持遠征印度。

關於此番遠征的動機，儘管表面上說是為了傳教，但打入著名的香料貿易是此行另一個目的。胡椒、荳蔻、肉桂、丁香、薑、肉荳蔻乾皮、樟腦和龍涎香，在十五世紀開始從東方一點一點流入歐洲，有了這些昂貴而令人夢寐以求的調味品，基督教宮廷就能仿製阿拉伯的異國菜餚，同時治療各種真實和想像的毛病，提供各式各樣的香水和化妝品需要的成分。直到十五世紀末，歐洲所有的香料進口都控制在威尼斯手裡，也就是知名的「通往東方的門戶」（Gateway to the East）。東南亞的香料收成以後，就賣給印度商人，他們把香料運回印度次大陸，再轉賣給穆斯林商人，經紅海繼續運往開羅和亞歷山卓。威尼斯人就從這裡購買香料運回老家，然後賣給來自歐洲各地的商人。光看消耗的時間，還有從數千公里外的原產地運送這些珍貴商品所負擔的關稅，就知道等香料運到了歐洲，一定是高價格，低鮮度。

一四九八年五月，達・迦瑪（da Gama）的船隊抵達印度西南岸的加爾各答，很可能徹底改變歐洲和印度洋商業勢力的平衡。達・迦瑪成功向當地商人買到一整船胡椒、香料和各種珍貴木材及寶石，證明只要把香料這種體積小的奢侈品從海路經好望角運回里斯本，就可能避開歐亞之間緩慢而昂貴的陸上貿易路線。曼努爾一世很快瞭解到達・迦瑪此行對他的王國在歐洲帝國政治中的地位有什麼影響。達・迦瑪回來以後，曼努爾一世寫信給卡斯提爾國王，虔誠地希望「現在那些地方的摩爾人靠大量貿易發財，沒有其他任何人干涉他們經手的貿易，在經過我們的規範之後，這些貿易將轉移給我們自己王國的民族和船隻」。他最後鄭重表示：「今後歐洲這一帶所有的基督教國家，將能夠大量供應自己這些香料和寶石。」[4]曼努爾用基督徒團結的華麗說詞，掩飾自己比卡斯提爾早一步抵達印度的歡喜。他知道在基督教世界裡，會因為達・迦瑪此行而獲益的主要國家是葡萄牙。

不只卡斯提爾因為達・迦瑪印度之行的消息而黯然失色，威尼斯人認為此舉直接挑戰他們對香料貿易的掌控，也覺得膽戰心驚。威尼斯商人傑若拉莫・佩流利（Girolamo Priuli）在一五〇二年的日記裡寫道：「來自群山那一頭的人，曾經拿著錢到威尼斯來買香料，現在會跑到里斯本去，因為那裡離他們國家比較近，比較容易抵達；也因為他們可以用比較便宜的價錢買到。」佩流利明白，「從〔鄂圖曼〕蘇丹國到威尼斯市，一路上所有的關稅、進口稅和貨物稅，我敢說成本一達卡（ducat）的東西，會漲到六十，或許是一百達卡。」在這種情況下，威尼斯會失去競爭力。他最後表示：「在這種情況下，我清楚看到威尼斯市的毀滅。」[5]

這種對威尼斯死亡的預言，最後證明言之過早，不過達．迦瑪的印度之行，加上後續印度航線（Carreira da India）的建立，葡萄牙的商業船隊每年航向印度，使得初萌芽的全球經濟全面改觀。在十六世紀中葉的興盛期，葡萄牙帝國一年派遣超過十五艘船隻前往亞洲，平均每年帶回兩千多噸的貨物，到了十六世紀末，運貨量幾乎加倍。進口葡萄牙的貨物將近百分之九十是來自印度次大陸的香料；在這些香料中，胡椒就佔了百分之八十幾。公元一五二〇年，這些進口貨帶來的收入佔葡萄牙國王總歲入將近百分之四十，儘管為數可觀，卻還不包括從貨物進出葡萄牙遍布印度洋的海外屬地繳交貿易關稅所收到的錢。[6]源源湧入里斯本的財富，以及葡萄牙國王的歲入，使這個王國搖身一變，成為歐洲最富有的帝國之一。現在葡萄牙的財富和權勢不在於擁有領土，而在於對距離帝國中心有千里之遙的商業網絡握有戰略控制權。不同於過去靠取得和控制土地而建立的帝國，這是奠基於海水的一種全新帝國。

在十五世紀末期發展的長途航海技術上，葡萄牙沒有什麼過人一等的科學創新，建立一支定期前往東南亞市場的船隊，不管怎麼說都很危險。在這樣的氛圍下，對地理資訊的掌握變得空前重要，兩國的國王都滿心猜忌地守護自己的製圖學祕密。一五〇一年八月，葡萄牙和威尼斯爭奪香料貿易控制權進入白熱化階段，威尼斯駐卡斯提爾大使的祕書安吉羅．特列維桑（Angelo Trevisan）寫信給友人多明尼科．馬里沛羅（Domenico Malipiero），說明葡萄牙的印度地圖多麼難以取得：

> 我們的醫師把大使閣下留在里斯本，我們每天都期盼他到來；在我的要求下，他寫了一小段從加爾各答返回〔葡萄牙〕的旅程，我會抄錄一份給閣下。旅程的地圖無法取得，因為凡是交出地圖的人都會被國王處死。

然而過了不到一個月，特列維桑又寫信給馬里沛羅，說法完全不同了：

> 要是我們能活著回到威尼斯，閣下會看到遠至加爾各答以及更遠處的地圖，當地距離加爾各答，還不及從本地到法蘭德斯路程的兩倍。我向你保證一切都安排好了；不過閣下最好不要洩漏此事。有一點是確定的，等我們抵達之後，你將會聽到諸多細節，彷彿自己親身去過加爾各答和更遠的地方。[7]

特列維桑已經設法弄到了葡萄牙地圖，照這個威尼斯人的說法，地圖禁止流通，違者處死。關於葡萄牙前往印度的航海路線，這些地圖提供了最寶貴的資訊，但特列維桑對地圖比較不可捉摸、幾乎是神奇的力量也很有興趣：地圖能讓擁有的人想像這片土地本身的風貌。特列維桑煞有介事地向馬里沛羅保證，地圖能夠模擬實際置身於加爾各答的經驗——但人其實很安全地待在他威尼斯的書房裡，免於承受幾個月可能致命的海上旅行帶來的危險和艱苦。

雖然我們不知道這個威尼斯人把哪一幅地圖偷渡回老家，不過次年發生了一件製圖間諜案，過程大同小異，同樣是打葡萄牙的主意。這幅繪製精美的地圖叫「坎丁諾平面球形圖」（Cantino planisphere），坎丁諾這名字不是幕後不知名的葡萄牙製圖師，而是偷地圖的義大利人。一五〇二年秋天，費拉拉公爵（duke of Ferrara）埃爾科萊．德．艾斯特（Ercole d'Este）派遣僕人艾勃托．坎丁諾（Alberto Cantino）前往里斯本，表面上是進行純種馬匹買賣。事實上，坎丁諾花了十二個達卡金幣請一名葡萄牙製圖師製作一幅世界地圖，然後從里斯本偷渡出去，送回費拉拉，地圖至今仍掛在埃爾科萊的書房。

這幅地圖至今一直留在北義大利艾斯特家族摩德納（Moderna）故居的一間書房，以裝飾鮮豔的手繪色彩顯示十六世紀初地理學知識的紛亂。亞美利加仍未被界定為大陸，地圖只畫出佛羅里達海岸的一小部分，在剛發現的加勒比海諸島旁相形見絀。巴西內部情況未明，只知道葡萄牙在一五〇〇年發現了巴西東邊的海岸線。印度和遠東地區只有粗略的輪廓，還是拜達．迦瑪在不久前的一四九八年登陸加爾各答所賜。只有葡萄牙國王重視的部分才畫出細節：葡萄牙在西非、巴西和印度的貿易站，加上一系列圖例，說明這個新興的世界有哪些商品。埃爾科萊沒興趣運用地圖上有關如何前往印度的航海資訊：費拉拉是個小地方，而且位於內陸，不可能成為海上強權。他有興趣的反而是炫耀自己有辦法取得神祕的知識，展示十六世紀世界的形狀如何在敵對的王國與帝國眼前改頭換面。

坎丁諾平面球形圖的大西洋西側，複製了托爾德西利亞斯條約的主要特徵：一條從北到南，貫穿加勒比海群島以東、將巴西一分為二的垂直線。投影在像坎丁諾地圖這樣的平表面上，這一刀看似切得直接了當，不過我們不禁要提出一個重大問題：在十六世紀初，當葡萄牙人不斷向東航行，而卡斯提爾繼續深入新世界時，如果在地球上繞一圈，這條線會落在哪裡？平面地圖正好不必回答這麼一個在政治上會導致不合的問題，但由於後來發生的種種事件，這兩個歐洲帝國和雙方的製圖師不得不開始以全球的觀點，想像世界被投影在球體上，而非掛牆式或桌上型地圖的平面上。

一五一一年，葡萄牙佔領了馬來西亞半島最南端的麻六甲（Malacca），是附近摩鹿加群島（Moluccas）生產的香料數一數二的集散中心。葡萄牙人明白他們很快就能佔領摩鹿加群島，控制全球的香料貿易。就在兩年之後，也就是一五一三年，卡斯提爾冒險家瓦斯科．努涅斯．德．巴爾沃亞（Vasco Núñez de Balboa）穿越位於現在中美洲的達瑞恩地峽（isthmus of Darien），成為第一個看見太平洋的歐洲人。對巴爾沃亞來說，發現了太平洋，代表卡斯提爾有可能佔領整個新世界。卡斯提爾能夠把達瑞恩以西多遠的地方，劃為卡斯提爾的領土？在托爾德西利亞斯畫的那條線，如果穿過太平洋，會落在什麼地方？一五一一年拿下麻六甲以後，葡萄牙也從反方向問自己同樣的問題。他們的勢力可以往東延伸到摩鹿加群島嗎？

有一個人認為，根據托爾德西利亞斯條約的規定，葡萄牙已經抵達領土主張的極限，這個人是王國裡最受尊崇的領航員之一：Fernão de Magalhães，現在大家比較熟悉他西班牙化的名字，斐迪南．麥哲倫（Ferdinand Magellan）。麥哲倫在一四八〇年左右誕生於葡萄牙北部的朋特巴卡（Ponte da Barca），公元一五〇五年加入葡萄牙艦隊。一五一一年，他跟著葡萄牙軍隊攻打麻六甲，就在這時候，麥哲倫開始懷疑葡萄牙是否有權繼續往東邊攻佔領土。麥哲倫本人從來沒說過自己為什麼起疑，不過後來的作家做了過度的解釋。麥哲倫環航地球一周回來以後，哈布斯堡王朝的顧問暨學者馬克西米蘭·特蘭西瓦拉斯（Maximilianus Transylvanus）於一五二三年寫道：

> 四年前，以葡萄牙艦隊司令的身分在東方海域航行多年的葡萄牙傑出人士斐迪南·麥哲倫和葡萄牙國王發生爭執，認為國王對他忘恩負義……向皇帝〔查理五世〕指出，現在尚未確定麻六甲究竟位於葡萄牙或卡斯提爾的界限裡，因為至今沒有弄清楚當地的經度；不過大海灣〔太平洋〕和中國諸民族位於卡斯提爾的範圍內，則是不爭的事實。同時他宣稱，種植各種香料，然後運往麻六甲被稱為摩鹿加的各個島嶼，都位於西邊，或稱為卡斯提爾的區域，而且有可能以更簡單的方式和更少的費用，航行到摩鹿加群島，把香料從原產地運往卡斯提爾。[8]

特蘭西瓦拉斯身為卡斯提爾統治者哈布斯堡皇帝查理五世的顧問，放大麥哲倫和他的君主之間不足為外人道的爭執，符合他的利益。儘管如此，到了一五一七年十月，麥哲倫似乎已經相信卡斯提爾確實有權取得摩鹿加群島，因為當時他身在塞維爾，效命卡斯提爾，籌畫他為查理拿下摩鹿加群島的大計。

在歐洲早期的地理大發現之旅中，以麥哲倫首度環航地球之行受到的誤解最深，這次航行的企圖心、持續期，以及無比深刻的人類耐力，就足以讓哥倫布首度前往新世界或瓦斯科·達·迦瑪（Vasco da Gama）前往印度的成就相形失色。沒有證據顯示麥哲倫有意環航地球。他所提議的遠征探險是一次經過精密計算的商業之旅，船隻往西而非往東航行，目的是從側翼包抄，讓葡萄牙無法再控制經好望角前往印尼群島的航線。麥哲倫是歷史上第一個看出或許可以繞行南美洲最南端，橫越太平洋前往摩鹿加群島的航海探險家。抵達印尼群島以後，他會把艦隊裝滿香料，然後取道南美洲返航，宣稱摩鹿加群島是卡斯提爾的領土，並且——他希望——建立一條更快抵達群島的航線。

卡斯提爾的道明會修士巴托洛梅・德・拉斯・卡薩斯（Bartolomé de las Casas，1484-1566），是《印地安人史》（*History of the Indies*）的作者，對卡斯提爾冒險家在南、北美洲的暴行一向嚴厲批評，他回想一五一八年春天，麥哲倫出發前夕，兩人在瓦拉多利德（Valladolid）的一番談話。拉斯・卡薩斯不覺得眼前這個矮小、跛腳且其貌不揚的男人有什麼特別，但他看出麥哲倫為什麼這麼相信卡斯提爾對摩鹿加群島的領土主張。到塞維爾的時候，「麥哲倫隨身帶著一個色彩清晰的地球儀，上面畫了全世界，然後在地球儀上描畫他提議的航線」。拉斯・卡薩斯繼續說道：

> 我問他打算走哪一條路線，他回答說他想走聖塔瑪莉亞海角（Cape Santa Maria）的路線（就是我們說的拉布拉他河〔Rio de la Plata〕），然後往南開，直至他找到那個海峽為止。我說：「如果你找不到通往另一片大海的海峽怎麼辦？」他回答說如果找不到的話，他就走葡萄牙人的航線。

在這個籌畫階段，麥哲倫大概是維持官方立場，如果找不到從南美洲最南端駛入太平洋的海峽，他會走葡萄牙人的路線，取道好望角駛向東方。不過拉斯・卡薩斯沒這麼好唬弄：

> 有個義大利人叫威欽察的皮加費塔（Pigafetta of Vicenza），參與過麥哲倫的發現之旅，他在一封信上寫說，麥哲倫絕對有把握會找到那個海峽，因為在葡萄牙國王的寶庫裡，他看到傑出的航海家暨宇宙學者波西米亞的馬丁（Martin of Bohemia）繪製的航海圖，圖上畫的海峽和他看到的一模一樣。而且，因為這個位在陸地與海洋邊界的海峽，屬於卡斯提爾國王的勢力範圍，因此他必須遷居，向卡斯提爾國王效勞，才能發現通往上述摩鹿加群島的新航線。

曾經和麥哲倫一起出海探險的義大利人安東尼奧・皮加費塔

（Antonio Pigafetta）證實，麥哲倫決定從西邊航向東方，其實是因為他參考了「波西米亞的馬丁」或馬丁．貝海姆（Martin Behaim）的地理學，這位德國商人兼地球儀製作者聲稱在一四八〇年代參加過葡萄牙南下非洲海岸的航行。如果就像拉斯．卡薩斯和皮加費塔所認定的，貝海姆已經把地圖畫完了，那麼這些地圖一幅都沒有留下，但貝海姆確實留下了一樣東西，確保他在製圖史上永垂不朽。一四九二年，在哥倫布出發航向新世界的前一晚，貝海姆完成了他唯一留下來的地理學作品。不是地圖或海圖，而是貝海姆自己所說的「erdapfel」，也就是「地球蘋果」，是現存最早由歐洲人製作的地球儀。儘管從希臘時代開始，製圖師就做過天球儀，貝海姆的作品卻是歷史上第一個描繪地球的球體。

拉斯．卡薩斯和皮加費塔明白，麥哲倫之所以對貝海姆有興趣，是因為他透露了連結南大西洋和太平洋的海峽——不過在貝海姆的地球儀上看不到這樣的海峽。[9]或許麥哲倫看過貝海姆製作的其他地圖或海圖（但後來遺失或被摧毀），或甚至是後來由約翰尼斯．舍恩那（Johannes Schöner）之類的德國宇宙學家製作的地球儀。看樣子麥哲倫應該是參考了貝海姆的地球儀，不是為了尋找經南美洲前往東方的航海路線，而是因為地球儀提供了一個全球的面向，透過地球儀想像他所規劃的西向東方之行。像坎丁諾平面球形圖這樣的地圖，讓航海探險家可以大致掌握如何橫越大西洋及印度洋的資料，但其本質上是二維空間的平面地圖，沒辦法以合理的準確度投影西半球和東半球的完整圖像。地球儀也好不到哪裡去。地球儀不是作為航海的輔助工具——由於尺寸有限，在海上用地球儀規劃航海行程，實在派不上多大用場。不過對麥哲倫這種領航者而言，地球儀的球體投影使他能突破當時地理學的思想窠臼。當葡萄牙和卡斯提爾大多數的王侯和外交官繼續在扁平的地圖上想像世界，沒有真正理解西半球和東半球之間的連結，麥哲倫籌畫這趟航程，顯示他開始把世界想像成一個球狀連續體。

貝海姆的地球儀有另一個重要層面，似乎啟發了麥哲倫展開這趟航程。貝海姆也和同時代的許多人一樣，繼續照托勒密的理論來想像世界。雖然親身到非洲西岸和南岸探險，讓他對這位希臘地理學家做了些微修正，不過凡是得不到第一手知識的地方，包括地球的大小、非洲和亞洲大陸的尺度，他基本上都複製了托勒密的想法。我們都知道，托勒密把地球的圓周低估了六分之一，卻高估了東南亞的寬度。托勒密不知道南北美洲或太平洋的存在，因此把亞洲的面積放大，於是當貝海姆在球體上繪製地球時，就矯正托勒密認定印度洋是內海的想法（迪亞士在一四八八年繞行好望角，證明並非如此），但仍舊照這位希臘地理學家的說法複製亞洲。

在平面的地圖上，只要是熟悉托勒密的人，不會覺得這種誇大有什麼了不得，不過複製在貝海姆那種地球儀上，就會對東半球產生戲劇化的影響：葡萄牙西岸和中國東岸相距只有一百三十度。實際的距離幾乎要加倍，是二百三十度。麥哲倫看著貝海姆的地球儀，顯然相信取道南美洲前往摩鹿加群島，要比葡萄牙前往麻六甲的海上航線更短。這個因為錯誤的地理學而產生的誤解，讓他在世界史留下永恆的地位；但也害死了他，還有許多和他同行的人。[10]

一五一八年春天，麥哲倫正在為出航做準備。有了皇帝查裡五世的債權人德國富格家族（House of Fugger）提供財務支援，他在要出海的五艘船上配備了索具、火砲、武器、糧食，而且花了超過八百萬瑪拉維地幣（maravedís），聘請二百三十七名船員（這次出海的水手一個月的工資是一千兩百瑪拉維地幣）。[11] 他還組成了一支強大的葡萄牙地理學顧問團隊。包括天文學家魯伊・法萊羅（Ruy Faleiro），他以企圖解決經度計算的問題而聞名，影響力和聲望都首屈一指的兩位葡萄牙製圖師，賴內爾父子檔，佩德羅和左格（Pedro and Jorge Reinel），還有領航員迪歐哥・列比路（Diogo Ribeiro），擔任此次航行的官方海圖製作者。法萊羅被命為首席領航員，負責製作海圖和航海工具，畫了二十幾幅地圖供船隊使用。賴內爾父子帶來了他們過去隨葡萄牙船隊航行的實務知識，而列比路被譽為一等一的製圖高手，負責校勘和製作這次遠征的所有地圖。可想而知，既然這四個人都背叛了他們過去的雇主，葡萄牙國王，他們在塞維爾的時候，一定有葡萄牙密探緊盯他們的一舉一動。其中一個葡萄牙密探（只知道他姓阿瓦雷茲〔Alvarez〕）在一五一九年七月寫信給葡萄牙國王，告知麥哲倫這一趟航行，以及國王過去的製圖師所扮演的角色：

> 據說他們要走的路線，是從桑盧卡（San Lucar）直接航向弗里烏角（Cape Frio），不在巴西登陸，一直到過了兩國的分界線，然後向西北西航行，直接駛向摩鹿加，就是我於賴內爾的兒子在這裡繪製的圓形海圖上看到的摩鹿加；他父親來的時候還沒畫完，後來他父親完成全圖，也加上摩鹿加諸島。迪歐哥·列比路所有的海圖，以及特殊的海圖和地球儀，都是從這個模型製作而成。[12]

阿瓦雷茲顯然擅長間諜活動更甚於地理學，在敘述過程中透露了麥哲倫意圖超越「分界線」，亦即違反托爾德西利亞斯條約，對葡萄牙在政治上有致命的影響：麥哲倫此行一旦成功，將挑戰葡萄牙對香料貿易的控制權，重畫歐洲帝國政治的全球地圖。

一五一九年九月二十二日，麥哲倫的五艘船和船員從桑盧卡爾德巴拉梅達（San Lúcar de Barrameda）的港口出發。接下來三年發生的種種事件已經被列入世界史。麥哲倫的這趟馬拉松航行穿插著飢餓、船難、叛變、政治陰謀和殺人害命。從一開始，以卡斯提爾人為主的船員非常懷疑他們的葡萄牙領袖和他野心勃勃的摩鹿加航線。他們依照葡萄牙和卡斯提爾既有的航線，沿著南美洲海岸南下，一路上相當平安，不過到了一五二〇年秋天，麥哲倫到了南美洲最南端沒有出現在地圖上的水域。十一月，在東尋西找和為了航行方向起衝突之後，麥哲倫發現了通往海峽的路線（這片海峽至今仍沿用他的名字），最後終於駛入太平洋。

麥哲倫把這片新發現的海洋稱為Mare Pacificum，意思是「太平之海」。結果這裡一點也不太平。太平洋將近一億七千萬平方公里，是全世界最大的一片海洋，涵蓋地球總水面將近百分之五十，佔全球總表面積的百分之三十二。當然，在一五二〇年，麥哲倫對此一無所知，而且是根據托勒密和貝海姆的說法來做航海計算。對麥哲倫的船員來說，這次誤估的後果非同小可，甚至足以致命。往西駛離南美洲，進入地圖上看不到的汪洋大海，經過五個多月的航行，到了一五二一年春天，船隊在東菲律賓群島看見陸地。麥哲倫四月在麥克坦島（Mactan）登岸。結果被捲入當地的政治鬥爭，四月二十七日，麥哲倫支持島上一個部落的領袖，率領一支六十人的武裝部隊和敵對的部落打了起來。敵眾我寡，而且剩下的三艘船距離太遠，支援不及，麥哲倫被認定為部隊的領袖，慘遭殺害。

驚慌之餘，剩下的船員不知所措，馬上啟程出海，但又面臨當地敵對部落的一連串致命攻擊，麥哲倫的死讓他們信心倍增，發現他的船員並非所向無敵。現在船隊人數只剩一百出頭，高層領導者大多死亡，只剩兩艘船還算完整，剩下的高級船員把船隊的指揮權分給其中三個人，任命巴斯克領航員塞巴斯提歐・德爾・坎諾（Sebastião del Cano）擔任維多利亞號（Victoria）的指揮官，儘管他之前曾經和其他人共謀叛變麥哲倫，被上過手銬。殘餘的船隊終於在一五二一年十一月六日抵達摩鹿加，設法載滿兩艘船的胡椒、薑、肉荳蔻和檀香。當船隊準備駛離摩鹿加群島的蒂多雷島（Tidore），安東尼奧・皮加費塔在札記中計算這座島嶼「位於南緯二十七分，經度和分界線距離一百六十一度」；換句話說，位於卡斯提爾的半球以內十九度。[13]

橫越太平洋耗時將近一年，五艘船只剩下兩艘，現在從什麼方向返回卡斯提爾，船隊的高級船員意見紛歧：要取道好望角返國，完成史上第一次全球環航，還是經麥哲倫海峽走原路回去？後來決定千里達號（Trinidad）由原路返航，在貢薩洛・戈麥斯・德・埃斯皮諾薩（Gonzalo Gómez de Espinossa）的指揮下穿越詭譎的太平洋，維多利亞號則由德爾・坎諾率領，駛向好望角。儘管出發前來的路上經歷千驚萬險，要從印度洋和大西洋返航，似乎是比較冒險的選項。維多利亞號的情況已經很糟糕，很有可能被巡邏的葡萄牙船隻俘虜。不過儘管德爾・坎諾馬上啟程出發，埃斯皮諾薩還在猶豫到底要走哪條路線。一五二二年五月，千里達號被一支葡萄牙艦隊逮捕，船隻盡毀，船員被囚。

同時，在印度洋的另一頭，維多利亞號成功地一路和葡萄牙人玩貓抓老鼠的遊戲回到歐洲。經歷長達八個月的返航旅程，德爾．坎諾和剩餘的船員終於在一五二二年九月八日抵達塞維爾，完成了史上第一次環航地球之旅。死了麥哲倫，損失了四艘船，將近三年前從卡斯提爾出發的二百三十七人裡，只有十八人劫後餘生，傳述他們這趟非比尋常的旅程。在寫給查理五世，告知他們終於返航的第一封信裡，德爾．坎諾宣告：「我們發現並完成了一條環繞全世界的航線——向西邊出發之後，我們已經從東邊回來了。」[14]

麥哲倫遠征的殘餘隊伍返航的消息傳遍全歐洲。教廷駐德國大使法蘭契斯科．基耶里凱帝（Francesco Chiericati）寫信給他在曼圖亞（Mantua）的朋友，伊莎貝拉．德．艾斯特（Isabella d'Este）。伊莎貝拉和她父親埃爾科萊（被盜走的坎丁諾平面球形圖的主人）一樣，急著想聽卡斯提爾發現之旅的報告，基耶里凱帝恭敬不如從命。他告訴伊莎貝拉，安東尼奧．皮加費塔「回來時靠奇珍異寶發了財，而且還帶回一本遊記，從他離開卡斯提爾當天起，記錄到他回來的那一天為止——實在太好了。」在描述前往摩鹿加群島的旅程時，基耶里凱帝報告說歷劫歸來的船員「不只發了大財，更重要的是——千古留名。因為此行將阿爾戈英雄（Argonauts）的事蹟全都比了下去。」[15]

像基耶里凱帝和伊莎貝拉這種受過教育的文藝復興義大利菁英，希臘和羅馬的古典歷史素養深厚，在他們眼中，這趟航行確實讓古代神話的偉大旅程黯然失色，然而對身陷帝國重大爭議的葡萄牙和卡斯提爾外交官來說，他們看到的後果整體來說是比較實際的。德爾．坎諾的航行紀錄清楚指明他主要的目的是什麼。「我們發現了許多非常富庶的島嶼，」他報告說：「其中包括薑和肉荳蔻生長的班達島（Banda），胡椒生長的薩巴島（Zabba），以及檀香樹生長的帝汶島（Timor），而且上述所有島嶼都有取之不盡的薑。」[16]這下葡萄牙人可嚇壞了。一五二二年九月，國王約翰三世（King John III）向卡斯提爾有關單位提出正式抗議，認為對方侵犯了葡萄牙領土，堅持要查裡五世承認葡萄牙對摩鹿加群島內部及周遭所有商業往來的獨占權。查理五世一口回絕，反而主張根據托爾德西利亞斯條約的條文，摩鹿加位於卡斯提爾的領土範圍內。葡萄牙人隨即反駁這項主張，堅稱這次航行違反了條約的條文，主張摩鹿加位於他們的半球範圍裡。查理再次反擊，提議將此事交付外交仲裁，葡萄牙也同意了。

卡斯提爾對摩鹿加群島的外交主張，最初是以對「發現」的定義為主軸，雖然有捏造之嫌，卻很能打動人心。查理的外交官辯稱，就算葡萄牙船隻在麥哲倫出航之前看到並「發現」了摩鹿加群島，技術上來說，這不能代表帝國**所有權**（possession），而且麥哲倫的船員已經從島上的土著統治者那裡取得他們所謂向皇帝效忠的宣誓，這是卡斯提爾對新發現的領土宣示主權的標準做法。不出所料，葡萄牙駁斥這種詭辯，主張卡斯提爾有義務根據地理學來證明他們對群島的所有權，並且堅持在協議進行的同時，卡斯提爾不得再派遣任何船隊前往摩鹿加群島。

一五二四年四月，兩國同意舉行正式協商，目的是解決這次的紛爭。雙方在位於兩國邊界的巴達霍斯（Badajoz）和埃爾瓦什（Elvas）見面，這兩個城市位於埃斯特雷馬杜拉（Estremadura）的高原，以瓜地亞納河（Guadiana River）一水相隔。雙方代表團在一五二四年春天抵達時，才開始領悟到這次的任務多麼重大：不是解決領土邊界的糾紛這麼簡單，而是要把已知世界一分為二。卡斯提爾代表團知道如果他們的領土主張成功了，該國的統治範圍將從歐洲北部延伸到大西洋，並涵蓋整個美洲和太平洋。對葡萄牙來說，一旦失去了摩鹿加群島，他們建立的香料貿易獨占權可能就此告終，而這個王國是仰賴香料貿易，才能在不到一個世代的時間裡，從歐洲邊緣一個貧窮孤立的國家，躋身歐洲最富強的帝國強權。

地圖顯然是解決這項全球紛爭的關鍵，儘管誠如當時一位卡斯提爾評論者筆下所言，地理學上的黨同伐異往往以最離奇的形式出現：

> 當法蘭西斯・德・麥羅（Francis de Melo）、史基爾拿的迪亞各・羅培茲（Diego Lopes of Sequeira）和其他與會的葡萄牙人沿著瓜地亞納河畔走過來，一個小男孩正看守著他母親洗好的衣服，問他們是不是和皇帝瓜分世界的人。當他們回答說，是啊，這時他拉起上衣，向他們露出光溜溜的屁股，說，過來在中間這

裡畫線。後來巴達霍斯城的每個人都對這句話朗朗上口，笑個沒完。[17]

這個故事大概是捏造出來的，把葡萄牙代表團狠狠譏笑一頓。不過這表示在十六世紀初，即便平民百姓也開始意識到整個世界的地理正在轉變。

即使在麥哲倫環航世界之前，葡萄牙和卡斯提爾國王就領悟到地圖和海圖能使航海過程更加順利，也有助於取得海外市場，因此先後出資成立相關機構，負責訓練領航員，並校勘與海上探險有關的地理學資料。葡萄牙的米納與印度局（Casa da Mina e India，米納是西非海岸的一個要塞，位於現在的迦納）成立於十五世紀末，負責規範西非和印度（在船隊抵達印度之後）的貿易與航海，一五〇三年，卡斯提爾有樣學樣，在塞維爾成立貿易局（Casa de la Contratación）。[18]葡萄牙在十五世紀的航海經驗證明，要繪製大西洋地圖，對天文學的知性瞭解及航海的實務知識缺一不可，因此這兩個機構的宗旨都是把他們從領航員和航海探險家那裡蒐集到的經驗資料，和受過高深教育的宇宙學學者傳承的古典知識加以統合。亞歷山卓、巴格達，甚至西西里，過去都成立過地理計算中心，不過通常是為了製作出一幅地圖，來綜合所有已知的地理學知識，最後確認世界的樣貌。葡萄牙和卡斯提爾的貿易組織製作的地圖和海圖則不同：這些地圖融入了地理新發現，但不介意在表面大量留白，後續獲得的資訊自然會納入日後更新的地圖裡。

當葡萄牙和卡斯提爾國王開始用這些地圖來解決大西洋和非洲海岸的領土主張與邊界紛爭，等於賦予地圖法律權威的地位。像這樣依照托爾德西利亞斯條約的條文製作的地圖，除了被當作一件物品，有鑑於地圖在一份得到國際同意、教宗確認的條約中所扮演的角色，因此也被視為兩個政治對手都承認其法律拘束力的一份文件。這樣的地圖可以解決地球儀上的地點所帶來的糾紛，這些地方無論製圖師或他們的政治金主連見都沒見過，更別提親自走訪了。這些地圖也號稱具有更高的科學客觀性，是奠基於可驗證的報告和長途旅行日誌，而非道聽途說或古典時代想當然爾的假設。稍後我們會發現，這樣的宣示多少有些可疑，而且讓製圖師及其政治金主兩相得益，不過卻讓地圖擁有新的地位，使早期的現代帝國憑著地圖來交換領土，而最關鍵的一次莫過於葡萄牙和卡斯提爾爭奪摩鹿加群島的衝突，並且有意於一五二四年在巴達霍斯—埃爾瓦什解決爭議。

從那年春天抵達巴達霍斯—埃爾瓦什的協議團隊的組成分子，看得出外界對製圖師和他們製作的地圖所扮演的角色有了不同觀感。葡萄牙代表團成員包含九名外交官（包括被惡意中傷的法蘭西斯．德．麥羅和史基爾拿的迪亞各．羅培茲），還有三名製圖師，分別是洛波．歐蒙（Lopo Homem），以及佩德羅．賴內爾和兒子左格。卡斯提爾代表團的舉證責任比葡萄牙大。畢竟是因為他們對葡萄牙在東南亞香料貿易的控制權提出野心勃勃的要求，雙方代表團才會共聚一堂，前來的卡斯提爾代表團陣容同樣堅強，有包括德爾．坎諾在內的九名外交官，至少五位來自歐洲各地的地理學顧問，其中一位是貿易局局長，威尼斯人塞巴斯汀．卡博特（Sebastian Cabot）。卡博特是他那一代的協商高手，據說在一四九七年發現了紐芬蘭，當時他為國王亨利七世（King Henry VII）效命，後來轉而投效更富有的卡斯提爾。這支協商團隊也包括佛羅倫斯製圖師喬凡尼．韋斯普奇（Giovanni Vespucci），也就是亞美利哥的姪子，另外還有卡斯提爾製圖師阿朗索．德．查維斯（Alonso de Chaves）和努諾．賈西亞（Nuño Garcia）；賈西亞本身擔任過貿易局局長，還在麥哲倫出發前為他畫了幾幅環航地球之行需要的地圖。卡斯提爾協商團隊的最後一位成員既不是卡斯提爾人，也不是義大利人，而是一名葡萄牙人：迪歐哥．列比路。[19]

在整個卡斯提爾團隊裡，我們對列比路的瞭解最少。列比路生於十五世紀末，出身低微，在十六世紀初年加入葡萄牙艦隊前往印度，沒多久就升任領航員。和當時許多葡萄牙製圖師一樣，列比路是在海上而非學校裡學會畫海圖，當時的學校仍然重天文學和宇宙學而輕水道學與製圖。前面曾經提過，公元一五一八年，他在塞維爾為卡斯提爾國王效力，這裡不但是卡斯提爾海外帝國野心的重鎮，也是貿易局所在地。此時貿易局已經有了專職研究水道學——基於航海的目的而測量海水——的單位，目的是管理從新世界和更遠處返航的船隊送到塞維爾的大量新海圖。列比路擔任領航員的表現可圈可點，因此升任為御用宇宙學家，並且以這個身分在巴達霍斯—埃爾瓦什擔任卡斯提爾協商團隊的顧問，坐在他葡萄牙同胞的對面。[20]和其他比較有名的同僚相比，儘管列比路名不見經傳，但在接下來的五年期間，是列比路提出了最有力的論證，證明卡斯提爾有權取得摩鹿加群島，他拿出一系列具有科學說服力的精美地圖，不但改變了那些島嶼的歷史發展，也促成了文藝復興時代全球地理學和製圖的改變。

在巴達霍斯—埃爾瓦什的會議開始之前，兩個帝國代表團嚴密監視對方好幾個星期。葡萄牙千方百計說服了曾在塞維爾為麥哲倫效力的賴內爾父子回歸祖國，不過雙方代表團一到現場，佩德羅．賴內爾就對兩名葡萄牙代表坦承，他「受邀和兒子一起為皇帝效命」，可以得到三萬葡萄牙里斯（reis）的豐厚薪資，而葡萄牙代表團的另一名資深成員西芒．費南德茲（Semão Fernandez）也一樣。[21]八十幾年後，卡斯提爾史學家巴托洛梅．里奧納多．德．阿亨索拉（Bartholomé Leonardo de Argensola）在他的著作《摩鹿加群島之征服》（*Conquista de las islas Malucas*，1609）中回顧這次的爭議，他簡單敘述查理五世對他的協商團隊所做的外交和地理學指示。皇帝

> 極力主張，依據數學證明，以及精通數學之士的判斷，看來摩鹿加群島，還有其他一路到麻六甲，甚至更遠的島嶼，都在卡斯提爾的領土範圍內。葡萄牙很難反駁這麼多宇宙學家的著作、如此幹練的水手，尤其是麥哲倫的意見，他本身就是葡萄牙人⋯⋯此外，有關裁決這項爭議的所有權條款，只要支持眾多宇宙學家寫下並且接受的論證即可。[22]

卡斯提爾代表團明白，要解決這項爭議，就必須系統性地操弄地圖，利用民族差異，選擇性地剽竊古典地理學權威，必要時還得拿錢賄賂。

四月十一日，雙方在卡雅河（River Caya）的橋上碰面，正是葡萄牙和卡斯提爾的交界處。協商幾乎立刻停滯。葡萄牙抗議卡斯提爾代表團有兩名葡萄牙領航員，西蒙・德・阿爾卡薩巴（Simón de Alcazaba）和埃斯特本・戈麥斯（Esteban Gómez），兩人很快就被換掉。葡萄牙也擔心卡斯提爾代表團裡的地理學顧問成員，尤其是其中某一個人。協議開始前幾天，葡萄牙的一名代表寫信到里斯本給約翰國王，說卡斯提爾的地理學者不怎麼樣，只有一個人例外。「他們的領航員毫無名望，」他表示：「除了列比路以外。」到了這個時候，列比路似乎比任何人都清楚摩鹿加群島的位置。他知道雙方的地理主張，而且能透過特殊管道，取得麥哲倫環航世界前後有關群島的資料，葡萄牙顯然擔憂他可能對這項爭議帶來決定性的影響。

團隊正式任命的人選取得雙方同意之後，協商便積極展開。在決定由哪一邊擔任原告時，雙方的律師很快就把事情鬧僵，這下地理學家顯然才是解決這項主張的關鍵。雙方首先重申托爾德西利亞斯條約的條文。在托爾德西利亞斯劃定的分界線位於維德角群島以西三百七十里格。這代表非正式的本初子午線，從這裡往西一百八十度的領土屬於卡斯提爾，以東一百八十度全歸葡萄牙。不過雙方對摩鹿加群島志在必得，因此代表團就連從「上述〔維德角〕哪一個島開始測量三百七十里格」都吹毛求疵。

雙方因應的辦法是要求用地圖和地球儀來確定分界線的精確位置。五月七日，「葡萄牙代表團說，海圖沒有劃上經線的空白地球儀好用，因為後者更能再現世界的形狀。」這一次卡斯提爾代表團終於同意，說他們也「寧願用球體，但也不該排除地圖和其他適當的工具。」[23] 到了這個階段，雙方很明顯都採取全球性思考，雖然卡斯提爾仍然很清楚，在麥哲倫環航後畫出的地圖將是支持他們主張的關鍵。可想而知，後來卡斯提爾團隊主張，分界線應該從維德角最西端的聖安東尼奧島（San Antonio）算起，好讓他們在太平洋佔有更大的面積，自然能取得摩鹿加群島。果然不出所料，葡萄牙隨即堅稱必須從維德角最東端的拉薩爾島（La Sal）或布埃納維斯塔島（Buena Vista）算起。這兩個點相距不到三十里格——無論如何界定摩鹿加群島的位置，都不足以造成關鍵性的差異——只顯示出協商的敏感性。

雙方陷入僵局，從這時候起，協商成了一場滑稽的鬥爭。各自鄭重呈上地圖供對方檢閱、遭到強烈攻擊，然後鎖起來，再也不見天日。雙方都宣稱對方在地圖上動手腳，不止一次把上帝扯進來。有好幾次，當指控特別激烈時，代表團乾脆佯裝生病，或自行決定體力不支，略過難以回答的問題。葡萄牙主張確定分界線的位置，對此卡斯提爾回答說：「他們認為最好跳過這個問題，先在空白的地球儀上確定海洋和陸地的位置」。這麼做的好處是至少「他們不會呆站著無所事事」，而且「或許這樣可以證明摩鹿加群島是誰的，無論這條線怎麼畫都一樣」。最後，雙方同意拿出各自擁有的地圖。他們不敢隨便亮出地圖的理由很明顯：航海知識是經過重重防護、不得外洩的資訊。再加上他們擔心拿出的地圖可能經過操弄，以偏袒某一種主張，可能被對方陣營的專家揭發造假欺詐。

五月二十三日，卡斯提爾代表團提出一張地圖，清楚畫出麥哲倫前往摩鹿加群島的航程，據此斷定這些群島位於「分界線」以西「一百五十度」：落在卡斯提爾半球內側三十度。這幅地圖的製作者不得而知，但依照前幾幅確立摩鹿加群島位置的地圖來看，製圖者應該是努諾．賈西亞，卡斯提爾地理學顧問團隊的成員之一，也曾協助繪製麥哲倫的原始地圖。賈西亞在公元一五五二年繪製的一幅地圖，畫出了把蘇門達臘一分為二的東邊分界線，正是德爾．坎諾認定分界線座落的位置。卡斯提爾的旅遊作家彼得．馬特爾（Peter Martyr）認為賈西亞和列比路是卡斯提爾團隊中最有能力的製圖師，「是博學通達的領航員，而且精於製作海圖」。他揣摩了協商的口氣，敘述兩人如何呈上「他們的地球儀、地圖和其他宣告摩鹿加群島所在位置的必要工具，這正是所有爭論和衝突的核心。」[24]

在同一天下午，葡萄牙否定了這份地圖，原因是上面沒有畫出包括維德角在內的關鍵地點。反而「出示了一張類似的地圖，把摩鹿加群島畫在拉薩爾島和布埃納維斯塔島以東一百三十四度的地方，和他們的地圖差異甚大」，而且位於葡萄牙半球內側四十六度。兩邊各自宣稱有權佔有半個已知世界，然而就摩鹿加群島在世界地圖上的定位，雙方的地理學知識顯然讓彼此相距七十幾度。就連要把貫穿維德角的經線畫在哪裡，都各說各話，儘管就兩國更大的爭議而言，畫在哪裡都差不多。五天後，雙方代表團承認地球儀是唯一可能解決歧見的辦法。因此，「兩邊都拿出畫了全世界的地球儀，但兩國都是根據各自的需要來劃定距離」。葡萄牙寸土不讓，推估摩鹿加群島位於分界線以東一百三十七度，位於他們的領土內側四十三度。卡斯提爾隨即徹底修正葡萄牙的全球評估，主張群島位於分界線以東一百八十三度——剛好在他們的半球內側三度。

卡斯提爾要找到聽起來合理，但內容更複雜的科學論證。起初他們要求在解決爭議時，必須正確測量經度。公元十六世紀，領航員根據北極星這個相對定點來測量距離，可以相當精確地計算緯度。在海上航行，從東到西穿越一條條經線，無論是穿越開闊的印度洋或大西洋，還是沿著非洲和美洲海岸南下，這時沒有北極星這種固定的參考點，對航海來說不是問題，可是當位於地球另一頭的群島所在位置引起爭議時，問題就大了。計算經度的方式，都是根據神祕又靠不住的天文學觀察。卡斯提爾人憑著托勒密的古典權威來計算經度，宣稱「托勒密的描述和數字，與最近從香料地區回來的人發現的描述和模式很類似」，而且如此一來，「蘇門達臘、麻六甲和摩鹿加群島就落在我們的界限裡」。[25]這時所有與會人士都知道，麥哲倫在不經意間用了托勒密過時的算法，證明卡斯提爾有權取得摩鹿加群島。想估算地球的圓周，也被批評為毫無可信度而不值一提，因為對於一里格作為距離的測量單位究竟有多長，根本不可能達到共識。「這個方法造成了許多不確定」，卡斯提爾方面表示，尤其測量的地點在海上，「因為海上多了許多阻礙，會更改或妨礙距離的正確計算，例如水流、潮汐、船隻失速」及其他許許多多因素。[26]

卡斯提爾方面於是提出一個很巧妙的最終論證。他們辯稱，扁平的地圖扭曲根據球體量出的度數所做出的計算結果。葡萄牙的摩鹿加群島及「上述東方之旅途中所經國度」的地圖，都是畫在平表面上，然後照赤道的度數估算有多少里格，因此就度數的數字和數量而言，位置都有誤差」。這是因為「凡是讀宇宙學的人都知道，除了赤道以外，其他水平線上的里格數比較少，佔據的度數卻比較多」。這番論證有幾分道理；這個時代的平面地圖，多半把緯度和經度的網格畫成直角相交的直線，然而在幾何學上，這些是環繞球體的曲線，需要更複雜的球面三角學，才能計算一度究竟有多長。卡斯提爾方面於是推定，「把平面地圖轉移並畫在球體上，佔據的度數會大幅增加。根據弧及弦所構成的幾何比例計算，把平面轉移到球面上，這樣距離赤道越遠，緯線就越短，上述〔葡萄牙人的〕地圖的度數，就比前述領航員所說的多了許多。」[27]

這些以球體為依據的論證其實毫無作用。兩邊都不準備讓步，甚至卡斯提爾方面在作結語時也終於承認，他們認為「任何一方都不可能藉由證明摩鹿加群島位於自己的領土來說服對方」，除非雙方共同遠征，對度數的長度取得一致的意見，並且量出正確的經度。[28]這只是畫餅充饑罷了，到了一五二四年六月，協商劃下句點，沒有達成任何決議。

在整場會議中，迪歐哥・列比路雖然很少被點名，但他密切參與卡斯提爾對摩鹿加群島地理主張的謀畫。當查理五世利用摩鹿加群島造成的外交僵局，趁機派遣船隊前往群島，列比路被派到拉科魯尼亞（La Coruña），出任剛成立不久的香料局（Casa del la Especieria）的官方製圖師，成立這個單位的目的是挑戰葡萄牙的香料獨占權。葡萄牙間諜從拉科魯尼亞寫信到里斯本，告知國王「有個叫迪歐哥・列比路的葡萄牙人也在這裡，繪製航向印度要用的航海圖、地球儀、世界地圖、星盤和其他東西」。[29]巴達霍斯—埃爾瓦什的協商破局短短五個月後，列比路在為一支新的卡斯提爾船隊準備地圖和海圖，打算找到一條更快抵達摩鹿加群島的西向航線。船隊的指揮官，葡萄牙人埃斯特本・戈麥斯相信麥哲倫在佛羅里達沿岸航行途中，錯過了一個通往太平洋的海峽。戈麥斯在海上航行了將近一年，船隊最遠曾經開到抵達布雷頓角島（Cape Breton），但終究一無所獲，一五二五年八月，他兩手空空地返回拉科魯尼亞，只帶回他從新斯科西亞（Nova Scotia）抓回來的一批美洲原住民，列比路迎接船隊返鄉之後，把其中一個領回家。他給這個美洲原住民取名「狄雅哥」（Diego），收他當教子。他收養被綁回來的狄雅哥究竟是出於同情和慈悲？還是他看出這是個獲取新世界地理學在地知識的機會？這是個窺探製圖者人格的大好時機，可惜終究難以捉摸。

受到戈麥斯這趟航行的啟發，列比路著手創造一系列世界地圖，第一幅地圖提供了有力的論證，支持卡斯提爾對摩鹿加群島的領土主張。這幅地圖完成於一五二五年，被視為卡斯提爾佔領東南亞野心的第一幅草圖。這是用四張八十二乘以二〇八公分的羊皮紙組合而成的手繪地圖，沒有標題、沒有文字解說，許多輪廓都畫得粗略而不完整。中國的海岸線是一連串不連貫的線條，紅海北邊的輪廓不完整，尼羅河甚至沒畫出來——列比路或他的卡斯提爾金主對這些區域沒什麼興趣。這幅地圖在地理學上的創新，僅限於極東和極西地區。唯一的圖例是淡淡的手寫字，位於北美洲海岸線內側，從新斯科西亞延伸到佛羅里達，寫著：「埃斯特本・戈麥斯一五二五年奉陛下之命發現的土地。」[30]列比路的地圖仔細謄寫了戈麥斯在佛羅里達海岸線總共六個新的登陸地點。[31]東邊海岸線經過修改，筆觸比地圖其他部分更加鮮明，顏色卻比較淡，顯示列比路是在一五二五年最後幾個月，地圖進入最後階段時，才匆匆納入戈麥斯此行的結果。

列比路的創新之處不只是增加了北美洲海岸線的輪廓。在地圖的右下角，也就是西半球的摩鹿加群島正下方，有一個用來觀察天象的水手星盤。在左邊的角落，列比路畫了一個用來測量高度和偏角的四分儀。就在美洲的左邊，有一個巨大的圓形偏角圖（circulus solaris），裡面包括一份日曆，讓航海家任何時候都能計算太陽的位置。[32]這是有史以來第一次在地圖上繪製海上導航工具，取代了過去在世界地圖上常見的宗教或族群圖像。

如果這其實是一幅卡斯提爾海外帝國政策的草圖，列比路幹嘛費這麼多工夫，把科學儀器小心翼翼地畫上去？從他如何安排摩鹿加群島的位置，似乎就能找到答案。地圖最東邊，就在星盤正上方，清清楚楚地畫著「麻六甲省」

（Provincia de Maluco），不過麻六甲也出現在另外一頭，也就是地圖的最西邊。東邊的星盤飄揚著卡斯提爾和葡萄牙兩國的國旗，但葡萄牙國旗在摩鹿加群島西邊，東邊則是卡斯提爾的國旗。在托爾德西利亞斯畫定的分界線貫穿列比路地圖正中央，並標示為「分界線」（Linea de la Partición），根據這條線判斷，星盤的國旗證明摩鹿加群島剛好進入卡斯提爾的半球。彷彿是為了強調這一點，列比路在地圖西側把這些島嶼又複製一次，並插上兩國敵對的旗幟，以重申卡提爾的領土主張。透過列比路的星盤、四分儀和偏角圖，利用科學來支持卡斯提爾的領土野心：如果製圖師有本事訴諸於技術性這麼複雜的科學儀器，肯定不可能弄錯摩鹿加群島的位置。身為領取卡斯提爾俸祿的臣民，列比路在編纂完整的世界地圖時，自然把摩鹿加群島畫入屬於卡斯提爾那一半的地球，不過作為一名致力於把已知世界逐漸繪製成地圖的宇宙學家，他也很仔細地把當時戈麥斯和其他人的地理發現納入其中。

一五二六年十二月，查理五世再度派人遠征摩鹿加群島。不過面臨和土耳其及路德教派的衝突，他急需大筆金錢來維持一個橫跨歐洲、伊比利半島，並深入美洲的帝國。查理開始發現，要堅持對摩鹿加群島的領土主張，在後勤和財政上都無以為繼，因此早在船隊啟程之前，他宣告自己已經準備出讓對摩鹿加群島的領土主張。此舉在卡斯提爾得不到支持。卡斯提爾國會（Cortes）有意透過卡斯提爾各大港口引進香料貿易，因此反對將所有權賣出，不過卡斯提爾可能因此面臨更大的損失。他必須籌措大筆資金，一方面要支應和英、法兩國迫在眉睫的戰爭，此外他妹妹凱薩琳（Catherine）在一五二五年嫁給葡萄牙國王約翰，到現在還沒置辦嫁妝。約翰國王為了慶祝這樁婚姻，特地訂製了一系列掛毯，取名為「地球儀」（The Spheres），描繪國王與新婚妻子所控制的地球。約翰的權仗倚著里斯本，只見地球儀上的葡萄牙國旗飄揚在該國遍及非洲和亞洲的屬地。地球儀最東邊還依稀可見摩鹿加群島，高舉著葡萄牙國旗。

光是把凱薩琳嫁給約翰似乎還不夠，一五二六年三月，查理娶了約翰的妹妹伊莎貝拉（Isabel），進一步試圖修補兩國之間的王朝同盟關係。儘管剛結親的大舅子期期以為不可，查理仍舊堅持他對摩鹿加群島的領土主張。他向教皇使節巴爾達薩雷・卡斯蒂利奧內

（Baldassare Castiglione）呈上列比路一五二五年的世界地圖，上面很明顯把摩鹿加畫在卡斯提爾的版圖裡。卡斯蒂利奧內另外一個我們比較熟悉的身分是《廷臣》（*The Courtier*）的作者，這本書是文藝復興時期寫得最好的使用指南之一，教人如何很巧妙地在宮廷結交朋友及影響他人，因此送這幅地圖給卡斯蒂利奧內是再適合不過了。透過彼此對地理學的運用，兩位皇帝都發出一個清晰的訊息：他們或許結成了姻親，但對於摩鹿加群島的領土主張依然缺乏共識。

查理知道如果不做出重大讓步，葡萄牙不會放棄這些群島。當初妹妹嫁給約翰國王，他只答應給寥寥二十萬達卡的金幣當作嫁妝（對照之下，約翰國王可是拿出現金九十萬克魯札多〔cruzado〕為伊莎貝拉陪嫁，是歐洲史上最豐厚的妝奩）。查理因此提議免去這二十萬達卡的嫁妝，交換葡萄牙自由進出摩鹿加群島六年，然後就把所有權轉移給卡斯提爾。[33]像這樣動之以利，確實令人怦然心動，除此之外，約翰國王更支支吾吾地透露，即便查理考慮和國王亨利八世開戰，卻主動向這位英國親戚兜售他的摩鹿加群島所有權。住在塞維爾的一名英國商人，勞勃．松恩（Robert Thorne）很聰明地建議亨利不要捲入這場在政治上夾纏不清的爭議。「對這些海岸和摩鹿加群島的位置，」他認為：「葡萄牙和西班牙每一個宇宙學者和領航員都會根據自己的目的來安排。西班牙人會把群島往東偏移，因為這樣看起來像是皇帝〔查理五世〕的屬地，而葡萄牙人會往西方偏移，因為這樣才會座落在他們的管轄區域。」[34]亨利很識相地婉拒群島帶來的利益。查理現在只能賭一把，希望約翰不願意加深和大舅子在摩鹿加群島的衝突，而且他這一把賭贏了。一五二九年初，雙方同意在薩拉戈薩（Saragossa）締結條約，把這個領土所有權的問題作個了斷。

在各方運籌帷幄的同時，列比路開始重畫一五二五年的地圖，以便提供更有說服力的製圖學論述，支持卡斯提爾對摩鹿加群島的領土主張。一五二七年，他完成了第二幅手繪地圖，主要是依據他一五二五年的地圖繪製，但面積稍微大一點，細膩度和藝術性也大幅提昇。地圖的全名橫跨頂端和底部，顯示這幅地圖在地理學上有比較大的企圖：「一幅涵蓋迄今所有地理發現的世界地圖。由陛下一名宇宙學者在一五二七年於塞維爾製成。」除了填補他一五二五年那幅地圖的漏洞，列比路還加上一系列文字圖例，大多是描述科學儀器的功能，不過摩鹿加群島的東南方有一段圖例，箇中寓意甚明，是再度宣示卡斯提爾對群島的領土主張。在敘述「摩鹿加的這些群島和省分時」，圖例解釋這些地方會設置「在這個經度，是依照胡安．塞巴斯汀．德爾．坎諾（Juan Sebastián del Cano）的意見和判斷，在一五二〇、一五二一和一五二二年航海時，最早從摩鹿加群島返航，而且率先環航全世界的船隻，正是由德爾．坎諾擔任掌舵的船長」。[35]把摩鹿加群島的位置歸因於德爾．坎諾的計算，形同把他當成第一手的權威，不過此舉或許也透露了列比路的憂慮，因為群島的位置太靠東邊了。儘管如此，他一五二七年這幅世界地圖的用意顯然是要提供更有說服力的證據，以支持卡斯提爾對摩鹿加群島的領土主張。

一五二九年四月，葡萄牙和卡斯提爾代表團再次齊聚在薩拉戈薩城，重啟有關摩鹿加群島的協商。經過一五二四年在巴達霍斯—埃爾瓦什激烈的法律和地理學辯論，這一次為討論而討論倒有點虎頭蛇尾的味道。一五二八年初，查理在即將和法國開戰之際，派遣大使前往葡萄牙，建議他們在眼前這場衝突中保持中立，交換卡斯提爾盡快解決摩鹿加的爭議。一五二九年初，大使同意了和解條件。最後制訂的薩拉戈薩條約（Treaty of Saragossa）在一五二九年四月二十三日獲得卡斯提爾認可，八週後葡萄牙也答應了，雙方一致同意查理放棄他對摩鹿加群島的所有權，換取豐厚的金錢補償，任何卡斯提爾人在當地做生意都會受到懲罰。

根據條約的規定，皇帝同意「從今爾後，售予前述葡萄牙國王本人及所有王位繼承人，對摩鹿加群島的所有權利、行動、支配權、所有權、佔有權、準佔有權，以及所有航海、運輸與貿易的權利。葡萄牙則同意為此支付三十五萬達卡給卡斯提爾。」不過查理也堅持保留對摩鹿加群島的贖回權：只要全額歸還這筆現金，隨時可以恢復他的所有權，只不過如此一來，就必須任命新的團隊，解決巴達霍斯—埃爾瓦什沒有解決的地理定位問題。對查理而言，保留贖回權是個挽回顏面的高招，因為這項條款是備而不用，但卻維持了卡斯提爾虛幻的信念，認定他們的所有權是有效。

雙方決定應該製作一幅標準地圖，不是以準確測量距離為基礎，而是根據地理學家在巴達霍斯—埃爾瓦什提出的地理學說詞。這幅地圖必須用「從摩鹿加東北東十九度延伸出去的一個半圓形，從極地到極地，也就是說，從北極到南極，劃定一條線，這個度數幾乎等於赤道上的十七度，相當於摩鹿加群島以東二百九十七又二分之一里格」。[36]經過六年協商，葡萄牙和西班牙終於對摩鹿加群島在世界地圖上的位置達成共識。顧及地球的曲率，環繞地球劃一條分界線。在西半球，這條線通過維德角群島的「拉斯維拉斯島（Las Velas）與聖托多默島（Santo Thome」，最重要的是繼續環繞地球，落在摩鹿加群島以東十七度（相當於二百九十七又二分之一里格），因此群島穩坐在葡萄牙的領域。

這是歷史上第一次有條約明文規定必須使用地圖。卡斯提爾和葡萄牙兩國首度承認地球的全球尺度。同時也確立這幅地圖是一份具有法律約束力的文件，可以作為一次永久政治和解的基礎。條約指明雙方應該繪製一模一樣的地圖，指定摩鹿加群島的新地點，並且要由「上述君主簽署同意，並以國璽用印，讓兩位君主各自保留自己的地圖；今後上述分界線將固定在定點及據此指定的地方」。國璽的作用不只是表示同意：而是代表承認地圖是固定的物件，也是兩個相互競爭的政治派系之間一種溝通的方法。地圖作為文件，可以吸納並複製不斷變更的資訊，透過地圖，敵對的國家可以解決歧見。這份條約的結論一如前面的條款，聲明這幅經雙方同意的地圖「也將指定上述卡斯提爾皇帝與國王之前述封臣把摩鹿加定位在哪個地點，在本契約有效期間，將視摩鹿加位於此一地點」。[37]因此這幅地圖約束這兩個帝國一致同意摩鹿加群島的位置，除非基於日後發生的任何外交或政治理由，雙方決定提出異議，重新劃定群島的位置。

依據條約的規定所制訂的官方地圖並未流傳下來。另一幅地圖倒是留存至今，而且就在條約獲得最後認可時完成：列比路的第三幅、也是最終確定版的世界地圖，取名為「涵蓋迄今世界上所有發現之世界地圖。陛下的宇宙學者迪歐哥．列比路於一五二九年製作。依照信仰天主教的西班牙國王與葡萄牙的約翰國王一四九四年在托爾德西利亞斯市達成的協定條約，將地圖一分為二。」一望即知這幅地圖是以列比路一五二五年的第一幅世界地圖為藍本，不過尺寸（八十五乘以二〇四公分）、昂貴羊皮紙上的詳細插圖和詳實豐富的題詞，見證了這幅地圖的地位，是專門用來向外國的達官顯要說明卡斯提爾對摩鹿加群島的領土主張。群島的位置，以及敘述德爾・坎諾航程的圖例，也照樣出現在一五二七年的地圖上。美國西岸和摩鹿加群島之間的距離被嚴重低估為只有一百三十四度，使群島座落於托爾德西利亞斯分界線以西一七二度三十分——也就是位於卡斯提爾的半球內側七又二分之一度。[38]大西洋和太平洋畫著一艘艘往來經商的船隻，但就連這些表面上看似單純的華麗裝飾，也發揮了支持卡斯提爾領土主張的作用。「我到摩鹿加群島去，」有一個人說；「我從摩鹿加群島回來，」另一個人說。[39]儘管摩鹿加群島在地圖上無所不在，列比路前幾幅地圖上那些標示外交衝突的記號少了很多。飄揚在地圖東西兩端的卡斯提爾和葡萄牙國旗不見了，托爾德西利亞斯分界線也不見蹤影，儘管地圖的名稱指的顯然就是這條線。

卡斯提爾對摩鹿加群島提出領土主張長達七年，這幅地圖似乎是最終的決定性論述。查理決定放棄群島所有權，令卡斯提爾的菁英階級非常不以為然。查理策略性放棄重申他們對群島之所有權的主張，列比路的地圖難道是反對者最後的孤注一擲？抑或當查理同意遵守薩拉戈薩條約的條款，放棄他對群島的各種權利時，這幅地圖就算出現也於事無補？或許吧。不過地圖底部的裝飾性圖例指出另外一種可能性。在互相為敵的卡斯提爾和葡萄牙國旗右側，列比路畫了一枚教宗牧徽（papal coat of arms）。地圖上有教宗牧徽，加上目前地圖收藏在羅馬的梵諦岡圖書館（Vatican Library），或許顯示這幅地圖的創造，是為了因應一個很特殊的時刻。一五二九至一五三〇年冬天，皇帝查理五世前往義大利，在一五三〇年二月由教宗克雷蒙七世（Pope Clement VII）在波隆納加冕為神聖羅馬帝國皇帝。[40]這幅地圖依照皇帝心目中想要的世界圖像繪製而成，目的似乎是要恫嚇教廷當局。原始的托爾德西利亞斯條約在一四九四年獲得教宗同意；到了一五二九年，卡斯提爾和葡萄牙國富兵強，除非統治者有求於教廷，否則不太把教宗的意見當一回事。查理五世到義大利就任神聖羅馬帝國皇帝時，確實需要教宗認可，即便只是在公開儀式上做做樣子。獻給教宗一幅飾有教宗牧徽的世界地圖，或許能減緩外界對教宗無從與聞有關摩鹿加群島命運之重大全球性政治決定的擔憂。但此舉也是提醒克雷蒙教宗，現在基督教世界最有權力的人是查理，不是葡萄牙的約翰國王。才不過兩年前，克雷蒙決定在政治上轉而投效皇帝的大敵，法王法蘭西斯一世（Francis I）之後，查理就下令手下部隊劫掠羅馬。基於外交理由，皇帝放棄了對摩鹿加群島的領土主張，不過列比路的地圖無視於外交的迫切需求，仍然複製了卡斯提爾代表團對群島所在位置的堅定想法。難道這就是查理心目中想要的世界，用來呈給一個抬不起頭的教宗？

雖然列比路最後一幅地圖不是用在薩拉戈薩的談判桌上，它依然代表卡斯提爾對於摩鹿加群島所有權之論證的完整總結，也是對列比路高超操弄技巧的精彩見證，他大概也懷疑他所操弄的地理學事實終將推翻地圖本身精美的細部繪製。未來萬一卡斯提爾當局有意恢復對群島的領土主張，他們還能取得這幅地圖。列比路的世界地圖沒有任何一幅交付印刷，而是保持手稿的形式，進一步顯示這些地圖的政治敏感性。一旦交付印刷，在可預見的未來，卡斯提爾恢復領土主張的限制性因素會被固定下來，可是如果保持手稿的形式，萬一將來必須為了支持卡斯提爾的政治企圖而更改摩鹿加群島的位置，就可以輕易修改。如果卡斯提爾真的恢復了領土主張，或許列比路的地圖就更能夠千古留名。如今既然查理五世的帝國利益已經轉移，列比路只得回到他旅居塞維爾的家，發明越來越無關緊要的航海工具。

列比路在一五三三年八月十六日死於塞維爾。他在一五二五到一五二九年間繪製的一系列世界地圖在當時舉足輕重，箇中的創新發明就如同瓦爾德澤米勒地圖，很快被年輕一輩的製圖師吸收，把因為海外地理發現而湧入歐洲的大量旅行家報告及領航員海圖拼湊起來，二十多年來，瓦爾德澤米勒和列比路先後成為塑造這個世界的重要推手。列比路留下了些許永恆的影響，至今仍留在文藝復興最具指標性的一幅圖像裡：漢斯・霍爾班（Hans Holbein）的畫作，《大使》（*The Ambassadors*），在這位葡萄牙宇宙學家辭世的同一年完成。

霍爾班這幅畫作呈現的是兩位法國外交官尚・德・丹特維勒（Jean de Dinteville）和喬治・德・賽爾弗（Georges de Selve），背景是亨利八世在倫敦的宮廷，時間是英王做出迎娶情婦安・波林（Anne Boleyn）此等重大決定的前一晚，從此斬斷英國與羅馬教廷的宗教關係。擺在構圖正中央那張桌子上的東西提供了一系列道德教化影射，令人聯想到文藝復興歐洲菁英階級念茲在茲的宗教與政治問題。底下的架子上放了一本商人的算術手冊、一把壞掉的魯特琴和一本路德教派的聖歌本，都是當時商業和宗教紛擾的象徵。架子角落放著一個地球儀，正是麥哲倫環航地球之後四處流通的那一種。看仔細一點，或許會看到一四九四年雙方在托爾德西利亞斯說好的那條分界線，在地

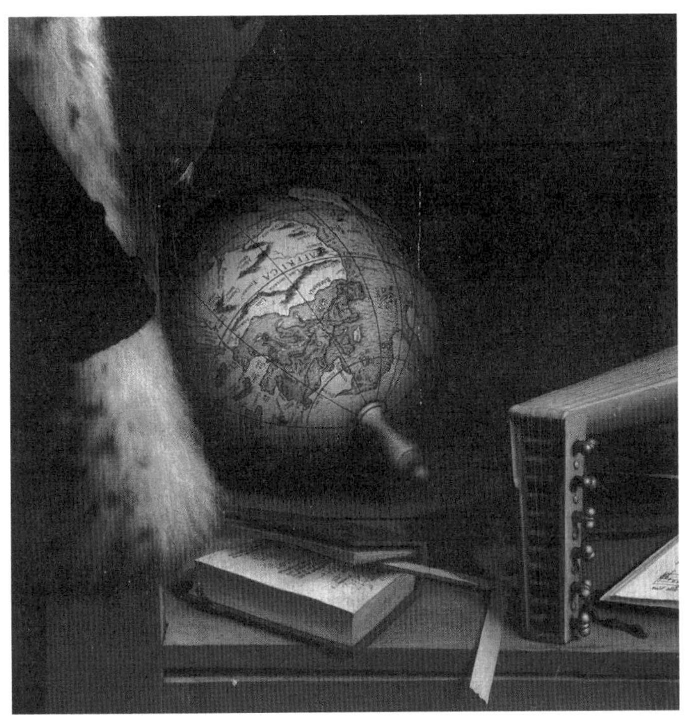

圖18　漢斯・霍爾班的《大使》細部，一五三三年。

球儀的西半球貫穿而下。因為畫家故意用陰影遮住，讓觀者心急難耐，因此我們看不到東半球的這條線落在那裡，但我們確實知道霍爾班用的是德國地理學家兼數學家舍恩那製作的地球儀，而且出自一五二〇年代末期。地球儀本身已經不見了，不過製作地球儀所用的一塊塊原始印刷月形圖流傳至今，和霍爾班畫中的地球儀幾乎一模一樣。月形圖畫出了麥哲倫一五二三年環航地球的路線，而且明白顯示摩鹿加群島位於屬於卡斯提爾的半球，和列比路本身繪製的群島所在位置相符。

霍爾班的畫和列比路的地圖類似，把地球儀、科學儀器和商業教科書擺在宗教權威之前，是對十六世紀上半葉的長途旅行、帝國對立、科學知識和宗教紛擾令歐洲發生改變的見證。傳統上，描繪德．丹特維勒和德．賽爾弗這種大人物，會在他們中間畫一個代表虔誠宗教信仰的物品，例如祭壇裝飾畫或聖母馬利亞的雕像。在霍爾班的畫中，宗教信仰的核心權威換成了桌子上搶鏡頭的世俗物品。這是一個過渡中的世界，夾在過去的宗教確定性，以及快速變遷的當下所面臨的政治、知識和商業騷動之間。宗教可以說被一腳踢開，只存在於左上角布簾後面幾乎看不見的銀色十字架裡。在這個國際外交和帝國相爭的新世界，全球性的利益不在歐洲，而在剛出現的地球的另一端，推動的是帝國和商業迫切需求，而非宗教正統。[41]

地球儀太小，這兩位法國大使或是在整個一五二〇年代不斷爭奪摩鹿加群島所有權的卡斯提爾和葡萄牙外交官，在他們那種外交工作上根本派不上用場。要瞭解這個擴大後的全球性世界，需要的是列比路那種地圖，他的地圖背離了希臘時代對人居世界的投影，轉而呈現全球的三百六十度視角。平面地圖不同於地球儀，不可避免會包含中心和邊陲。當葡萄牙和卡斯提爾藉由爭奪摩鹿加群島來追求全球卓越地位時，列比路拿出了一樣可以依照他們特定的全球利益來劃分的東西。這幅地圖是平面的，但它的概念卻是全球性的。

大多數生活在十六世紀初的人，例如在巴達霍斯—埃爾瓦什向葡萄牙代表團露屁股的小男孩，會覺得摩鹿加群島的爭議毫無意義；是兩個相互競爭帝國之間的政治爭議，和大多數的個人及他們的日常生活沒什麼關係。即便有人看得出這項衝突造成的全球性影響，藉由在塞維爾或里斯本把地圖或地球儀畫一條線，代表瓜分了地球另一端的世界，對於頻繁往來於印度洋和太平洋商業世界的穆斯林、基督教、印度教或中國領航員和商人彼此間照樣繼續進行的海上活動而言，其實是虛無飄渺的。葡萄牙和卡斯提爾要求和帝國中心相距數千里的土地獨占權的主張，到頭來根本無以為繼。不過從最初的葡萄牙和西班牙，到後來的荷蘭和英國這些西歐帝國，先是在地圖，接著則在地球儀上畫一條線，就宣示擁有公認的帝國統治者從來沒去過的地方，這種作法一直延續了好幾個世紀，深深塑造出歐洲後續五百年的全球殖民政策。

第七章

寬容

世界地圖，傑拉德·麥卡托，一五六九年

比利時，魯汶，一五四四年

一五四四年二月展開逮捕。在行動前的幾個星期，布拉邦（Brabant）的總檢察長皮耶·杜菲夫（Pierre Dufief）在魯汶擬了一份五十二人名單。杜菲夫偵訊並處決從英國流亡的宗教改革者威廉·廷戴爾（William Tyndale），早就是出了名的強硬保守派神學家，廷戴爾在一五三六年被控信奉異端邪說，定罪，然後在布魯塞爾附近的火刑柱上處以絞刑並燒死。杜菲夫這份名單上有四十三人來自魯汶，其他人來自方圓五十公里內的大小城市——布魯塞爾、安特衛普、格羅南代（Groenendael）、安吉恩（Engien）。名單上的人來自各行各業——神職人員、藝術家和學者，還有鞋匠、裁縫、助產士和寡婦——一律被指控為「信奉異端邪說」。接下來的幾天裡，杜菲夫的法警開始圍捕被告。有的坦承自己否認煉獄的存在；有人質疑變質論（相信聖餐的麵包和紅酒會變成基督的身體和血），並承認犯下破壞聖像的行為（破壞基督及其聖徒的圖像）。杜菲夫審問得很徹底；到了春末時節，雖然很多人出獄，或是因為被驅逐出境及沒收財產而逃過一劫，但仍有少數人因為信奉異端而被判有罪：一名婦女被活埋、兩個男子被斬首、一人被活活燒死。在公開處決的現場，每個人都很清楚，質疑哈布斯堡統治的宗教或政治權威，會遭到什麼懲罰。[1]

自從哈布斯堡皇帝查理五世在一五一九年繼承了勃艮第祖先留下

的低地國家之後，由眾多城市和自治區組合而成、作風極為獨立的低地國家，拒絕接受一個透過布魯塞爾總督統治的外國勢力，遂行他們所謂的政府與課稅中央集權化。在一五四四年逮捕行動的四年之前，根特（Ghent）拒絕協助哈布斯堡王朝對鄰近的法國作戰。後續的抗爭受到查理和低地國家的總督及攝政者，也就是他妹妹匈牙利的瑪麗亞皇后（Queen Maria of Hungary）聯手殘酷鎮壓。兩年後，來自格爾德蘭（Gelderland）東部區域的反哈布斯堡派系再度挑戰王朝權威，揮軍包圍魯汶，使查理不得不從西班牙趕回來，召集一支軍隊準備擊潰反對者。查理和他妹妹都很清楚，對他們權威最大的威脅，並非對王朝的挑戰，而是宗教上的挑戰。一五二三年，根據馬丁・路德（Martin Luther）的著作的新約聖經荷蘭語譯本已經在安特衛普和阿姆斯特丹出版，同年出版的路德著作評注卻遭到禁止。[2]在神學和信仰實踐方面，這個區域擁有寬容和多元化的悠久歷史，但查理和瑪麗亞來自很不一樣的基督教傳統。十五世紀末在卡斯提爾和猶太人及穆斯林社群打交道的經驗，使哈布斯堡王朝相信，任何人只要在神學上違反他們自己那種特別正統的天主教教義，就是直接挑戰他們的權威。在瑪麗亞長達二十五年的統治期間，估計官方核准了五百人的死刑，一五四四年的逮捕行動和後續的處決只是其中一小部分，從一五二〇到一五六五年，全歐洲推估有三千人因為宗教信仰遭判刑。[3]

在杜菲夫起訴的被告當中，許多人只留下少許或根本沒留下任何生平事蹟，不過有一個人的紀錄留了下來，杜菲夫名單上的「梅斯特・吉爾特・舍勒肯斯（Meester Gheert Schellekens），他是魯汶居民，被控信奉「路德派教義」的異端邪說，惡行重大。杜菲夫的人到舍勒肯斯在魯汶的家敲門時，到處都找不到他：他既是逃犯，又是異教徒，杜菲夫對他發出逮捕令。不到幾天，他就在附近的魯佩蒙德城（Rupelmonde）被沃斯（Waas）的法警逮捕，並且囚禁在城堡裡。舍勒肯斯是他妻子娘家的姓氏，而「梅斯特・吉爾特」在歷史上比較著名的名字是製圖師傑拉德・麥卡托（Gerard Mercator，1512-1594），若非如此，在歐洲宗教改革期間留下的有關暴行、迫害、刑求和死刑的諸多史料中，一五四四年的逮捕及處決行動，其實一點也不稀奇。

如果必須舉出一位有名的製圖師，大多數人會說出傑拉德・麥卡托和他用自己姓氏命名的地圖投影法，以及他一五六九年的世界地圖，至今仍是全球通行的地圖製作法。兼具宇宙學家、地理學家、哲學家、數學家、工具製造者和雕刻師等各種身分，麥卡托不只發明了他著名的地圖投影法，也製作出第一批使用「地圖集」（atlas）一詞的地圖。歐洲第一批現代地圖就有一幅是他的作品，影響力壓過托勒密的《地理學》，把銅版地圖鐫刻藝術的美感與精緻提升到無與倫比的境界，形同將木刻版製圖術取而代之。由於宇宙學和製圖術日益專業化，相較於他過去的前輩，我們對麥卡托生平瞭解得比較多，他是歷史上第一批值得有人為其著書立傳的製圖師之一，在他過世以後，友人沃特・吉姆（Walter Ghim）在一五九五年為他出版〈麥卡托的生平〉（Vita Mercatoris）。他的名字已經和他的投影法成了同義詞，把歐洲置於正中央，縮小亞洲、非洲和南北美洲的面積，這種製圖法受到不公平的譴責，被斥為帝國對世界其他地方進行歐洲中心主義帝國統治的終極象徵。

套句馬克思的說法，人類製造自己的地理學，但不是出於自己的自由意志，也不是在他們選擇的環境下，而是在他們直接面對的既有與繼承而來的環境下。[4]這個說法可以套用在本書描述的許多地圖和地圖的製作者身上，不過應用在傑拉德・麥卡托的生平及作品上最為直接。麥卡托是文藝復興和宗教改革時期的人，這個時代被視為個人特質、傳記興起、名人生平（喬治歐・瓦薩里〔Giorgio Vasari〕的《藝術家的生活》（*Lives of the Artists*〔1572〕）即為一例）和所謂「文藝復興自我形塑」的偉大世紀（自我形塑〔self-fashioning〕是個人以藝術手法，藉由適應和利用其特殊環境來塑造自己的認同之能力）。每當個人主張自我時，往往會受到教會、國家和家庭等機構的攻擊和限制；當他們要用新奇和另類的方式來想像他們的個人存在及社會存在時，這些機構往往會極力禁止這些另類方式。[5]如果說十六世紀是追求自我的偉大時代，那同時也是歐洲宗教衝突與鎮壓最激烈的時期之一，在這個年代，教會和國家強行限制人們的思想和生活方式，以追求教會和國家本身的宗教、政治和帝國目標。

雖然不清楚異端的指控和麥卡托製作地圖究竟有沒有關係，身為一名製圖師，他勢必會問到創世和天國的問題，正是這種問題讓他和十六世紀的正統宗教信仰——包括天主教和路德教派——起了衝突。麥卡托和馬丁．瓦爾德澤米勒一樣，以宇宙學者自居。他認為自己的職業是「研究把地球的天空連成一體的普世結構，以及地球各部分的位置、運行和秩序」。[6]宇宙學是所有知識的基礎，「也是自然哲學所有原理和開端的首要指標」。麥卡托把宇宙學定義為「整個世界機器的配置、尺寸和組織」的分析，而地圖製作只是宇宙學的一個元素。

從這種取向來研究宇宙學和地理學，不能不研究創世的最源頭，也就是麥卡托所謂「宇宙最初也最偉大之部分的歷史」，以及「這部機器〔世界〕最初的源頭，和其中某些部分的創造」。[7]這個研究取向充滿了雄心壯志——而且很可能招來禍患。無論是希臘人或後來像瓦爾德澤米勒這樣的製圖師，當他們透過研究宇宙學和製圖術來探索創世的源頭時，都不曾遭到宗教的禁止。不過到了十六世紀中葉，任何人只要處理這種問題，就可能激怒宗教分裂後兩邊的正義之士。問題是宇宙學者——也意味其讀者——放眼綜觀地球與歷史，很可能被指控是採用了神一般的視角。再現神性所需要的自我信念（self-belief）和強調面對創世要謙卑的改革派宗教形成強烈的對照。因此，十六世紀中葉任何一個製作世界地圖的宇宙學者，免不了要對爭議性越來越大的各種基督教創世說採取某種立場，而包括麥卡托在內的某些人被宗教當局指責為異端邪說，任何人只要用地理學觀點來檢視世界的樣貌，並隱約檢視是什麼樣的上帝創造了世界，教會都亟欲加以控制。

麥卡托的事業和他的製圖術受到宗教改革影響，這一點難以抹煞。魯莽地闖入政治與宗教製圖領域，雖然交出一系列漂亮的成績，卻也可能導致他在一五四四年被指控為異端，完成這一系列的地圖之後，麥卡托一五六九年的地圖投影法，提供航海家前所未有的一種在地表航行的方法。不過鑒於當時他身處宗教衝突的背景，這也代表一種理想主義的渴望，企圖超越令他和周邊許多人都受連累的迫害與偏狹，建立一套和諧的宇宙學，隱約批判十六世紀下半葉幾乎將歐洲撕裂的宗教紛擾。夾在社會決定論和自主自由意志之間狹窄而爭議四起的空間，麥卡托設法超越周遭的衝突，創造出製圖史上最著名的地圖，一般以為這幅地圖的形成是緣於對歐洲優越性的堅定信仰，殊不知它有著迥然不同的來源。

＊

如同他筆下的地圖，麥卡托一生充滿了邊界和界線。他的出生地魯佩蒙德是斯凱爾特河（River Scheldt）河畔的一個小鎮，位於現在比利時的東法蘭德斯地區，他生於一五一二年，名字叫傑拉德·克雷默（Gerard Kremer），在漫長的一生中，他的足跡不曾超出魯佩蒙德方圓兩百公里的範圍。他往來的地區曾經（至今依然）是歐洲人口最密集的區域之一，不但具備多樣性和藝術創意，而且各方衝突不斷，爭奪稀少的資源。他父親（是個鞋匠）和母親來自于利希公國（duchy of Jülich）的甘格爾特鎮（Gangelt），當地人說的是德語，位於科隆以西一百公里，科隆地處萊茵河畔，是歐洲最大也最古老的城市之一。甘格爾特西邊是操荷蘭語的法蘭德斯地區，以及這片陸地的的商業中樞，位於斯凱爾特河畔的安特衛普。麥卡托早年的自然地理學是由萊茵河－默茲河（Meuse）－斯凱爾特河三角洲，以及建立在這三條歐洲大河匯流處的市鎮、城市與生活節奏塑造而成。

麥卡托長大之後，人文地理瞬息萬變的需求，正在改變這個區域的自然地理。安特衛普位於魯佩蒙德以北不到二十公里處，靠著買賣遠從新世界和亞洲運來的貨物而致富。馬丁·路德在萊茵河以東向教廷發出挑戰，以改革派的取向來檢視基督教信仰，這種風氣很快往西傳入低地國家。馬丁·路德在威登堡（Wittenberg）首次公開挑戰贖罪卷三年後，德國公侯在西邊六百公里的小鎮亞琛（Aachen）推選查理五世擔任神聖羅馬帝國皇帝，距離麥卡托的家鄉魯佩蒙德只有一百公里。這是帝國野心的一項積極聲明：查理曼從公元七六八年起擔任法蘭克國王，也是早期基督教在後羅馬時代最偉大的一位皇帝，而亞琛正是他最心儀的住所。查理選擇在亞琛舉行加冕典禮，間接表明他渴望仿效查理曼，神聖羅馬帝國傳統上以默茲河為最西端的地理範圍，他也有意擴大。查理接受加冕之後，不只成為古老的西羅馬帝國的皇帝，以及卡斯提爾、阿拉貢和低地國家的國王，同時還必須捍衛天主教信仰。基於本身的宗教責任和帝國野心，他和居住在萊茵河以東的德國諸公國的宗教改革人士不斷發生激烈衝突。

麥卡托的職業生涯分成前後兩段：前半段由他在低地國家各個大城小鎮的求學和早期工作經歷塑造而成；一五四四年入獄之後，他後半段的職業生涯在杜伊斯堡（Duisburg）度過，這個小鎮位於克里維斯公國（duchy of Cleves），也就是現在的德國西部，一五五二年以後，他在這裡度過餘生，直到一五九四年辭世。事後回顧，可能看得出他事業的轉捩點正是令他受創至深、幾乎賠上性命的異端罪名。無論麥卡托當時可能怎麼想，從他早年的生活可以察覺到，是什麼樣的理念和態度令他蒙受異端之罪，而且從他在杜伊斯堡生活的四十年間所製作的地圖和地理學書籍，看得出此事帶來的影響。

麥卡托受的是典型的人文主義教育：先在斯海爾托亨博斯（'s-Hertogenbosch）一所由共同生活兄弟會創辦的學校（groote school）就讀，這是歐洲最頂尖的中學，偉大的人文主義者伊拉斯謨（Desiderius Erasmus，1466/9-1536）在這裡就讀；後來進入魯汶大學修讀哲學，該校在規模和名望上僅次於巴黎。上一代像馬丁．瓦爾德澤米勒這樣的學者，崇尚魯汶和弗萊堡（Freiburg）這種大學提供的新人文主義知識，以及研讀亞里斯多德之流的古典作者所帶來的挑戰，不過等到麥卡托在一五二〇年代進入大學時，原先的刺激已經僵化為正統。對麥卡托的哲學課程來說，就是要亦步亦趨地追隨亞里斯多德——除非這位異教哲學家的某些學說被認為違背了既定的基督教信仰。

雖然他似乎追隨了一般的人文主義風潮，包括把姓氏改成「麥卡托」（是德國姓氏克雷默〔商人〕的拉丁化版本），這位年輕學者從大學畢業時，肚子裡的問題好像比答案還多。他從事的人文主義研究很難容納改革派的新神學，或是像地理學這種科目日益技術化的需求，而他嚮往地理學這種從神學、哲學和實踐等種種層面探索創世理念的方式。除了閱讀西塞（Cicero）、昆提利安（Quintilian）、馬提亞努斯．卡佩拉、馬克羅比烏斯和波伊提烏（Boethius）這樣的作家，他也鑽研托勒密和羅馬地理學家龐波尼烏斯．梅拉（Pomponius

Mela）的理論。但特別是亞里斯多德，讓虔誠卻又好奇的年輕麥卡托思考一連串的問題：他相信宇宙是永恆的，也相信時間和物質的本質是恆久不渝的，這些在在都違反了主張創世是從無到有的聖經教義。魯汶的神學家跳過亞里斯多德論證的小細節，堅稱他把多變的地球和固定的天空區隔開來，和他們基督教的人間與天國非常一致。在地理學這個多變的研究領域中，亞里斯多德認為世界分成不同的氣候帶（klimata）或平行地帶，在葡萄牙和西班牙航向新世界與東南亞之後，這種觀點已經說不過去了。麥卡托日後回想起來，承認希臘思想家和魯汶神學家之間像這樣顯然無法相容的歧異，使他開始「懷疑所有哲學家的真理」。[8]

在魯汶，沒幾個學生有膽子挑戰亞里斯多德的權威，麥卡托也不例外。一個出身寒微的窮學生，在操荷蘭語的世界裡，他是個土生土長的德國人，也不認識什麼有權有勢的人，麥卡托想必看出如果要鑽研思辨哲學，未來恐怕沒什麼發展。在〈麥卡托的生平〉當中，沃特・吉姆回想：「他很清楚要是鑽研這些學問，將來沒辦法養家活口，」麥卡托「放棄哲學，改唸天文學和數學。」[9]

到了一五三三年，麥卡托在安特衛普研讀天文學和數學，也開始和一群人結交，日後他們會監督他從一個充滿抱負的哲學家變成地理學家。這些人屬於法蘭德斯的第一代哲學家，在麥哲倫環航地球之後，他們試圖把地球世界投影在地球儀和地圖上。尤其其中三個人，在麥卡托追求新職業的過程中，提供了各種不同的可能。首先是方濟・孟納楚斯（Franciscus Monachus），他是方濟會的僧侶，在魯汶受訓，如今住在梅赫倫（Mechelen）。他設計出低地國家史上最早的地球儀（如今迭失），獻給梅赫倫樞密院，地球儀附帶的小冊子留存至今，描述的是一個（在摩鹿加群島的問題上）親哈布斯堡王朝的地球，「大力駁斥托勒密和其他早期地理學家的一派胡言」。[10]麥卡托也追隨在魯汶受教育的卓越數學家和工具製造師赫馬・弗里修斯（Gemma Frisius）學習幾何學和天文學，當時弗里修斯已經是著名的地理學家，設計地球儀，而且在土地測量上有長足的進步。一五三三年，他出版了一篇研究如何使用三角測量法的論文，採用在低地國家一望無際的平坦地景上反覆測量而發展出的技術。弗里修斯也發明了新的經度測量法。他的地球儀會附上小冊子，說明如何在海上用時計（timepiece）測量經度，而且製造這種時鐘的技術雖然粗淺，他卻讓人們初次明白有什麼辦法可能成功解決這個問題。一五三〇年代第三位對麥卡托有關鍵性影響的人物是在魯汶開業的金匠兼雕刻師賈斯帕．凡．德爾．海登（Gaspar van der Heyden）。孟納楚斯和弗里修斯要請工匠幫他們製作並雕刻地球儀時，就到凡．德爾．海登的作坊來，麥卡托就在這裡學會了製作地球儀、地圖和科學工具所需要的實務和技術性技巧，以及銅版雕刻術。一名僧侶、一位數學家和一個金匠：這三個人和他們追求的志業，塑造了麥卡托後來的職業生涯。在孟納楚斯身上，他發現也許有可能把宗教生活和地理學與宇宙學邊界的科學探索結合；從弗里修斯那裡，他明白要追求正確的宇宙學，必須精通數學和幾何學；凡．德爾．海登則教會他如何把製作地圖、地球儀和工具的最新設計做成實物。

在他苦苦消化這些互不相干的知識時，麥卡托發現自己對一門技術特別擅長：銅版雕刻，採用義大利人文主義者的斜體字風格，「大法官」（chancery）手寫體。瓦爾德澤米勒和他那一代的人製作地圖時，是把哥德體的大寫字母刻在木刻版上，不過我們在前面看到，這樣每個字母佔據很多空間，筆直、方正的字體容易顯得笨重，把不同字體插進去很容易就看出來。相形之下，麥卡托那一代的人文主義學者已經漸漸接受了義大利十五世紀發展出來的羅馬式大法官體，這種字體的外觀優雅而緊湊，甚至還有本身的數學規則。麥卡托很快便精通這種字體，以及把這種字體刻在銅版上的技術。這時羅馬和威尼斯印刷的地圖所使用的斜體字，開始在安特衛普大批印刷商和書商之間流通，有些印刷商看出銅版雕刻的優點，開始試著在他們的地圖上採用斜體字。麥卡托認為這是他在自己選擇的領域中大放異彩的好機會，自然是當仁不讓。

製圖術受到的影響立即顯現。銅版雕刻改變了地圖和地球儀的外觀。再也看不到笨拙的哥德式刻字和木刻版壓印造成的空白格，取而代之的是優雅、複雜的字型，以及雕刻師以點刻法（stippling）對海洋和陸地所做的藝術性演繹。而且雕刻師可以快速且幾乎不著痕跡地予以訂正和修改。銅版只要幾小時就可以磨平重雕，這是木刻版根本辦不到的。採用這種媒介的印刷地圖突然完全不一樣了；現在製圖師有了以製圖表現（和修正）自我的方法，而麥卡托就在風格轉變的浪頭上。從一五三六到一五四〇年的短短四年間，麥卡托從孟納楚斯、弗里修斯和凡・德爾・海登的熱心弟子，成為低地國家最受尊敬的地理學家之一。在這關鍵的四年裡，他出版了四幅地圖，分屬當時的四個製圖領域——一個地球儀、一幅宗教地圖、一幅世界地圖，最後是一幅法蘭德斯的區域地圖——顯示即便在精進自己獨特製圖風格的同時，他也在努力界定自己的地理學想像。

在安特衛普待了短短一年，麥卡托在一五三四年返回魯汶，並在一五三六年參與製作他的第一項地理學出版物，是一個地球儀。這個地球儀由皇帝查理五世委託製作，和當時的許多地球儀一樣，是眾人協力完成的作品，由弗里修斯設計，凡・德爾・海登印刷，麥卡托以優雅的斜體字雕刻銅版，日後成為他獨樹一格的字體。完成後的地球儀獻給了馬克西米蘭・特蘭西瓦拉斯，他是皇帝的顧問，也是親哈布斯堡王朝的論文《摩鹿加群島》（*De Moluccis Insulis*）的作者。可想而知，這個地球儀複製了列比路的政治地理學，宣稱摩鹿加群島是哈布斯堡的一處領土。查理一五三五年七月從鄂圖曼手裡搶來的突尼斯上空飄揚著皇帝的哈布斯堡雙頭鷹旗幟，西班牙不久前在新世界建立的殖民地也出現在地球儀上。在政治無關緊要的地方（亞洲和非洲大多數地區），地球儀只是複製了傳統的托勒密式輪廓，美洲被標示為西班牙領土，是製圖師盡職的表現，不過如同瓦爾德澤米勒一五〇七年的地圖，美洲與亞洲隔海遙望，麥卡托可能在這段時間看過這幅地圖。地球儀為出錢的金主稱頌哈布斯堡的帝國勢力在國際的影響範圍，不過對學術界而言，這個地球儀的意義不在於政治內容，而在於形式。這是史上第一個使用銅版雕刻，也是第一個採用麥卡托的斜體字的地球儀，從而建立了自己的地理學傳統，區域用大寫字母標示，地方用羅馬字體註明，描述性的說明則用草寫。[11]以前誰也沒看過這樣的地球儀，除了麥卡托的書法以外，弗里修斯的政治地理學也是幕後功臣。

第一次獨立製作地圖時，麥卡托從政治地理學轉向宗教。一五三八年，他出版了一幅銅版雕刻的掛牆式聖地地圖，從標題看來，地圖的設計是「為了對聖經有更深入的瞭解」。[12]麥卡托藉此得以延續他對神學的興趣，但也讓需錢孔急的他有個發財的機會——區域地圖的銷路向來比不上聖地的地圖。麥卡托引用德國人文主義者雅各布．傑格勒（Jacob Ziegler）五年前在史特拉斯堡出版的一系列聖地地圖，但這些不完整的地圖只提供了該地區部分的歷史地理學；他精雕細琢的地圖把傑格勒的地理學加以升級並擴大，還補充了舊約聖經最重要的故事之一，以色列人從埃及前往迦南地的出埃及記。

在地圖上繪製聖經場景的作法歷史上早有先例。中世紀像赫里福德地圖那樣的mappaemundi也出現了聖經場景，包括出埃及記在內，初期的印刷版托勒密也收錄了聖地的地圖。不過路德的理念對於地理學在神學中的地位賦予了新的概念。一五二〇年代之前，基督教製圖師的任務很清楚：描述上帝創造的世界和預示最後的審判。不過路德挑戰正統基督教信仰的許多結果之一，是強調的不一樣，重點放在上帝創造的世界之地理學。路德派的製圖師不再強調上帝是遙遠的造物主，只能透過中介來理解。他們反而想要一個比較個人化的上帝，天主的庇佑展現在人類生活的此時此地。因此，路德派對地理學的論述往往不注重創世和使徒周遊列國之後的教會史，反而選擇展現上帝的世界如何運作。一五四九年，路德的朋友菲利普．墨蘭頓（Philipp Melanchthon）出版《物理學起源》（*Initia doctrinae physicae*），他在書中寫道：

> 這個宏偉的劇場——天空、光、星辰、地球——證明上帝是世界的統治者和形成者。只要往四周張望，就會在萬物的秩序裡看出上帝這個建築師從來不曾休息，保存並保護萬事萬物。依照上帝的旨意，我們或許能藉由鑽研各門科學，追蹤祂在這個世界的足跡。[13]

墨蘭頓避免把上帝描述成造物主，只說他是「世界的形成者」，神聖的建築師，只要用心鑽研各門科學，尤其是地理學，就能認出上帝之手。把聖經註釋擺在一邊，根據經驗來從事科學性研究，就能看出上帝如何慈愛地統治世界。墨蘭頓的論證無意間使後來秉持懷疑論的地理學家和製圖師得以質疑聖經地理學的有效性。

到了一五三〇年代，這些改革派的信仰已經影響到地圖和幕後的製圖師，也激發了一種全新類型的地圖，出現在路德派的聖經裡。[14] 路德對地理學的研究取向比墨蘭頓更加實事求是，他提筆表示想要「好的地理學和更正確的」以色列人「應許之地的地圖」。[15] 他很想找幾幅地圖來當作他一五二二年新約聖經德語譯本的插圖，雖然這一次無法如願，三年後，蘇黎世印刷商克里斯多夫·弗羅紹爾（Christopher Froschauer，和瑞士改革派教會領袖胡爾德萊斯·茲運理〔Huldrych Zwingli〕關係密切）根據路德的譯文出版舊約聖經，這是第一次有聖經以地圖作為插圖。主題是出埃及記。

一五二六年，安特衛普印刷商雅各布·凡·里斯維（Jacob van Liesvelt）在第一本荷蘭語版的路德派聖經裡複製了同一幅地圖，在麥卡托的地圖出版前，又被當地至少兩個印刷商複製。所有這些路德派聖經裡複製的地圖，都是盧卡斯·克拉納赫（Lucas Cranach）的〈應許之地的位置與邊界〉（The Position and Borders of the Promised Land），是一五二〇年代初期製作的一幅木版印刷地圖。克拉納赫跟茲運理一樣皈依了路德教派，是路德的好友，也是德國宗教改革運動中創作量最大，也最為人稱道的畫家。把出埃及記的故事製作成地圖，對路德和他的追隨者都具有特殊的神學意義，因為他們自視為當代的以色列人，要逃離羅馬的腐敗和迫害。根據路德的詮釋，出埃及記代表對上帝的忠貞及個人信仰的力量，和耶穌復活的預示或洗禮之重要性等傳統詮釋（出現在赫里福德mappamundi上）形成強烈對比。

路德派的聖經地圖專注於呈現某些示例了改革派教義的聖經地點和聖經故事。十六世紀的聖經地圖有將近百分之八十是伊甸園、迦南分地、耶穌時代的聖地，以及保羅和使徒的地中海東岸等等的地圖。[16] 一五四九年，英國印刷商雷納·沃爾夫（Reyner Wolfe）出版了第一

圖19 盧卡斯・克拉納赫，〈應許之地的位置與邊界〉，一五二〇年代。

n des lants van Beloften.
68
69
70
Hemath
Damascus
Nepthalim
Galileen
Zebulon
Aser
Galileen
Isachar
Capernaum
Manasse
Hermon
Gad
Jericho
Moabiten
Dat gheberchte van
Arabien
68
69
70

本包含地圖的新約聖經，對他的讀者說「宇宙學的知識」是「讀好聖經」的基礎。在敘述聖保羅傳道旅程的地圖上，沃爾夫表示：「從路程看來，你可能很容易感覺到聖保羅在亞洲、非洲和歐洲各地宣揚上帝之言的旅程是多麼艱苦。」[17]中世紀的地圖預言世界末日，改革派的地圖則更有興趣探索能看到什麼天主庇佑的跡象。當路德繼續強調私下閱讀聖經比神學機構的官方教義更重要，地圖以種種方式來闡明聖經，成為個人讀經不可缺少的輔助工具。讀者因此對聖經事件的文字真理有了更即時的體驗，也讓信徒在地圖的指引下，對聖經產生和路德（有時是喀爾文〔John Calvin〕）的詮釋一致的解讀。

到了一五三〇年末期，描繪出埃及記的聖地地圖成了路德派製圖師的專利。既然如此，和信仰天主教的哈布斯堡家族關係密切的麥卡托，為什麼不但引用這種地圖的地理學，還明白引用其中的神學？地圖的標題說明其目的是「更深入理解新舊約聖經」，是路德教派一貫的說法。這是否確實象徵麥卡托對路德教派的同情，抑或只是一個出色的年輕製圖師在製圖術邁入新方向的振奮中所展現的熱誠天真？在地圖上玩弄宗教是一件危險的事，可能招來殺身之禍。西班牙學者米格爾・塞爾韋特（Miguel Servetus）就因為他在一五三〇年代的「異端」出版品再三遭受天主教和新教當局的譴責，其中包括某一版的托勒密《地理學》（一五三五年），收錄了一幅畫著西班牙人批判巴勒斯坦土地肥沃的聖地地圖。[18]塞爾韋特在一五三三年被日內瓦喀爾文教派當局處以火刑。

如果說麥卡托知道他第一幅獨立繪製的地圖可能惹禍上身，那麼他一點都不露聲色。他著手繪製第二幅地圖，運用本身的數學知識來設計一幅全世界的地圖。正如同路德的神學影響了製圖術，多位葡萄牙、西班牙和德國製圖師已經記載下來的航海發現，同樣發揮了影響力。在麥哲倫一五二二年環航世界之後（前一章討論過），製圖師個個摩拳擦掌要重現地球，趁現在越來越多人意識到地球是一個球體，給了統治者一個強而有力的物件，讓他們拿在手中，宣告自己支配了全世界。但製作地球儀只是迴避了一個永難解決的問題：如何把這個球狀的地球投影在平表面上，要精確地環航全世界，不能沒有一幅平面地圖——如今西班牙和葡萄牙把地球一分為二，這個需求自然非常迫切。瓦爾德澤米勒回歸托勒密的投影法，就是想做到這一點，不過這些方法只涵蓋了人居世界（oikoumenē），而非地球的東西經共三百六十度和南北緯共一百八十度。像麥卡托之類的製圖師現在面臨的挑戰，是如何用數學規則制定一套全新的投影法。

製圖師在設計投影圖的時候，有三個可能的選項。他們可以採用孟納楚斯的解決方案，利用筆直的緯線和弧形的經線，把古典時代再現為圓形的人居世界加倍，呈現兩個半球。他們可以把世界分割成一塊塊各自分離的形狀，製成瓦爾德澤米勒和弗里修斯設計的那種月形圖。不然他們可以用幾何形狀，例如圓筒、圓錐體或長方形，把整個地球投影在平表面上。這兩種方法都有缺點。雙半球和地球儀月形圖必須以極大的比例尺製作，才能真正派上用場。托勒密及其前輩泰爾的馬里努斯已經嘗試過圓筒和圓錐體，為這種投影在尺寸、形狀或方向上的扭曲傷透腦筋。一開始，文藝復興製圖師複製了這兩種投影法的修正版。不過當地理新發現違背了已知世界的特徵，同時像麥卡托這樣的製圖師和弗里修斯之類的數學家接觸日漸密切，有人提議用新形狀來再現地球：世界成了橢圓形、梯形、正弦曲線，甚至是心形（cordiform，heart-shaped）。[19]到了十六世紀末，總計採用了至少十六種投影法。

選定形狀之後，製圖師面對更深一層的問題。當已知世界的邊際一再改變，到底哪裡才是世界的自然中心？世界地圖以哪裡為起點——又以哪裡為終點？更古老的一批投影圖提供了一個可能的答案，這是希臘天文學家的作法，稱為方位投影（azimuthal projection）。方位是一個球體系統內部的角度測量，這個球體系統通常（對希臘人和麥卡托這種後世製圖者而言）是宇宙。一般常見的方位是以地平線作為參考平面，根據地平線來確認恆星的位置。如果觀察者知道正北方的位置，方位就是極北和恆星在地平線上的垂直投影所形成的角度。依照這個基本方法，方位投影可以透過確立方向來建構一個縱橫交錯的角度網，確保所有的距離和方向從中心點看來都是正確的，雖然從其他位置看會出現大小和形狀的扭曲。方位投影的方法琳瑯滿目：有等距投影（equidistant projection），任何兩個點或兩條線之間的比例尺和距離保持不變；有正射投影（orthographic projection），可以從不同的方向畫出三度空間物體；心射投影（gnomonic projection），把所有的大圓都畫成直線；平射投影（stereographic projection），從地球的某一點把球體投影到一個無限大的平面上。從其中許多名稱看得出來，製圖師可以根據自己想凸顯——也暗指抑制——什麼，來選擇投影法。

方位投影法的優點之一是可以對焦在赤道、兩極或製圖師所需要的任何斜角。以兩極為焦點的投影法特別流行，因為這種投影圖提供了觀察晚近地理發現之旅的新視角，也在北極打開了將來可能探索的新地區（尋找西北通道和東北通道）。把南極或北極置於地圖正中央，還有一個很明顯的優點，可以迴避從一四九四年訂立托爾德西利亞斯條約以來，一直讓製圖師很棘手的政治問題：東半球和西半球的全球所有權。

把兩極投影法發展得最獨特的世界地圖之一，是法國數學家、占星家兼製圖師歐龍斯．費恩（Oronce Finé）在一五三一年出版的地圖。這是一幅用修正過的心形投影法繪製成的心形地圖，增添了新奇的創意。在費恩的地圖上，赤道位於正中央，垂直向下把地圖一分為二，北極在左，南極在右。最外面的兩個圓弧代表赤道，和橫跨地圖中心的中央經線相切。麥卡托自己的地圖正是以費恩的地圖為藍本，不過再配合最新的地理發現做出一些變更。北美洲（麥卡托標示為「被西班牙征服」）和亞洲分離，卻和南美洲連結，這是南北兩邊第一次被並稱為「亞美利加」。馬來半島則顯示麥卡托可能看過列比路為這個區域繪製的幾幅地圖。[20]

儘管有這些地理學的新發明，然而把世界投影在心形地圖上，怎麼看都覺得奇形怪狀。這是反覆實驗托勒密的第二種投影法才慢慢鑽研出的結果，不過以心形作為地圖的鮮明輪廓，麥卡托再次走上哲學與神學的鋼索。心形的世界是文藝復興時期常見的隱喻，寓意是內在的感情生活塑造了外在的具體世界。一個世紀以後，詩人鄧約翰（John Donne）在他的詩〈良辰〉（The Good Morrow）裡採用了這個

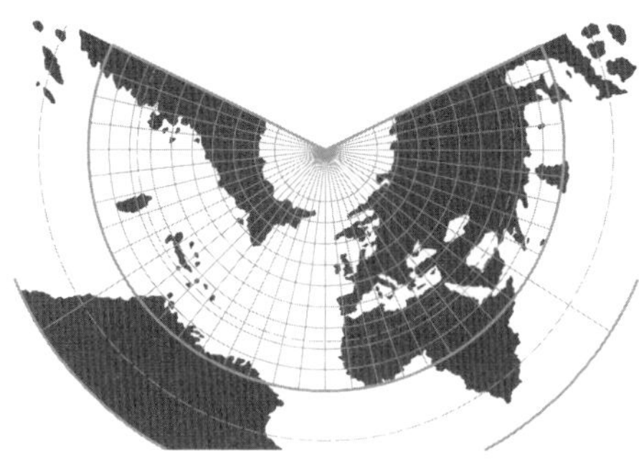

孔塔里尼（Contarini），一五〇六年

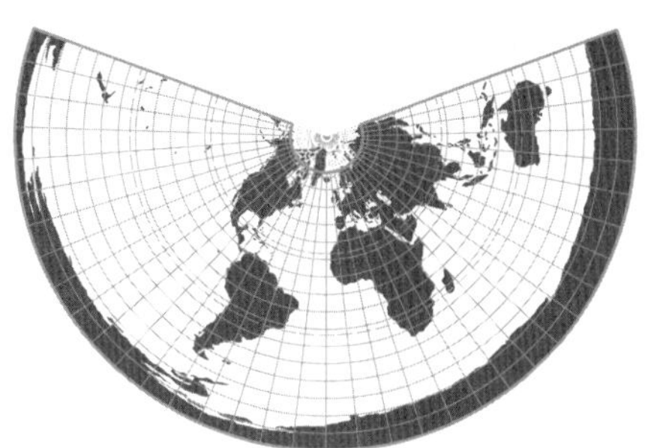

魯伊希（Ruysch），一五〇七年

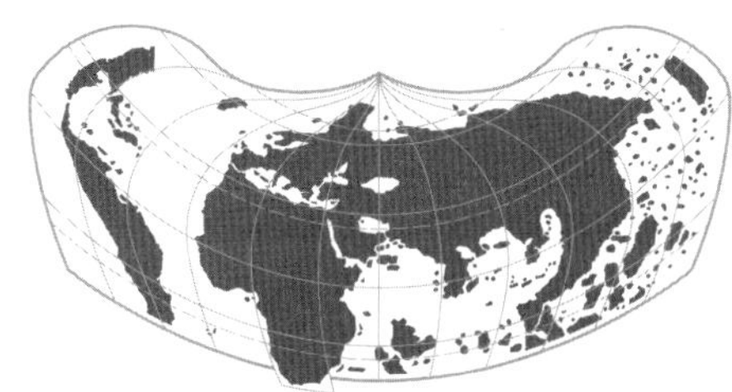

瓦爾德澤米勒，一五〇七年

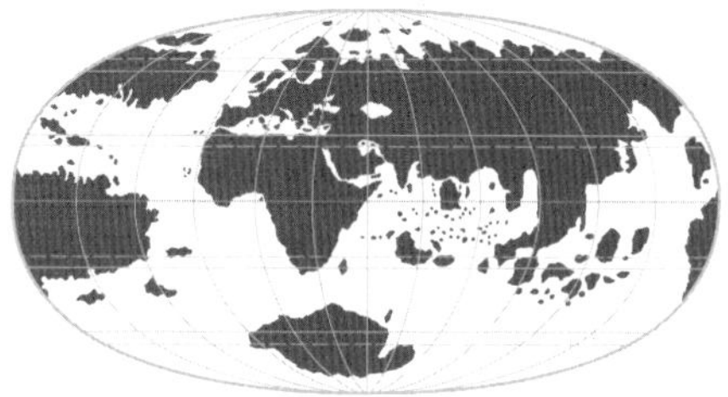

羅塞里（Rosselli），一五〇八年

瑪吉歐利方位投影法（Maggioli Asimuthal），
一五一一年

心形投影（Cordiform Projection），
韋納（Werner），一五一四年

圖20　文藝復興時代地圖投影法圖解。

隱喻，詩中的情人「發現」愛情的新世界，參照心形的地圖，即可充分瞭解其中的視覺比喻：

> 讓航海發現者前往新世界，
> 讓地圖向他人展現無數個世界，
> 且讓我們擁有一個世界，各自獨立，又互相擁有。
>
> 你眼裡有我的臉龐，我眼裡有你的容顏，
> 兩張臉上是兩顆真誠的心。
> 哪裡能找到兩個更好的半球
> 沒有凜冽的北方，沒有沉落的西邊？[21]

不過在一五三〇年代，心形的地圖投影令人聯想到飽受爭議的宗教信仰。諸如墨蘭頓這樣的路德派神學家，把心視為人類情緒的所在地，因此聖經的轉化經驗完全繫於一心。路德派的思想剽竊了心在天主教的象徵意義，認為把心再現於書籍——和地圖——是一種虔誠信仰的行為，透視內心或良心，尋找恩典的跡象。凡夫俗子只能盡量詮釋自己的心，只有上帝才是「知心者」（kardiognostes），能夠看透人心，不需要任何評注。[22]

宇宙學家採用心形投影，後來也和斯多噶（Stoic）哲學扯上關係，這個學派認為，相較於更廣大的浩瀚宇宙，人類對塵世榮耀的追求既空虛又無意義。斯多噶派的宇宙學運用塞內卡（Seneca）、西塞羅、波希多尼和斯特拉波等羅馬作家的學說，其中表達得最明確的地理學概念出現在馬克羅比烏斯公元五世紀的作品《〈西比歐之夢〉疏》（麥卡托在魯汶求學時無疑讀過這本書）。馬克羅比烏斯筆下的小西比歐（Scipio Africanus the Younger）在夢中飛上天空，看到「地球非常渺小，我們的〔羅馬〕帝國可以說只是地表的一個點，讓我非常羞愧」。馬克羅比烏斯在註解中教導我們，「我們人類只佔了整個地球很微小的一部分，而地球和天空比起來，也只不過是一個點」，透露出「沒有任何人的名聲可以傳遍全羅馬，即便羅馬帝國「只占了一小

部分」。[23]克里斯汀・雅各布（Christian Jacob）說明奧古斯都時代的斯多噶主義在地理學方面的影響力時，力陳這種哲學思考「見證了普遍運用探子（kataskopos），『由上往下俯瞰』整個地球，致使人類的價值和成就化為相對之物，知性觀點也得到採用，這種心靈的凝視揭露了世界的美好和秩序，超越了表面的閃光和人類知識的侷限」。[24]到了十六世紀初，世界不斷擴張，但宗教的混亂，加上對帝國權力與榮耀的追求，只是強化了衝突和偏狹，為了因應似乎把世界上被稱為歐洲的那「一小部分」吞噬殆盡的執拗和偏見，像費恩、亞伯拉罕・奧特流斯（Abraham Ortelius）和麥卡托這樣的宇宙學者，對個人和宇宙間的和諧關係展開了一種斯多噶主義式的思索。

在十六世紀上半葉製作心形的地圖，是宗教異議的明白表示。這種地圖邀請觀者好好看看自己的良心，而且要在一個斯多噶學派宇宙的更寬廣脈絡下看個清楚。不過像這樣沾惹「異教」哲學，天主教或新教當局未必歡迎。費恩深入研究神祕哲學，因而在一五二三年被短暫逮捕了一段時間；事實上，十六世紀每個採用心形投影的製圖師，其實對神祕哲學和改革派宗教都頗有共鳴。[25]麥卡托把他的世界地圖獻給友人約翰尼斯・德魯修斯（Johannes Drosius），這位神職人員六年後和他一起被控宣揚異端。從數學、哲學或神學的角度看來，麥卡托所選擇的投影法，不管怎麼解釋，輕則是反傳統，重則是異端邪說。

這樣一幅衍生出來，而且相當不尋常的地圖，銷路不好恐怕也是件好事。麥卡托再也沒用過這幅地圖，甚至沒有在日後的出版品和書信裡提過，大概是亟欲撇清關係，畢竟這是一名仍然相當資淺的製圖師的作品。吉姆的〈麥卡托的生平〉完全沒提過一五三八年這幅世界地圖，只說麥卡托轉向十六世紀初地理學的另一個發展領域，區域地圖製作（regional mapmaking）。「他積極回應許多商人的迫切要求，親自計畫、執行，然後在很短的時間完成一幅法蘭德斯的地圖」。[26]結果這幅一五〇四年完成的地圖是麥卡托早期最暢銷的地圖之一，在接下來的六十年內又印了十五刷。

委託製作這幅地圖的是法蘭德斯的一群商人，他們希望麥卡托可以取代對哈布斯堡王朝的統治似乎有所質疑的一幅區域地圖。皮耶・

凡·德爾·畢克（Pierre van der Beke）的法蘭德斯地圖一五三八年在根特出版，似乎和該市的叛亂分子站在同一陣線，公然拒絕為哈布斯堡對這個區域的宗主權背書，藉此反對匈牙利的瑪麗亞皇后募款為哈布斯堡王朝備戰的企圖。地圖上寫滿了根特的市政機關、貴族家庭和封建權利，也代表早期對法蘭德斯故鄉（patrie）的訴求，藉此對抗哈布斯堡王朝的統治。[27]到了一五三九年，根特爆發叛亂活動，查理五世動員軍隊趕來，商界各派系擔心後果不堪設想，決定至少應該請人製作一幅和凡·德爾·畢克立場相反的地圖。麥卡托急急忙忙完成地圖，連裝飾用的外框都有一道留白，但除此之外，凡·德爾·畢克地圖上每個可能和愛國主義有關的地方都刪除殆盡，而且盡可能把該地區對哈布斯堡王朝的忠誠表達得清清楚楚，這方面的登峰造極之作，莫過獻給皇帝的忠貞題辭，儘管在地圖即將完成之際，他仍然持續迫害這個城市。[28]可嘆哪，地圖居然一點用也沒有。查理在一五四〇年二月率領三千名德國傭兵進入根特，把率眾叛亂的人斬首，廢除行會的商業特權，拆除舊的修道院和城門。皇帝在根特這種法蘭德斯城市的市民空間留下的印記，是麥卡托和他的地圖永遠也比不上的。[29]

儘管如此，既然這幅地圖多次重印，麥卡托的法蘭德斯地圖在商業上確實有所斬獲，也讓他再次受到查理五世的注意，這要歸功於他在大學的老友，不久前剛被任命為阿拉斯主教（bishop of Arras）的安托萬·佩勒諾（Antoine Perrenot）在政治上的支持，安托萬的父親正是皇帝的第一任樞密院大臣尼可拉斯·佩勒諾·德·格朗維勒（Nicholas Perrenot de Granvelle）。在他們父子的支持下，麥卡托著手製作一系列地球儀和科學工具，其中有一個獻給格朗維勒的地球儀，在一五四一年完成，把他先前和弗里修斯及凡·德爾·海登聯手製作的地球儀做了更新。麥卡托似乎前程似錦，還不到四十歲，不但是備受尊敬的地理學家，也是聲譽日隆的工具製作者。接著一五四四年的冬天到來，他被指控為異端。

當時的證據，以及麥卡托後來的宗教著作，在在顯示他的信仰不只是「路德教派」那麼簡單。從十五世紀末以來，歐洲北方大城市的知識階級開始崇尚一種比較偏向內心、私密的宗教信仰。德默·

麥可洛克（Diarmaid MacCulloch）曾經說，這種人把宗教「比較外露、有形的一面和粗俗及缺乏教育連結在一起，以紆尊降貴或甚至厭惡的態度來對待這種宗教，他們認為對於尋求救贖的信徒而言，儀式和聖物比不上經文所能帶來的啟發」。這種信徒被稱為「靈修者」（spirituals），他們共同的特徵是「堅信宗教或與神的接觸，乃是發自個人的內心深處：上帝的心靈直接接觸人類的心靈」。[30]如果說這些靈修者對天主教儀式的懷疑是可以理解的，他們同樣也對路德——當然還有喀爾文教派——規定越來越嚴格的教義敬而遠之。一五七六年，麥卡托在信上和女婿討論聖餐變體——相信聖餐的麵餅和酒是基督的身體和寶血——這個爭議性的話題，路德教派認為這比較像是基督和信徒之間一種象徵性的結合。在麥卡托看來，「箇中的神祕超乎人們所能理解，此外，這沒有被列為獲得救贖的必要信仰條件之一……因此，人家高興怎麼想就怎麼想吧：只要信仰虔誠，也沒有說出其他違反上帝之言的異端邪說就好，根據我的信念，這樣的人不應該被譴責。而我覺得不應該和這樣的人斷絕往來。」[31]此番論證令我們相信，從他出身天主教農村的背景，到日後接觸到魯汶的學術環境，以及像弗里修斯和伊拉斯謨斯這樣的思想家，麥卡托應該算是一位「靈修者」，瞭解改革的必要性，但仍表達出宗教改革之前的信念，認定個人信仰什麼宗教是私事。他的宗教信念影響了他的每一件出版品（包括地圖在內），但沒有被界定為一種信仰的公開宣示。一五二〇年代初期，或許沒有人注意這種信念，不過到了一五四四年，就很容易被解讀為異端。

信仰天主教的哈布斯堡王朝當局的宗教檢查日益氾濫，麥卡托非正統的信念看來早晚會讓他惹禍上身。導致他被捕入獄的大環境，是日後打造他事業的兩位贊助者——皇帝查理五世和于利希—克里維斯—柏格公爵威廉（Wilhelm, Duke of Jülich-Cleves-Berg）——相互衝突的結果。威廉一五三九年即位成為公爵，繼承了低地國家東北邊界的格德司公國（duchy of Guelders），儘管皇帝查理五世意圖把這個區域統一在哈布斯堡王朝的統治之下，但格德司不在皇帝繼承的領土範圍內。威廉與德國路德教派的公國及法國結盟，在一五四二年夏季揮軍進入低地國家，到了七月，他的部隊把麥卡托寄居的城市魯汶團團包圍。查理再次被迫率領大軍從西班牙趕回來。當法國的反對勢力消失，查理出兵攻擊于利希公國，威廉很快表示將有條件投降。一五四三年九月，他簽署一紙和平條約，保住了他萊茵蘭（Rhineland）的領土（條件是讓當地人繼續信仰天主教），並放棄了他對格德司的所有權，讓查理有效控制十七個省分（這些省分最後共同成立尼德蘭〔Netherland〕）。[32]

被團團包圍的魯汶市民只得到暫時的喘息。受到這些事件的震撼，查理的妹妹瑪麗亞開始逮捕那些被懷疑支持宗教改革的人。不到幾個月，麥卡托就鋃鐺入獄。一直沒有人搞清楚所謂異端的指控到底是怎麼回事，雖然當時留下來的文件提到有「可疑的書信」寄給梅赫倫方濟會的修道士（可能是孟納楚斯）。信上討論的多半是神學或地理學，或兩者都有。既然找不到麥卡托公開宗教信仰的第一手記載，我們恐怕永遠不會知道這些指控有沒有真憑實據，但卻讓麥卡托在魯佩蒙德城堡熬了將近八個月。幸好魯汶大學的在地牧師和主管機關在夏季季末請求將他釋放。在當局開始處決被定罪的囚犯時，麥卡托突然被釋放，所有罪名一筆勾消。

他重返魯汶，發現當地陷入空前的風聲鶴唳。他坐過牢的汙點仍揮之不去，一五四五年十一月，因為出版異端作品而遭定罪的印刷商雅各布・凡・里斯維被處決的消息傳出，更加深了他身上的汙點。接下來的幾個月，甚至幾年，迫害的浪潮有增無減，像安特衛普和魯汶這樣的城市，儘管有著知識和國際化的吸引力，但對於有志研究宇宙學基本問題的靈修思想家而言，顯然已經不是安全的棲身之所。

確實該離開了，但麥卡托還是得謀生。在接下來的六年裡，他沒有出版任何地圖，只是基於職責所在，做了一些欠缺啟發性的數學工具獻給皇帝查理五世（一五四八年，皇帝的天主教軍隊和路德教派公侯組成的施馬加登聯盟〔Schmalkaldic League〕爆發戰爭，這些工具在戰爭初期的一次衝突中意外被毀）。麥卡托從此投入斯多噶派哲學，苦心鑽研星辰的移動。一五五一年春天，也就是上一次出版地圖的十年之後，麥卡托發表了一個天球儀，來搭配他先前創作的地球儀。這是他在魯汶的最後一件作品。不到一年之後，該地區再度面臨戰爭和叛變的威脅，他終於一去不回，重返萊茵河畔。

麥卡托大概一直沒弄懂，那個在一五四三年發動戰爭，間接害他在一五四四年入獄的人，卻在一五五二年給了他一個避難所，這是多麼諷刺的一件事。于利希—克里維斯—柏格的威廉公爵淪為查理五世的手下敗將之後，回到公國領地休養生息，大興土木，提倡學術和教育。他在于利希和杜塞道夫設計義大利風格的宮殿，同時計畫在杜塞道夫以北三十公里的杜伊斯堡興建一所新大學。一五五一年，他邀請麥卡托前往任教，雖然聘僱的細節不甚清楚，看樣子他是要麥卡托擔任宇宙學的教授。[33]威廉顯然是想邀請歐洲首屈一指的宇宙學者到他的新學術中心坐鎮；對麥卡托而言，可以在學術界謀得一職，又能逃離魯汶的鎮壓氛圍，實在機不可失。一五五二年，他啟程前往兩百公里外的杜伊斯堡，沿途經過差不多就在半路上的故鄉根特。比起安特衛普或甚至魯汶，杜伊斯堡是一個名不見經傳的小城，但卻享有公爵的寬容統治，威廉抗拒羅馬或甚至日內瓦（後者日益嚴重）對神學順服（theological conformity）的要求，反而崇尚伊拉斯謨斯所追求的「中道」，認為信仰純屬私人事務。

麥卡托如今安享寬容贊助者的保障，重新開始製作地圖。一五五四年，他出版了當代歐洲地圖，是一幅十五張的巨大掛牆式地圖，根據最新的測量方法製作，把托勒密高估九度的歐洲尺度縮減，總算揚棄了這位希臘地理學家對歐洲的理解。結果這是他迄今最成功的一幅地圖，光是一五六六年就賣出二百零八幅，被沃特．吉姆譽為「地理學的歷史上，得到學者讚美最多的地理學作品」。[34]後來又在一五六四年出版了另一幅暢銷地圖，這一次繪製的是不列顛諸島，就在同一年，麥卡托被任命為威廉的官方宇宙學者。[35]

麥卡托對自己的新家充滿信心，而且無論在財務或神學上都輕鬆自如，憑著對神學的興趣和過去的學術訓練，終於能追求他的志業。一五四〇年代中期，他開始規劃一套充滿雄心、「統合天空與地球，以及地球各部分之位置、運行和秩序的全世界體系」的宇宙學。[36]必須研究創世、天空、地球，以及他所謂「宇宙最早也最偉大的部分之歷史」：換句話說，是一部自開天闢地以來的世界編年史。整個計畫的核心是一幅世界地圖，但不是麥卡托先前衍生出來的心形世界地圖，這一次完全改弦易轍，可以保證必然與眾不同。但在著手之前，他必須先完成計畫中的世界編年史。

自古以來，地理學和編年史一直被視為史學的兩隻眼睛，現在兩者都依照晚近的地理發現之旅被徹底重新評估。光是發現了新世界，就必須有新的宇宙學來理解已知世界不斷變化中的陸地空間；新世界的居民和歷史對基督教編年史帶來了同樣棘手的問題。為什麼聖經裡沒提過這些人？應該如何在基督教創世的脈絡下評估他們的歷史——特別是新世界歷史發生的時間可能更早？在十六世紀，主要是靠宇宙學和編年史來回答當時某些最富爭議性的問題。

這兩個學科都吸引著當時優秀、反傳統、有時甚至離經叛道的思想家。對許多人來說，宇宙學者就像是採取神的觀點，從上往下凝視地球，同時又抬頭思索宇宙的結構和起源。不過麥卡托很清楚，宇宙學也可能被指控為驕傲或傲慢——或是異端邪說。編年史也無法免於這種指控。研究歷史事件的時間順序，並排列在各方一致同意的年表上，自古典時代以來就深深吸引著學者，然而到了十六世紀，學者念茲在茲的，反而是建立這樣一個年表的實務與道德價值。[37]「如果不知道年代順序，」和麥卡托同時代的占星學家伊拉斯謨．萊茵高德（Erasmus Rheingold）在一五四九年問道：「我們現在的生活會亂成什麼樣子？」[38]沒有正確的編年史，如何能準時慶祝復活節？如果沒有正確的時間，又如何為預言中的世界末日做準備？在比較實務的層次上，從十五世紀下半葉起，人們越來越要求時鐘和日曆要準確測量時間。機械擒縱輪時鐘的發展引進了新的時間感，促使人們起身上班和禱告，比過去更加複雜的編年史、日曆和天文年曆的出版，也彌補了這些新科技之不足。

十六世紀中葉，人們也「開始閱讀編年史，希望找到不見容於當前混亂局勢的秩序」。[39]不過隨著這種希望和恐懼而來的是懷疑。和麥卡托差不多同時代的天主教徒尚．布丹（Jean Bodin，1530-1596）及胡格諾（Huguenot）教徒約瑟夫．斯卡利傑（Joseph Scaliger，

1540-1609），雙雙引用看似違背聖經創世故事的古典資料，寫下大量博學的編年史。私底下，從耶穌的家系到他被釘十字架的日期，斯卡利傑沒有一樣不憂心，最後總結表示編年史未必由宗教來界定。這兩位編年史學家和宇宙學者必然會引起天主教和新教當局的注意。除了指控像費恩這樣的宇宙學者，布丹也被指控信奉異端，而斯卡利傑則到法國躲避宗教迫害；他們的許多作品最後被列入教廷的禁書目錄（Index of Prohibited Books）。

麥卡托重拾宇宙學者的工作，並著手編纂編年史，試著找出一個新方法來回答有關創世和宇宙起源的問題，這是他從年輕時代在魯汶求學時就念茲在茲的課題。這是一條比較艱深的途徑，但或許編年史的祕密可以揭曉過去，更重要的是可以透露未來，用更宏觀的角度來看待當前的毀滅時代；而且包括麥卡托在內的許多人相信，編年史可以揭露即將來臨的末世學（eschatology）。《編年史》（*Chronologia*）出版以後，他寫信給友人說：「我仍然堅信目前正在打的戰爭，是聖約翰的啟示錄第十七章結尾提過的主之萬王（Hosts of the Lord）的戰爭；羔羊和選民必將得勝，教會也將前所未有地蓬勃。」[40]我們不清楚這是否代表對改革派過度攻擊羅馬的一種抨擊，不過看得出麥卡托的確相信末日即將來臨，而編年史也許會透露到底是哪一天。

一五六九年，麥卡托的《編年史》在科隆出版。本書引用巴比倫、希伯來、希臘和羅馬等各式各樣的資料，想提供一部具有連貫性、和聖經相符的世界史。[41]編年史的問題是要能夠承認所有這些資料及其各自相異的時間，他的解決辦法是規劃一個圖表，這樣就可以把每個基督教的日期和希臘、希伯來、埃及和羅馬曆法相互比較。讀者便可以縱橫古今，切開某個特定的時刻，和世界史上的其他時刻比較。例如在一四七頁會看到耶穌被釘十字架的日子是第二〇二次希臘奧林匹克的第四年，埃及曆法第七八〇年、希伯來曆法中的耶路撒冷聖殿第三度被毀後第五十三年、羅馬曆法第七八五年，也是創世後四千年。[42]麥卡托（和其他編年史學者）遇到的問題是對於創世之後及彌賽亞降臨之前這段期間，如何根據不同的推估來做出這些計算結果。希臘語的舊約聖經宣稱是中間要經過五千兩百年，希伯來語版本

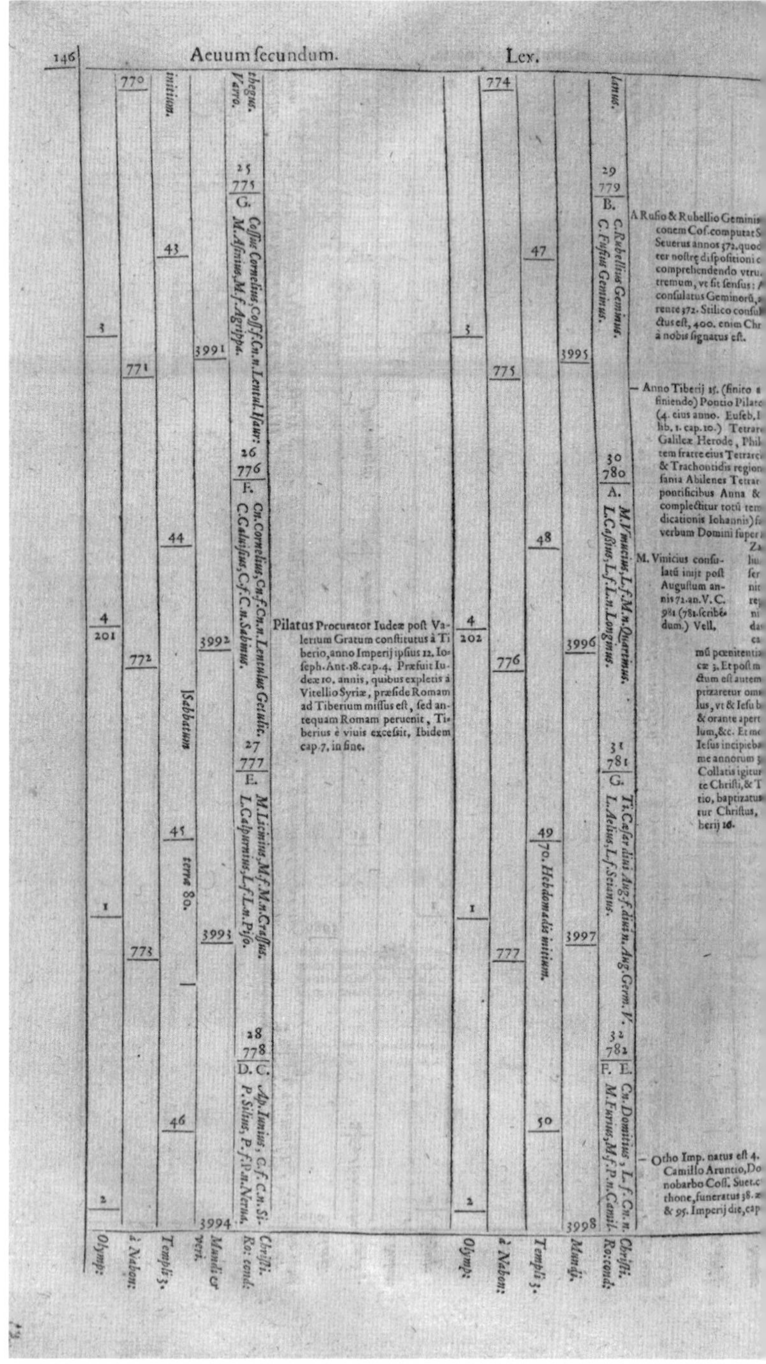

146 Aeuum secundum. Lex.

Pilatus Procurator Iudeæ post Valerium Gratum constitutus à Tiberio, anno Imperij ipsius 12. Ioseph. Ant. 18. cap. 4. Præfuit Iudeæ 10. annis, quibus expletis à Vitellio Syriæ, præside Romam ad Tiberium missus est, sed antequam Romam peruenit, Tiberius è viuis excessit, Ibidem cap. 7. in fine.

圖21　傑拉德．麥卡托，《編年史》內頁，一五六九年

Ahenobarbus. ... lus Scribonian:

33 | 783 | D. — *Ser. Sulpicius, C.f. Ser.n. Galba. L. Cornelius, L.f. P.n. Sulla.*

Philippus Tetrarcha Iudeæ, filius Herodis Magni, frater Herodis Tetrarche, Galileæ obijt anno 22. Tiberij. Iosep. Ant. 18. cap. 9. in principio. Succedet mox illi Agrippa.

Marcellus, procurator Iudeæ, Pilati loco constituitur à Vitellio Syriæ præside, Iosep. Ant. 18. cap. 7. in fine. Vitellij præsidis mentionem quoq; sub his Coss. facit Tacit. lib. 5. pag. 118. b.

34 | 784 | C. — *Paullus Fabius, Paulli f. Q.n. Persicus. L. Vitellius, P.f. Q.n.*

Vicesimo anno Tiberij L. Vitellius & Fabius Priscus Coss. fuerunt. Dion lib. 58. pag. 821. a.

– CHRISTVS Iesus Dominus noster mortem in cruce subijt 2. die Aprilis, feria 6. Luna 15. anno 4. Olymp. 202. Græca supputatione. Vide 3. cap.

– Pentecoste & Spiritus sancti missio. Act. 1.

36 | 787 | F. — *Cn. Acerronius Proculus. C. Pontius Nigrinus.*

– Nero natus 18. Cal. Ianuarij, ante 9. menses quam Tiberius excessit. Suet. cap. 5. Obijt 32. ætatis anno. Suet. cap. 57. Aurel. Victor. aut legendum est: Ante 3. menses, aut post 9. menses, vt sequentis anni die hoc natus sit.

– CALIGVLA incipit imperare die obitus Tiberij, 17. Cal. Aprilis. Cn. Acerronio Proculo & C. Portio Nigro Coss. Regnauit ann. 3. menses 10. dies 8. occisus 9. Cal. Febr. Suet. Agebat annum ætatis 25. quinq; adhuc ad eum explendum mensibus, & diebus 4. indigens cùm imperium assumeret. Dion lib. 59. pagina 830. a. 4007.b.398.

Caius cum 3. annis, mensibus 9. diebus 28. ea quæ retulimus egisset, reipsa comperit se non esse Deum. Idem pag. 855. a.

Agrippa filius Aristobuli, paucis diebus post mortem Tiberij coronatus est rex Iudeæ à C. Cæsare, anno autem Cai 2. Hierosolymam redijt. Iosep. Ant. 18. cap. 13. pag. 437. b. Regnauit 7. annis. Euseb. Regnauit 4. ann. sub Caio Cæs. cum Philippi Tetrarchia tribus, quartum vero cum Herodis, tres auté reliquos sub Claudij compleuit imperio. Iosep. Ant. 19. cap. 7. in fine.

785 | B. — *C. Sestius Gallus. M. Seruilius, M.f. Rufus Nonianus.*

Pauli conuersio.

– 5. Cal. Aprilis M. Seruilio, C. Sestio Coss. funus corui celebrib. exequijs à populo Romano curatum est. Plin. lib. 10. cap. 43.

37 | 788 | E. — *C. Iulius, German. f. Cæs. Aug. Germ. II. L. Apronius, L.f. L.n. Cæsianus.*

♉ Cycli decemnoualis initium iuxta Dionysij Exigui abbatis Romani rationem. Deduximus autem hos Dionysij cyclos, ab anno 532. quo primus ab eo institutus est, vsque ad proxima passioni Christi tempora, vt cum insertis passim Astronomicis obseruationibus facilius cóferri, & quantum primis hisce temporibus à veritate aberrent, deprehendi possint. Posuit autem Dionysius primo anno cycli sui Lunam decimamquartam, Nonis Aprilis, vt testatur Beda, vnde si quis anno Domini 133. inchoando interuallum ad secundam Lunæ eclipsim á Ptolomeo, anno 135. obseruatam colligat, & syzygias luminarium ei conuenientes aptet, inueniet Lunam decimamquartam dicto 133. anno, diebus circiter 12. prius ex Ptolomei calculo deprehendi, quá ex Dionysiaci cycli continuatione posita intelligatur.

35 | 786 | A. G. — *Q. Plautius Plautianus. Sex. Papinius, Q.f. Gallie...*

38 | 789 | D. — *M. Aquilius, C.f. Iulianus. P. Nonius, M.f. Asprenas.*

à Nabon:	Mundi.	Templi 3.	Ro: cond:	Christi.		Olymp:	à Nabon:	Templi 3.	Mundi.	Ro: cond:	Christi.
78		3999					782				
	51							55			
79	Sabbatum					3			4003		
	52 terræ 81.	4000					783				
80						4 / 204		56	4004		
	53	4001					784				
81	54	4002				1		57	4005		

N ij

號稱是四千年。麥卡托和其他許多編年史學者一樣，為希伯來語的版本背書，再根據他所閱讀的托勒密等古典學者的著作稍加修改。[43]

相較於後來的編年史學者，例如斯卡利傑，麥卡托的神學編年史相當傳統，不過因為收錄了改革派的宗教事件和人物，很快就登上了禁書目錄。不過真正重要的是他組織資料的方法。麥卡托把同時發生的歷史事件並列在同一頁，試圖建立編年史，同時調和表面上互不相容的歷史資料，如同製圖師設法把球狀的地球拉直，投影在平表面上。

麥卡托的《編年史》結合編年史和地理學的研究，超越偶然的、世俗的行為，代表了他更大格局的宇宙學理想的一部分，其靈感來自柏拉圖、托勒密和西塞羅《西比歐之夢》的斯多噶哲學，採用超越、宇宙的凝視，往上昇華，從高處俯瞰世界，無視於人世間瑣碎無謂的衝突。[44]這是以麥卡托著名的投影法創造世界地圖當時的背景脈絡：如同《編年史》邀請讀者縱橫古今，他的世界地圖會提供一個環遊全球的空間導航，這同樣也需要宇宙學者出手，引導地球轉移到平表面上。這幅地圖沒有藉著把歐洲放在正中央來歌頌歐洲文明的美德，它所屬的宇宙學乃是著眼於超越十六世紀歐洲的神學迫害和分裂。麥卡托的世界地圖非但沒有展現自信滿滿的歐洲中心主義，反而間接否定這種價值，並尋找遍及全球空間和時間的一種更大格局的和諧。

《編年史》的成績平平。麥卡托只算是名不見經傳或默默無聞的編年史學者，這本書對日期和事件的詮釋相當傳統（儘管頁面設計獨樹一格），自然無法吸引讀者或書評家的注意；事實上，雖然足足寫了十幾年，相較於麥卡托的地理學成就，尤其是他即將出版的地圖，《編年史》通常吸引不到任何目光。

《編年史》印刷後幾個月，麥卡托發表了他宇宙學的下一部作品：一幅世界地圖，於杜伊斯堡出版，名稱叫《對地球全新的擴大性描述，包含因應導航用途的修訂》（*Nova et aucta orbis terrae descriptio ad usum navigantium emendate accommodate*）。麥卡托一五六九年的投影圖也許是地理學史上最有影響力的地圖，但也是最奇特的地圖之一。同時代的人被這個稀奇古怪的東西嚇了一跳：怪的不是它的比例尺、外觀或是宣稱「因應導航用途」的說法。麥卡托作為一名立志將天球繪製到地球的宇宙學者，以前幾乎或完全看不出他有興趣實際應用地圖來做正確的導航；其實在此之前，他只在一五三八年曾經嘗試用心形投影法來製作世界地圖，反映出他嚮往心形神學更甚於航海橫越地球。

這幅世界地圖大得不得了。用十八張銅版雕刻而成，打算掛在牆上，組成之後的長度超過兩公尺，高度將近一點三公尺，和瓦爾德澤米勒一五〇七年的世界地圖尺寸差不多。不過更令人驚奇的是它奇特的設計。乍看之下更像一件進行中的作品，而非全球製圖學高奏凱歌的一刻。地圖上幾處偌大的空間畫了精緻華麗的漩渦花紋，花紋裡面是大段圖例和複雜的圖表。瓦爾德澤米勒地圖上的北美洲像一塊樸素的楔形乳酪，到了麥卡托手裡變成一隻張牙舞爪的巨獸，叫作「新印度」（India Nova），北方陸塊的面積比歐洲和亞洲加起來還大。南美洲的西南方莫名膨脹，完全不像列比路和其他製圖師那樣畫得像一支加長的鐘擺。歐洲的面積比實際大了兩倍，和當代的地圖比起來，非洲似乎變小了，而托勒密高估了東南亞的形狀和尺寸，看托勒密的書長大的人根本認不出這幅地圖上的東南亞。

更奇特的是麥卡托對極地的刻畫，兩極地區和地圖上下同寬，好像當作根本沒有「地球是圓的」這回事。不明所以的觀者可以參考地圖左下角的圖例，裡面的文字冷靜地告訴讀者，麥卡托對北極地區的概念以十四世紀牛津郡一位僧侶神話般的旅程為依據，這個叫林恩的尼可拉斯（Nicolas of Lynn）的僧侶運用本身「神奇的技藝」一路行船到北極。麥卡托推斷極地是由一片圓形的大陸塊構成，「海洋藉由諸島之間的十九條通道穿過陸塊，形成四片臂狀的大海，不停把海水往北送，然後被吸收到地球內部。」麥卡托描述其中一片陸塊時寫道：「這裡住著總共只有四呎高的小矮人，格陵蘭被稱為斯格勒陵格族（Screlingers）的人也一樣。」[45]

從精美的細節可以比較清楚地發現，這幅地圖是介於老派的宇宙學傳統和新派的數學式地理學之間——一如麥卡托的宗教信念。麥卡托對亞洲的描繪是以馬可波羅的遊記為本，但圖例也詳細記載了晚近達·迦瑪、哥倫布和麥哲倫的發現之旅所涉及的政治操弄。有好幾段圖例離了題，長篇大論地講述傳說中的的基督教統治者祭司王約翰（Prester John）的存在，同時非常精確地修正了托勒密描繪的尼羅河、恆河的地理構造，以及「黃金半島」（Golden Chersonese）的位置。不過麥卡托仍然在非洲和亞洲各地複製浦林尼的「薩摩傑茲人（Samogeds），就是那個互相吞食對方的民族」、「皮羅賽人（Perosite），嘴巴很窄，靠烤肉的氣味維生」，還有「挖掘螞蟻的黃金的人。」

麥卡托的地圖把宇宙學的研究發揮到極致。為了結合宇宙學綜觀全局的渴望和測量及導航新技術在數學上的嚴謹，這幅地圖一方面回頭向古典和中世紀的權威取材，同時也推崇新的地理學概念。不過麥卡托鑽研編年史和地理學多年的偉大發現，是在平表面繪製球狀地球的方法，這種數學投影法將徹底改變地圖的製作，也為宇宙學敲響第一聲喪鐘。

剛好遮住北美洲大部分區域的大段圖例，包含麥卡托寫給讀者的話，他說明：「在製作這幅再現世界的地圖時，我們最關注三件事。」亦即「要顯示古人知道的部分」，因此「不能隱瞞古代地理學的侷限，而且要對過去數世紀的發展給予應得的榮耀」。對古人，尤其是托勒密，禮貌地給予應有的肯定之後，就悄悄把他們請出場。其次，麥卡托意在「以盡可能符合真實的方法，再現土地的位置和尺寸，以及地方之間的距離。」不過最後也最重要的一點，他的用意是

> 要把地球的表面鋪在一塊平面上，在真正的方向和距離，以及正確的經度和緯度方面，各個地點的位置每一邊都要一致；然後要盡可能保留各部分的形狀，和球體上的形狀一模一樣。

麥卡托這裡所說的兩個目的聽起來像基本常識。現在大多人會以為世界地圖會確保地圖上的地物和地球儀上的地物形狀相同，方向和距離也都準確地再現。但麥卡托從三十年製作地球儀的經驗得知，不可能在平表面維持這兩種特徵。對十六世紀中葉的製圖師而言，這個問題更加複雜，因為再現大面積的區域主要是宇宙學者的領域，這些

學者試圖從地球正上方一個想像中的點來展現大陸和海洋，而方向和距離幾乎只有航海的導航員才會關心，他們在汪洋大海上航行，對大陸塊的形狀幾乎毫無興趣。

在十六世紀之前，上述問題都不要緊。宇宙學追求古典的理想，把幾何學原理投射在輪廓模糊的世界表面上。反之，在地中海使用的波特蘭航海圖只需要最基本的導航投影法，因為航行範圍只涵蓋地表微不足道的一小部分。因此，他們發展出縱橫交錯的幾何直線網，可以從一個地點航行到另一個地點。這些直線被稱為「恆向線」（rhumb lines）——出自葡萄牙文的rumbo（「路線」或「方向」），或希臘語的rhombus（平行四邊形）。事實上，由於地球表面是球形，因此恆向線是彎曲的。如果將恆向線大幅延伸，導航員會因為線條的扭曲而脫離航線，但如果是航行地中海這種相對短的距離，直線和曲線的差距幾乎不會帶來任何嚴重的後果。當葡萄牙人開始航行南下非洲海岸及橫越大西洋這種較遠的距離，會面臨的諸多問題之一是如何繪製一幅有筆直的恆向線，並且考慮到地球曲率的地圖。

在技術上，恆向線就是後來的數學家所謂的斜駛線（loxodrome，出自希臘語的loxos〔斜〕和dromos〔路線〕）。[46]看字根就知道，斜駛線是一條定向的斜線，和每一條經線以相同角度相交。恆向線不是在地表航行的唯一方法。航海家可以用傳統的波特蘭式直線航行法（portolan-style straight line sailing method，許多航海家因為怕改變，繼續使用直線航行法長達數十年），但只要一出地中海，船隻在汪洋中漂流，根本無以為繼。另外一個方法是大圈航法（great circle sailing）。看名稱就知道大圈是環繞地球畫出的最大圓圈，其平面貫穿地球中心。赤道和所有的經線都是大圈。大圈航行的優點是大圈永遠代表地球表面兩個點之間最短的路線。但如果要百分之百沿著赤道或經線畫出從一個地點到另一個地點的路線，不但可能性很低，技術上的難度也很高，因為圓弧線的方向經常變動，導航員必須不斷調整方向。

恆向線代表一條中道（via media）。是航海家最可能航行的方向，特別是在取道好望角和麥哲倫海峽的對角東西航線成為十六世紀歐洲海上貿易的命脈之後（麥卡托地圖上畫的船隻就是走這種航線）。但任何一條跨越地表畫出的恆向線還有另一個複雜的特色，這種航線不但是曲形，而且因為經線會漸漸收斂輻合，如果無止境地繼續向前航行，恆向線會形成一個螺旋，最終將永無休止地環繞北極或南極。對數學家來說，斜駛線的螺旋是幾何學的海市蜃樓，但對航海家而言，把螺旋化為直線卻是一件令人洩氣的差事。麥卡托早在一五四一年就直接面對這個問題，他在自己的地球儀表面上畫出一系列恆向線。一五三〇年代，葡萄牙宇宙學家為了解釋橫越大西洋的領航員為什麼會逐漸偏離航線，就已經描述過斜駛線。可惜葡萄牙無法解決如何正確地把斜駛線在平表面上拉平的問題。

在給讀者的話中，麥卡托提議用一個巧妙的辦法來解決他新投影法的核心問題，也就是經線的曲率。「事實上，」他寫道：「因為經線的曲率和輻合，地理學家沿用至今的那種經線，對航海是派不上用場的。」因為就像他接下來所說的：「由於經線和緯線形成斜角，兩端的經線嚴重扭曲地區的形狀和位置，使得地區的形狀和位置變得無法辨認，距離的關係也無法維持。」麥卡托隨即做出了著名的結論，

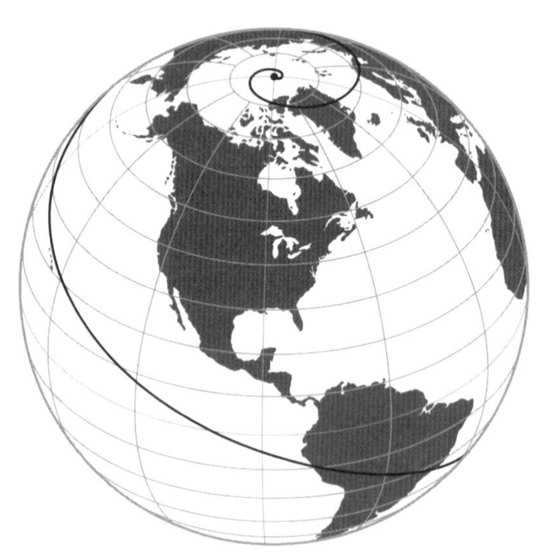

圖22　螺旋斜駛線模型。

「基於這些原因，我們一面參考赤道來加長緯線，一面根據緯線加長的幅度，朝南北兩極按比例逐漸增加緯度的度數。」他是怎麼達成這個結論，又如何解決問題？

麥卡托的投影法根據的是人們對地球的圓筒狀識覺（cylindrical perception of the earth）。後來的詮釋者為了解釋這個方法，把地球類比為氣球。把氣球放進圓筒裡，圓筒的直徑和氣球在赤道的直徑相同。如果氣球膨脹，弧形的表面會貼在圓筒壁上壓扁。弧形的經線在貼上圓筒時被「拉直」，緯線亦然。像這樣拉長壓扁的結果，就是南極和北極永遠碰不到圓筒壁，相當於繼續無限延伸。這時如果把印著氣球經線和緯線的圓筒展開，產生的長方形就和麥卡托的投影圖差不多。這番敘述合理說明了麥卡托如何發展出這種投影法。耗費數十年心血，運用數學和實務的方法來創造地球儀，麥卡托有能力把如何正確修改地球儀表面來再現扁平地圖的方法化為概念。拿地球儀的一部分，或是一張看起來很像垂直切下的一片蘋果或橘子的月形圖，重新畫在一張扁平的紙上，但從上到下都保持每一條經線在赤道的寬度。然後把緯線延長，平衡逐漸拉直的經線（如同氣球的類比），於是就成了一個細長的長方形。如果把每一張月形圖如法炮製，會產生一系列的長方形，縫在一起就成了一幅扁平的地圖。[47]

結果仍然會扭曲南、北兩個極端的陸塊，但如果麥卡托可以正確計算出緯線的間隔應該是多少，他仍然能夠締造獨一無二的成就：製圖師所謂的「保角性」（conformality），意思是地圖上的任何一點都保持正確的角度關係。儘管陸塊被扭曲，航海家仍然可以在地圖表面畫出一條直線，只要保持固定的方向角（bearing）角度，照樣能達到預定的目的地。對麥卡托來說，這表示如果要保持筆直的方位線，就必須把經線拉直，並計算緯線間隔的距離應該是多少。因此，舉例來說，因為經線會輻合的關係，兩條經線在赤道的距離，是在北緯六十度緯線距離的兩倍。因此麥卡托在地圖上把北緯六十度的緯線加寬到實際長度的兩倍，務必將穿過緯線的斜角拉直。[48]其他緯線一律依照同樣的計算方式加長。

麥卡托繪製出現在的製圖師所稱的第一幅圓筒等距長方正形投影

圖（cylindrical equirectangular conformal projection）——把地球當成圓筒，而且表面一律維持正確的角度。十六世紀的領航員當然根本不管這個方法叫什麼；只知道麥卡托的方法讓他們可以把經線「拉直」，不必再朝兩極彎曲，而是和緯線垂直。現在他們可以用麥卡托的投影法畫出恆向線，過去的海圖讓他們循著螺旋前進，脫離航道，但現在筆直的恆向線可以保有從一個地點航向另一個地點的正確性，相當簡單，卻又巧妙地解決自托勒密以降的製圖師念念不忘的問題：如何把整個地球投影在平表面上。看來麥卡托終於把地理圈（geographical circle）拉直了。這是個關鍵性的突破，使得地圖就此改變，也讓麥卡托千古留名。

不過，就算只是匆匆瞥一眼麥卡托地圖上世界的形狀，也看得出這種投影法固有的幾個明顯問題。從氣球的類比可以得知，經線絕對無法輻合在一個點上，因此極地會無限延伸，永遠在地圖長方形的框架之外。這也是麥卡托必須嵌入小地圖來說明北極地理構造的原因之一。兩極發生的數學性延伸也影響了高緯度陸塊的相對尺寸，因為這個原因，南極洲才會把南半球其他每個大陸都比了下去，而格陵蘭才會和南美洲看起來一樣大，其實就表面積而言，格陵蘭只有南美洲的八分之一。相形之下，歐洲彷彿是南美洲的兩倍大，但其實表面積只有一半而已。從南到北的緯線都被拉長，也表示在長途航海時，麥卡托的投影法會扭曲兩地之間的距離——只不過當時比較重要的是確保領航員抵達目的地，而非到底耗費他們多少時間，尤其是在一個尚未發明蒸氣機的時代。

此外還有一個關鍵性的問題。麥卡托無法為他的投影法提出可複製的數學公式，讓其他製圖師和領航員複製他的方法。要複製描繪投影圖之緯線與經線的三角函數表，必須用到對數和積分學，而麥卡托正缺乏這兩樣工具。因此他憑經驗達到的成就更顯得難能可貴（也是一個永遠解不開的謎），不過這仍然表示領航員很難使用這種投影法。伊莉莎白時代的數學家威廉・布洛（William Borough）在一五八一年提筆論及麥卡托如何說明他的投影法：「往兩極的方向增加緯度，同樣的投影圖比較適合在陸地上閱讀作者的著作來從事宇宙學研究，而非用在海上導航」。[49]雖然麥卡托有效解決了困擾航海家數百年的製圖問題，令人吃驚的是，他似乎完全沒興趣提供一個說明，以確保這個投影法立刻聲名大噪、名垂千古；沒有進一步的數學說明，這只是研究學術的宇宙學者的專利。

如何把地球整個表面繪製在平坦的地圖上，並且保留航海所需的保角性，自古以來就是棘手難題，麥卡托解決這個問題，似乎不能歸功於他的學經歷。他從事製圖迄今最偉大的作品，仍是一五四一年的地球儀。麥卡托可以輕易把地球的曲率投影在球狀表面上，但長達三十幾年的時間，他一直沒想通如何把這樣的圖像轉移到平坦的地圖上。不過有一個很值得我們玩味的可能：他花了許多年，研究如何在《編年史》把發生的事件用時間連結起來，所以不難想出一個新方法，把平坦地圖上出現在陸地空間裡的地方連結起來。整個一五六〇年代，在埋首撰寫編年史的同時，他編纂了資料，並且發明了在一五六九年的世界地圖上登峰造極的投影法。兩份出版品推出的時間相隔不過幾個月。在《編年史》當中，麥卡托讓信徒橫向跨越時間，在不同的宗教時間之間往來，他的新投影圖或許正是以相同的方式，讓航海家橫越上帝的地球空間，用恆向線在不正確的直線和不實用的大圈航行之間追求一條「中道」，「準確地」連結起空間裡的各個地方，如同《編年史》「正確地」安排發生在時間裡的不同事件。[50]

不同於他先前的地理學作品，麥卡托的地圖令人矚目的是沒有任何皇帝贊助、宗教聯盟或政治藩籬。地圖上沒有崇高的雙頭鷹，也沒多少遙遠的領土被歐洲統治者佔有，宣稱是他們的全球領土。它提供了一個更準確的方法，可以橫越地球航行，但也運用西塞羅和馬克羅比烏斯的斯多噶哲學原理，給了基督教讀者一個心靈和平與和諧的想像。在沒什麼人看的地圖題辭，麥卡托在文中推崇他的贊助者，威廉公爵，但他利用這個機會，在一個宇宙和諧的意象裡描述世人和諸國，這個意象召喚古典文學中的古代神祇，但也讓世人受到不在乎戰爭、飢荒和宗教衝突的基督教上帝左右：

幸福的國家、幸福的王國，朱彼特的後裔正義之神在此統治

> 千秋萬世，阿絲特莉亞重新取回權杖，成為善良之神，抬眼直視天國，依照至上君王的意旨治理萬民，致力將不幸的凡人交付祂唯一的帝國，追尋幸福……雖然邪惡，即美德之敵，使阿克倫動亂，製造陰暗亂局，卻不覺恐怖：這全善的父端坐於世界的頂峰，一點頭即號令天下，斷不會遺棄祂創造的子民或祂的王國。當人民在這個智者統治的國度，便不怕埋伏，不怕可怕的戰爭和悲慘的飢荒，暗中傷人的卑劣諂媚者將被剝去所有偽裝……不誠受歧視，謊言敗倒，處處的善行義舉召喚友誼，共同條約凝聚了熱誠為他們的國王和他們的神效命的人們。

思考他地圖上的世界，麥卡托的讀者才能瞭解，無論他們的宗教信仰為何，只要他們「受制於」對上帝的信仰，那麼暴亂、衝突和不要命地追求功名利祿，從宇宙學的觀點看來，都可以視為轉瞬即逝、微不足道的。

用這種方式來詮釋麥卡托投影法，或許就像恆向線一樣，「斜」得恰到好處。但話說回來，經過一五四〇年代的悲慘遭遇之後，麥卡托從此埋首在拐彎抹角的批評和神祕象徵主義的世界裡。如今，無論支持或詆毀麥卡托投影圖的人，往往把它當作一件無私的數學新發明來評判，認為它周邊更廣泛的神學和宇宙學脈絡，以及麥卡托自己的生平際遇，都是相當偶發的。不過從麥卡托的工作經歷看來，在十六世紀中葉，科學離不開歷史，歷史離不開地理學，地理學離不開宇宙學，宇宙學又脫離不了神學。對麥卡托來說，天地萬物息息相關，但最終歸於一個心靈權威之下，這個神聖的建築師監督萬物，包括祂所創造的世界的投影圖。

*

在麥卡托有生之年，他的投影圖在某種程度上算是失敗了。銷售量低，很多像布洛這樣的人埋怨麥卡托沒辦法說明自己的投影法，對海上導航來說根本發揮不了實際用途。後來是一個叫愛德華．萊特（Edward Wright）的英國人在他的著作《導航的若干錯誤》（*Certain Errors in Navigation*，1599）的一系列數學圖表中，提供了必要的計算方式，讓這種投影法能為領航員所用，他們才在十七世紀慢慢開始採用這個方法。

麥卡托本身對自己的成就似乎不以為意，用人生最後的三十年繼續從事他的宇宙學研究計畫，《編年史》和他的世界地圖只是計畫中的兩個元素。一五七八年，他把托勒密的《地理學》付梓出版，將這位希臘地理學家的地圖當作古玩如實複製，這個希臘世界對地球的概念固然重要，但如今已是多餘。這個版本等於終結了這位古典地理學家對當代製圖術的影響。從此以後，繪製世界地圖的製圖師會規劃自己該走的路，而非把托勒密修正更新而已。

麥卡托繼續從事神學著作，這些作品直接影響了他的宇宙學，包括一五九二年出版的福音書研究《福音史》（*Evangelicae historiae*）。麥卡托在一五九四年辭世，就在他離世一年後，他宇宙學的顛峰之作終於出版了。Atlas sive cosmographicae meditationes de fabrica mundi et fabricate figura（後來出的英語版叫作*Atlas, or Cosmographic Meditations of the Fabric of the World and the Figure of the Fabrick'd*〔地圖集，或是對世界的結構或結構世界之形狀的宇宙學沉思錄〕）是最早採用「atlas」這個書名的現代地圖集，包含一百零七幅世界各區域的新地圖，只不過沒有用一五六九年的投影法來繪製世界地圖，再度顯示麥卡托對這個方法在科學上的創新毫不在意。他反而選擇用一幅雙半球立體投影圖（stereographic projection）來刻畫世界。在《地圖集》當中，麥卡托對於自己先前那幅世界地圖在他宇宙學裡的定位做了一番發人深省的反思。他對讀者說，他從先前的歐洲地圖和一五六九年的世界地圖擷取地理學資訊，並懇求他們研讀宇宙學，「所有歷史的明燈，包括教會和政治的歷史，無所事事的旁觀者從中學到的，會比旅人從漫長、令人厭倦的大量辛勞中學到的更多（旅人『經常變換天空，卻換不了他的心』）」。[51]麥卡托從羅馬詩人賀拉斯（Horace）的《書信集》（*Epistles*）擷取了一段引文（賀拉斯之後的羅馬斯多噶派哲學家塞內卡曾經引用），強調宇宙學真正的價值：沉思心靈的良知而非地球的方位。麥卡托發揚這個斯多噶學派的觀點，邀請讀者「用心思考你們的居住地的燦爛輝煌，那只是暫時賜予你們的，如同詩人喬治・布坎南（George Buchanan），他把這裡比喻為天上的國度，藉此喚起你們沉浸在短暫的人間俗事中的靈魂，指出去哪裡追求更崇高與永恆的事物」。[52]布坎南（1506-1582）是國際知名的蘇格蘭史學家及人文主義學者、親路德教派人士、蘇格蘭瑪麗皇后和她兒子（未來英國國王詹姆斯一世）的導師，也是著名的斯多噶學派哲學家。麥卡托照例引用布坎南的詩，而不用他自己的話，總結他把地球和天空繪製成圖時的斯多噶派取向：

> 願你察覺到這是宇宙多微小的一部分
> 我們用華麗的語言雕琢成驕傲的國度：
> 我們以刀劍分割，灑下鮮血購買
> 帶兵致勝，只為了一小塊泥土
> 那股力量，個別單獨視之，
> 確實龐大，但與天空的滿天星辰一比
> 便宛如一個點或一粒種籽，
> 老加吉提安〔伊比鳩魯〕從中創造無數世界。

布坎南最後明白引述馬克羅比烏斯的〈西比歐之夢〉，總結說因為人類被侷限在宇宙微不足道的一小部分，追求世俗的榮耀未免愚蠢：

> 榮耀抬頭的地方，是宇宙極小的部分，
> 怒火爆發、恐懼致病、悲痛焚燒
> 匱乏以刀劍強迫富有，以火焰與毒藥伏擊；
> 人間俗事沸沸騰騰！[53]

借用賀拉斯、塞內卡和兩人的新斯多噶學派追隨者布坎南之口，麥卡托建議個人應該同時退出並超越他那個世代的宗教與政治紛爭，接受更大的宇宙和諧，藉此追求心靈的避風港。只有宇宙學能提供適合的角度，來觀察宗教改革運動的神學衝突，並提供一條對抗宗教偏狹的路，崇尚一種更包容的神聖和諧觀。

到了十六世紀末，麥卡托許多創新的作品不是靠名氣較小的地理學家行銷得更好，就是在知識上開始顯得落伍。斯卡利傑內容更廣泛的《時間改正之研究》（*De emendatione temporum*）在一五八三年出版後，麥卡托的《編年史》很快就被時代遺棄。他的弟子亞伯拉罕·奧特流斯比斯卡利傑更年輕，早在一五七〇年於安特衛普出版了一本世界地圖集，儘管書名不叫地圖集，而是《世界劇場》（*Theatrum orbis terrarum*）。奧特流斯是異議宗教團體愛之家（Family of Love）的成員，和新教的再洗禮派（Anabaptist sect）關係深厚，他比麥卡托更能隨心所欲地透過他的《劇場》，以一種鮮明的斯多噶學派態度來描述世界（短短六年後，西班牙的腓力二世〔Philip II〕在一五七六年十一月洗劫安特衛普，估計屠殺了七千人）。奧特流斯世界地圖上寫在漩渦花紋裡的圖例，更清楚地說明了麥卡托和平、和諧以及對世俗榮耀毫不在乎的宇宙學哲學。其中引述了幾段塞內卡的話，問說：「這就是許多國家以劍與火分割的那一小點？凡人的邊界多麼荒謬。」然後是西塞羅的修辭性問句：「對守護永恆，知曉宇宙浩瀚的人來說，人類際遇中的一刻看起來算什麼？」[54]

麥卡托的《地圖集》仍舊堪稱為史上第一本現代地圖集（創意遠勝過奧特流斯創新有限但精於包裝的出版品），也建立了後來大多數地圖集的版面設計和編排順序。銷售成績可觀，而且名垂青史，但這一切麥卡托都來不及看到。地球在他腳下轉動（根據哥白尼太陽中心說的新理論，這個說法相當實在），而他的宇宙學代表了這個學科的顛峰。終於取代了托勒密的《地理學》，不過這個希臘人的影響力延續了一千多年，而麥卡托的宇宙學出版品幾乎來不及進入下一個世紀，就和托勒密一樣成為另一件歷史古玩。反而是他一五六九年的世界地圖亙古流傳。

政治、知識、神學和地理學變遷的速度快得讓學術界的人不知如何解釋，也導致了所謂宇宙學的危機，兩極化的宗教氛圍不再寬容宇宙學者如神祇般驕傲地俯瞰地球。再現自然世界是一件複雜的工作，光憑這一點就知道再也沒有任何人可以獨自以綜合而完整的方式強有力地呈現天地萬物。像喬萬尼・巴蒂斯塔・拉穆西奧（Giovanni Battista Ramusio）、理察・哈克盧伊特（Richard Hakluyt）和特奧多雷・德・布里（Théodore de Bry）等比較謙虛的知識分子，編纂許多旅行家的報告和旅遊選集，逐漸取代麥卡托這種宇宙學者的單一觀點。後來像低地國家的約道庫斯・洪第烏斯（Jodocus Hondius）和威廉・布勞（Whillem Blaeu）等地理學家，還有法國的卡西尼家族（the Cassinis），全都變成了世家，世世代代靠國家財政來研究地球儀和地圖集，並且聘用大批學者、測量人員和印刷工匠。宇宙學分裂成一連串各自獨立的行業，原本的神學與道德力量被數學和機械學取而代之。[55]

如果這種分裂在某些人眼中是一種進步，它同時也減低了製圖術超越世俗衝突與偏狹態度的能力，以求對世俗與神聖空間有更廣泛的理解。大衛・哈維（David Harvey）曾經喟嘆：「文藝復興以空間、宇宙來瞭解萬物的地理學傳統被排擠出去了。」當宇宙學衰微，地理學「被迫放下身段，管理帝國、繪製地圖、規劃土地用途和領土權利，同時為了遂行企業和國家的行政目的而蒐集並分析有用的資料。」[56]不過麥卡托的宇宙學雖然很快就被時代淘汰，但因為他對宇宙學的關注而產生的地圖投影法，卻成為這種新派地理學的核心。麥卡托投影法的數學原理被用來測量民族國家，以及歐洲越來越大的殖民領地。英國地形測量局（Ordnance Survey）、英國海軍的航海圖（Admiralty charts）和美國國家航空暨太空總署（NASA，一個很符合宇宙學精神的轉折）都用這種投影法來繪製太陽系的各種地圖。這位偉大的宇宙學者一定會認可。

麥卡托一手打造自己的地理學，但並非出於他的自由意志。他的投影法如今赫赫有名，他於一五六九年用這個投影法繪製地圖，乃是源於各方力量的某種串連，使他以為宇宙學這個學術領域可以就個人在宇宙中的地位提出一個比較寬容、和諧的願景。這樣的願景終究煙消雲散，也加速了宇宙學的衰微。然而，肇因於歐洲文明的宗教偏狹，而非歐洲自以為優於其他人的固有心態，這幅一五六九年的投影圖將永垂不朽。

第八章

金錢

大地圖集，約翰・布勞，一六六二年

阿姆斯特丹，一六五五年

一六五五年七月二十九日，新的阿姆斯特丹市政廳（Amsterdam Town Hall）正式揭幕，市議員和達官顯貴出席開幕酒會。這棟建築物由荷蘭建築師雅各布・范・坎彭（Jacob van Campen）設計，耗時七年完工，是荷蘭共和國十七世紀最大的建築工程。范・坎彭的目標是打造一座足以和古羅馬廣場（Roman Forum）匹敵的建築物，向世界宣告阿姆斯特丹成為早期現代歐洲政治與商業勢力的新中心。知名學者兼外交家康斯坦丁・惠更斯（Constantijn Huygens）在酒會致詞時，朗誦了一首應景詩，稱讚市議員是「世界第八奇景的創建者」。[1]

這棟建築物最大的奇景，以及它最有趣的新發明，位於寬敞的市民大廳（Burgerzaal）。長四十六公尺、寬十九公尺、高二十八公尺的市民大廳是當時最大的無支承市民空間。不同於十五和十六世紀文藝復興時代的宏偉皇宮，市民大廳向每一個人開放。此外這裡和過去宏偉的建築空間不同，還有另一個原因。市民大廳沒有在牆上掛織錦畫或畫作，而是把三個扁平的半球嵌在磨光的大理石地板，作為主要裝飾。

當訪客步入大廳，首先映入眼簾的是地球的西半球，其次是天空的北半球，第三個是地球的北半球。精心鑲嵌在大理石地板上，而不是像過去的許多地圖那樣掛在牆上、封在書裡或被主人鎖起來。市民大廳的這些圖像供所有人觀賞。有不少阿姆斯特丹市民對長途海上旅行有親身或間接的經歷，現在可以享受大步橫越地球的新鮮感。彷彿世界已經來到阿姆斯特丹。他們就有這樣的自信，荷蘭共和國的公民甚至不覺得必須把他們的城市擺在大理石半球正中央：在他們眼中，阿姆斯特丹就是世界的中心。

這三個鑲嵌在市民大廳地板的半球是荷蘭藝術家米歇爾．柯曼斯（Michiel Comans）的作品，不過卻是複製七年前印刷的一幅世界地圖，原創者堪稱製圖史上最偉大、當然也是最有影響力的荷蘭製圖師：約翰．布勞（Joan Blaeu，1598-1673）。布勞巨大的銅版雕刻世界地圖，印刷在二十一張紙上，長逾兩公尺，高度將近三公尺，勾勒出一對相似的半球，奇特的投影法，加上西半球和南半球的大陸純屬推測，和麥卡托一五六九年的世界地圖迥然不同。布勞不同於麥卡托的地方是他可以利用自己身為機構製圖師的角色：他自一六三八年開始擔任荷蘭東印度公司（Vereenigde Oostindische Compagnie，又稱為VOC）的官方製圖師，可以任意取得荷蘭五十多年來前往歐洲東、西方商業航行的檔案，以及領航員前往印度及更遠處航線的最新地圖和海圖。因此他可以準確刻畫南美洲最南端和紐西蘭（Zeelandia Nova）。這也是史上第一幅畫出澳洲西岸——標示為「一六四四年發現的新荷蘭」（Hollandia Nova detecta 1644）——和塔斯馬尼亞的地圖，塔斯馬尼亞這個地名出自阿貝爾．揚松．塔斯曼（Abel Janszoon Tasman），是第一個抵達該島的歐洲人，並在一六四二年十二月宣告正式佔領這座島嶼。[2]

不過布勞的地圖也是為了慶祝某個政治事件而製作。地圖獻給帕納朗達伯爵唐．卡斯帕．德．布拉卡曼．伊．古斯曼（Don Casparo de Bracamonte y Guzman，count of Penaranda），伯爵以西班牙首席代表身分出席外交協商會議，談判最後簽訂威斯特伐利亞和約（Peace of Westphalia），結束了三十年戰爭（Thirty Years War，1618-1648），以及西班牙和後來組成聯省共和國（United Provinces）的行省之間歷時更久的八十年戰爭（Eighty Years War，亦稱為荷蘭獨立戰爭〔Dutch War of Independence〕）。和平協議把位於現今尼德蘭的北方共和行省（以新教徒為主）和位於現今比利時的南方地區（傳統上一直由西班牙統治）分開，讓聯省共和國獨立，占多數的喀爾文派教徒也有了宗教的言論自由。新成立的共和國成為商業世界的中樞，荷蘭東印度公司和公司總部設在共和國中心的阿姆斯特丹。布勞很聰明地把地圖定調為慶祝荷蘭政治獨立之作，也預示在條約被批准後不久的將來，荷蘭將成為海上貿易霸主。[3]

布勞一六四八年的地圖，大概是本書預定要收錄的第一幅一眼就認得出是現代世界地圖的作品。即便太平洋的地形畫得有些簡略，澳洲的海岸線又不完整，看在我們眼中，卻比列比路彷彿未完成的地圖或麥卡托的投影圖更熟悉。我們之所以熟悉布勞的地圖，一部分是基於這幅地圖累進的地理學資訊，到了十七世紀中葉，歐洲製圖師對於世界的樣貌已經產生合理的共識。但如果仔細端詳六個嵌在地圖裡的圖像，就知道地圖慶祝的似乎不只是歐洲新的和平時代來臨，以及某種世界形象的標準化。布勞在左上角和右上角再現了北半天球和南半天球。夾在兩個圖像之間，就在地圖名稱的拉丁字「terrarium」下方，又嵌入另一個圖解。這是照哥白尼的太陽中心論所描繪的太陽系，在太陽系裡，地球繞著太陽旋轉，推翻了希臘人和基督徒先後數百年來對地球中心論的信仰。雖然哥白尼的劃時代巨著《天體運行論》早在一百多年前的一五四三年付梓，布勞卻是第一個把他革命性的太陽中心論納入世界地圖的製圖師。彷彿是要強調這個論點，因此在地圖底部的中央嵌入一幅世界地圖，呈現一四九〇年世界地圖的外觀，左下角的圖解畫的是托勒密的宇宙，和右邊丹麥天文學家第谷·布拉赫（Tycho Brahe）的「地球—太陽中心」宇宙（一五八八年初版）的圖解形成強烈對比。

把布勞一六四八年的世界地圖複製在市民大廳的地面，市議員是刻意創造一個全新的世界圖像，等於標示了歐洲文藝復興的終結。他們花錢買的不只是新類型的世界地圖，而且也是新的世界哲學，在這個世界裡，地球（也意味著人類）不再是宇宙的中心。而且在這樣的世界裡，地理學和製圖術的學術探索完全被體制化，被納入國家機器及國家的商業組織——也就是荷蘭共和國的東印度公司。

東印度公司改變了貿易行為和公眾對資助商業活動的參與。公司由號稱「十七紳士」（Heeren XVII）的十七位董事組成的董事會管理，分成六處辦公室，負責十七個省分的經營。作為一家股份公司，東印度公司提供任何一位荷蘭公民投資獲利的機會。這一點果然很有號召力：一六〇二年，阿姆斯特丹辦公室就從區區五萬人口當中吸引了一千多名首次認購人。每位投資者的首次投資平均能領到超過百分之二十的股利，公開認購的總價從起初的六百四十萬荷蘭盾增加到一六六〇年的四千萬荷蘭盾，東印度公司的作法徹底改革了歐洲的商業行為，以前所未見的方式評估風險的價格，並且鼓勵貿易壟斷。[4]

為長途貿易籌資的方法不斷改變，其中一個結果是改變了地圖扮演的角色。葡萄牙和西班牙這兩個帝國早已確立了地圖這種尋路裝置的商業重要性，並試圖透過成立貿易局這種組織來使其標準化。但這些措施正如同所有的海外活動，全部控制在皇帝手裡。這種組織製作的地圖一律手工繪製，目的在於抑制流通，不過這只是白費力氣，另一個原因是伊比利半島不像十五世紀末的北歐有龐大的印刷業。雖然一五九〇年代成立的荷蘭商業公司在財力和人力方面比不上西班牙和葡萄牙的競爭對手，卻能夠運用既有的印刷商、雕刻師和學者（他們擅長校勘地圖、海圖、地球儀和地圖集上的最新地理學資訊）。瓦爾德澤米勒、麥卡托和奧特流斯之類的製圖師已經把製圖變成一門賺錢的生意，在公開市場販賣具有權威性的精美地圖給任何買得起的人。荷蘭商業公司認為這樣的發展是個發財的好機會，於是雇用製圖師製作海圖手稿和印刷地圖，提供往返兩個商業地點之間最安全、快速也最有利可圖的航線。而且也有必要組成製圖師團隊，把資訊標準化，並鼓勵商業合作與競爭。

因此，到了一五九〇年初，各種不同的荷蘭製圖師競相為商業公司提供地圖，協助他們發展海外貿易。一五九二年，國會（共和國各省選出的全體立法代表團體）給予製圖師柯奈里斯·科拉埃茲（Cornelis Claesz，約1551-1609）長達十二年的特許權，銷售各式各樣的海圖和掛牆地圖，從價值一荷蘭盾的歐洲地圖到一本要價八荷蘭盾的東、西印度群島地圖集，應有盡有。一六〇二年，製圖師奧古斯金・羅巴特（Augustijn Robaert）開始供應海圖給東印度公司，完整刻畫這些新發現的區域，有時每張海圖索價高達七十五荷蘭盾。[5]地圖成了利潤不小的生意，製圖師逐漸被需要地圖的公司納入機制。既然有錢可賺，自然冒出新一代有才華的製圖師，有時彼此合作，有時互相爭奪新商業公司以及脫離東印度公司這種組織而獨立經營的商人和領航員的贊助。佩特魯斯・普蘭修斯（Petrus Plancius）、柯奈里斯・多伊茲（Cornelisz Doetsz）、艾德里安・維恩（Adriaen Veen）、約翰・巴普蒂斯塔・維里因特（Johan Baptista Vrient）和老約道庫斯・洪第烏斯（Jodocus Hondius the Edler）的地圖、海圖、地圖集和地球儀，除了賣給東印度公司，也會根據個人的特殊需求賣給私人。現在地圖的複製、購買和銷售都是基於明確的商業目的。[6]當初是葡萄牙引進了現代製圖術的科學工藝，不過是荷蘭把地圖變成一種產業。

在新的荷蘭地圖上，遙遠的領土不再只是逐漸消失在邊緣，世界的邊緣也不再是可怕、神祕、充斥著令人避之唯恐不及的畸形人種的地方。相反地，就像佩特魯斯・普蘭修斯的摩鹿加群島地圖（一五九二），世界的邊界和邊緣被界定得一清二楚，並認定為財務開發的地方，地圖上的區域依照市場和原物料來標示，在地居民往往是根據他們的商業利益來認定。地球的每一個角落都被繪製成地圖，並評估當地在商業上可能的發展。一個由新的賺錢方式界定的新世界。

把當時所關注的問題表達出來的世界地圖，例如布勞一六四八年的出版品，並沒有嵌在地上或掛在牆上，反而出現在書籍裡，或者說得精確一點，是在地圖集裡。布勞為了籌備他這部最偉大的製圖出版品，也是十七世紀數一數二的大部頭書籍，製作了許多地圖，一六四八年這幅地圖只是其中之一。這本書叫做《大地圖集或布勞的宇宙學》（*Atlas maior sive cosmographia Blaviana*），一六六二年出版，曾經被描述是「歷來出版過最偉大也最精緻的地圖集」。[7]光是尺寸和規模就壓倒當時流通的其他所有地圖集，包括他的偉大前輩奧特流斯和麥卡托的精心力作。這是名副其實的巴洛克式創作。光是第一版就多達十一冊，內容包含三千三百六十八頁的拉丁文、二十一幅卷首插圖及高達五百九十四幅的地圖，這十一冊的地圖集總共內含四千六百零八頁。後來在整個一六六〇年代陸續出了法語、荷蘭語、西班牙語和德語版，增加了更多地圖和文字。《大地圖集》未必是最新的世界地理學測量，但一定是最完整的，並且建立了地圖集的格式，成為傳播標準化地理資訊的主要工具，讓人們瞭解世界及各區域的形狀和規模。《大地圖集》終於達成了自十五世紀末出版第一批印刷版的托勒密《地理學》之後，製圖師數十年來不斷努力，卻總是徒呼負負的目標：把世界集結在一本書裡（或者像《大地圖集》是許多本書），成為空前絕後之作。

《大地圖集》的產生，多少要歸因於某一種荷蘭喀爾文教派文化的出現，亦即讚揚對物質財富的追求和取得，同時也害怕擁有和消費財富的羞愧——西蒙·夏瑪（Simon Schama）那句名言形容得很傳神，「財富的困窘」。[8]《大地圖集》也是荷蘭獨特視覺傳統下的產物，斯維特拉娜·阿爾珀斯（Svetlana Alpers）稱之為「描述的藝術」（the art of describing）——是如實觀察、記錄和定義個人、物體和地點的一種本能，沒有塑造義大利文藝復興藝術的那種道德或象徵聯想。[9]然而從《大地圖集》創作的細節，以及布勞世家在整個十七世紀上半葉如何奠定該書成為歐洲首要地理學地圖集的地位，可以看出在「地球在更浩瀚的宇宙中佔有什麼地位」這個科學新觀念上，這個宗教衝突、知識對抗、商業創新及財務投資的時代呈現出其他哪些面向。結果是人們對於地理學的角色，以及製圖師在荷蘭文化和社會中的地位，都有了不同的觀感，這種改變起於科拉埃茲和普蘭修斯這樣的人物，再由布勞世家加以鞏固。當製圖師的角色越來越體制化，自然也得到了前所未有的政治影響力和財富。這一點在布勞世家身上看得最清楚。

約翰·布勞出身傳承三代的製圖世家，始於他的父親威廉·揚松（Willem Janszoon，1572-1638），終於他兒子約翰二世（1650-1712）。約翰·布勞身為製圖世家的核心成員，和父親攜手建立家族事業，直到後來在他三個兒子威廉（Willem，1635-1701）、彼得（Pieter，1637-1706）和約翰二世手中逐漸衰落。一七〇三年，東印度公司的地圖不再印上這個家族的姓氏，也終結了布勞對荷蘭製圖業的掌控。[10]

《大地圖集》的編纂要從約翰的父親威廉的輝煌事業說起。威廉生於阿姆斯特丹以北四十公里左右的阿克瑪（Alkmaar）或烏特基斯特（Uitgeest），本名叫威廉·揚松，用祖父的外號布勞威廉（blaeuwe Willem，「藍色威廉」）的布勞（Blaeu）作為姓氏，只不過他到一六二一年才開始用自己取的這個姓氏在地圖上簽名。[11]威廉生在一個富裕但門第不高的商人家庭，第一份工作是在當地一個鯡魚商那裡當職員。不過基於對數學的企圖心和天分，他很快離開了那一行，到了一五九六年，他已經在維恩島（Hven，介於丹麥和瑞典之間的小島）追隨第谷·布拉赫學習。布拉赫是當時最創新也最受景仰的天文學家，一五七六年在維恩島建立了一個研究機構和天文台，在此地做了當時最精確的一些行星觀察。基於工作需要，他製作了一個修正版的地球中心論太陽系模型，大言不慚地稱之為第谷太陽系。介於托勒密的地球中心論和哥白尼對太陽中心論的信仰之間，第谷提出一個折衷理論，地球仍然是宇宙的中心，月球和太陽環繞地球轉動，其他行星則繞著太陽旋轉。

雖然布勞在島上只待了幾個月，但好像協助過布拉赫從事天文觀察，學到了天空宇宙學和地圖製作的技巧。[12]除了培養讓他餘生衣食無憂的實務技巧，布勞也繼承了布拉赫對托勒密地球中心論的懷疑態度。在後續幾年，他漸漸崇尚布拉赫最有名的學生約翰尼斯·克卜勒（Johannes Kepler）發展出的太陽中心模型。一五九九年，布勞返回尼德蘭，製作了他早期的一件科學製品，一個根據布拉赫的星表（star catalogue）製作的天球儀。布勞的天球儀是最早以非托勒密的理論再現天空的作品，但說也奇怪，科學史學家竟然視而不見。

當時科學界重視經驗研究和實務結果，更甚於純理論的自然科學研究取向，而威廉·布勞這個年輕人一開始就展現強大的企圖心。許多工匠、商人、印刷商、藝術家和宗教異議分子離開西班牙控制的南方各省，尤其是在一五八五年洗劫安特衛普之後，他們紛紛北遷到阿姆斯特丹這樣的城市，從事脫離西班牙的獨立運動，造成宗教、哲學與科學的新概念倏忽湧入。自一五八〇年代起，法蘭德斯數學家暨工程師西蒙·斯特芬（Simon Stevin，1548-1620）在萊登（Leiden）擔任奧蘭治親王莫里斯（Prince Maurice of Orange）麾下的軍事工程師，對抗西班牙，同時他用荷蘭語寫下一系列數學、幾何學和工程學方面的創新著作。斯特芬首開先河，把十進分數用在鑄幣和法碼中，也是第一個根據月球引力來理解潮汐的科學家。另外還寫了其他許多研究複利、三角學、代數等式、流體靜力學、防禦工事和導航的書籍，其用意都是為了做明確的實務應用——斯特芬寫道：「這應該是理論一貫的目標。」[13]在天文學方面，荷蘭改革派牧師菲利浦斯·蘭斯博根（Philips Lansbergen，1561-1632）在安特衛普被劫掠後北遷到密德堡（Middleburg）定居，開始針對地球的運動，著手進行一系列的天文圖表和觀察。他的作品支持哥白尼的太陽中心論，很快在市場上暢銷，後來被克卜勒和伽利略分別引用在自己的天文學著作中。另一位改革派牧師普蘭修斯（1552-1622）同樣也往北避難，定居阿姆斯特丹，不只和科拉埃茲這樣的商業製圖師合作，更率先以確定經度為目的進行天文觀察。普蘭修斯在東印度公司投資大筆金錢，就新興海外市場對他們提供建言，為新的星群命名，還用麥卡托的投影法製作一系列擁護荷蘭商業利益的區域和世界地圖。

布勞看得出來，對這些人的科學而言，最主要的利益在於實務上（尤其是商業上）的影響力。他明白光靠為布拉赫和克卜勒的新科學理念背書，根本沒辦法養家活口。一六〇五年，他已經來到阿姆斯特丹，這是有志於科學和創業的年輕人的第一選擇。阿姆斯特丹逐漸取代威尼斯，成為歐洲圖書貿易的中心，布勞很快加入當地兩百五十多名書商和印刷商的行列。這個首都倚仗荷蘭共和國在政治、宗教和科學上相對寬容的風氣，出版和銷售斯特芬和普蘭修斯這些人在各種不同主題方面的著作，並且以多得數不清的語言刊印，從拉丁文、荷蘭語到德語、法語、西班牙語、英語、俄語、意第緒語甚至亞美尼亞語，應有盡有。[14]

布勞在阿姆斯特丹開設自己的印刷行，出版詩作和水手實用指南，包括他的暢銷書《導航之光》（*Light of Navigation*，1608），再度運用布拉赫的天文觀察，使海上導航可以更加精確。不過他也瞭解開發成長中的新型地圖市場，具有多大的商業潛力，在後續三十年間，他的生意蒸蒸日上，雇用銅雕師製作地圖，等他的兒子約翰年紀夠大，就把越來越多的編輯工作交給他。威廉只出版市場有既定需求的地圖。最受歡迎的題材是世界、歐洲、四大洲、荷蘭共和國、阿姆斯特丹、西班牙、義大利和法國。儘管曾經追隨布拉赫學習數學製圖學，而且顯然贊同新科學，但威廉最重要的角色是企業家。雖然在大約兩百幅地圖上簽了名，他親手繪製的還不到二十幅。

布勞心裡清楚，要成為舉足輕重的製圖印刷商，必須生產高品質的世界地圖，把普蘭修斯、科拉埃茲、多伊茲和羅巴特等競爭者的作品比下去。一六〇四年，他計畫出版至少三幅不同的世界地圖，每一幅採用不同的投影法。他請到雕刻師來複製和修補還在市面流通的地圖，首先出版一幅以簡單的圓筒投影法製作的世界地圖，然後推出立體投影法製作的地圖，最後在一六〇六至〇七年出版運用麥卡托投影法、以四張銅版精雕細琢的世界地圖。這是十七世紀荷蘭製圖學最重要的世界地圖之一，可惜一幅都沒有留下，只剩下品質低劣的攝影複製品。這幅地圖除了採用麥卡托的投影法來承認普蘭修斯的影響力，也對十七世紀初荷蘭共和國熱中的政治、經濟和族群問題提供了百科全書式的描繪。

這幅地圖的印刷表面只有一半是用來再現世界。地圖頂端列出當時最有權力的十個皇帝騎馬的肖像（包括土耳其、波斯、俄羅斯和中國皇帝）；左右兩側的邊緣是全球重要城鎮的二十八個地形景觀，從西邊的墨西哥到東邊的亞丁（Aden）和果阿（Goa）。旁邊和地圖底部有三十幅插圖，描繪各區域的在地居民，包括剛果人、巴西人、印尼人和中國人，穿著布勞想像的民族服裝。地圖最外緣的左、右邊和底部是一篇對地球的拉丁語描述，另外又刻了十個不同的歷史場景和人物。[15]

這幅地圖的標題，NOVA ORBIS TERRARUM GEOGRAPHICA ac Hydrogr. Tabula, Ex Optimis in hos operea uctorib' desumpta auct. Gul. Ianssonio，意思是「威廉・揚松根據向該領域最優秀的製圖師借用的資料所繪製的新世界地圖」，點出布勞這幅地圖是如何製作的，他

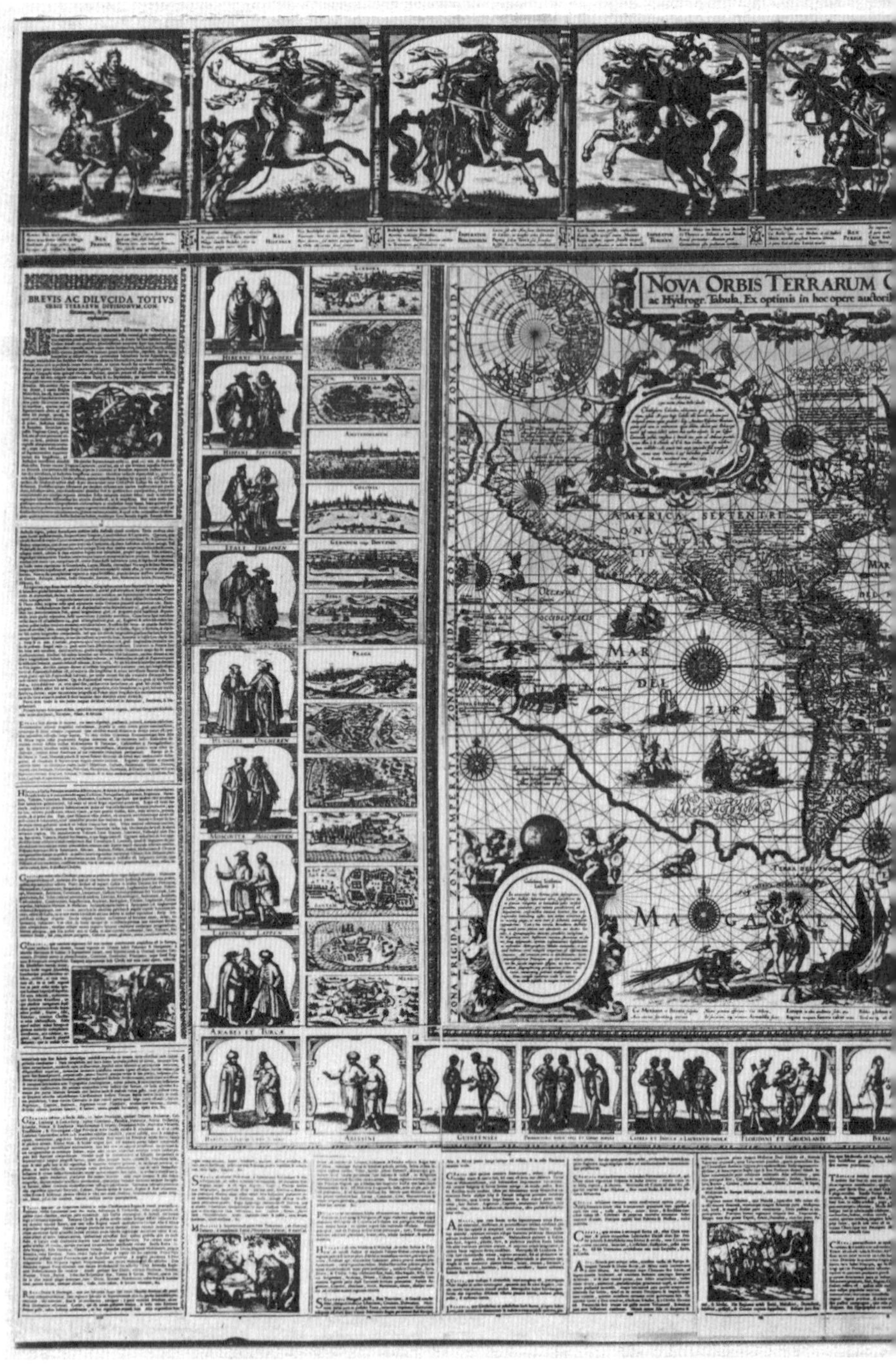

圖23　威廉·布勞，以麥卡托投影法繪製的世界地圖，一六〇六－一七。

在地圖的某一段圖例裡對這一點有詳細說明。「我認為這種作法很適當，」布勞寫道：「複製葡萄牙人、西班牙人和我國同胞手上最好的海圖，並把迄今所有的地理發現囊括在內。為了達到裝飾和娛樂的目的，我在邊緣排滿了當代全球十大君王、主要城鎮和諸多民族各種不同服裝的圖像。」布勞仔細描述他如何應用麥卡托的投影法，坦承它「讓我無法把地球的南北兩端再現為平面。」結果是產生了一片遼闊而純屬臆測的南半球大陸，這是採用麥卡托投影法的結果，但也是為了處理尚未繪製成地圖的南極洲和澳洲地區。左右兩邊雕刻精緻的漩渦花紋裡，是關於數學投影法的說明，橫跨底部的韻文是為上方的場景做註解，歐洲端坐上位，接受附屬民族進貢的禮物：

> 墨西哥人和祕魯人把黃金項鍊和閃耀的銀飾獻給誰？犰狳把皮革、甘蔗和香料帶給誰？是歐洲，無上的統治者坐在高高的王座，世界在她的腳下：透過戰爭和冒險事業，成為手握海陸大權者，她擁有各式各樣的貨物。皇后啊，幸運的印度人把黃金和香料獻給您，阿拉伯人帶來香脂；俄羅斯人送上毛皮，他東方的鄰國用絲綢裝飾您的衣裳。最後，非洲獻給您貴重的香料和香膏，還有閃亮的白象牙，此外幾內亞的有色民族又添上沉甸甸的黃金。[16]

布勞的地圖描繪全球的帝國風景、全世界的商業大城和各色人種，反映出荷蘭共和國重商主義的新需求。圖中涵蓋的已知世界根據商業潛力來評估每個地方和每一個人，從作為貿易化身的歐洲，一直到非洲，以及獻上貨物使歐洲賺盡財富、成為全球最優秀大陸的墨西哥人。

要衡量布勞成功與否，不妨看看後來有多少地圖、海圖和地球儀，被十七世紀各式各樣的荷蘭畫家複製到荷蘭室內畫和靜物畫當中。其中對地圖最痴迷的莫過於約翰尼斯．維梅爾（Johannes Vermeer）。在他留下的畫作中，至少有九幅出現了費心刻畫的掛牆地圖、海圖和地球儀，筆觸精緻細膩，甚至有一位畫評家提筆討論這位畫家的「地圖狂」。[17]維梅爾一六八八年左右的作品《地理學家》(*The Geographer*),畫的是一個專心製作地圖的年輕人,身邊散置著他吃飯的傢伙。身後的櫃子上擺著一個地球儀,牆上掛著一幅海圖,認得出是威廉・布勞一六〇五年的〈歐洲海圖〉(Sea Chart of Europe)。維梅爾最早期的畫作之一《士兵與笑臉女郎》(*The Soldier and a Laughing Girl*,大約是一六五七年的作品),刻畫一幅荷蘭和西菲士蘭(West Friesland)的地圖(以西為上)掛在牆上,前景是一個女人和士兵構成的居家場景;地圖和這幅畫的主角一樣搶眼。維梅爾不但畫了這幅地圖,還用了荷蘭製圖師其他各種不同的地圖,包括赫伊克・阿拉特(Huyck Allart,在世期約1650-1675年)和尼古拉斯・唯舒亞(Nicolaus Visscher,1618-1679)的十七省地圖,以及老約道庫斯・洪第烏斯(1563-1612)的歐洲地圖。也有其他藝術家和維梅爾一樣對地圖有興趣——尼可拉斯・梅斯(Nicolaes Maes,,1634-1693)和雅各布・奧克特維特(Jacob Ochtervelt,1634-1682)都將地圖入畫,只不過很少像梅維爾這樣非要畫得精確無誤不可。維梅爾之所以在《士兵與笑臉女郎》選擇複製荷蘭各省的地圖,其實和當時的藝術家一樣,是展現民間對剛獨立的荷蘭在政治和地理上的統一深感自豪。

維梅爾把這幅地圖畫得一絲不苟,連標題也不馬虎,所以很容易認出是當代知名的荷蘭製圖師巴爾塔薩・弗洛里茨・凡・伯肯羅德(Balthasar Florisz. Van Berckenrode)的傑作。一六二〇年,國會給予伯肯羅德出版這幅地圖的特許權,他定價一幅地圖十二荷蘭盾。在十七世紀,印刷特許權(防止某些文字或圖像在特定時期內被複製)代表和現代的著作權最接近的一種權利。任何人侵犯特許權,必須繳納高額罰款,由於執行這些懲處的單位是國會,這表示特許權等於代表對一部印刷作品內容的政治背書。[18]得到特許權未必就能賺大錢:儘管伯肯羅德的地圖看似充滿愛國情操,但根據史料記載,銷路差強人意,照目前的資料顯示,他一六二〇年版的地圖沒有一幅留下來。或許是因為銷售量令人失望,一六二一年,伯肯羅德把這幅地圖的銅版和出版特許權賣給威廉・布勞,地圖在他手上似乎賣得比較好:他說服伯肯羅德重新繪製北部各區域,提高正確性,在整個一六二〇年代，地圖的銷量節節上升。[19]布勞繼續複製這幅地圖，直一六二九年特許權到期為止，而維梅爾在畫中複製的正是這幅地圖的某一個版本，上面寫了布勞的名字。雖然布勞完全沒有參與這幅地圖的設計和雕刻，不過大名一簽，等於把地圖變成了布勞的作品，或許維梅爾在一六五〇年代末期將地圖入畫時（以及後續十五年間繪製至少另外兩幅畫時），就是這麼以為的。布勞父子挪用他人的地圖以謀求自己的商業利益，這並非第一次，也不是最後一次，不過這個例子明白顯示這個家族事業是靠什麼手段發財。

十七世紀的第二個十年即將結束時，布勞已經成為阿姆斯特丹頂尖的印刷商和製圖師。他的成功有一部分要歸功於他在雕刻、科學和經商方面的獨特天分，這種多才多藝的特質是他大多數對手欠缺的，也使他製作出的地圖特別優美，而且雕刻精準，不過他也很幸運，能在這個年輕共和國歷史上一個特別關鍵的時刻脫穎而出。他比科拉埃茲和普蘭修斯之類的對手年輕一點，一六〇九年，西班牙與共和國協議停戰十二年，共和國得以暫時擺脫西班牙的軍事和政治阻力，努力發展國際貿易，布勞正好利用停戰帶來的商業契機。不過簽訂停戰協議的決定一直受到極大爭議，導致聯省共和國總督（Stadholder，國家的實質領袖），亦即反對停戰的奧蘭治親王莫里斯，和支持停戰的荷蘭土地擁護者（Land's Advocate of Holland）約翰・凡・奧爾登巴內費爾特（Johan van Oldenbarnevelt）嚴重分裂。停戰協議一開始帶來了商業的繁榮，卻把各省分裂成兩個對立陣營。喀爾文教派（受到莫里斯親王和東印度公司多位董事的廣泛支持）和反對他們的亞米紐斯派（Arminians，是奧爾登巴內費爾特支持的對象）在神學上的複雜區分，更激化了雙方的歧異；亞米紐斯派也稱為「抗辯派」（Remonstrants），這個名稱出自被稱為「抗辯文」（Remonstrance）的請願書，目的是明文宣示他們和喀爾文教派在神學上的差異。當關係越來越僵，雙方訴諸武力，莫里斯在一六一八年七月進軍烏特勒支（Utrecht）。奧爾登巴內費爾特被捕，送交法庭，由東印度公司董事、堅定的反抗辯派喀爾文教徒雷尼爾・波烏（Reynier Pauw）審判，一六一九年五月在海牙被斬首處決。

布勞赫然發現自己在這場爭議中站錯了邊。布勞生來就是門諾派運動（Mennonite movement）的成員，屬於十六世紀再洗禮教派（Anabaptists）的一支，秉持著個人心靈責任及和平主義的堅固傳統，認同鮮明的自由意志主義（libertarianism），結交許多抗辯派或「格瑪魯派」人士（Gomarists，名稱源自荷蘭神學家法蘭西斯庫斯・格瑪魯斯〔Franciscus Gomarus，1563-1641〕）。正當）反抗辯派把奧爾登巴內費爾特送上法庭判處死刑的時候，東印度公司想任命官方的製圖師，負責繪製並校正該公司的航海日誌、海圖和地圖，以限制荷蘭海外商業導航相關地圖的流通。布勞自然是不二人選，但由於他的政治和宗教傾向，根本不可能得到普遍屬於反抗辯派的東印度公司的任命。公司董事轉而任命他的弟子，被認為在政治上比恩師更安全的黑索・黑利德松（Hessel Gerritsz）。[20]

在整個一六二〇年代，布勞繼續建立自己的事業，現在還多了兒子約翰幫忙。一六二〇年代末期，他開始進一步擴展自己的製圖業版圖。原本靠出版單張地圖和地球儀、組合式掛圖和遊記在業界執牛耳的他，如今擴大業務投資地圖集，他取得的一本地圖集點燃十七世紀製圖業最嚴重的對立，最終成就了約翰・布勞《大地圖集》的創作。一六二九年，布勞在過世不久的小約道庫斯・洪第烏斯（Jodocus Hondius the Younger）的莊園取得大約四十幅銅版地圖。洪第烏斯的父親是東印度公司早期的地圖供應者，創立了包括洪第烏斯在內的製圖世家。一六〇四年，在萊登的一場拍賣會，老約道庫斯・洪第烏斯用他口中所謂的「大筆資金」向麥卡托還在世的親戚買下這位製圖家《地圖集》的銅版。對洪第烏斯而言，這是出版界的金礦，不到兩年，他就在阿姆斯特丹出版了《地圖集》修訂及更新版。收錄了一百四十三幅地圖，其中三十六幅是新的，有幾幅出自洪第烏斯筆下，但大多是其他製圖師的作品，並且題辭獻給聯省共和國國會。雖然是利用大製圖家的名字（和他的作品）牟利，破壞了麥卡托原版《地圖集》的設計和完整性，但洪第烏斯在金錢上立刻大有斬獲。新版地圖集交出漂亮的銷售成績，在他一六一二年過世前的短短六年裡，又出了拉丁語、法語和德語等七個版本。[21]他甚至授權製作《地圖集》的開頭幾頁印上自己和麥卡托相對而坐，雙雙愉快地製作一對地球儀的雕版圖，即便麥卡托已經過世將近二十年。現在我們知道的《麥卡托—洪第烏斯地圖集》，在地理學方面算不上包羅萬象，而且外加的地圖品質參差不齊。但因為占用了麥卡托的出版許可，而且唯一的競爭對手——已經不再更新的奧特流斯《世界劇場》（1570）——實在太過老套，因此成了當時最頂尖的地圖集；潛在的競爭者要從無到有製作近一百五十幅新地圖來和洪第烏斯的《地圖集》競爭，成本上也難以負荷。

洪第烏斯在一六一二年辭世，他守寡的妻子柯蕾塔・凡・登・基爾（Coletta van den Keere）和他們夫婦的兩個兒子小約道庫斯・洪第烏斯和亨利庫斯・洪第烏斯（Henricus Hondius）接手家族事業。一六二〇年左右，兩兄弟鬧翻，各走各的路。約道庫斯開始籌備地圖，準備出新的地圖集，亨利庫斯則和他的妻舅，出版商約翰內斯・揚森紐斯（Johannes Janssonius）一起做生意。[22]約道庫斯還沒來得及出版新的地圖集，就在一六二九年驟逝，得年三十六歲。布勞認為這是他的好時機。雖然洪第烏斯地圖集已經稱霸市場，卻因為家族口角而使後續的版本無法收錄新地圖，這本地圖集等於就此停滯。就在這家人忙著爭遺產的時候，布勞趁機取得約道庫斯的新地圖，開始和洪第烏斯打對台。

沒有人知道布勞怎麼弄到這批地圖，但他怎麼用倒是人所共知。他的第一本地圖集《地圖集附錄》（*Atlantis Appendix*）——實際上是麥卡托和洪第烏斯地圖集的增訂本——在一六三〇年出版，包含六十幅地圖，其中大多是歐洲地圖，非洲和亞洲的區域地圖付之闕如。在六十幅地圖中，至少三十七幅是洪第烏斯的作品，不過他的名字被塗銷，直接印上布勞的名字。這種作法膽大妄為，加上布勞臉皮厚到甚至拒絕在前言中對讀者承認收錄了洪第烏斯的地圖，把事情弄得更複雜。「我承認，」布勞在感謝奧特流斯和麥卡托兩位前輩的地圖時說：「有幾幅地圖已經在《劇場》或《地圖集》或這兩本書裡面出版過，但我們賦予這些地圖另一種形式和另一種外觀，用更多的勤奮、關注和準確性來製作、增加或補充，因此，和其他地圖加起來，現在可以說幾乎是全新的。」布勞最後以虛假得近乎可笑的語氣傲慢地表示，他的地圖「是以勤奮、誠實和正確的判斷力編纂而成」。[23]

布勞之所以這麼做，多少是和揚森紐斯發生過商業衝突的歷史背景使然。早在一六〇八年，他就向荷蘭與西菲士蘭邦（States of Holland and West Friesland）陳情，要求政府擔保他不會因為地圖被盜版而蒙受損失，影射揚森紐斯一六一一年出版的地圖和他一六〇五年的地圖極為相似。[24]一六二〇年，揚森紐斯再次出手，用老約道庫斯・洪第烏斯的妻舅彼得・凡・登・基爾（Pieter van der Keere）設計的雕版印刷布勞的《導航之光》。由於布勞印刷他這本書的特許權已經截止，為了保護自己不被揚森紐斯公然盜版的劣行所害，他唯一的辦法是花大錢出版新的領航員指南。[25]在一六二九年之前，布勞想必認為揚森紐斯如今有了亨利庫斯・洪第烏斯協助，已成為商場不敗之軍。如今靠《附錄》的出版大敗對手，布勞個人必定志得意滿，即便這兩個同行家族的梁子越結越深，延續了三十幾年之久。[26]

一如《麥卡托—洪第烏斯地圖集》，布勞的《地圖集附錄》在地理學內容和印刷品質方面參差不齊。儘管如此，因為富有的民眾亟欲購買新的地圖集，看看和洪第烏斯製作的地圖集有何差異，因此一推出就廣受歡迎。亨利庫斯・洪第烏斯和約翰內斯・揚森紐斯發現他們的市場霸主地位遭到挑戰，而且挑戰他們的地圖集主要是以他們亡故親人的地圖彙編而成，自然驚駭莫名。他們快速做出反應，在一六三〇年稍後出版他們自家地圖集的附錄，然後又在一六三三年推出全新增修的法文版《麥卡托—洪第烏斯地圖集》，在書中直接攻擊布勞的《地圖集附錄》是「舊地圖的大雜燴」，還盜印了小約道庫斯地圖集的作品。[27]

洪第烏斯和揚森紐斯批評布勞急就章的地圖集，在道理上完全站得住腳——儘管這個指控同樣可以用在他們自己的地圖集上。這番競爭讓雙方瞭解，把現成舊地圖和急就章或盜版的新地圖拼湊在一起，這樣的地圖集賣不了多久。市場需要一本全新的地圖集，收錄最新的地圖，納入近年地理發現，包括東印度公司的東南亞手稿海圖。不過要出這樣一本地圖集，必須投入大量資金（以支付出版所需的熟練技術、工時和大量的印刷文字），還得有管道取得最新的導航資訊。在一六二〇年代的後半段，政治和商業氛圍詭譎多變，布勞掌握他的對手欠缺的優勢：反抗辯派的政治勢力逐漸式微，布勞在抗辯派的盟友再次得到阿姆斯特丹市政當局和東印度公司的青睞。其中包括他的至交勞倫斯·雷約爾（Laurens Reael），不但是當地權勢和影響力一等一的人物、亞米紐斯的姻親、東印度群島的前總督，更是東印度公司的董事。[28]

對布勞而言，這番權勢的翻轉在一六三二年達到顛峰，當時因為黑索·黑利德松去世，東印度公司官方製圖師的職位懸缺。儘管在一六一九年，布勞想坐這個位子根本是痴心妄想，不過到了一六三二年，這個職位形同他的囊中物，東印度公司的董事（包括雷約爾在內）在一六三二年十二月登門聘請他擔任該職務，他立刻點頭答應。他在一六三三年一月三日被正式任命。合約載明他負責記錄東印度公司領航員前往東南亞的航海日誌、修正和更新公司的海圖與地圖、任命「值得信賴」的人製作地圖、保持絕對機密，而且每半年向董事提出一份報告，說明他在這方面的成果和其他的製圖成績。他的年薪只有三百荷蘭盾，和其他同等級的政府官員一樣微薄，不過還要加上他為東印度公司製作海圖和地圖論件計酬的薪資。[29]布勞因此進入了共和國政治和商業政策的核心，讓他在荷蘭製圖這一行握有空前的權力和影響力。

即便在獲得任命的同時，布勞也不忘籌備壟斷市場的新法寶，他的《新地圖集》（*Novus Atlas*），該書（一份出版前的通知保證）會「以新雕刻和新的詳細敘述進行全面更新」。《新地圖集》在一六三四年出版，是威廉之子約翰第一次列名的布勞家地圖集，儘管他至少從一六三一年起就在父親身邊幫忙。可惜《新地圖集》的宣傳太過吹噓。雖然收錄了一百六十一幅地圖，但其中超過一半是出版過的舊圖，九幅是未完成的地圖，還有五幅甚至是臨時塞進來的！[30]布勞此番鑄成大錯，可能是東印度公司製圖師的工作太忙，加上自己想要搶在競爭對手之前推出地圖集所致。

儘管如此，東印度公司製圖師一職的任命，讓布勞有信心拓展他的地圖集規模，而且需要的工具唾手可得。黑利德松一六三二年辭世時，名下財產包括印度、中國、日本、波斯和土耳其總共六張銅版雕刻，全是東印度公司正忙著做生意和畫地圖的商業敏感地區。東印度公司握有特許權，因此這些銅版等於是公司的財產，不過布勞大概是得到遺囑執行人之一的雷約爾協助，設法弄到了銅版，收歸己用。一六三五年，布勞出版了一套更大的地圖集，這一次分成上下兩冊，收錄兩百零七幅地圖（有五十張是新的），並且大聲宣告內容包羅萬象。「我們的用意，」布勞在前言寫道：「要在和這兩冊一樣的其他幾冊地圖集裡描述整個世界，也就是天空和地球，緊接著要推出其中兩冊地球的地圖集。」[31]這一套地圖集複製黑利德松的印度和東南亞地圖，只是在左上角加了一些裝飾的漩渦花紋，右上角是小天使把玩導航儀器，用一支圓規規劃如何橫越地球的場景。左邊的漩渦花紋顯示地圖正是獻給勞倫斯・雷約爾本人。

這些手法明白顯示布勞實用主義的一面，企圖稱霸地圖集的市場，但他的動機未必這麼單純。一六三六年，伽利略因為太陽中心論的異端信仰而被天主教宗教法庭定罪之後，一群荷蘭學者計畫由荷蘭共和國對這位義大利天文學家提供庇護。計畫交由法學大師、外交官（也是親抗辯派人士）雨果・格勞秀斯（Hugo Grotius）——他的著作交由布勞出版——實行，並得到勞倫斯・雷約爾和威廉・布勞大力支持。除了在知識上相信宇宙是以太陽為中心，在邀請伽利略一事上，三人也都有商業上的既得利益。格勞秀斯已經有導航的相關著作，希望引誘伽利略前往阿姆斯特丹，藉此向東印度公司獻上他確定經度的新方法，此法一旦成功，荷蘭便可徹底掌控國際導航。[32]布勞多少有些非主流的知識信念，和他對商業新契機的眼光不謀而合：伽利略代表一種看待世界的新方法，但也是布勞可能算計過，會讓他在一六三〇年代的製圖出版界取得關鍵性優勢的方法。結果伽利略聲稱由於身體孱弱（當然還有宗教法庭提出將他軟禁的條件），無法演出原本會轟動一時的叛逃事件，歐洲頭號喀爾文教派共和國邀請伽利略的計畫無疾而終。

計畫失敗對布勞而言其實無關痛癢，他的事業蒸蒸日上。一六三七年，他擴充家族事業，把印刷廠搬到染業和印刷業的大本營，阿姆斯特丹西城約丹區（Jordaan district）鮮花運河（Bloemgracht）畔的一棟新房子。新的印刷廠有鑄字間和九台活版印刷機，其中六台專門印製地圖，新廠房是歐洲最大的印刷廠。威廉，唉，可惜他在歐洲最大印刷商這個寶座上只坐了一年。一六三八年，他撒手人寰，把家族事業傳給了兒子約翰和科內里斯（Cornelis，約1610-1642）。

威廉的死為布勞世家的第一個盛世劃下句點，這時他們幾乎掌管整個荷蘭共和國的印刷和製圖業。他一手打造出來的事業，使他成為阿姆斯特丹印刷和製圖業的先鋒。過去地理學家的世界地圖和導航指南都被威廉取而代之，他出版的地圖集挑戰奧特流斯和麥卡托的作品。他率先將製圖學打入國家政治和商業政策的核心，以他在東印度公司任職期間的作品為最，而且他出版的地圖和書籍描寫的是一個以太陽為中心的世界，地球再也不是宇宙的中心。不過對約翰和科內里斯而言，出版業經常出現緊急情況、和洪第烏斯與揚森紐斯的競爭，以及東印度公司不斷有工作交付給他們，意味著他們必須在競爭對手逼近之前，趕快鞏固父親的成就。

父親死後，聽說亨利庫斯·洪第烏斯不知為什麼不再與妻舅共同製作地圖集，丟下揚森紐斯獨自經營，促成約翰和科內里斯的事業突飛猛進。一六三八年十一月，約翰確定接任父親的職位，擔任東印度公司的官方製圖師，進一步鞏固布勞家的地位。在威廉任職期間，隨著阿姆斯特丹和東印度公司在巴達維亞（Batavia，現在的雅加達）的印尼總部之間的貿易往來增加，製圖師的工作範圍隨之擴大；等到約翰獲得任命時，荷蘭共和國的商船隊已經增加到兩千艘左右，令歐洲其他的海上強權望塵莫及。運貨量大約是四十五萬噸，雇用了三萬名左右的商船船員，投資者認購東印度公司的股票高達每年四千萬到六千萬荷蘭盾；同時公司利潤持續成長，市場擴大到香料、胡椒、紡織品、貴金屬及象牙、瓷器、茶葉和咖啡之類的奢侈品。在整個一六四〇年代，每年開往東方的船舶高達十幾萬噸，到了十七世紀末，估計已經運送了一千七百五十五艘船和九十七萬三千人到亞洲（其中有十七萬人在途中喪命）。[33]

這一艘艘的船都需要地圖和和海圖，才能從特塞爾島（Texel）航行到巴達維亞。船長和首席及初級領航員各自領到一整套至少九幅的海圖，值班瞭望員拿到的比較少。這些海圖全靠布勞和他的助手製作。第一張畫的是從特塞爾島到好望角的航線；第二張畫的是印度洋，從非洲東岸一直到爪哇和蘇門達臘之間的巽他海峽；接下來的三張畫的是比例尺比較大的印尼群島；然後分別是蘇門答臘、巽他海峽、爪哇的海圖，最後是巴達維亞的海圖（包括印尼爪哇島上的萬丹〔Bantam〕）。每一套海圖都有附帶的地球儀、手冊、航海日誌、空白紙張，甚至還有一個收納海圖的錫製圓筒。東印度公司為了限制海圖的流通，規定在旅程結束時，任何一幅海圖沒交還都要賠錢。

身為東印度公司官方製圖師，布勞利用職務之便，可以接觸到所有人，從東印度公司名下東印度人號的瞭望員，一直到公司的董事和制訂政策的決策者。東印度公司每艘船的船長和大副、二副，都必須把他們在前往東方途中完成的航海日誌、札記和地形略圖交給公司製圖師，每一篇日誌都必須經過布勞的檢查和認可，才能儲藏到公司位於舊大街（Oude Hoogstraat）的東印度大樓（East India House）。接著布勞依據他看到的資料著手畫海圖，稱為 leggers，是後續印製地圖成品的樣板。這些海圖的輪廓很簡單，比照最後地圖成品的比例尺繪製。適時納入新資料，當作東印度公司每一位領航員使用的全套標準海圖的基礎。當時雇用多達四名助理，在羊皮紙上繪製海圖——採用手工繪製而非印刷的方式，是避免海圖上的細節在開放市場上輕易流通，以羊皮紙為材料，則是因為它在漫長的海上航行中非常耐用。用這種方法製作海圖，可以快速而巧妙地更新原始海圖。修正海圖時只要用針刺出新發現的海岸線或島嶼，然後放在空白的羊皮紙上方，撒上煤灰。拿掉原稿後，新的羊皮紙上會有針孔留下的一點一點煤灰，接著由布勞的助手仔細連接起來，就能再現新的、也更準確的海岸線。[34]

海圖的製作成本可觀：布勞製作的每一幅新地圖，公司要支付五到九荷蘭盾（是一幅小型畫作的價格），要發給全船上下每人一整套新地圖，至少要花兩百二十八荷蘭盾。布勞每一張海圖的成本大概不超過兩個荷蘭盾，他賺到至少百分之一百六十的暴利。這些當然是假設的數字，因為留下來的海圖很少，根本不可能估計有多少張圖在交還公司後重複使用，也不知道公司是否經常要求布勞更新每一張圖。不過他這個職位的油水豐厚，似乎是不爭的事實。一六六八年，布勞向公司請款高達二萬一千一百三十五荷蘭盾——有鑑於他自己的年薪是五百荷蘭盾，和木匠師傅的工資差不多（也是阿姆斯特丹一棟房子的平均成本），這個金額的確令人咋舌。其中大概包括海圖的帳單，不過也有比較大型的奢侈品，例如獻給外國權貴的地球儀和手繪地圖。一六四四年，獻給望加錫（Makassar，現在的印尼）國王的巨型手繪地球儀，讓布勞領到五千荷蘭盾，其他的紀錄顯示付款的項目包括幾百荷蘭盾到上萬荷蘭盾的地球儀、地圖集和裝飾用地圖。[35]相形之下，布勞的助手似乎只領到微薄的工資。其中一個叫狄歐尼修斯・保魯斯（Dionysus Paulusz）的人畫了一幅印度洋地圖，布勞向東印度公司的董事收取一百荷蘭盾，儘管保魯斯埋怨自己只領到「一點零頭」。[36]

布勞被任命為官方製圖師，反映出東印度公司頒布命令的共同特徵，必須在官方的排他主義和私人企業精神之間達到某種平衡。雖然布勞堅稱他的海圖是公司專屬的財產，海圖的創作方法也必須保密，公司董事卻讓他享有極大的自主性，可以把新發現的製圖知識用在布勞其他的印刷計畫上。他甚至可以利用這些知識阻擋公司提出的導航業務改革。在一六五〇和一六六〇年代這二十年間，公司董事建議印製標準化的導航手冊，雖然布勞有參與討論，但他從頭到尾支吾其詞。支持這種新措施對他一點好處也沒有，尤其是他已經著手籌備《大地圖集》。[37]

因此，東印度公司這個職務不只帶給布勞非常可觀的經濟利益，也讓他得天獨厚，可以隨時取得最新的製圖資訊來繪製他的海圖，更有辦法影響（必要時就阻止）公司的新措施，並且帶給他極大的文化與公民影響力。在後續的三十年間，他擔任了一連串的公職：他在市議會任職，當過市府參事、市衛軍隊長和興建防禦工事的專員。[38]

布勞也擴大鮮花運河畔印刷廠的業務，不顧阿姆斯特丹市政當局的反對，出版天主教、抗辯派和索齊尼派（Socinians，一個崇尚自由主義的教派，拒絕三位一體的理念，喀爾文教徒對他們的歧視不亞於天主教）的宗教作品。布勞對自己的政治地位極有把握，因而在一六四二年，阿姆斯特丹的執法官（schout）以他出版一本索齊尼派的小冊子為由，大肆搜查他的印刷廠，他也能全身而退。執法官下令把書燒毀，布勞兄弟被罰繳交兩百荷蘭盾，但布勞的影響力讓阿姆斯特丹市長很快撤銷判決（雖然來不及阻止書籍被燒）。布勞依照往例，把爭議化為自己的優勢，後來推出荷語版時，大肆宣傳這本書「被公開行刑和焚燒」的醜聞。[39]布勞繼承了父親自由派作風鮮明的印刷事業，在出版決策上也延續這種傾向，但免不了會受到商業考量的影響。他同樣運用自己的財富投資開墾維京群島（Virgin Islands），答應供應非洲奴隸到農場幹活兒。[40]和保魯斯指控布勞是惡劣雇主的說法連結起來，他從事奴隸買賣的行為，證明他既傳承了父親自由意志主義的信念，也繼承了他殘酷企業主的特質。

布勞作為一名印刷商，想一舉稱霸地圖集市場的雄心始終不移，但儘管當上了東印度公司的製圖師，也因此取得了公司的祕密資訊，布勞仍然面對與約翰內斯·揚森紐斯永無休止的競爭。兩人分別失去了父親和生意伙伴，現在為了生產市場上最優質的地圖集而陷入一場殘酷的競爭。從一六四〇年代初到一六五〇年代末，雙方都加倍努力，不斷印製更大、更有企圖心的地圖集，不再參考麥卡托等製圖界前輩的作品，甚至取相同的書名，《新地圖集》，來強調本身產品的現代性。布勞只管把父親傳給他的地圖集初步結構增加新冊。一六四〇年，他推出一套三冊的新地圖集，引進義大利和希臘的新地圖。一六四五年，他出版第四冊，是英格蘭和威爾斯的地圖，獻給英王查理一世（Charles I），這時英王的共和派政敵剛剛在英格蘭內戰占了上風。一六四〇年代末期，布勞的地圖集製作暫時中斷——原因之一是為了慶祝一六四八年威斯特伐利亞條約的簽訂而製作一系列出版品，包括布勞的二十一張世界地圖，構成世界的兩個半球日後成為市民大廳地板裝飾的基礎。一六五四年，他又出了一冊蘇格蘭和愛爾蘭的地圖，一六五五年出了第六冊，全靠他在東印度公司遠東業務部門的廣大人脈，收錄了十七幅中國的新地圖。這套地圖集一冊售價二十五到三十六荷蘭盾，整套六冊定價兩百一十六荷蘭盾。

不過揚森紐斯一冊一冊緊咬布勞不放，甚至宣稱他後續的地圖集版本將包羅萬象地描述整個世界，包括天空和地球，不止超越了布勞的心血，連十六世紀偉大的宇宙學論文也甘拜下風。到一六四六年為止，他也已經出版了四冊新的地圖集，一六五〇年增加第五冊海洋地圖集，一六五八年完成了第六冊，收錄四百五十幅地圖——甚至超過了布勞囊括四百零三幅地圖的六冊地圖集。

到了一六五八年，兩位出版商的鬥爭陷入膠著。真要比較的話，雖然在印刷資源和取得東印度公司資料的管道上，布勞顯然占了優勢，但揚森紐斯地圖集的內容卻更加平衡和完整。不過這時候年近花甲的布勞做了一個重大決定。他決定展開一項出版計畫，打算一舉打倒揚森紐斯：一套地球、海洋和天空的廣泛性描繪。他提議把這個計畫取名為Atlas maior sive cosmographia Blaviana, qua solum, salum, coelum, accuratissime describuntur，意思是「大地圖集或布勞的宇宙學，精確描寫陸地、海洋和天空」。布勞設想做一個三階段出版計畫，第一階段是地球，然後是海洋，最後是天空。揚森紐斯已經承諾要出這麼一套地圖集，但資源有限，沒辦法出真正的權威版。現在布勞把他的豐沛資源全數投入他一生中最後也最偉大的出版成就。

一六六二年，第一階段的計畫接近尾聲，布勞宣布放棄他商業帝國的書籍銷售部門，專心印刷地圖集，還把書店裡的存貨公開拍賣，籌足款項來完成眼前的收尾工作。後來地圖集在同一年出版，一看就知道布勞為什麼需要拚命湊資金。初版的《大地圖集》是拉丁文版，只能說大得不得了。是出版史上首次出現的巨作，全書分成十一冊，共有四千六百零八頁和五百九十四幅地圖，布勞從前的地圖集相形見絀，揚森紐斯的地圖集也一樣。不過由於布勞計畫稱霸歐洲地圖集市場，因此他同時著手編纂的地圖集不只一種，而是五種版本。首先是拉丁文版——是學術菁英必備的版本——此外是用比較通俗和有賺頭的地方語言出版。第二種版本在一六六三年推出，共有十二冊，包含五百九十七幅地圖，以法語書寫，供應布勞最大的市場。第三種是為本國讀者出的荷語版，一六六四年推出，分成九冊，有六百幅地圖。第四種是西班牙語版，當時西班牙仍然被認定為歐洲的龐大海外帝國。第五種版本最為稀罕，是一六五八年出版的德語版。這是布勞最早編輯的地圖集，不過刻意延後，確保比較重要的拉丁文和法語版先推出。德語版在一六五九年以簡略的格式出版，不過完整版有十冊和五百四十五幅地圖。每個版本根據刻畫的地區和採用的印刷格式而有所不同，不過大多是複製相同的文字和地圖，代表地圖集不可或缺的標準化。[41]

從一六五九年到一六六五年，在這將近六年期間創作這些地圖集所耗費的資源令人咋舌。估計五個版本的印刷量高達一千五百五十份，拉丁文版的數量最多，印了六百五十份，不過這個看似不甚突出的數字代表著驚人的累積總數，內容有五百四十四萬頁，銅版壓印九十五萬次。製作這整套地圖所消耗的時間和人力非同小可。根據每一頁要花八小時排版來計算，把這五種原始版本最初的一萬四千頁印刷文字排好，五個排字工人的總工時是十萬小時。表示一組排版工人全職工作兩千天，也就是六年。相對之下，印刷一百八十三萬張的文字反而相當快。假設布勞的九台印刷機全力開動，一小時可以印五十張，理論上五種版本的印刷文字大約十個月便可完成。印刷銅雕版地圖是另外一回事，主要是因為地圖必須壓印在印刷好的紙張背面；一塊銅版一小時大概只能壓印十次。五種版本要用銅版壓印九十五萬次，如此一來，布勞必須專門撥出六台印刷機，全天印刷將近一千六百天，也就是四年半。許多地圖還用手工著色，讓購買者從購買訂製品的幻象得到滿足感，只不過布勞用一張地圖十五分錢的價格包給別人做，時間很難估計。接下來單單是仔細裝訂一套多冊地圖集就至少要花掉一天。這所有的工作（以及在這段時間內完成的其他印刷作業）全靠布勞鮮花運河畔印刷廠最多八十個雇員完成。[42]

這項資本投資的金額龐大，而且可能有風險，反映在《大地圖集》不同版本的售價上。每一種版本的價格都遠超過布勞從前出版的地圖集，過去大多賣兩百多荷蘭盾。手工著色的拉丁文版地圖集開價四百三十荷蘭盾（不過黑白版只要三百三十荷蘭盾），而篇幅比較大的法語版地圖集，彩色版要四百五十荷蘭盾，黑白版要三百五十荷蘭盾。這樣的定價不只成為史上開價最高的地圖集，也是當時最貴的書籍；四百五十荷蘭盾是十七世紀的工匠足足一年的工資，相當於現在的兩萬英鎊左右。《大地圖集》顯然不是要賣給儉樸的勞工大眾：購買者不是創造地圖集的相關人士，就是可能有辦法協助荷蘭進行政治或商業擴張的人——政治人物、外交官、商人和金融家。

值得注意的是，在眾人努力和萬眾期待下推出的《大地圖集》，作法竟如此保守。非但是版面的編排，連地圖都顯示布勞無意從事改革或創新。布勞和揚森紐斯以前的地圖集是採取累積式作法，重量不重質，地球上一大塊又一大塊地方寫滿密密麻麻的小細節，而其他地方幾乎完全被忽略，地圖的排列順序也沒什麼連貫性。《大地圖集》沒有費心校正這些缺失，也沒有提供一套反映當代地理學知識的全新地圖。例如，第一冊有一幅世界地圖，然後是北極地區、歐洲、挪威、丹麥和什列斯威（Schleswig）的地圖。在二十二幅地圖中，有十四幅是新的，但其餘幾幅有的已經超過三十年。第三冊是德國地圖的專書，九十七幅地圖裡只有二十九幅是首次複製。第四冊的主題是尼德蘭，六十三幅地圖裡有三十幅技術上算是新的，但其實多半是舊地圖，只是首次出現在布勞地圖集裡，甚至該冊的第一幅地圖還是他父親一六〇八年首次出版的荷蘭十七省地圖！第五冊的主題是英國，共收錄五十九幅地圖；只有十八幅不是從約翰·史畢德（John Speed）的《大不列顛帝國劇場》（*Theatre of the Empire of Great Britain*，1611）直接複製過來。這套地圖集一直到第九冊才開始出現歐洲以外的地圖，收錄了西班牙和非洲地圖，第十冊收錄區區二十七幅亞洲地圖；只有一幅是以前沒出版過的，從整冊地圖幾乎看不出東印度公司在當地進行的大量探險。[43]

因此，就《大地圖集》而言，印刷媒介並沒有促成製圖上的創新，反而成了阻礙。地圖複製得很精美，在地形的表現方面，至今仍被銅版雕刻的鑑賞家視為無與倫比的傑作。不過投資這麼龐大的一個計畫，布勞面臨一個問題：究竟要冒險引進嶄新而陌生的地圖，可能令他保守（而且一定很有錢）的買家退避三舍，還是壓寶在民眾對創新的喜好上（這一點從印刷地圖過去的銷量恐怕很難看出來）？從布勞的製圖生涯看來，他一直不太願意把他從東印度公司的紀錄中蒐集到的新知引進他的印刷地圖裡，寧願用在公司花錢請他繪製的手稿海圖上。在這方面，《大地圖集》也一樣：就像本書的書名，只是在尺寸方面比從前任何一本地圖集「更大」。

地圖集的第一幅地圖把這一點表現得最為清楚：Nova et accuratissima totius terrarum orbis tabula，意思是「全新且非常準確的全世界地圖」。不同於這套地圖集裡的其他許多地圖，這幅地圖相當新穎。在他父親用麥卡托的投影法所繪製的一六〇六至〇七年的世界地圖裡，布勞的眾多地圖集至今只複製了其中的一個版本。這幅新的世界地圖揚棄了麥卡托投影法：反而回歸到麥卡托在他一五九五年的《地圖集》建立的傳統，把地球再現為兩個一模一樣的半球，繪製在一張立體赤道投影圖（stereographic equatorial projection）上，非常類似布勞先前一六四八年的世界地圖，也就是市民大廳那三幅大理石地圖的藍本。這張立體投影圖是想像把一個標示出經度線和緯度線的透明地球放在一張紙上，以布勞的地圖來說，地球赤道和平表面相交。如果光線照進地球，從投射在紙上的陰影可以看到彎曲的經線和緯線，輻合在代表赤道的直線上。這不是什麼新方法（連托勒密都寫過），不過在文藝復興期間，採用這個方法的多半是製作星圖的天文學家，再不然就是像布勞這樣的地球儀製作師，主要目的是為了再現地球表面的曲率。儘管如此，布勞很清楚東印度公司開始瞭解麥卡托投影法的過人之處，尤其是在導航方面。在新的世界地圖裡捨他父親偏愛的麥卡托投影法不用，而選擇立體投影法，唯一的目的是迎合民眾對雙半球投影圖既定的喜好（市民大廳和一六四八年的世界地圖是很好的例子），但這種喜好起源於一五二〇年代，麥哲倫完成首次地球環航之後。

這幅地圖的用意不僅僅是採用當今最有銷路的投影圖。地圖呈現的地理構造和一六四八年的地圖差不多。東半球的澳洲（標示為「新荷蘭」）依然不完整，圖例推測此地有可能和新幾內亞（New Guinea）接壤。西半球的北美洲西北岸同樣也不完整，加州被錯繪成一座島嶼。一六六二年這幅地圖唯一改變的地方是周邊的精緻裝飾。底下是四季的擬人化寓言圖，春在左，冬在最右，秋、夏居中。在兩個半球上方是更精緻的寓言場景：左邊的西半球上方是托勒密，一手拿著兩腳規，一手拿著渾天儀。和他遙遙相對的是哥白尼，位於東半球的右上角，把兩腳規放在地球儀表面。夾在兩人中間的是五個已知的行星，依照各自的古典神祇予以擬人化。左起是托勒密旁邊的朱彼特（木星），有雷電和老鷹相隨，然後是帶著丘比特的維納斯（金星）、阿波羅（也就是太陽）、手持雙蛇杖的墨丘利（水星）、穿著盔甲的瑪爾斯（火星），最後在哥白尼上方的是薩杜恩（土星），看他旗幟上的六芒星就知道。月球是兩個半球中間縮小的頭和肩膀，在阿波羅底下向外窺看。

這個意象是世界位於更浩瀚的宇宙中，地球是宇宙的中心，顯然展開了兩個一模一樣的半球。或者其實未必？把托勒密地球中心論的信仰和哥白尼的太陽中心理論並列，表示這幅地圖想魚與熊掌兼得。這幅地圖其實是以迂迴的方式遵循哥白尼學說，依照和太陽距離的遠近來排列行星。水星手上的雙蛇杖距離阿波羅稍近一些，然後是金星，月亮和地球。火星在木星前面，最後是土星，完全依照哥白尼的追隨者所宣揚的順序。

在地圖集的前言〈地理學入門〉（Introduction to Geography）中，布勞承認「宇宙學者對於世界的中心和天體的移動，分成兩派不同的意見。有人認為地球是宇宙的中心，認定它靜止不動，說太陽與行星和恆星一樣環繞地球旋轉。也有人相信太陽是世界的中心。他們相信太陽靜止不動；地球和其他行星繞著太陽旋轉。」有一段話算是布勞對其世界地圖的直接評注，他說明哥白尼派的宇宙學。「根據他們的理論，」他寫道：

> 水星在第一圈，最接近太陽，由西往東運行需時八十天，金星在第二圈，需要九個月。他們也證實地球——他們視為發光體，或者也和其他一樣是行星，他們認為地球和月球（彷彿是周轉圓，以二十七天又八小時環繞地球運轉）位於第三圈——在一個自然年中繞行太陽一圈。他們說就是這樣分出一年四季：春、夏、秋、冬。[44]

布勞繼續描述火星、木星和土星各自的位置，和他的世界地圖一樣。

在一段表裡不一的論證中，布勞繼續堅稱：「我們無意在這裡明確指出這些意見有哪些符合真理，也最適合世界的自然秩序。」他把這些問題留給「那些精通天文科學的人」，然後輕描淡寫地補上一句，地球中心和太陽中心的理論沒有「顯著的差別」，然後做出結論：「既然地球恆定不動的假設總地來說似乎比較有可能，而且也比較容易瞭解，本篇導論就遵循這個假設。」[45]說出這番話的是企業家，不是科學家，是出版商，而非地理學家。

儘管如此，就其對行星位置的安排，一六六二年《大地圖集》的世界地圖是首度描繪以太陽為中心的太陽系，把地球逐出宇宙中心的位置。除了龐大的生產規模，這一點也是《大地圖集》的歷史成就，不過基於出版的商業需求，約翰．布勞選擇了有別於父親的作法，稀釋了這幅地圖激進的科學。儘管荷蘭共和國贊成對地球中心論的正統提出科學挑戰，相較於一六四八年的地圖嵌入了哥白尼和第谷派對主流托勒密模式的挑戰，一六六二年這幅世界地圖反而倒退了一步。這幅一六六二年地圖本身呈現的意象是地球位於一個以太陽為中心的太陽系內部，不過被古典神話重重包裹，加上布勞在前面評論說歷史學家大多看不出箇中意涵，自然減弱了這個意象的意義。[46]看來布勞不確定的，只是支持新的科學理論對生意是好是壞；到頭來，他對哥白尼的理論這番迂迴的描述，創造出一個壯觀的製圖學意象，這是一個以太陽為中心的世界，但人們多半視而不見。

從本身的商業角度而言，布勞似乎做了個精明的決定，因為《大地圖集》創下傲人佳績。阿姆斯特丹及歐洲各地的富商、金融家及政治人物紛紛購買。布勞還把不同的版本加上專屬的色彩、裝訂，然後印上徽章，獻給歐洲某些最有政治影響力的人物。其中有不少被收藏在專程設計和精心雕刻的胡桃木或桃花心木櫃子裡，地位頓時攀升不少，不只是一本書或一套地圖而已。拉丁文版獻給奧地利皇帝利奧波一世（Leopold I），法語版獻給國王路易十四（Louis XIV），後者收到的地圖集還加上布勞的註解，說明他這個題材的重要性。布勞寫道（改寫奧特流斯的句子）：「地理學是歷史的眼睛和光。」他在國王面前懷抱展望：「地圖讓我們可以在家裡思考最遙遠的事物，而且就擺在我們眼前。」[47]他也把地圖集送給具有影響力的達官貴人，而且接受荷蘭當局的委託，專門訂製地圖集送給外國元首，作為帶有異國風情的禮物，例如國會在一六六八年送一套絲絨裝訂的拉丁文地圖集給鄂圖曼蘇丹，希望鞏固兩國的政治和商業聯盟。結果地圖集大受歡迎，還在一六八五年翻成土耳其語。[48]

布勞《大地圖集》的出版，也終結了和揚森紐斯長達五十年的對立，但不是因為地理學本身的優越。一六六四年七月，揚森紐斯過世。在布勞推出各種版本地圖集的那五年，揚森紐斯也成功出版他自己《大地圖集》的荷語、拉丁文和德語版。荷語版分成九冊，從一六五八年到一六六二年相繼出版，編排順序和布勞的地圖集差不多，收錄了四百九十五幅地圖。一六五八年的德語版有十一冊，至少收錄了五百四十七幅地圖。揚森紐斯可能欠缺布勞的出版資源和政治人脈，但其實直到辭世為止，他在出版大型地圖集方面一直和他的宿敵不相上下。[49]要是他能多活幾年，布勞未必能全面主導荷蘭的製圖業。

布勞的事業非常成功，於是在一六六七年把他的印刷帝國擴充到伯爵街（Gravenstraat）的一處新物業。不過他得意不了多久。一六七二年二月，整棟新廠房陷入火海，布勞的許多原料和印刷機付之一炬。官方的火災調查報告指出，除了損失書籍，「大型印刷廠和裡面的每一樣東西都遭到嚴重損毀，就連疊在角落的銅版都像鉛一樣被燒融了」，同時估計布勞的損失高達三十八萬兩千荷蘭盾。[50]就算布勞原本多少還希望能完成他原先承諾的海洋和天空兩部地圖集，現在也毫無指望了。沒想到禍不單行。一六七二年七月，在荷蘭即將和法國開戰之際，國會決議由奧蘭治親王威廉（William of Orange）擔任總督。這番權力移轉使阿姆斯特丹議會裡的反奧蘭治人士被免職，布勞正是其中之一。他的出版社成了廢墟，政治影響力也告終，布勞的健康迅速走下坡，在一六七三年十二月二十八日過世，享年七十五歲。

布勞的死預示了家族事業的完結。他的兒子繼承家業，但缺乏父親或祖父的才華和動力。再說地圖市場也變了，當時的政治氛圍不適合砸大錢投資多卷冊的地圖集。風險太大。此外揚森紐斯和布勞先後離世，一六三〇到一六六五年間驅使雙方紛紛出版地圖集的商業對抗也消失了。新的地圖集既無供應，也無需求。從一六七四年到一六九四年，逃過祝融之災的《大地圖集》印刷銅版，在一連串的交易和拍賣中四散各地。[51]一六九六年，這一門家族事業終於劃下句點，一七〇三年以後，東印度公司不再使用他們印刷廠的標記，結束了作為這個家族製圖事業命脈長期且成功的合作關係。

布勞地圖集的發展史恐怕也不如其創造者原先的想像。儘管整個計畫未竟全功，但為這麼多人量身訂製了一套又一套第一階段的地圖集，布勞無意間激發了地圖集消費的新取向：現在所謂的「合成地圖集」（composite atlases）。十七世紀末的買家開始模仿布勞，為自己的布勞地圖集補充新的地圖和繪圖。阿姆斯特丹律師勞倫斯．凡．德爾．翰姆（Laurens van der Hem，1621-1678）買了一套拉丁文版《大地圖集》，然後以此為基礎，竟然累積出一套四十六冊的地圖集，收錄三千幅地圖、海圖、地形繪圖和肖像，經過精心組織編排，以專業的作法裝訂，儼然是布勞原始作品的巨型擴大版。凡．德爾．翰姆的地圖集令人驚豔，托斯卡尼大公（duke of Tuscany）有意用三萬荷蘭盾購買——他的原始投資是四百三十荷蘭盾，儘管把地圖集大幅擴充，依舊能賺取高額利潤。[52]其他人也如法炮製，根據個人在導航、宇宙學，甚至東方主義方面的喜好，訂製自己的布勞地圖集。這些量身訂製的作品正如布勞自己的地圖集，可以永無止盡地擴充下去：直到收藏者辭世才算完成。

諷刺的是，布勞犧牲了地理學或天文學的創新，把主力放在行銷商業性讀者需要的地圖集，後來出版的地圖集卻越來越不把出版商／地理學家當成文本的組織者，反而把內容的決定權交到購買者手上。義大利印刷商開始出版標準格式的地圖，讓顧客購買並組裝成自己的地圖集。後來的地圖商稱之為IATO地圖集（義大利，接單組裝〔Italian, assembled to order〕，最早出現在十六世紀），更正確的名稱應該是義大利合成地圖集，因為篩選地圖的是收藏家，不一定是出版商。這種合成地圖集的出現顯示十七世紀末的製圖師和印刷商遭遇的困境：他們掌握的地理學資訊前所未有的多，而他們掌握的印刷技術已經達到相當的速度和精確度，可以用最精緻的細節複製相關資訊，但沒有人知道究竟該如何組織及展現。要多少地理學知識才叫完整？這樣的出版計畫又要怎麼賺到錢？當然，這種問題怎麼想也沒有答案，最好讓個人自己決定他們需要的地理學。

*

布勞的《大地圖集》具有美麗的地形、精緻的裝飾、雅致的色彩和華麗的裝訂，是十七世紀印刷技術無人能及的成就。這是荷蘭共和國在藉由暴力抗爭擺脫西班牙帝國之後，創造出偏重財富累積甚於領土取得的全球市場而衍生的產品。布勞製作的地圖集根本上也出自這些原因的驅使。在這樣一個世界裡，他甚至沒必要把阿姆斯特丹擺在世界的中心；荷蘭的財力越來越大，但卻隱而不顯，一步步滲透地球的每個角落，無論是十七世紀或今天，說到財富的累積，金融市場幾乎從不承認政治的邊界和中心。

事實上，到了十七世紀末，《大地圖集》的成功非但沒有協助地理學的發展，反而產生了阻礙。像托勒密這樣的製圖師，深受古典時代的傳統影響，努力獲取全球性的地理學知識，而《大地圖集》就代表這個傳統的結束。布勞的出版規模龐大，卻無法提供任何地理學的新方法，來創造世界的圖像，原因在於地圖迎合購買的群眾，而他們欣賞地圖和地圖集的裝飾價值，更甚於科學的創新或地理的準確度。在比例尺和投影法方面，《大地圖集》沒有提供任何看世界的新方法，只是很巧妙地呈現一個不再位居宇宙中心的世界。不過對布勞而言，太陽中心論的重要性只在於銷售數字。《大地圖集》是名副其實的巴洛克時代作品，和文藝復興的傳承一刀兩斷。過去像麥卡托這樣的製圖師，極力就世界在宇宙中的地位提出獨一無二的科學想像，而布勞只是針對世界的多樣性累積越來越多的資料，他的起心動念在於市場，而非渴望建立對世界的某一種理解。缺乏主導性的思想原理，在金錢和知識的雙重驅使下，《大地圖集》的規模越來越大，成了一件有瑕疵又不完整的曠世巨作。

第九章

國家

卡西尼家族，法國地圖，一七九三年

法國，巴黎，一七九三年

一七九三年十月五日，共和法蘭西國民大會（National Convention of Republican France）頒布一紙「建立法蘭西紀元令」，敕令宣布要採用新曆法，從大約一年多前正式宣布法蘭西共和國成立的一七九二年九月二十二日開始算起。包含新曆法在內的一系列改革，從絕對主義統治的方法，到標記曆法時間的方式，目的是清除不久前被推翻的舊政權留下的殘跡。根據國民大會的命令，現在的官方日期是革命第二年的葡月十四日（秋天的第一個月，因為葡萄收割〔vendange〕，稱為葡月〔Vendémiaire〕）。在曆法啟用前幾週，國民大會收到一位比較激進的代表提出的報告，此人是演員、劇作家兼詩人法布爾．代格朗汀（Fabre d'Églantine）。代格朗汀投票支持處決國王路易十六，又在國民大會委託創制新曆法的委員會擔任要角，如今他把目標轉向地圖。他提醒國民大會留意「法國的總地圖，名稱叫學院地圖（map of the Academy）」，他埋怨地圖「很大一部分是靠政府的資源製作；後來卻落入私人手中，當成他自己的財產；民眾必須支付昂貴金額才能使用，就連將軍開口索取地圖，他們也斷然回絕。」[1]

大會同意代格朗汀的看法，下令沒收和地圖相關的銅版及紙張，轉交給戰爭部（Dépôt de la Guerre）的軍事辦公室。戰爭部的部長艾提安－尼可拉斯．德．卡隆（Étienne-Nicolas de Calon）將軍對這個決定歡迎之至。「如此一來，」他宣告：「國民大會就會從一幫投機者的貪欲那裡奪回一項全國的成就、工程師四十年辛勞的成果，一旦喪失或拋棄這項成果，會減少政府的資源，增加敵人的資源，因此更應該由政府全權掌握。」[2]

代格朗汀的攻擊和卡隆的愉悅，目的都是要沒收法國地圖，並且扳倒尚—多米尼克．卡西尼（Jean-Dominique Cassini，1748-1845），顯赫的卡西尼製圖世家傳承四代，被公認為法國地圖的擁有者，尚—多米尼克不幸身為最後一代，當國民大會下令沒收時，一個龐大的計畫還差一點點就要完成了。對於忠貞的保皇黨尚—多米尼克來說，地圖國有化是一場政治災難，也是個人的悲劇。「他們把地圖搶走了，」他在回憶錄裡哀嘆：「來不及全部完成，來不及加上最後的修飾。以前沒有作者受過這種苦。有哪個畫家還來不及做最後的修飾，就眼睜睜看他的畫作被沒收？」[3]

這番所有權之爭為的是革命分子所謂的「法國總圖」，卡西尼和他的合作伙伴以擁有者的姿態，稱之為《卡西尼地圖》（*Carte de Cassini*），代格朗汀和卡隆顯然聽得很不順耳。這是頭一次有人設法系統性地測量土地，依照三角測量和大地測量（亦即測量地表）的科學，把全國國土繪製成地圖。《卡西尼地圖》預計完成時將有一百八十二張，統一比例尺是一：八六四〇〇，組合之後會成為一幅將近十二公尺（四十呎）高，十一公尺（三十八呎）寬的全國地圖。這是第一幅現代國家地圖，採用創新的科學測量法，完整重現單一的歐洲國家；不過到了一七九三年，最大的問題是：地圖歸誰所有？是地圖所再現的新革命國家，還是耗時四代來製作地圖的保皇黨？

這幅地圖起源於一六六〇年代初期，從尚—多米尼克的曾祖父喬凡尼．多明尼哥．卡西尼（Giovanni Domenico Cassini，1625-1712），也就是卡西尼一世開始。[4]法王路易十四在一六六七年成立巴黎天文台（Paris Observatory），喬凡尼是實質上的首任台長。長達一百多年的時間，喬凡尼的繼承人——他的兒子賈克．卡西尼（Jacques Cassini，1677-1756），亦即卡西尼二世；孫子凱撒—方索瓦．卡西尼．德．蒂里（César-François Cassini de Thury，1714-1784），卡西尼三世；最後是他的曾孫，也就是和他同名的尚—多米尼克（卡西尼四世）——運用可驗證之測量與量化的嚴格科學原理，相繼從事一系列全國性測量。儘管計畫經歷了種種實務、財務和政治變遷，而且卡西尼家族每一代追求的方向各有不同，但他們的方法統合了大地測量學和三角測量，影響了日後整個西方的地圖製作。他們的原理仍然是大多數現代科學地圖最重要的關鍵，從世界地圖集到英國地形測量局，以及線上地理空間應用程式，至今仍然全數依照卡西尼家族率先提出和實施的三角測量和大地測量的方法。這個計畫最初是測量一個皇家王國，沒想到卻成為後續兩百年繪製現代民族國家地圖的樣板。

一七九三年這項宣布，是有史以來第一次把私人的製圖計畫收歸國有。卡西尼家的每一代子弟和提供部分資金的法國皇室關係密切，成為革命人士鮮明的政治標靶，不過如代格朗汀和卡隆之流的人也明白，比較重要的是利用卡西尼家的測量來遂行自己的政治目的，而且他們雖然和皇室關係匪淺，用這些測量資料印出來的地圖，終究會成為新的「法蘭西紀元」的象徵，以此為藍圖，塑造法國是一個現代、共和民族國家的概念。人人都看得出這些地圖的軍事價值。此時共和國剛剛成立，敵對的鄰國眼看要出兵侵略，在這個時候，卡西尼家族為法國每個地區和邊界繪製的詳細地圖，將是保衛新政權的利器。不過國民大會已經設法將這個國家的行政部門進行合理調整，改革令人混淆不清的一大堆教省（ecclesiastical provinces）、司法區（parlements）、部（chambers）和主教教區（dioceses），變成八十三個省（départements），而收歸國有的卡西尼地圖，將成為國家界定和管理這些地區最重要的利器。[5]

地圖也會產生比較深刻的無形衝擊。卡西尼的測量資料到了共和國手中，將促使人民逐漸相信這是一幅國有、國享的地圖。代格朗汀要求將測量資料國有化時大聲呼籲，地圖可以讓法國民眾「看到」他們的國家，並且從顯露國家意識的最早製圖學體現中，去認同這個國家。土地測量既回應也運用了孟德斯鳩男爵夏爾．德．塞孔達（Charles de Secondat，baron de Montesquieu，1689-1755）和盧梭（Jean-Jacques Rousseau，1712-1778）等思想家，開始界定的貫穿整個十八世紀之「國家普遍精神」的出現。[6]波旁王朝當初鼓勵土地測量，是用來歌頌他們以巴黎為中心的統治。到了共和國時代，土地測量像是把地圖上的每一吋（或是每一公尺，因為國民大會在一七九五年四月採用公制）土地界定為法國領土，把人民和土地結合在一起，兩者效忠的對象不是君主，而是叫做法蘭西的一個非個人的想像國家共同體。[7]現在政治修辭學將宣稱國家（nation）的實際領土和國家（state）的主權是一體兩面，日後這個理念輸出到全歐洲，最終流傳到世界其他地方。

卡西尼家測量土地的主要目的不是製作世界地圖，雖然土地測量是利用大地測量學，以及對地球形狀及大小的精確測量。含蓄而言，他們的抱負是繪製法國地圖，然後把土地測量和地圖製作的既定原理推廣到全球的民族國家。但他們對製圖史的貢獻也一直被忽略，除了英國地形測量局的成立由來是拜卡西尼家族所賜。雖然英國地形測量局如今聲名遠播，其實是卡西尼家族首先建立了西方製圖學永恆不變的原理，也是他們成就了地圖在現代民族國家行政部門內部的識覺和功能。

*

十七世紀中期的法國不太可能改變製圖術的未來。在十六世紀大多數的時候，製圖業完全由西班牙和葡萄牙製圖師稱霸，後來在十七世紀初繞過法國，轉移到低地國家，無論是航海大發現，抑或法國以北和以南方興未艾的股份公司的創辦，法國幾乎完全置身事外。經過一系列冗長的宗教內戰，波旁王朝取得大權，並於十六世紀末期開始統治法國的君主政體。為了應付國內不斷的威脅，以及王國各省強烈的地方獨立性，波旁王朝歷任君主建立了歐洲最為中央集權的政治國家。這個中央集權的趨勢和拒不服從的地方主義，顯然需要好好管理，最簡單的方法就是從政治中心往外繪製全國地圖。其他歐洲君主政體也達成類似的結論：十七世紀最初幾十年間，神聖羅馬帝國皇帝約瑟夫一世（Joseph I，1678-1711）請人繪製匈牙利、莫拉維亞（Moravia）和波西米亞的大比例尺測量圖（survey map），在整個一七七〇年代，費拉里斯伯爵（Comte de Ferraris，1726-1814）詳細測量奧地利在低地國家的領土，據此製作出《內閣地圖》（*Carte de Cabinet*）。不過法國因為領土面積廣大，更增加工作本身的困難度。法國的面積約有六十萬平方公里，是歐洲最大的國家。邊界總長達六千多公里，有一半以上是陸地邊界，在許多地方和敵對的王朝接壤；這個君主國的大臣一看就知道，有效的製圖策略不但是內政之所繫，也是抵禦外侮的必要條件。

相較於其他早期現代的歐洲國家，法國更堅持必須在地圖和地圖集上繪製出一以貫之且恆久不變的政治邊界。亞伯拉罕・奧特流斯的《世界劇場》，收錄的地圖有百分之四十五的政治邊界標示不一致，不過等到尼古拉斯・桑松（Nicolas Sanson，1600-1667）的地圖集《法國各省總圖》（*Les Cartes générales de toutes les provinces de France*）在一六五八至五九年出版時，百分之九十八的地圖採用一種系統化的新方法來再現政治邊界，使用標準的顏色和虛線，區別parlements（司法區）和比較傳統的教區。[8]在波旁王朝開始鞏固中央統治各省的權威時，桑松正是當時的官方地理學家（géographe du roi），有意劃定國家和地方之間的界線，這是人之常情，不管他的地圖刻畫的是法國和國內各地區，抑或非洲各個不同的王國。

卡西尼法國地圖的起源，不是測量地球和地表各處人為分割的區域，而是對星象的觀察。一六六六年十二月，年輕國王路易十四（1638-1715）在財務大臣尚—巴堤斯特・柯爾貝（Jean-Baptiste Colbert）的鼓動下，成立了法國科學院（Académie des Sciences）。最初幾次與會的成員囊括二十二位精心挑選過的天文學家和數學家，包含尚・皮卡爾（Jean Picard，1620-1682）和荷蘭人克里斯蒂安・惠更斯（Christiaan Huygens，1629-1695）。學院的創辦還包含成立科學觀測台的計畫，次年就在巴黎市中心以南的佛布聖賈克（Faubourg Saint-Jacques）擇地動工。一六七二年，巴黎天文台正式營運。

喬凡尼・多明尼哥・卡西尼（卡西尼一世）是科學院的創辦成員之一，後來成為天文台的首任非正式台長。卡西尼一世是出色的義大利天文學家，以他在波隆納和羅馬的研究享譽國際。他觀察木星的衛星如何運行，將伽利略的研究發揚光大，也提出「如何確定經度」這個老問題的解決方案。天文學家和地理學家都知道，經度是依照時間的差異來測量距離。問題是如何準確記錄這種差異。卡西尼知道如果可以同時在兩地記錄某一個天體現象的時間（例如木星某一個衛星出現虧蝕），就可以作為確定經度度數的基礎。在天文學的層次上，這些計算有助於確定地球的圓周到底是多少；在地理學的層次上，可以讓柯爾貝這樣的政治家獲得完整繪製全國地圖所需的資訊。

柯爾貝成立科學院的計畫，乃基於對科學在國家治理方面所扮演的角色有了新的瞭解。在英國和荷蘭，經驗觀察和實驗挑戰了古典時代對自然科學研究的絕對把握。法蘭西斯・培根（Francis Bacon）的《新亞特蘭提斯》（*New Atlantis*，1627）認為一個由實驗科學家組成的學院，預示了皇家學會（Royal Society，1662年成立）的誕生。柯爾貝對科學的興趣比較務實。他想贊助的科學研究計畫，要能夠直接協助他建立一個足以令歐洲欽羨的法蘭西國家機器。[9]柯爾貝認為，絕對的資訊可以影響和強化政治絕對主義。

科學院的一位祕書，貝爾納・勒・波維耶・德・豐特奈爾（Bernard le Bovier de Fontenelle）後來在一封信上說柯爾貝

> 支持學術研究，而且不只是因為他本身的興趣，也是基於堅定的政治理由。他知道光憑科學和藝術，便足以光耀政權；或許比征戰勝利更能傳播一個國家的語言；讓統治者一手掌控兼具名望和實用性的知識和產業；為國家吸引大批外國人士，用他們的才華豐富國家的資源。[10]

柯爾貝亟欲使路易避免戰端，並接納法國頂尖天文學家的遊說，故而積極為科學院的創立背書，花六千里弗爾（livre）買下天文台的建地，又花了七十幾萬里弗爾興建完成。柯爾貝甚至比照一六六八年剛到法國的卡西尼，支付科學院每位成員高達三千里弗爾的年金。[11]這些年金承認了實驗科學家社會地位的改變，現在把他們納入國家權力機器的最高層級。

如同托勒密的亞歷山卓城和伊德里斯的巴勒摩，柯爾貝的巴黎天

文台成為一個計算中心，基於國家當局的利益，將各式各樣的資訊蒐集、處理和傳播給更廣泛的讀者，[12]但運作的規模和精準度，是托勒密和伊德里斯不敢想像的。一開始，一連串慧星的出現，加上一六六六年上半年的日蝕和月蝕現象，使這批天文學家牢牢掌握了新成立的天文台。但由於柯爾貝的企圖心使然，科學院的職權範圍超越天文學，使這個組織科學知識的地方，截然不同於過去的亞歷山卓、巴勒摩或塞維爾的貿易局。

根據豐特奈爾的觀察，柯爾貝之所以支持科學院，源於他對這個皇室國家官僚式管理的計畫。在科學院成立之前，柯爾貝就急於請人製作大比例尺的最新全國地圖，以評估國家資源。他要求各省官員呈上可以找到的每一份區域地圖，評估「當地適合作戰或務農，從事商業或製造業——以及陸路和水路的狀態，特別是河川的情形，以及可能的改善措施」。[13]然後把資料交給尼古拉斯．桑松校勘和修正。理論上，這是一個大計畫，但各地的回應顯示，要完成這樣一個計畫，必須克服非常艱鉅的政治和後勤問題。只有八個省分花工夫回應柯爾貝的要求。其餘各省毫無反應，不是欠缺製圖的資源，就是擔心評估結果可能使中央政府提高稅收。儘管桑松有意劃定政治分界線，不過他更擅於製作手工著色的古代地圖，而且不難理解，這個計畫的龐大規模令他卻步。在一六六五年的一份備忘錄中，他親筆承認需要兩個相關的計畫：繪製一份法國總圖，同時製作顯示行政分區的區域地圖。這些區域地圖可以讓柯爾貝把一景一物看清楚，「包括最小的村子和開墾地〔剷平後準備栽種作物的土地〕，甚至是遠離教區、獨立存在的城堡、農場和獨棟的私人住宅」。有鑑於法國的面積和地形的多樣性，這件任務在體力上令人卻步，在技術上充滿挑戰，而且耗資甚巨。如果採用傳統的測量方法——用測桿（measuring rod）步測（pacing）土地，請教當地人，並遵守古代的規則——那麼「就算動用世上所有的測量員和幾何學家，這件差事也永遠做不完」。[14]看來非得另闢蹊徑不可，於是柯爾貝請他新成立的科學院發展出測量大批領土的新方法；他心急難耐，甚至在一六六六年十二月第一次的會議上就討論這個議題。

他們建議了一個融合天文學和地理學的新奇方式，準備採用繪製天圖的科學儀器所需的專業製造技術，來生產測量地形所需要的工具，並且可以運用卡西尼的天文觀察來斷定經度。科學院取得經費，可以改良現有的科學儀器，包括測量天體高度的四分儀，以及在海上測量天體高度的六分儀，還有測量方向和方位的照準儀。科學院決定用他們的新原理和新儀器進行一系列「觀察」。用最新的科學方法進行測量，並繪製地圖，先從巴黎開始，再擴展到全國。科學院的方法匯集了兩部分的科學測量。卡西尼提供的天文觀察，可以做出最正確的經度計算。法國神職人員、天文學家兼測量人員和科學院的創始元老尚・皮卡爾神父（Abbé Jean Picard），根據實際的測量技術，提供精確的地形測量。當這兩者合而為一，就成了進行法國全國性測量的利器。

皮卡爾改良測量儀器，大幅提高天體現象觀察和地形測量的精確性，早已眾所周知。他主要的興趣是解決至少從埃拉托斯特尼以來就解決不了的科學難題：如何準確計算地球的直徑。卡西尼想從東到西計算經度，皮卡爾則有意從北到南測量經線的弧度。在地表任何地方都可以環繞地球的圓周，沿著從極地到極地的一條想像中的弧線，從正北到正南畫出這樣的弧線（或線條）。這道弧線如果測量得夠周密，而且如果該弧線上任何兩點的緯度是根據天文觀察做出正確計算，那麼就可能估算出任何一個地方的緯度，以及地球的直徑和圓周。

皮卡爾的測量法採用了兩種測量方式：第一種是天體測量，確定測量員的緯度；第二種是一系列角度土地測量，也就是正確三角測量的關鍵。新的測微計（micrometer，用來測量天體角度大小的計量器）使皮卡爾能夠更準確地計算行星的尺寸，而他的伸縮四分儀（telescopic quadrant）取代了一般使用的針孔觀測法，使得天體高度和陸地角度的測量都到達前所未有的準確。有了這些新儀器，現在他可以進行地表第一次現代大地測量，一六六九年，他開始測量巴黎南邊的瑪瓦辛（Malvoisine）和亞眠附近的索爾頓（Sordon，照他的計算，和瑪瓦辛位於同一條經線）之間的經線。他使用精心量過的四公尺木桿，務求百分之百精準地計算這段略長於一百公里的距離，

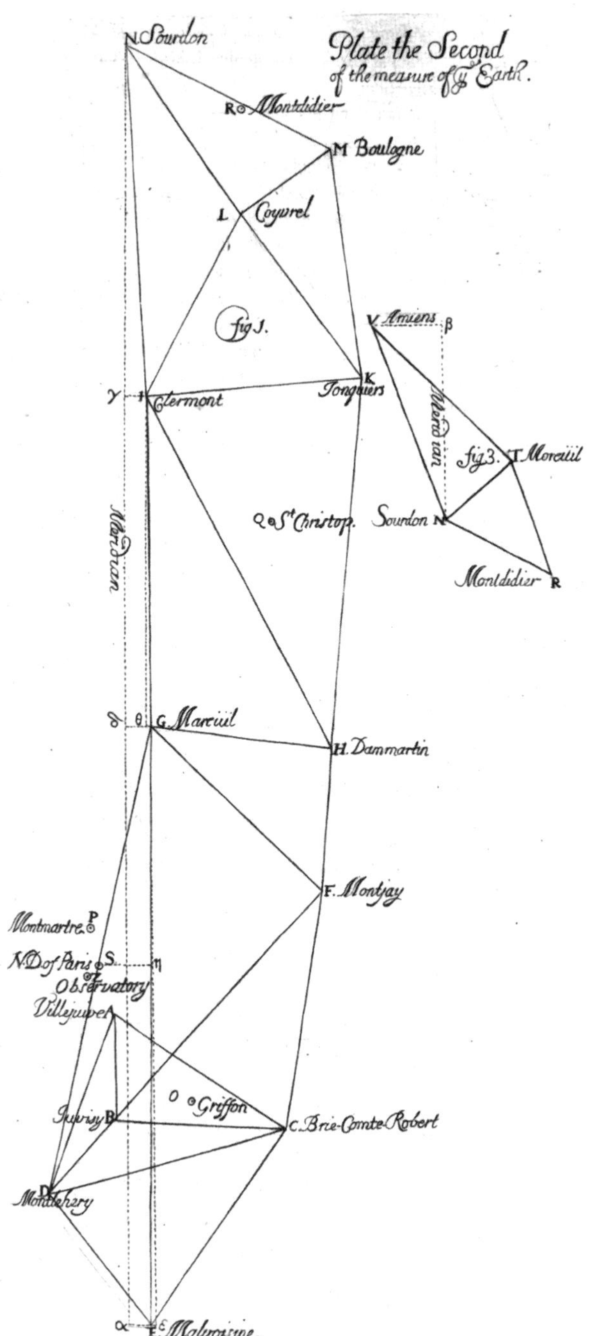

圖24　三角形圖示，尚．皮卡爾，《土地測量》，一六七一年。

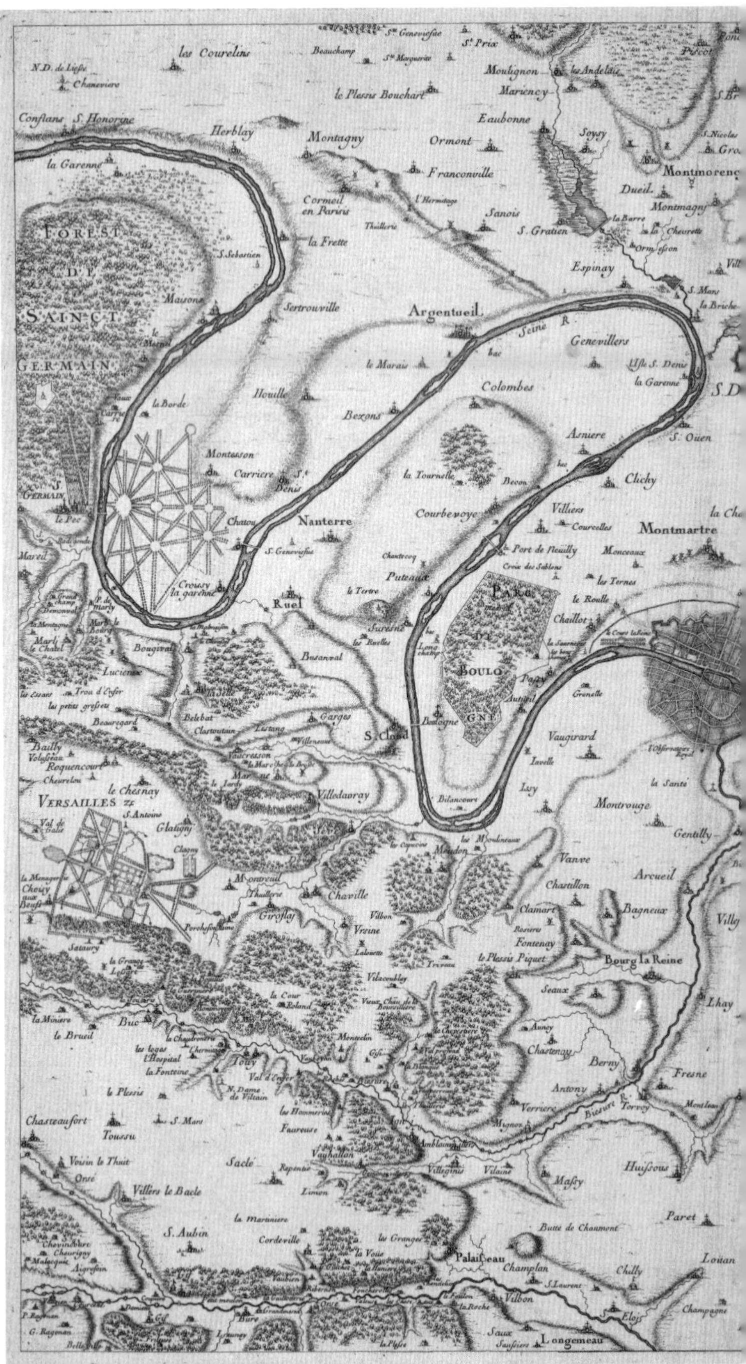

圖25 「巴黎附近的特定地圖」，一六七八年。

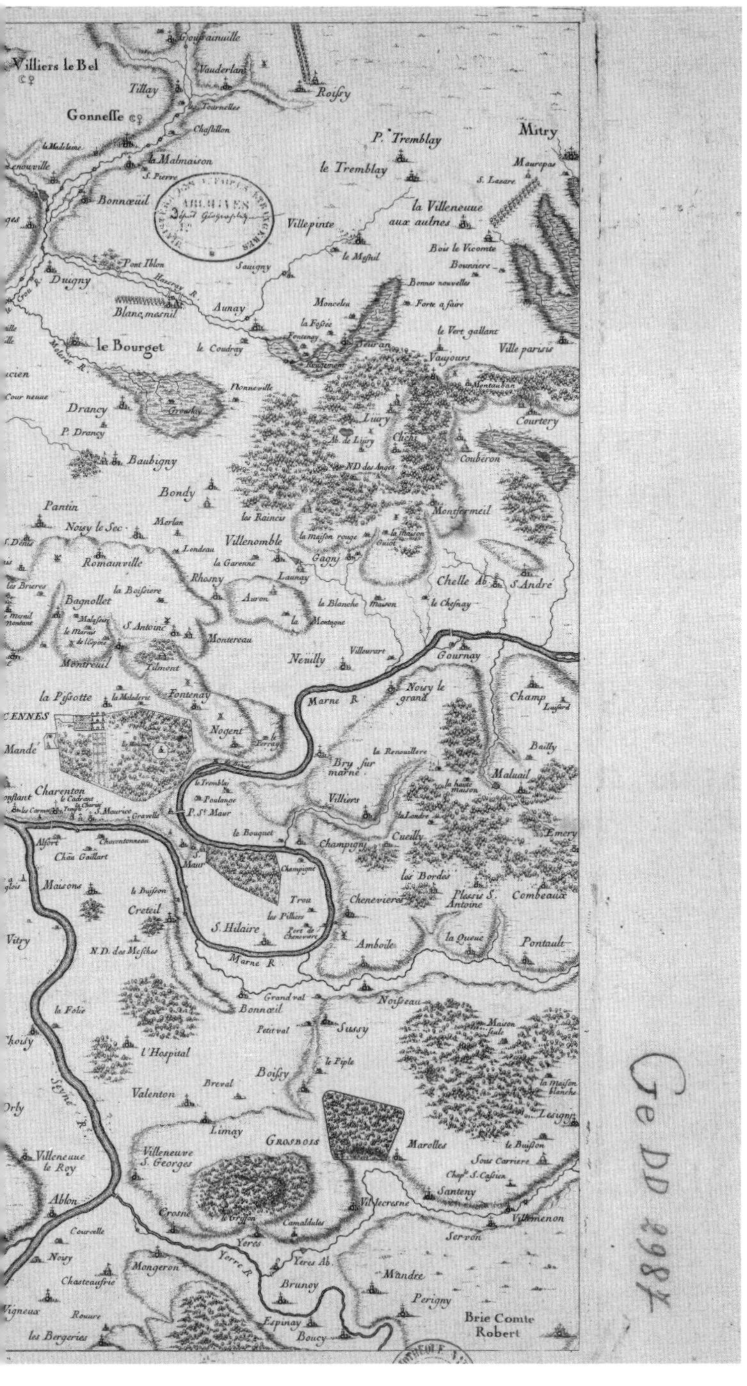
Villiers le Bel
Gonnesse
Tillay
Vauderlan
Roissy
P. Tremblay
le Tremblay
Mitry
Mauregas
S. Lasare
la Villeneuue aux aulnes
Bois le Vicomte
Bouniere
Villepinte
le Mesnil
le Malmaison
S. Pierre
Bonnœuil
Chastillon
Pont Iblon
Dugny
Blanc mesnil
Aunay
Sauigny
le Bourget
le Coudray
Moncelen
Bonnes nouvelles
Forte a faire
le Vert gallant
Vaujours
Ville parisis
Drancy
P. Drancy
Baubigny
Bondy
Liury
Clichy
Couberon
Courtery
ND des Anges
les Raincis
Montfermeil
Pantin
Noisy le Sec
Merlan
Villenomble
Romainville
Rhosny
la Garenne
Launay
Gagny
la Maison rouge
Chelle Ab.
S. André
le Chesnay
Bagnollet
la Boissiere
S. Antoine
Montereau
Montreuil
Tilment
Neuilly
Villeurart
Gournay
Fontenay
Nogent
la Pissotte
la Maladerie
Marne R.
Noisy le grand
Champ
Bailly
Bry sur marne
la Renouillere
Maluail
Charenton
P. St Maur
le Bouquet
Villiers
Champigni
Cueilly
la Landre
Emery
Alfort
Chau Gaillart
Maisons
le Buisson
Creteil
S. Hilaire
Trou
les Pilliers
Port de Cheneuiere
Cheneuieres
les Bordes
Plassis S. Antoine
Combeaux
Amboile
la Queue
Pontault
N.D. des Mesches
Vitry
Marne R.
Grand val
Bonnœil
Noiseau
Petit val
Sussy
Maison seule
la Folie
Choisy
l'Hospital
le Piple
Boissy
Breval
Valenton
Orly
la Maison blanche
Lesigny
Seyne R.
Limay
Grosbois
Marolles
le Buisson
Sous Carriere
Chapᵉ S. Castien
Villeneuve S. Georges
Villeneuue le Roy
Santeny
Ablon
Crosne
Villecresne
Villemenon
Camaldules
Courcelle
Servon
Yeres
Yerre R.
Yeres Ab.
Noisy
Mongeron
Mandre
Brunoy
Chasteaufrie
Perigny
Vigneux
Rouure
les Bergeries
Espinay
Boucy
Brie Comte Robert
Ge DD 2987

結果令人非常滿意。皮卡爾計算緯度一度是五萬七千零六十突阿斯（toises）。一突阿斯等於法國的六呎，也就是將近兩公尺，最後算出緯度一度是一百一十一公里（六十九點一哩）。同時他用這些數字當乘數，算出地球的直徑是六百五十三萬八千五百九十四突阿斯，也就是一萬兩千五百五十四公里（七千八百零一哩）。現在算出的實際數字是一萬兩千七百一十三公里（七千八百九十九哩）。

皮卡爾的天文學測量造成驚人的影響。他對地球大小的計算證實了牛頓萬有引力的假設，激勵這個英國人終於在《自然哲學的數學原理》（*Philosophiae Naturalis Principia Mathematica*，1687）一書發表自己的論證。[15]皮卡爾的方法對製圖術的實務也帶來重大衝擊。為了確定他的經線弧線，皮卡爾先測量一條基線（base line），接著就能根據這條基線，以「三角法」測量距離和方向。只要知道兩點之間在基線上的精確長度，皮卡爾就能在地景中找到第三個點，利用三角函數表（trigonometrical tables）精確計算距離。計算的結果就像一條三角形的蛇，在基線上來回移動。這個方法用在皮卡爾的《土地測量》（*Mesure de la terre*，1671），以及科學院的首次「觀察」，稱為「巴黎附近的特定地圖」（carte particulière des environs de Paris），皮卡爾在一六六〇年代末期完成測量，在一六七八年首次發表。一萊尼（ligne，革命前最小的測量單位，一英吋的十二分之一，大約二點二公釐）的刻度代表地面上一百突阿斯，也就是一：八六四〇〇的比例尺。日後成為卡西尼家族所有區域地圖的標準比例尺。這兩個例子都顯示，科學院在這個階段的主要目標是提供全新的幾何學架構，以便後續繪製全國性地圖。照三角測量的數學來測量距離，才能在空盪盪的空間標繪各地方的正確位置。畫出的結果像是一連串抽象幾何圖形，而非描繪一個混亂、蓬勃發展的國家。

科學院的下一個「觀察」，更加清楚地點出這些新方法在政治上的力量有多大。皮卡爾再度被選為計畫的領導人，負責繪製法國全國海岸線的地圖。確立了可以用三角測量法根據經線來繪製國內地圖的原理之後，皮卡爾同意卡西尼的看法，認為應該用另一種方法來測量全國的輪廓。這一次要用卡西尼對木星的衛星虧蝕的觀察來計算經度。

一六七九年，皮卡爾重新投入田野調查。在科學院另一位成員菲利浦·德·拉伊爾（Philippe de la Hire）的協助下，接下來三年的時間，皮卡爾都在計算海岸線沿線的位置。從前的法國地圖是根據貫穿加納利群島的本初子午線來計算位置，這種方法沿用十六世紀從希臘人傳承下來的經度計算法。但加納利群島和法國海岸之間的距離是多少則從未正確估算過。皮卡爾現在以通過巴黎的本初子午線作為觀察的依據。他沿著海岸逐漸南移，然後來到地中海沿岸，在布列塔尼（1679）、拉羅歇爾（La Rochelle，1680）和普羅旺斯（1682）進行測量。[16]

完成的地圖被命名為《校正的法國地圖》（*Carte de France corrigée*），終於在一六八四年二月呈給科學院。科學院院士至為驚訝，國王本人更是不在話下。彷彿要強調其計算方式的現代性，皮卡爾和拉伊爾在桑松推估的傳統輪廓上，直接用粗線畫出新的海岸線。新地圖是第一次畫出巴黎的子午線，但也把法國的面積從桑松計算的三萬一千多平方里格（十五萬平方公里），大幅縮小到略超過兩萬五

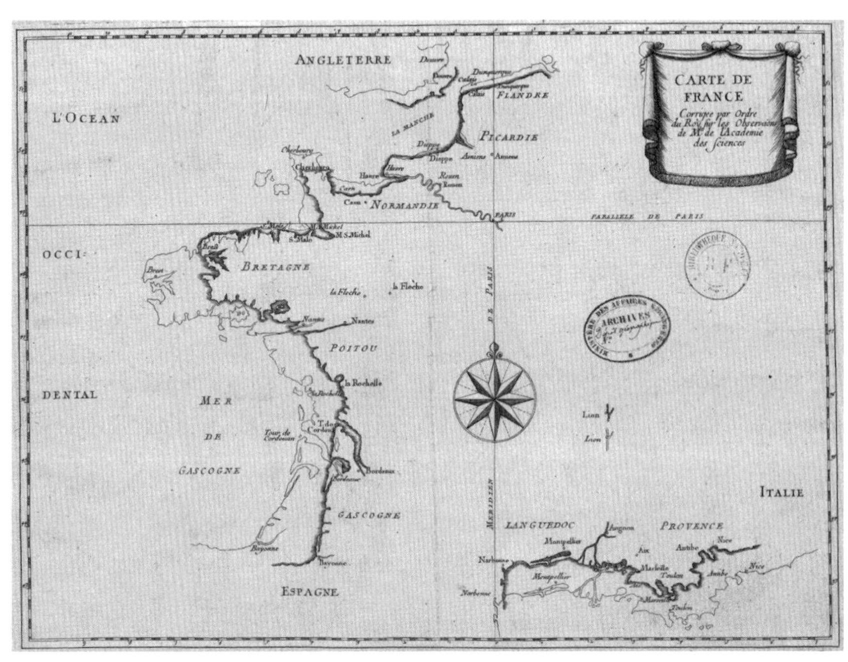

圖26　尚·皮卡爾與菲利浦·德·拉伊爾，《校正的法國地圖》，一六九三年版。

千平方里格（十二萬平方公里）。[17]大西洋海岸整個往東移，地中海岸往北縮。地圖顯示瑟堡（Cherbourg）和布列斯特（Brest）之類具有重要戰略價值的海軍港口，在先前桑松那幅地圖上被畫到海上好幾公里的位置。豐特奈爾捕捉到這幅地圖的公開所帶來的情緒，混合了科學振奮和政治憂慮。「他們大幅修正了加斯科涅（Gascony）的海岸，」他回憶說：「把原本彎曲的海岸變得筆直，同時往內縮；因此國王〔路易十四〕藉此打趣說，他們的測量之旅只是害他白白損失。這種損失豐富了地理學，也讓導航變得更加穩當和安全。」[18]箇中傳達的訊息令人氣餒，但清楚明白：必須把傳統的法國地圖撕毀，用新的幾何測量法重新計算。

到了一六八〇年代中期，萬事齊備，隨時可以進行全國的完整測量。結合卡西尼的天文觀察和皮卡爾的三角測量法，已經形成了一個大地測量的總架構，透過這個架構，可以對法國境內展開詳細的測量。不過柯爾貝還沒有完全取得各地區的地理學資訊，對院士們來說，從科學院成立到一六八〇年代為止，他們的研究仍然是以更大規模測量地球的大小和形狀為主要目的。即使在測量員完成任務時，路易的大軍已經出發，準備入侵西班牙屬尼德蘭的部分領土，和敵軍開戰（1683-1684）。加上皮卡爾（1682）和柯爾貝（1683）先後去世，路易的軍事支出龐大，因此一時無法撥出經費，將卡西尼和皮卡爾的未竟之功擴大進行。一七〇一年，路易波旁王朝的野心，使他被捲入歐洲另一場衝突，這次衝突的起因是西班牙王位繼承權。英國、荷蘭和葡萄牙害怕西班牙和法國可能統一在波旁王朝的君主政體下，因此對西、法兩國發動一場漫長的浴血戰爭，戰火席捲歐洲、北美洲，甚至加勒比海。等到長達十二年的西班牙王位繼承戰爭（War of the Spanish Succession）在一七一三年畫下一個苦澀而尾大不掉的句點，路易擴大領土的野心落空，而國庫已經枯竭。當卡西尼一世在一七一二年辭世，路易幾乎已經沒有任何政治慾望或知識領導力來大舉進行測量和製圖計畫。

把測量巴黎子午線的作業從北到南擴大到全國，相關的工作間歇地持續著，但外界認為這是一個大地測量計畫，目的是回答十七世紀末科學家苦思難解的問題：地球確切的大小和形狀為何？牛頓的地心引力理論認為，赤道和兩極的引力似乎不同，因此地球不可能是完美的球體。牛頓斷定地球不是完美的圓球，而是一個扁球體，赤道略略膨脹，兩極比較扁平。卡西尼一世和兒子賈克（卡西尼二世）不相信，並且追隨笛卡兒（René Descartes，1596-1650）的理論。笛卡兒是歐洲備受景仰的偉大心靈哲學家，也是知名的「幾何學家」，亦即應用數學家，他提出的論證認為地球是長橢球體，兩極膨脹，赤道比較扁平，宛如雞蛋。科學院的人普遍接受他的理論，至於如何解決這個爭議，很快變成了英吉利海峽兩岸國家榮譽的問題。[19]

兩派人馬都沒有多少經驗證據來支撐自己的說法。牛頓的支持者表示有未經證實的報告指出，越接近兩極地區，地心引力對鐘擺測量的影響越大。賈克・卡西尼在一七一二年繼承父親巴黎天文台台長的職位，企圖藉由贊同笛卡兒的立場來樹立自己的權威。卡西尼二世在一七一八年向科學院提交一篇論文，指稱由他父親和皮卡爾在一六八〇年代督導的測量結果顯示，越接近北極的緯度度數越少，證實笛卡兒認為地球是長橢球體的說法。[20]英國的推測理論和法國的經驗觀察唱反調，徹底顛覆了人們對國家的刻板印象。為了解決爭議，科學院院士遊說新任國王路易十五及其海軍大臣，支持科學遠征隊前往赤道沿線和兩極附近測量各自的緯度度數。除了表示要讓法國成為這場科學辯論的贏家，科學院院士也點出這種探險的商業和殖民利益。路易答應了，出錢贊助兩支遠征隊，「讓導航更加精確和簡單，不只著眼於科學的進步，也是為了商業。」[21]卡西尼和皮卡爾發展出的精確天文觀察和測量作業，現在要在遠方進行測試，來解決科學的一個重大基礎問題。科學院原始的測量任務剎時國際化，目的是解決一個令法國的邊界和區域問題不再重要的爭議。

一七三五年，第一支遠征隊前往赤道祕魯的西班牙殖民地，次年第二支遠征隊前往北極圈的拉普蘭（Lapland）。只有對赤道和北極圈一度的長度進行比較測量，才能解決爭議，因為如果地球是扁圓體（如牛頓所言），長度會增加，但如果是長橢圓體（如笛卡兒所言），長度會減少。兩支遠征隊都想複製卡西尼的測量法，透過天文觀察和用三角測量法測量距離來確定緯度。祕魯的任務多災多難，遭遇地震、火山爆發和內戰等等，直到八年後才返回法國。拉普蘭的任務比較成功，一七三七年八月，領隊皮耶—路易・莫洛・德・莫佩爾蒂（Pierre-Louis Moreau de Maupertuis）回到巴黎。[22]三個月後，莫佩爾蒂向科學院還有路易及諸位大臣報告他的發現。卡西尼二世當場嚇得驚慌失措：莫佩爾蒂對緯度度數的估算證實了牛頓的信念，地球在赤道的部分略為膨脹。皮卡爾一六六九年的測量強化了牛頓有關萬有引力的論點，現在卡西尼家族的方法也不如他們自己的意，提供了無從反駁的經驗證據，證實牛頓認為地球是扁圓體的理論。法國的牛頓派人士得意洋洋。伏爾泰（Voltaire）正是其中一員，他寫信恭喜莫佩爾蒂，惡作劇地稱呼他「把世界和卡西尼家族壓扁的人啊。」[23]

祕魯遠征隊在一七四四年返回，也證實了牛頓的理論。儘管科學院的聲望受到打擊，地球形狀所引發的爭議證明了卡西尼測量法可以輸出到世界任何地方實施。卡西尼相信笛卡兒對地球形狀的論點，這下自己的信念被證明不實，只會讓越來越多人瞭解，這是個科學方法，可以無視於信仰和意識型態，用經得起驗證、超然中立的方式再現世界。地球形狀引發的辯論如今帶來另外一個後果。卡西尼一世和皮卡爾最初進行第一階段測量時，假設地球是圓球狀。現在牛頓的理論已得到證實，他們所有的計算都必須修改。

一七三〇年，菲利貝爾・歐瑞（Philibert Orry，1689-1747）被任命為路易十五的財務大臣，恢復了柯爾貝當初對全國性測量的興趣，「以謀求國家的利益和民眾的便利」。[24]歐瑞認為有關地球形狀的辯論很艱澀，因此毫無興趣：他比較在乎的是公共建設部（Ponts et Chaussées）缺乏準確的地圖來發展法國的運輸網，於是在一七三三年下令卡西尼二世重新恢復全國的三角法測量。歐瑞和柯爾貝不同，他想由國家來掌握工程師與測量員（或「幾何學家」）的招募和訓練。路易十四和柯爾貝贊助的學者，必須具備家世背景和個人才華。相形之下，歐瑞瞭解國家必須創辦科學院所來招募學生，訓練他們測量和製圖必備的技術。他想把地圖標準化，以提供海軍準確的海圖，讓陸軍能夠興建堡壘，並固定王國的邊界。後來他發出一項公告，要求測

圖27　皮耶—路易・莫洛・德・莫佩爾蒂，「經線弧度測量地點的國家地圖」，《地球的形狀》（The Figure of the Earth），一七三八年。

量作業要「遵照國內大多數人的統一字體，來描畫道路計畫」。[25]這次測量計畫的目的甚至語言都開始改變。國家的角色、公眾利益和標準化的重要性，正一步步取代皇室的贊助、菁英的科學推論和天文學，成為確保計畫完成的支柱。不過在科班出身的新一代幾何學家出現之前，歐瑞也只能請卡西尼二世完成測量。

卡西尼的目標和歐瑞完全兩樣。他在一七一一年和一個法服貴族家庭（noblesse de robe）聯姻，認為天文學這個行業要比地理學崇高得多，而且一心想保護他父親的名譽和家族的科學傳承；他一意孤行，把這一次重啟測量視為一個反擊牛頓派人士的好機會，並且從此確證笛卡兒對地球形狀的理論正確無誤。一七三三年，他們重新展開測量基線和以三角法測量距離的艱苦過程。在一個把國家地圖測量當作例行公事的時代，很難想像卡西尼二世動員的規模有多麼重大。少了現代的測量儀器或交通運輸，對在地社群又不了解，結果就連最基本的測量工作都極為艱難。測量隊一開始先勘查他們要測量的地區，確定自然和人工地物，然後決定在哪裡測量基線及角距（angular distance）。結果馬上就出現問題。前幾次測量是在已開發地區進行，地形相當平緩，儘管科學準確度有所進步，對幾何學家現在碰上的地景卻派不上用場。他們必須測量的地區往往欠缺進行三角測量的醒目地標，再不然就是山區，在這種地方安置器材的危險性極高。一七四三年夏天在孚日山脈（Vosges Mountains）測量，當地人懷疑他們是再洗禮派信徒（Anabaptists），指控他們鬼鬼祟祟地紮營，行為令人困惑，擺明了是想造反；一七四〇年代初期，梅桑克（Mezenc）山區萊塞斯塔布萊（Les Estables）的村民懷疑某個人的儀器對當地的農作物作法，把他活活砍死。[26]

測量隊也碰到與世隔絕的小村落，當地人和外界無甚聯繫，也不知道為什麼會有一群陌生人走來走去，用奇怪的儀器瞄準地景，問一些很難回答的問題。就算已經開始勘查現場，測量員的裝備失竊，弄不到馬匹和嚮導，還有很多人被當地居民拿石塊砸。在地知識很難取得，因為就算有人知道是怎麼回事，也照樣反對測量作業，認定（其實也沒錯）測量的結果只會害他們負擔更高的什一稅、租金和稅金。

當某個地區的基本勘查工作完成（如果能完成的話），就準備測量基線。用羅盤、測微計和四分儀來測量高度，這樣測量員就能計算精確的緯度。現在可以把每根長兩突阿斯的木桿，頭尾相接擺放成至少一百突阿斯（即五十公里）來建構基線。唯有正確擺放和測量基線之後，才可以展開三角測量。驗證過兩個點在基線上的距離後，測量員現在可以選第三個點來畫一個三角形。但即使這樣也有問題。測量員無法測量地形的高度；只能從某個人造的有利位置做三角測量——通常是教堂的鐘塔。確立這個位置之後，用四分儀或測角器測量第三點的角度。測量員查閱他們的三角函數表，接著就可以計算相關的三個角度，以及三角形新產生的兩個邊的距離。確定三個角距之後，測量隊就能建構第二個三角形，繼續如法炮製，直到根據一個個相互毗連的三角形所構成的網絡，把整個區域測量完畢。畫完每一個三角形，就用平板儀（plane table）勾勒輪廓，最後一步步繪製成當地精確的區域地圖。

在測量和計算，並重新核對以確保沒有量錯算錯之前，光是把這麼笨重的裝備搬來搬去，就是極度耗費體力的粗重工作，而且誤差幅度相當大。可想而知，測量進行得極慢。看當時留下的田野手稿地圖，就知道當時所做的觀察、解讀和計算簡直數也數不清。除了城鎮、村落和河川，幾乎看不到任何實體細節。反而有無數代表三角法測量的角線（angular lines）在地圖上縱橫交錯，幾乎畫滿整張紙。當測量作業逐漸建構起龐大的測量資料庫，當初在巴黎評估田野工作的人開始發現，皮卡爾的原始計算不像原先以為的那麼可靠。測量計畫一開始是根據皮卡爾畫的原始巴黎子午線垂直畫出三角形。到了一七四〇年，測量過四百個三角形和十八條基線，卡西尼二世和他的小兒子凱撒—方索瓦發現皮卡爾原來測量的子午線位置差了五突阿斯，也就是十公尺。雖然是小誤差，但如果把全國的誤差加起來，所有原始的計算都會連帶出錯。現在必須全面重新計算現有的測量結果。到了一七三八年，重新計算完成，結果又讓卡西尼二世聽到壞消息：重新計算後的緯度證實了莫佩爾蒂在拉普蘭的測量。現在就連法國本土的測量也證明牛頓的理論是對的，從此再無疑慮。

要不是賈克的兒子凱撒─方索瓦・卡西尼・德・蒂里（卡西尼三世）參與測量作業越來越深，卡西尼家族的傳承也許就到此為止了，他在地理學下的工夫比天文學更深，也具備一流的外交手腕。他默默承認牛頓主義的勝利，也瞭解歐瑞對新測量作業的要求，從一七三〇年代初到一七四〇年代末，他一直很熟練地率領艱困的測量工作，最後不止完成測量，還付梓出版。地理學的專業性越來越高，他父親幻想破滅，變得越來越疏離，似乎跟不上這股變化，這時卡西尼三世開始計畫把測量的成果傳播出去。

一七四四年，測量終於完成。參與的幾何學家完成了測量八百個主要三角形和十九條基線的非凡成就。卡西尼三世一直打算在區域地圖製作完成時交付刊印，十八張組成的地圖就在一七四四年正式出版。新的法國地圖以適當的小比例尺一：一八〇〇〇〇〇繪製，把全國再現成一個三角形構成的網絡，完全沒有表現出土地的實體輪廓，庇里牛斯山、侏羅山（Jura）和阿爾卑斯山之類的大片區域留白。這是個幾何圖形的架構，一連串的點、線和三角形順著海岸、山谷和平原延伸，把進行天文觀察的關鍵地點銜接起來。整張地圖的上層結構是三角形，是理性、可驗證之科學方法嶄新、不變的象徵。[27]在卡西尼三世的地圖上，三角形幾乎有了自己的實體存在，代表不變的幾何和數學定律戰勝了地球世界遼闊、雜亂的混沌。巴比倫人和希臘人崇尚圓形；中國人禮讚正方形；法國人現在告訴我們，最後要靠三角形的應用才能征服地球。

測量結果在一七四四年出版，代表柯爾貝和歐瑞原始的計畫功德圓滿。以現代的角度而言，這不是以完整的地形細節為基礎的全國性測量，而是一種大地測量，繪製各地方的位置圖解，這是從事國家計畫時不可或缺的要件。卡西尼三世說明他的測量團隊「不是到每個村落、每個小村子裡測量。我們沒有拜訪每一個農場或測量每一條河的河道……只有測量封建領地才有必要這麼詳細；國家地圖應該固定在某個合理的尺寸，如果標示出這麼多細節，一定會讓人看得眼花撩亂」，等於坦白承認了這一點。[28]他們要完成的不是一項，而是兩項測量計畫，後勤作業實在太過龐大；要進一步完成第三次全國地形的測量，必須有相當程度的金錢、人力和技術精確性，卡西尼三世顯然認為不切實際。對他而言，他和家族的工作已經完成。他一七四四年的地圖在地形方面有清楚的留白，現在可以由公部門和私部門的個人及組織來填補。巴黎的商業地圖貿易已經培養出一批出色的製圖師，包括亞歷西斯─胡伯特．亞伊洛特（Alexis-Hubert Jaillot，1632-1712）和紀堯姆．德利爾（Guillaume Delisle，1675-1726），但現在冒出新一代的製圖師，包括尚．巴提斯特．柏格農．唐維爾（Jean Baptiste Bourguignon d'Anville）和迪迪埃．勞勃．德．范貢迪（Didier Robert de Vaugondy，1723-1786），仰賴卡西尼三世帶來的製圖良機，製作地圖和地圖集牟利。[29]

雖然沒有任何人（卡西尼三世更不可能）把一七三三至一七四四年的測量視為更大規模描繪全國地形的初步研究，[30]但這是不爭的事實，當局也要求卡西尼展開另一次測量，為波旁君主政體的王朝與軍事野心效勞。路易十五的父親因為西班牙王位繼承問題帶領法國捲入戰爭，而且耗資甚巨，如今他也在一七四〇年介入類似的紛爭。這一次問題的核心是奧地利在法國北方和東方邊界宣示擁有哈布斯堡王朝的領土。奧地利王位繼承戰爭（Austrian War of Succession，1740-1748）讓路易陷入一連串血腥而昂貴的戰役，到了一七四六年春天，他的大軍在奧屬尼德蘭作戰。卡西尼三世受邀擔任法國工程師的顧問，指導他們沿著斯凱爾特河（River Scheldt）測量基線，並在一七四六年十月協助繪製地形圖，供列日（Liège）城外的羅古斯戰役（Battle of Rocoux）使用。

法軍戰勝之後，路易十五前往造訪，把當地地形和卡西尼的地圖對照。他的評論讓全國性測量的前途有了轉捩點。卡西尼三世回憶說：「國王手上拿著地圖，發現地圖把整個國家和法軍的部署都畫得非常清楚，因此他對將軍和嚮導什麼都沒問；然後很賞臉地對我說：『我要我王國的地圖也用相同的方式繪製，同時我把這件任務交付給你，通知〔尚─巴提斯特．德．〕馬紹（Jean-Baptiste de Machault）〔財務大臣〕一聲』。」經歷了先前八十年的辛勞，國王和製圖師都知道這件差事不輕鬆，不過「他很賞臉，」卡西尼接著說：「問了我好

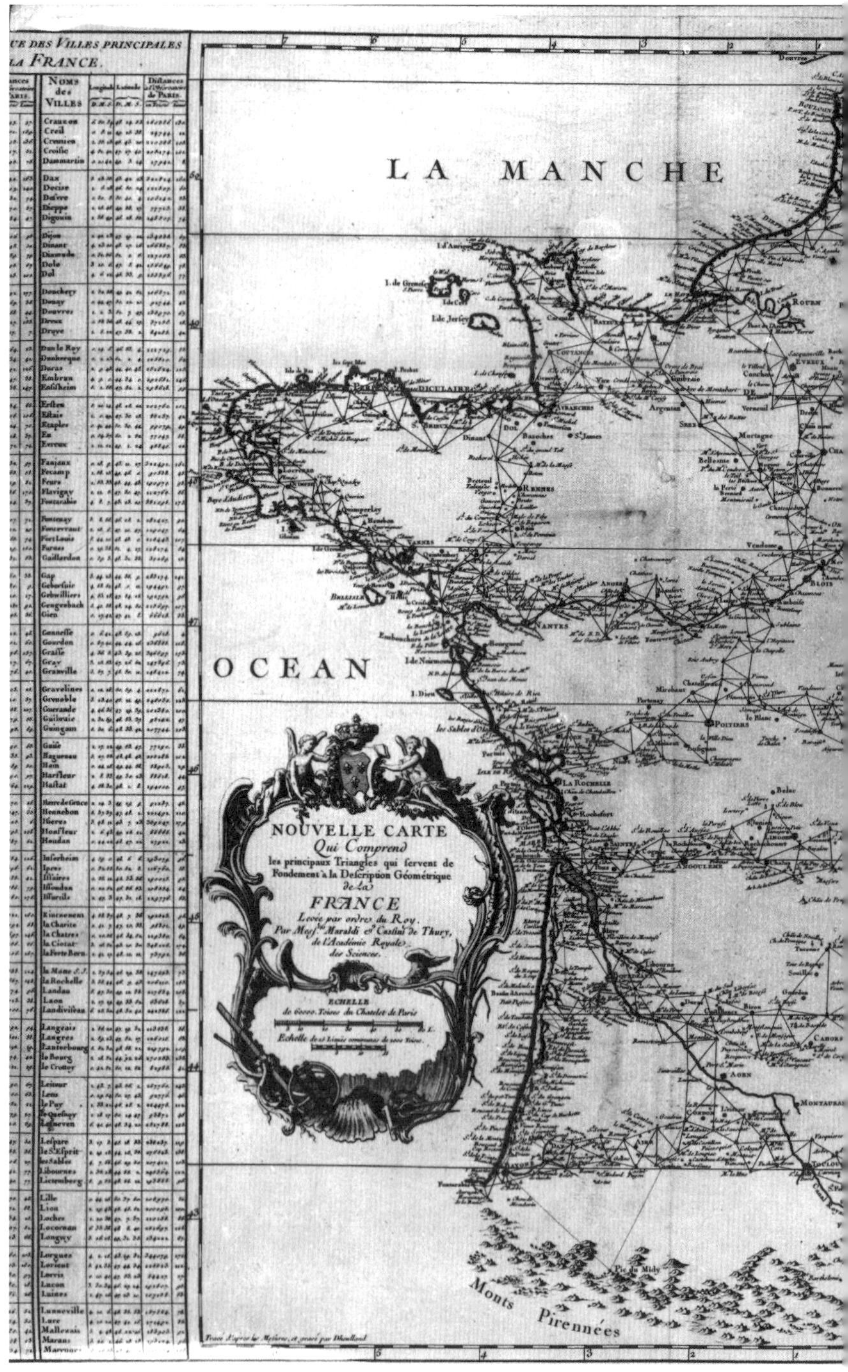

圖28　凱撒—方索瓦．卡西尼．德．蒂里，「新法國地圖」，一七四四年。

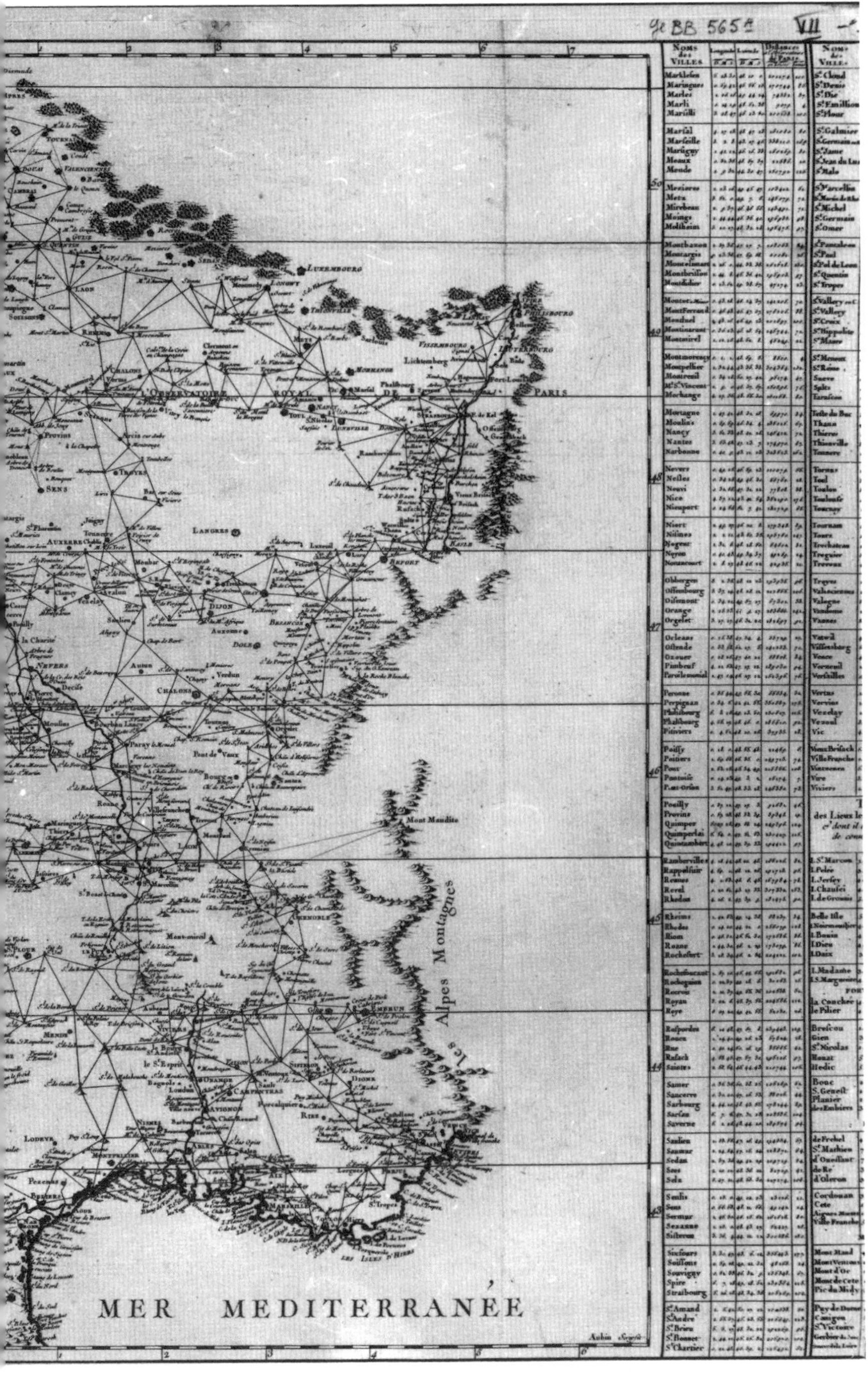

NOMS des VILLES
LUXEMBOURG
L'OBSERVATOIRE ROYAL DE PARIS
LANGRES
DIJON
CHALONS
Mont Maudits
Alpes Montagnes
MER MEDITERRANEE

幾次這份工作好不好做，需要多少時間才能做得完美無缺。」[31]

對於路易的問題，秉性務實的卡西尼三世很快有了答案。儘管他擔心這麼龐大的計畫是否可行，但能夠再進行另一次測量，範圍包括國內從河川到小村子和村落等所有地物，實在機不可失，而且科學的永恆在聲聲召喚。他估算測量計畫將耗時十八年。要以一：八六四〇〇的統一比例尺繪製一百八十幅區域地圖，才能完整呈現全國領土，每年製作十幅地圖，一幅的成本是四千里弗爾，包含裝備、測量和印刷的費用在內。四萬里弗爾的年度預算可以聘請十組工程師，每組兩人，負責實地測量和記錄相關資訊，然後送回巴黎天文台，查核之後送去製作雕版和出版。印刷地圖每一張售價四里弗爾，每一張的印製量是兩千五百份。如果一百八十張地圖全都賣出兩千五百份，整個計畫的銷售所得是一百八十萬里弗爾——預計國家只要投資七十二萬里弗爾，因此算是相當豐厚的報酬。考慮到一名技術人員的年薪最多是一千里弗爾，而國王的細木工十年的工資可能要九十三萬八千里弗爾，財務大臣馬紹明白，純粹就財務而言，卡西尼的測量似乎是絕佳的投資。[32]參與奧地利繼承戰爭弄得國庫空虛，他在驚訝之餘，亟欲改革國家不合時宜的什一稅，引進均一稅率，過去受惠於老舊封建制度的貴族和神職人員驚愕不已。新的測量計畫可以幫助他推行新稅制，並嘉惠許多過去激烈反對前兩次測量的人。

卡西尼三世把握機會實施新的測量計畫，這次測量將轉變人們對法國地理構造的瞭解，但他的方法也會全面改變地理學的作業方式。他提議採用現在所謂的横向等距圓筒投影法（transverse equirectangular projection），亦即把地球當作投影在長方形上的圓筒，藉此把測量產生的地圖標準化。把地球旋轉一下，任何一條經線都可以充作赤道，以確保經線沿線的比例尺完全正確，和經線垂直的地方也絲毫不差。這種投影圖的北端和南端必然會出現扭曲，不過對卡西尼的目的來說無關緊要，因為要測量的地方性區域面積太小，不會受到多少影響。此外，他也指出，不同於前兩次的測量，這一次不需要動用任何科學新發明。確定了大地測量架構（geodetic framework）以後，卡西尼三世引進一種方法，可以填上地圖的地形細節。配合歐瑞以標準的測量及製圖方法教育新一代地理學家的計畫，卡西尼三世建議從零開始，訓練他的工程師小組學會完成測量任務所需要的測量和觀察技術。每個工程師都必須寫兩本日誌。一本記錄地形資訊、村落、河川、教堂和其他自然地物的位置，由在地的神職人員和鄉紳驗證。另一本用來記錄大地測量資訊，也就是根據既有的基線和主要三角形所做的三角測量，然後送回巴黎，由天文台的成員核定。確立準確性、統一性和可驗證性，是測量計畫在政治和財政上成功的關鍵。根據卡西尼三世的指導方針，地理學現在成為得到國家批准的持續性例行活動，從業人員作業時必須遵守主管當局制訂的嚴格方針。過去是由博學的專家在創造地圖時統合天文學、星象學和宇宙學的奧祕智慧，這種時代如今結束了。地理學家成了公僕，過程雖然緩慢，卻沒有絲毫猶豫。

一七四八年十月，第二亞琛和約（Peace of Aix-la-Chapelle）簽訂，結束了奧地利王位繼承戰爭，不久之後，卡西尼三世領到了第一期款項，可以展開新的測量計畫。一組組工程師再度分散到全國各地，準備測量卡西尼三世口中「這些數也數不清的城市、城鎮、村落、小村子和其他分散在王國各地的景物」。[33]工作照例從巴黎市郊開始，沿著塞納河的支流進行。現在地形比幾何學優先，卡西尼的工程師努力把地理學的血肉填進前兩次測量的三角形骨架中。這次的任務沒那麼專精，卻將會以前所未有的方式，描繪人類的聚落對地球造成的衝擊。

卡西尼三世早就以機智和外交手腕聞名。現在還發現他對細節和準確性有執拗的關注，這種特質表現在他對測量工作的每個層面永不懈怠的微觀管理上，從個人參與田野勘查，到親自監督出版用雕版的雕刻。絲毫不憑運氣，看他對測量員田野調查的敘述就知道：

> 站在鐘塔的最高處，旁邊不是教區神職人員或市政官，就是其他能夠提供區域的相關知識，並且告知他們看到的是什麼景物的人，他們每天必須花一段時間充分熟悉這個地區，以便再現於地圖，檢查儀器的情況和望遠鏡是否平行，測量主點之間的角

度，然後再量好幾次，檢查環繞地平線時測量的角度是否沒有超過三百六十度，既可以證明構成地平線概貌的角度之精確，也可以觀察三角形的第三個角。白天忙完了以後，晚上還要用功：知道了該地區的格局之後，必須約略畫出高地、山谷、道路的方向、河川的河道、地形的性質；其實就是趁他們人還在當地，可以檢查其準確性、出錯可以及時糾正的時候，繪製該地區的地圖。[34]

測量所形成的紙上軌跡（paper trail）對田野測量來說也同樣重要；從地面到桌面，卡西尼的工程師奉命寫下他們的觀察，並轉化為手繪的地圖草圖，必要時加以修正，然後把所有資料送回巴黎，再進行一輪驗證。卡西尼三世堅持草圖畫好之後，必須送回給一開始參與核定相關地形資料的在地權貴。「幾何學的部分歸我們管，」卡西尼公開聲明；「地形的表現和名字的拼法，歸領主和神職人員管；工程師把地圖拿給他們看，受惠於他們提供的資訊，聽他們的吩咐做事，當著他們的面校正地圖，除非附上證書，確認地圖記載的資料正確無誤，我們才會把地圖出版。」[35]這是確保準確性的基本要素，不過同時也造成另一個結果：地方上的貴族就算多麼不願意驗證這些討人厭的工程師所做的觀察，現在也被納入成為全國測量結構的一部分。直到此時此刻，測量作業一直注重三角測量結構純屬幾何學的層面，完全忽略了在地的知識；現在卡西尼三世務必要法國想像共同體在化為視覺圖像時，把在共同體內部生活和工作的人的知識囊括在內。

而且進度非常緩慢。卡西尼最初估計要十八年才能完成測量，如今八年匆匆過去，只出版了兩幅地圖，分別是巴黎和波維（Beauvais）的地圖。一七五六年夏天，卡西尼三世獲准晉見路易十五，呈上剛出爐的波維地圖。會面的過程一開始很順利。卡西尼回憶說，國王「似乎很詫異」地圖的「細節居然這麼精確」。不過路易隨即投下震撼彈。「可憐的卡西尼，」他說：「我實在很抱歉，有個壞消息要告訴你：我的財務大臣要我就此打住。國庫沒有錢做地圖了。」[36]計畫的進度落後，成本增加，現在卡西尼估計每幅地圖的成本要將近五千里弗爾。根據當前的進度，整個計畫要到下一個世紀才能完成。馬紹的改革遭到貴族反對，加上國家財政岌岌可危，失敗早在預料之中，繼任者尚・莫羅・德・塞什爾（Jean Moreau de Séchelles）顯然不準備批准更多花費。無論當下的反應為何，卡西尼三世事後回想，聽到路易的消息，他的反應非常堅決：「地圖一定會完成。」[37]

卡西尼三世是個堅持百分之百完美的地理學家，弄得測量的進度拖拖拉拉，計畫自身難保。不過，作為一個商人，他現在加快腳步，不讓測量計畫胎死腹中。卡西尼過去一直希望私部門能投資他先前在一七三三至一七四四年所做的測量，現在他想出一個計畫來測試他的信念，並保住新的測量計畫。在路易的支持下，他成立法國地圖協會（Société de la Carte de France），他估計如果十年後就要完成測量，每年需要八萬里弗爾的經費，而組成協會的五十位股東每年必須提供一千六百里弗爾的支援，換取預期利潤的股份，及完成後的每一幅地圖各兩份。在政治和財務上，這是絕頂聰明的作法。貴族和政府的領袖人物訂購地圖，公然把自己和測量計畫連結在一起，連國王的情婦龐巴度夫人（Madame de Pompadour）都湊一腳，結果卡西尼募到的款項甚至超過了實際的需求。儘管有效地把整個計畫私有化，卡西尼也明文規定，依舊由科學院全盤控制測量作業的管理和地圖的出版。不到幾個星期，卡西尼三世就把測量計畫從被遺忘的邊緣救回來，確保未來資金無虞，也擺脫了國家或股東的干涉。

卡西尼的行動激勵了以測量為基礎的地圖製作。不到幾天，他宣布第一批巴黎和波維的地圖上市銷售，每張要價四里弗爾——比其他只賣區區一里弗爾的區域地圖貴出許多。卡西尼保證一個月推出一幅地圖：摩城（Meaux）、斯瓦松（Soissons）、森斯（Sens）、盧昂（Rouen）、夏特爾（Chartres）、亞布維（Abbeville）、拉翁（Laon）、哈佛爾（Le Havre）、古坦斯（Coutances）和馬恩河畔沙隆（Châlons-sur-Marne）的地圖很快跟著出版，不到三年，原本預期的一百八十幅地圖已經出版了三十九幅（雖然都集中在巴黎周圍的北部和中部地區）。印刷量很大（每張五百份），創下銷售佳績。到了一七六〇年，首批印刷的四十五張地圖已經賣了八千多份。[38]到了一七六〇年代末期，舉國上下的人已經買下好幾萬張地圖。雖然卡西尼出版的印刷地圖數量沒有布勞的《大地圖集》那麼多，但他名下出版的所有地圖的累積流通量，當然把更早，也更昂貴的這套荷蘭地圖集比了下去。現在地圖流通的規模是前所未見的。

第一批地圖在一七五六年出版，顯然是一項驚人的成就。從測量到出版，卡西尼三世執拗地監督地圖生成的每一個階段，創造出一系列在精準度、細節、準確度和標準化方面都無可匹敵的地圖。每一幅地圖只用最好的材料製作。包括從法蘭克福進口的德國黑墨水，此外還有硝酸（aqua fortis），讓這些地圖有了鮮豔而持久的獨特線條，以及銀色的柔光。卡西尼要求地圖「必須設計得相當有品味和清晰度」。他知道「公眾幾乎只能從這種瑣碎的小細節判斷」。成品的外觀一絲不苟，產生了一種地圖少見的美感。製圖或許已成為一門科學，但卡西尼仍然渴望民眾視之為一種藝術。

利用民眾的興趣，卡西尼再度推出創新措施：一七五八年二月，他主動開放民眾訂購全法國的地圖。訂戶繳交五百六十二里弗爾，就能在出版時收到一百八十幅地圖，等於省下了一百五十八里弗爾。當時有一百零五人訂購，一七八〇年增加到兩百零三人。[39]不同於公司的股東，這些訂戶裡沒幾個是巴黎菁英人士。有的是地方上的農夫和商人，許多人來自法國社會的中層階級，過去曾大力反對測量計畫。雖然人數相當稀少，但這些中產階級訂戶代表著，原本被公認為「私有化」的測量計畫，結果在無意間被「國家化」。如同卡西尼三世對準確度執拗的要求，使得在地人得以對全國測量有所貢獻，並視之為國家的代表，如今他為了確保測量計畫獲得長期的財政支援，也讓其他人有機會投資一小塊法國。

雖然授權由私部門提供資金，國家依然積極關注敗部復活的測量計畫進展。一七六四年，政府發布王室公告，要求尚未測量的地區一律捐助相關經費。後續的這筆收入，相當於卡西尼三世估計完成整個測量計畫所需成本的百分之三十，是一陣及時雨。在辛苦募集維持計畫運作所需的款項時，想必他已經明白，自己最初對完成測量計畫的預期過分樂觀。有了這筆新資金，他可以再聘請九名工程師，但還是不夠。法國中部和北部地區人口密集，地勢平坦，在這些地方測量和製圖很簡單，不過在南部和西南部的遼闊山區作業就極其艱困。原本預期在一七六〇年代末完成測量，結果事與願違；一七六三年到一七七八年間又出版了五十一幅地圖，以法國中部和西部地區為主，但仍有遠超過三分之一的國土尚未繪製成圖，包括布列塔尼（Brittany）在內，當地保守的貴族權勢把測量計畫視為中央集權化要求，加以阻撓。

在數百公里外的巴黎把測量的田野調查結果轉化為雕版地圖，可能產生數不清的小差錯。卡西尼的因應之道是採取執拗的查核、測試和檢驗。即使印刷地圖的紙張也經過精確測量——把統一的一：八六四〇〇比例尺套用在六十五乘以九十五公分的標準紙張上——可以確定每一個部分都重現了七十八乘以四十九平方公里的面積。建立了和當地人驗證測量結果的方法之後，卡西尼轉而注意雕刻的問題。麥卡托和布勞的地圖與地圖集那種華麗的斜體字，已經不足以應付一：八六四〇〇的指定比例尺所產生的大量資訊。「有關地圖的雕刻，」卡西尼埋怨說：「無法相信這門在法國如此精進的藝術，其地理學層面竟然無人聞問。」為了解決問題，他「被迫訓練雕刻師，製作一批上選的模型，讓雕刻師照著雕刻樹林、河川及區域的構造」。[40]卡西尼仍然不滿意，他發現必須訓練兩組雕刻師：第一組雕刻地形圖，第二組雕刻字母。卡西尼的主要雕刻師之一，皮耶・帕特（Pierre Patte），敘述黑白雕刻如何設法複製自然世界有血有肉的細節。「至於如何表現構成一幅地圖的各個部分，」他在一七五八年寫道：

> 這門藝術在於掌握大自然的總體表現，並且注入個人希望重現的精神。從高山上，思考周遭地形表面不同景物的色調：樹林似乎都是棕色，像樹叢，背景也似乎有一點棕色……至於山，除非有山峰，否則好像從來不會描繪得很清楚，但山峰似乎永遠不會是圓形，多少有些狹長，而且陰暗的那一邊有一種絲絨的色調，一點也不生硬。[41]

卡西尼和他的雕刻師在建構一種新的製圖文法，發展各種符號、象徵和字體，把土地的地形轉化為一種新的製圖學語言。成果就顯現在整個測量計畫最暢銷也最具指標性的地圖中：再現巴黎的第一張地圖。一看就知道沒什麼裝飾。沒有渦卷飾，沒有目錄或象徵符號的說明，也沒有誇張的藝術花飾：只是一張巴黎和周圍郊區的地形圖。過去卡西尼地圖的三角形幾何架構不見了，換成了大量的地方細節。地圖潛在的幾何學幾乎消失於無形，只有在貫穿地圖中央的巴黎經線沿線才看得出來，和正中央的巴黎天文台形成一個直角。不過這幅地圖沒有大力歌頌自我中心的地理學；反而會注意到它精確的地名和精心描繪的地形。

地圖上所有元素一律標準化。卡西尼改良既有的符號和象徵（例如用不同的斜角透視〔oblique perspectives〕來象徵城市、城鎮、教區、城堡和小村子的傳統階層架構），然後加上自己的符號——用附上牧杖的鐘塔代表修道院，小旗幟代表別墅，一個小圓圈代表礦場。用各種不同的虛線區隔從國家到地方層級的行政部門，影線（hatching）象徵地形的起伏。一張又一張的地圖，採用相同的標準手法和象徵。意思再清楚不過了：不管是什麼地形，現在王國的每一個角落都能依照相同的原則製圖及再現。地圖證實了舉國上下無一處例外，直接挑戰國內拒不服從的區域主義。像紀堯姆—約瑟夫·塞吉（Guillaume-Joseph Saige）這樣的律師，在表達國內反君主統治逐漸高漲的聲浪時，也附和了這個追求統一的強烈訊息，他在一七七五年寫道：「政治團體唯一的基本要素，是社會契約和普遍意志的施行；除此之外，每一件事物的形式和存在都純屬偶發性質，而且取決於國家的最高意志。」[42]

說來矛盾，透過地圖最鮮明的特徵，才能把這個「意志」傳達得最響亮。在十八世紀的法國，國王的臣民說著各種不同的語言，從奧克語、巴斯克語、布列塔尼語、加泰隆尼亞語、義大利語、德語、法蘭德斯語，甚至還有意第緒語，到法國的各種方言。[43]卡西尼的地圖上純屬敘述性的語言—— ville（市）、bourg（鎮）、hameau（小村子）、gentilhommière（鄉間莊園）、bastide（別墅）等等——以巴黎法語書寫。伴隨地理標準化而來的，是語言的一致性。如果每個人在看地圖時，都被要求想像自己所在的地方是統一的法國的一部分，那麼他們必然是以巴黎統治者的語言來想像。

一七八〇年代，測量計畫和法國都遭遇許多巨變。在卡西尼年近古稀時，兒子尚—多米尼克，也就是卡西尼伯爵（卡西尼四世）和父親聯手完成測量。儘管為了完成計畫而加倍努力，不過卡西尼三世在一七八四年九月感染天花過世，享年七十歲。他一生創下了不起的成就，不但在經歷一七四〇年代地球形狀論戰的失敗之後恢復家族的權威，還完成了再一次的幾何學測量，先是發動整個計畫，後來更讓有史以來規模最龐大的測量計畫死灰復燃，並且領導眾人完成測量。現在要由尚—多米尼克繼續完成全國性測量的繁重任務，並且擔任天文台台長的角色。尚—多米尼克和他的曾祖父同名，從小在巴黎天文台生長（卡西尼家族早就以天文台為家），而且自一七四〇年代以後正式成為巴黎貴族的一員，他跟卡西尼一世和二世一樣，自認是天文學家，而非地理學家（在他活動的圈子裡，這個頭銜帶來的威望仍然高得多）。他選擇將自己視為貴族科學家兼科學院院士，在他認定是屬於他的天文台裡，高高在上地勘查他的工程師在田野做的機械式測量。他父親早就承認，就算測量完成，也不會締造卡西尼一世和二世那種科學上的突破。在評估過科學對地理學研究產生的衝擊後，卡西尼四世後來寫道：

> 感謝讀書人在世界各地旅行奔波；感謝天文學、幾何學和時鐘製造術，用簡單而嚴謹的方法判斷各地方的位置，地理學家很快會發現他們不會沒有把握、也沒有選擇、更不需要一種重要才能來確定地球四個部分的主要位置。隨著時間過去，畫布會模仿我們製作法國總圖的程序，一點一點把自己填滿。[44]

他對地理學不屑一顧，將其貶抑為一種方法，而非科學，缺乏「一種重要才能」，而地理學的從業人員只是照數字著色罷了，很像是卡西尼那些在田野調查的工程師。卡西尼默認這次測量將是一次巨大的成就，不過對他而言，要完成這項計畫，只需要機械式地把缺漏的地方補足即可，而且必須盡快完成，好讓他從事更有企圖心的天文學研究。

卡西尼四世時時把家族名譽放在心上，盡職地繼續測量和印製最後的地圖，在一七八〇年代又出版了四十九幅地圖。不過在測量繼續進行，一七八〇年代將盡的同時，更大的政治事件開始壓倒整個計畫。一七八八至八九年的嚴寒冬天和接下來的乾旱，導致食物價格暴漲，造成全國暴動四起。財政情況岌岌可危，波旁王朝再也無法粉飾太平，便把政治和財政改革的問題交由三級會議（Estates-General）——教會、貴族和平民——處理，這是一六一四年以來第一次召開三級會議，地點在凡爾賽宮。當改革因為遭遇貴族反對而失敗，舊政體的反對者終於決定自己解決問題。三級會議在一七八九年六月二十日開會，第三階級（Third Estate）的成員被拒於門外，於是自行集會簽署「網球場宣言」（Tennis Court Oath），要求制訂新的成文憲法，就此觸動革命的開端，新的立法議會迅速成立，君主立憲失敗，最後在一七九二年宣布法蘭西共和國成立，一七九三年將路易十六送上斷頭臺。

一七八〇年代末期，反對國王統治的勢力以不斷喚起「祖國」（patrie）和國家的語言，要求迅速進行政治改革。在十八世紀下半葉期間，卡西尼的測量員在全國各地操勞的同時，保皇黨人士和他們聲音越來越大的政敵為了「祖國」一詞爭執。起初國王的支持者宣稱，愛國就是要當保皇黨，但反對派自稱是源於一七七〇年代初期的愛國志士黨（parti patriote），主張不推翻君主體制，法蘭西便沒有祖國，也不能真正被稱為國家。看書名就能洞悉這些辯論是怎麼回事：從一七七〇年到一七八九年，有兩百七十七本著作的書名印著「祖國」（patrie）這個字的變體，而且在同一時期，有八百九十五本書的書名出現了「國家」或「國家的」。[45]從名稱類似《一個愛國者的願望》（*Les Voeux d'un patriote*，1788）的小冊子，到皮耶—尚·艾吉耶（Pierre-Jean Agier）的反君主體制論文《國家的法學家》（*Le Jurisconsulte national*，1788），以及佛榭神父（Abbé Fauchet）比較屬於安撫性質的《國家的宗教》（*De la religion nationale*，1789）。當第三階級的支持者在一七八九年掌握了政治主動權，他們的語言不斷召喚一種新的國家概念。「如果除去特權階級，」其中一位支持者寫道：「國家不會萎縮，只會更加壯大。」[46]在一本名為「什麼是國家？什麼是法國？」（What is the Nation and What is France?，1789）的小冊子裡，作家杜桑．吉羅代（Toussaint Guiraudet）描述當時的政治情勢時，彷彿正低頭看著卡西尼的地圖：「法國不是各個省分的混合物，而是一個兩萬五千平方里格的空間。」[47]第三階級的另一位重要支持者，神父埃馬紐埃爾．西哀士（Emmanuel Sieyès）提筆論及為何必須使「法國所有部分成為一個單一的團體，並且讓分裂法國的各民族成為單一團體」。「國家，」他主張：「先於一切。是一切的根源。」他的著作《第三階級是什麼？》（*What is the Third Estate?*）將第三階級的代理人視為國家真正的代表，在一七八九年六月，第三階級運用西哀士動人的辭令，宣稱「所有的主權基本上都是源於國家」。[48]

當政治情勢日益惡化，卡西尼四世火速為這個陷入革命的國家完成地圖，補充《三角形組合之地圖》（*Carte des Assemblages des Triangles*），把計畫從一百八十張地圖增加到一百八十二張。一七九〇年八月，當國民會議（National Assembly）開始重新組織卡西尼的工程師所測量的主教教區邊界和省分，卡西尼向法國地圖協會的股東會議提交一份報告。目前十五幅地圖尚未出版。測量已經完成，全圖的出版期迫在眉睫。當新政權準備和敵對的鄰國作戰，軍方才注意到這份地圖。軍事工程團的長官尚—克勞德．勒．米修．達爾松（Jean-Claude Le Michaud d'Arçon）簡單說明卡西尼左右為難的處境，法國的山區易攻難守，最後幾張地圖包含可能相當敏感的資訊，卡西尼必須評估出版剩下幾張地圖有多大的風險。「重點是不能讓敵軍看出這些山區的優點或弱點，最重要的是任何相關的知識都只能讓我們得利，」達爾松堅稱。「卡西尼先生的工程師獲得的特許權，不得包含應該保留給我們的那些邊疆知識的部分。」他的結論一針見血地點出卡西尼的處境。「他的地圖可能好或不好。要是好，就必須禁止，要是不好，就不值得支持。」[49]

不過，本章一開始就寫道，這幅地圖沒有被禁止，反而在一七九三年九月被國民大會收歸國有（或者說是充公，取決於你的政治傾向）。國有化表示這幅地圖完全不能在民間流通，為了新國家的利益，雕版和出版的地圖一律被戰爭部徵收。一七九三年十二月，「恐怖統治」（Reign of Terror）席捲巴黎，公司的股東被通知參加最後一場股東大會。卡西尼四世和他忠心的助手路易・卡比泰納（Louis Capitaine）空等了半天。最後終於有一名股東現身。「兩位，相信我，」他表示：「你們想怎麼做就怎麼做，除了地圖以外，我們大家都有很多問題要考慮。至於我自己，我將與你們告別，設法找地方避風頭。」[50]卡西尼成了甕中之鱉：他被剝奪了科學院院士（後來科學院就解散了）和天文台台長的身分，在一七九四年二月被捕入獄。他被自己的學生聲討，差點就上了斷頭臺，只能無助地看著他不幸的外甥和獄友福塞維爾小姐（Mlle de Forceville）被處決。

一七九四年夏天，恐怖統治漸漸平息，卡西尼出獄，但已經被折磨得不成人形。他背棄了科學，抱怨革命人士的改革是「推翻一切、為改變而改變一切，而且純粹是為了追求破壞的快感」。[51]他佯裝請求加入幾個學術協會，並支持卡比泰納為法國地圖協會的股東求償的企圖。戰爭部地形局的局長菲利浦・雅科坦（Philippe Jacotin）被派來評估國家欠股東（包括卡西尼）多少錢，他只計算二十年來地圖銅雕版金屬價值的變化，扣除掉這段期間的維護成本。他算出每一股的價格是新貨幣三千法郎（和舊貨幣里弗爾差不多）。不出所料，卡西尼大為光火。「我認為，」他怒斥說：「要知道這種專家意見，不應該請教什麼上校，地形局的局長，反倒應該請教鍋爐製造者，他比任何人都清楚舊銅的價值。」[52]父子五十年來在科學上的辛勞，現在竟然是根據製造地圖雕版的銅料估價。這麼一個光宗耀祖的計畫，下場竟如此不堪。尚一多米尼克心灰意冷，受人冷嘲熱諷，回到蒂里的老家隱居，在一八四五年辭世，享年九十七歲。

技術上來說，法國總圖一直沒有完成。地圖被國有化之後，和測量及地圖相關的所有資料都移交給戰爭部。包括一百六十五張完成的地圖、十一張尚待雕刻的地圖，以及測量完成但尚未繪製的四張布列塔尼地圖。如今戰爭部掌握了一切資料，足以完成當初在一七四八年想像的法國地圖：以一：八六四〇〇的統一比例尺繪製，共有一百八十張的全國地圖，加上卡西尼四世的《三角形組合之地圖》。不過環境又來攪局。即便是最新的地圖，現在也需要校正和更新，以納入新道路，以及共和國各省的行政改革。現在的成品是把當初預期的法國地圖加以簡化，不過和最初的計畫差很遠。一七九〇年，在國有化之前，路易・卡比泰納根據測量的結果，繪製了一本簡化版的地圖集，以再現國民會議對地方各省的重新組織。他還出版了《依照新劃分省分與地區繪製的法國地圖》（*Carte de la France suivant sa nouvelle division en départements et districts*）。這幅地圖獻給國民會議和法國地圖協會的股東，勇敢地企圖納入雙方分歧的政治和商業利益。這也是第一幅再現改革後各個省分的地圖，但仍然不是卡西尼三世和四世理想中涵蓋全國每個角落的完整測量結果。

鼓勵地圖完成和表明地圖沒落的人，既是一名革命分子，也是大權在握的皇帝，說來古怪，卻也貼切：此人正是拿破崙・波拿巴（Napoleon Bonaparte）。一七九九年推翻共和政府後，他在一八〇四年十二月稱帝，成為拿破崙一世。就在加冕典禮前幾星期，他寫信給他的軍事幕僚長，路易－亞歷山大・貝爾蒂埃（Louis-Alexandre Berthier），交代法軍部隊橫越萊茵河一事。「現在叫工程師－地理學家繪製地籍圖（cadastres），而非軍事地圖，表示二十年後我們將一無所有，」他埋怨說。他接著寫道：「如果當初繼續以卡西尼的比例尺製作地圖，現在整個萊茵河邊境應該已經是我們的了。」「當時我只要求把卡西尼地圖完成。」[53]對拿破崙而言，卡西尼地圖的比例尺和細節是進行軍事活動的最佳工具。

十年後，拿破崙四面楚歌，從一件小插曲就能看出，卡西尼地圖此時早已深深滲透和塑造國家意識。一八一四年二月，拿破崙晚上在香檳－阿登區（Champagne-Ardenne）偏僻的赫爾村（Her）紮營，準備展開奧布河畔阿爾西之役（Battle of Arcis-sur-Aube），也是他退位並流放厄爾巴島之前的倒數第二場戰役。當晚寄宿在當地神職人員的家裡，拿破崙和他的軍官坐下來用餐，這時候，拿破崙忠心的祕書法恩男爵（Baron Fain）後來回想：「我們的東道主很難理解，在他府上作客的軍人怎麼對當地的環境這麼熟，硬說我們全都是香檳區本地人。為了解釋為何會令他如此震驚，我們拿出幾張卡西尼地圖給他看，每個人口袋裡都有一份。看到鄰近村落的名字都寫在上面，他更是詫異得不得了，他怎麼也沒想到地理學會研究得這麼詳細。」[54]拿破崙的隨扈其實個個都有卡西尼地圖，證明了這些地圖被應用在軍事上。不過地圖幾乎像魔法一般在滿心疑慮的神職人員面前呈現當地的細節，也說明了地圖似乎很能跨越區域性差異（無論事實是否如此）；最重要的是，神職人員和軍人都是「法國人」，無論他們在宗教或意識型態上有什麼歧異。

戰爭部直接接手掌控剩餘幾幅地圖的出版和分銷，任命十二位雕刻師更新充公的雕版，必要時印刷新版地圖。由於這些地圖在政治和軍事上都很重要，國家自然會隨時提供資金，貝爾蒂埃在一八〇六年寫給戰爭部長的一封信中指出：「有了錢，自然不愁找不到製圖員和雕刻師。」[55]一張地圖定價四法郎，這些新地圖顯然有一個很蓬勃的市場。最後，在一八一五年，最後的幾張布列塔尼地圖完成，全套一百八十張地圖大功告成。不過歷經六十七年終於完成時，卡西尼法國地圖已經成為過去式。七年前，也就是一八〇八年，拿破崙下令製作一幅新的法國地圖。有一份報告強調，《卡西尼地圖》的疏失和錯誤如今明顯得讓人覺得刺眼。

> 戰爭部擁有卡西尼地圖的雕版，有充分的機會驗證其精確度。不幸找出了一些重大錯誤；許多地點距離真正的位置差了一里格；從卡西尼的資料和計算根本不可能精確地確定經度等等。此外，卡西尼的雕版一開始就雕得很糟糕，現在幾乎磨損了；很多雕版已經重新修飾，這些雕版有很多必須重新雕刻，重新雕刻如果要有意義，就必須做大量修正，或者老實說，必須重新測量。[56]

卡西尼測量計畫及地圖最終成了廢物，但把它報廢的不是國王的詔書或共和國意識型態的需求，而是任何一個現代民族國家都會不斷定期進行的——另一次測量。一八一八年，新的測量首度試行，只不過一直到一八六六年才測量完畢，最後的地圖（總共兩百七十三張）

在一八八〇年出版。測量高度和地形起伏的新方法，包括計算高度與重力之相對角度的傾斜儀，使新的測量必然具備相當的正確性，終於超越了《卡西尼地圖》在技術上的成就。[57]

卡西尼家族付出的心血最永恆不滅的成果之一，是他們啟發了歷史上最著名的國家測量單位，英國地形測量局。一七八三年十月，也就是卡西尼三世死前不到一年時，他寫信給倫敦的皇家協會，建議採用他旗下的工程師在法國各地測量期間修改得盡善盡美的三角法，測量格林威治和巴黎這兩處天文台在緯度和經度方面的差異，這是史上第一次真正同心協力的國際製圖計畫。卡西尼的望遠儀器可以從法國定位英國地點的位置，現在他提議跨海進行三角測量，以一連串精確測量的三角形把兩個宿敵結合起來。[58]

這項提議不可避免地喚起了這兩個歐洲強權的陳年宿怨，皇家天文台台長內維爾・馬斯基林牧師（Reverend Nevil Maskelyne）埋怨卡西尼厚顏無恥，暗示英國對格林威治大地位置（geodetic position）的估計不正確。不過這次科學克服了民族主義。皇家協會的主席約瑟夫・班克斯爵士（Sir Joseph Banks）請威廉・洛伊少將（Major General William Roy）負責英吉利海峽英國這一邊的測量，一七八四年六月，洛伊首先在倫敦西邊的豪恩斯洛希斯（Hounslow Heath）辛辛苦苦測量他測量計畫中的第一條基線。洛伊的基線成為英國地形測量局日後繪製英國全圖的基礎，而且是依照一百一十五年前在巴黎西邊繪製尚・皮卡爾基線時所用的原理。現在用的是經過改良的新儀器（包括引進一台兩百磅重的巨大經緯儀，可以測量垂直或水平的角度），不過在二十世紀以前，洛伊和地形測量局所用的方法完全是根據法國皮卡爾和卡西尼家族研發的方式。對卡西尼三世而言，把他的測量技術輸出到海峽對岸，是這個長達一百二十多年的大地測量計畫發展的最顛峰；對英國人來說，全國測量計畫才剛剛開始，最後得到的名聲卻比《卡西尼地圖》更響亮。[59]

*

《卡西尼地圖》踏出了製圖史上前所未有的一步。是有史以來第一幅以大地和地形測量為基礎的全國總圖；「讓世界其他地方的人知道該做什麼和不該做什麼。」[60]卡西尼地圖對「量化精神」（esprit géométrique）[61]的追求始於十七世紀中葉，在後續的一百五十年，逐漸把製圖工作變成一種可驗證的科學，追求一種可以（也將會）擴散到全球各地的標準化、經驗、客觀的方法。現在製圖師被視為一個超然的工程師，可以讓地圖和當地完全相符。世界化約為一系列的幾何三角形，讓人類可以認識和管理。

不過卡西尼家族號稱要追求一種超然、客觀的科學研究方法，與其說是事實，不如說是一種抱負。卡西尼四世在漫長的隱居生涯中回顧他任職巴黎天文台台長期間，不禁感慨地寫道：「關在天文台裡，我以為那裡是一個避風港，可以免於所謂人世間的妒忌和陰謀。在星辰的運行裡，我只看到對宇宙的奇景高貴而甜美的冥想。」[62]他認為新的共和政權以無情的工具主義態度對待他，這些話多少是他幻滅之後的反應，但卻避而不談他家族四代是如何回應專制君主的要求。從科學院在一六六〇年代成立以來，卡西尼家族測量並繪製法國地圖，都是為了滿足路易十四和路易十五先後統治的政治和財政要求。連續幾任財務大臣把測量和地圖視為有效管理國家的工具。自柯爾貝以降，歷任大臣要求的是一種新的地理學，可以協助繪製交通網路圖、規定地方稅賦、協助土木工程和支援軍事後勤。卡西尼家族一律有求必應，而且成績斐然，並非從中立、超然的科學思辨出發，來發展他們的測量方法。

他們的方法所產生的結果，有時不像他們號稱的那麼正確而完整。在惡劣的環境下，工程師使用笨重且往往有限的儀器，企圖進行精準的測量，光是在體力上的嚴峻考驗，就使得即便完成了三次測量，《卡西尼地圖》也出爐以後，拿破崙時代的主管當局仍然發現地點的位置不一致，遺漏了新近完工的道路和經緯度的測量。而且測量計畫在資料記載方面嚴格篩選。那些購買單張地圖、想看在地區域的人抱怨，有些像農場、小溪、林地甚至城堡等地物都付之闕如，即便國家要的是「重要地方的位置圖」[63]，作為課稅等等的特定行政目的之用。即便卡西尼三世承認：「法國的地形受到太多變動的影響，不可能做出固定不變的測量。」[64]說來矛盾，測量和不完整的《卡西尼地圖》兩者之侷限性，最後反而成了卡西尼家族所留下最重要的遺產，因為他們證明了任何全國性測量都可能永無止境。地形資料累積之後變得繁蕪龐雜，壓垮了第一次測量計畫的初步幾何骨架。看到卡西尼家族的雕版地圖沒有記載新道路、運河、森林、橋梁和其他數不清的人為地景變化，我們才恍然領悟，土地不會長期靜止不變，不管科學界如何號稱能夠準確地測量及繪製地圖。

歸根結底，《卡西尼地圖》不只是一場全國性測量而已。它讓每一個人把自己視為國家的一分子。如今，在一個幾乎完全由民族國家組成的世界裡，說人們在看卡西尼的國家地圖時看到一個叫「法國」的地方，並且把自己認定為生活在這個空間裡的「法國」公民，似乎是理所當然的事，但在十八世紀末並非如此。和民族主義的口號相反，國家不是自然生成的。而是在某些歷史時刻，因為政治意識型態的迫切需求而無中生有。十八世紀民族主義的萌芽，和卡西尼家族的測量計畫幾乎在同一時間，而「民族主義」這個說法出現在一七九〇年代，正是國民大會以法蘭西共和之名把卡西尼地圖收歸國有的時候，自然不是巧合。[65]

班尼迪克・安德森（Benedict Anderson）在研究民族主義起源的經典著作《想像的共同體》（*Imagined Communities*）中主張，國家意識的根源出自宗教信仰和帝國王朝長久的歷史性弱化。當人們對宗教的救贖不再那麼有把握，歐洲舊政權下的帝國也慢慢瓦解。在個人信仰的領域中，民族主義提供了安德森所謂「從死亡轉為延續、從偶然轉為意義的世俗變化」的強烈慰藉。在政治權威的層次上，國家以新的領土觀念取代帝國，「國家主權可以完整、直接、平等地行使於一塊合法劃定領土的每一平方公分」。在強烈的對照之下，帝國「以中心來界定國家，邊界容易滲透，而且模糊不清，主權不知不覺地互相混淆」。[66]

之所以產生這種變化，原因在於地方語言的變遷，以及對時間的理解。在西方，安德森所謂的「印刷資本主義」在十五世紀興起，逐漸顯示帝國和教會當權者的「神聖語言」——希臘語和拉丁文——終將衰微，潛在的大批新讀者使用的地方語言將取而代之。後來小說、報紙和鐵路在歐洲興起，創造出一種對「同步」（simultaneous）時間的新識覺，以「時間的巧合」為特徵，用新引進的時鐘和日曆來衡量。人們開始想像他們國家的活動同步發生，跨越時間和空間，儘管他們一生最多只能造訪或遇見他們國家所包含的地點和人口的極小部分。

不過安德森一開始沒有考慮到國家認同最具指標性的一種體現，這是一個典型的所謂「史學家對地圖莫名反感」的例子[67]。如果語言和時間的變化「使人們有可能『想到』國家」，[68]那麼地圖既然可能改變人們對空間和視覺的識覺，就有可能把國家視覺化。《卡西尼地圖》出自鐵路、報紙和小說躍升為文化主流的時代，這種圖像讓購買者能夠一眼想像全國的空間。從個人的特定區域邁向整個國家，以標準化的巴黎式法語（從一七九〇年代中期開始，被革命當局標準化）閱讀地圖，地圖的擁有者可以認同一個地形空間和空間裡的居民。因此，國家開始透過漫長且往往痛苦的過程，發展出一種行政的完整性和地理的事實，有助於從國家的子民身上激發前所未有的情感依戀和政治忠誠。

卡西尼測量計畫代表一種繪製國家地圖的新方法之濫觴，但國家的居民需要在感情上依戀和在政治上效忠的對象，不能只是一個幾何三角形。宗教再也不能提供答案。曾經是基督座落在地圖的頂端低頭俯瞰世界，在卡西尼地圖上，變成了一個觀察地球的水平角度，從這裡看過去，每一平方公尺領土（也就是每一位居民）都具有同樣的價值。政治專制主義也無法持久。儘管最初是企圖建立一種可以監督和控制王朝領域的製圖方法，君主政體所支持的王國地圖，無意間蛻變成一個國家的地圖。

《卡西尼地圖》所表達的訊息，鑲嵌在全套一百八十二張的每一張地圖裡，很容易被後來一代代的國家意識型態擁護者盜用：一幅地圖、一種語言和一個民族，有共同的一套習俗、信念和傳統。《卡西尼地圖》讓法國子民看到的，是在全國一而再、再而三的自我犧牲中，一個值得他們奮鬥，甚至犧牲生命的國家形象。在當時看來，這個理想是夠高貴了，不過這種絕不動搖的民族主義帶來的比較激烈的後果，法國上下要到一七九〇年代才感覺得到。

第十章

地緣政治

哈爾福德．麥金德，〈歷史的地理軸心〉，一九〇四年

倫敦，一八三一年五月

一八三一年五月二十四日晚上，四十位紳士在倫敦市中心聖詹姆斯區的茅草屋（Thatched House）客棧聚餐。他們都是經驗豐富的旅行家和探險家，倫敦的私人餐飲協會日益增加，他們同屬其中一個協會：雷利旅行家俱樂部（Raleigh Travellers Club），這個名稱是紀念伊莉莎白時代的探險家沃特．雷利爵士（Sir Walter Raleigh）。俱樂部在一八二六年由旅行家亞瑟．德．卡培爾．布魯克爵士（Sir Arthur de Capell Brooke）成立，兩星期聚會一次，每位成員輪流招待豐盛的宴席，並在席間敘述旅行和冒險的故事。在這一天晚上，俱樂部的晚宴卡上說今晚的活動略有不同。在海軍部二等祕書暨著名中國及南非旅行家兼政治家約翰．巴羅爵士（Sir John Barrow）主持的一場會議上，俱樂部的成員「發言表示，在英國首都成立的眾多文學與科學學會中，還必須增設一個學會，才能讓科學性的機構完整無缺，該學會的唯一目的應該是倡導和傳播最重要也最有娛樂性的那一門知識：地理學」。俱樂部成員提議「或許可以成立一個嶄新而有用的學會，命名為倫敦地理學會（The Geographical Society of London）」。[1]

俱樂部的成員相信，這樣一個學會的好處「對全人類而言比什麼都重要，對於像大不列顛這種擁有眾多廣大海外屬地的海洋國家的福利而言，也是最要緊的」。於是俱樂部提議新的學會將「蒐集、登記

並整理」所有「嶄新、有趣又有用的事實與發現」,「逐漸累積頂尖的地理學藏書」,包括「完整的地圖和海圖收藏,從最早期粗糙的地理輪廓圖,到現在最精心改良的地圖」、「取得樣本」、「為出遠門的人準備簡短的指示」,以及「和所有跟地理學相關的哲學及文學學會展開溝通」。[2]

學會成立的消息在報上獲得好評:一八三一年十一月,《每季評論》(*Quarterly Review*)認為:「在這樣一個把各式各樣的許多武器投擲到全球每個角落的大國,居然直到一年前才有人想到要成立這樣一個學會,未免令人有些驚訝——而且由於歐洲幾乎每個首都早就都成立了自己的地理學會,就更叫人跌破眼鏡。」《每季評論》樂於報導「國王陛下〔國王威廉四世〕隨時準備憑著自己的庇護和慷慨,核准任何可能對公眾有所裨益的活動,他不止出借自己的皇家名稱使用權,每年還向學會捐獻五十基尼,做為促進地理學知識的獎賞。」[3]

一八二〇和一八三〇年代是地理學和製圖術的歷史轉捩點。卡西尼測量計畫在軍事和法律管理上成效卓著,對民族認同精神的培養也有深刻貢獻,使歐洲政治家領悟到培育地理學成為一門嚴肅的知識與實務的價值所在。商業界比國家更快明白地圖的價值。農業和工業的急速成長,增加了對既有地圖的需求,還帶動新地圖的發明:不動產平面圖、什一稅地圖、圈地平面圖、新運河和鐵路系統的交通地圖、城鎮和教區的平面圖全都蓬勃發展。[4]像列比路和麥卡托之類人士宏觀、世界性的製圖術,再也校勘不了製作這種地圖所需要的資料,這種地圖需要某種程度的體制化,才能以空前的規模匯集人力和資源。結果之一是十九世紀上半葉成立了好幾個博學的地理學會,結合國家和商業在地理學上的利益,對製圖術的研究和實務提供體制性的支援。一八二一年,法國成立了地理學會(Société de Géographie);卡爾·瑞特(Carl Ritter,1779-1859)在一八二八年創立柏林地理學會(Gesellschaft für Erdkunde zu Berlin),英國也在一八三一年創辦他們自己早該成立的皇家地理學會(Royal Geographical Society)。如此一來,地圖出現了空前的專業化和政治化。自十八世紀末以來,國家與製圖師之間的關係變得前所未有的密切,國家開始利用地圖的管理能力，而製圖師也看出這是提升他們專業和學術地位的機會。卡西尼測量計畫已經塑造了一個現代歐洲國家的圖像，但現在民族國家試圖創造新的製圖傳統，為其特定的政治利益效命。

當人們對地圖功能的感知發生變化，地圖的外觀也不同了，這都要歸功於一項重大科技發展：平版印刷術（lithography）。一七九六年，德國雕刻師阿羅斯．塞尼菲爾德（Alois Senefelder）無意間發現一種複製圖像的新方法。他發覺可以用蠟筆在石灰石上畫一個圖像，沾水之後，墨水會附著在蠟筆畫的輪廓上，而不會印在多孔的石頭上。這個過程經過修改後，使圖像的量產全盤改變。[5]在發現平版印刷術之前，銅版雕刻是一門技術門檻高、曠日廢時而且耗資巨大的技術，不過從十六世紀初就一直稱霸製圖界。銅版雕刻的地圖不但仰賴製圖師的知識，也得倚靠雕刻師的專業技術，把地圖從雕版轉移到印刷的紙張上，對體力也是一番折騰。平版印刷則完全不同。印刷過程所需要的化學成分不需要什麼技術勞力。還能讓地理學家交出可以快速複製的「正像」（right-reading）圖像，而不像銅版雕刻，必須先製作反過來的圖像（稱為「反像」〔wrong-reading〕）。如此一來，等於任何人都可以印製地圖。這個過程相當便宜，塞尼菲爾德宣稱比雕版印刷快了三倍。平版印刷在整個十九世紀方興未艾，也讓製圖師可以把彩色和攝影融入地圖中。雖然許多機構（包括英國地形測量局在內）一開始仍然堅持使用既有的雕版技術，到了二十世紀初期，就地圖的出版數量而言，平版印刷已經大幅超越了較早的雕版印刷技術。[6]

從十五世紀以後，地圖的製作一直沒有這樣的創新發明。在概念的層次上，這不但帶動了地理學的轉變，也改變了製圖術在地理學的地位。揚森紐斯和布勞崇高的宇宙學，早就質疑宇宙學家的研究到底有沒有效，但哥白尼主義和達爾文主義先後帶來的衝擊，才摧毀了宇宙學的傳統概念：用一系列地圖來理解宇宙的圖像。十九世紀初，宇宙學持續衰微，於是有一個新概念開始流通，並取而代之，而且在這個過程當中，對製作地圖的科學提供了一種更清晰的描述：製圖學（cartography）。柏林地理學會創辦人卡爾．瑞特在一八二八年的一篇論文裡率先使用Kartograph的說法。短短一年後，法國地理學會開始使用cartographique一字。一八三九年，葡萄牙史學家暨政治人物，聖塔倫子爵（Viscount of Santarém）曼努爾·法蘭西斯科·德·巴羅斯·伊·蘇薩（Manuel Francisco de Barros e Sousa）自稱是該用語的創始人，他用的是cartographia。理查·波頓爵士（Sir Richard Burton）是最早使用這個字的英國人，當時是一八五九年，他參加皇家地理學會贊助的一次中非湖泊探險之旅；「cartographer」（製圖師）一詞在一八六三年跟著出現，到了一八八〇年代，這兩個字都被編入字典。[7]

製圖學的興起，讓製作地圖的主觀行為有了某種程度的科學專業性，讓從業者和政治受益者都能把製圖學再現成一門條理清晰、發展所有地理學知識的學科。製圖學越來越被視為一種客觀、以經驗為基礎、而且可以進行科學驗證的研究領域，有別於宇宙學、導航、測量和天文學這些千百年來和製圖學牽扯不清（而且往往把它納入其中）的外來學科。[8]

這個觀念很有說服力，也讓製圖術本身有了更大的進步。純數學和應用數學的發展，使人們對地圖投影法萌生興趣，比起十六世紀的新發明猶有過之。在一八〇〇到一八九九年間，估計前後提出了五十三種新的地圖投影法，比整個十八世紀發展的投影法多了三倍以上。麥卡托的投影法，以及把球體投影在平表面上的各種相關假設，一再受到各種數不清的新數學投影法的挑戰，而這些投影法的產生，也是為了因應對中比例尺和小比例尺地圖的需求，用來再現人們對自然世界更豐富的知識。這種結合微積分和幾何學的研究，使數學家提出的投影法越來越複雜，不再只是用圓筒和長方形把球體投影在一張紙上的經典模式。這些新投影法有不少是業餘人士所提出，其動機在於自我推銷，但有些投影法受到某些地理學組織和國家的支持，因為他們亟欲利用製圖術所提供的政治和商業洞察力。那些流傳至今的投影法，包括根據法國製圖師里戈貝特·彭納（Rigobert Bonne，1727-1795）命名的彭納投影法，是用來繪製地形圖的一種偽圓錐投影法（pseudo-conic projection），菲利浦·德·拉伊爾（1640-1718）發明的方位透視投影法（azimuthal perspective projection），用來繪製半球地圖，瑞士裔的美國海岸測量局（United State’s Survey of the Coast）局

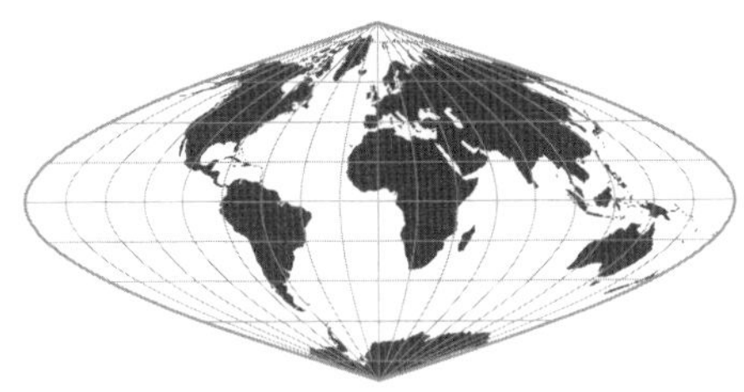

桑森・弗拉姆斯蒂德（Samson Flamsteed）
投影法（正弦曲線）

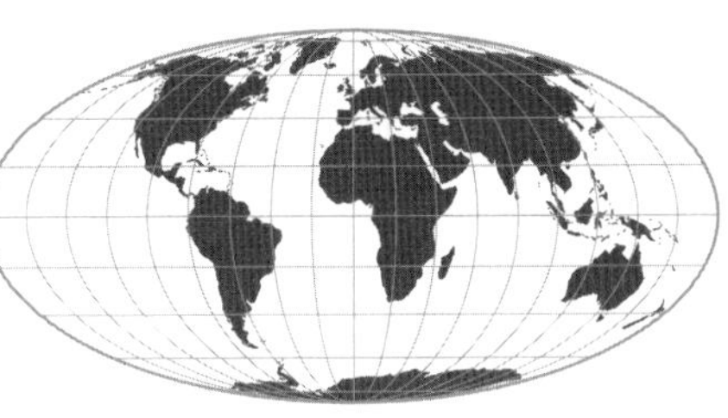

摩爾魏特投影法

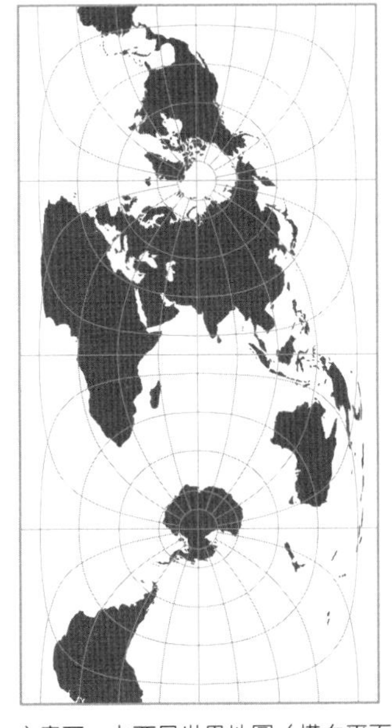

凱撒－方索瓦・卡西尼世界地圖（橫向平面海圖）

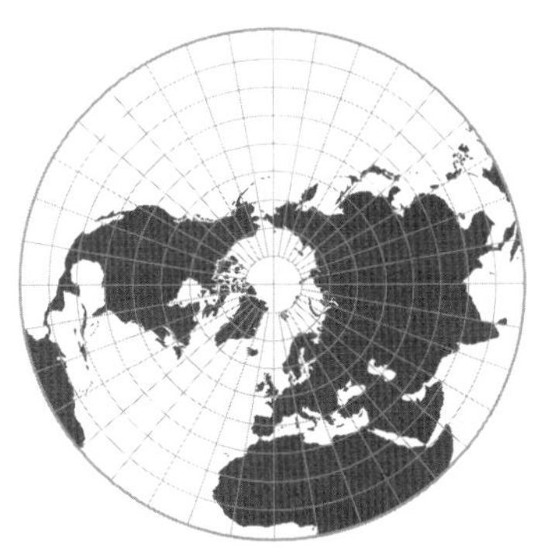

拉伊爾極地投影圖－45°＝½ 半徑

彭納等面積投影法（半球）

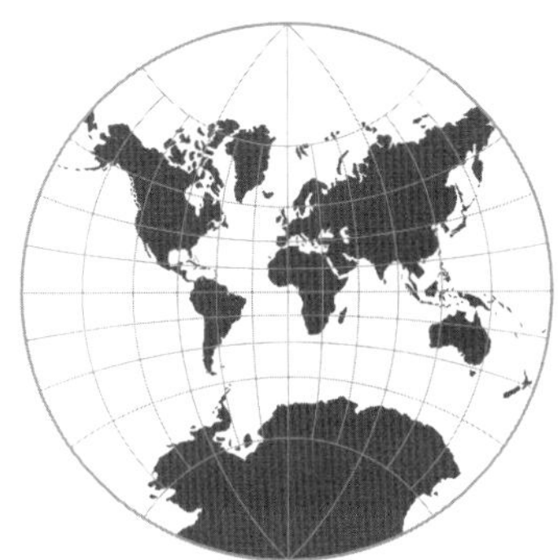

拉格朗日（Lagrange）投影法

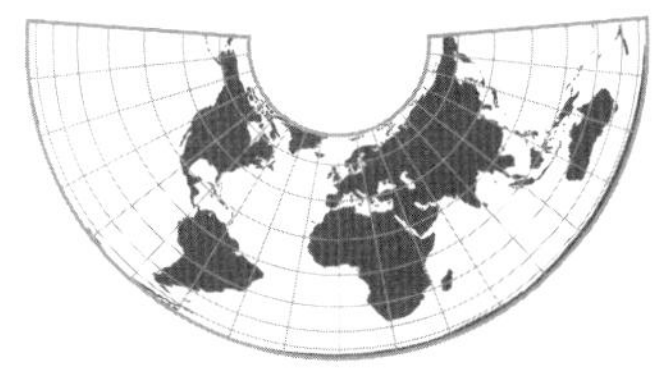

梅鐸（Murdoch）等距角錐投影法

圖29　十八及十九世紀地圖投影法圖示。

長斐迪南・魯道夫・海斯勒（Ferdinand Rudolph Hassler，1770-1843）發明的多圓錐投影法（polyconic projection），利用一系列非同心的標準平行線來減少扭曲，由於成效卓著，十九世紀美國官方的地形圖和海岸圖都用這種投影取代麥卡托投影法。最了不起的發明之一出現在一八〇五年，德國數學家暨天文學家卡爾・布蘭登・摩爾魏特（Karl Brandan Mollweide，1774-1825）揚棄了麥卡托的圓筒投影法，創造出以再現面積的描繪為目的，而非忠實呈現角度的世界地圖，被稱為偽圓筒等面積投影法（pseudo-cylindrical equal-area projection），呈現出弧形經線和筆直緯線的橢圓形地球。

要發明這些投影法，數學家和測量人員必須重新思考製圖術有哪些可能和侷限。一八二〇年代，德國數學家卡爾・弗里德里希・高斯（Carl Friedrich Gauss）著手進行漢諾威（Hanover）的大地測量。高斯在研究如何測量地表的曲率時，提出了微分幾何學（differential geometry）的定理，力陳將地球繪製在平表面上，不可能不產生嚴重扭曲。他發明「正形性」（conformality，亦稱為保角性）一詞（出自拉丁文的conformalis，意思是形狀相同），以某一個點周圍的準確形狀為基礎來設計他的新投影法，試圖修正麥卡托投影法。儘管有這些和其他許多投影法，卻沒有任何國際地理學組織具備足夠的權威，指定一種標準地理投影法。雖然十九世紀的地圖集大多沿用麥卡托投影法來繪製世界地圖，書中的半球和大陸地圖仍然要歸功於當時多達十幾種的各式投影法。[9]

這些變遷所造成的結果，是出現了一種新類別，主題製圖（thematic mapping）。主題地圖是描繪各種自然和社會現象的地理性質，並刻畫某個特定題材或主題的空間分布和變化，這些題材或主題通常是看不見的，例如犯罪、疾病或貧窮。[10]雖然早在一六八〇年代，愛德蒙・哈雷（Edmund Halley）就曾用這種方法畫氣象圖，隨著量化統計方法和人口普查的進步，主題地圖從一八〇〇年代初開始迅速發展。機率理論的發展，以及在統計分析中調整錯誤的能力，讓各門社會科學得以編纂大量資料，包括全國普查在內。一八〇一年，法國和英國進行普查，對人口加以計量和分類。到了一八三〇年代，法蘭德斯天文學家阿道夫・凱特勒（Adolphe Quételet）發展出「均人」（average man）的統計學概念，因而產生了測量教育、醫療、犯罪和種族分布的「道德」主題地圖。[11]

主題地圖不但促進社會科學的發展，也讓自然科學能夠以全新的方式分類和呈現資料。生物學、經濟學和地質學都利用這種新方法，把地球大氣層、海洋和動植物以及土地表面繪製成地圖。一八一五年，威廉・史密斯（William Smith）結合地質分析與統治方法學，製作出英國第一幅全國性主題地質圖，〈英格蘭地層〉（The Strata of England），其他科學家也用這些方法創造出製圖再現（cartographic representation）的新視覺語言。[12]平版印刷的興起使地圖的成本降低，流通更加廣泛。到了一八四〇年代中期，法國的印刷商可以用每張三塊半法郎的成本，生產法國地質的彩色平版印刷地圖，相形之下，一般的雕版手工著色地圖一張就要二十一法郎。[13]平版印刷地圖的成本夠低，可以一口氣印個幾千張，而非幾百張，創造出布勞《大地圖集》或《卡西尼地圖》的流通量望塵莫及的大眾市場。

製圖術產生的這種種改變，幕後的功臣大多根本不以地理學家自居，地理學這門學科本身也騷動不寧。製圖術在地理學的地位似乎混沌不明，在英國更是如此，英國製圖術沒有能力以有組織的方式發展，早就成了學術圈的口頭禪。即使到了一七九一年，皇家學會的主席約瑟夫・班克斯爵士（Sir Joseph Banks）還埋怨孟加拉的地圖都畫得比英國地圖準確多了。「儘管英國人喜歡被周遭國家當成帶動科學進步的先鋒，要是哪天我能說英國人的島嶼總圖和倫內爾少校（Major Rennel）畫的孟加拉地圖畫得一樣好，我一定高興死了。」這裡提到的是詹姆斯・倫內爾（James Rennel）在東印度公司贊助下繪製的《孟加拉地圖集》（*Bengal Atlas*，1779）。[14]雖然此時英國已經測量了百分之六十五的國土，結果卻是良莠不齊。儘管在洛伊一七八四年進行初步測量以後，國家贊助的地形測量局在一七九一年正式成立，但測量出的結果卻缺少一致性和標準化。私人的房地產地圖已使用長達數世紀，不過通常是由在地的測量員製作，為地主的利益服務。因此採用了各種比例尺，和地形測量局的標準化目的不相符，不過往往成本較低廉，也比較詳細。全國性測量的成本極高，因此測量局留下大片的土地，交由私人測量員製圖。結果就是品質參差不齊的製圖拼盤。

英國的土地所有權和管理系統非常複雜，而且根深柢固，地形測量局很難提供標準化的英國地圖，英國東印度公司認為，印度之類的海外領土雖然幅員廣大，但是用新的科學技術測量，不去理會當地人如何擁有土地及繪製地圖，相形之下要簡單多了。一七六〇年代，該公司開始提供財務支援給像倫內爾這樣的人進行測量，最後終於締造了印度三角大測量（Great Trigonometrical Survey of India）。測量在一八四三年宣告完成，但整個作業繼續進行幾十年，而且就如同卡西尼測量計畫，沒有確定的完工日期。印度三角大測量最傑出的史學家馬修．艾德尼（Matthew Edney）直指測量員「沒有在地圖上繪製出『真實的』印度。他們把自己領會和統治的印度畫成地圖」，因此製造出「一個**英屬**印度」（British India）。[15]類似的過程也發生在非洲。當約瑟夫．康拉德（Joseph Conrad）《黑暗之心》（*Heart of Darkness*，1899）的主角馬羅（Marlow）凝視一幅「用彩虹的各種顏色標示」的帝國地圖，他很高興看到「大量的紅色——任何時候看到都很高興，因為看了就知道他們在那裡紮紮實實地做了些事。」[16]對照法國（藍色）、葡萄牙（橘色）、義大利（綠色）、德國（紫色）和比利時（黃色）的帝國領土，在英國統治下的一塊塊紅色，代表英國的帝國教化任務達到顛峰——至少康拉德這種熱心支持者會如此認為。[17]不過以印度來說，許多地圖呈現的是帝國的利益範圍，而非直接的殖民統治，頂多只能算是帝國主義嚮往的「非官方想法」，受到皇家地理學會這種私部門倡議策動。

這些組織鼓吹的製圖學，與其說是行政現實，毋寧說是以看似客觀的科學原理為基礎所做的一種意識型態投射。歐洲利用製圖術來佔據帝國領土，最惡名昭彰的例子或許是一八八四至八五年的柏林非洲會議（Berlin Conference on Africa）。該會議至今仍被認定是帝國「瓜分非洲」（scramble for Africa）的濫觴，與會的十四個歐洲強權依照康拉德《黑暗之心》表達的方針動手瓜分非洲大陸。事實上，會議紀錄顯示召集會議的目的是規範歐洲在非洲的商業出入管道，以西非為主，而非瓜分整個非洲。[18]一位英國官員表示「嚴重反對〔會議〕對剛果的界定不符合地理事實」，另外一名官員則抗議說他們的地理學非常混淆，活像是在隆河（Rhône）流域畫萊茵河地圖。[19]這場會議沒有產生任何依照歐洲的利益瓜分非洲的地圖，也沒有提出任何對主權具有拘束力的論述，只是模糊地協議，必須根據自由貿易的原則，而非政治地理學，來核准後續的領土主張。

皇家地理學會特別關注國際製圖隨意而為的特性，尤其是在非洲。甚至到了一九〇一年，昔日的印度邊界測量員暨未來的學會主席，上校湯瑪斯．霍爾迪奇爵士（Colonel Sir Thomas Holdich），還能在學會的期刊發表一篇標題直白的文章，〈我們要如何弄到非洲地圖？〉（How Are We to Get Maps of Africa?）。[20]霍爾迪奇埋怨說：「地方政府在非洲許多不同區域展開各種測量計畫，這些計畫彼此毫無關連，顯然也沒有技術系統或比例尺的共同基礎，最後很難從中編纂出令人滿意且具同質性的第一幅我國非洲領土地圖。」他鼓勵採用更具系統性的製圖技術，例如共同的比例尺和基線測量，同時運用從地方社群或他所謂「土著事務局」（native agency）蒐集到的資訊。霍爾迪奇的論文附加的非洲地圖說明了這個問題：正式屬於英國帝國統治的領土，有六百七十五萬平方公里尚未繪製成地圖，這個數字已經排除了由其他歐洲強權控制、尚待測量的面積。這幅地圖呈現了「測量詳細」的非洲北部、東部、西部和南部的沿岸地區，但灰色的「未經勘查」區域在地圖上占了最大部分，與「根據三角法做過詳細測量的」一小塊一小塊紅色區域形成鮮明對照。雖然政治性的世界地圖可能把地表將近四分之一標示成英國的帝國紅色，這些地區的自然地圖顯示，殖民統治和管轄的有效範圍其實小得多。

在這種混亂的情況下，出現了一名英國學術界人士，哈爾福德．麥金德（Halford Mackinder，1861-1947），他幾乎一手改變了英國的地理學研究，創造出一種全新的方法來理解和運用這門學科：地緣政治。從十九世紀末到二十世紀初期，麥金德在英國學術界和政治界舉足輕重：他是倫敦政經學院（London School of Economics，1895）的創辦人之一、蘇格蘭統一黨（Scottish Unionist Party）的國會議員（1910-1922）、英國駐南俄羅斯高級專員（1919-1920），也是活躍的業餘探險家，第一個爬上肯亞山的歐洲人（1899）。他一九二〇年因為擔任下議院議員而受封爵士勛位，後來在一九二三年受聘成為倫敦政經學院的全職地理教授。

麥金德生長在林肯郡的根茲博羅（Gainsborough），從小就對地理學和政治學產生興趣。一九四三年，高齡八十二的麥金德回顧自己的一生，憶及「我對公共事務最早的記憶要回溯到一八七〇年九月那一天，我是個剛剛進入本地文法學校的小男生，放學後告訴家人我從貼在郵局大門的電報上看到的消息，拿破崙三世和他的大軍在色當（Sedan）向普魯士投降。」[21]九歲大的時候，麥金德已經「在筆記本上寫戰爭史」，並且閱讀庫克船長（Captain Cook）的航海紀錄，向家人講解地理學，包括澳洲地理在內，他父親讚美「說得精彩，聽得過癮」。[22]這些興趣未必能令他受到老師的喜愛。日後他回憶小時候「因為畫地圖而不寫拉丁文散文而在學校挨棍子」。[23]他小時候玩的遊戲包括在島上當國王，「教化通常很落後的島民」，在他進入青春期時，英國帝國主義興起：一八六八年，皇家殖民學會（Royal Colonial Society）成立，一八七七年，維多利亞女王被加冕為印度女皇。

一八八〇年，他進入牛津大學，被形形色色的作家提出的挑戰弄得不知如何是好（其中最重要的是達爾文在《物種起源》〔*On the Origin of Species*，1859〕和《人類的由來》（*The Descent of Man*，1871）發表的演化論），他開始相信除了追求有組織的宗教之外，帝國主義可以成為另一個讓他安身立命的天職。在牛津唸大學時，麥金德加入牛津兵棋推演學會（Oxford Kriegspiel Socity），接受軍事操練、演習和射擊的訓練。他還加入了牛津辯論社（Oxford Union），並在一八八三年成為社長，他在這裡交到幾個朋友，後來成為英國帝國政策的制訂者。包括未來的印度總督和外交大臣喬治．寇松（George Curzon，1859-1925），以及在波耳戰爭（Boer War）期間擔任駐南非高級專員的艾佛瑞德．米爾納（Alfred Milner，1854-1925）。麥金德攻讀歷史和物理科學，修讀最後一門物理課時，他受到李納克爾學院

（Linacre College）比較解剖學系主任亨利・莫斯利（Henry Moseley，1844-1891）的影響。莫斯利參加過挑戰者號科學考察（Challenger expedition，1872-1876），這項由皇家地理學會贊助的海洋科學研究創造出「海洋學」（oceanography）一詞，並在環繞世界的十二萬七千六百公里航行中，發現了四千七百一十七個新物種。莫斯利是達爾文的弟子，對演化論堅信不移，不過他也教導麥金德地理學分布的重要性：在塑造物種的演化方面，地理學是如何影響生物學。[24]這是新型態的環境決定論，達爾文曾說「地理學分布，那個重要的學科，幾乎是造物法則的重點。」[25]

麥金德原先打算在倫敦的內殿律師學院（Inner Temple）攻讀國際法，同時也開始在牛津大學成人教育推廣運動（Extension movement）教課，目的是為沒有能力正式進大學的人擴展學習管道。在一八八六至八七這個學年，麥金德踏遍全國上下數百公里，以「新地理學」（The New Geography）的聳動系列標題，在各個市政廳和工作單位演說。事後回想，當時他認為自己的任務是「讓全國的聰明人逐漸瞭解，地理學不是一大堆地名，也不是旅行家的故事」。[26]

麥金德先後在牛津和全國各地孜孜不倦地提倡地理學教育，在一八九三年協助成立英國地理協會（Geographical Association），以處理學校缺乏人文地理課程的問題。短短兩年後，因為有志於改革地理學、政治學與經濟學的教育，他參與了倫敦政經學院的創辦，最初擔任經濟地理學的兼職講師，負責講述「應用地理學處理明確的經濟與政治問題」，後來在一九〇三年到一九〇八年間擔任該校校長。麥金德宣稱他在這所學校任教，是因為該校提倡「破除老舊的古典**先驗**政治經濟學，並成立一個專家團體，旨在先確定事實，然後再以真正的科學精神從中歸納出通則」。[27]他在一九二三年被任命為該校教授，然後於一九二五年退休。在這段期間，他也協助成立瑞丁大學（Reading University），從一八九二年開始擔任校長，直到該校在一九〇三年取得大學學院的地位。

麥金德也繼續維持和牛津大學的賓主關係，他的研究越來越受矚目，代表對校內教師的一種挑戰。麥金德知道他們懷疑地理學可以成為一門學科，因為這是個新鮮玩意兒，而且明顯欠缺科學的嚴謹。這些反對意見的主要論據是巴黎和柏林的對手大學提供了地理學課程，背後最著名的倡議者是柏林第一位地理學教授卡爾．瑞特，還有偉大的探險家亞歷山大．馮．洪堡德（Alexander von Humboldt，1769-1859），他也是極具影響力的五冊研究著作《宇宙：世界之自然描述概略》（*Cosmos: A Sketch of the Physical Description of the Universe*，1845-1862，有一部分在他死後出版）的作者。洪堡德的書憑一己之力，重新界定了地理學作為一種科學研究方法的可能性，同時這五冊對自然界和實體世界做了完整說明。[28]因此，麥金德的演說強調地理學的自然成分，說明地景、氣候和環境如何影響並塑造人類的生活。現在用這種取向來研究地理學似乎理所當然，甚至老套，不過在一八八〇年代卻是創風氣之先，也代表麥金德大膽地企圖說服大學當局，相信這個學科擔得起作為一門科學的名望。

麥金德講學非常成功，因此皇家地理學會在一八八七年邀請他向學會的特別會員報告他對地理學的想法。一月三十一日，年僅二十五歲的麥金德向學會報告他的第一篇論文。論文的名稱叫〈論地理學之範圍與方法〉（On the Scope and Methods of Geography），是麥金德新地理學的宣言，只不過報告的時間太長，不得不把會後的討論延到兩週後的下一場會議進行。這次演說得到的反應至少不是一面倒的貶抑。麥金德回憶說：「坐在前排的一位可敬的海軍上將，也是評議委員會的一員，在整場演說中不停咕噥著說『真不要臉』。」[29]

麥金德的開場白所提的問題，反映出他當時出了名的直率作風。「地理學是什麼？」他問道。他宣稱提出這樣的問題是基於兩個原因。第一個原因關係到為了將這門學科納入「我國學校和大學課程」而展開的「教育之戰」，帶頭打這場仗的自然是麥金德。他問這個問題的第二個原因是向學會提出直接挑戰。地理學正在改變。「半個世紀以來，」他主張：「有好幾個學會，尤其是我們自己的學會，一直積極鼓吹到世界各地探險。」他繼續說：「如此一來，我們現在自然快要找不到什麼地理大發現了。極地地區是我們地圖上唯一還有大片空白的地方。世人不會再為了一個姓史丹利的發現一個叫剛果的地方而高興。」麥金德提醒說：「當冒險故事越來越少，逐漸被地形測量局的瑣碎細節取而代之，就連地理學會的特別會員也會沮喪地問：『地理學是什麼？』」麥金德出言不遜，大概就是這樣激怒了前排那位海軍上將，他喚起學會不改革就會關門大吉的恐懼，將其比喻為「社團版的亞歷山大大帝，為了再也沒有世界可征服而哭泣」。[30]

在剩餘的演說中，麥金德熱情呼籲將地理學（他界定其「主要功能是追溯社會上的人和具有地域性差異的環境之間的互動」）納入英國公共和教育生活的核心。為了將自然地理與人文地理（或是他口中的政治地理）結合，麥金德承認歷史學和如今極受歡迎的地質學研究所提出的對立主張。「自然地理學，」他辯稱：「通常是由地質學的專家來研究，政治地理學是由歷史學專家研究。目前還沒有任何人採取兩者之間的地理學的立場，平等看待他的研究所牽涉到的科學部分及歷史學部分。」[31]麥金德進一步推銷地理學，脫口說出：「地質學家觀察現在是為了能詮釋過去，地理學家研究過去是為了能詮釋現在。」

接著他以一種近乎宇宙學的方式勘查地表，從「英格蘭東南部的地理構造」及其白堊地景開始，然後突然飛越到更遠的地方，以神祇般的觀點俯瞰整個地球表面。「現在想像我們的地球完全沒有任何陸地，」麥金德要求台下聽眾：「也就是由三個巨大的同心橢圓球體構成——大氣層、水圈（hydrosphere）和岩石圈（lithosphere，地球的外殼）。」他一再主張，一個民族、國家，甚至城市的社會和政治發展，是以其地理環境為基礎。麥金德一層層建構他富含地理學素養的分析，堅稱「每個地方的政治問題都將取決於自然研究的結果」。演說最後，麥金德清楚說明他對地理學的抱負。「我相信，」他說：「按照我剛才勾勒的輪廓所建構的地理學，將同時滿足政治家和商人的務實需求，歷史學家和科學家的理論需求，以及教師的知識需求。」地理學是麥金德所謂科學和實務的結合，在最後提出的說法中（大概就是這段話惹惱了那位上將），他甚至表示地理學或許可以「代替」古典文學的研究，成為「全人類文化的共同元素，專家尋求共識的基礎」。[32]

學會一位委員、知名的探險家暨首開先河的優生學家法蘭西斯．

高爾頓爵士（Sir Francis Galton），表示擔憂麥金德將地理學奉為科學的企圖。儘管如此，他贊成將地理學納入教育課程的提議，並表示無論麥金德的論文有哪些侷限，他相信麥金德「注定會在地理學教育史上留名」。[33]高爾頓有些話沒說出來：他已經和牛津及劍橋大學當局討論，由皇家地理學會贊助，任命一名地理學講師，地理學會早在一八七〇年代初期就有這份企圖心，並且一手安排麥金德受邀演說，這樣一旦有新職位出現，他自然是不二人選。一八八七年五月二十四日，麥金德演說過後不到四個月，牛津大學同意設置一個地理學講師的職位，為期五年，由皇家地理學會贊助。次月麥金德獲得正式任命，年薪三百英鎊。[34]

這個新職位的設立是皇家地理學會的一次重大勝利（他們找到了值得追求的新使命），也是麥金德個人的成功。但牛津的懷疑論者沒這麼輕易認輸。修這門課的學生拿不到學位，上麥金德課的學生只能取得一年的證書。結果可想而知：走遍全國各地，對全場數百名聽眾發表一場又一場演說之後，麥金德在牛津的第一堂課居然冷冷清清。「有三個人來上課，」他回憶說：「一個是大學教師，說他剛讀完整本貝德克旅行指南（Baedeker），所以知道瑞士的地理構造。另外兩位是女士，一邊上課一邊打毛線，在當時的課堂上很少見。」[35]儘管如此，他仍然咬牙苦撐，第一個學年結束時，他向皇家地理學會回報說自己的兩門課一共上了四十二堂。科學課程上的是「地理學原理」，受歡迎的程度比不上注重「自然地物對人類遷徙與定居之影響」的歷史學課程。[36]一八九二年，麥金德的任期結束，牛津校方似乎無意設立地理學的學位課程，他接下了倫敦政經學院的聘書，在任教期間，他的興趣逐漸轉向政治學和帝國冒險行動。

一八九五年九月，麥金德對地理協會發表主席演說。他的題目是「現代地理學，德國與英國」（Modern Geography, German and English），讓聽眾清楚看到他對地理學和製圖術在整個十九世紀的演進有多麼瞭解。麥金德以他一貫的坦率展開論述。「作為一個國家，」他主張：「我們或許可以堂而皇之地宣稱，好幾個世代以來，我們一直是開疆闢土的先鋒；看著我們對準確測量、水文學、氣候學和生物地理學的貢獻，也無須有任何不滿。」儘管如此，他接著說：「反而是在我們這個學科的綜合面與哲學面，也就是教育層面，我們遠低於外國的標準，尤其是德國。」麥金德擔心的是英國地理學家和德國不同，他們沒辦法在一種包羅萬象的地理學理論下，綜合地理學研究的實用性。他相信：「十八世紀之所以是地理學非常重要的轉變期，是因為當時的人察覺到新問題，而古代和文藝復興對這些問題，若非視而不見，就是完全無法解決。」像洪堡德和瑞特之類的偉大德國地理學家已經設法克服了一個古老的問題：把地理學視為「一門學科，或是一個研究領域」。德國哲學傳統以迥然不同的觀點來看待地理學研究帶來的種種可能。康德（Immanuel Kant）對「普遍科學」（universal science）的哲學性追求，加上歌德（Johann Wolfgang von Goethe，1749-1832）和謝林（Friedrich Schelling，1775-1854）的唯心論信仰，認定要用先驗的協調原理來解釋大自然，使洪堡德得以將地理學奉為最偉大的科學，可以綜合天地萬物。如此所產生的地理學學派結合了對大自然的科學研究，以及對大自然之宏偉和美感的情緒感應。奧古斯特·亨利希·彼得曼（August Heinrich Petermann，1822-1878）依循這個傳統，晉身為歐洲最創新的製圖師之一，出版一本探討新地理學研究的期刊《彼得曼的地理學傳播》（*Petermanns geographische Mitteilungen*，簡稱PGM）；奧斯卡·裴榭（Oscar Peschel，1826-1875）和費迪南·馮·李希霍芬（Ferdinand von Richthofen，1833-1905）率先倡導地貌學（geomorphology），研究地表的形狀和演變。在麥金德心目中，德國的這些創舉，代表他們在「地理學」這個單一標題下，「想盡辦法找出地勢、氣候、植物、動物群和各種人類活動的因果關係」。[37]

麥金德喟嘆英國傳統的不足，用他對地理學的新概念，生動描述地圖扮演的角色有哪些特徵：

> 要描繪地理學有什麼特性，或許可以提出三種彼此相關的技藝（主要都和地圖有關）——觀察、製圖學和教學。觀察者取得繪製地圖所需的資料，由製圖師建構，再由教師詮釋。幾乎不說

也知道，這是把地圖當作一種微妙的表達工具，可以用來解讀許多類別的事實，不只是一大堆至今仍出現在某些英國最昂貴的地圖集內的地名。籠統地說，除了某些特例以外，我們英國的觀察者很好，製圖師很差，教師或許比製圖師更差一級。因此，地理學的原始資料有不少是英文的，但表達和詮釋都是德文。

地圖不能只提供可觀察之地名的經驗事實：地圖需要德國地貌學及「生物地理學」（有機社群及其環境的地理學）和人類地理學（人類的地理學）的地理學家所做的表達和詮釋。麥金德認為地圖不是它號稱要描繪的土地，而是對構成這塊土地的地質學、生物學和文化人類學元素所做的詮釋。

在描述他的「理想地理學家」時，麥金德表示：

在製圖技藝方面，他擁有強大的思想工具。我們或許能不用文字思考，或許不能不用，但地圖無疑可以為我們的腦子省下千言萬語。地圖或許能讓我們一眼就看到一整套的概論，把兩幅或更多分別顯示同一地區之雨量、土壤、地勢、人口密度和其他類似資料的地圖互相比較，不但能看出因果關係，還能看出紀錄的錯誤；因為地圖兼具啟發性和批判性。

可想而知，這個理想地理學家描述的是男性，而且和作者極為相似。「當製圖師，他會做出兼具學術性和可看性的地圖；當老師，他可以讓地圖說話；當歷史學家或生物學家，他會堅持對環境的獨立研究……當商人、軍人或政治人物，在處理地表實際的空間問題時，他會展現出訓練有素的理解力和主動性。」[38]

堅持對「現代地理學」的需求，是麥金德另一項拿手絕活。地理學研究的知識「集中化」，是英國追上德國傳統的必要條件，他藉此一再重申自己的信仰：「地理學是一個獨特的觀點，可以從這裡觀察、分析、歸類存在的種種真實現象，而且有資格和神學或哲學、語言學、數學、物理學和歷史學的觀點並駕齊驅。」[39]日後也會激發更遠大的企圖，讓英國的地理學家及探險家站在國際事務的最前線。

一八九八年，麥金德想出一個計畫，要成為第一位爬上東非肯亞山的歐洲探險家。麥金德在一九四〇年代回顧這個決定時承認，他在三十七歲突然踏上探險家生涯，是一個高度自覺的決定。「在當時，想被公認為一個完整的地理學家，」他寫道：「我仍然必須證明自己既能探險也能教書。」[40]他選擇肯亞山，是基於種種自然和政治地理的考量。麥金德後來寫說，他早就清楚「既然烏干達鐵路已經將沿岸到肯亞的距離縮短了三分之二，應該有辦法在不花太多時間的情況下，以歐洲的衛生條件，把一支裝備精良的探險隊運輸到山腳下，這樣一支探險隊應該很有機會徹底揭曉肯亞山的高山之謎。」[41]他想搶先一步爬上山，免得火車帶來其他的探險家，也就是德國人，英國在東非的帝國勁敵，尤其是德國登山家漢斯・梅爾（Hans Meyer），他已經登上了吉力馬札羅山（Mount Kilimanjaro），又在一八九八年宣布自己打算爬肯亞山。這兩個東非帝國勁敵之間的競賽就此展開。

一八九九年六月八日，麥金德離開英國，搭火車到馬賽和六名歐洲嚮導及腳夫會合。六月十日，他坐船到埃及，南下通過蘇伊士運河，先後抵達尚吉巴（Zanzibar）和蒙巴薩（Mombasa），最後在一八九九年六月中旬透過新近鋪好的鐵路抵達奈洛比（Nairobi）。真正的探險就從這裡開始：「我們有六個白人，還有一百七十個土著用頭頂著我們的東西，其中半數一絲不掛，因為那時候東非沒有馬匹、耕牛或騾子，當然也沒有車輛。」到肯亞山要艱苦跋涉一百七十公里，而且被各種不同的問題耽擱。「土著的脾氣，」麥金德說：「可疑而危險。」這種指控有一部分是因為他有兩名斯瓦希里（Swahili）嚮導被殺害，而且八月下旬，就在他們準備上山之際，大多數的食物都被偷了。[42]麥金德沒有退縮，繼續爬山，不過後來口糧吃光了，只好暫時打住。取得更多補給品之後，他和另外兩個人再度出發，花一天的時間登山。結果這座山「非常陡峭，而且難度極高」，不過在九月十三日正午時分，麥金德終於登頂。他坦承「不過我們只敢停留四十分鐘——只來得及觀察和拍照」，然後因為暴風雨來襲，只得盡快下山。麥金德估計山頂的高度是一萬七千兩百呎，也就是五千兩百四十公尺，只稍微高估了一點（實際高度是五千一百九十九公尺）。這是一項了不起的地理學成就，和他科學資料的精準度旗鼓相當。麥金德回程時帶了「一幅肯亞北部的平板測量簡圖，還有岩石樣本，沿著以前沒走過的路線做的兩項路線測量，一系列氣象和測高觀察，普通攝影和用伊維斯彩色攝影方法的照片，哺乳動物、鳥類和植物的採集，以及少量的昆蟲採集」。[43]麥金德首次把弗雷德里克・伊維斯（Frederick Ives）新發明的彩色攝影技術用於科學探險，還畫了三幅美麗的肯亞山和他的登山路線地圖，並且交付平版印刷複製，配合他在歸國兩個月後的一九九〇年一月二十二日在皇家地理學會的演說使用。

圖30　哈爾福德・麥金德於肯亞山山峰留影，一八九九年。

這幾幅地圖是帝國科學製圖的經典範例。第一幅畫的是麥金德的探險之旅，包括一：五〇〇〇〇〇的比例尺、經緯網格、等高線，以及用紅色描繪的路線，但也顯現出歐洲人探險留下的痕跡。他的計算工具是手錶、稜鏡羅盤儀和六分儀。麥金德在西北角寫上「馬克漢姆山」（Markham Downs），紀念聯合贊助這次探險的皇家地理學會主席克萊蒙斯·馬克漢姆爵士（Sir Clements Markham）。山上的「霍斯堡山谷」（Hausburg Valley）是紀念這次探險的另一位贊助者，他太太娘家的長輩，坎貝爾·霍斯堡（Campbell Hausburg）。麥金德也利用這個機會留下自己的印記：霍斯堡山谷東北邊的谷地叫「麥金德山谷」（Mackinder Valley）。

麥金德探險成功的消息使倫敦驚喜，柏林驚慌。一八九九年年底回國後，麥金德馬上提筆寫下自己此行的成就，準備在一九〇〇年一月向皇家地理學會的特別會員報告。日後麥金德口中的肯亞「假期」，得到了學會副主席湯瑪斯·霍爾迪奇爵士衷心的欽佩。一月二十二日晚上，他介紹麥金德是「我們大家都耳熟能詳的科學地理學家；今晚他的身分是最成功的旅行家，是登上東非主峰肯亞山的第一人」。[44]成為知名的地理學教師和大無畏的探險家之後，麥金德如今有足夠的名望，讓他的學科在維多利亞在位末期成為一門以製圖科學為核心的知識科目。麥金德宣稱他理想中的新地理學，是保護大英帝國的關鍵（就在麥金德從肯亞返國時，英國和南非的波耳人開戰），他的成功其實早在意料之中，他的演說也不像從前在一八八〇年代末期那樣被聽眾抱怨。

麥金德的探險展現出更大的帝國野心，同時他的政治觀幡然轉變，把他推上政治之路。在整個一八九〇年代，儘管他認為德國對英國製造業的威脅日增，但仍一直堅信國際自由貿易。不過從肯亞回來以後，他的信念開始改變。一九〇〇年九月，他以自由黨帝國主義者（Liberal Imperialist）的身分競選瓦立克郡（Warwickshire）的國會席次落敗。到了一九〇三年，受到統一黨的英國殖民大臣約瑟夫·張伯倫（Joseph Chamberlain）經濟保護主義論點的影響日深，他全盤否定自由貿易，並退出自由黨，加入保守黨，擁戴一種新的帝國保護主義理論，其立論基礎是利用強大的英國海軍和關稅來促進英國的海外貿易。[45]

不過就一名地理學家而言，麥金德的新政治論證為他帶來一個問題。如何才能把他帝國保護主義的地緣政治論點表現在地圖上？他曾經談到地圖無法充分顯示像地勢這種地形特徵，那又要如何展現他逐漸演變的經濟保護主義和帝國權威的世界觀？他在自己崇尚保護主義的顛峰期處理了這個問題，發表在一九〇二年出版的《不列顛與不列顛海域》（*Britain and British Seas*）。他在書中提出了一套很熟悉的論述，談的是自然地理如何塑造社會世界，不過現在又加上政治的急迫性。地理學已經「讓英國在世界局勢的演變中佔有獨特的地位」，使英國成為「海洋的女主人」，並發展成一個擁有無上權力和全球性權威的海上帝國。[46]不過全球權力的平衡在二十世紀初發生變化，如今英國權威也受到威脅。

在追溯英國海上國力的發展系譜時，麥金德從地圖著手。他開始檢視不列顛群島在赫里福德mappamundi上的位置，表示當時（在哥倫布十五世紀末航向新世界之前）「英國位於世界的盡頭——幾乎不屬於這個世界」。後來發現了美洲大陸，打開了大西洋北邊、西邊和南邊的航線，「英國逐漸成為世界的中心，而非世界的終點」。但地圖很難證實他的說法。他抱怨說「任何一張平面海圖都無法正確展現北大西洋」，因為這種海圖只呈現出「純屬錯覺的海岸」。在一篇典型的自我中心地理學作品中，麥金塔輕率地表示，要瞭解英國在哥倫布發現新大陸之後在地球的新位置，「最好的方法是轉動地球儀，這樣英國可能位在離眼睛最近的一點。」他的「陸半球」（The Land Hemisphere）圖解出現了把地球繪製在平表面上必定會遭遇的問題——大洋洲和半個南美洲不見了。相形之下，一張地球的「照片」（這個時代還沒有太空飛行，顯然用詞不當）就能證實麥金德的論證。英國在這張圖像上佔有獨特位置，「從這裡走水路可以抵達世界五大歷史區域」。[47]

這是操弄全球製圖學的高明手段。麥金德把地球的平面地圖投影法擺在一邊，反而轉動他的「照片」地球儀，好讓不列顛群島位於正

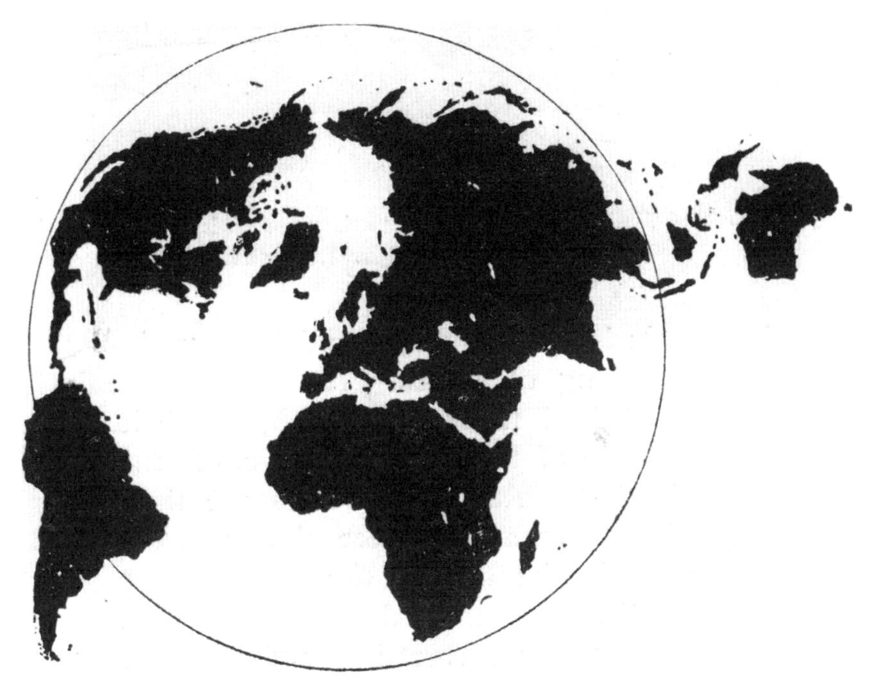

圖31 「陸半球」，麥金德，《不列顛與不列顛海域》，一九〇七年。

中央，以製圖學為工具，用高度選擇性的方法描述英國如何躍升為海上及帝國霸權。在他的地圖上，英國位於重要國際海上航線的交會點，但和任何大陸都沒有連結，麥金德宣稱英國「具備兩種互補而非對立的地理學特質：孤立性（insularity）和普遍性（universality）」。英國「**屬於**歐洲，卻不**位於**歐洲」，故而可以運用海洋資源，又不用分心對付鄰國。[48]但帝國偉大之所在，也是毀滅之所在；如果不恢復帝國的動力，將英國殖民地同化成一個更廣大的「英國式」（Britishness）完美典型，那麼英國遙遠的海外領土很可能被逐漸興起的俄國、德國和中國等陸上帝國併吞。在結論時，麥金德以眾多帝國主義者的家長式語言，期待將來有一天「屬國（daughter nations）長大成熟時，英國海軍會擴大成不列顛諸國的海軍」。[49]這是對大英帝國的不朽國力一種近乎神祕主義的信仰，短短兩年後，終於醞釀出麥金德最著名也最不朽的理論。

圖32 「地球儀的照片」，麥金德，《不列顛與不列顛海域》，一九〇七年。

一九〇四年一月二十五日晚上，在成立七十幾年以後，皇家地理學會在倫敦市中心薩佛街一號（1 Savile Row）的會址迎接學會的特別會員，聆聽麥金德宣讀另一篇論文。學會自成立以來，一直帶頭資助及表揚英國的帝國探險，支持克萊蒙斯．馬克漢姆爵士、大衛．李文斯頓博士（Dr David Livingstone）、亨利．莫頓．史丹利爵士（Sir Henry Morton Stanley）和勞勃．法爾康．史考特（Robert Falcon Scott）之類的公眾人物遠征海外殖民和傳教，以及麥金德自己的肯亞探險之旅。到了二十世紀初，學會已經把注意力轉移到地理學偏向哲學和教育的層面，裨益麥金德這一類的人物。[50]經歷慘烈的波耳戰爭（1899-1902），在英國耗費兩億兩千萬英鎊、八千人戰死、外加一萬三千人罹病之後，具有政治影響力的特別會員也努力恢復大英帝國受損的名聲。這場戰爭估計死了三萬兩千名波耳人，絕大多數是婦孺，死在英軍「集中營」裡，是現代戰爭中最早的集中營。引起國際同聲譴責，而且面對德國激進的殖民擴張和軍備政策，麥金德說大英帝國會逐漸外交孤立、軍事脆弱和經濟衰退的預言，越發顯得有先見之明：雖然英國在一八六〇年曾佔有世界貿易額的百分之二十五以上，到麥金德發表談話時，數字已經下降到百分之十四，法國、德國和美國急起直追。[51]

身為學會長期的特別會員、成功的探險家，現在又是帝國貿易保護主義的積極鼓吹者，麥金德的發言一定會引起熱烈迴響，但無論他或台下的聽眾都不可能預期到他這次談話的影響力。他論文的題目是〈歷史的地理軸心〉（The Geographical Pivot of History），一開始先勾勒世界史的概觀。他再度告訴台下的聽眾，他所謂的「哥倫布紀元」（the Columbian epoch）即將終結，在這四百年密集的海上探險和發現期間，「已經以妥善的準確度完成了世界地圖輪廓的繪製，即便是極地地區，南森（Nansen）和史考特的航行也非常徹底地減低了重大地理發現的最後一絲可能。」他在這裡很精明地提到史考特在皇家地理學會贊助下，首次成功遠征南極，在麥金德演說的同時，這次探險的倖存者尚未重返家園。「不過二十世紀的開端，」麥金德繼續表示：「很適合作為一個偉大歷史紀元的終點。」他相信在這個時刻，「我們幾乎還來不及揭開世界比較偏遠的邊界，就必須記載它實際上如何徹底被政治挪用。」麥金德主張說：「社會力量的每一次爆發，不會消散到環繞在四周的不可知空間和野蠻的混沌裡，而會遠從地球的另一端猛然反響回來，結果使世界政治和經濟有機體中的脆弱成分被破壞。」預示了經濟與政治全球化的效應在二十一世紀引發的辯論。[52]麥金德認為萬事萬物互相連結，要追溯這些連結，唯一的辦法是透過社會和他自己的特殊研究領域：地理學。

對麥金德而言，要瞭解、甚至影響近來發生在世界上的改變，就必須重新以地理學的角度來理解歷史和政治。「因此，在我看來，」他接著說：

這十年，我們第一次有辦法以某種程度的完備性，設法在更廣泛的地理和更廣泛的歷史概論之間尋找一種相互關係，這是我們第一次能夠感知地物和事件在整個世界的舞台上到底占了多大的比例，然後可能尋找一種公式，無論如何，都會表達出世界史當中某些地理因果關係的層面。

他總結表示：「要是我們運氣好，這個公式應該會有實際的價值，用正確的角度來看待當前國際政治中某些相互競爭的勢力。」[53]這不只是呼籲地理學作為一門學術科目的重要性（這是麥金德多年來公開發言的一貫立場）：現在是要求以這個學科的見解來塑造國際外交和帝國政策。

確立了地理學的重要性以後，麥金德進入他的主要論點。和英國主流的帝國意識型態相反，他宣稱「世界政治的軸心」是中亞，或是他所說的「歐亞」。這種說法挑戰了台下許多聽眾自以為是的認定，麥金德對此了然於心。「那麼我請各位，」他開口要求：「暫時假設歐洲和歐洲史比不上亞洲與亞洲史，因為歐洲文明的的確確是和亞洲的侵略進行世俗對抗的產物。」這是一項驚世駭俗的主張，不過麥金德接著用宏觀、概略的方式陳述中亞的自然地理，為他的主張辯護。他辯稱，在這個區域，從古至今不斷產生游牧、好戰的社群，一再威脅定居在他所謂「歐亞」這片遼闊內陸平原邊緣的農業社群與海上社會，他口中的歐亞是

一片綿延的大地，北面冰封，其他地方被水包圍，面積兩千一百萬平方哩，或者說是北美洲面積的三倍以上，中部和北部面積約九百萬平方哩，或者說是歐洲面積的兩倍以上，沒有通往海洋的水路，不過另一方面，除了亞北極的森林，絕大部分都非常適合馬匹或駱駝的騎士四處遷徙的生活。[54]

談到當前，麥金德問道：「世界政治的軸心區域難道不是歐亞那片遼闊的地區？雖然船開不過去，但古代可供騎馬的游牧民族快意縱

橫，現在也將布滿綿密的鐵路網。」藉由這個論點，麥金德清楚說明了他想像的是哪一種帝國世界地圖。「俄國取代蒙古帝國」，他提醒，俄國從西邊的維爾巴倫（Wirballen）到東邊的海參崴（Vladivostok）這九千公里鐵路，創造出動員和部署一個龐大軍事與經濟機器的條件，利用了大量的內陸天然資源，像英國這種海上帝國的海洋國力不免黯然失色。如此一來，他預言，「可以動用大量的內陸資源打造艦隊，世界帝國於焉誕生」。他直接評論當前英國的外交政策，警告說「萬一德國和俄國結盟」，只怕勢不能免。[55]這兩大帝國將有效控制整個世界的地理軸心地區，從西歐到中國的太平洋岸，南至波斯中部和印度邊界。這是一個適時的觀察。就在麥金德談話的同時，日本正動員軍隊因應俄國對韓國和滿州的帝國領土主張。俄國在遠東地區的擴張威脅到英國在香港、緬甸甚至印度的帝國利益。麥金德的論文發表兩週後，就在二月八日，戰爭爆發了。[56]

麥金德用玻璃幻燈片的地圖來解說他的新世界秩序。放映了幾張東歐和亞洲的區域地圖以後，論文的後半段包括一張世界地圖，為麥金德的論證提供了生動的說明，日後被公認是「地緣政治傳統中最著名的地圖」。[57]這幅地圖的名稱叫「自然的權力寶座」（The Natural Seats of Power），把世界分成三個區域。首先是點狀的軸心地帶，包含俄國的大半領土和中亞，完全被陸地包圍（這個區域最北邊毗鄰麥金德標示為「冰海」〔Icy Sea〕的地方，正是刻意凸顯這一點）。另外兩個區域是同中心的新月形地帶，第一個被標示為內側新月或邊緣新月，涵蓋歐洲、北非、中東、印度和中國的一部分，包含陸地和海洋。外側或孤立新月以海洋地區為主，包括日本、澳洲、加拿大、美洲、南非和英國。

麥金德承認地圖東西邊緣的南、北美洲的外觀相當陌生，他辯稱「美國近來已經成為東方強權，雖然沒有直接，卻間接透過俄國來影響歐洲的平衡，而且美國即將建造巴拿馬運河，藉此將密西西比河和大西洋的資源直接送到太平洋〔美國剛剛取得興建運河的權利，四個月後在一九〇四年五月動工〕。從這個觀點看來，東方和西方真正的分界應該是大西洋。」[58]台下聽眾看慣了把南、北美洲擺在西半球的

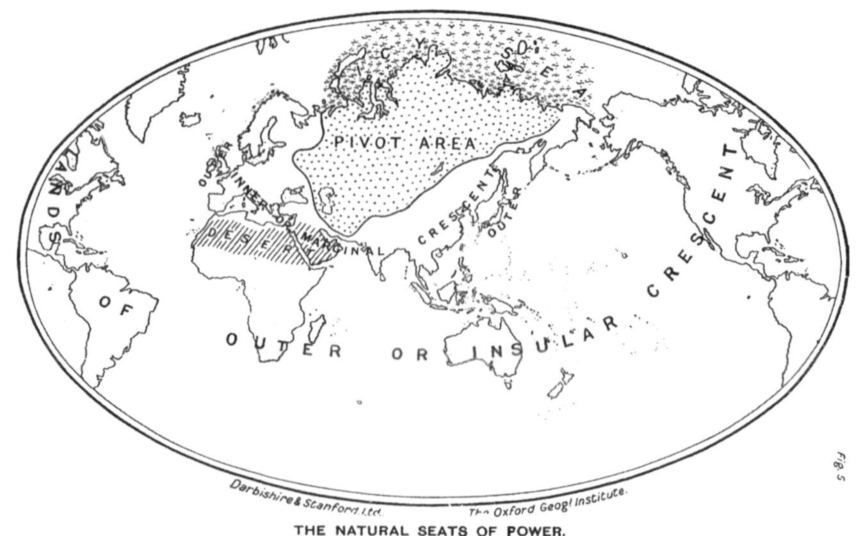

圖33 哈爾福德．麥金德，「自然的權力寶座」，世界地圖，出自麥金德〈歷史的地理軸心〉，一九〇四年。

世界地圖，而且通常認為東、西之間的文化和地理分界座落在現今的中東，而麥金德的地圖及其所支持的論證，如同大英帝國未來將受到軍事威脅的影射，著實令他們大吃一驚。

麥金德的說法反映出他企圖為地理學在政治生活中爭取一席之地。「我是以地理學家的身分發言，」他說。不過配合他改變後的政治信仰，接下來他提出自己這門學科應該扮演什麼新角色。

> 無論任何時候，政治權力實際的平衡，一方面當然是地理條件的產物，包括經濟條件和戰略條件，另一方面，也是相互競爭的民族相關的人數、活力、裝備和組織的產物。只要按比例準確地推估這些數量，我們應該可以調整彼此的歧見，而不必粗魯地動刀動槍。這裡計算的地理學數量，比人類更容易測量，也更幾乎恆常不變。因此過去的歷史和政治的現況，應該同樣可以套用我們這個公式。[59]

在麥金德眼中，只有地理學這門學科能夠衡量和預測國際政治的動態平衡。全球的權力平衡一旦出現重大變動，勢必會引起軍事對抗，唯有他用來理解「歷史之地理軸心」的公式，能夠限制他認為不可避免的軍事對抗，也就是「粗魯地動刀動槍」。

現場聽眾對他這篇論文顯然褒貶不一。學會的特別會員不習慣這種概括式的概念論證（他們通常認為只有外國人才會這樣），當然也不習慣他那些不顧主流的政治氛圍，指出大英帝國即將陷於險境的說法。現場第一位發言的聽眾，史賓賽．威金森先生（Mr Spencer Wilkinson）惋惜觀眾席中沒有內閣大臣。他表示，聽麥金德的說明，他們會知道「不過半個世紀前，政治家只在棋盤的幾個格子裡下棋，其他地方都是空的，而現在全世界是個封閉的棋盤，政治家做每個動作都必須考慮到棋盤上的所有方格。」除了他以外，還有許多特別會員也懷疑「麥金德先生的某些歷史類比或先例」，他們駁斥他指出大英帝國遭受威脅的說法，和威金森一樣，堅持「像我們這樣的島國，只要維持海軍的實力，就能在大陸地區的分裂勢力之間保持平衡。」[60]當然，無論麥金德的論證多麼出色，他們認為帝國的海軍武力是打不倒的。

威金森也擔心麥金德的世界地圖，「因為這幅地圖是採用麥卡托的投影法，除了印度以外，大英帝國的領土都被誇大了。」[61]其實這幅地圖很古怪，不過對照麥金德過去製作的地圖，無疑是百分之百合理的。和他將近四年前呈給皇家地理學會的肯亞地圖對照，這幅世界地圖說明了地理學和製圖術在整個十九世紀的轉變。這兩幅地圖有明顯的差異，不過對製圖和帝國政策的整體取向完全相同。肯亞地圖是地誌學——區域地圖製作——的鮮明範例，用標準的製圖慣例和象徵符號將當地繪製成地圖，然後宣示領土主張。

對照之下，地理軸心世界地圖是在全球的層次運作，而且極度簡化。經過卡西尼和英國地形測量局的大規模測量之後，麥金德的地圖顯然去除了地區或全球製圖學既有的特質。不同於區域性的肯亞地圖，這幅地圖沒有比例尺或經緯網格。甚至沒有基本的地名：海洋、國家甚至大陸都沒有標示，一幅支持如此鮮明政治命題的地圖，居然沒有任何國家、帝國、族裔或宗教路線的領土分界，確實很不尋常。連它奇特的橢圓形狀也是過時的，十六世紀以後的製圖師幾乎棄之不用。雖然採用了摩爾魏特那種世界地圖的形狀（挑戰了麥卡托），麥金德仍然選擇採用一五六九年的投影法，即使橢圓形的架構只會把麥卡托坦承影響他世界地圖的扭曲更加放大。

這幅世界地圖也把《不列顛與不列顛海域》講述的論證發揮到極致。運用過去二十年來在教書、探險與政治生涯中累積的高度爭議性的政治「資料」，麥金德設計的圖像等於是一幅主題地圖，引用十九世紀製圖界盛行的自然和道德主題地圖，製作出地緣政治學的基本圖像，一幅搶眼而充滿意識型態、把世界當作巨型帝國棋盤的地圖。有些地理學家會質疑這究竟是不是地圖：它當然是過度延伸了主題性製圖的定義，也沒有採用任何可供驗證的資料來佐證它的理論。但這幅地圖的教化力量無庸置疑，即便圖上的字字句句其實純屬詮釋性質。除了「沙漠」和「冰海」以外，麥金德的圖像以「軸心」和「新月」組成，和從前的地理學語言毫無關係。

如同《不列顛與不列顛海域》書中的圖像極力想證明他對英國全球地位的看法，麥金德也盡可能把這幅「地圖」的功能發揮到極限，好對他的論點賦予最大的圖形力量和權威。他和史賓賽・威金森一樣，很清楚麥卡托投影法有哪些侷限。儘管如此，他仍然選擇採用這種投影法，除了基於它的指標性，也因為這種投影法強調東、西兩個半球，非常適合他的帝國心態：麥金德和麥卡托一樣，對南、北極毫無興趣，麥卡托地圖的南、北極延伸到無限遠，而麥金德的地圖連畫都不畫。把投影圖畫進橢圓形的架構裡，他就能放大各大洲的面積，好顯示他的外側孤立新月地帶的範圍，並呈現出世界相互連結的圖像。這也讓他得以克服兩年前做出來的那些糟糕的平面地圖和地球的「照片」。這樣畫出來的地圖看起來極為現代，又帶著莫名的古風。雖然地圖的論證象徵著地緣政治的世界新秩序，圖像本身卻是單純的幾何圖形，宛如十六世紀初地圖和地球儀所畫的象徵性帝國分界線（當時西班牙和葡萄牙宣稱把世界一分為二，儘管他們的影響力僅及於已知地球上極少數的地區）。以前曾經出現類似的地圖，不過在視覺和知識上都更加強烈，就是像赫里福德mappamundi這樣的中世紀地圖，是麥金德用在《不列顛與不列顛海域》的第一張插圖。麥金德後來在一九一九年又回頭引用這幅地圖，在《民主的理想與現實》（*Democratic Ideals and Realities*）中概述他的「心臟地帶」（heartland）理論。他描述赫里福德mappamundi是一幅「僧侶地圖」（monkish map），和十字軍東征發生在同一個時代，地圖「將耶路撒冷標示為世界的幾何學中心，世界的肚臍。」「如果研究我們現在所知道的完整地理學事實，得到的結論是正確的，那麼中世紀神職人員沒有錯到哪裡去。」他最後結論說：「如果世界島（World-Island）必然是人類在地球上主要的所在地……那麼耶路撒冷山上的要塞基於世界現況而產生的戰略地位，本質上並未背離它中世紀的理想觀點，或是介於古代巴比倫與埃及之間的戰略位置。」[62]

在麥金德看來，赫里福德mappamundi的本質不是神學，而是十字軍東征以及帝國從巴比倫西移到耶路撒冷的地緣政治學。因此mappaemundi只不過提早證實了他的中心論點：帝國之間為了爭奪心臟地帶控制權的恆久衝突。拜歷史的距離之賜，現在我們知道麥金德一九〇四年的地圖所彰顯的，其實正是啟發赫里福德mappamundi的那種意識型態幾何學：帝國的天命（providential mission）取代了組織性宗教的追求，但兩者都企圖把世界的多樣性與複雜性化約為一連串永恆的真理。現在他相信地理學可以揭露世界的終極事實，讓地圖創造者據此預言政治的未來。這兩幅相隔七百年的地圖看起來迥然不同，但背負著相同的使命，要依照指定的意識型態幾何學來創造某一種世界圖像。

*

終其一生，麥金德一再回到地理軸心的論點，因應第一次與第二次世界大戰的情況修正。一九一九年，他出版了《民主的理想與現實：重建政治學之研究》（*Democratic Ideals and Reality: A Study in the Politics of Reconstruction*），本書在一九一八年的停戰協定（Armstice）後撰寫，意圖影響凡爾賽的和平協議。書中將「軸心」理論修改為擴大的「心臟地帶」，從東歐一直跨越到中亞。麥金德警告說無論用什麼外交手段解決，都不能讓德國或俄國控制「心臟地帶」，也就是他所謂「世界島」的空間，亦即連結歐洲、亞洲和北非的重疊空間。他用一段話來概述自己的論證，日後成為現代地緣政治學思維最惡名昭彰的一句口號：

> 誰統治東歐就能號令心臟地帶：
> 誰統治心臟地帶就能號令世界島：
> 誰統治世界島就能號令世界。[63]

隨著第二次世界大戰爆發，地緣政治的世界地圖再度改變。麥金德必須再次修改他的理論。一九四三年七月，同盟國取得優勢，麥金德發表文章〈圓形世界與和平的贏得〉（The Round World and the Winning of the Peace）。他由始至終一直害怕德國和俄國聯盟，這份恐懼終於在一九三九年的納粹—蘇維埃條約（Nazi-Soviet Pact）成真，儘管兩國最後都沒有統治「軸心」或「心臟地帶」。希特勒在一九四一年侵略俄國的「心臟地帶」，進一步證實了麥金德的論點；德軍的失敗提供了麥金德在衝突結束後「贏得和平」計畫的基礎。在大西洋建立強大的海軍，並在中亞建立優勢的軍事武力，將使「德國面對一個不變的定數，德國一旦開戰，勢必要在兩個**不可動搖的**前線同時作戰。」[64]這句話生動地重述了「心臟地帶」的戰略重要性，也以卓越的遠見說明了戰後的地緣政治世界，北大西洋公約組織（NATO）和蘇維埃集團（Soviet Bloc）的對峙，提供了一個地緣政治的監督與「制衡」模式，圍堵蘇聯在戰後勢不可擋的影響力。

麥金德期望北約組織成立，極力主張必須建立橫跨北大西洋（或是他所謂的陸間大洋〔Midland Ocean〕）的新軍事聯盟。聯盟必須包括「法國的橋頭堡、英國有壕溝包圍的機場，以及美國和加拿大東部大量訓練有素的人力、農業和工業儲備」。在麥金德的戰後世界地圖上，地緣政治被化約為一種抽象的幾何理想，在這個理想國度，「人類的平衡地球」會過得「很幸福，因為平衡，從而自由」。[65]這或許是一種理想主義，但確實預示了英美冷戰的宣傳辭令，這些口號主導了幾乎整個二十世紀後半葉的國際政治，還影響了後來美國所謂圍堵蘇聯和東南亞的外交政策。照政治理論家柯林．葛雷（Colin Gray）的說法，「影響英美治國之道最深遠的地緣政治概念，一直是歐亞『心臟地帶』的理念，以及把當時心臟地帶的強權圍堵在（而非趕到）歐亞內部的補充性理念／政策。從杜魯門（Harry S Truman）到布希（George Bush），主導美國國家安全的最高願景是百分之百的地緣政治，而且可以直接回溯到麥金德心臟地帶的理論。」葛雷相信：「在冷戰時期圍堵佔領心臟地帶的蘇聯，這項政策和麥金德的關係非常明顯，幾乎無須贅述。」[66]

雖然我們一直很難確認理念如何轉化為直接的政策，但眾多政治家在整個一九九〇年代的公開宣言，顯示麥金德的想法多麼盛行。一九九四年，尼克森（Richard Nixon）和福特（Gerald Ford）總統時代的前國家安全顧問及國務卿季辛吉（Henry Kissinger）寫道：「不管是誰執政，俄羅斯橫跨哈爾福德．麥金德所謂的地緣政治心臟地帶，同時繼承了一項最堅固的帝國傳統。」甚至到了一九九七年，另一位前國家安全顧問布里辛斯基（Zbigniew Brzezinski）仍主張，「歐亞是世界的中軸超大陸」，位於「地緣政治棋盤」的核心。他斷定「只要瞥地圖一眼，也知道一個國家只要掌握了歐亞，幾乎就自動控制了中東和非洲」。[67]表面上，麥金德公開表示他的政治地理學是出於維持和平的渴望。事實上，則是奠基於永無休止的軍事衝突和國際戰爭，因為在他的全球棋盤上，不同的棋子互相競爭，搶奪日益稀少的資源。他的政治地理學也促成了戰後美國的地緣政治戰略，不斷在暗中或公開地對全球幾乎每一洲進行軍事干預。

一九四二年，德國政治學家漢斯．華格德（Hans Weigert）回顧麥金德當初一九〇四年的演說所得到的反應，表示當初許多英國人一定認為這篇演說頗為「駭人而荒謬」。無論如何，在麥金德一九四七年辭世之前，他的論證早已被認定為當時最有影響力的政治理論之一。從喬治．寇松、邱吉爾到墨索里尼，二十世紀幾位最著名（以及最惡名昭彰）的政治人物紛紛運用他的理念。德國學術界人士卡爾．豪斯霍弗爾（Karl Haushofer，1869-1946），採用麥金德的理念來發展納粹地緣政治理論，亦即他心目中「為全球性戰爭效勞的地理學」。[68]豪斯霍弗爾是納粹副領袖魯道夫・赫斯（Rdolf Hess）的至交好友；整個一九三〇年代，希特勒一再談論俄國對德國的威脅，用的都是麥金德的語言。[69]就連喬治・歐威爾（George Orwell）一九四八年的小說《一九八四》（*Nineteen Eighty-Four*）也充斥著地理軸心的言論，小說中的世界分為三個軍事強權，大洋洲、歐亞和東亞，三大強權不停互相征戰，企圖解決麥金德描寫的海洋與內陸國家之間永恆的衝突。到了一九五四年，亦即麥金德過世七年後，美國頂尖地理學家理察・哈特向（Richard Hartshorne）主張，麥金德的原始模型是「一個世界權力分析及預測的論題，無論是好是壞，業已成為現代地理學對人類的政治世界觀最著名的貢獻」。從中央情報局在二次大戰期間的前身，戰略情報局（Office of Strategic Services）的地理部門創始人口中說出來，無疑是一種讚美。[70]

麥金德的論證非但有志於改變地理學作為一門學術科目的地位：他其實已經在英語世界劃定了一個全新的研究領域——地緣政治學，雖然一九〇四年的演說其實沒用過這個名詞。麥金德分別闡釋為「企圖讓人們注意到歷史上某些地理型態的重要性」，「一種空間關係和歷史因果的理論」，以及「從空間或地理學觀點來研究國際關係」，[71]現在地緣政治學已經成為我們政治詞彙中無所不在的一部分。最早使用這個名詞的是瑞典政治人物暨社會學家魯道夫・契倫（Rudolf Kjellén，1864-1922），他在一八九九年把地緣政治學定義為「國家作為一個地理有機體或空間現象的理論」。[72]在美國，海軍戰略學家阿爾弗雷德・馬漢（Alfred Mahan，1840-1914）也發展出類似的地緣政治學詞彙。在他的著作《海權對歷史的影響》（*The Influence of Sea Power upon History*，1890）當中，馬漢提倡「利用和控制海洋」，來因應他認為美國「最脆弱的邊疆，太平洋」所面臨的威脅。[73]一九〇二年，他也在〈波斯灣與國際關係〉（Persian Gulf and International Relations）一文中製造了「中東」（Middle East）這個名詞。[74]在德國，地理學家弗里德里希・拉采爾（Friedrich Ratzel，1844-1904）也以日耳曼國家（German state）的擴張為根據，發展一套地緣政治學理論。拉采爾在其著作《政治地理學》（*Political Geography*，1897）當中，主張人類求生存的搏鬥是一場永無休止爭奪地理空間的戰爭。「國家之間的衝突，」他寫道：「多半只是領土的爭奪。」[75]在一八九五年一場談論「現代地理學」的演說中，麥金德非常佩服拉采爾的「人類地理學」（anthropogeography），不過這套理論也是以日耳曼種族的優越性為基礎。拉采爾後來把他的論證擴大為國家爭奪「居住空間」（living space，也就是Lebensraum）的理論，希特勒認定這套理論為他在一九三〇年代這十年的外交政策提供了正當性，最後在一九三九年導致戰爭爆發。[76]

上述每一位作家，尤其是馬漢與拉采爾，都發展出一套地緣政治學理論，證明全球性戰爭顯然不可避免。這些作家都各自影響了他們祖國的外交政策，但影響力最大的莫過於麥金德提出的地緣政治學。他理論的核心是一幅世界地圖，對地緣政治學的理念賦予生動的形狀和形式，被後來的地理學家和政治人物無盡地複製。麥金德的同僚和他們的追隨者想出的名詞——「心臟地帶」、「中東」、「鐵幕」、「第三世界」和比較晚近的「邪惡帝國」（evil empire）與「邪惡軸心」（axis of evil）——都是充滿意識型態的地緣政治學語言的實例。二十世紀初，這些還只是隱含在地理學或政治學的概念。是麥金德改變了這一切，並且在這個過程中協助建立了現代地理學，以及製圖術和政治學與帝國的關係，無疑是一項偉大成就。光是看近年有多少學術出版品是以麥金德與他啟發的地緣政治學研究為主題，就知道這是一個地理學至今仍在努力接受的遺產。[77]

*

一九四四年四月，在盟軍部隊準備進攻諾曼第時，時年八十三歲的麥金德在倫敦的美國大使館獲頒查理斯·戴利獎章（Charles P. Daly Medal），獎勵他對地理學的貢獻。向大使發表談話時，他反思自己論「歷史之地理軸心」的演說產生的驚人影響力：

> 首先，本人感激閣下見證了我對民主政治的忠誠，儘管看起來很荒謬，不過在某些地方，有人批評我協助奠定了納粹軍

> 國主義的基礎。據我所知，有人造謠說是我啟發了〔卡爾‧〕豪斯霍弗爾，他啟發了赫斯，然後赫斯在希特勒口述《我的奮鬥》（*Mein Kampf*）時，向希特勒建議了某些據說是我所發明的地緣政治學理念。那些是一條鏈子的三個鏈結，但我對第二個和第三個鏈結一無所知。不過從他筆下的證據，我確實知道，無論豪斯霍弗爾改編了我的什麼理念，都是出自我在整整四十年前向皇家地理學會發表的一場演說，那時壓根沒有什麼納粹黨的問題。[78]

聽到有人暗示他的地緣政治學理念影響了納粹的興起和歐洲捲入世界戰爭一事，可想而知，麥金德當然嚇壞了。這個連結並非無法避免——但卻可以理解。麥金德這一生最重要的遺產，是在他有生之年確保地理學的研究晉身為所謂「卓越的帝國主義科學」，[79]而地緣政治學正是地理學與帝國主義結合後的產物。對照納粹或蘇維埃的理論家，麥金德從來不曾在著作中煽動衝突或開啟戰端，不過他寫作的立論基礎在於帝國爭奪領土的衝突勢不可免，必須使用武力來維持政治權威或——用他自己的說法——「和平的贏得」。

麥金德一九〇四年的地圖再現了一個終極版的地球，似乎缺乏集體動因（collective agency），把世界混亂的現實化約為各個文化之間無休無止的戰爭，而背後的決定因素永遠是各個文化的實體位置，以及對逐漸稀少之資源的追尋。麥金德的使命中不可缺少的一部分，是將地理學的研究提升到一個前所未見的高度，躋入國際政治關係的製圖學想像中，他在這方面的成就斐然。但他留下的遺產是一把兩面刃。第二次世界大戰後去殖民化（decolonization）的衝擊，慢慢使得地理學家和製圖師質疑，為什麼他們的學科如此輕易向既有的政治勢力屈服。雖然有許多人收割麥金德的遺產，也有人對地理學增加的權威深感不滿。

麥金德地圖的世界觀繼續影響全球的外交政策。克里斯多夫‧費特維斯（Christopher Fettweis）為美國陸軍戰爭學院的期刊《參數》（*Parameters*）二〇〇〇年夏季號所寫的文章〈哈爾福德‧麥金德爵士，二十一世紀的地緣政治與政策制定〉（Sir Halford Mackinder,

Geopolitics and Policymaking in the 21st Century），認為「歐亞，麥金德所謂的『世界島』，仍是美國外交政策的核心，而且可能會這樣延續一段時間」。如今，費特維斯指出，「心臟地帶的中心漂浮在石油之海上」。[80]已經有許多政治觀察家認為，一九九〇至九一年的第一次波灣戰爭，是一連串「資源戰爭」的第一砲，目的是確保美國對全球石油供應的控制權。耶魯大學傑出的歷史學教授暨麥金德專家，保羅．甘迺迪（Paul Kennedy），二〇〇四年六月在《衛報》（*Guardian*）撰文表示：「現在，歐亞邊緣地帶有數十萬美軍部隊，同時政府不斷解釋這場仗為什麼必須打下去，彷彿華府的確把麥金德務必要控制『歷史的地理軸心』的指示當真。」[81]令人不安的是，麥金德最初的預言實現了，當前美國在波斯灣泥足深陷，顯示這不會是最後一場為了爭奪日漸稀少的自然資源而引發的國際衝突。這樣的發展令我們赫然驚覺，雖然麥金德的世界地圖早就過時了，這幅地圖表達的世界觀卻繼續影響全球所有人的生活。

第十一章

平等

彼得斯投影法，一九七三年

印度，一九四七年八月十七日

一九四七年六月，英國政府委託擔任過新聞部大臣的律師西里爾．拉德克利夫爵士（Sir Cyril Radcliffe）展開畢生頭一次印度之行，提出一份劃分這片次大陸的報告。他的任務是依據宗教路線來劃分這個國家，把印度教徒和穆斯林分開，讓印度和巴基斯坦建國。英國政府要求拉德克利夫邊界委員會（Radcliffe Boundary Commission）三個月後必須劃出一條六千公里的地理邊界，把四十幾萬平方公里上的九千萬居民分隔開來。拉德克利夫從來沒有印度經驗，也無意找人重做地理測量或修改邊界分界線，直接用過時的人口普查報告劃分這個國家，「根據確認互相毗連的穆斯林和非穆斯林多數族群地區，劃出旁遮普（Punjab）兩個地區的邊界」。[1]就在印度和巴基斯坦正式宣布獨立建國的兩天後，他在一九四七年八月十七日發表所謂的裁決（Award）。印度藝術家薩提斯．古傑拉爾（Satish Gujral）記得傳播領土劃分的消息時引起的混亂。「說也奇怪，」他回憶說：「這麼大的消息不是在報紙上發布（當時已經停刊），而是在牆上貼海報發表。」[2]拉德克利夫劃分印度的地圖旋即引發悲慘的後果，造成人類史上最大的遷移潮，大約一千萬到一千兩百萬人跨越剛劃定的旁遮普和孟加拉邊界。新的邊界地區陷入血腥暴力，上百萬人在集體屠殺中喪命。[3]

拉德克利夫的裁決沒有讓任何人滿意。以伊斯蘭教徒為主的喀什米爾加入印度，穆斯林少數族群繼續留下，到了一九四七年尾，印度和巴基斯坦因為邊界爭議開戰。後來雙方又在一九六五年和一九七一年交戰，兩國的緊張關係一直延續到今天，只不過現在又加上了核武對峙的威脅。這是人類有史以來首次因為在地圖上畫一條線而引發如此嚴重的後果。

十八和十九世紀的製圖計畫野心勃勃卻又不完整，只顧著建立國家和帝國擴張，會造成印度地理分割的慘劇，就算未必不可避免，也是一個必然的結果。我們前面看到，法國的卡西尼家族數代子弟創造出充滿雄心但不甚完美的製圖技術，對塑造鮮明的法國國家意識頗有貢獻。當時歐陸的政治地理構造正慢慢從一群各自獨立的帝國與君主國，演變成一系列主權民族國家，他們的製圖方法很快被歐洲各國採用。英國徒有製圖技術，卻沒有落實在英國位於非洲、印度、南亞和中東領土的行政管理中，因此凡是像印度這樣的國土劃分，勢必會產生衝突。麥金德留下地緣政治學版本的世界秩序，以帝國主義為基礎，生動地展現在他受眾人唾罵的那幅一九〇四年世界地圖上，說明了製圖術可以如何被許多不在乎其科學客觀性和公平性的政治意識型態盜用。

政治強權任意利用製圖專業技術，是二十世紀歷史屢見不鮮的主題。在二十世紀的發展過程中，歐洲陷入全球性衝突，地圖的政治化比過去更加明確，有時甚至淪為我們現在非常熟悉的政治宣傳工具。甚至早在第二次世界大戰爆發之前，納粹已經看出地圖是他們傳達政治訊息的利器。一九三四年有一幅惡名昭彰的地圖，號稱要彰顯捷克斯洛伐克對德國主權造成的威脅，這個虛構的威脅最後成為納粹在一九三九年三月入侵的藉口。這幅圖像欠缺適當的比例尺和地名，在技術上幾乎稱不上一幅地圖，但卻運用光影明暗來製造對比，一邊是德國被動、空白的空間，另一邊是捷克斯洛伐克比較險惡的輪廓。模擬得很粗糙的扇形經緯網格，隱約暗示空襲的威脅（儘管捷克的空軍規模極小）。一位評論家在二次大戰期間寫道，在這種政治宣傳地圖當中，「地理這門科學和製圖學這門技術，都成了有效操弄象徵符號的工具。」[4]納粹主義的種族和族裔訊息盜用了看似客觀而科學的地理學

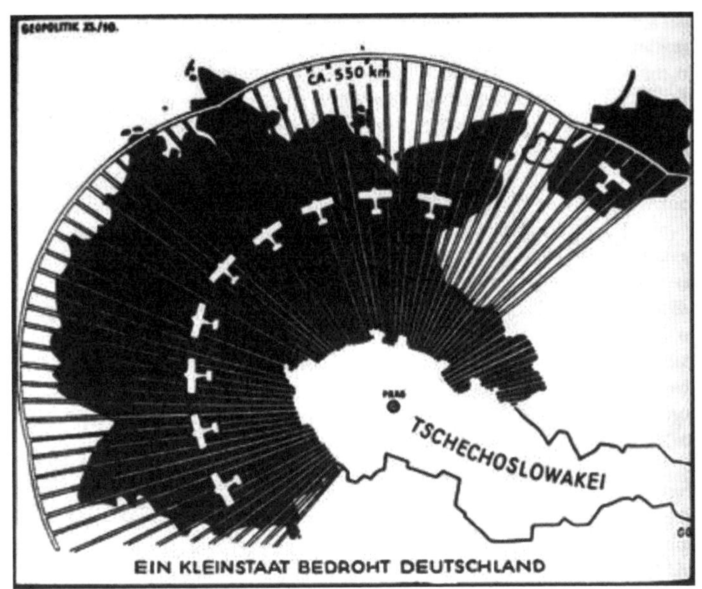

圖34 「一個小國威脅德國！」政治宣傳地圖，德國，一九三四年。

方法，雖然在執行和訊息上很拙劣，這幅地圖示範了德國地圖和地理教科書在整個一九三〇年代系統性的政治扭曲。[5]

在第二次世界大戰期間，製圖操弄的過程到了空前而可悲的地步，納粹利用地圖追求他們的「最終解決方案」（Final Solution），亦即對歐洲猶太人系統性地集體屠殺。一九四一年，納粹官員根據族裔人口分布的官方統計數字，畫了一幅傀儡國家斯洛伐克的族裔地圖。這幅地圖非常正確地再現了斯洛伐克，但是一簇簇的黑圓圈透露出地圖較為邪惡的功能：畫出了猶太（Juden）與吉普賽（Zigeuner）社群的位置。地圖被標示為「僅供官方用途」，次年在贊同納粹的斯洛伐克當局支持下，用這幅地圖全面逮捕猶太人和吉普賽人，關進集中營，大多沒能活著出來。

第二次世界大戰期間對地圖的挪用，很快轉化成冷戰的政治邊緣政策（brinkmanship），一九五五年出版的《時代》雜誌收錄的「紅色中國」（Red China）地圖就是最好的例子。這幅插圖畫出了中國、日本、韓國和越南，前景則是美國在太平洋各個易攻難守的領土，點出

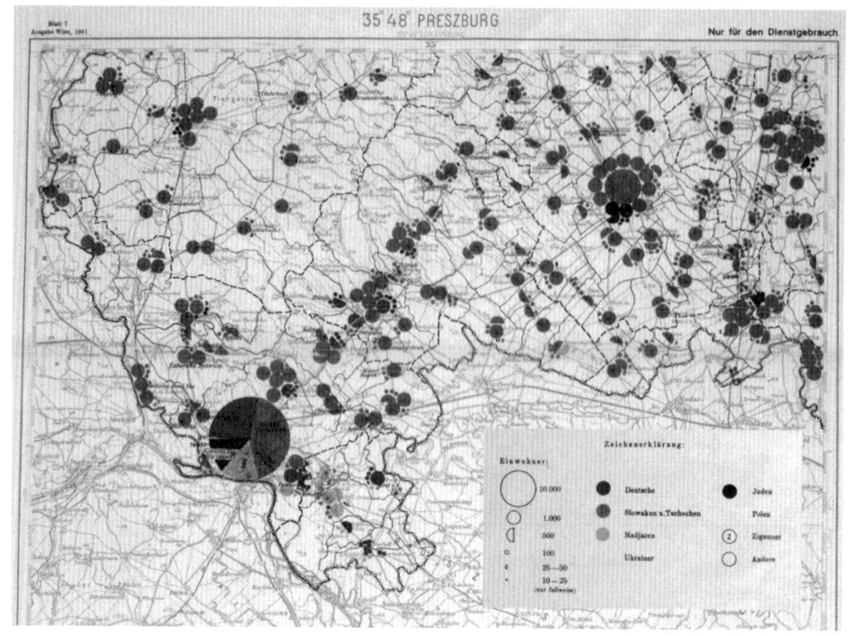

圖35　斯洛伐克的族裔地圖，一九四一年。

了戰後蘇聯和美國之間的軍事對峙連帶產生的全球風險。這幅地圖模擬製圖學的「準確度」，暗示麥金德無疑會明白的一個地緣政治學弦外之音：擔心「紅色」共產主義擴張到整個東南亞，並威脅美國在太平洋的利益。

當分別站在這個意識型態分水嶺兩邊的冷戰策略家，利用「說服性製圖學」（persuasive cartography）來玩弄恐懼的民眾內心的憂慮，地理學也不可避免地追溯起歐洲在非洲和南亞帝國統治的瓦解。昔日的殖民強權在世界各大洲（如同非洲在十九世紀的遭遇）強行用專斷的製圖線來劃分族裔、語言和部落團體，到了戰後的去殖民（decolonization）時期，不得不拆解這些指示性製圖學。從印度的例子看來，結果很難令人信服，而且那些站錯邊的人往往會賠上性命。

政治左右和操弄對製圖術的影響，也帶動了地圖媒介的新發展，有時會令人對世界產生另一種比較正面的觀點。二十世紀人類對地球的識覺最重大的改變之一，始於一九七二年十二月七日，美國國家太空總署（NASA）的阿波羅十七號太空船上的三名太空人，用手持照相機拍下了一系列地球的照片。太空任務在聖誕節安全返航之後，太空總署公布了一張在地表上空三萬三千五百多公里拍攝的照片。這張照片不但成為新的太空旅行和探險時代最具指標性的圖像之一，也是地球本身最具代表性的圖像之一。從托勒密的時代以來，困守地球的製圖者一直在思索和投影他們想像中從太空看到的世界是什麼模樣。歷史上大部分的地圖投影法都採用這樣的角度。不過這些投影法本身隱含著一個假設：人類永遠無法從太空親眼看到地球。現在是有史以來第一次，整個地球——地理學從一開始就不斷研究的主題——終於呈現在所有人面前，不是畫在地圖上，也不是靠製圖者的技巧，而是透過一張太空人拍攝的照片。[6]

阿波羅十七號拍攝的照片描繪出空虛、荒涼的太空中，漂浮在黑暗深淵裡的一個獨一無二的藍色世界，無比恢弘，無盡優美，人們不禁對「我們的」世界的現狀感到既驚奇又憤怒。沒多久，政治和環境的反思，取代了民眾看到照片時充滿宗教敬畏的語言，人們開始反省，一個結合所有教條、膚色或政治傾向的居民的世界是多麼脆弱。由前西德總理威利·布蘭特（Willy Brandt）擔任主席的委員會在一九八〇年發表的布蘭特報告（The Brandt Report），也談到這個影像帶來的衝擊，提出北方的已開發國家和南方的開發中國家彼此之間的經濟發展問題。報告的作者寫道：「我們從太空看到一個微小而脆弱的球體，球體最主要的景象不是人類的活動和大型建築，而是由雲朵、海洋、綠色植物和土壤所構成的一種模式（pattern）。人類沒有能力把本身的行為融入這個模式中，才導致行星系出現根本的變化。」[7]事實上，這張呈現整個地球的照片深深影響了人類，故而對環境主義與氣候變遷有了更多思考。這股新的生態學思維剖析說，既然我們只有這一個世界，最好是好好照顧它，超越我們瑣碎、世俗的爭議，以更全觀的態度來面對環境。這種思維也影響了詹姆斯·洛夫洛克（James Lovelock），一九六〇年代，洛夫洛克在太空總署任職期間，發展「蓋亞」（Gaia）假說（不過到一九七九年才出版），把地球視為一個自給自足的有機體，為加拿大思想家馬歇爾·麥克魯漢（Marshall

McLuhan）在一九六〇年代初發明的「地球村」理念注入新的動力。這種情懷是回應這個先驗的地球意象，一個製圖史上從托勒密、馬克羅比烏斯到麥卡托一以貫之的形象，只不過現在多了政治迫切性。

阿波羅號拍到的地球照片帶來的另一個結果，是對全球製圖學的衝擊。如果現在有辦法拍攝整個地球，用不著根據不如人意的投影法，製作只能看到部分地表的地圖，那還要製圖術幹什麼？要回答這個問題，當然可以說從太空拍攝的照片也只能把地球照成一個圓盤，而非地球儀或平表面上的地圖（而且阿波羅十七號的照片是以東非和波斯灣為中心，完全看不到南北美洲或太平洋）。另一種回答則是地理資訊系統（GIS，Geographical Information Systems）迅速改善，將空中和衛星攝影圖像與電子資料庫科技結合，促成線上製圖的興起，也就是本書下一章的內容。

阿波羅十七號公布地球的照片後不到六個月，一幅世界地圖在德國揭幕，號稱揚棄了二十世紀選擇性的政治製圖，呈現一幅對各國一律平等的世界圖像。一九七三年五月，德國歷史學家阿諾．彼得斯（Arno Peters，1916-2002）在當時西德的首都波昂召開記者會。在現場三百五十位國際記者面前，彼得斯公布了一幅新的世界地圖，以他所謂的彼得斯投影法繪製。地圖立刻造成轟動，旋即登上國際頭版新聞。英國的《衛報》以〈彼得斯博士的美麗新世界〉（Dr Peters' Brave New World）為標題做了一則報導，將這幅新地圖及其數學投影法譽為「迄今最誠實的世界投影圖」。[8]《哈潑雜誌》（*Harper's Magazine*）甚至以專文討論彼得斯的投影法，標題叫〈真正的世界〉」（The Real World）。[9]在一九七三年初次看到這幅地圖的人眼中，它的新奇之處在於外觀。習慣麥卡托投影法的人會覺得北方各洲陸地的面積大幅縮小，非洲和南美洲則宛如滑向南極的巨大淚滴，或者像某位評論者那種難聽的形容：「這些陸塊有點像潮濕、破舊的冬天長內褲，吊在北極圈風乾。」[10]

彼得斯宣稱他的新世界地圖是最好的替代選項，足以取代稱霸四百年的麥卡托一五六九年投影圖，及其背後所謂「歐洲中心」的假設。為地圖揭幕時，彼得斯相信，出自他這位操德語的祖先筆下、台下觀眾也非常熟悉的「常用」世界地圖，「呈現的是完全錯誤的圖像，特別是非白人居住的國度」，他力陳麥卡托的地圖「過度重視白人，同時扭曲了世界的圖像，以裨益當時殖民地的主子」。在說明他自己的地圖有哪些技術創新時，彼得斯指出，麥卡托的赤道在地圖往下將近三分之二的地方，等於是把歐洲置於正中央。在麥卡托投影圖上，陸塊遭到扭曲，使得歐洲和「已開發」世界的面積不當增加，彼得斯所謂「第三世界」的面積隨之縮減，尤以非洲和南美洲為甚。彼得斯堅稱他自己的地圖提供了他所謂的「等面積」（equal area）投影，依照各國與各大洲的尺寸和面積，準確地保持其「正確的」尺度。故而矯正了他眼中看到的麥卡托歐洲中心的偏見，並讓全球所有國家得到了「平等」。[11]

彼得斯投影圖帶來的衝擊和他對麥卡托的攻擊都非同小可，在後續二十年間，成為有史以來最受歡迎及暢銷的世界地圖之一，足以媲美美國製圖師亞瑟・羅賓遜（Arthur Robinson）一九六一年的投影圖（由蘭德・麥克納利公司和國家地理學會〔National Geographic Society〕出版，收錄在一本國際暢銷的世界地圖集中），甚至是無所不在的麥卡托投影圖。一九八〇年，彼得斯的地圖成為布蘭特報告的封面，一九八三年首次以英文版呈現，收錄在全球發展雜誌《新國際主義者》（*New Internationalist*）一本特刊裡。這本雜誌大力稱讚它所謂「了不起的新地圖」，並且刊登了彼得斯的說法，認為麥卡托的地圖「把前歐洲殖民地表現得狹小而邊陲」，而他自己的地圖「照真正的尺度呈現所有國家」，該雜誌相信，這樣「在描繪第三世界時會出現巨大差異」。[12]

同年，這幅地圖被英國基督教協進會（British Council of Churches）分發了幾千份，也得到樂施會（Oxfam）、行動援助組織（Action Aid）和其他二十幾個機構和組織的背書。甚至羅馬教廷也讚揚其進程。不過聯合國對彼得斯地圖的擁護最為熱烈。聯合國教科文組織（UNESCO）予以採用，聯合國兒童基金會（UNICEF）在「嶄新尺度，公平環境」（New Dimensions，Fair Conditions）的口號下估計發行了六千萬份。這幅地圖創下亮麗的成績，於是彼得斯以德語和英語發表宣言，大致說明他的設計取向。這篇宣言在一九八三年出了英語版，書名叫《新製圖學》(*The New Cartography*)，並且很快又在一九八九年出了《彼得斯世界地圖集》(*The Peters Atlas of the World*)。如今這幅地圖大概已經在全球分發了八千多萬份。[13]

但如果說媒體和進步性的政治和宗教組織很快就接受了這幅地圖和彼得斯的製圖方法，學術界的反應卻是恐懼與蔑視。地理學家和執業的製圖師一個接著一個，輪流展開激烈與長期的抨擊。他們反駁說，這種投影法號稱更有「準確度」，其實並不正確：彼得斯沒受過製圖學訓練，不了解地圖投影法的基本原理；他誇大了麥卡托的影響力，以他為假想的攻擊目標；彼得斯以高明的技巧行銷他的地圖和後來的地圖集，好似憤世嫉俗地利用無知的民眾，藉此宣揚他自己的個人與政治目的。

即使以學術的標準來看，這種反應也很惡毒。在最早期的一篇對彼得斯投影圖的英語評論中（一九七四年出版），英國地理學家迪瑞克·馬林（Derek Maling）譴責這幅地圖是「一場出色的詭辯與製圖詐欺」。[14]另一位英國地理學家諾曼·派伊（Norman Pye）把彼得斯《地圖集》的出版斥為「荒謬」，批評「只有對製圖學一知半解的人會上當，也才不會被作者對這本地圖集編織的虛偽又誤導的聲明激怒」。[15]英國大製圖家路易斯（H. A. G. Lewis）評論《新製圖學》時寫道：「把這本書的德語和英語版來回讀過許多次，我仍然很詫異這位作者，任何一個作者，竟然可以寫出這種謬論。」[16]

把彼得斯的投影圖罵得最難聽的評論，出自亞瑟·羅賓遜筆下。一九六一年，羅賓遜創造了新的投影法，目的相當明確，是在正形投影和等面積投影之間提供一個折衷辦法。他採用間隔平均的弧形經線，經線沒有輻合在同一點，因此限制了兩極扭曲的程度，可以相當寫實地再現整個球狀的地球。這種投影法又稱為矯形投影法（orthophanic projection，出自法文「正確言談」），雖然羅賓遜的同僚約翰·史耐德（John Snyder）描述這種投影法提供了「各種扭曲的最佳組合」時，點出其本身的妥協性。[17]儘管如此，在蘭德·麥克納利出版公司和國家地理學會的支持下，有上千萬份地圖在市面流通，最後把麥卡托的投影圖給比了下去，成為最受歡迎、傳布最廣泛的世界地圖。羅賓遜在一九八五年評論彼得斯的作品時，毫不留情地攻擊這位德國對手。《新製圖學》「是以巧妙的設計和狡猾的騙術攻擊」製圖學這個科目，但這種方法「不合邏輯又錯誤百出」、「荒謬」，「論證謬誤，有些地方根本大錯特錯」。羅賓遜附和路易斯的評論，總結表示「難以想像任何自稱研究製圖學的人會寫出這種東西。」[18]

即便在德國，各方的攻擊也紛至沓來。一九七三年彼得斯的投影圖出版之後，德國製圖學會（German Cartographical Society）不得不發言譴責。「為了追求真相，以及純粹的科學性討論」，學會決定插手干預其聲明中所謂「歷史學家阿諾．彼得斯博士持續的爭議性宣傳」。以「數學證據證明，把球體表面投影在平表面上，不可能沒有任何扭曲和不完美」為訴求，學會的聲明接著表示：「如果在他製作的『世界地圖特質總目』中，彼得斯先生堅稱他的世界地圖只有優點，沒有缺點，這種說法不符合數學製圖學（mathematical cartography）的研究結果，令人不免懷疑作者的客觀性和他這篇總目的有效性。」在系統性地解析彼得斯大多數的說法以後，這份聲明的結論是：「彼得斯地圖傳達了一種扭曲的世界觀。根本不算是一幅現代地圖，也完全沒有傳達出我們這個時代多樣性的全球、經濟和政治關係！」[19]

儘管得到如此惡劣的反應，彼得斯的支持者繼續透過政府和各種援助機構擁護這幅地圖。一九七七年，西德政府的新聞資訊局（Press and Information Office）不斷發布新聞稿，為彼得斯的新地圖背書，讓不少製圖師大為驚惶。其中一篇新聞稿刊登在美國測量及製圖委員會（American Congress of Surveying and Mapping，ACSM）的公報中，委員會成員在一九七七年十一月用一篇文章來回應，〈美國製圖師強烈譴責德國歷史學家的投影法〉（American Cartographers Vehemently Denounce German Historian's Projection）。文章內容比德國學會的反應還激烈。由該組織最優秀的兩位成員亞瑟．羅賓遜和約翰．史耐德執筆，嚴厲抨擊彼得斯幾乎沒有「判斷力」，而他的投影法「荒謬絕倫，侮辱了其他幾十名」更有效的地圖投影法的「發明者」。[20]

從學術界對彼得斯地圖的反應看來，他顯然創造出一種有瑕疵的投影法，而他的結論也錯了。不過地圖本來就沒那麼簡單。爭議的雙方都宣稱客觀的真理站在自己這一邊，但這種客觀照例很快瓦解，暴露出比較主觀的信念，以及個人和機構的既得利益。辯論的內容漸漸轉化為對製圖術本質更深刻的反省。有沒有既定的標準可以評估世界地圖，如果有的話，標準應該由誰來定？如果一幅地圖被全體民眾接受，卻被製圖專業人士否定，這時會怎麼樣？這表示民眾解讀（或誤讀）地圖的能力如何？什麼叫作「準確的」世界地圖，地圖在社會的角色又是什麼？

專業人士大力譴責彼得斯的投影法，一開始根本沒注意這些問題，因為受過專業技術訓練的製圖師大多只忙著嫌棄這種投影法「很差勁」，而彼得斯的說法「很離譜」。其中的確有不少該批評的地方。最大的問題是彼得斯似乎就是在畫他的世界地圖時計算錯誤。有一位最早的批評者在量過彼得斯投影圖上的經緯網格之後，發現他的緯線誤差高達四公釐，以地球的尺度而言，是很嚴重的扭曲，這表示就技術上來說，「彼得斯的投影圖不是等面積投影」。[21]彼得斯宣稱他的投影圖準確地再現尺度和距離，這一點在數學上也是不可能的，因為平面地圖如果企圖複製地球上兩個點之間的距離，採用的比例尺必須考慮到地表的曲率。說他的投影法大幅縮減了土地的扭曲，並且正確再現了那些被歐洲強權殖民的國家，這種論證也有信口開河的成分。評論者宣稱，他地圖上的奈及利亞和查德，表面的長度都是實際長度的兩倍，而印尼南北向的高度是實際高度的兩倍，東西向的寬度只有實際的一半。[22]這些是嚴重的錯誤，不過每當有人質疑，彼得斯就堅持他的計算結果，拒絕承認自己有半點錯誤。諷刺的是，在他的投影圖上，形狀扭曲得最厲害的地方就是非洲和南美洲，正是他聲稱慘遭歐洲「不實再現」（misrepresentation）的兩大洲。對照之下，以中緯度為主的地區，包括大部分的北美洲和歐洲，幾乎沒什麼地方遭到扭曲。後來英語版的《彼得斯世界地圖集》在一九八九年推出，卻只加重了這些錯誤和矛盾。彼得斯在英語版中更改了他的標準緯線，也違背了他用同一種投影法繪製每一幅區域地圖的說法：他的極地地圖採用了他在《新製圖學》草草摒棄的兩種比較傳統的投影法（包括麥卡托投影法）。

除了誇大地圖的準確度，彼得斯也沒有實踐他對外的宣傳。傳統製圖是把歐洲置於地圖正中央，扭曲被殖民的國家，如果他真的一心想轉移製圖傳統的方位，批評他的人問道，那為什麼他會捨非洲、中國或太平洋不用，而以格林威治作為中央子午線？這些批評者指出的另一個問題，是他投影圖的政治面向。「既然面積本身並非南北有別的原因或症狀，」大衛・古柏（David Cooper）寫道：「這幅地圖是否讓我們對世界的問題更加瞭解？」[23]彼得斯製作一幅表面上看似投影出平等表面積的地圖，暗示政治不平等的問題是有可能處理的。至少對彼得斯來說，尺寸確實很重要。不過，另一位批評者問，更準確地表現出印尼的面積，是否真的能處理該國高得離譜的嬰兒死亡率，或者只會進一步模糊問題？在某種程度上，這個問題問得很對，不過彼得斯認為，根據實際的相對尺寸來感知印尼，是讓印尼在更大的地緣政治世界裡建立地位的一個重要步驟。這樣的批評顯示雙方必須展開辯論（已經停滯了好幾年），**不管哪一幅**世界地圖，怎樣才能用圖形的方式好好處理由統計導出的社會不平等。

凡是批評彼得斯的人，幾乎都質疑他攻擊麥卡托，對其他投影法幾乎視而不見。把「歐洲中心主義」和歐洲後來共謀在全球到處殖民歸咎於麥卡托，似乎是弄錯了時代，也對地圖賦予過多不實的力量和權威。許多評論家指出，從十八世紀開始，人們就看出麥卡托投影法在技術上的侷限，至少自十九世紀末以降，這種投影法在地圖和地圖集當中的影響力就日趨衰微。麥卡托製作了一幅「不準確」的世界地圖，實在太容易成為攻擊目標，才讓彼得斯的「準確」地圖可以忽略其他所有元素，宣揚地圖對等面積的刻畫。這是個被嚴重過度簡化的對比，忽略了其他無數種投影法，獨尊一種看起來很清晰，很快激發大眾想像力的投影法。

初版地圖推出三十幾年後，彼得斯投影法仍然令製圖界驚愕，令媒體圈好奇。二〇〇一年，美國當紅的政治性電視影集《白宮風雲》（*The West Wing*）出現虛構的「製圖師追求社會平等組織」，遊說總統幕僚「支持立法規定美國每一所公立學校必須用彼得斯投影地圖來教地理，而非傳統的麥卡托〔地圖〕」。[24]這一集播出後，彼得斯投影圖的銷售量增加五倍。美國知名地理學家馬克・蒙莫尼爾（Mark Monmonier）仍然不為所動。二〇〇四年，彼得斯過世兩年後，蒙莫尼爾在他的著作《恆向線與地圖戰爭》（*Rhumb Lines and Map Wars*），也就是一段麥卡托投影圖的社會史當中，再次觸及這個爭議。他嚴厲批評彼得斯提供「離譜得不得了的解決方案」，企圖修正麥卡托的投影法，同時力陳「彼得斯地圖不只是一幅等面積地圖，還是一幅格外差勁的等面積地圖，嚴重扭曲其擁護者宣稱要支持的那些熱帶國家的形狀」。[25]

蒙莫尼爾對彼得斯提出了經過深思熟慮但依然帶有敵意的批評，此後這幅地圖及其投影法再也不曾出現在地圖集裡，而且已經成了歷史奇珍。如今重新評估彼得斯投影法所引發的技術和政治性爭議，我們或許可以將其視為製圖史一個「決定性的時刻」。彼得斯的方法不可靠，他的世界地圖號稱更準確的說法也難以成立，不過他的研究透露出製圖術一個更重要的真相：彼得斯聲稱所有的地圖及其投影法，無論有意無意，一律是背後的社會與政治時代的產物，他點燃的這場「地圖戰爭」迫使製圖者承認，他們的地圖過去從來沒有，以後也永遠不會在意識型態上維持中立，或是在科學上客觀地「正確」再現地圖宣稱要描繪的空間。彼得斯要求製圖師和一般大眾面對現實，所有地圖在某方面都是偏頗的，因此也都有政治色彩。

彼得斯訴諸於政治，是他個人經驗造成的直接結果，在他所處的世紀裡，為了達到軍事征服、帝國行政和國家自我定義的目的，不惜對地圖進行政治挪用。不過在阿波羅十七號拍攝的地球照片帶來的巨大衝擊中，他也看到完整地球的圖像有多大的力量，促使人們意識到環境，以及不平等在全球造成的險惡影響。除了製圖術有問題，如果說彼得斯還犯了另一個錯誤，那就是他不肯承認自己的地圖也是對世界的另一種偏頗再現，而他指出的各種政治力在西方製圖學發展過程中的相互作用，同樣也影響了他的地圖。如今，距離他的地圖首次出版將近四十年之久，我們可以把彼得斯及其世界地圖在製圖史上的地位看得更清楚。

＊

儘管他反對麥卡托的投影法，儘管他們兩人之間有歷史的差距，彼得斯自己的人生歷程顯示他和麥卡托之間有許多他或許不願意承認的共通點。彼得斯和麥卡托一樣，在政治和軍事衝突的時代，生於萊茵河以東的德語地區。彼得斯在一九二〇年代的威瑪共和國和一九三〇年代的納粹德國成長，在二次大戰後東、西德政治分裂的背景下立業成名，比大多數人更瞭解地理學如何淪為分裂國家與人民的工具。一九一六年，他誕生在柏林一個勞工和工運分子的家庭，父親因為政治信仰而被納粹囚禁。青春期的彼得斯先後在柏林和美國求學，當歐洲再度全面陷入戰火時，他在美國攻讀電影製作，博士論文研究的是「以電影作為公共領導的手段」（Film as a Means of Public Leadership，後來許多批評者就拿他對研究政治宣傳的興趣，宣稱他「操弄」製圖學）。到了一九七〇年，彼得斯回憶他政治化的源頭，提筆寫道：「三十年前就是在柏林這裡，奠定了我對我們的歷史—地理世界觀的基本批評。」目睹製圖學在整個二次大戰期間如何被大規模地操弄，彼得斯斷定他接下來要批判的是「我們歐洲取向——不是德國取向——世界觀的狹隘，並瞭解它和我們這個紀元廣博、全面的世界觀與人生觀多麼不協調。」[26]

一九四〇年代末期，彼得斯以獨立學者的身分，接受德國地方政府和美國軍方的資金，撰寫一本東、西德都能使用的全球史教科書。這本《同步觀世界史》（*Synchronoptische Weltgeschichte*）在一九五二年出版。一個同步觀的觀點，必須同時呈現好幾條時間軸，彼得斯這麼做，是為了避免以西方成就為主的傳統線性、文字的歷史記載。彼得斯使用鮮明的地理學語言，抱怨一旦把焦點集中在歐洲歷史，「那人居地球其餘十分之九的地方」都被忽略了。他的修正主義研究取向具體範例，出現在他對中世紀的解說裡：「我們的世界史把希臘羅馬六百年的興盛期拉長了，彷彿人類文明是從希臘羅馬文化開始的。在希臘羅馬文化衰微以後，史書再次加快腳步。眾所周知，所謂的中世紀在歐洲是『黑暗時期』，所以我們的史書也這麼記載。但對世界其他地方的人來說，這幾千年是興盛期。」[27]為了讓每個片段的歷史都有平等的分量，彼得斯揚棄了文字敘事，改用一系列圖表來描述公元前一〇〇〇年到公元一九五二年的歷史，圖表共有「八種顏色，分成六個條帶：經濟、知識生活、宗教、政治、戰爭和革命」。[28]彼得斯表示，本書的創作主旨是「透過把空間繪製在地圖上的方式，把時間畫成圖表」。在敘述這本書的起源時，彼得斯回憶說：「我拿了一張白紙，先把時間照比例寫上去。每一年是一條一公分寬的垂直窄條。」結果「時間地圖就此誕生」。[29]

中間偏右派的德國雜誌《明鏡週刊》（*Der Spiegel*）描寫這本書「是過去兩星期最大的醜聞」。[30]後來批評彼得斯的人就抓住這個爭議，暗示在他的地理投影圖出版前數十年，他早就藉由操弄學術資訊來遂行個人與政治目的。一九五二年十二月，右派美國雜誌《自由人》（*The Freeman*）刊登了一篇文章，〈官方錯誤資訊〉（Official Misinformation），忿忿不平地敘述美國的駐德官員「以將該國『民主化』這個值得喝采的動機」，委託彼得斯夫妻撰寫他們的「世界史」，不過「直到在這個計畫投入四萬七千六百美元，把九千兩百本書中的一千一百本分發出去之後，才赫然發現本書的兩位作者是共產黨員，而且這本書本身是親共、反民主、反天主教及反猶太」。從彼得斯這本書的內文看不出這麼聳人聽聞的指控有何根據，因此照樣暢銷不誤，但完全無法澆熄《自由人》的怒火。「這麼說美國納稅人不只被騙了四萬七千六百美元」，雜誌厲聲咆哮；「還因為不忠而無能的官員用他們的資金資助敵人宣傳而深受傷害。」[31]

不過《明鏡週刊》對這項爭議採取比較緩和的立場。週刊對這本書最大的意見不在內容，而在於有人揭露它接受德國社會黨（German Socialist Party，SPD）一名黨員的資助。《明鏡週刊》讚美本書的企圖心值得喝采，但沒有成功地對世界史提供完整的陳述。彼得斯宣稱他這本書的用意是「對歷史的處理賦予平等和平衡」，不過在美國—蘇聯冷戰的兩極化世界政治背景下，像彼得斯這種學術人士進步性的創舉，免不了會受到意識型態的攻擊，除了像《自由人》這種右派的出版品，連德國社會黨這種左派當權也主張，只是把空間分配給大段大段的史前史（他們覺得這些時代根本沒發生什麼事），似乎很荒謬。

因此，這本書有一部分被收回，不在市面流通。

諷刺的是，彼得斯會研發出後來的地理投影法，應該是拜撰寫世界史所賜（這是他後來承認的），就像他的眼中釘麥卡托在編纂了一套創新的世界史編年之後，才完成他著名的地圖投影法。兩人在知識和意識型態方面的影響力自然非常不同，但都是依照他們根深蒂固的個人信念來編寫歷史。麥卡托相信的是聖經的公義；彼得斯的信念則是所有國家和種族一律平等。兩人的著作都必須透過欄目和圖表，用另外一種空間的取向來研究世界史，也都發覺他們是因為各自的世界史，才會重新思考如何描繪全球的地理學。麥卡托之所以如此專注於地理學，是基於他那個時代的神學和商業之需，促使他創造出一幅（在實務以及甚至精神上）使人們能夠環航世界的地圖。對照之下，彼得斯察覺到準確的導航已經不再是全球投影圖的目的。他認為，生活在他所謂充斥著全球戰爭、國家主義和去殖民化的「後殖民時期」（the post-colonial period），土地分配、人口控制和經濟不平等的問題，才是地理學研究和製圖實務的核心。

在他的「世界史」出版（後來又回收）以後，彼得斯的興趣更加專注於空間和製圖學，在一九五〇年代末期和一九六〇年代投入德國社會主義雜誌《期刊》（*Periodikum*）的編輯工作。「在籌備我的《同步觀世界史》所附贈的一冊地圖集期間，」他寫道：「我赫然明白現存的全球地圖都無法客觀地再現歷史情境和事件。」他接著說：「為了探索傲慢和仇外的肇因為何，我不斷重複檢視全球地圖，因為人們從自己的立場看世界，是地圖形成了他們對世界的印象。」[32]這樣形容地圖的力量，確實很有說服力，據此衍生的推論，後來成為彼得斯學術生涯中的主要論述。當彼得斯在學術界傳播自己的新地圖時，他的投影圖只是令人眼花撩亂的眾多投影法之一；後來彼得斯訴諸全球媒體，在波昂的記者會上宣布揭曉「一幅新的世界地圖」，深深改變了一般民眾和學術界對世界地圖之角色的理解。

要客觀說明彼得斯的目的，會立即遭遇困難，因為他自己的論證也充滿了他在製圖前輩身上一眼就看出的那種迷思、意識型態的假設、科學的錯誤和自我膨脹。同時我們很難分辨他說的話有哪些是宣

凡·德·格林登一世（Van der Grinten I）1904 年

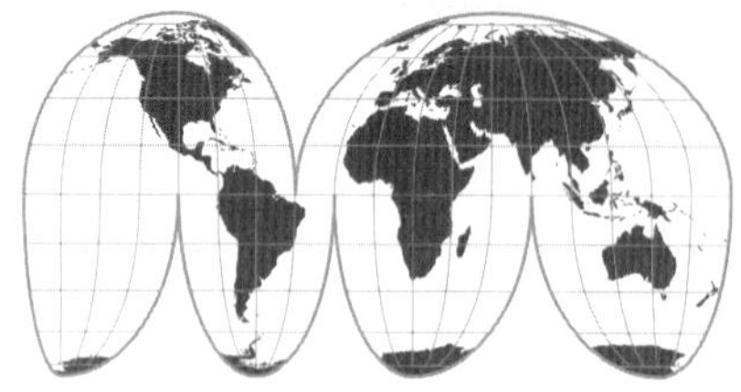

艾克特四世（Eckert IV）（偽圓柱投影）1906 年

摩爾魏特（等積投影）約 1800 年
古特（Goode）（分瓣投影）1916 年

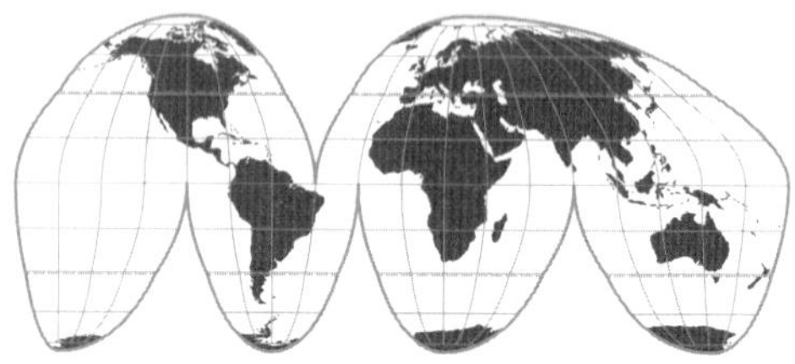

古特同正弦投影（分瓣）1923 年

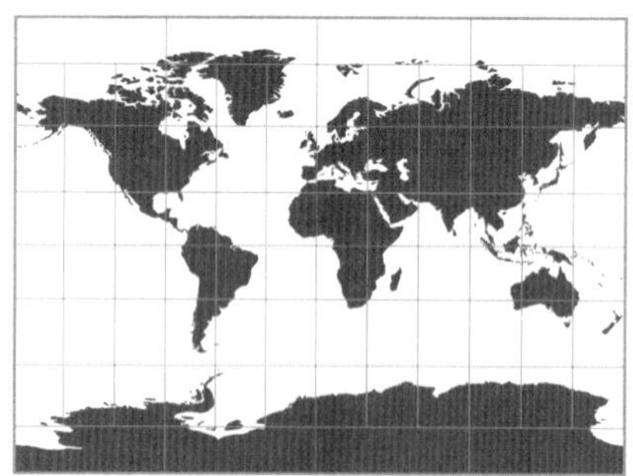

米勒（Miller）圓筒投影 1942 年

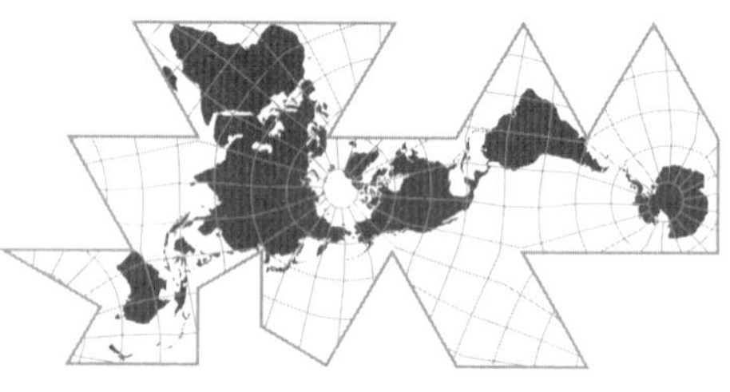

富勒（Fuller）戴馬克松投影（Dymaxaion）1943 年

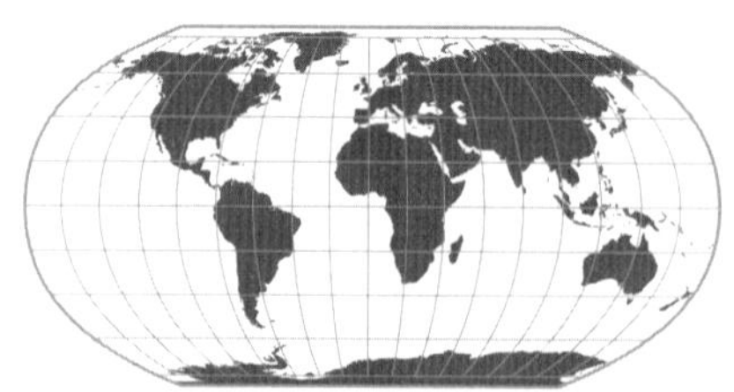

羅賓遜（偽圓柱投影）1963 年

GOES 看到的透視投影（正射投影）1988 年

圖36　二十世紀地圖投影法圖解。

稱製圖的準確度，哪些是反應那些隨之而來的種種偏頗批評，而且這些批評往往充滿個人色彩，經常導致他改變遊戲規則。不過我們現在可以拼湊出他這二十年來發表的論述和演說，先描述彼得斯的想法，再評估他的投影法所招來的排山倒海的論證和辯論。

在整個二十世紀，通訊、運輸和全球策略的發展，以及測量方法、統計分析和空中攝影等方面相關的創新，使地圖有了新的用途。如此一來，由於某些製圖法適合某些實務上的應用，新的投影法和既有投影法的修正版紛紛出爐。例如，當麥卡托的投影法再現地球的能力越來越受質疑，它反而在地區測量上找到新的發展契機。[33]在《新製圖學》中，彼得斯說明他所謂使傳統製圖學得以延續的一連串「迷思」，亦即他口中的「片面事實、不相干的因素和扭曲」，藉此描述和因應地圖投影法日趨多樣化的情況。他認為這種種說法，一言以蔽之，是「歐洲從地球正中央的位置主宰世界」的迷思。[34]接著彼得斯繼續提出他認定一幅準確的現代世界地圖必須具備的「五種關鍵性的數學特性，和五種最重要的實用美學特質」。五種關鍵特性是面積（area）、軸線（axis）、位置（position）、比例尺（scale）和比例性（proportionality）的保真度（fidelity）；五種「最重要」的特質是普遍性（universality）、總體性（totality）、可補充性（supplementability）、清晰度（clarity）和適應性（adaptability）。[35]在綜合評論歷史上從麥卡托到他自己的八幅地圖投影時，彼得斯給他的地圖打了滿分十分，而一五六九年的麥卡托投影圖、恩斯特・哈墨（Ernst Hammer）一八九二年的等面積投影圖，還有J. 保羅・古特（J. Paul Goode）一九二三年把世界分成六瓣的精緻投影圖，一律瞠乎其後，在十分裡只得了四分。和彼得斯的地圖分數最接近的對手，哈墨的等面積投影圖，因為具有複雜的弧形緯線，而且顯然欠缺普遍性及適應性，被裁定資格不符。

彼得斯認為他的新投影法的核心要素是他所謂「面積的保真度」（fidelity of area）：應該確保「任何兩塊面積的相互比例和它們在地球上的比例相同」，因為「唯有具備這個特質，才能得到地球各大洲面積的真正比例」。由於保留了等積的土地面積，製圖師把這種方法稱為等面積投影法。如同麥卡托的地圖，彼得斯的地圖也是把平面的地圖包裹圓筒，不過關鍵性差異是麥卡托的投影法保留了正形（某一點周圍的形狀不改變），等面積投影則是維持等積的相對面積。為了達到這一點，彼得斯必須另外設法間隔他的緯線和經線。

根據地球圓周既有的測量，彼得斯在北緯四十五度和南緯四十五度畫出標準緯圈，把地球轉換到平面的地圖上時，這樣產生的扭曲最小。他規劃的緯度平行圈和赤道等長。然後在赤道把東西向的比例尺減半，南北向的比例尺加倍，形成長方形的框架（frame）。可想而知，麥卡托必須依照貿易的迫切需求，由東往西環繞十六世紀的地球，彼得斯則必須基於二十世紀下半葉北—南向的經濟與政治重心來規劃投影圖。這番南北向加長而東西向壓縮的結果，在彼得斯的地圖上相當明顯：非洲和南美洲等南半球的熱帶地區顯得細長，同時壓縮程度朝兩極逐漸增加，使得加拿大和亞洲之類的區域顯得又矮又胖。即便這些地區的形狀因為相對壓縮或加長而出現扭曲，彼得斯卻因此更準確地把相對表面積從地球轉移到地圖上。[36]

彼得斯政治論證的核心問題在於面積，而非地圖投影的有效性。對彼得斯來說，依照面積來再現世界相對失敗，最後促成了麥卡托的正形投影，正是政治不平等的基本動作。如果只看土地面積的再現，彼得斯的話不無道理：在麥卡托的投影圖上，九百七十萬平方公里的歐洲，看起來比面積將近兩倍、高達一千七百八十萬平方公里的南美洲大得多；一千九百萬平方公里的北美洲，在地圖上遠大於三千萬平方公里的非洲。雖然中國的面積有九百五十萬平方公里，在麥卡托的地圖上卻被區區兩百一十萬平方公里的格陵蘭比了下去。在彼得斯投影圖出現之前的地圖集大多有類似的問題。地理學家傑瑞米．克蘭普頓（Jeremy Crampton）調查大量二十世紀的地圖集後發現，儘管非洲涵蓋地球百分之二十的土地面積，通常只有三幅地圖是以一：八二五○○○○的比例尺重現非洲。對照之下，英國只佔地球土地面積的百分之零點一六，卻有三幅地圖以至少一：一二五○○○○的更詳細的比例尺再現。[37]布蘭特報告（一九八○年）曾經概述這種不平等，把世界分成已開發的北半球和開發中的南半球，前者面積只有三千多萬平方公里，後者則有六千兩百萬平方公里。

雖然等面積的計算是彼得斯投影圖的政治和數學定義的核心，他的《新製圖學》也提出了他認為凡是新的世界地圖都不可或缺的更多要件。他引述他第二個關鍵性的特質，軸線的保真度，摒棄任何採用弧形經線的全球投影圖（無論在麥卡托之前或之後，這種地圖所在多有）。「無論選擇哪裡當參考點，如果地球上位於參考點以北的每一點，都位在它的垂直正上方，而參考點以南的每一點都位在它的垂直正下方，」彼得斯宣稱：「這幅地圖就具備這種特質（軸線的保真度）。」照彼得斯的說法，這種特質有助於「方位」（orientation），也更能把國際時區準確地覆蓋於地球表面。實際上，這就是把一張統一的長方形經緯線方格網覆蓋在地表，一如麥卡托——或是他自己的地圖。

接著要看位置的保真度。照彼得斯的看法，「只要和赤道等距的每一點都被描繪在一條和赤道平行的線上」，就達到這種特質，而且同樣只能藉由直角的經緯線網格來達成。比例尺的保真度「是用可量化的準確度複製了原來的（地球表面）」。由於彼得斯要求「絕對的面積保真度」，因此否定了常用的比例尺（例如一：七五〇〇〇〇〇〇），採用另一種比例尺，在他的投影圖上，一平方公分相當於十二萬三千平方公里。[38]最後是彼得斯所謂的「比例性」。任何一幅地圖「只要上緣的縱向扭曲和下緣的縱向扭曲一樣大（或小）」，就符合比例。他的投影圖當然符合這個原則，但彼得斯也承認，在把地球轉移到任何平面的世界地圖投影時，地圖必須符合比例，才能把仍舊無法避免的「扭曲程度」降到最低。他輕描淡寫地說，至少他自己的地圖外觀的比例性，已經確保「錯誤平均分配」。

彼得斯另外五種「重要」特質，歸根結底，是不惜犧牲自己的地圖，來貶低對手的投影法。普遍性、總體性和適應性是強調必須採用不分瓣（uninterrupted）的世界投影圖，才可以達到各種不同的地理學目的，而「可補充性」和「清晰度」則是為了保留地球全方位透視的可能性。這些範疇大多是用來排除另外一種依循所謂「分瓣」投影（interrupted projection）的方針建構的等面積世界地圖。從這些地圖的名稱看來，其目的是藉由把地球「分瓣」或分裂成好幾個斷裂的部分，把地圖的扭曲極小化。彼得斯以J. 保羅・古特在一九二三年發明的等面積投影圖為例。古特融合好幾種不同的投影法，畫出一幅把地球分裂成形狀特殊的六瓣，宛如把一個橘子剝皮之後壓扁的地圖。這表示根本不可能在平坦的地圖上達到地球的正形和等積，古特才必須採用這麼一個彎曲又斷裂的形狀，以求二度空間的面積能夠更近似球體的地球。

彼得斯很快指出這種「分瓣」地圖無論在技術或美學層面，都欠缺普遍性、總體性或清晰度。而且適應性不高，無法輕易用來繪製更詳細的地方性區域地圖。彼得斯認為這些投影圖「具備面積的保真度」，因此幾乎可以挑戰麥卡托投影法在製圖學的主導地位，「不過為了達到這種特質，卻不得不拋棄麥卡托地圖的重要特質」，例如清晰度和可補充性，「因此無法取而代之」。彼得斯很巧妙地否決了先前所有的地圖投影法，只有麥卡托的投影法例外，而麥卡托地圖鮮明的「歐洲中心主義」，在意識型態上有所偏頗，其發明者的用意是「師法古老、天真的作法，把他的家鄉設在地圖正中央」。說到底，唯一能夠達到彼得斯所謂「這個科學時代必要的客觀性」的，[39]只有他自己的地圖。

儘管彼得斯號稱自己的地圖既原創又準確，批評他的人很快發現了一件事，認定是他機會主義和不可信賴的另一個例子：他的投影法根本不是什麼新發明，早在一個多世紀前就出現了，發明者是蘇格蘭福音教會的一名神職人員，詹姆斯・高爾牧師（Reverend James Gall，1808-1895）於一八五五年在大英科學促進會（British Association for the Advancement of Science，BAAS）演說時提出他的新地圖，稱之為「高爾的正射投影圖」（Gall's Orthographic Projection）。不管從哪個角度觀察，這幅地圖和彼得斯的投影圖一模一樣，以致現在有許多製圖師稱之為「高爾—彼得斯投影法」（Gall-Peters Projection）。事實上，高爾的投影法本身也曾被托勒密認為是泰爾的馬里努斯（公元一〇〇年左右）的發明。

彼得斯一直否認自己知道高爾的投影法，鑒於他深入鑽研地圖投

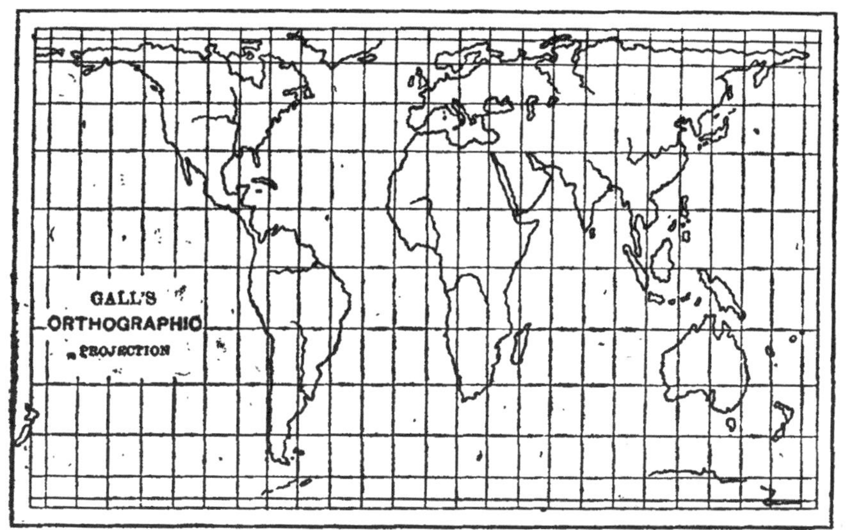

圖37　詹姆斯．高爾，「高爾的正射投影圖」，一八八五年。

影法的歷史，這一點未免令人詫異。高爾和彼得斯有許多共同點，只不過對他們所謂「新」投影法有天差地遠的反應，充分顯示地理學在雙方各自的時代發展的情況。高爾和彼得斯一樣是業餘製圖師，也是個多產作家。他是維多利亞時代典型的紳士學者：宗教信仰虔誠，博學多聞，熱烈關懷社會福利，而且有點離經叛道。他的出版品橫跨宗教和教育及社會福利等領域；包括介紹盲人閱讀的三角字母的書籍，以及《原始人揭曉》（*The Primeval Man Unveiled*，1871），他在書中宣稱撒旦和他麾下的魔鬼是亞當出現之前的人種，生活在創世之前的地球上。他的天文學書籍特別受歡迎，包括《人們的恆星地圖集》（*People's Atlas of the Stars*）和《簡易星群入門》（*An Easy Guide to the Constellations*，1866）。

正是《簡易星群入門》促使高爾發明了他的新地圖投影法。在尋找適合描繪恆星的方法時，高爾發現，藉由「一張圖只再現一個星群」，他就「能用大比例尺呈現，而且不會有明顯的扭曲，如果把一大片天空畫在同一張紙上，就達不到這種效果」。[40]高爾後來說明他如何把自己的天文投影法轉移到地球的全方位圖像上，這種作法非常類似文藝復興時期偉大的宇宙學者。「後來我突然想到，」他在一八八五年寫道：「用同樣或類似的投影法，可以畫出完整的世界地圖，以前從來沒有人這麼做過；而且我發現只要把投影圖第四十五條緯線圈的緯度加以校正，可以相當程度地保留地理特徵和相對面積，令人非常滿意。」[41]

高爾一八五五年九月在格拉斯哥向大英科學促進會做那篇報告，標題是「論改進的專題世界投影圖」（On Improved Monographic Projections of the World）。高爾主張只有圓筒投影法「能用一張圖再現整個世界」，他解釋說，包括麥卡托的在內，這種投影圖勢必會犧牲某些特質（例如面積和方位），以成就其他特質。他在結論時說，「最好的投影法，要能夠分散錯誤」，結合各種不同特質的「優點」。[42] 他秉持這個目標，繼續提出不只一種，而是三種不同的世界投影法——不只是正射（orthographic）投影，還有立體（stereographic）投影和摹繪（isographic）投影（是等距長方〔equirectangular〕投影法的一種變化）。高爾斷言「立體投影法是其中最好的；因為它雖然沒有其他投影法那麼完備，不過缺點較少，也能以和諧的比例結合其他投影法的所有優點」，想到彼得斯後來採用正射投影法，不免顯得諷刺。無論如何，高爾仍然相信正射投影法具備有限的發揮空間。他主張「這種地圖很適合展現不同主題佔有的相對面積，像是土地和水域，以及其他許多科學和統計的事實」。他承認「這種地圖上地理特徵扭曲的現象比其他地圖嚴重，但不至於扭曲到無法辨識；既然如此，它的優點造成的代價不算太大。」[43]

就連高爾的地圖也非同類中首創。第一幅根據可複製的數學計算在長方形投影圖上畫出的等面積世界地圖，是瑞士數學家約翰・海因里希・蘭伯特（Johann Heinrich Lambert）在一七七二年的發明。蘭伯特以赤道作為他的標準緯線，製作出的地圖保留了等面積的特質，但南北兩端出現嚴重扭曲。蘭伯特和高爾一樣，承認不可能製作出既正形又等面積的世界地圖，於是用圓錐投影法（conical projection）繪製正形地圖，以實例說明介於上述兩種方法之間的各種選項。高爾似乎對蘭伯特的投影法一無所悉，但實際上卻複製了他的地圖，並把極地兩側的標準緯線做了重大修正。[44]

不同於彼得斯，高爾沒有因為他的新投影法靠不住或複製前人心血而立即遭到譴責。這是基於好幾個原因。高爾的研究結果只在維多利亞時代一個願意接受他的目標和哲學的機構裡發布。大英科學促進會和皇家地理學會在同一年成立，但秉持的目標不同。這個組織比較喜歡到處遊走，在國內各地的城市聚會，目的是教育和啟蒙中產階級的外行人如何實際應用科學，來改善維多利亞時期的社會。[45]維多利亞女王的夫婿，王夫亞伯特（Albert，the Prince Consort）是榮譽會員，在會中發表演說的包括像達爾文、查爾斯．巴貝奇（Charles Babbage）和大衛．李文斯頓這樣響叮噹的人物。高爾沒有挑戰維多利亞社會的道德與知識風氣，反而積極透過他在宗教、教育與科學領域的演說和出版品來勾勒他的投影法。他承認自己的投影法有其侷限，也從未宣稱這些方法可以改善任何人的道德。三十年後，高爾在一篇文章裡省思這些投影法的影響，表示「當長久建立的習慣已經成為定例，總是很難改變」，這句話正好可以對彼得斯說。高爾也很難過地承認，在後續的二十年間，「只有我一個人用這些方法」。[46]彼得斯投影法的命運當然並非如此。

對許多批評彼得斯的人而言，他的「新」投影法幾乎和高爾的一模一樣，說得好聽是學問貧乏，說得難聽是投機取巧的抄襲。相較於高爾不敢吹噓他正射投影法的重要性，對所有投影法的偏頗也有較廣泛的瞭解，彼得斯宣稱他的投影法兼具根本性和普遍性，像是一種可笑的吹噓。但彼得斯的投影法同時也暴露出專業人士和一般民眾對製圖術的感知在一八五〇年代到一九七〇年代之間出現的鴻溝。高爾和為他宣揚理念的維多利亞機構所秉持的目標大致相同，彼得斯卻直接挑戰了二十世紀末期的製圖業，以及他認定在製圖業背後支撐的意識型態使命。

到了一九七〇年代末期，戰線畫得很清楚。一邊是團結一致的製圖業及其機構，根據製圖業本身的製圖規則和方法，在技術層面上譴責彼得斯的投影圖。另外一邊是政治和援助機構，崇尚這種投影法明確的社會和意識型態目標。可想而知，這些機構不太願意針對這種投影法的技術缺失進行辯論，而製圖業同樣不願意承認彼得斯堅持的主張：所有的世界地圖（除了他自己的以外）都是偏頗的，容易服膺主觀、意識型態的利益。許多批評彼得斯的人對本身的體制性既得利益默不作聲，使問題變得更加複雜。雖然亞瑟・羅賓遜對彼得斯投影法的技術性批評普遍被接受，但他並未承認，一九七〇年代，拜美國出版商所賜，彼得斯的世界地圖透過地圖集傳布全球各地，是他自己的投影法首次遭遇的嚴峻挑戰。在此同時，當職業製圖師繼續攻擊彼得斯，他們的口吻越來越有貴族氣息，把一般民眾描繪成容易受騙的烏合之眾，看不懂地圖，也看不出彼得斯在欺騙他們。

彼得斯的支持者和誹謗者之間的鴻溝，不只是為了爭論地圖投影法的數學準確度。一九六〇年代的政治氛圍正在改變，一九六八年五月發生在法國的政治抗爭就是個例子，這些抗爭代表的種種現象之一，是社會內部全面重新評估人文學科和社會科學的地位。當歷史和哲學這種學科帶頭批判既定的政治正統，深藏在社會政策和國家組織窠臼中動彈不得的其他學科，例如地理學，比較不願意對這些改變做出反應，自然是可以理解的。像彼得斯這種地理學界的邊緣人，在政治上非常活躍，能夠提供某種和時代脈動一致，比頂尖製圖師（其中許多人在擁護政治現狀方面擁有政治和體制上的既得利益）更激進的製圖學。

彼得斯鏗鏘有力的言論也和一九七〇年代初期的政治辯論頗有共鳴。已開發的西方世界和開發中的南方世界在經濟和政治上的差距越來越大，為了因應這個問題，當時的人在政治上逐漸意識到必須處理兩者的不平等。一九七〇年代初期，世界銀行估計開發中國家有八億人過著絕對貧窮的生活，這些地區只有百分之四十的人能夠得到最基本的生活必需品。布蘭特報告突顯出已開發的北方和開發中的南方之間的鴻溝：要求「必須推動包含緊急和長期措施的行動計畫（action programme），援助非洲和亞洲的貧窮地帶，尤其是最低度開發的國家」。報告的作者們在處理這個問題方面有既得利益，主張「無論雙方的差異是什麼，又有多麼深遠，北方和南方之間有利益相關性。雙方的命運脣齒相依。」報告呼籲將資金大規模從前者轉移給後者，相當於世銀會員國國民生產毛額的百分之零點七，公元二○○○年更提升到百分之一（兩個數字都沒有達到）。[47]

已開發的北方本身不是沒有問題：一九七○年代的經濟成長率比一九六○年代下滑了將近百分之五十，到了一九七○年代末期，組成經濟合作與發展組織（Organization for Economic Co-operation and Development，OECD）的三十四個已開發國家，經歷通貨膨脹、經濟衰退，累積失業人口高達一千八百萬人。美國也經歷了經濟學家保羅・克魯曼（Paul Krugman）所謂經濟與政治不平等的「大分歧」（the great divergence）。雖然一般美國勞工的生產量開始加倍，但薪資同時衰退，而二十世紀下半葉，美國社會金字塔頂端百分之零點一的人的財富增加了七倍。導致一九二○年代以來最嚴重的所得不均，克魯曼認為這是後來美國政治文化兩極化的根源。[48]

沒幾個地理學家有能力承認這些複雜卻又嚴重的全球性不平等，但彼得斯不同。他經歷過納粹和東德史達林主義政權的不平等，最適合發出不平之鳴，並把平等奉為一種美德。地理學可以幫忙處理不平等的問題，甚至把平等表現在地圖上。

一九七○年代末期，地理學和製圖史的研究也有了變化。像加斯東・巴舍拉（Gaston Bachelard）和昂希・列斐弗爾（Henri Lefebvre）之類的哲學家，已經開始提出有關我們如何理解空間及如何在空間裡生活的基本問題。巴舍拉的《空間詩學》（*Poetics of Space*，首先在一九五八年以法文出版）提醒讀者要留意最私密的空間現象——閣樓、地窖——如何塑造我們的生活（和我們的夢想）；列斐弗爾的《空間的生產》（*The Production of Space*，1974）採取比較偏向馬克斯主義的研究取向，說明我們公共環境的創造如何有助於促成（或限制）個人認同。其他人很快群起效尤，主張空間有其歷史。在地理學和製圖史的領域裡，這種新研究取向最重要的倡導者之一，是英國學者哈利（J. B. Harley）。哈利受的是傳統、實證主義取向的製圖訓練，並在一九七○年代大量出版有關英國測量局歷史的書籍，卻在一九八○年代初期來了個大轉彎。他吸收了巴舍拉、列斐弗爾和其他包括傅柯（Michel Foucault）和德希達（Jacques Derrida）在內的重量級法國思想家的著作，然後發表一系列突破性的文章，呼籲全面重新思考地圖的歷史角色。在他一九八九年發表的一篇極具影響力的文章〈解構地圖〉（Deconstructing the Map）裡，哈利表示「對現今的許多學界的製圖學家感到洩氣，他們只顧在自己的科技所開鑿的地道裡鑽研，不參考社會世界」。他宣稱「地圖太重要，不能交給製圖師自行處理」，主張「我們應該鼓吹，把我們詮釋製圖學本質的方式進行一番認識論的轉變」。[49]

哈利聲稱「至少自十七世紀以來，歐洲的地圖製作者和使用者越來越喜歡宣揚一種知識與認知的標準科學模型」。他接著說：

> 製圖的目的是製作「正確」的地形關係模型。製圖學假定世界上要繪製成地圖的客體都是真實而客觀的，而且擁有獨立於製圖師以外的存在；可以用數學的方式來表現其真實性；唯有透過系統性的觀察和測量，才能獲得製圖學的真相；而這個真相可以被獨立驗證。

這其實是當時對製圖術的主流觀點，是一種啟蒙時代的信仰，相信地圖透明、客觀的真實性。在描述製圖實務方面，阿諾・彼得斯和他最嚴厲的批判者無疑都會接受哈利的說法。

但哈利並未就此打住。他請讀者「從抽屜裡幾乎是隨機抽取一幅印刷或手稿地圖」，隨即就能發現「地圖上的文字不但說明了地形，也是對某個國家或地方的社會結構的註解，無一例外。製圖者除了記載自然和人文地景的地形，往往也忙著記錄封建主義的輪廓、宗教階序的型態，或是社會階層裡的階級。」儘管許多批評者都這麼說，但哈利的論點並非指控地圖都在說謊，而是地圖中包含的歷史傳統和社會壓力，產生了他所謂的「潛意識幾何學」（subliminal geometry）。

出自製圖界這樣一個德高望重的人口中，哈利就他後來所謂「地圖新本質」（the new nature of maps）提出的論證，驟然改變了人們對製圖學的理解。地理學對本身作為一個學術科目的理解，很快受到哈利著作的影響，開始反省自己從古至今如何為民族主義和帝國主義的意識型態背書。[50]不過，對於哈利採用阿佛列德・科日布斯基的格言「地圖不是領土」，執業的製圖師仍然保持懷疑。[51]

一九九一年，情況進入白熱化階段。哈利剛完成另一篇重要文章，發展他先前的研究，他在文中提問「能不能有一套製圖學倫理？」如果地圖永遠做不到中立，永遠受制於權力、政治權威和意識型態，那製圖學家和職業製圖師面對自己的工作時，是否可能發展並維持倫理的立場？幾乎不可避免地，哈利引述彼得斯投影法引發的爭議來證明他的論點，雖然在這篇文章裡，他這麼做只是要強調他想處理的問題。「彼得斯投影法這個著名的個案，」哈利寫道：「引爆了捍衛『專業標準』的爭議性正義。」儘管如此，就像他接下來說的：

> 倫理要求誠實。彼得斯這個案例真正的問題是權力：彼得斯提出的議題無疑是為世界上他覺得在歷史上受到製圖歧視的那些國家賦權（empowerment）。但同樣的，對製圖師而言，此事攸關他們的權力和真理主張（truth claims）。在一個科學社會學家都很清楚的現象裡，我們可以看到他們忙不迭地團結起來，捍衛他們既有的再現世界的方式。

接著他提出一個驚人的指控：「他們至今仍沆瀣一氣。我受邀在美國測量製圖學會（American Congress on Surveying and Mapping，ACSM）的公報（Bulletin）發表本篇論文的一個版本。交稿之後，編輯通知說我對彼得斯投影法的評論和ACSM對此事的正式聲明相左，因此他們決定不刊登我的文章！」[52]在地圖問世近二十年後，美國測量製圖學會依然奮力維護舊體制，禁止對彼得斯的世界地圖做任何不屬於負面的討論。

但除了各方對製圖「準確度」的主張，哈利同樣也很關心體制權力的問題。不管根據什麼標準，彼得斯投影法**確實**不準確：即便作者本身對製圖史的陳述也有高度選擇性，並嚴重誇大了它號稱具備的客觀性。身為製圖史學者，哈利對此了然於心，也知道這種製圖法的壽命有限。這次爭議所引發的一個更廣泛的問題，是一旦製圖業承認所有地圖都是以偏頗和帶有意識型態的方式再現其聲稱要描繪的空間，那麼要如何研擬一套合乎倫理的製圖學。

從一九七〇到一九八〇年代，許多組織熱烈採用彼得斯的投影圖，在他引發的論辯中，參與辯論者沒有任何人嚴肅討論過這些組織如何理解或使用他的世界地圖，這些辯論的本質可見一斑。一九八七年有一項調查，是針對英國四十二個以處理第三世界的發展議題為主的頂尖國立非政府組織（NGOs），地理學家彼得．伍加可維奇（Peter Vujakovic）在調查中發現，有二十五個非政府組織採用了彼得斯世界地圖。其中有十四個組織承認原先用的是以麥卡托投影法製作的世界地圖。被問到一連串有關世界地圖使用的問題時，回答這些問題的非政府組織將近百分之九十一致認定，在向民眾告知第三世界議題時，地圖製作扮演了很重要的角色。[53]彼得斯為了鼓吹世人採用他的世界地圖，在行銷活動和政治論證方面顯然做得非常成功。

當調查者更詳細詢問採用彼得斯地圖的十四個非政府組織，為什麼要選用他的地圖，得到的答案比較混雜。被問到他們認為這幅地圖有哪些過人的優點時，有百分之四十八說是它的等面積投影；百分之三十六說它的外觀獨樹一格，相信會「激發反應和想法」；百分之三十二說它拒絕了「歐洲中心」的世界觀；百分之二十四宣稱它「更能真實地再現第三世界國家的相對重要性」；只有百分之四覺得地圖「本身是一項政治論述」。被問到地圖的缺點時，答案壓倒性地分成兩大類：民眾對地圖不熟悉（百分之三十二），以及地圖的扭曲（百分之三十二）。值得注意的是，彼得斯宣稱這種地圖投影法有許多過人之處，但除了等面積再現和非歐洲中心的觀點以外，受訪者幾乎提都沒提過。沒有人說他們是因為準確度或客觀性而採用這幅地圖。

那他們如何使用這幅地圖？受訪的非政府組織大多承認是基於設計的目的，把這幅地圖當作標誌，印在發表的報告、文獻和小冊子裡，希望讀者因為對圖像不熟悉而感到驚奇，產生辯論。也有人用來教育民眾認識發展議題（development issues），必須從比較大的全球投影圖中選擇有限的地區，製作區域地圖，藉此確認海外計畫的地點。在這樣的情況下，大多會去除經緯網格，自然沒必要討論比例尺或比例（這些是彼得斯論證的核心）。雖然這種調查必然不夠全面，但至少確實反映出如此大量散布彼得斯世界地圖的機構對它的某些理解，不過從他們的回應看來，這些機構的製圖學素養有限。彼得斯世界地圖號稱要加強對開發中國家的地理再現，這種意識型態的主張只是為開發機構所關注的政治議題，提供了一個比目前其他製圖投影法更有吸引力的象徵。這份調查提出了一個關於如何使用世界地圖的問題，不只是現在，而是從古至今的每一幅地圖：如果使用世界地圖的團體不關心數學準確度，以及和正形或等面積再現這種製圖學問題，一般民眾對於自己在日常生活中使用的世界地圖，會不會思考這種問題？

彼得斯投影法的應用突顯出一個事實，從托勒密開始，個人和組織使用世界地圖，都是基於他們自己的象徵及政治目的，無視於製圖師對完整性和客觀性的主張。這些主張一直被挪用來助長地圖使用者的意識型態議題，而主張本身並不代表目的。雖然現代製圖師可能更清楚，把地球完整投影在平面地圖上，在數學上是不可能的，這種知識仍舊難以影響現在人們理解和使用世界地圖的方式。

＊

一九七三年推出的彼得斯投影圖號稱具有準確度，但它在製圖界內部引爆的爭議遠遠不僅於此。這種投影圖在執行上**確實**令人質疑，對準確度和客觀性的宣示過度誇大，對「第三世界」國家的支持在許多方面值得喝采，但終究成效有限，而且對麥卡托投影法的攻擊顯得既笨拙又弄錯方向。不過彼得斯看出西方知識文化對製圖術的理解出現了明顯的變化，發現所有的世界地圖必然是以選擇性、偏頗的方式再現它們宣稱要呈現的領土，而且這種再現必定受制於個人偏見和政治操弄。十八世紀的人相信製圖術能夠提供透明、理性、具有科學客觀性的世界圖像，卡西尼家族的數度測量即為一例，不過這種信念從十九世紀末開始慢慢瓦解，原因在於民族主義、帝國主義和各種意識型態的政治統治挪用了製圖學，來製造具備說服力卻又有選擇性的地圖，目的是正當化這些特定的政治化世界。一旦異議的思想家和政治行動者開始質疑這種地圖，幾乎一定會出現彼得斯這樣的人物，對既有製圖霸權提出質疑。如此所導致的爭議在無意間暴露出傳統世界地圖的製作法永遠無法突破的侷限，並直接把製圖學帶到下一次它重大演化的邊緣：線上製圖的虛擬世界。

如今，彼得斯投影法已被束諸高閣，但《彼得斯世界地圖集》（1989）裡處理人口、經濟成長和社會課題等社會與經濟議題的主題地圖，已經被納入二十一世紀初大多數的地圖集中。在標題頗具煽動性的《真實世界的地圖集：把我們的生活方式製成地圖》（*Atlas of the Real World: Mapping the Way We Live*，2008）這本書中，丹尼爾．多爾林（Daniel Dorling）、馬克．紐曼（Mark Newman）和安娜．巴爾福（Anna Barford）完全省去了依照實際面積製作的地圖，而另外根據人口統計學議題——從人口成長到軍事開支、移民、嬰兒死亡率、瀕臨絕種物種、戰爭死亡人數——製作三百六十六幅世界地圖。他們的「地圖集」用電腦軟體，依照地理分布在世界地圖上再現統計資料。例如公元一五〇〇年世界人口的比較統計地圖（cartogram）顯示南北美洲相對不重要。這些統計地圖再現了當今全球化世界的許多議題——人口、環境主義、貧窮、不平等和衝突——但沒有一幅是依照等面積或正形原則來展現這個世界。

彼得斯世界地圖的問題不是他繪製地圖的技術有限，而在於他堅決相信仍然有可能創造一幅更「準確」也更具科學客觀性的世界地圖。在他鏗鏘有力地辯稱製圖史一直或明或暗地複製當時的主流文化價值以後，彼得斯仍然堅持啟蒙時代的信念，認為他自己的世界地圖可以超越這些情況，做到真正的客觀。雖然他在技術和知識上都錯得如此離譜，彼得斯和他的投影法所引發的爭議無意間闡明了世界地圖製作的一個更深刻的真相：任何一幅世界地圖都有其偏頗性和固有的選擇性，因此必然會被政治所挪用。製圖學至今還在消化這些教訓，並非無視於阿諾．彼得斯的存在，反而在某種程度上是拜他所賜。

第十二章

資訊

Google地球，二〇一二年

地表上空一萬一千公里，虛擬軌道太空，二〇一二年

從一萬一千公里上空往下看，不斷旋轉的地球從太空深處的漆黑真空浮現眼前。太陽光線照亮了地球表面，看不到一絲雲朵和水氣，儘管海床仍然閃著群青色，陸地被錯看成一塊塊綠色、棕色和粉紅色的補釘。北非、歐洲、中東和中亞連成一彎新月，穿過地球的右半邊。左下方最醒目的是大西洋，逐漸被北美洲尖端取代，一大片亮白色的格陵蘭幾乎罩住地球頂端，聳現於北極。這是柏拉圖將近兩千五百年前在《費多篇》裡想像的世界，一個發光、完美的球體，「美得令人驚嘆」。這是托勒密公元二世紀投射在他的幾何網格上的oikoumenē，是麥卡托將近五百年前畫在長方形地圖上的地球，是太空總署二十世紀下半葉第一張從外太空拍攝的全球照片裡捕捉到的地球。這是地理學家的終極研究對象，整個地球的圖像。

但這不是從某種神祇般的觀點想像出來的一種無所不知的地球狂想。這是在Google地球（Google Earth）的首頁看到的地球影像。[1]這個應用程式在二〇〇五年和Google地圖一起推出，現在是全球最受歡迎的地理空間應用程式（一種地理資訊和電腦軟體的結合）。二〇〇九年四月，Google在地圖網站線上瀏覽次數的市占率達到將近百分之四十，以些微之差勝過它的主要對手MapQuest.com。[2]此後它的市占率持續成長，而且儘管其他像Yahoo! Maps和微軟的Bing Maps等對

手來勢洶洶，Google現在其實已經成了線上製圖的同義詞。二〇一一年十一月，Google在美國的市占率超過百分之六十五，它最強勁的對手Yahoo!則以百分之十五的市占率瞠乎其後。[3]以全球市占率而言，Google的主導地位更加鮮明，在全球線上搜尋市場的占有率達到百分之七十左右。[4]估計目前全球有二十億人上線，其中有十幾億人下載了Google地球，而且人數持續增加。

凡是用過這個應用程式的人，都很清楚它的好處，和它為什麼受歡迎。除了運用太空總署在一九七〇年代推廣的那張藍色行星懸浮在太空的指標性照片，Google地球也讓使用者和地球有某種程度的互動，這是在使用印刷的紙本地圖或地圖集時想像不到的。這個應用程式的顯示功能可以把世界傾斜、平移和旋轉；點擊地理位置和實物，可以提供更多資訊，甚至以視訊串流的形式顯示時間；可以在表面上把其他資料整合及「分層」（layered），從政治邊界到描繪同一區域的歷史地圖；使用者可以穿過一層層的資料迅速推近，或進入地球上的任何地點，在幾秒鐘內從幾千公里的上空，推近到距離地表不到幾公尺的地方，看到熟悉的鄰里、街道、建築物和房舍像照片一樣真實的3D影像。因為只要能上網，就可以免費取得Google地球的應用程式介面（簡稱API），現在個人和公司都可以在電腦模擬的環境裡創造自己的虛擬地圖，透過這個電腦模擬環境，現在他們可以挪用Google的地理資料，再根據自己的用途重新包裝。[5]Google不只在線上免費釋出大量的地理資料；還同意各式各樣的非政府組織以種種方式使用Google的應用程式，以支持各種環保運動，以及對全球的天災及內戰所做的人道救濟。

第一個地球影像背後包含了前所未見的大量資訊，相較於傳統紙本地圖提供的資料，不禁令人瞠目結舌。觀者眼前有高達十個petabyte（千兆位元組）的潛在地理資訊，分布在地球表面。位元組（byte）是一個資料單元，代表電腦記憶體裡一個八位元（bit）的資料值；如果是西方的語言，一個位元可以容納一個字母或一個數字，例如字母A或數字0。八十個gigabyte（十億位元組）的標準硬碟大約含有八百億的位元組；一個petabyte代表一百萬個gigabyte，可以儲存五千億頁的印刷文字。以這種容量，Google地球可以運用的數位資料，相當於英國國家廣播公司（BBC）六個月的節目總產量，線上的觀者只要輸入他們的座標，然後快速向地球推近，就可以在幾秒鐘內檢索任何一個位元組的資料。影像以每秒高達五十個畫格的速率（FPS）更新，Google地球的科技能夠製造令所有線上競爭者甘拜下風的最高畫質，呈現鮮明、無閃爍的飛行模擬影像，這一點確保了Google在線上製圖界的霸主地位。

不到十年間，Google地球不但立下了這些應用程式的標準，使地圖展現出前所未有的民主性和參與感，也導致地圖的地位和製圖術的前途被全面重新評估。現在地球上的任何地方好像都可能被任何人在線上看見，然後繪製成地圖，沒有製圖師不可避免的主觀偏私和偏見。當線上製圖的製圖學極限被擴大，地圖和製圖者的定義也被放大。如果採用地圖既有的定義，亦即用圖示再現（graphic representation）的方式對世界提供一種空間式的理解，那麼許多地理學家根本不會把Google地球當成地圖（即便其創造者不隨便用這個說法，寧願稱之為「地理空間應用程式」）。這個應用程式以操弄衛星影像和空照圖為基礎，製造出一種照片級的真實感，擺脫了現代地圖常見的圖示符號和象徵。Google地球的製作者不再是地理學或甚至製圖學科班出身。是電腦科學家締造的科技突破帶動了這些地理空間應用程式，而且現在繪製虛擬地圖的人通常被稱為「地理空間技師」（geospatial technologist），而非「製圖師」。

支持者說起Google及其應用程式的時候，語氣充滿敬畏。電腦科學家約翰．軒尼詩（John Hennessy）把Google譽為「全球最大的電腦系統」，而《翻動世界的Google》（*The Google Story*）的作者大衛．懷司（David Vise）宣稱「從古騰堡〔發明活字印刷〕以後，再也沒有任何新發明像Google這樣深切地對個人賦權，並改變取得資訊的管道」。[6]其他人的反應沒有這麼熱烈。有人抱怨Google在爬網時快取內容，侵犯了各種著作權；有人（最近獲得證實）辯稱這家公司儲存個人搜尋紀錄的能力，代表對隱私的一種侵犯—— Google街景計畫捕捉日常生活的照片式影像，更強化了這種批評。民權團體已經攻擊該公司進行內容審查，尤其是和中國政府的合作，儘管該公司在二〇一〇年一月決定不再取下中國認為敏感的資料。像伊朗、北韓，甚至印度之類的國家繼續批評該公司在地理空間應用程式裡顯示軍事敏感地點。二〇〇五年十二月，印度聯邦科技部長拉馬穆席（V. S. Ramamurthy）擔心Google的資料「可能嚴重危害國家安全」。[7]在著作權和隱私權的相關案件裡，Google在美國法院的官司大多勝訴。正當Google釋出越來越精密的科技應用程式，挑戰法律的界線，「太空法」這個新興領域還在苦苦追趕。[8]

因此，許多學術地理學和專業製圖學的從業人員對Google地球總帶著懷疑，甚至驚恐。有人認為它標誌著傳統印刷地圖產業的終結和紙本地圖的死亡。也有人認為這是製圖品質的退步：「素人」製作的個人化地圖看起來很基本，也沒有按照慣例進行專業驗證和審查。Google地球以網路帝國主義（cyber-imperialism）的手段，強制推行地理空間版的單一世界，也面臨把地圖同質化的指控。[9]二〇〇八年，英國製圖學會會長瑪莉·史賓斯（Mary Spence）扼要說明了她許多同僚的擔憂，當時她認為線上製圖（尤其是Google地圖）在細節和完整性方面，比不上地形測量局這種國家贊助的參考地圖，因為線上製圖再現的不是我們在傳統參考地圖上看到的那種中比例尺資料。[10]其他人質疑這個應用程式的創新性，宣稱Google只是一個資料聚合器（data aggregator），用相當基本的程式設計，把許多衛星影像供應者提供的授權資料（licensed material）拼湊在一起。Google沒有完全揭露哪些公司提供了哪些資料，因此幾乎不可能評估資料的品質，或是算圖（rendering）的優劣。[11]

而且還有一點很矛盾，讓虛擬地圖自由流通，而且最有能力挪用這些地圖做其他線上用途的，是目前在納斯達克掛牌交易的幾家最富有的跨國網路企業，這些公司有很多像Google一樣，靠網站上的廣告和贊助連結賺取大量收入（二〇一一年第三季，公司的淨收入上升了百分之廿六，達到廿七億三千萬美元）。我們不可能預測這種應用程式未來的發展。因為科技幾乎是以每日一變的速度繼續演進，目前想必還沒有人撰寫這種應用程式興衰史之類的著作，不過本章是第一篇試圖對Google地球提供文字說明，並將其融入更廣泛的地圖製作史的文章。[12]

*

本書的每一幅地圖不但再現，同時也建構了一種特殊的文化世界觀，而像Google地球這種地理空間應用程式的快速演進發展，最能明白呈現出這個過程。這個應用程式不到幾秒鐘就能擷取一萬兆位元組的潛在地理資料，最能夠生動地彰顯出資訊科技當前正在進行中的轉變，一次如此深遠的改變，西班牙社會學家曼紐·卡斯提爾（Manuel Castells）因而稱為「一個新時代，資訊時代的開端」。[13]

卡斯提爾在一九九八年為文指出，我們正在經歷「一場資訊為核心的科技革命」，[14]他稱之為網路型社會（networked society），以經過電子處理的資訊網路為核心來組織社會行為。[15]這樣的社會產生了「資訊主義的精神」（spirit of informationalsim），資訊和資訊的處理成為經濟組織的首要原則。卡斯提爾相信即時電子交換的迴路——電子通訊、電腦處理、微型電子裝置——正在創造新的空間環境，也就是某些評論家所謂的「數位空間」（DigiPlace），[16]網路化的個人可以在這個空間裡瀏覽彷彿永無止盡的虛擬資訊流。從在一座城市裡找路到逛街和玩遊戲，數位空間鼓勵使用者在一部分實體，但越來越虛擬的空間之間移動，承諾使用者可以藉此瞭解他們在這個世界的定位。[17]這些聽起來活像是反烏托邦科幻小說的內容，「現實」的世界被虛擬、數位世界所取代。不過卡斯提爾指出，「所有的現實都是虛擬實境的識覺」（all reality is virtually perceived），因為我們是透過各種符號和象徵來理解這個世界。網路社會代表一種新的溝通系統，而這個系統產生的正是卡斯提爾所謂的「真實虛擬」（real virtuality）。在這個系統裡，「真實本身（也就是人們物質／象徵的存在）被全面擷取，完全浸沒在一個虛擬影像的環境裡」，這裡的「表象不只出現在傳達經驗的螢幕上，而是變成了經驗本身」。網路社會是以資訊為核心。照詹姆斯·格雷克（James Gleick）的說法，「我們的世界靠資訊才能運轉：是血液和燃料，是最重要的原理。」對現代物理學家而言，現在整個宇宙被視為「一台廣大無際的資訊處理機」。[18]而

Google正是最能夠體現網路社會的崛起和這種「資訊主義精神」的公司，因為其宗旨為「組織全世界的資訊，並且讓全球都能夠取得和使用。」[19]要明白像Google地球這種應用程式如何讓製圖術產生無法逆轉的改變，就必須瞭解資訊傳播的理論和實踐在二十世紀下半葉經歷的重大變遷。

一九四〇年代末期，一群美國數學家和工程師開始研發如何預測他們所謂的隨機過程（stochastic processes）——看似隨意而不確定的事件。像諾伯特．維納（Norbert Wiener，1896-1964）、克勞德．夏農（Claude Shannon，1916-2001）這樣的人在二次大戰期間受聘，處理如擊發裝置和密碼術之類的隨機問題。他們開始提出複雜的「控制系統」，可以譯解和預測人之間（以及機器之間）看似隨意的溝通行為。一九四八年，維納寫道，「我們決定把這整個控制和溝通理論的領域（無論是機器或動物的控制和溝通）稱之為仿生學（Cybernetics）」，這個名詞出自希臘文的kybernetes，意思是船隻的舵手，也有控制或治理的意思。[20]

維納相信「大腦和計算機器有許多共同點」，[21]另外在同樣發表於一九四八年的論文〈溝通的數學理論〉（A Mathematical Theory of Communication）中，夏農把這個概念做進一步發揮。他主張任何溝通行為都存在著兩個互相連結的問題：界定訊息的行為，以及他所謂的「噪音」或干擾，會影響訊息從一個來源到另一個來源的傳輸。對夏農而言，訊息的內容不重要：為了把傳輸效能極大化，他把溝通想像成一條導管。訊息發自一個來源，進入傳輸裝置，然後透過某一個媒介傳輸，在這裡遭遇各種不相干的「噪音」，最後抵達預定的目的地，由接收者詮釋。這個隱喻引用的是對人類語言的功能性說明，但也可以套用在電報、電視、電話或無線電之類由機器產生的訊息上。夏農指出，所有這些訊息（包括口說語言在內）都能夠透過一和〇構成的聲波，以數位的方式傳輸和測量。[22]「如果採用二進位，」夏農表示：「產生的單元可能叫作二進位元（binary digits），或簡單一點叫作位元（bits）。」——於是用這個術語作為可計算資訊（countable information）的單元。[23]夏農接著採用複雜的演算法，說明如何把訊號的效能（或資訊單元）極大化，同時把未經許可（unwarranted）的錯誤或「噪音」的傳輸極小化，從而發展一套或然率的理論。[24]

如今，夏農的論文被許多電腦工程師公認為資訊時代的大憲章（Magna Carta）。他的理論說明了如何快速而可靠地儲存和傳播數位資訊，如何把資料轉化為不同的格式，以便量化和計算。資訊現在是**可互換的**（fungible），是一種可量化的商品，而且可以和其他商品互相取代。這樣的理論勢必對計算機硬體領域造成巨大的衝擊，同時也會影響其他學科——包括製圖學。在後續二十年間，製圖師開始採用夏農的理論，根據所謂的「地圖傳播模式」（map communication model，MCM）發展一種理解地圖的新方法。一九七七年，阿諾·彼得斯的大敵亞瑟·羅賓遜對地圖的功能提出一次徹底的再評估，以反映他描述的「一種對地圖作為一個傳播媒介更強烈的關注」。[25]傳統上，任何地圖理論都在地圖完成時告終：對理論的興趣純粹在於製圖師如何極力把某種秩序，強加在一批各不相干、矛盾（或「嘈雜」）、依照製圖師的主觀決定而被納入地圖的資訊上。現在羅賓遜引用夏農的傳播理論，主張地圖只是一個管道，從這裡把訊息從製圖者傳遞給地圖使用者，也就是他所謂的識覺者（percipient）。

製圖術的研究因此受到關鍵性的影響。羅賓遜的地圖傳播模式不去分析地圖設計的主觀和美學元素，反而要求就地圖的功能和認知層面提出新的說明。所謂的新說明，就是檢驗製圖這個**過程**，解釋製圖者如何蒐集、儲存和傳播地理學資訊，然後研究識覺者對地圖的理解和消費。羅賓遜的地圖傳播模式，和夏農極大化傳播效能與極小化噪音的理論合併使用，處理了一個至少從希羅多德和托勒密以來就一直在解決的難題：如何把大量噪音和各不相干的地理學 akoē（或道聽途說），融入一幅既有效用又有意義的地圖裡。羅賓遜採用夏農有關傳輸資訊時出現「噪音」干擾的理論，目的是要把他所謂地圖有效傳輸的過程中遭遇的障礙極小化，意思是避免不一致的地圖設計（例如顏色或字體的使用）、惡劣的觀看環境（又把焦點放在識覺者身上）和意識型態的「干擾」（羅賓遜在一九七〇年代持續攻擊彼得斯，使這個永難解決的問題獲得了更大的共鳴）。像Google地球這樣的數位地理空間應用程式，直接把夏農的傳播理論和羅賓遜的地圖傳播模式納入後來的電腦科技中，彷彿實現了這個夢想——製作出形式和功能完美結合的地圖，任何時間或在世界的任何地方，把有關世界的地理資訊即時傳播給識覺者。

克勞德·夏農的理論改變了人們對資訊本質及其電子傳播的識覺，同時提供了後續電腦化科技發展的基礎。資訊科技（IT）和Google地球這種圖形電腦應用程式的驚人成長，是拜夏農的數學和哲學命題所賜。在一九四〇年代要把夏農的傳播理論付諸實行，需要某種程度的電腦計算能力，不過一直到電子科技在後續幾十年有了重大突破，電腦才具備這樣的計算能力。一九四七年，紐澤西州的貝爾實驗室（Bell Laboratories）發明了電晶體（半導體，也就是現在所謂的「晶片」），比夏農的概念出現得更早，理論上已經能夠以迄今無法想像的速度處理機器之間的電脈衝。不過必須以適當的材料製作，才能使晶片的運用達到最優。一九五〇年代開始用矽來開發電晶體的新製程，到了一九五九年，位於現在北加州矽谷的一家公司，終於研發出完美製程。一九五七年，傑克·基爾比（Jack Kilby）和鮑伯·諾伊斯（Bob Noyce）發明了積體電路（IC，比較通俗的說法是微晶片），讓電晶體的整合變得更輕巧、更廉價。到了一九七一年，英特爾工程師泰德·霍夫（Ted Hoff，也在矽谷工作）發明了微處理器（晶片上的電腦），使電晶體的發展臻於顛峰。[26]現在總算有了測試夏農的理論所需要的電子載具。

因為當時成本過高，這些科技發展一開始除了應用於政府的軍事與國防，在其他方面的影響有限，不過有些地理學家已經開始運用夏農的理念來開發新的資料再現法。對後來的地理空間應用程式來說，在實務上最重要的創新是一九六〇年代初期出現的地理資訊系統（geographical information system，GIS）。GIS系統，是用電腦硬體和軟體來管理、分析及顯示地理資料，解決資源的規劃與管理問題。為了確保標準化，必須採用把地球視為扁橢圓球體的既有地球座標系統所建構的地圖，將結果附加到地圖上。

一九六〇年，英國地理學家羅傑·湯姆林森（Roger Tomlinson）

和加拿大渥太華一家空中測量公司合作，由政府出資，進行清查測量，以評估農業、林業和和野生動物的土地使用現況和未來產能。在加拿大這種面積的國家，光是農業和森林用地，就要用一：五〇〇〇〇的比例尺畫上三千多張地圖，還沒算上經過校勘的資訊和分析後的結果。政府估計要動用五百名經過訓練的工作人員，花上三年時間，才能把資料繪製成地圖。不過湯姆林森有個想法：他知道把電晶體裝進電腦，可以產生更快的速度和更大的記憶體。「電腦，」湯姆林森回想說：「可以成為資訊儲存裝置和計算機。技術上的困難在於把地圖輸入電腦裡，把形狀和圖像轉化為數字。」麻煩的是當時最大的電腦是IBM的產品，記憶體只有一萬六千位元組，價值六十萬美元（相當於現在的四百多萬英鎊），重達三千六百多公斤。[27]

一九六二年，湯姆林森向加拿大土地調查局（Canada Land Inventory）提出他的計畫。他表示這個地理資訊系統「可以將地圖化為數字形式，並連結起來，形成地區、國家或大陸天然資源的完整圖像。然後可以用電腦分析那些資源的特徵……可以幫忙制訂策略，進行理性的天然資源管理」，證明了夏農和羅賓遜的傳播理論顯而易見的影響力。[28]他的提議被採納，加拿大地理資訊系統（Canada Geographic Information System，CGIS）成為全球先驅。製作出的地圖所能表現的顏色、形狀、輪廓和地勢，仍然受到印刷科技的限制（通常是點陣式印表機），不過在這個階段，真正重要的是這個系統校勘巨量資料的能力。

CGIS使用先進科技，製作出七千多幅具備局部互動能力的地圖，直到一九八〇年代初期仍被普遍採用。在CGIS的激勵下，北美洲各地又創造出數百個GIS系統，美國政府也在一九八八年大手筆投資成立國家地理資訊與分析中心（National Center for Geographic Information and Analysis，NCGIA）。這些GIS的發展顯示地圖的本質和用途有了顯著的變化：地圖不只進入了電腦化複製的全新世界，也可能實現夏農的無噪音傳播模式，有助於以嶄新而令人興奮的方式組織和呈現地理資訊。[29]

在CGIS的實施初期，湯姆林森剎時有個天馬行空的想法：如果每個人都能就近使用一個鉅細靡遺呈現出整個世界的GIS資料庫該有多好？即便在一九七〇年代，電腦計算能力和湯姆林森的渴望有落差，因此這個想法仍然屬於科幻小說的領域。就在這個時候，地理學家開始被電腦科學取而代之。夏農早已提供了一套傳播可計算資訊的理論；積體電路和微處理器的發展深深改變了電腦化資料的容量；現在面臨的一項挑戰是發展出能夠繪製高解析度圖形的硬體和軟體，這種圖形包含數百萬夏農的二進「位元」資訊，然後傳布到全球性的電子網路，供應大量的國際使用者——也就是網際網路。

我們現在所知道的網際網路，是美國國防部高等研究計畫署（Advanced Research Projects Agency，ARPA）在一九六〇年代末期，為了因應蘇聯核武攻擊的威脅而發展出來的。國防部需要一個自給自足的通訊網路，即便部分系統被破壞，也不會受到核武攻擊的侵害。這個網路不需要控制中心，可以獨立運作，透過多重通道即時把資料從源頭傳遞到目的地。第一個電腦化網路在一九六九年九月一日上線，連結加州和猶他州的四部電腦，命名為高等研究計畫署網路（ARPANET）。[30]最初幾年，網路的互動性有限：和ARPANET連線的費用高昂（五萬到十萬美元），程式碼的使用也很困難。不過整個一九七〇年代的科技發展，漸漸打開了這個網路的可能性。一九七一年，美國電腦程式設計師雷．湯姆林森（Ray Tomlinson）透過ARPANET寄出第一封電子郵件，首度使用@的符號來區隔個人和他們的電腦。一九七八年數據機的發明，使個人電腦不必透過ARPANET即可傳送檔案。一九八〇年代，發展出大多數電腦化網路皆可使用的共同通訊協定（Common Communication Protocol），為日內瓦的歐洲核子研究委員會（European council for Nuclear Research，CERN）在一九九〇年開發全球資訊網（World Wide Web）鋪路。提姆．柏納—李（Tim Berners-Lee）和勞勃．卡里奧（Robert Cailliau）帶領的研究小組設計了一個應用程式，採用超文件傳送協定（HTTP，處理或輸送網頁上的資訊的方法）和一致資源定位器（URL，為網際網路上的文件或資源建立唯一位址的方法），可以藉由資訊而非地點來組織網站。[31]

資訊科技從一九七〇年到一九九〇年的這些發展，和西方資本主義經濟的全面重組同時進行。前一章提到的一九七〇年代全球經濟危機，促使各國政府在一九八〇年代透過解除管制、私有化、削弱福利國家及勞資雙方的社會契約，來改革經濟關係。目的是以科技創新為基礎來提高生產力，並且使經濟生產全球化。如卡斯提爾所言，重新復甦的資本主義和電子科技之間屬於互相自我強化的關係，主要特色是「舊社會企圖以科技的力量來服務權力的科技，企圖自我重組。」[32] 阿諾·彼得斯一九七三年的投影法是對一九七〇年代經濟危機和政治不平等的直接反應，對照之下，在一九八〇年代初興起的新一代地理空間應用程式，則是雷根主義和柴契爾主義經濟政策的產物。

這番經濟變遷的結果，是整個一九八〇年代電腦繪圖公司在加州矽谷興起，開始發展易學易用（user-friendly）的圖形，成為未來線上使用者經驗的特徵。一九八〇年代末期，邁可·瓊斯（Michael T. Jones）、克里斯·譚納（Chris Tanner）、布萊恩·麥克蘭登（Brian McClendon）、雷米·阿諾（Rémi Arnaud）和理查·韋柏（Richard Webb）成立了Intrinsic Graphics公司，專門設計能夠以過去無法想像的速度和解析度來算圖的應用程式。Intrinsic後來被Silicon Graphics（SGI）收購，該公司成立於一九八一年，專攻3D圖形顯示系統。SGI明白，要展示他們的新科技，最有說服力的方法是在地理學上予以視覺化。

SGI的靈感之一是一支九分鐘長的紀錄片，由查爾斯與雷·伊姆斯（Charles and Ray Eames）在一九七七年攝製的《十的次方》（*Powers of Ten*）。電影一開始拍攝一對情侶在芝加哥一個公園野餐，距離鏡頭只有一公尺。然後鏡頭以十為因數，拉遠到十的二十五次方或十億光年外，想像從已知宇宙最邊緣的角度拍攝。然後鏡頭再推回公園裡的那對情侶，進入男子的手，直接穿過他的身體和分子結構，最後在十的負十七次方，以一個碳原子的次原子粒子的觀點終結。[33] 對製片人而言，這部影片是從數學比例尺的圖形視覺化出發，傳達出宇宙連結性（universal connectedness）的訊息，很快在科學界和圈外蔚為風潮。SGI面臨的難題是必須採用《十的次方》探索的原理，同時結合衛星影像和電腦化圖形，在地球和太空之間天衣無縫地快速來回穿梭——不會受制於十（或其他任何乘數）的次方。為了完美模擬離開地面和深入宇宙的飛行經驗，他們必須遮掩科技明顯的干預。

到了一九九〇年代中期，SGI開始展現它的新能力，著手研發一種硬體，叫作「InfiniteReality」，該硬體使用一種創新的元件，稱為「剪影貼圖」（clip-map）紋理單元（texture unit）。[34]剪影貼圖是一種很聰明的前置處理法，處理過的影像可以迅速呈現在不同解析度的螢幕上。這是把一幅MIP地圖在技術上加以精緻化（MIP出自拉丁文multum in parvo，意思是「很多東西聚集在一個小空間裡」）。這種作法基本上是以十公尺的解析度創造一個大型數位影像——例如美國地圖。影像的大小大約是四十二萬乘以三十萬像素。如果使用者轉而在一〇二四乘以七六八的顯示器上觀看影像，每一個資料像素相當於地圖上的幾千個像素。剪影貼圖額外納入了影像低解析度所需要的資料（經過前置處理），因此產生的來源影像比較大一點。不同解析度的像素資料以倒金字塔的形狀排列，當電腦呈現低解析度版本的影像時，就不需要把全尺寸影像的每個像素都插入，只要使用經過前置處理的低解析度像素資料即可。使用創新的演算法，剪影貼圖只需要知道你在世界的哪一個位置；然後從較大的虛擬「紋理」（texture）——所有用來再現世界的資訊——擷取所需的特定資料，「剪」（clipping）掉你不需要的位元。所以當你從太空接近地球時，系統會在螢幕上提供使用者視野中央的資訊，把其他資訊全部丟棄。因此這個應用程式佔用的記憶體極少，可以在家用電腦上快速而有效地運作。Intrinsic Graphics早期的員工艾維．巴爾—齊夫（Avi Bar-Zeev）說過，這個應用程式「就像把整個地球分段從吸管塞進去」。[35]用克勞德．夏農的說法，使用剪影貼圖，可以盡量減少上載到一個圖形處理單元的資料，這樣才能將速度極大化，並且即時製作複雜實境——例如自然地理——的虛擬動畫。

SGI一位工程師馬克．奧賓（Mark Aubin）回憶說，「我們的目標是製作出精彩絕倫的示範模型，炫耀這種」以市售衛星和空照地球資料為素材的「新紋理繪圖能力」。成品就是「太空到面前」（Space-to-your-face），奧賓透露，這個示範模型的靈感主要來自電腦遊戲，而非地理學。奧賓記得，看到《十的次方》的翻書動畫（flipbook）以後，「我們決定一開始要在外太空觀看整個地球，然後越來越靠近地球。接著示範模型把焦點放在歐洲，

> 然後，當日內瓦湖映入眼簾，我們對準瑞士阿爾卑斯山脈的馬特洪峰。高度越降越低，最後來到任天堂64〔電動遊戲控制台〕的3D模型，因為它的圖形晶片是SGI設計的。鏡頭穿過任天堂的外殼，我們停在印著我們公司商標的晶片上。然後再前進一點，隨即折返太空，直到我們再度凝望地球。[36]

SGI「精彩絕倫的示範」令人驚豔，看到的人也相當激賞，但軟體和資料都尚待補強。他們必須加快腳步，因為規模更大的企業已經開始看出開發這種應用程式的潛力。一九九八年六月，微軟推出TerraServer（是Microsoft Research Map〔MSR〕的前身）。微軟和美國地質調查局（United States Geological Survey，USGS）及俄羅斯聯邦太空局（Sovinsformsputnik）合作，TerraServer使用他們的空照影像，製作美國的虛擬地圖。但就連微軟也沒有完全看出這個應用程式的重要性。TerraServer的開發，最初是為了測試微軟的SQL伺服器儲存量的極限。不到兩年就累積了超過二兆位元組的資料，重點在於資料數量的大小，內容反而是其次。[37]

在TerraServer逐漸擴張的同時，SGI做了重要突破。他們的一名工程師克里斯．譚納（Chris Tanner）發明了一種方法，可以用個人電腦的軟體做剪影貼圖，該團體的幾名成員在二〇〇一年成立了一家新的軟體開發公司，叫Keyhole, Inc.。Keyhole意圖運用這種新科技，設法尋找適合的應用程式，並且回答這個團隊包括馬克．奧賓在內的許多成員一問再問，也是克勞德．夏農的傳播理論早該被問到的問題：「這到底有什麼用處？」[38]在夏農的理論裡，他的資訊單元的內容並不重要；重要的是儲存和傳播內容的方法。在這個階段，SGI把地理資料當作開發案的重點，可以說是無心插柳。奧賓明白，在地球上快速呈現圖形資訊的能力，會令人們心醉神迷，而且超越了炫技的層次。

該公司吸引了許多人對這個新應用程式的興趣，即便仍然欠缺其創造者後來所謂的「可行動應用程式平台」，但顯然也稱得上是創新的工具。[39]資料可以量化和計算，不過根據的是什麼使用價值呢？如同十五世紀末的印刷商，SGI和微軟等公司的電腦工程師回應了以新媒介呈現地理資訊的技術性挑戰，但難以預見這種新形式將如何同樣改變地圖的內容。

這些電腦工程師逐漸發現，他們正在開發人類想像中最恆久也最具指標性的圖形影像：從上空俯瞰的地球，還可以從宛如無所不知、超越地球時間與空間的神祇位置，快速降落地球。柯林頓政府在二十世紀結束前幾年做出的兩項政治干預，大大提高了對這個超驗的地球景觀提供另一種觀點的科技能力。一九九八年一月，副總統艾爾．高爾（Al Gore）在洛杉磯的加州科學中心（California Science Center）發表演說，題目是「數位地球：在二十一世紀瞭解我們的星球」（The Digital Earth: Understanding our Planet in the 21st Century）。高爾一開始就表示：「新一波的科技創新能讓我們擷取、儲存、處理和顯示我們星球前所未有的大量資訊，以及各式各樣環境與文化現象。這些資訊有許多將被『地理對位』（georeferenced）——亦即將會指向地球表面的特定地點。」高爾的目標是在他所謂的「數位地球」（Digital Earth）的應用程式內部管理這方面的資訊：一個「多重解析度、3D的地球再現，我們可以在裡面嵌入大量的地理對位資料」。

高爾要台下的聽眾想像一個小孩子進入一家博物館，並且使用他的數位地球程式：

> 戴上了頭戴式顯示器以後，她看到地球從太空出現。她用一只資料手套往前推進，使用的解析度越來越高，看到各大陸、各區域、各個國家、城市，最後看到一棟棟房子、樹木和其他自然與人造的景物。發現了地球上一個她有興趣探索的地區以後。她以相當於「魔毯飛行」的方式，穿越地形的3D顯像畫面。當然，很多種資料都可以和她互動，地形只是其中一種。

高爾承認「這個情節看起來或許很像科幻小說」，而且「政府、產業或學術界沒有任何組織能承擔這樣的計畫」。如果可以實現的話，這樣一個組織會有進步性的全球影響。可以促進實質民主、打擊犯罪、保存生物多樣性、預測氣候變化及增加農業生產力。在指出未來的發展方向時，高爾承認，要整合及免費傳播如此大量的知識，確實有相當的難度，「尤其是在影像自動判釋（automatic interpretation of imagery）、出自多種來源的資訊融合，以及智慧型代理人（intelligent agents，可以在網路上發現並連結與地球上某一個點有關的資訊）之類的領域。儘管如此，他相信「現在時機已經成熟，這個令人興奮的組織一定會出現。」他隨即提議：「我們應該努力開發一公尺解析度的數位世界地圖。」[40]

柯林頓政府瞭解到開放線上資訊的必要性，而且不只表現在這一點上。自從在一九六〇年代開發以來，透過幾十枚環繞地球的人造衛星進行的全球定位系統（Global Positioning Systems，簡稱GPS）一直控制在美國空軍手裡。藉由GPS訊號，美國軍方的接收器可以精確定位到世界上任何地點，誤差不超過十公尺。民間人士巴不得花幾千美元買一個可以接收這種訊號的GPS接收器。不過基於所謂國家安全的理由，政府用一個叫做選擇可用性（Selective Availability，SA）的程式，把訊號過濾後供民眾使用。這種降級訊號（degraded signal）只能定位到幾百公尺的範圍，根本無法達到實用的目的。柯林頓政府面臨各種商業利益越來越積極的遊說，其中包括汽車產業，他們希望解除SA的管制，用增強的訊號支持各種商業副產品，例如汽車導航系統。

因此，而且主要是因為高爾的鼓吹，柯林頓政府在二〇〇〇年五月一日午夜關閉了 SA程式。GPS訊號的強度和穩定度大幅加強。商業型企業馬上看出這個決策的潛力，開始把線上地圖放上公用網域。線上地圖服務MapQuest.com（一九九六年推出）的共同創辦人賽門．格林曼（Simon Greenman）認為這是非常重要的一刻，「我們許多GIS產業出身的人早就看到網際網路讓群眾免費製圖的能力」。[41] 其他像Multimap（一九九五年成立）之類的公司開始販賣數位地圖，其他公司則行銷大量GPS導航裝置，包括相對廉價的個人衛星導航系統。艾維・巴爾一齊夫相信高爾的數位地球與SA措施的重要性不容小覷：

> 沒有開放的網際網路，Google地球（以及這個部落格及其他許多我們喜歡的事物）就不會存在。因此，我們必須感謝高爾。因此無論你對他的政治立場有什麼看法，Google地球背後一個清楚的動機，是他們也想讓人們看到地球完整無缺的景象，同時給予人們處理這個景象的工具。[42]

這兩個研發成果都為地理空間應用程式在二十一世紀前幾年的竄起加了一把勁。不過在二〇〇〇至二〇〇一年發燒的網路世界中，在商業上掙扎求生很快成了第一要務。二〇〇〇年三月，網路泡沫突然破裂，全球資訊科技公司高達數兆美元的價值就此消失。當時Keyhole已經著手研發一個叫作Earthviewer的應用程式，他們認為是依循高爾「數位地球」的理念，同時像馬克・奧賓這樣的人認為，可以當作「奉獻給全世界的消費者產品」來行銷，透過廣告來賺取收入。不過後來「網路泡沫化，該公司再也找不到金主支持這個模型，於是Keyhole改弦易轍，專注研發商業應用程式」。[43]索尼寬頻公司（Sony Broadband）已經投資了，但Keyhole想要多找幾個投資者，最初鎖定的是房地產市場。雖然北美洲的資料很容易取得，新工具的全球穿透率仍然有限，因此用這個當作近距離觀看不動產及搜尋在地區域的應用程式，似乎很有吸引力。

二〇〇一年六月，Keyhole推出Earthviewer 1.0，在業界普獲好評。這個程式定價六十九點九五美元，並推出免費的試用版。購買者能夠以空前的解析度和速度暢遊地球的3D數位模型，雖然因為只有五、六兆位元組的資訊可供使用，初期的版本仍有其限制。全球圖層的解析度低得令人失望，在美國以外的許多大城市的再現品質低落，有的根本看不到。以Keyhole的資金，他們向商業衛星公司取得使用許可的資料，根本無法涵蓋整個地球，因此就連英國也只能以一公里的解析度呈現，根本認不出街道。高度往往對不齊，影像模糊，應用程式的「扁平度」顯而易見，令許多評論者質疑它號稱3D的說法。

儘管如此，和房地產市場扯不上邊的人，很快就看出它的用處。當美軍和聯軍在二〇〇三年三月入侵伊拉克時，美國新聞網路不斷使用Earthviewer把巴格達全城的轟炸目標視覺化。報上說相關報導「使一家小科技公司及其超先進的3D地圖一炮而紅」。當使用者大批湧入，導致網站當機時，有報導說執行長約翰．漢克（John Hanke）表示：「這不是最嚴重的問題。」[44]中情局已經對Keyhole產生興趣，幾個星期前才透過中情局出資成立的非營利私人公司IQT電信（In-Q-Tel）投資該公司。這是IQT電信首度代表國家影像製圖局（National Imagery and Mapping Agency，NIMA）投資一家私人公司。NIMA在一九九六年脫離國防部正式成立，其任務是提供正確的地理空間資訊，以支援軍事作戰和情報。IQT電信公司宣布投資Keyhole時，透露說「為了向國安人士證明Keyhole的科技價值，NIMA用這種科技來支援駐守伊拉克的美軍部隊」。[45]至今沒有人確知Keyhole到底為中情局做了什麼，不過既然投入資金，代表該公司短期的成功是無庸置疑的。二〇〇四年末之前，Keyhole推出了六個版本的Earthviewer。

然後Google出現了。二〇〇四年十月，這個網路搜尋引擎宣布收購Keyhole，金額保密。Google的產品管理副總裁強納生．羅森堡（Jonathan Rosenberg）表達喜悅之情：「這次的收購讓Google使用者有了一個強大的新搜尋工具，可以觀看任何地方的3D畫面，並利用道路、商店和許多其他地標的豐富資料庫。Google極力組織世界的資訊，使全球人士皆可存取及使用，Keyhole的加入無疑如虎添翼。」[46]回顧過往，艾維．巴爾—齊夫認為收購Keyhole讓Google取得關鍵科技，可以設計一個「宛如多了特異功能的實體地球」的應用程式。[47]不過當時似乎沒有人意識到，後來證明這次收購對Google更廣泛的商業模式有多麼重要。

Google如何竄升為全球搜尋引擎龍頭的故事，已經有人述說過了，[48]不過簡單說明它如何成為線上世界的主要玩家之一，多少可以解釋為什麼Keyhole的加入對這家公司這麼重要。Google的創辦人賽吉·布林（Sergey Brin）和賴瑞·佩吉（Larry Page）一九九五年結識於史丹佛大學，兩人都是電腦科學博士班的學生。當時全球資訊網才剛開始發展，布林和佩吉都看出，只要開發出能讓使用者在數不清的網站與連結之間暢遊的搜尋引擎，未來的潛力不可限量。像AltaVista這種搜尋引擎沒有能力進行「智慧型」搜尋，也就是以可靠性和相關性來組織資訊，剔除網路上比較不受歡迎的元素（包括色情網站）。

佩吉和布林觀察一九九〇年代末期的情勢，認為眼前的挑戰非常明顯。「現今網路搜尋引擎的使用者面臨的最大問題，」他們在一九九八年四月表示：「在於他們得到的搜尋結果的品質。儘管結果經常令人發噱，也讓使用者增廣見聞，但搜尋結果往往令人喪氣，也耗費寶貴的時間。」他們的解決之道是網頁排名演算法（PageRank，用佩吉〔Page〕的姓氏作為雙關語），設法評估某個網站超連結的數量和品質，以衡量其重要性。布林和佩吉一開始就用非常鮮明的製圖學語言來描述排名演算法。「網站的文獻引用（連結）圖是重要的資源，然而現存的網路搜尋引擎大多沒有加以利用，」他們在一九九八年寫道。「我們所創造的引用地圖包含高達五億一千八百萬個這樣的超連結，是具有指標意義的樣本。有了這些引用地圖，便能快速計算網頁的「網頁排名」，這是一個測量網頁之文獻引用重要性的客觀方式，符合人們對重要性的主觀概念。」[49] 他們設計出的系統如今依然推動每一次的Google搜尋動作，估計二〇一一年每秒鐘有超過三萬四千次（每分鐘兩百萬次或每天三十億次搜尋）。[50]

一九九七年九月，布林和佩吉把「Google」登記為網域名稱（原本要以「googol」為名〔一後面有一百個零的數學用語〕，但是在線上登記時拼錯了）。不到一年，他們已經把三千萬個線上網頁編入索引，到了二〇〇〇年七月，數量更增加到十億個網頁。二〇〇四年八月，Google以八十五美元一股的價格公開發行，集資二十億美元，創下科技類股掛牌上市的最高紀錄。從二〇〇一到二〇〇九年間，Google的利潤從估計六百萬美元飆升到六十幾億美元，收入高達二百三十億美元，其中百分之九十七來自廣告。目前估計資產超過四百億美元，Google每天處理兩萬兆位元組的資訊，全靠全球僅僅兩萬名出頭的員工，其中估計有四百人專職研發他們的地理空間應用程式。[51] 在身價急速飆漲的同時，自然少不了同樣創新的商業哲學。除了想要組織世界的資訊，讓全球人士得以使用，還有一系列的信仰在背後推動Google，公司的任務宣言寫得非常清楚：「網路民主可行」；「資訊需求無國界」；以及最具爭議性的一點，「不做壞事也能賺錢」。[52]

到了二〇〇四年，Google已經實現克勞德·夏農以數位方式量化資訊的理論：問題在於如何把這種資訊商品化，並轉換成財務利潤？Google收購Keyhole的動機和這個問題的答案環環相扣，也顯示Google有能力看出網際網路的變化趨勢。與其只是被動地觀看資訊，線上社群渴望和內容的生產有更多互動，並提高操弄內容的能力——這種變化叫作Web 2.0，其特徵在於寫部落格、網路連結和上載各種不同的媒介。Google知道，如果它有「組織世界資訊」的雄心，就必須設法描繪世界的地理分布，並慫恿商業及個人用戶出錢購買，再與之互動。Google需要的其實是現有的最大虛擬GIS應用程式，而解決之道正是Keyhole的Earthviewer。Google收購Keyhole之後的第一個動作是把購買Earthviewer的價格從六十九點九五美元下殺到二十九點九五美元。照強納生·羅森堡的說法，既然他們計畫進行品牌重塑（rebrand），這倒是深入檢視的好辦法。二〇〇五年六月，就在初次收購Keyhole八個月後，公司宣布推出新的免費下載程式：Google地球。

最初的評語令人喜出望外。《個人電腦世界》（*PC World*）雜誌和網站的總編輯哈利·麥克拉肯（Harry McCracken）在這個應用程式正式推出前幾天測試過，並表示「令人著迷」。這個應用程式，他寫道：「堪稱免費下載史上最出色的免費下載程式。」他繼續勾勒這個應用程式的好處。它不需要超強個人電腦來運轉，可以讓用戶快速環繞世界，各個城市和地景都呈現「確實不可思議」的精彩3D算圖。接著談它的缺點，麥克拉肯承認「Google地球非常壯觀，以一個免費程式而言尤其如此，我當下第一個想到的是不好意思批評。」不過影像的解析度差異極大，有些地方仍然無法定位（麥克拉肯老是找不到香港和巴黎的餐廳）。相較於美國的資料，世界其他地方的資料遠遠不足，麥克拉肯也埋怨很難確定這個應用程式「知道和不知道什麼」。他好奇MSN即將推出的虛擬地球（Virtual Earth）軟體和Google地球孰優孰劣，不過後者已經推出了貝他（Beta，或測試）版本，麥克拉肯認為應該會發展得很快，事實也證明他是對的。[53]

麥克拉肯知道Google地球其實是Keyhole的Earthviewer的更新版（兩者採用相容的編碼基底〔code base〕），彼此所差無幾。和以前不同的是Google地球背後有大量資訊可供利用。Google投資了好幾億美元，購買和上載商業衛星和空照影像，除了他們以外，沒有一家公司有這種資源或遠見來花這種錢。賽吉．布林第一次看到Earthviewer的示範時，他覺得在某種程度上就是很「酷」。[54]不過Google在收購這家公司之前的種種活動顯示當時還牽涉到其他因素。早在二〇〇二年，也就是收購Keyhole之前很長一段時間，Google已經開始向DigitalGlobe之類的公司購買高解析度的衛星影像，DigitalGlobe的兩枚軌道衛星現在能夠以不到零點五公尺的解析度，每天擷取地表高達一百萬平方公里的影像。Google用每吋一千八百點，也就是十四微米解析度的掃描器擷取這些資料。然後調整影像的色彩平衡，再將畫面「翹曲」（warped），形成地球表面的彎曲。然後便可供使用者取用。不過Google的來源不只是衛星影像，也採用以飛機、熱氣球——甚至風箏——在四千五百到九千公尺高度拍攝的空照圖。[55]取得照相資料的途徑必須多樣化，是因為Google無法防止他們取得的資料變模糊。二〇〇九年初的新聞報導宣稱該公司會審查敏感地點，把美國副總統官邸之類的地方變模糊，結果證明報導純屬子虛烏有：被審查的顯然是直接來自美國軍方的原始資料，而非Google。[56]

公司的多樣化也推動了另一項計畫。就在二〇〇四年十月收購Keyhole前幾週，Google也已經收購了Where2，是澳洲一家很小的數位製圖公司，當時正著手研發Google品牌的新地圖應用程式。二〇〇五年二月，也就是Google地球推出前四個月，Google宣布推出Google地圖。[57]最後，這兩個應用程式產生的綜效會讓觀者看到一幅寫實的虛擬地圖，套疊在具有照片級真實感的地表影像上，如今使用者可以根據他們希望取得哪一種資訊，在兩個應用程式之間遊走。

從二〇〇五年推出至今，Google地球經過七個不同版本的演進，持續改善它的真實感和解析度，如今已經到了獨步全球的程度。二〇〇八年，為了擴大資料，Google延長和DigitalGlobe之間的商業協定，另外再和他們的競爭對手GeoEye簽約，使用他們解析度只有五十公分的衛星資料（衛星還有僅僅四十一公分的更高解析度，然而與美國政府簽訂的授權條款禁止這些資料的商業零售）。[58]GeoEye用來發射衛星上軌道的火箭，甚至出現了Google的商標。Google 地球目前面臨的最新挑戰是引進3D地形建模（terrain modelling）。這個應用程式一開始其實只是把一個衛星影像覆蓋在地景的3D再現上，不過麥克拉肯在二〇〇五年發現，這樣無法再現建築物之類的地物。要得知以水平或傾斜的角度看地球時的距離，需要的數位資訊要比從正上方往下看的經典空拍角度更加複雜。Google的解決之道是採用一種叫「射線追蹤」（ray tracing）的技術，利用幾何學來模擬人的眼睛。這個應用程式會辨認觀者的視線，先把那一部分的螢幕填滿，然後再擷取四周界定眼睛邊緣視野的資料。

不過Google地球最近的技術創新，不是公司地理空間應用程式開發計畫中唯一的研發成果。Google現任首席技術顧問暨Keyhole共同創辦人邁可·瓊斯近日宣稱，現在全球有超過三十五萬個網站使用Google地圖應用程式介面。[59]二〇〇八年六月，Google推出新產品，稱為地圖製作工具（Map Maker），是地圖應用程式的一部分，如今在一百八十幾個國家裡，任何人都可以增加或編輯當地諸如道路、商店和學校之類的地物，然後納入Google地圖。資訊提交上去之後，要經過其他使用者評選，以及Google的查核，公司宣稱透過這個同儕審查制度，使用者可以製作自己的地圖，同時受益於形同免費的地理資料。

這個產品帶來的一項重大後果，是製作全球標準化之虛擬世界地圖的夢想（或恐懼）永遠不會實現。Google駐倫敦地理空間技師艾德·帕森斯（Ed Parsons）承認，Google起初秉持著「天真的看法，以為我們可以製作出一個世界的全球性再現」。[60]不過當Google認清國家和地方使用者想保留某些再現自然和人文地理地貌的方法，就馬上決定製作地球的基本再現模型，讓使用者附加他們自己文化中特殊的符碼和象徵。批評者認為地圖製作工具程式缺少地形測量局這種組織的專業評選，而且Google實質上是在免費蒐集資訊。但這個創新的程式無疑讓人們得以製作他們周遭環境的影像，是製圖史上無與倫比的創舉。

Google地球所提供的功能在當前造成的興奮是可以理解的。雖然這個應用程式剛萌芽不久，但已經規劃了全球圖層和3D建模的進一步發展，如今在技術上已經可以想像波赫士一：一比例尺地圖的奇想。帕森斯宣稱：「如果問參與網路製圖和從事我們這種工作的人，我們百分之百相信可以製作出一比一的地圖。」但不同於波赫士想像的傳統紙本地圖，帕森斯表示，這樣一幅虛擬世界地圖可以在「多種層次的實境」上操作。Google正在儲存不同種類的資訊，可以在任何時候檢索，然後層層套疊在一：一比例尺的地理空間影像上：人們的社交網路、資金流動、地下交通路線，以及各種商業資訊的相關資料都可以即刻叫出來。Google地球不久後就能帶給我們「真實虛擬」（real virtuality）的世界圖像，除了軍事和法律之外，不會受到任何限制：美國軍事基礎設施仍然限制高解析度衛星影像的存取，包括可以公開買賣的資料在內，而且對於隱私權的憂慮在太空法的新領域會如何發展，至今仍不得而知。以十公分的解析度拍攝的衛星影像，現在可以辨認一個人的臉孔，但在法律確定這種資料能否任意取用之前，Google只能等待。

在此同時，Google繼續發展它的搜尋引擎及地理空間應用程式，創造出的成品等於是網路巨型地圖。透過早期建立的網頁排名演算法，布林和佩吉預測到這種發展，不過他們對虛擬製圖粗淺的理解，迥異於製圖學的傳統定義，也就是把實體的地形繪製成地圖。如果全球資訊網是一個「透過網際網路存取的超連結文件所構成的網路」，[61] 那麼Google正在創造一幅無限的虛擬地圖，試圖再現一個不斷擴大的資訊世界。Google地球是這個過程的重要附屬品，讓人們可以先觀看實體地形，然後往下鑽入可能有無限層次的數位資訊，其中大多數是肉眼「看」不見的。二〇一〇年四月，Google把地球整合到「地圖」的網站，讓使用者在這兩個應用程式之間暢行無阻，使Google地球應用程式變得更加重要。[62]對Google而言，研發地理空間應用程式的一個正當理由，是讓地球的數位影像成為擷取所有資訊的媒介；邁可．瓊斯在二〇〇七年為文表示，原本「網頁瀏覽器是應用程式，地圖是內容」，Google「把它們的角色顛倒，於是地球本身成為瀏覽器」。[63] Google地球應用程式——照Google的說法——是觀者第一個擷取及觀看資訊的地方。至少暫時來說，這似乎完全符合世界地圖的定義，世界地圖是以本身的文化信仰和假說構成，現在這些資料可能用電腦滑鼠點擊兩下即可取用。

可以上載到虛擬地圖的資料，規模大到難以想像。二〇一〇年，艾德．帕森斯估計如果把人類記載到一九九七年的資料全部數位化，接下來十三年網際網路的使用會讓資料的數量倍增。再接下來，他預測短短十八個月又會再度翻倍。估計全球資訊網目前的規模高達一千八百艾位元組（exabyte，一艾位元組包含一萬兆位元組，也就是十的三十次方），差不多有一百二十億頁。[64]不過容量不是問題。帕森斯宣稱：「如果每個行星都有和現在的網路規模一樣大的網際網路，我們也會輕易填滿。」依照製圖史的慣例，棘手的是如何追上資訊的累積，甚至超載。Google及其地理空間應用程式或許有能力跟上資訊的暴增，不過要繪製成地圖，則將是一個正在進行，而且——如同托勒密、伊德里斯及卡西尼家族所發現的——永無止境的過程。

*

一九七〇年，美國地理學家沃爾多．托布勒（Waldo Tobler）引述他所謂的「地理學第一定律：每一件事物都和其他每一件事物有關，不過鄰近的事物比遙遠的事物更有關係」，[65]可謂一語中的。托布勒是電腦化製圖的開路先鋒，在開發底特律人口成長的電腦化模擬時，創造出他的第一定律。托布勒的第一定律隱約點出全國互聯性以及電腦科技在人文地理製圖方面的重要性，它是網際網路的一個隱喻，也成為Google地球地理空間技師的驅動原理。第一定律承認一個事實，自托勒密以降，地理學一直是自我中心的。使用者一開始先在地圖上找到他們自己或他們的社群，不過後來漸漸對地圖邊緣的「遙遠事物」失去興趣。初次登入Google地球（或其他任何地理空間應用程式）時，大多數人馬上先輸入自己的位置（依據地區、城市、城鎮，或甚至街道），而不是利用應用程式來擴大他們的地理學知識。

對Google而言，托布勒的第一定律提供了一個方法，不只能在線上繪製世界地圖，也能利用地圖的資訊賺錢。艾德・帕森斯指出：「對我們來說，Google地球和Google地圖是地理學的視覺再現。不過我們做的每一件事都包含地理學，因為幾乎所有資訊都有一些地理學脈絡。」他估計百分之三十以上的Google搜尋具有一些清晰的地理學成分：Google其實是根據地理以及字母和數字來組織訊息。地理空間應用程式現在牢牢鑲嵌在所有的Google搜尋經驗裡。任何搜尋都可以立即和地圖應用程式比對，以確定資訊所在的空間。如果我在Google鍵入「中國餐廳」，我會看到本地七家餐廳的清單，每一家都附上地方資訊頁面，旁邊有一張Google地圖，顯示每家餐廳的位置。這是公司投資這些應用程式的一個層面，不過地理學家多半只注意Google地球和Google地圖的製圖學面向，完全忽略了這一點。帕森斯直接照著托布勒的話往下說，增加個人及其地理空間應用程式存取管道的機動性（例如透過行動電話），表示「鄰近我們的」資訊「要比距離比較遙遠的資訊更重要」。他以廣告為例，如果一家公司行號可以「在距離店面一百公尺的範圍內，讓過去曾對他們產品表達出購買偏好的人看到他們的廣告，這就是真正的銷售資訊。會有人花大錢買那種資訊」。[66]稍微看一眼Google的年度利潤，就知道公司行號真的會購買這種資訊。在Google手裡，克勞德・夏農可計算資訊的理論終於找到了市場。在異地的虛擬影像裡，天涯只有咫尺之遙，這些虛擬影像為Google賺取極大的利潤。

早在二〇〇六年五月，Google收購Keyhole剛滿一年時，邁可・瓊斯就在一次訪問中說出帕森斯的論點。瓊斯說：

> 說Google推出Google地球是不打算賺錢，其實完全不合理。Google是貨真價實的營利事業。Google地球把世界和世界的資訊連結，這是以前根本做不到的，也激發了數千萬民眾的想像力。這對Google是一件好事。即便我們的商業模式是吸引人們

注意Google，讓使用Google搜尋的人付費，也一直運作得相當好。所以如果有人覺得我們投入Google地球的用意不是要賺錢，那實在不了解我們的企業。我們的企業不是以製造GIS組件為目標。那些是我們用來做生意的工具。[67]

如此締造出的電子商務模式被經濟學家稱為Google經濟學（Googlenomics）。到了二〇〇二年，Google已經發展出一個提高收入的新方法，用「堪稱史上最成功的生意點子」——關鍵字廣告（Adwords）——出售線上廣告空間。[68]關鍵字廣告用一套很複雜的演算法來分析每一次的Google搜尋，並決定哪些廣告客戶可以把他們的企業顯示在每個搜尋結果頁的「贊助商連結」上。各個公司行號寫下每次使用者點擊他們的廣告時，他們願意付給Google多少錢，在全球最大也最快的拍賣市場進行祕密投標。Google在瞬間決定誰支付的錢最多，就把他們的廣告依序排列在Google的贊助連結上。每次有人在Google搜尋，就在不知不覺中參與了一場永無休止、高達數十億美元的全球拍賣會。Google向廣告客戶推銷說這個方案可以讓他們「在潛在客戶正在尋找你們的產品或服務的神奇時刻，和客戶連結，而且只在有人點擊你們的廣告時才付費。」[69]這代表了Google的廣告主管所謂的「點擊的物理學」（the physics of clicks）。追求利潤的同時也是一種取得更多資料的方法。「賣廣告，」史蒂芬·李維（Steven Levy）寫道：

不只產生利潤；也會產生和使用者的品味與習慣有關的大量資料，然後Google對這些資料進行篩選和處理，以預測未來的消費者行為，設法強化產品，賣出更多廣告。這是Google經濟學的核心和靈魂。這是一個不斷自我分析的系統：一個靠資料推動的回饋迴路，不但界定了Google的未來，也界定了任何線上商務從業者的未來。[70]

Google經濟的核心是公司的地理空間應用程式。當關鍵字廣告讓各公司行號更有效地為他們的廣告鎖定目標，Google地球和地圖也在實體和虛擬空間裡為他們的產品定位。邁可・瓊斯在最近一場演說中指出，這個地理空間應用程式已經找到它明確的用途，他在演說時豪氣地宣布他所謂「地圖的新意義」。瓊斯把線上地圖界定為一個「營業地點」，一個「應用程式平台」，各公司行號在這裡交換他所謂「可行動的資訊」（actionable information）。[71]Google開發地理空間應用程式背後的動機顯然越來越商業化，但無論瓊斯的「地圖的新意義」，或是這些意義和商業之間的密切關係，都不是他們以為的什麼新點子。根據商業來勘測地理學是一項悠久而卓越的製圖學傳統，至少可以追溯到伊德里斯地中海商品的區域地圖，而Google地球只是這個傳統的一部分。列比路為了取得印尼群島的商業財富而繪製的世界地圖、麥卡托為航海家繪製的投影圖、布勞為荷蘭富商和公民編纂的地圖集，甚至是哈爾福德・麥金德描述競爭力日益強大的市場如何引發帝國衝突的世界地圖，都是奠基於這項傳統。如果地圖和製圖者的動機是對地理學資訊看似公正無私的追求，資訊的取得必須仰賴贊助、國家資助或商業資本。製圖和金錢一向不可分割，同時也反映了某些統治者、國家、公司行號或跨國企業的既得利益，但這未必否定了他們資助的製圖者本身的銳意創新。

不過Google的作法和從前的情況有一個重大區別，而且不僅是規模的差異：而是關係到Google用來建構地理空間應用程式，以及關鍵字廣告和網頁排名的電腦化原始碼（source code），原則上，電腦化原始碼仍然忠於克勞德・夏農有關如何傳播可互換資訊的基本公式。基於明顯的商業理由，Google沒有透露其原始碼的明確細節，[72]也就是說，這是有史以來第一次，據以建構世界觀的資訊無法被公開及自由取得。過去所有的製圖法最終都會透露其技術及資料來源，以十六和十七世紀製圖業為例，即使他們曾經設法不讓競爭對手知道製圖的細節，但終究功虧一簣。即便這樣的製圖都不是專門為了吸取財務利潤而設計，也不具備Google那種規模龐大的資料，讓該公司得以限制其原始碼只在公共領域流通。Google地圖的應用程式介面讓使用者複製Google的地圖，但無從得知Google原始碼；而且就像廣告關鍵字，只要追蹤地圖的流通，Google就可以把蒐集使用者品味與習慣的資料庫擴大。Google地圖應用程式介面的授權條款也保留公司的權利，讓他們在未來任何時候都可以在使用他們地圖的網站上顯示廣告：這種作法不但挑釁，也充滿爭議，但Google不願意排除這項條款。「對碼的掌握就是力量」，建築史學家威廉・米契爾（William T. Mitchell）寫道。「誰會寫出逐漸構築我們日常生活的軟體？那個軟體會允許和禁止什麼？誰會得到特殊待遇，誰又會被邊緣化？編寫這些規則的人要怎麼負責？」[73]

同樣的，Google目前將全球圖書館數位化的計畫，是企圖讓知識可以在線上免費、即時存取——雖然批評Google的人辯稱這代表該公司企圖實質壟斷這些資料，並指出這些資料普遍受到的限制（Google的書籍不能列印，也不能完整觀看：大概要等使用者付了一筆費用，這些限制才會解除）。[74]二〇一一年三月，美國聯邦法官陳卓光（Denny Chin）否決了Google計畫和作者及出版商團體簽訂的交易——準備以一億兩千五百萬美元的代價將一億五千萬本書籍上線——因為這樣會讓該公司「獲得超越競爭者的強大優勢，獎勵該公司在未經許可的情況下，大規模複製版權作品」，堪稱是讓Google壟斷書籍搜尋市場。[75]二〇一一年九月，Google向美國參議院的一個委員會答覆競爭對手提出的指控，指該公司濫用本身在全球線上搜尋的主導地位，把自己的服務排在比較好的位置，在後續幾年，這種指控似乎有上升的趨勢。[76]

Google回應說，折損自己作為一個公平的線上搜尋資訊提供者的地位，因而失去客戶的信賴，並不符合該公司的利益，同時辯稱著作權的擁有者會因為書籍數位化而得到財務利益。最後，該公司堅稱Google的使用者（以及像Google地球社群〔Google Earth Community〕這種註冊的線上團體）不會容忍Google有任何朝向壟斷資訊、政治偏袒或接受審查制度靠攏的跡象。儘管如此，Google在地理學領域及書籍方面的野心仍然引發憂慮。Google應用程式的使用者也許沒有足夠的動機或組織來反抗資訊的壟斷。只有政府能夠透過競爭法（competition laws），制定必要的監督制衡。同時，Google的商業使命和比較進步、互動的精神之間的拉距日益嚴重，該公司似乎難以承受。在這方面，Google地球的地理空間技師很像是十六世紀的人文主義製圖師，例如迪歐哥．列比路和馬丁．瓦爾德澤米勒，違背政治壓力和商業壓力，以拓展地理資訊的範圍。但相對於十六世紀，現代公民社會有政府、非政府組織和線上社群的監督，如果覺得合適，還可以批評Google這樣的公司。

對於這些地理空間應用程式的侷限性，我們也應該繼續留意。技術性問題依然存在。Google目前還無法提供整個地球的標準高解析度資料——雖然顯然很享受提升覆蓋率的挑戰。在一項針對四大線上製圖網站（Google地球、MSN地圖、MapQuest和Multimap）的調查中，芬蘭資訊科技顧問安努—瑪莉亞．尼瓦拉（Annu-Maaria Nivala）和她的同事針對一群使用者做了一系列對照測試，他們指出了四百零三個問題，從搜尋操作的困難到使用者介面、地圖視覺化和地圖工具的問題等等。線上地圖往往「雜亂、令人困惑、擾攘不安，而且在螢幕看得很不舒服」。投影圖經常看起來「很古怪」、影像被「資訊超載」、平移和縮放不穩定、頁面布局拙劣、資料不一致，參與者因此提出這個老問題，「是誰決定地圖包含或不包含哪些資料？」[77]如果所有相互競爭的商業網站採用標準化地圖，可以改善其中某些問題，不過在可見的未來，恐怕很難如願以償。

儘管地理空間應用程式面臨當前這些技術性挑戰，所謂的「數位落差」（digital divide）才是長期難以解決的問題。雖然已經有超過五億人下載Google地球，遠遠凌駕自一九七〇年代流通以來，估計印製了八千萬份的彼得斯投影圖，但這個數字應該拿來和七十億的全球人口對照，許多人不但沒辦法連上網路，甚至不知道它的存在。到了二〇一一年，在將近七十億的全球人口及估計二十億的線上使用者當中，只有北美洲、大洋洲和歐洲的網路穿透率超過百分之五十。以全球平均百分之三十的穿透率，亞洲的穿透率是百分之二十三點八，非洲只有百分之十一點四，也就是一億一千萬的網路使用者。[78]這不只是科技取得管道的問題，也是資訊取得管道的問題（或是發展研究所說的A2K〔知識近用權〕）。[79]這些數字顯示，真正使用像Google地球這種應用程式的用戶，絕大多數都是西方、受過教育的菁英。這也表示在這種應用程式的地圖涵蓋的某些地區，當地人對此幾乎或完全不知情。

儘管如此，Google地球是一種極具潛力的卓越科技，由於有越來越多使用者寧捨傳統的國家、城市和城鎮的地圖和地圖集，改用線上GPS科技，因此Google地圖恐怕標誌著紙本地圖的死亡，或至少終將黯然失色。目前，Google地球以前所未有的方式，讓任何網路使用者都能存取地理資訊，也被個人和非政府組織用在各種進步性的環境和政治狀況中。Google已經創造出一種個人化的方式，不但可以使用地圖，也允許地圖被廢除，這一點前所未見的，而有了帕森斯所謂的「擴充實境應用程式〔用電腦生成的聲音和圖形等輸入訊號來修改真實世界的環境〕，把資訊覆蓋在一度可能用地圖來再現的世界圖像上」，未來的創新顯然會讓我們更加遠離對地圖的傳統識覺。[80]

儘管有這些發展，Google地球保留了和比較傳統的製圖顯示法的連貫性。先給你看整個地球，然後下降，觀看各大洲、各個國家和各自不同的區域，這種配置是援引麥卡托和布勞所推廣的地圖集格式。相信本身的科技能夠以透明的再現行為來「反映」地球，至少從文藝復興時代開始，這種信念一直是世界地圖繪製工作的核心，如同製圖師堅定不移地相信數學有能力把地球投影在平表面上。出現在Google地球首頁上的整個地球看起來可能像照片級的衛星影像，但仍然是再現一個投影在平表面（或是螢幕）上的3D物體。如同其他類似的影像，Google地球選了一種特殊的投影法，這裡採用的是普遍透視投影法（General Perspective Projection）。[81]Google地球選擇這種投影法，讓本書在最後又回歸原點，因為普遍透視投影法的發明者正是托勒密。在他的《地理學》中，托勒密描述這種「平面中的球體」投影圖，「被認為是佔據了貫穿回歸線的子午線的位置」。[82]這幅投影圖是從太空的一個有限點觀看地球，採取垂直（如托勒密的描述）或傾斜的視角。這種透視法無法再現地球的細節，起初無甚實用價值。不過，照相術和太空旅行使這種投影法起死回生，因為像阿波羅十七號拍到的那種地球照片，有一種傾斜的垂直角度，彷彿是從遠處觀看地球。對Google地球這樣的應用程式來說，普遍透視投影法是以2D再現3D地球的理想方式，因為呈現出一幅如畫般迷人的地球影像，而拜剪影貼圖和射線追蹤所賜，觀者也能急速下降、飛越地表，「看見」強化的表面細節。儘管如此，Google地球決定用這種方式再現地球，仍然犧牲了某些地理特徵，例如對極地地區的正確再現。地理空間應用程式把地球轉換為一串串克勞德・夏農的一與〇，然後利用演算法，呈現出可辨識的周遭世界的影像。因此，在這些方面，Google地球的方法和托勒密一樣古老，採用他那種從上空俯瞰地球的粗淺幾何學，也和他一樣依照緯度和經度的數值計算，以數位的方式再現世界。[83]

*

Google地球這種地理空間應用程式的興起和演進所引起的焦慮，在歷史上早有前例。從石板換成羊皮紙和紙張，換成手稿裝飾、木版印刷、銅版雕刻、平版印刷和電腦繪圖，每當製圖媒介在歷史上不同的時刻產生重大變化，必然伴隨著類似的憂慮。在每一個重要時刻，製圖者和地圖使用者都設法根據本身的特殊利益，利用種種塑造地圖的宗教、政治或商業壓力。當前有關Google及其地理空間應用程式的辯論，質疑它對資訊的免費傳播以及與政府主管機關的衝突，究竟是肇因於長期壟斷式的經營模式，還是對網路力量天生的民主信仰，從某些方面來說，這些辯論只是反映這些歷史潮流的增強罷了。

如同大多數的跨國公司，Google內部對公司未來的方向無疑有些拉距，但該公司似乎越來越不可能兼顧它對巨大獲利能力的抱負，和表面上看似民主的理想。如同克勞德・夏農的電子傳播理論，剛開始在背後推動Google的動力，乃是奠基於能夠以迄今無法想像的規模來流通之可量化、無噪音資訊的傳播。但Google已經更進一步，發展出一個不只能把地理資訊量化，還能賦予它貨幣價值的方法。這是地圖史發展以來，第一次可能被一家公司壟斷寶貴的地理資訊，而且當Google在全球線上搜尋市場達到百分之七十的佔有率時，網路產業的從業者不免擔心。賽門・格林曼相信，固然Google「把Google地球做得很好，他們也有可能以空前的規模操控世界地圖的繪製。如果我們把時間快轉十到二十年，Google將擁有全球製圖和地理空間應用程式。」[84]這家公司總喜歡說，因為它的線上地圖能夠在全球任何地方準確指出我們的位置，下一代的人再也不會知道什麼叫迷路。下一代的人也可能不會看到許許多多的個人、國家和組織製作地圖。我們站在新地理學的邊緣，但這很可能是地理學有史以來首次冒著受到單一使命驅使的風險：壟斷可量化的資訊，藉此累積財務利潤。

結語

歷史之眼？

本書描述的每一幅地圖都自成一個世界。儘管如此，除了為地圖的時空提供一幅獨特的圖像，筆者希望已經證明這十二幅地圖有某些共同特徵。無論其形狀和尺度為何，每一幅地圖都承認有一個外在世界存在的事實。事實上，正如同人們渴望用圖形把世界複製成地圖的形式，這其實是所有文化共同的信仰。不過對那個地球世界的識覺，以及用來表現它的繪圖方法，從希臘人的圓形到中國人的正方形和啟蒙時代的三角形，有著極大的差異。每一幅地圖也都承認（無論私下或公開）無法將地球完整地繪製在平表面上。托勒密承認他的投影法沒辦法解決這個問題；伊德里西承認這個困境，但他著重區域地圖，省去了這個問題；麥卡托相信他提供了當時最好的妥協；而彼得斯只是強調這個問題，在過程中預見了現在如雨後春筍般湧現的地理空間應用程式，提供各式各樣、包含各種製圖學瑕疵的完整地球影像。

筆者希望本書也證明了世界地圖是透過一隻不存在的眼睛來看世界，然而任何一幅世界地圖都沒有（或無法）確定而透明地刻畫其主題。隨著對世界的瞭解有所改變，每一幅地圖都是製圖者和使用者之間持續不斷的協調。面對贊助者、製圖者、消費者和產生地圖的世界，世界地圖穿梭在這些相互競爭的利益之間，永遠處於一個演變中、進行中的過程。基於同樣的理由，地圖沒有所謂的最終成品：卡西尼家族的測量計畫就是最鮮明的案例，說明了地圖會不斷開展下去，不過列比路自一五二〇年代以來的一系列世界地圖提供了類似的例子，布勞的地圖集原本可以無限地延續下去，可惜他只完成了第一冊。儘管地圖可能設法依照一個定義性原理（defining principle）來涵蓋整個世界，世界是一個持續演變的空間，也不會停下來等製圖師大功告成——現在Google比其他競爭者更清楚地領悟到這一點，並設法因勢利導。

地圖是對世界提出一份建議書，而非單純地反映世界，同時每一份建議書都出自某個文化主流的假設和既有見解。地圖和這些假設及見解之間的關係總是有來有往，但未必是固定或穩定的。赫里福德mappamundi提出了基督教對創世的理解，並預期末日的降臨；疆理圖提供的世界圖像是以一個帝國強權為中心，而且對風水「形勢」的信仰是世俗生活的主軸。兩者在邏輯上都和產生地圖的文化本身相當一致，但也都從信仰系統去推斷，嚮往一個包羅萬有的全世界觀。這種互有往來的關係是筆者這十二幅地圖的特色。每幅地圖不但**說明**了世界，也**屬於**這個世界。對歷史學家而言，這些地圖都創造出適合的條件，讓我們瞭解一個主流理念——宗教、政治、平等、寬容——我們透過這個理念來理解自己，同時瞭解我們周圍的世界。

儘管像亞瑟·羅賓遜這樣的製圖學家極力想說明，地圖是透過什麼認知過程來改變人的信仰與想像地理學，但一幅地圖再現周遭世界之空間資訊的方式，人究竟如何將其內化，至今仍然很難證實。J. B. 哈利與大衛·伍沃德（後者是羅賓遜的學生）在他們的多卷冊書籍《製圖史》中承認，「早期社會的地圖意識有多高」，「其實沒有任何證據」。[1]地圖可以成功地創新，但顯然仍舊無法影響人們對世界的識覺。伊德里西的地圖提出了一個理想，建構一個伊斯蘭和基督教文化互相交流的世界，不過十二世紀在西西里締造這些地圖的融合文化崩解，表示看過這些地圖的人恐怕寥寥可數，更少人有機會接受這些地圖的世界觀。相對之下，關於專業人士如何使用阿諾·彼得斯的地圖，調查顯示人們幾乎不知道地圖的細節有瑕疵，卻普遍接受它對地理學平等的要求。此外，有時可能有人突然透露一幅地圖如何符合主流的關注或擔憂，就像十二世紀的中國詩人敘述地圖再現了一個神話般的消逝帝國，或是拿破崙的士兵說明卡西尼地圖的神奇力量，讓吃驚的神父赫然發現法國幅員之廣大。地圖可以擷取其文化中的種種假設，使用者可能接受，也可能否定，因為這種假設會不斷被檢驗和再協調。

客觀、科學化的製圖術在十八世紀的歐洲出現，並激勵了卡西尼家族及其追隨者，這種製圖術包含了一個假設：將來有一天可能會計畫製作一幅被普遍接受的標準化世界地圖。即便到了今天，即使線上地理空間應用程式多如牛毛，這種地圖依然不存在，證明我們在選擇自己偏頗不全的世界地圖時始終必須有所妥協，並且接受地圖「不會有大功告成的一天，地圖的工作永遠做不完」。[2]因此在本書的結尾，筆者要說最後一個曾經嘗試，但注定失敗的世界地圖製作計畫。

一八九一年，享譽國際的德國地形學家阿爾布雷希特・彭克（Albrecht Penck）在伯恩的第五屆國際地理學大會（Fifth International Geographical Congress）提出新的製圖計畫。在哈爾福德・麥金德於十九世紀末提出他對地理學現狀的看法之前，彭克就主張現在有足夠的資料把地表繪製成圖，製作國際世界地圖的時機已到。依照彭克的計畫，要「製作一幅一：一〇〇〇〇〇〇（十五點七八哩比一吋〔十公里比一公分〕）比例尺的世界地圖」。彭克指出，現在的世界地圖「無論比例尺、投影法或製作方式都不統一；在全球各個不同的地方出版，而且往往難以取得」。[3]他的解決之道正是國際世界地圖（International Map of the World，IMW）。

以全球頂尖製圖機構的國際合作為基礎，國際世界地圖必須製作兩千五百張地圖，涵蓋整個地球。每一張可以覆蓋緯度四度和經度六度，使用單一的投影法——經過修正的圓錐投影法——以及標準的慣例和象徵符號。這幅投影圖不必準確地再現整個地球，因為彭克強調實際上根本不可能把兩千五百張地圖拼接起來（這番論點讓人想起伊德里西的方法）：光是亞洲的地圖就佔據二點八平方公尺的空間。彭克附和麥卡托和布勞的偉大宇宙學，表示他的想法「或許應該被描述成一本『世界地圖集』」。[4]本初子午線會通過格林威治，所有的地名一律用拉丁字母書寫。自然和人文地理將以百分之百統一的方式再現，甚至用來再現政治邊界的線條寬度，以及刻畫森林和河流等自然地物的顏色都將統一。

彭克估計「一版發行一千本，地圖集的生產成本可能設定在每平方呎九英鎊左右」。他承認如果「全部以一張兩先令的價格出售，總共將虧損超過十萬英鎊」，但他指出這個金額遠不及政府在科學和殖民地遠征探險方面的花費，例如「四〇和五〇年代的北極探險和比較近期的非洲探險的花費」。帝國強權——英國、俄國、美國、法國和中國——將負責製作一半以上的地圖。彭克請求各國忽略文化和意識型態的差異，進行國際合作，他相信如果「這些國家贊成，計畫必定成功在望，即便有些地圖必須由私人完成，或是由地理學會而非政府出資」。[5]

這是一個充滿理想主義的計畫，總結了啟蒙運動對具有科學準確性之標準化唯實論的信仰，同時把《卡西尼地圖》所代表的國家製圖法實施到全球。不過這個計畫有兩個問題。誰也不知道幾乎沒有測量經驗的國家要如何完成這種任務，尤其如果他們欠缺必要的財務資源的話，而彭克也沒辦法以足夠的說服力說明這種地圖潛在的利益。他宣稱：「基於我們文明生活的環境和利益，好的地圖幾乎是一件必需品。我們自己國家的地圖是萬萬不可缺少的；商業利益、軍事行動和殖民地經營，創造出對外國地圖的需求，而為了達到教育目的及解說當代歷史所需要的地圖，更是難以細數。」[6]許多批評這個計畫的人認為這些理由還不夠充分，其中一位在一九一三年寫道：「我不知道有誰非常明確地表示過這種地圖的目的究竟是什麼……我們或許可能以為是給系統地理學家（systematic geographer）使用，雖然不知道哪年哪月才會確定這種人的作用是什麼。」[7]彭克之所以對這種地圖的效用深信不疑，要歸因於他那個時代的主流價值觀：地圖可以界定現代民族國家，促成全球資本主義，使基督教向外擴張，並為歐洲諸帝國擴張殖民地提供了正當理由。如果就像彭克說的，一幅「統一的世界地圖同時也是統一的英國地圖」，那或許對英國有好處，對其他人則未必。

伯恩大會同意對國際世界地圖的實施進行研究，後來的幾屆大會也繼續支持這個想法，只是幾乎都流於紙上談兵。直到一九〇九年，有一個國際地圖委員會（International Map Committee，彭克也是其中一員）在倫敦外交部開會。作為會議召集者的英國政府明白，依照自身的利益來設計這個計畫有哪些好處。委員會就地圖細節的形式取得共識，包括整個計畫的索引圖解，以及製作第一批地圖的計畫。不過直到一九一三年，只有六張歐洲地圖的草圖出爐，而地圖所繪製的國家基於本身的國家或政治原因，多半拒絕參與。一九一三年在巴黎召開第二次會議，確定每一幅地圖都必須統一，但這時會議突然遭到重挫，聽說美國已經決定獨力製作一：一〇〇〇〇〇〇比例尺的南美洲地圖。

國際世界地圖胎死腹中，英國代表團提議應該成立一個中央局，在地形測量局的辦公室繼續進行這項計畫，由皇家地理學會提供看似不涉及政治的私人資金。這麼做根本騙不了幾個人；支持這個計畫的是參謀總部的地理處（Geographical Section of the General Staff，GSGS），又稱為MO4，隸屬於英國政府的情報組織，負責蒐集和製作軍事地圖。一九一四年宣戰時，地形測量局在皇家地理學會及參謀總部地理處的支持下，製作一系列一：一〇〇〇〇〇〇比例尺的歐洲、中東和北非地圖，支援協約國作戰。[8]彭克當初希望在創造地圖時能超越的國家和政治歧異，最後竟把地圖變成了戰爭工具。

一九一八年以後，這個計畫一路跌跌撞撞，但彭克認為凡爾賽合約是政治不義之舉（該條約將本身的製圖劃分〔cartographic division〕強行加諸於戰敗的德國），令他頓時幻滅，從此撒手不管。到了一九二五年，該計畫的中央局報告只製作了兩百張一：一〇〇〇〇〇〇比例尺的地圖，其中只有二十一張符合各國代表一九一三年在巴黎說好的原始標準。[9]一九三九年，僅僅又完成一百五十張地圖。第二次世界大戰爆發，地形測量局也就不再參與國際世界地圖的製作。皇家地理學會的祕書亞瑟·辛克斯（Arthur Hinks）斷定，這個計畫的國際精神是錯誤的。「這個故事似乎告訴我們，」他寫道：「如果想要一幅包含整個大陸、風格一致而且大量生產的總圖，必須自己製造，至於要不要管它叫國際地圖，是一個選擇或權宜的問題。」[10]

第二次世界大戰確立了軍事制空權的重要性，相較於地形測量局贊助生產的相對大比例尺地圖，航空圖被認為更加重要。地形測量局也受到戰火的摧殘。一九四〇年十一月，南漢普頓遭到空襲，炸毀了地形測量局大部分的辦公室和國際地圖的許多相關資料。一九四九年，那些持續參與的人建議把計畫轉移到剛成立的聯合國。聯合國憲章已經承認「準確的地圖是妥善開發世界資源的先決條件……這種地圖促進國際貿易、加強導航安全……並提供必要的資訊，來研究和平調整的措施……以及安全措施的應用。」[11] 一九五一年九月二十日，聯合國經社理事會（UN's Economic and Social Council，ECOSOC）在第十三次會議上通過四一二號決議（Resolution 412 AII〔XIII〕），授權讓國際世界地圖的中央局轉移到聯合國祕書處的製圖處，[12] 並且由聯合國在一九五三年九月正式掌管國際世界地圖。聯合國繼承的是一個雜亂無章的計畫，僅僅完成了四百幅地圖，只占整個計畫必須完成的地圖的一小部分。聯合國最早出版的索引圖提供了一個全球性的概要，說明出版、修訂、再版、收到了哪些地圖，以及還必須繪製哪些地圖。整個計畫亂成一片，尚待完成的工作多得嚇人。[13]

一九五〇年代，冷戰越演越烈，當初啟發製作國際地圖的國際合作精神顯然已經死亡。一九五六年，蘇聯向聯合國經社理事會建

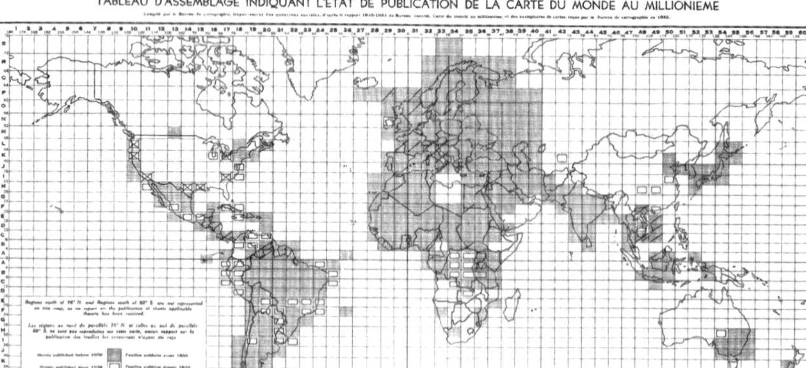

圖38 「顯示百萬分之一比例尺國際世界地圖（IMW）出版情況的索引圖」，一九五二年

議，以一：二五〇〇〇〇〇的比例尺繪製新的世界地圖。考慮到聯合國對國際世界地圖的投資，這個提議自然被否決了，不過說來諷刺，匈牙利國家土地與測繪部（Hungarian National Office of Lands and Mapping）在鐵幕背後的其他共產主義國家和中國的支持下接下這個計畫。第一批印刷地圖在一九六四年出版，一九七六年，整幅地圖在莫斯科首度展出。包括兩百二十四張完整和三十九張重疊的地圖，雖然欠缺彭克原先規劃的比例尺和細節，而且流通的範圍僅限於東歐，卻代表在俄國的贊助下，企圖證明資本主義西方能做的事，蘇聯集團也做得到。[14]

一九六〇年代，聯合國一再努力讓國際世界地圖起死回生，但效果不彰，頂尖的製圖師——包括亞瑟・羅賓遜在內，他不屑一顧地說國際地圖只是「製圖學壁紙」[15]——紛紛譴責地圖的國際雄心生鏽了。一九八九年，聯合國總算放棄，並且終止了這項計畫。完成的地圖不到一千張，而且大多老舊過時。世界早已向前邁進。美國政府已經成立國家地理資訊與分析中心（National Center for Geographic Information and Analysis），這不過是許多國家出資的組織之一，標誌著線上地理空間應用程式的誕生，以及奠基於全球合作、由國家資助的國際世界地圖之夢的死亡。

啟發國際世界地圖的十九世紀價值——科學進步、帝國主宰、全球貿易和民族國家的權威——最後竟然摧毀了這座製圖學的巴別塔。創造這幅地圖的企圖本身的矛盾之處，是建構這幅地圖的時代得到了（或其實*沒有*得到）它應得的世界地圖。基於西方的製圖方法被認為比較優越，當時各帝國和國家對透明的國際合作要求實在太高，令該計畫的知性抱負和科學能力難以招架。就算窮盡二十世紀的技術資源和國家的財務支援，仍然製作不出一幅標準化的世界地圖——先解決這個問題，才能談如何採用全球性的地圖投影法這道無解的難題。不只路易斯・卡羅爾和波赫士一：一比例尺的故事純屬幻想，這幅一：一〇〇〇〇〇〇比例尺的世界地圖看來也是。

儘管高爾夢想有一個「數位地球」，如今的線上地理空間應用程式似乎沒興趣重拾這樣的計畫。[16]二〇〇八年，在美國和日本政府支持下，推出了一項由日方主導的計畫，試圖以數位的方式實現一：一〇〇〇〇〇〇比例尺世界地圖的夢想。這幅地圖直接叫作「全球地圖」（Global Map）。該計畫網站的任務說明宣稱：「全球地圖是一個平台，讓人們瞭解地球目前的情況，以遼闊的觀點展望地球的未來。」[17]既然本書的讀者大多沒聽過什麼叫「全球地圖」，就知道它的影響力有多少了。就連Google地球的工程師都承認，他們夢想統一虛擬線上世界地圖，根本不可能實現。他們提出的理由很簡單：他們想保留國際地圖意圖超越的全球國家、地方和語言的多樣性，因為在目前的全球經濟中，多樣性和差異可能有利可圖。如果和產品連結的地圖顯示的在地區域是以外國語言標示，畫滿了不熟悉的象徵符號，產品注定乏人問津。

從巴比倫世界地圖的無名製圖者第一次用黏土塑造他的泥板開始，三千多年來，人類一直夢想創造一幅得到全球認可的世界地圖。如今，這似乎仍然是一個理想主義的幻想，既然不可能創造一種全球普遍接受的地球投影法，這個夢想注定不會實現。儘管口號喊得漂亮，Google地球究竟有沒有可能——或甚至值不值得——創造亞伯拉罕．奧特流斯渴望的一幅包羅萬象，同時被普遍接受的全球地圖，以作為無所不知的歷史之眼呢？

從實際的角度來看，雖然有投影法、比例尺和執行等技術上的問題，測量員和大地測量師大概一定會說「有可能」，不過他們需要提出具有說服力的答案，說明針對這樣一個計畫的必要性在哪裡。彭克提出的答案沒有一個經得起二十世紀過度氾濫的政治操弄，比較近期的「全球地圖」徒勞無功，顯示它模糊不清的環保任務說明也無法回答這個問題。本書討論的每一幅地圖業已證明，地圖對於如何看待世界的提議，是源於對世界的某一種見解，這也正是彭克和「全球地圖」所欠缺的。要實施這麼一個計畫，光是龐大的規模就需要某種國家或企業資金，如此一來，恐怕逃不過反覆的政治或商業操弄，畢竟國家和企業往往想把單一的形象強行加諸在千變萬化的地球和地球的居民身上。

但如果回答「不可能」，似乎是贊同一種偏私的世界觀，否定全球化的不可避免，和透過地理學來歌頌共同的國際人道精神的可能。其實本書討論的十二幅地圖都已經成功地和這種偏私的全球世界觀搏鬥。每一種文化都有它特殊的方法，透過地圖來觀看和再現它的世界，Google地球如此，赫里福德mappamundi和疆理圖也是如此。或許答案是一個有條件的「不可能」，和一個沒有完全把握的「可能」。世界地圖會不斷出現，將來地圖的科技和外觀會讓現代地圖集裡的世界地圖，甚至Google地球的首頁，看起來和巴比倫世界地圖一樣古雅而陌生。但這些地圖也必然會追求某些議題，為了堅持某一種地理學詮釋而不惜犧牲可能的替代選項，然後終究會選擇用某種方式來為地球下定義。不過這些地圖當然不會顯示出「真實」的世界，因為真實的世界無法再現。所謂準確的世界地圖根本不存在，將來也不會有。弔詭的是我們不可能不靠地圖來瞭解世界，又絕對不能用地圖來再現世界。

致謝辭

看到這本書的書名，讀者可能會驚訝它和尼爾・麥葛瑞格（Neil MacGregor）的《看得到的世界史》（*A History of the World in 100 Objects*，2010）竟然如此相似。萬一有人以為我未免把個人對麥葛瑞格這本傑作的欣賞有點玩過了頭，或許我應該指出，我自己的書名是早在二〇〇六年就（和同一位出版商）說好了的，對於他趕在我前面採用這種表述方式，我絲毫不以為忤。捕捉時代精神本該如此！雖然這本書在六年前開始構思，卻是將近二十年思考和發表地圖相關著述的成果。在這段日子裡，我有幸和許多朋友及同僚學習地圖史，他們也很慷慨地抽空閱讀本書的某些部分，並提供寶貴的批評。在大英博物館，爾文・芬科（Irving Finkel）分享他對巴比倫世界地圖的淵博知識，也很好心地寄給我相關資料。麥克・艾德華茲（Mike Edwards）非常幫忙，閱讀敘述托勒密的章節。艾米莉・薩維奇－史密斯（Emilie Savage-Smith）和我討論伊德里西，儘管我懷疑她未必贊同我所有的結論。保羅・哈維（Paul Harvey）恐怕比任何人都瞭解中世紀的mappaemundi，也極為慷慨地針對赫里福德地圖一一提出評語，而朱莉亞・波菲（Julia Boffey）和但恩・特克拉（Dan Terkla）就更深入的資料閱讀提出有用的建言。蓋瑞・里雅德（Gari Ledyard）是全球數一數二的韓國疆理圖專家，帶領我一步步瞭解韓國早期複雜的製圖學。肯尼斯・羅賓遜（Kenneth R. Robinson）慷慨提供一系列在疆理圖和韓國史的研究上不可或缺的文章，余定國（Cordell Yee）對中文資料提出具有深刻見解的建言。大好人提摩西・布魯克（Timothy Brook）幫忙蒐集疆理圖的中文資料，而且很親切地讓我複製一幅清濬的地圖，這幅地圖是他發現的，我不敢掠美。在美國國會圖書館，約翰・海斯勒允許我借閱購買瓦爾德澤米勒地圖的相關文件，並對我這一章的內容做出深刻的評論。菲利浦・波登分享他對古地圖的熱愛，以及瓦爾德澤米勒地圖估價過程的精彩故事。喬昆姆・艾爾夫斯・賈斯柏（Joanquim Alves Gasper）提供了十六世紀投影法的重要研究，對我陳述列比路助了一臂之力。尼克・克蘭（Nick Crane）對麥卡托廣博的知識令我獲益良多。詹・為納（Jan Werner）對布勞這一章提出大量評語。大衛・貝爾（David A. Bell）就卡西尼的資料提出一針見血的看法，而約瑟夫・康維茲（Josef Konvitz）釐清了卡西尼地圖一些比較神祕的面向。馬克・蒙莫尼爾（Mark Monmonier）以一貫銳利的眼光閱讀麥卡托和彼得斯這兩章。Mythicsofst公司的戴夫・威斯特（Dave Vest）協助我處理Google地球的技術層面：他的專業長才救了我許多次，對此我不勝感激。賽門・格林曼也對線上製圖的興起提供了圈內人的見解，派翠西亞・席德（Patricia Seed）則提供尖銳的批評。Google公司的艾德・帕森斯大力支持整個出版計畫；特地抽時間和我做了幾次訪問，介紹我認識各路人馬，也看了關於Google那一章。即便本書對Google的方法有許多保留，他仍然用心聆聽我對Google地球的詮釋所包含的批評。其他許多人也回答了我的問題，並提供參考資料，包括安吉羅・卡塔尼歐（Angelo Cattaneo）、馬修・艾德尼（Matthew Edney）、約翰・保羅・瓊斯三世（John Paul Jones III）、艾迪・梅斯（Eddy Maes）、尼克・米利亞（Nick Millea）和希爾德・德・威爾德（Hilde De Weerdt）。

本書能夠順利完成，要歸功於藝術暨人文研究委員會（Arts and Humanities Research Council，ahrc.co.uk）。AHRC支持能促進世人進一步瞭解人類文化和創意的研究，一本研究世界地圖製作的書竟然能得到他們的支持，我非常感激。身為哈利信託（J. B. Harley Trust）的理事，我非常幸運能夠和全球幾位頂尖的製圖史專家共事，而且要感謝彼得・巴柏（Peter Barber）、莎拉・班道爾（Sarah Bendall）、凱薩琳・狄拉諾—史密斯（Catherine Delano-Smith）、菲利斯・卓萊佛（Felix Driver）、大衛・弗萊契（David Fletcher）、保羅・哈維、羅傑・肯恩（Roger Kain）、羅絲・米契爾（Rose Mitchell）、莎拉・

提雅克（Sarah Tyacke）和查爾斯·威特斯（Charles Withers），他們對我的幫助之大，恐怕連他們自己也不清楚。凱薩琳從一開始就支持這個計畫，並解答了數不清的疑問，彼得和東尼·坎貝爾（Peter and Tony Campbell）亦然。我深深感激彼得與凱薩琳，特別謝謝他們在最初的幾個階段釐清這本書的目的是什麼，也謝謝他們多年來的協助與友誼。尤其幸運的是有彼得特地抽空看完全書的草稿，不吝奉獻他無人能及的專業知識。

在寫這本書的同時，我很高興受邀主持英國國家廣播公司一套三集的電視系列節目，〈地圖：權力、劫掠與佔據〉（Maps: Power, Plunder and Possession），本書收錄了許多非比尋常的地圖，這個節目不僅協助我鞏固了我和這些地圖的關係，也使我更加瞭解我想訴說的這個故事有多麼重要。我深深感謝製作這個系列節目的優秀團隊，特別是路易斯·考菲德（Louis Caulfield）、湯姆·賽布拉（Tom Cebula）、安娜貝·霍布利（Annabel Hobley）、海倫·尼克森（Helen Nixon）和艾利·派爾斯（Ali Pares），同時也要感謝安·列金（Anne Laking）和理查·克萊恩（Richard Klein）委託製作該節目。

我過去所寫的每一本書幾乎都會感謝瑪莉皇后大學（Queen Mary University）在體制上的支持，這一次也不例外。我非常感激英語系讓我可以利用休假年來完成本書的研究，特別要謝謝米榭·巴瑞特（Michèle Barrett）、朱莉亞·波菲、馬克曼·艾利斯（Markman Ellis）、艾佛瑞德·希亞特（Alfred Hiatt）、我的猶太代理孕母麗莎·賈丁（Lisa Jardine）、菲利浦·奧登（Philip Ogden）、克里斯·里德（Chris Reid）、佩姬·雷諾茲（Peggy Reynolds）、比爾·史瓦茲（Bill Schwarz）和莫拉格·希哈奇（Morag Shiach）。我但願已故的凱文·夏普（Kevin Sharpe）有機會讀到這本書；我們大家都很想念他，但永遠不會忘記他。大衛·寇爾克勞（David Colclough）和以往一樣給予我最大的支持，很榮幸能夠再次感謝他，透過我們對於從密爾頓（Milton）和麥卡托到一九八〇年代獨立音樂等等的共同熱愛，一直支持我。

年輕的時候，我有限的藏書主要都是鬥牛士（Picador）和企鵝（Penguin）公司的出版品，所以我經常提醒自己要感激最後能有彼得·史特勞斯（Peter Straus）當我的經紀人，還有史都華·普洛菲（Stuart Proffitt）當我的編輯。彼得是個了不起的人物，我想謝謝他五年來為我所做的一切。史都華一直是個模範編輯，他對本書辛苦奉獻，毫不懈怠，不是一般編輯能做到的（就連我在寫這句話的時候都會想到他，同時擔心我句子的結構不夠漂亮）。我想謝謝他和艾倫巷（Allen Lane）每一個人的辛勞，尤其是史都華的助理尚恩·瓦西迪（Shan Vahidy）是成就本書的功臣之一。伊莉莎白·史特拉福（Elizabeth Stratford）審稿的功力堪稱典範，西西莉亞·馬凱（Cecilia Mackay）是我在工作上遇過最好的圖片研究員，不費吹灰之力就找出一系列看似根本找不到的圖像。

在本書的整個寫作過程中，我需要朋友和家人的耐心、幽默，為我解悶並給我支持。我想謝謝布羅頓家的所有人——艾倫（Alan）、柏妮絲（Bernice）、彼得（Peter）、蘇珊（Susan）、黛安（Diane）和塔里克（Tariq）——對我的信心，以及蘇菲和多明尼克·畢賽爾（Sophie and Dominik Beissel），謝謝愛瑪和詹姆斯·蘭姆（Emma and James Lambe）借給我城堡農場（Castle Farm）的「小屋」，並付出超乎祖父母責任的愛。賽門·柯提斯（Simon Curtis）、馬修·狄莫克（Matthew Dimmock）、瑞秋·加里斯提納（Rachel Garistina）、提姆·馬羅（Tim Marlow）和譚雅·哈德遜（Tanya Hudson）、勞勃·尼克森（Rob Nixon）、葛瑞森與菲利帕·派瑞（Grayson與Philippa Perry）、理查·休拉爾（Richard Scholar）和伊塔·麥卡錫（Ita McCarthy）、詹姆斯·史考特（James Scott）、蓋伊·理查茲·施密特（Guy Richards Smit）和蕾貝嘉·張伯倫（Rebecca Chamberlain），以及戴夫與艾茉莉·威斯特（Dave and Emily Vest）對我付出深刻的友誼，並給予我特殊而重要的幫助。戴菲德·羅伯茲（Dafydd Roberts）在翻譯關鍵資料方面提供了重要協助，邁可·維爾（Michael Wheare）是個孜孜不倦的研究助理。彼得·佛羅倫斯（Peter Florence）提供了《白宮風雲》（*The West Wing*）和格拉那達一次難忘的四十歲生日，同時也給了我知性空間，發展我自己的文化地理學。本書的靈感來源之一是已故友人丹尼斯．寇斯葛羅夫（Denis Cosgrove）的研究，是他讓我認識到地圖在全球性和超越性方面的種種可能，在我下筆時，筆端處處可見他的影子。

我很幸運能得到亞當．羅（Adam Lowe）這個至交好友，同時想向他這位在本書幕後主持大局的天才致敬。每當我對藝術的價值感到沮喪，就會看看他的作品，讓我充滿驚奇和靈感。我的世界因為他的存在而變得越來越好，為此我在大多數的日子裡給他深切的祝福。我希望我們能在未來攜手創造出更多世界中的世界。

六年前，我第二次遇見我的妻子夏綠蒂（Charlotte）。此後她一直用她的愛充實我和我們兩個小孩露比和哈迪（Ruby and Hardie）的生活。沒有夏綠蒂就不會有這本書，而且很可能也不會有作者存在。她一直令我充滿熱情、關懷、智識和甜蜜，讓我的人生獲得前所未有的幸福。這本書談到的任何一種測量方式都無法衡量我對她的愛，因此我要把這本書獻給她。

註解

導論

1. J. E. Reade, 'Rassam's Excavations at Borsippa and Kutha, 1879–82', *Iraq*, 48 (1986), pp. 105–16, and 'Hormuzd Rassam and his Discoveries', *Iraq*, 55 (1993), pp. 39–62.
2. The map's transcriptions are quoted from Wayne Horowitz, 'The Babylonian Map of the world', *Iraq*, 50 (1988), pp. 147–65, his subsequent book, *Mesopotamian Cosmic Geography* (Winona Lake, Ind., 1998), pp. 20–42, and I. L. Finkel and M. J. Seymour (eds.), *Babylon: Myth and Reality* (London, 2008), p. 17.
3. Catherine Delano-Smith, 'Milieus of Mobility: Itineraries, Route Maps and Road Maps', in James R. Akerman (ed.), *Cartographies of Travel and Navigation* (Chicago, 2006), pp. 16–68.
4. Catherine Delano-Smith, 'Cartography in the Prehistoric Period in the Old World: Europe, the Middle East, and North Africa', in J. B. Harley and David Woodward (eds.), *The History of Cartography*, vol. 1: *Cartography in Prehistoric, Ancient, and Medieval Europe and the Mediterranean* (Chicago, 1987), pp. 54–101.
5. James Blaut, David Stea, Christopher Spencer and Mark Blades, 'Mapping as a Cultural and Cognitive Universal', *Annals of the Association of American Geographers*, 93/1 (2003), pp. 165–85.
6. Robert M. Kitchin, 'Cognitive Maps: What Are They and Why Study Them?', *Journal of Environmental Psychology*, 14 (1994), pp. 1–19.
7. G. Malcolm Lewis, 'Origins of Cartography', in Harley and Woodward, *History of Cartography*, vol. 1, pp. 50–53, at p. 51.
8. Denis Wood, 'The Fine Line between Mapping and Mapmaking', *Cartographica*, 30/4 (1993), pp. 50–60.
9. J. B. Harley and David Woodward, 'Preface', in Harley and Woodward, *History of Cartography*, vol. 1, p. xvi.
10. J. H. Andrews, 'Definitions of the Word "Map"', 'MapHist' discussion papers, 1998, accessed at: http://www.maphist.nl/discpapers.html.
11. Harley and Woodward, *History of Cartography*, vol. 1, p. xvi.

12. Denis Cosgrove, 'Mapping the World', in James R. Akerman and Robert W. Karrow (eds.), *Maps: Finding our Place in the World* (Chicago, 2007), pp. 65–115.
13. Denis Wood, 'How Maps Work', *Cartographica*, 29/3–4 (1992), pp. 66–74.
14. See Alfred Korzybski, 'General Semantics, Psychiatry, Psychotherapy and Prevention' (1941), in Korzybski, *Collected Writings*, 1920–1950 (Fort Worth, Tex., 1990), p. 205.
15. Gregory Bateson, 'Form, Substance, and Difference', in Bateson, *Steps to an Ecology of Mind: Collected Essays in Anthropology, Psychiatry, Evolution, and Epistemology* (London, 1972), p. 460.
16. Lewis Carroll, *Sylvie and Bruno Concluded* (London, 1894), p. 169.
17. Jorge Luis Borges, 'On Rigour in Science', in Borges, *Dreamtigers*, trans. Mil-dred Boyer and Harold Morland (Austin, Tex., 1964), p. 90.
18. Mircea Eliade, *Images and Symbols: Studies in Religious Symbolism*, trans. Philip Mairet (Princeton, 1991), pp. 27–56. See Frank J. Korom, 'Of Navels and Mountains: A Further Inquiry into the History of an Idea', *Asian Folklore Studies*, 51/1 (1992), pp. 103–25.
19. Denis Cosgrove, *Apollo's Eye: A Cartographic Genealogy of the Earth in the Western Imagination* (Baltimore, 2001).
20. Christian Jacob, *The Sovereign Map: Theoretical Approaches to Cartography throughout History* (Chicago, 2006), pp. 337–8.
21. Abraham Ortelius, 'To the Courteous Reader', in Ortelius, *The Theatre of the Whole World*, English translation (London, 1606), unpaginated.
22. David Woodward, 'The Image of the Spherical Earth', *Perspecta*, 25 (1989), pp. 2–15.
23. Stefan Hildebrandt and Anthony Tromba, *The Parsimonious Universe: Shape and Form in the Natural World* (New York, 1995), pp. 115–16.
24. Leo Bagrow, *The History of Cartography*, 2nd edn. (Chicago, 1985).
25. Matthew H. Edney, 'Cartography without "Progress": Reinterpreting the Nature and Historical Development of Mapmaking', *Cartographica*, 30/2–3 (1993), pp. 54–68.
26. Quoted in James Welu, 'Vermeer: His Cartographic Sources', *Art Bulletin*, 57 (1975), pp. 529–47, at p. 547.
27. Oscar Wilde, 'The Soul of Man under Socialism' (1891), in Wilde, *The Soul of Man under Socialism and Selected Critical Prose*, ed. Linda C. Dowling (London, 2001), p. 141.
28. Denis Wood with John Fels, *The Power of Maps* (New York, 1992), p. 1.

第一章　科學

1. 關於石砌法羅斯燈塔，參見Rory MacLeod (ed.), *The Library of Alexan-dria:*

Centre of Learning in the Ancient World (London and New York, 2000).

2. 參見*The Cambridge Ancient History*, vol. 7, part 1: *The Hellenistic World*, 2nd edn., ed. F. W. Walbank *et al*. (Cambridge, 1984).
3. 引述於James Raven (ed.), *Lost Libraries: The Destruction of Great Book Collections in Antiquity* (Basingstoke, 2004), p. 15.
4. 參見Bruno Latour, *Science in Action* (Cambridge, Mass., 1983), p. 227, and Christian Jacob, 'Mapping in the Mind', in Denis Cosgrove (ed.), *Mappings* (London, 1999), p. 33.
5. 引述於J. Lennart Berggren and Alexander Jones (eds. and trans.), *Ptolemy's Geography: An Annotated Translation of the Theoretical Chapters* (Princeton, 2000), pp. 57–8.
6. 同前，pp. 3–5.
7. 引句出處同前，p. 82.
8. 有關托勒密的生平，參見G. J. Toomer, 'Ptolemy', in Charles Coulston Gillispie (ed.), *Dictionary of Scientific Biography*, 16 vols. (New York, 1970–80), vol. 11, pp. 186–206.
9. 參見Germaine Aujac, 'The Foundations of Theoretical Cartography in Archaic and Classical Greece', in J. B. Harley and David Woodward (eds.), *The History of Cartography*, vol. 1: *Cartography in Prehistoric, Ancient and Medieval Europe and the Mediterranean* (Chicago, 1987), pp. 130–47; Chris-tian Jacob, *The Sovereign Map: Theoretical Approaches to Cartography throughout History* (Chicago, 2006), pp. 18–19; James Romm, *The Edges of the Earth in Ancient Thought* (Princeton, 1992), pp. 9–10.
10. Strabo, *The Geography of Strabo*, 1. 1. 1, trans. Horace Leonard Jones, 8 vols. (Cambridge, Mass., 1917–32).
11. Crates of Mallos, quoted in Romm, *Edges of the Earth*, p. 14.
12. 引句出自Richmond Lattimore (ed. and trans.), *The Iliad of Homer* (Chicago, 1951).
13. P. R. Hardie, 'Imago Mundi: Cosmological and Ideological Aspects of the Shield of Achilles', *Journal of Hellenic Studies*, 105 (1985), pp. 11–31.
14. G. S. Kirk, *Myth: Its Meaning and Function in Ancient and Other Cultures* (Berkeley and Los Angeles, 1970), pp. 172–205; Andrew Gregory, *Ancient Greek Cosmogony* (London, 2008).
15. 引述於Aujac, 'The Foundations of Theoretical Cartography', p. 134.
16. 引述於Charles H. Kahn, *Anaximander and the Origins of Greek Cosmology* (New York, 1960), p. 87.
17. 引述處同前，pp. 76, 81.
18. 參見Jacob, 'Mapping in the Mind', p. 28; on *omphalos* and *periploi*, see the entries

in John Roberts (ed.), *The Oxford Dictionary of the Classical World* (Oxford, 2005).

19. Herodotus, *The Histories*, trans. Aubrey de Selincourt (London, 1954), p. 252.
20. 同前，p. 253.
21. 同前，p. 254.
22. Plato, *Phaedo*, trans. David Gallop (Oxford, 1975), 108c–109b.
23. 同前，109b–110b.
24. 同前，110c.
25. 參見Germaine Aujac, 'The Growth of an Empirical Cartography in Hellenistic Greece', in Harley and Woodward, *History of Cartography*, vol. 1, pp. 148–60, at p. 148.
26. Aristotle, *De caelo*, 2. 14.
27. Aristotle, *Meteorologica*, trans. H. D. P. Lee (Cambridge, Mass., 1952), 338b.
28. 同前，362b.
29. D. R. Dicks, 'The Klimata in Greek Geography', *Classical Quarterly*, 5/3–4 (1955), pp. 248–55.
30. Herodotus, *The Histories*, pp. 328–9.
31. 參見C. F. C. Hawkes, *Pytheas: Europe and the Greek Explorers* (Oxford, 1977).
32. Claude Nicolet, *Space, Geography, and Politics in the Early Roman Empire* (Ann Arbor, 1991), p. 73.
33. Jacob, *Sovereign Map*, p. 137.
34. Berggren and Jones, *Ptolemy's Geography*, p. 32.
35. Aujac, 'Growth of an Empirical Cartography', pp. 155–6.
36. Strabo, *Geography*, 1. 4. 6.
37. O. A. W. Dilke, *Greek and Roman Maps* (London, 1985), p. 35.
38. 參見chapters 12, 13 and 14 in Harley and Woodward, *History of Cartography*, vol. 1, and Richard J. A. Talbert, 'Greek and Roman Mapping: Twenty-First Century Perspectives', in Richard J. A. Talbert and Richard W. Unger (eds.), *Cartography in Antiquity and the Middle Ages: Fresh Perspectives*, New Methods (Leiden, 2008), pp. 9–28.
39. Strabo, *Geography*, 1. 2. 24.
40. 同前，1. 1. 12.
41. 同前，2. 5. 10.
42. 同前，1. 1. 18.
43. 引述於Nicolet, *Space, Geography, and Politics*, p. 31.
44. 參見Toomer, 'Ptolemy'.
45. 引述於D. R. Dicks, *The Geographical Fragments of Hipparchus* (London, 1960), p. 53.

46. Ptolemy, *Almagest*, 2. 13, quoted in Berggren and Jones, *Ptolemy's Geography*, p. 19.
47. Ptolemy, *Geography*, 1. 5–6.
48. Jacob, 'Mapping in the Mind', p. 36.
49. Ptolemy, *Geography*, 1. 1.
50. 同前，1. 9–12; O. A. W. Dilke, 'The Culmination of Greek Cartography in Ptolemy', Harley and Woodward, *History of Cartography*, vol. 1, p. 184.
51. Ptolemy, *Geography*, 1. 23.
52. 同前，1. 20.
53. 同前，1. 23.
54. 同前。
55. David Woodward, 'The Image of the Spherical Earth', *Perspecta*, 25 (1989), p. 9.
56. 參見Leo Bagrow, 'The Origin of Ptolemy's Geographia', *Geografiska Annaler*, 27 (1943), pp. 318–87；對此爭議較晚近的概述，參見O. A. W. Dilke, 'Cartography in the Byzantine Empire', in Harley and Woodward, *History of Cartography*, vol. 1, pp. 266–72.
57. Berggren and Jones, *Ptolemy's Geography*, p. 47.
58. T. C. Skeat, 'Two Notes on Papyrus', in Edda Bresciani et al.(eds.), *Scritti in onore di Orsolino Montevecchi* (Bologna, 1981), pp. 373–83.
59. Berggren and Jones, *Ptolemy's Geography*, p. 50.
60. 參見Raven, *Lost Libraries*.
61. Ptolemy, *Geography*, 1. 1.

第二章　交流

1. 參見Elisabeth van Houts, 'The Normans in the Mediterranean', in van Houts, *The Normans in Europe* (Manchester, 2000), pp. 223–78.
2. 對伊德里西生平和著作最佳的英語說明，參見S. Maqbul Ahmad, 'Cartography of al-Sharī f al-Idrīsī', in J. B. Harley and David Woodward (eds.), *The History of Cartography*, vol. 2, bk. 1: *Cartography in the Traditional Islamic and South Asian Societies* (Chicago, 1987), pp. 156–74.
3. Anthony Pagden, *Worlds at War: The 2,500-Year Struggle between East and West* (Oxford, 2008), pp. 140–42.
4. B. L. Gordon, 'Sacred Directions, Orientation, and the Top of the Map', *History of Religions*, 10/3 (1971), pp. 211–27.
5. 同前，p. 221.
6. David A. King, *World-Maps for Finding the Direction and Distance of Mecca: Innovation and Tradition in Islamic Science* (Leiden, 1999).
7. Ahmet T. Karamustafa, 'Introduction to Islamic Maps', in Harley and Woodward

(eds.), *History of Cartography*, vol. 2, bk. 1, p. 7.

8. Ahmet T. Karamustafa, 'Cosmographical Diagrams', in Harley and Woodward, *History of Cartography*, vol. 2, bk. 1, pp. 71–2; S. Maqbul Ahmad and F. Taeschnes, 'Djugrafiya', in *The Encyclopaedia of Islam*, 2nd edn., vol. 2 (Leiden, 1965), p. 577.
9. 同前，p. 574.
10. 有關早期伊斯蘭歷史，參見Patricia Crone and Martin Hinds, *God's Caliph: Religious Authority in the First Centuries of Islam* (Cambridge, 1986).
11. 引述於Gerald R. Tibbetts, 'The Beginnings of a Cartographic Tradition', in Harley and Woodward, *History of Cartography*, vol. 2, bk. 1, p. 95.
12. 同前，pp. 94–5; André Miquel, 'Iklīm', in *The Encyclopaedia of Islam*, 2nd edn., vol. 3 (Leiden, 1971), pp. 1076–8.
13. 引述處同前，p. 1077.
14. 引述於Edward Kennedy, 'Suhrāb and the World Map of al-Ma'mūn', in J. L. Berggren et al. (eds.), *From Ancient Omens to Statistical Mechanics: Essays on the Exact Sciences Presented to Asger Aaboe* (Copenhagen, 1987), pp. 113–19.
15. 引述於Raymond P. Mercer, 'Geodesy', in Harley and Woodward (eds.), *History of Cartography*, vol. 2, bk. 1, pp. 175–88, at p. 178.
16. 有關伊本・胡爾達茲比赫和行政管理傳統，參見Paul Heck, *The Construction of Knowledge in Islamic Civilisation* (Leiden, 2002), pp. 94–146, and Tibbetts, 'Beginnings of a Cartographic Tradition', pp. 90–92.
17. Ralph W. Brauer, 'Boundaries and Frontiers in Medieval Muslim Geog-raphy', *Transactions of the American Philosophical Society*, new series, 85/6 (1995), pp. 1–73.
18. 引述於Gerald R. Tibbetts, 'The BalkhīSchool of Geographers', in Harley and Woodward (eds.), *History of Cartography* , vol. 2, bk. 1, pp. 108–36, at p. 112.
19. Konrad Miller, *Mappae Arabicae: Arabische Welt- und Länderkasten des 9.-13. Jahrshunderts*, 6 vols. (Stuttgart, 1926–31), vol. 1, pt. 1.
20. 有關科多巴，參見Robert Hillenbrand, '"The Ornament of the World": Medieval Córdoba as a Cultural Centre', in Salma Khadra Jayyusi (ed.), *The Legacy of Muslim Spain* (Leiden, 1992), pp. 112–36, and Heather Ecker, 'The Great Mosque of Córdoba in the Twelfth and Thirteenth Centuries', Muqarnas, 20 (2003), pp. 113–41.
21. 引述於Hillenbrand, '"The Ornament of the World"', p. 112.
22. 引述處同前，p. 120.
23. Maqbul Ahmad, 'Cartography of al-Idrīsī', p. 156.
24. Jeremy Johns, *Arabic Administration in Norman Sicily: The Royal Dīwān* (Cambridge, 2002), p. 236.

25. 引述於Hubert Houben, *Roger II of Sicily: A Ruler between East and West* (Cambridge, 2002), p. 106.
26. Helen Wieruszowski, 'Roger II of Sicily, Rex Tyrannus, in Twelfth-Century Political Thought', *Speculum*, 38/1 (1963), pp. 46–78.
27. Donald Matthew, *The Norman Kingdom of Sicily* (Cambridge, 1992).
28. 引述於R. C. Broadhurst (ed. and trans.), *The Travels of Ibn Jubayr* (London, 1952), pp. 339–41.
29. Charles Haskins and Dean Putnam Lockwood, 'The Sicilian Translators of the Twelfth Century and the First Latin Version of Ptolemy's Almagest', *Harvard Studies in Classical Philology*, 21 (1910), pp. 75–102.
30. Houben, *RogerII*, p. 102.
31. 同前，pp. 98–113; Matthew, *Norman Kingdom*, pp. 112–28.
32. 引述於Ahmad, 'Cartography of al-Idrīsī', p. 159.
33. 同前。
34. 同前。
35. 同前，p. 160.
36. 引述於Pierre Jaubert (ed. and trans.), *Géographie d'Édrisi*, 2 vols. (Paris, 1836), vol. 1, p. 10. Jaubert's的譯文有點反覆無常，可以對照另一書的部分譯文來訂正：Reinhart Dozy and Michael Jan de Goeje (eds. and trans.), *Description de l'Afrique et de l'Espagne par Edrîsî* (Leiden, 1866).
37. S. Maqbul Ahmad, *India and the Neighbouring Territories in the 'Kitāb nuzhat al-mushtāq fīkhtirāq al-āfāq' of al-Sharīf al-Idrīsī* (Leiden, 1960), pp. 12–18.
38. 引述於Jaubert, *Géographie d'*Édrisi, vol. 1, p. 140.
39. 引述處同前，pp. 137–8.
40. 引述處同前，vol. 2, p. 156.
41. 引述處同前，p. 252.
42. 引述處同前，pp. 342–3.
43. 引述處同前，pp. 74–5.
44. Brauer, 'Boundaries and Frontiers', pp. 11–14.
45. J. F. P. Hopkins, 'Geographical and Navigational Literature', in M. J. L. Young, J. D. Latham and R. B. Serjeant (eds.), *Religion, Learning and Science in the 'Abbasid Period* (Cambridge, 1990), pp. 301–27, at pp. 307–11.
46. *The History of the Tyrants of Sicily by 'Hugo Falcandus' 1154–69*, trans. Graham A. Loud and Thomas Wiedemann (Manchester, 1998), p. 59.
47. Matthew, *Norman Kingdom*, p. 112；有關腓特烈對西西里的統治，參見 David Abulafia, *Frederick II: A Medieval Emperor* (Oxford, 1988), pp. 340–74.
48. Ibn Kaldūn, *The Muqadimah: An Introduction to History*, trans. Franz Rosenthal

(Princeton, 1969), p. 53.

49. Jeremy Johns and Emilie Savage-Smith, 'The Book of Curiosities: A Newly Discovered Series of Islamic Maps', *Imago Mundi*, 55 (2003), pp. 7–24, Yossef Rapoport and Emilie Savage-Smith, 'Medieval Islamic Views of the Cosmos: The Newly Discovered *Book of Curiosities', Cartographic Journal*, 41/3 (2004), pp. 253–9, and Rapoport and Savage-Smith, 'The Book of Curi-osities and a Unique Map of the World', in Richard J. A. Talbert and Richard W. Unger (eds.), *Cartography in Antiquity and the Middle Ages: Fresh Per-spectives, New Methods* (Leiden, 2008), pp. 121–38.

第三章　信仰

1. Colin Morris, 'Christian Civilization (1050–1400)', in John McManners (ed.), *The Oxford Illustrated History of Christianity* (Oxford, 1990), pp. 196–232.
2. 有關坎特路普的神職生涯以及與佩肯的衝突，文章參見Meryl Jancey (ed.), *St. Thomas Cantilupe, Bishop of Hereford: Essays in his Honour* (Hereford, 1982).
3. 參見Nicola Coldstream, 'The Medieval Tombs and the Shrine of Saint Thomas Cantilupe', in Gerald Aylmer and John Tiller (eds.), *Hereford Cathedral: A History* (London, 2000), pp. 322–30.
4. David Woodward, 'Medieval *Mappaemundi*', in J. B. Harley and David Woodward (eds.), *The History of Cartography*, vol. 1: *Cartography in Prehistoric, Ancient, and Medieval Europe and the Mediterranean* (Chicago, 1987), p. 287.
5. Scott D. Westrem, *The Hereford Map: A Transcription and Translation of the Legends with Commentary* (Turnhout, 2001), p. 21. 除非另有說明，否則所有地圖的引文都取自本書.
6. 同前，p. 8.
7. 引述於 Woodward, 'Medieval *Mappaemundi*', p. 299.
8. 引述於Natalia Lozovsky, *'The Earth is Our Book': Geographical Knowledge in the Latin West ca.400–1000* (Ann Arbor, 2000), p. 11.
9. 引述處同前，p. 12.
10. 引述處同前，p. 49.
11. Sallust, *The Jugurthine War/The Conspiracy of Catiline*, trans. S. A. Handford (London, 1963), pp. 53–4.
12. Evelyn Edson, *Mapping Time and Space: How Medieval Mapmakers Viewed their World* (London, 1997), p. 20.
13. Alfred Hiatt, 'The Map of Macrobius before 1100', *Imago Mundi*, 59 (2007), pp. 149–76.
14. 引述於 William Harris Stahl (ed.), *Commentary on the Dream of Scipio by*

Macrobius (Columbia, NY, 1952), pp. 201–3.

15. 同前，p. 216.
16. Roy Deferrari (ed.), *Paulus Orosius: The Seven Books of History against the Pagans* (Washington, 1964), p. 7.
17. 引述於Edson, *Mapping Time and Space*, p. 38.
18. 引述處同前，p. 48.
19. Lozovsky, *'The Earth is Our Book'*, p. 105; Edson, *Mapping Time and Space*, p. 49.
20. William Harris Stahl *et al.* (eds. and trans.), *Martianus Capella and the Seven Liberal Arts*, vol. 2: *The Marriage of Philology and Mercury* (New York, 1997), p. 220.
21. Lozovsky, *'The Earth is Our Book'*, pp. 28–34.
22. Erich Auerbach, *Mimesis: The Representation of Reality in Western Literature* (Princeton, 1953), pp. 73–4, 195–6.
23. 參見Patrick Gautier Dalché, 'Maps in Words: The Descriptive Logic of Medieval Geography', in P. D. A. Harvey (ed.), *The Hereford World Map: Medieval World Maps and their Context* (London, 2006), pp. 223–42.
24. Conrad Rudolph, '"First, I Find the Center Point": Reading the Text of Hugh of Saint Victor's *The Mystic Ark*', *Transactions of the American Philosophical Society*, 94/4 (2004), pp. 1–110.
25. 引述於Alessandro Scafi, *Mapping Paradise: A History of Heaven on Earth* (London, 2006), p. 123.
26. 引述於Woodward, 'Medieval *Mappaemundi*', p. 335.
27. 引述於Mary Carruthers, *The Book of Memory: A Study of Memory in Medieval Culture* (Cambridge, 2nd edn., 2007), p. 54.
28. 引述於Scafi, *Mapping Paradise*, pp. 126–7.
29. Westrem, *The Hereford Map*, pp. 130, 398.
30. Peter Barber, 'Medieval Maps of the World', in Harvey, *The Hereford World Map*, pp. 1–44, at p. 13.
31. Westrem, *The Hereford Map*, p. 326; G. R. Crone, 'New Light on the Hereford Map', *Geographical Journal*, 131 (1965), pp. 447–62.
32. 同前，p. 451; P. D. A. Harvey, 'The Holy Land on Medieval World Maps', in Harvey, *The Hereford World Map*, p. 248.
33. Brouria Bitton-Ashkelony, *Encountering the Sacred: The Debate on Christian Pilgrimage in Late Antiquity* (Berkeley and Los Angeles, 2006), pp. 110–15; Christian K. Zacher, *Curiosity and Pilgrimage: The Literature of Discovery in Fourteenth-Century England* (Baltimore, 1976).
34. Robert Norman Swanson, *Religion and Devotion in Europe, 1215–1515* (Cambridge, 1995), pp. 198–9.

35. Valerie J. Flint, 'The Hereford Map: Its Author(s), Two Scenes and a Border', *Transactions of the Royal Historical Society*, sixth series, 8 (1998), pp. 19–44.
36. 同前，pp. 37–9.
37. Dan Terkla, 'The Original Placement of the Hereford Mappa Mundi', *Imago Mundi*, 56 (2004), pp. 131–51, and 'Informal Cathechesis and the Hereford *Mappa Mundi*', in Robert Bork and Andrea Kann (eds.), *The Art, Science and Technology of Medieval Travel* (Aldershot, 2008), pp. 127–42.
38. Martin Bailey, 'The Rediscovery of the Hereford Mappamundi: Early Refer-ences, 1684–1873', in Harvey, *The Hereford World Map*, pp. 45–78.
39. Martin Bailey, 'The Discovery of the Lost Mappamundi Panel: Hereford's Map in a Medieval Altarpiece?', in Harvey, *The Hereford World Map*, pp. 79–93.
40. 引述於Daniel K. Connolly, 'Imagined Pilgrimage in the Itinerary Maps of Matthew Paris', *Art Bulletin*, 81/4 (1999), pp. 598–622, at p. 598.

第四章　帝國

1. Martina Deuchlar, *The Confucian Transformation of Korea: A Study of Soci-ety and Ideology* (Cambridge, Mass., 1992).
2. John B. Duncan, *The Origins of the Chosŏn Dynasty* (Washington, 2000).
3. Tanaka Takeo, 'Japan's Relations with Overseas Countries', in John Whitney Hall and Takeshi Toyoda (eds.), *Japan in the Muromachi Age* (Berkeley and Los Angeles, 1977), pp. 159–78.
4. Joseph Needham *et al.*, *The Hall of Heavenly Records: Korean Astronomical Instruments and Clocks* (Cambridge, 1986), pp. 153–9, and F. Richard Stephenson, 'Chinese and Korean Star Maps and Catalogs', in J. B. Harley and David Woodward (eds.), *The History of Cartography*, vol. 2, bk. 2: *Cartography in the Traditional East and Southeast Asian Societies* (Chicago, 1987), pp. 560–68.
5. 稱為《大明混一圖》的中國地圖，收藏在北京的第一歷史檔案館，和疆理圖有許多相似之處，有些學者鑑定這幅地圖出自公元一三八九年。不過也有人辯稱沒有具體證據證明這幅地圖是這麼早的作品，指出這是十六世紀末或十七世紀初的複製品。參見Kenneth R. Robinson, 'Gavin Menzies, 1421, and the Ryŭkoku Kangnido World Map', *Ming Studies*, 61 (2010), pp. 56–70, at p. 62. 感謝余定國就這幅地圖的相關問題與我通信。
6. 疆理圖最新的詳細說明為Kenneth R. Robinson, 'Chosŏn Korea in the Ryŭkoku Kangnido: Dating the Oldest Extant Korean Map of the World (15th Century)', *Imago Mundi*, 59/2 (2007), pp. 177–92.
7. 同前，pp. 179–82.
8. Joseph Needham, with Wang Ling, *Science and Civilisation in China*, vol. 3:

Mathematics and the Sciences of the Heavens and the Earth (Cambridge, 1959), pp. 555–6.

9. 同前，p. 555.
10. C. Dale Walton, 'The Geography of Universal Empire: A Revolution in Strategic Perspective and its Lessons', *Comparative Strategy*, 24 (2005), pp. 223–35.
11. 引述於Gari Ledyard, 'Cartography in Korea', in Harley and Woodward, *The History of Cartography*, vol. 2, bk. 2, pp. 235–345, at p. 245.
12. Timothy Brook, *The Troubled Empire: China in the Yuan and Ming Dynasties* (Cambridge, Mass., 2010), pp. 164, 220. 萬分感謝作者繪製這幅圖和進一步的參考資料給我，讓我可以在此複製重現。
13. Kenneth R. Robinson, 'Yi Hoe and his Korean Ancestors in T'aean Yi Genealogies', *Seoul Journal of Korean Studies*, 21/2 (2008), pp. 221–50, at pp. 236–7.
14. Hok-lam Chan, 'Legitimating Usurpation: Historical Revisions under the Ming Yongle Emperor (r. 1402–1424)', in Philip Yuen-sang Leung (ed.), *The Legitimation of New Orders: Case Studies in World History* (Hong Kong, 2007), pp. 75–158.
15. 鄭樵（Zheng Qiao, AD1104–62）。引述於Francesca Bray, 'Introduction: The Powers of Tu', in Francesca Bray, Vera Dorofeeva-Lichtmann and Georges Métailié (eds.), *Graphics and Text in the Production of Technical Knowledge in China* (Leiden, 2007), pp. 1–78, at p. 1.
16. Nathan Sivin and Gari Ledyard, 'Introduction to East Asian Cartography', in Harley and Woodward, *The History of Cartography*, vol. 2, bk. 2, pp. 23–31, at p. 26.
17. Bray, 'The Powers of tu', p. 4.
18. 引述於Needham, *Science and Civilisation*, vol. 3, p. 217.
19. 同前，p. 219.
20. 引述於John S. Major, *Heaven and Earth in Early Han Thought* (New York, 1993), p. 32.
21. John B. Henderson, 'Nonary Cosmography in Ancient China', in Kurt A. Raaflaub and Richard J. A. Talbert (eds.), *Geography and Ethnography: Perceptions of the World in Pre-Modern Societies* (Oxford, 2010), pp. 64–73, at p. 64.
22. Sarah Allan, *The Shape of the Turtle: Myth, Art and Cosmos in Early China* (Albany, NY, 1991).
23. Mark Edward Lewis, *The Flood Myths of Early China* (Albany, NY, 2006), pp. 28–30.
24. 引述於Needham, *Science and Civilisation*, vol. 3, p. 501.
25. Vera Dorofeeva-Lichtmann, 'Ritual Practices for Constructing Terrestrial Space (Warring States – Early Han)', in John Lagerwey and Marc Kalinowski (eds.),

Early Chinese Religion, pt. 1: *Shang through Han (1250BC–220AD)* (Leiden, 2009), pp. 595–644.

26. Needham, *Science and Civilisation*, vol. 3, pp. 501–3.
27. 引述於 William Theodore De Bary (ed.), *Sources of East Asian Tradition*, vol. 1: *Premodern Asia* (New York, 2008), p. 133.
28. 引述於 Mark Edward Lewis, *The Construction of Space in Early China* (Albany, NY, 2006), p. 248.
29. 引述於 Cordell D. K. Yee, 'Chinese Maps in Political Culture', in Harley and Woodward, *History of Cartography*, vol. 2, bk. 2, pp. 71–95, at p. 72.
30. Hung Wu, *The Wu Liang Shrine: The Ideology of Early Chinese Pictorial Art* (Stanford, Calif., 1989), p. 54.
31. 引述於 Yee, 'Chinese Maps', p. 74.
32. 同前，p. 74.
33. Nancy Shatzman Steinhardt, 'Mapping the Chinese City', in David Buisseret (ed.), *Envisioning the City: Six Studies in Urban Cartography* (Chicago, 1998), pp. 1–33, at p. 11; Cordell D. K. Yee, 'Reinterpreting Traditional Chinese Geographical Maps', in Harley and Woodward, *History of Cartography*, vol. 2, bk. 2, pp. 35–70, at p. 37.
34. Craig Clunas, *Art in China* (Oxford, 1997), pp. 15–44.
35. Yee, 'Chinese Maps', pp. 75–6.
36. 引述於 Needham, *Science and Civilisation*, vol. 3, pp. 538–40.
37. Cordell D. K. Yee, 'Taking the World's Measure: Chinese Maps between Observation and Text', in Harley and Woodward, *History of Cartography*, vol. 2, bk. 2, pp. 96–127.
38. 引述處同前，p. 113.
39. 引述於 Needham, *Science and Civilisation*, vol. 3, p. 540.
40. 同前，p. 546.
41. 引述於 Alexander Akin, 'Georeferencing the Yujitu', accessed at: http://www.davidrumsey.com/china/Yujitu_Alexander_Akin.pdf.
42. Tsien Tsuen-Hsuin, 'Paper and Printing', in Joseph Needham, *Science and Civilisation in China*, vol. 5, pt. 1: *Chemistry and Chemical Technology: Paper and Printing* (Cambridge, 1985).
43. Patricia Buckley Ebrey, *The Cambridge Illustrated History of China* (Cambridge, 1996), pp. 136–63.
44. Vera Dorofeeva-Lichtmann, 'Mapping a "Spiritual" Landscape: Representa-tion of Terrestrial Space in the Shanhaijing', in Nicola Di Cosmo and Don J. Wyatt (eds.), *Political Frontiers, Ethnic Boundaries, and Human Geographies in Chinese*

History (Oxford, 2003), pp. 35–79.

45. 引述於 Hilde De Weerdt, 'Maps and Memory: Readings of Cartography in Twelfth- and Thirteenth-Century Song China', *Imago Mundi*, 61/2 (2009), pp. 145–67, at p. 156.
46. 同前，p. 159.
47. 引述於 Ledyard, 'Cartography in Korea', p. 240.
48. 同前，pp. 238–79.
49. 引述於 Steven J. Bennett, 'Patterns of the Sky and Earth: A Chinese Science of Applied Cosmology', *Chinese Science*, 3 (1978), pp. 1–26, at pp. 5–6.
50. David J. Nemeth, *The Architecture of Ideology: Neo-Confucian Imprinting on Cheju Island, Korea* (Berkeley and Los Angeles, 1987), p. 114.
51. 引述於 Ledyard, 'Cartography in Korea', p. 241.
52. 引述於 Nemeth, *Architecture of Ideology*, p. 115.
53. Ledyard, 'Cartography in Korea', pp. 276–9.
54. 同前，pp. 291–2.
55. 萬分感謝 Gari Ledyard 為我解釋這一點。
56. 引述於 Dane Alston, 'Emperor and Emissary: The Hongwu Emperor, Kwŏn Kŭn, and the Poetry of Late Fourteenth Century Diplomacy', *Korean Studies*, 32 (2009), pp. 104–47, at p. 111.
57. 引述處同前，p. 112.
58. 同前，p. 120.
59. 同前，p. 125.
60. 同前，p. 129.
61. 同前，p. 131.
62. 同前，p. 134.
63. Etsuko Hae-Jin Kang, *Diplomacy and Ideology in Japanese-Korean Relations: From the Fifteenth to the Eighteenth Century* (London, 1997), pp. 49–83.
64. 引述於 Ledyard, 'Cartography in Korea', p. 245.
65. Robinson, 'Chosŏn Korea in the Ryŭkoku Kangnido', pp. 185–8.
66. Bray, 'The Powers of Tu', p. 8.

第五章　發現

1. 後續所有關於購買地圖的引文是出自國會圖書館地圖組的館藏檔案。感謝地圖組的約翰・海斯勒與約翰・赫柏特（John Herbert）讓我借閱這些檔案，也謝謝菲利浦・波登提供電子郵件，並與我討論他在這次收購的參與。
2. 引述於 Seymour I. Schwartz, *Putting 'America' on the Map: The Story of the Most Important Graphic Document in the History of the United States* (New York, 2007), pp. 251–2.

3. *New York Times*, 20 June 2003.
4. 參見 http://www.loc.gov/today/pr/2001/01–093.html.
5. Jacob Burckhardt, *The Civilization of the Renaissance in Italy*, trans. S. G. C. Middlemore (London, 1990), pp. 213–22.
6. 引述於 John Hessler, *The Naming of America: Martin Waldseemüller's 1507 World Map and the 'Cosmographiae Introductio'* (London, 2008), p. 34.
7. 同前，p. 17.
8. Samuel Eliot Morison, *Portuguese Voyages to America in the Fifteenth Century* (Cambridge, Mass., 1940), pp. 5–10.
9. 有關早期印刷史和出版量，參見 Elizabeth Eisenstein, *The Printing Press as an Agent of Change*, 2 vols. (Cambridge, 1979)，以及 Lucien Febvre, *The Coming of the Book*, trans. David Gerard (London, 1976).
10. 引述於 Barbara Crawford Halporn (ed.), *The Correspondence of Johann Amerbach* (Ann Arbor, 2000), p. 1.
11. 有關對「革命性」論點持疑，參見 Adrian Johns, *The Nature of the Book: Print and Knowledge in the Making* (Chicago, 1998).
12. William Ivins, P*rints and Visual Communications* (Cambridge, Mass., 1953), pp. 1–50.
13. Robert Karrow, 'Centers of Map Publishing in Europe, 1472–1600', in David Woodward (ed.), *The History of Cartography*, vol. 3: *Cartography in the European Renaissance*, pt. 1 (Chicago, 2007), pp. 611–21.
14. 引述於 Schwartz, *Putting 'America' on the Map*, p. 36.
15. 參見 Denis Cosgrove, 'Images of Renaissance Cosmography, 1450–1650', in Woodward, *History of Cartography*, vol. 3, pt. 1, pp. 55–98.
16. Patrick Gautier Dalché, 'The Reception of Ptolemy's *Geography* (End of the Fourteenth to Beginning of the Sixteenth Century)', in Woodward, *History of Cartography*, vol. 3, pt. 1 pp. 285–364.
17. Tony Campbell, *The Earliest Printed Maps, 1472–1500* (London, 1987), p. 1.
18. 引述於 Schwartz, *Putting 'America' on the Map*, pp. 39–40.
19. 參見 Luciano Formisano (ed.), *Letters from a New World: Amerigo Vespucci's Discovery of America*, trans. David Jacobson (New York, 1992).
20. 引述於 Joseph Fischer SJ and Franz von Weiser, *The Cosmographiae Introductio of Martin Waldseemüller in Facsimile* (Freeport, NY, 1960), p. 88.
21. 書中引句皆取自 Hessler, *The Naming of America*，亦參見 Charles George Herbermann (ed.), *The Cosmographia Introductio of Martin Waldseemüller* (New York, 1907).
22. 引述於 Hessler, *Naming of America*, p. 88.

23. 同前，p. 94.

24. 同前，pp. 100–101。亦參見Toby Lester, *The Fourth Part of the World: The Epic Story of History's Greatest Map* (New York, 2009).

25. 引述於Christine R. Johnson, 'Renaissance German Cosmographers and the Naming of America', *Past and Present*, 191/1 (2006), pp. 3–43, at p. 21.

26. Miriam Usher Chrisman, *Lay Culture, Learned Culture: Books and Social Changes in Strasbourg,1480–1599* (New Haven, 1982), p. 6.

27. R. A. Skelton, 'The Early Map Printer and his Problems', *Penrose Annual*, 57 (1964), pp. 171–87.

28. 引述於Halporn (ed.), *Johann Amerbach*, p. 2.

29. 參見David Woodward (ed.), *Five Centuries of Map Printing* (Chicago, 1975), ch. 1.

30. 引述於Schwartz, *Putting 'America' on the Map*, p. 188.

31. 引述於E. P. Goldschmidt, 'Not in Harrisse', in *Essays Honoring Lawrence C. Wroth* (Portland, Me., 1951), pp. 135–6.

32. 引述於J. Lennart Berggren and Alexander Jones (eds. and trans.), *Ptolemy's Geography: An Annotated Translation of the Theoretical Chapters* (Princeton, 2000), pp. 92–3.

33. 針對托勒密的投影法，參見資料同前，亦見O. A. W. Dilke, 'The Culmination of Greek Cartography in Ptolemy', in J. B. Harley and David Woodward (eds.), *The History of Cartography*, vol. 1: *Cartography in Prehistoric, Ancient, and Medieval Europe and the Mediterranean* (Chicago, 1987), pp. 177–200.

34. 海斯勒使用電腦建模和一種叫作「多項式翹曲」（polynomial warping）的模型，產生一些具有爭議性的證據，耐人尋味的是竟然釐清了Universalis cosmographia的創造方式。海斯勒描述多項式翹曲是一種「數學轉換，或是從扭曲的圖像（例如早期的地圖、比例尺未知的地圖或幾何網格的地圖）製作出知名的目標圖像。目的是做出一種空間轉換（或叫作翹曲），這樣才能測量矯正後的地圖，或是根據已知地圖或網格加上度量。」John Hessler, 'Warping Waldseemüller: A Phenomenological and Computational Study of the 1507 World Map', *Cartographica*, 41/2 (2006), pp. 101–13.

35. 引述於Franz Laubenberger and Steven Rowan, 'The Naming of America', *Sixteenth Century Journal*, 13/4 (1982) , p. 101.

36. 引述於Joseph Fischer SJ and Franz von Wieser (eds.), *The World Maps of Waldseemüller (Ilacomilus) 1507 and 1516* (Innsbruck, 1903), pp. 15–16.

37. 引述於Johnson, 'Renaissance German Cosmographers', p. 32.

38. 參見Laubenberger and Rowan, 'The Naming of America'.

39. Johnson, 'Renaissance German Cosmographers', pp. 34–5.

40. 引述於Schwartz, *Putting 'America' on the Map*, p. 212.

41. Elizabeth Harris, 'The Waldseemüller Map: A Typographic Appraisal', *Imago Mundi*, 37 (1985), pp. 30–53.
42. Michel Foucault, 'Nietzsche, Genealogy, History', in Foucault, *Language, Counter-Memory, Practice: Selected Essays and Interviews*, ed. and trans. Donald Bouchard (New York, 1977), pp. 140–64, at p. 142.

第六章　全球主義

1. 引述於Frances Gardiner Davenport and Charles Oscar Paullin (eds.), *European Treaties Bearing on the History of the United States and its Dependencies*, 4 vols. (Washington, 1917), vol. 1, p. 44.
2. 引述處同前，p. 95.
3. 引述於Francis M. Rogers (ed.), *The Obedience of a King of Portugal* (Minneapolis, 1958), p. 48.
4. 引述於Davenport and Paullin, *European Treaties*, vol. 1, p. 161.
5. 引述於Donald Weinstein (ed.), *Ambassador from Venice: Pietro Pasqua-ligo in Lisbon, 1501* (Minneapolis, 1960), pp. 29–30.
6. 參見Sanjay Subrahmanyam and Luis Filipe F. R. Thomaz, 'Evolution of Empire: The Portuguese in the Indian Ocean during the Sixteenth Century', in James Tracey (ed.), *The Political Economy of Merchant Empires* (Cambridge, 1991), pp. 298–331.
7. 引述於W. B. Greenlee (ed.), *The Voyage of Pedro Alvares Cabral to Brazil and India* (London, 1937), pp. 123–4.
8. 引述於Carlos Quirino (ed.), *First Voyage around the World by Antonio Pigafetta and 'De Moluccis Insulis' by Maximilianus Transylvanus* (Manila, 1969), pp. 112–13.
9. 參見Richard Hennig, 'The Representation on Maps of the Magalhães Straits before their Discovery', *Imago Mundi*, 5 (1948), pp. 32–7.
10. 參見Edward Heawood, 'The World Map before and after Magellan's Voyage', *Geographical Journal*, 57 (1921), pp. 431–42.
11. Lord Stanley of Alderley (ed.), *The First Voyage around the World by Magellan* (London, 1874), p. 257.
12. 引述於Marcel Destombes, 'The Chart of Magellan', *Imago Mundi*, 12 (1955), pp. 65–88, at p. 68.
13. 引述於R. A. Skelton (ed.), *Magellan's Voyage: A Narrative Account of the First Circumnavigation*, 2 vols. (New Haven, 1969), vol. 1, p. 128.
14. 引述於Samuel Eliot Morison, *The European Discovery of America: The Northern Voyages*, A.D.500–16 (Oxford, 1974), p. 473.
15. 引述於Quirino, *First Voyage around the World*, pp. 112–13; Julia Cartwright (ed.), *Isabella d'Este, Marchioness of Mantua 1474–1539: A Study of the Renaissance*, 2

vols. (London, 1903), vol. 2, pp. 225–6.

16. 引述於 Morison, *European Discovery*, p. 472.
17. Peter Martyr, *The Decades of the Newe Worlde*, trans. Richard Eden (London, 1555), p. 242.
18. Antonio Barrera-Osorio, *Experiencing Nature: The Spanish American Empire and the Early Scientific Revolution* (Austin, Tex., 2006), pp. 29–55; Maria M. Portuondo, *Secret Science: Spanish Cosmography and the New World* (Chicago, 2009).
19. Destombes, 'The Chart of Magellan', p. 78.
20. L. A. Vigneras, 'The Cartographer Diogo Ribeiro', *Imago Mundi*, 16 (1962), pp. 76–83.
21. 引述於 Destombes, 'The Chart of Magellan', p. 78.
22. Bartholomew Leonardo de Argensola, *The Discovery and Conquest of the Molucco Islands* (London, 1708).
23. 引述於 Emma H. Blair and James A. Robertson (eds.), *The Philippine Islands: 1493–1898*, 55 vols. (Cleveland, 1903–9), vol. 1, pp. 176–7.
24. Peter Martyr, *The Decades of the Newe Worlde*, p. 242.
25. 引述於 Blair and Robertson, *The Philippine Islands*, vol. 1, pp. 209–10.
26. 同前，p. 201.
27. 同前，p. 197.
28. 同前，p. 205.
29. 引述於 Vigneras, 'Ribeiro', p. 77.
30. 引述於 Armado Cortesão and Avelino Teixeira da Mota, *Portugaliae Monumenta Cartographica*, 6 vols. (Lisbon, 1960–62), vol. 1, p. 97.
31. Vigneras, 'Ribeiro', pp. 78–9.
32. Surekha Davies, 'The Navigational Iconography of Diogo Ribeiro's 1529 Vatican Planisphere', *Imago Mundi*, 55 (2003), pp. 103–12.
33. Bailey W. Diffie and George D. Winius, *Foundations of the Portuguese Empire, 1415–1580* (Minneapolis, 1977), p. 283.
34. Robert Thorne, 'A Declaration of the Indies', in Richard Hakluyt, *Divers Voyages Touching America* (London, 1582), sig. C3.
35. 引述於 Cortesão and da Mota, *Portugaliae Monumenta Cartographica*, vol. 1, p. 100.
36. Davenport, *European Treaties*, p. 188.
37. 同前，pp. 186–97.
38. Jerry Brotton, *Trading Territories: Mapping the Early Modern World* (London, 1997), pp. 143–4.
39. 引述於 Cortesão and da Mota, *Portugaliae Monumenta Cartographica*, vol. 1, p. 102.
40. Konrad Eisenbichler, 'Charles V in Bologna: The Self-Fashioning of a Man and a

City', *Renaissance Studies*, 13/4 (2008), pp. 430–39.

41. Jerry Brotton and Lisa Jardine, *Global Interests: Renaissance Art between East and West* (London, 2000), pp. 49–62.

第七章　寬容

1. 關於因信奉異端而被處死者的最完整說明，見H. Averdunk and J. Müller-Reinhard, *Gerhard Mercator und die Geographen unter seinen Nachkommen* (Gotha, 1904). 關於麥卡托最新近的英語傳記，見Nicholas Crane, *Mercator: The Man who Mapped the Planet* (London, 2003).
2. Paul Arblaster, '"Totius Mundi Emporium": Antwerp as a Centre for Vernacular Bible Translations, 1523–1545', in Arie-Jan Gelderblom, Jan L. de Jong and Marc van Vaeck (eds.), *The Low Countries as a Crossroads of Religious Belief* (Leiden, 2004), pp. 14–15.
3. William Monter, 'Heresy Executions in Reformation Europe, 1520–1565', in Ole Peter Grell and Bob Scribner (eds.), *Tolerance and Intolerance in the European Reformation* (Cambridge, 1996), pp. 48–64.
4. Karl Marx, 'The Eighteenth Brumaire of Napoleon Bonaparte' (1852), in David McLellan (ed.), *Karl Marx: Selected Writings* (Oxford, 2nd edn. 2000), pp. 329–55.
5. 有關前述的「自我形塑」概念和說法，要深切感謝Stephen Greenblatt, *Renaissance Self-Fashioning: From More to Shakespeare* (Chicago, 1980), pp. 1–2.
6. 引述於Crane, *Mercator*, p. 193.
7. 同前，p. 194.
8. 同前, p. 44.
9. 引述於A. S. Osley (ed.), *Mercator: A Monograph on the Lettering of Maps, etc. in the 16th Century Netherlands with a Facsimile and Translation of his Treatise on the Italic Hand and a Translation of Ghim's 'Vita Mercatoris'* (London, 1969), p. 185.
10. 引述於Peter van der Krogt, *Globi Neerlandici: The Production of Globes in the Low Countries* (Utrecht, 1993), p. 42.
11. 有關地球儀，參見資料同前，pp. 53–5; Robert Haardt, 'The Globe of Gemma Frisius', *Imago Mundi*, 9 (1952), pp. 109–10. 有關地球儀費用，參見Steven Vanden Broeke, *The Limits of Influence: Pico, Louvain and the Crisis of Astrology* (Leiden, 2003).
12. 引述於Robert W. Karrow, Jr., *Mapmakers of the Sixteenth Century and their Maps: Bio-Bibliographies of the Cartographers of Abraham Ortelius, 1570* (Chicago, 1993), p. 377.
13. 引述於M. Büttner, 'The Significance of the Reformation for the Reorientation of Geography in Lutheran Germany', *History of Science*, 17 (1979), pp. 151–69, at

p. 160.

14. 以下片段要深深感謝：Catherine Delano-Smith and Elizabeth Morley Ingram, *Maps in Bibles, 1500–1600: An Illustrated Catalogue* (Geneva, 1991), and Delano-Smith, 'Maps as Art and Science: Maps in Sixteenth Century Bibles', *Imago Mundi*, 42 (1990), pp. 65–83.
15. 引述於Delano-Smith and Morley, *Maps in Bibles*, p. xxvi.
16. Delano-Smith, 'Maps as Art', p. 67.
17. 引述於Delano-Smith and Morley, *Maps in Bibles*, p. xxv.
18. Robert Karrow, 'Centers of Map Publishing in Europe, 1472–1600', in David Woodward (ed.), *The History of Cartography*, vol. 3: *Cartography in the European Renaissance*, pt. 1 (Chicago, 2007), pp. 618–19.
19. 有關文藝復興地圖投影法的歷史，參見Johannes Keuning, 'A History of Geographical Map Projections until 1600', *Imago Mundi*, 12 (1955), pp. 1–24; John P. Snyder, *Flattening the Earth: Two Thousand Years of Map Projections* (Chicago, 1993), and his 'Map Projections in the Renaissance', in David Woodward (ed.), *The History of Cartography*, vol.3: *Cartography in the European Renaissance*, pt.1 (Chicago, 2007), pp. 365–81.
20. Rodney W. Shirley, *The Mapping of the World: Early Printed World Maps,1472–1700* (London, 1983), p. 84.
21. 參見Robert L. Sharp, 'Donne's "Good-Morrow" and Cordiform Maps', *Modern Language Notes, 69/7* (1954), pp. 493–5; Julia M. Walker, 'The Visual Paradigm of "The Good-Morrow": Donne's Cosmographical Glasse', *Review of English Studies*, 37/145 (1986), pp. 61–5.
22. Eric Jager, *The Book of the Heart* (Chicago, 2000), pp. 139, 143.
23. William Harris Stahl (ed.), *Commentary on the Dream of Scipio by Macrobius* (Columbia, NY, 1952), pp. 72, 216.
24. 引述於Denis Cosgrove, *Apollo's Eye: A Cartographic Genealogy of the Earth in the Western Imagination* (Baltimore, 2001), p. 49.
25. Giorgio Mangani, 'Abraham Ortelius and the Hermetic Meaning of the Cordiform Projection', *Imago Mundi*, 50 (1998), pp. 59–83. 有關墨蘭頓，參見Crane, *Mercator*, p. 96.
26. 引述於Osley, *Mercator*, p. 186.
27. 參見Geoffrey Parker, *The Dutch Revolt* (London, 1979), p. 33.
28. Rolf Kirmse, 'Die grosse Flandernkarte Gerhard Mercators (1540) – ein Politicum?', *Duisburger Forschungen*, 1 (1957), pp. 1–44; Crane, *Mercator*, pp. 102–10.
29. 參見Marc Boone, 'Urban Space and Political Conflict in Late Medieval Flanders',

Journal of Interdisciplinary History, 32/4 (2002), pp. 621–40.

30. Diarmaid MacCulloch, *Reformation: Europe's House Divided,1490–1700* (London, 2003), pp. 75, 207–8.
31. 引述於Rienk Vermij, 'Mercator and the Reformation', in Manfred Büttner and René Dirven (eds.), *Mercator und Wandlungen der Wissenschaften im 16. und 17. Jahrhundert* (Bochum, 1993), pp. 77–90, at p. 85.
32. Alison Anderson, *On the Verge of War: International Relations and the Jülich-Kleve Succession Crises* (Boston, 1999) , pp. 18–21.
33. Andrew Taylor, *The World of Gerard Mercator: The Man who Revolutionised Geography* (London, 2005), pp. 128–9.
34. 引述於Crane, *Mercator*, p. 160.
35. Karrow, *Mapmakers of the Sixteenth Century*, p. 386.
36. 引述於Crane, *Mercator*, p. 194.
37. 有關十六世紀宇宙學的危機，見Frank Lestringant, *Mapping the Renaissance World: The Geographical Imagination in the Age of Discovery*, trans. David Fausett (Oxford, 1994), and Denis Cosgrove, 'Images of Renaissance Cosmography, 1450–1650', in Woodward, *History of Cartography*, vol. 3, pt. 1；有關編年史，參見see Anthony Grafton, 'Joseph Scaliger and Historical Chronology: The Rise and Fall of a Discipline', *History and Theory*, 14/2 (1975), pp. 156–85, 'Dating History: The Renaissance and the Reformation of Chronology', *Daedalus*, 132/2 (2003), pp. 74–85, and *Joseph Scaliger: A Study in the History of Classical Scholarship*, vol. 2: Historical Chronology (Oxford, 1993).
38. 引述處同前，p. 13.
39. 同前，p. 9.
40. 引述於 Vermij, 'Mercator and the Reformation', p. 86.
41. 有關麥卡托的《編年史》，參見Rienk Vermij, 'Gerard Mercator and the Science of Chronology', in Hans Blotevogel and Rienk Vermij (eds.), *Gerhard Mercator und die geistigen Strömungen des 16. und 17. Jahrhunderts* (Bochum, 1995), pp. 189–98.
42. 同前，p. 192.
43. Grafton, 'Dating History', p. 75.
44. 宇宙學這方面的視界，參見Cosgrove, *Apollo's Eye; Lestringant, Mapping the Renaissance World.*
45. 這幅地圖圖例的引文皆出自這篇作者不詳的文章，'Text and Translation of the Legends of the Original Chart of the World by Gerhard Mercator, Issued in 1569', *Hydrographic Review*, 9 (1932), pp. 7–45.
46. 關於斜駛線，參見James Alexander, 'Loxodromes: A Rhumb Way to Go',

Mathematics Magazine, 7/5 (2004), pp. 349–56; Mark Monmonier, *Rhumb Lines and Map Wars: A Social History of the Mercator Map Projection* (Chicago, 2004), pp. 1–24.

47. 參見Lloyd A. Brown, *The Story of Maps* (New York, 1949), p. 137.
48. Monmonier, *Rhumb Lines and Map Wars*, pp. 4–5.
49. William Borough, *A Discourse on the Variation of the Compass*, quoted in E. J. S. Parsons and W. F. Morris, 'Edward Wright and his Work', *Imago Mundi*, 3 (1939), pp. 61–71, at p. 63.
50. Eileen Reeves, 'Reading Maps', *Word and Image*, 9/1 (1993), pp. 51–65.
51. Gerardus Mercator, *Atlas sive cosmographicae meditationes de fabrica mundi et fabricate figura* (CD-ROM, Oakland, Calif., 2000), p. 106.
52. 同前。
53. 同前，p. 107.
54. 引述於Lucia Nuti, 'The World Map as an Emblem: Abraham Ortelius and the Stoic Contemplation', *Imago Mundi*, 55 (2003), pp. 38–55, at p. 54.
55. 參見Lestringant, *Mapping the Renaissance World*, p. 130; Cosgrove, 'Images of Renaissance Cosmography', p. 98.
56. David Harvey, 'Cosmopolitanism and the Banality of Geographical Evils', *Public Culture*, 12/2 (2000), pp. 529–64, at p. 549.

第八章　金錢

1. 引述於Maarten Prak, *The Dutch Republic in the Seventeenth Century* (Cambridge, 2005), p. 262.
2. 關於布勞的地圖，參見Minako Debergh, 'A Comparative Study of Two Dutch Maps, Preserved in the Tokyo National Museum: Joan Blaeu's Wall Map of the World in Two Hemispheres, 1648 and its Revision ca. 1678 by N. Vis-scher', *Imago Mundi*, 35 (1983), pp. 20–36.
3. Derek Croxton, 'The Peace of Westphalia of 1648 and the Origins of Sovereignty', *International History Review*, 21/3 (1999), pp. 569–91.
4. Oscar Gelderblom and Joost Jonker, 'Completing a Financial Revolution: The Finance of the Dutch East India Trade and the Rise of the Amsterdam Capital Market, 1595–1612', *Journal of Economic History*, 64/3 (2004), pp. 641–72; Jan de Vries and Ad van der Woude, *The First Modern Economy: Success, Failure and Perseverance of the Dutch Economy,1500–1815* (Cambridge, 1997).
5. Kees Zandvliet, *Mapping for Money: Maps, Plans and Topographic Paintings and their Role in Dutch Overseas Expansion during the 16th and 17th Centuries* (Amsterdam, 1998), pp. 33–51.

6. Cornelis Koeman, Günter Schilder, Marco van Egmond and Peter van der Krogt, 'Commercial Cartography and Map Production in the Low Countries, 1500–ca. 1672', in David Woodward (ed.), *The History of Cartography*, vol. 3: *Cartography in the European Renaissance*, pt. 1 (Chicago, 2007), pp. 1296–1383.
7. Herman de la Fontaine Verwey, 'Het werk van de Blaeus', *Maandblad Amstelodamum*, 39 (1952), p. 103.
8. Simon Schama, *The Embarrassment of Riches: An Interpretation of Dutch Culture in the Golden Age* (London, 1987).
9. Svetlana Alpers, *The Art of Describing: Dutch Art in the Seventeenth Century* (Chicago, 1983).
10. Herman de la Fontaine Verwey, 'Dr Joan Blaeu and his Sons', *Quaerendo*, 11/1 (1981), pp. 5–23.
11. C. Koeman, 'Life and Works of Willem Janszoon Blaeu: New Contributions to the Study of Blaeu, Made during the Last Hundred Years', *Imago Mundi*, 26 (1972), pp. 9–16，文中將時間寫為一六一七年。感謝Jan Werner提供正確年代。
12. Herman Richter, 'Willem Jansz. Blaeu with Tycho Brahe on Hven, and his Map of the Island: Some New Facts', *Imago Mundi*, 3 (1939), pp. 53–60.
13. 引述於Klaas van Berkel, 'Stevin and the Mathematical Practitioners', in Klaas van Berkel, Albert van Helden and Lodewijk Palm (eds.), *A History of Science in the Netherlands* (Leiden, 1999), pp. 13–36, at p. 19.
14. Peter Burke, *A Social History of Knowledge: From Gutenberg to Diderot* (Oxford, 2000), pp. 163–5.
15. Günter Schilder, 'Willem Jansz. Blaeu's Wall Map of the World, on Mercator's Projection, 1606–07 and its Influence', *Imago Mundi*, 31 (1979), pp. 36–54.
16. 引述處同前，pp. 52–3.
17. James Welu, 'Vermeer: His Cartographic Sources', *Art Bulletin*, 57 (1975), p. 529.
18. Nadia Orenstein et al., 'Print Publishers in the Netherlands 1580–1620', in *Dawn of the Golden Age*, exhibition catalogue, Rijksmuseum (Amsterdam, 1993), pp. 167–200.
19. Cornelis Koeman and Marco van Egmond, 'Surveying and Official Mapping in the Low Countries, 1500–ca. 1670', in Woodward, *History of Cartography*, vol. 3, pt. 1, pp. 1246–95, at p. 1270.
20. Zandvliet, *Mapping for Money*, pp. 97–8, and 'Mapping the Dutch World Overseas in the Seventeenth Century', in Woodward, *History of Cartography*, vol. 3, pt. 1, pp. 1433–62.
21. J. Keuning, 'The History of an Atlas: Mercator-Hondius', *Imago Mundi*, 4 (1947), pp. 37–62, Peter van der Krogt, *Koeman's Atlantes Neerlandici*, 3 vols. (Houten, 1997), vol. 1, pp. 145–208.

22. J. Keuning, 'Jodocus Hondius Jr', *Imago Mundi*, 5 (1948), pp. 63–71, Ir. C. Koeman, *Atlantes Neerlandici: Bibliography of Terrestrial, Maritime, and Celestial Atlases and Pilot Books, Published in the Netherlands up to 1800*, 6 vols. (Amsterdam, 1969), vol. 2, pp. 159–88.
23. 引述於J. Keuning, 'Blaeu's Atlas', *Imago Mundi*, 14 (1959), pp. 74–89, at pp. 76–7; Koeman, *Atlantes Neerlandici*, vol. 1, pp. 73–85; van der Krogt, *Koeman's Atlantes*, vol. 1, pp. 31–231.
24. Edward Luther Stevenson, *Willem Janszoon Blaeu, 1571–1638* (New York, 1914), pp. 25–6.
25. Günter Schilder, *The Netherland Nautical Cartography from 1550 to 1650* (Coimbra, 1985), p. 107.
26. Koeman et al., 'Commercial Cartography', pp. 1324–30.
27. 引述於Keuning, 'Blaeu's Atlas', p. 77.
28. Jonathan Israel, 'Frederick Henry and the Dutch Political Factions, 1625–1642', *English Historical Review*, 98 (1983), pp. 1–27.
29. Zandvliet, *Mapping for Money*, p. 91.
30. Keuning, 'Blaeu's Atlas', pp. 78–9, Koeman, *Atlantes Neerlandici*, vol. 1, pp. 86–198, van der Krogt, *Koeman's Atlantes*, vol. 1, pp. 209–466.
31. 引述於Keuning, 'Blaeu's Atlas', p. 80.
32. Rienk Vermij, *The Calvinist Copernicans: The Reception of the New Astronomy in the Dutch Republic, 1575–1750* (Cambridge, 2002), pp. 107–8.
33. De Vries and van der Woude, *The First Modern Economy*, pp. 490–91; J. R. Bruin et al. (eds.), *Dutch-Asiatic Shipping in the 17th and 18th Centuries*, 3 vols. (The Hague, 1987), vol. 1, pp. 170–88.
34. Günter Schilder, 'Organization and Evolution of the Dutch East India Company's Hydrographic Office in the Seventeenth Century', *Imago Mundi*, 28 (1976), pp. 61–78; Zandvliet, *Mapping for Money*, p. 120.
35. 同前，pp. 122–4.
36. 同前，p. 122.
37. 同前，p. 124.
38. Ir. C. Koeman, *Joan Blaeu and his Grand Atlas* (Amsterdam, 1970), pp. 8–10.
39. Verwey, 'Blaeu and his Sons', p. 9.
40. Koeman, *Grand Atlas*, pp. 9–10.
41. Koeman, *Atlantes Neerlandici*, vol. 1, pp. 199–294, van der Krogt, *Koeman's Atlantes*, vol. 2, pp. 316–458.
42. Koeman, *Grand Atlas*, pp. 43–6, Peter van der Krogt, 'Introduction', in Joan Blaeu, *Atlas maior of 1665* (Cologne, 2005), pp. 36–7.

43. Koeman, *Grand Atlas*, pp. 53–91.
44. Joan Blaeu, *Atlas maior of 1665*, p. 12.
45. 同前。
46. 參見諸如Vermij, *The Calvinist Copernicans*, pp. 222–37.
47. 引述於Alpers, *The Art of Describing*, p. 159.
48. Herman de la Fontaine Verwey, 'The Glory of the Blaeu Atlas and "the Master Colourist"', *Quaerendo*, 11/3 (1981), pp. 197–229.
49. Johannes Keuning, 'The Novus Atlas of Johannes Janssonius', *Imago Mundi*, 8 (1951), pp. 71–98.
50. 引述於Koeman, *Grand Atlas*, p. 95.
51. Koeman, *Atlantes Neerlandici*, vol. 1, pp. 199–200.
52. Peter van der Krogt and Erlend de Groot (eds.), *The Atlas Blaeu-Van der Hem*, 7 vols. (Utrecht, 1996); Verwey, 'The Glory of the Blaeu Atlas', pp. 212–19.

第九章　國家

1. 引述於Monique Pelletier, *Les Cartes des Cassini: la science au service de l'état et des régions* (Paris, 2002), p. 167.
2. 引述處同前。
3. 引述於Anne Godlewska, 'Geography and Cassini IV: Witness and Victim of Social and Disciplinary Change', *Cartographica*, 35/3–4 (1998), pp. 25–39, at p. 35.
4. 為了避免混淆卡西尼家族四代，歷史學家以卡西尼一世到四世稱之。
5. Marcel Roncayolo, 'The Department', in Pierre Nora (ed.), *Rethinking France: Les Lieux de Mémoire*, vol. 2: *Space* (Chicago, 2006), pp. 183–231.
6. 孟德斯鳩，引述於David A. Bell, *The Cult of the Nation in France: Inventing Nationalism*, 1680–1800 (Cambridge, Mass., 2001), p. 11.
7. Benedict Anderson, *Imagined Communities: Reflections on the Origin and Spread of Nationalism* (London, 1983, rev. edn. 1991).
8. James R. Akerman, 'The Structuring of Political Territory in Early Printed Atlases', *Imago Mundi*, 47 (1995), pp. 138–54, at p. 141; David Buisseret, 'Monarchs, Ministers，法國在路易十四登基前的地圖見Buisseret (ed.), *Monarchs, Ministers, and Maps: The Emergence of Cartography as a Tool of Government in Early Modern Europe* (Chicago, 1992), pp. 99–124, at p. 119.
9. Jacob Soll, *The Information Master: Jean-Baptiste Colbert's Secret State Intelligence System* (Ann Arbor, 2009).
10. 引述於David J. Sturdy, *Science and Social Status: The Members of the Académie des Sciences,1666–1750* (Woodbridge, 1995), p. 69.
11. 同前，pp. 151–6.

12. David Turnbull, 'Cartography and Science in Early Modern Europe: Mapping the Construction of Knowledge Spaces', *Imago Mundi*, 48 (1996), pp. 5–24.
13. 引述於Pelletier, *Cassini*, p. 39.
14. 同前，p. 40. 有關測量員的角色變化，參見E. G. R. Taylor, 'The Surveyor', *Economic History Review*, 17/2 (1947), pp. 121–33.
15. John Leonard Greenberg, *The Problem of the Earth's Shape from Newton to Clairaut* (Cambridge, 1995), pp. 1–2.
16. Josef V. Konvitz, *Cartography in France, 1660–1848: Science, Engineering and Statecraft* (Chicago, 1987), pp. 5–6.
17. 同前，p. 7.
18. 引述於Pelletier, *Cassini*, p. 54.
19. Mary Terrall, 'Representing the Earth's Shape: The Polemics Surrounding Maupertuis's Expedition to Lapland', *Isis*, 83/2 (1992), pp. 218–37.
20. Pelletier, *Cassini*, p. 79.
21. 引述於Terrall, 'Representing the Earth's Shape', p. 223.
22. Mary Terrall, *The Man who Flattened the Earth: Maupertuis and the Sciences in the Enlightenment* (Chicago, 2002), pp. 88–130.
23. 引述於Michael Rand Hoare, *The Quest for the True Figure of the Earth* (Aldershot, 2005), p. 157.
24. 引述於Pelletier, *Cassini*, p. 79.
25. 引述於Monique Pelletier, 'Cartography and Power in France during the Seventeenth and Eighteenth Centuries', *Cartographica*, 35/3–4 (1998), pp. 41–53, at p. 49.
26. Konvitz, *Cartography in France*, p. 14, Graham Robb, *The Discovery of France* (London, 2007), pp. 4–5.
27. Charles Coulston Gillispie, *Science and Polity in France: The Revolutionary and Napoleonic Years* (Princeton, 1980), p. 115, Konvitz, *Cartography in France*, p. 16.
28. 引述於Mary Sponberg Pedley, *The Commerce of Cartography: Making and Marketing Maps in Eighteenth-Century France and England* (Chicago, 2005), pp. 22–3.
29. Christine Marie Petto, *When France was King of Cartography: The Patronage and Production of Maps in Early Modern France* (Plymouth, 2007); Mary Sponberg Pedley, 'The Map Trade in Paris, 1650–1825', *Imago Mundi*, 33 (1981), pp. 33–45.
30. Josef V. Konvitz, 'Redating and Rethinking the Cassini Geodetic Surveys of France, 1730–1750', *Cartographica*, 19/1 (1982), pp. 1–15.
31. 引述於Pelletier, *Cassini*, p. 95.
32. 關於卡西尼三世的估計，參見Konvitz, *Cartography in France*, pp. 22–4. 關

於薪資，參見Peter Jones, 'Introduction: Material and Popular Culture', in Martin Fitzpatrick, Peter Jones, Christa Knellwolf and Iain McCalman (eds.), *The Enlightenment World* (Oxford, 2004), pp. 347–8.

33. 引述於Pelletier, *Cassini*, pp. 117–18.
34. 同前，pp. 123–4.
35. 同前，p. 128.
36. 同前，p. 143.
37. 同前，p. 144.
38. 同前，pp. 232–3.
39. Pedley, *Commerce of Cartography*, pp. 85–6.
40. 引述於Pelletier, *Cassini*, p. 135.
41. 同前，p. 140.
42. 引述於Bell, *The Cult of the Nation*, p. 70.
43. 同前，p. 15.
44. 引述於Anne Godlewska, *Geography Unbound: French Geographic Science from Cassini to Humboldt* (Chicago, 1999), p. 80.
45. Bell, *The Cult of the Nation*, p. 69.
46. Emmanuel-Joseph Sieyès, quoted in Linda and Marsha Frey, *The French Revolution* (Westport, Conn., 2004), p. 3.
47. 引述於Bell, *The Cult of the Nation*, p. 76.
48. 同前，pp. 14, 22, 13–14.
49. 引述於Pelletier, *Cassini*, p. 165.
50. 同前，p. 169.
51. 引述於Godlewska, *Geography Unbound*, p. 84.
52. 引述於Pelletier, *Cassini*, p. 170.
53. 引述於Robb, *Discovery of France*, pp. 202–3.
54. *London Literary Gazette*, no. 340, Saturday, 26 July 1823, p. 471.
55. 引述於Pelletier, *Cassini*, p. 244.
56. 同前，pp. 246–7.
57. 同前，p. 243.
58. Sven Widmalm, 'Accuracy, Rhetoric and Technology: The Paris–Greenwich Triangulation, 1748–88', in Tore Frängsmyr, J. L. Heilbron and Robin E. Rider (eds.), *The Quantifying Spirit in the Eighteenth Century* (Berkeley and Los Angeles, 1990), pp. 179–206.
59. Konvitz, *Cartography in France*, pp. 25–8; Gillispie, *Science and Polity*, pp. 122–30; Lloyd Brown, *The Story of Maps* (New York, 1949), pp. 255–65.
60. 同前，p. 255.

61. 貝爾納・豐特奈爾，引述於Matthew Edney, 'Mathematical Cosmography and the Social Ideology of British Cartography, 1780–1820', *Imago Mundi*, 46 (1994), pp. 101–16, at p. 104.
62. 引述於Godlewska, *Geography Unbound*, p. 83.
63. Pedley, *Commerce of Cartography*, p. 22.
64. 引述於Pelletier, *Cassini*, p. 133.
65. Bell, *The Cult of the Nation*, p. 6.
66. Anderson, *Imagined Communities*, pp. 11, 19.
67. 引述於Helmut Walser Smith, *The Continuities of German History: Nation, Religion and Race across the Long Nineteenth Century* (Cambridge, 2008), p. 47.
68. Anderson, *Imagined Communities*, p. 22. 安德森在書的第二版改正了對地圖的疏漏，但只分析現代殖民國家對地圖的使用。

第十章　地緣政治

1. 'Prospectus of the Royal Geographical Society', *Journal of the Royal Geographical Society*, 1 (1831), pp. vii–xii.
2. 同前，pp. vii–viii.
3. *Quarterly Review*, 46 (Nov. 1831), p. 55.
4. David Smith, *Victorian Maps of the British Isles* (London, 1985).
5. Walter Ristow, 'Lithography and Maps, 1796–1850', in David Woodward (ed.), *Five Centuries of Map Printing* (Chicago, 1975), pp. 77–112.
6. Arthur Robinson, 'Mapmaking and Map Printing: The Evolution of a Work-ing Relationship', in Woodward, *Five Centuries of Map Printing*, pp. 14–21.
7. Matthew Edney, 'Putting "Cartography" into the History of Cartography: Arthur H. Robinson, David Woodward, and the Creation of a Discipline', *Cartographic Perspectives*, 51 (2005), pp. 14–29; Peter van der Krogt, '"Kartografie" or "Cartografie"?', *Caert-Thresoor*, 25/1 (2006), pp. 11–12; *Oxford English Dictionary*, entries on 'cartography' and 'cartographer'.
8. Matthew Edney, 'Mathematical Cosmography and the Social Ideology of British Cartography, 1780–1820', *Imago Mundi*, 46 (1994), pp. 101–16, at p. 112.
9. John P. Snyder, *Flattening the Earth: Two Thousand Years of Map Projections* (Chicago, 1993), pp. 98–9, 112–13, 150–54, 105.
10. Arthur Robinson, *Early Thematic Mapping in the History of Cartography* (Chicago, 1982), pp. 15–17.
11. 同前，pp. 160–62.
12. Simon Winchester, *The Map that Changed the World* (London, 2001).
13. Karen Severud Cook, 'From False Starts to Firm Beginnings: Early Colour Printing

of Geological Maps', *Imago Mundi*, 47 (1995), pp. 155–72, at pp. 160–62.

14. 引述於Smith, *Victorian Maps*, p. 13.
15. Matthew Edney, *Mapping an Empire: The Geographical Construction of British India*,1765–1843 (Chicago, 1997), pp. 2–3.
16. Joseph Conrad, *Heart of Darkness*, ed. Robert Hampson (London, 1995), p. 25.
17. Halford Mackinder, *Britain and the British Seas* (London, 1902), p. 343.
18. Jeffrey C. Stone, 'Imperialism, Colonialism and Cartography', *Transactions of the Institute of British Geographers*, 13/1 (1988), pp. 57–64.
19. 引述於William Roger Louis, 'The Berlin Congo Conference and the (Non-) Partition of Africa, 1884–85', in Louis, *Ends of British Imperialism: The Scramble for Empire, Suez and Decolonization* (London, 2006), pp. 75–126, at p. 102.
20. T. H. Holdich, 'How Are We to Get Maps of Africa', *Geographical Journal*, 18/6 (1901), pp. 590–601, at p. 590.
21. Halford Mackinder, 'The Round World and the Winning of the Peace', *Foreign Affairs*, 21/1 (1943), pp. 595–605, at p. 595.
22. Gerry Kearns, *Geopolitics and Empire: The Legacy of Halford Mackinder* (Oxford, 2009), p. 37; E. W. Gilbert, 'The Right Honourable Sir Halford J. Mackinder, P.C., 1861–1947', *Geographical Journa*l, 110/1–3 (1947), pp. 94–9, at p. 99.
23. Halford Mackinder, 'Geography as a Pivotal Subject in Education', *Geographical Journal*, 27/5 (1921), pp. 376–84, at p. 377.
24. Brian Blouet, 'The Imperial Vision of Halford Mackinder', *Geographical Journal*, 170/4 (2004), pp. 322–9; Kearns, *Geopolitics and Empire*, pp. 39–50.
25. Francis Darwin (ed.), *The Life and Letters of Charles Darwin, including an Autobiographical Chapter*, 3 vols. (London, 1887), vol. 1, p. 336.
26. 引述於Kearns, *Geopolitics and Empire*, p. 44.
27. 同前，p. 47.
28. 參見Denis Cosgrove, 'Extra-terrestrial Geography', in Cosgrove, *Geography and Vision: Seeing, Imagining and Representing the World* (London, 2008), pp. 34–48.
29. 引述於Charles Kruszewski, 'The Pivot of History', *Foreign Affairs*, 32 (1954), pp. 388–401, at p. 390.
30. Halford Mackinder, 'On the Scope and Methods of Geography', *Proceedings of the Royal Geographical Society*, 9/3 (1887), pp. 141–74, at p. 141.
31. 同前，p. 145.
32. 同前，pp. 159–60.
33. 'On the Scope and Methods of Geography – Discussion', *Proceedings of the Royal Geographical Society*, 9/3 (1887), pp. 160–74, at p. 166.
34. D. I. Scargill, 'The RGS and the Foundations of Geography at Oxford',

Geographical Journal, 142/3 (1976), pp. 438–61.

35. Kruszewski, 'Pivot of History', p. 390.
36. Halford Mackinder, 'Geographical Education: The Year's Progress at Oxford', *Proceedings of the Royal Geographical Society*, 10/8 (1888), pp. 531–3, at p. 532.
37. Halford Mackinder, 'Modern Geography, German and English', *Geographical Journal*, 6/4 (1895), pp. 367–79.
38. 同前，pp. 374, 376.
39. 同前，p. 379.
40. 引述於Kearns, *Geopolitics and Empire*, p. 45.
41. Halford Mackinder, 'A Journey to the Summit of Mount Kenya, British East Africa', *Geographical Journal*, 15/5 (1900), pp. 453–76, at pp. 453–4.
42. Halford Mackinder, 'Mount Kenya in 1899', *Geographical Journal*, 76/6 (1930), pp. 529–34.
43. Mackinder, 'A Journey to the Summit', pp. 473, 475.
44. 同前，p. 476.
45. Blouet, 'Imperial Vision', pp. 322–9.
46. Mackinder, *Britain and the British Seas*, p. 358.
47. 同前，pp. 1–4.
48. 同前，pp. 11–12.
49. 同前，p. 358.
50. Max Jones, 'Measuring the World: Exploration, Empire and the Reform of the Royal Geographical Society', in Martin Daunton (ed.), *The Organisation of Knowledge in Victorian Britain* (Oxford, 2005), pp. 313–36
51. Paul Kennedy, *The Rise and Fall of British Naval Mastery* (London, 1976), p. 190.
52. Halford Mackinder, 'The Geographical Pivot of History', *Geographical Journal*, 23/4 (1904), pp. 421–37, at pp. 421–2.
53. 同前，p. 422.
54. 同前，p. 431.
55. 同前，pp. 435–6.
56. Pascal Venier, 'The Geographical Pivot of History and Early Twentieth Century Geopolitical Culture', *Geographical Journal*, 170/4 (2004), pp. 330–36.
57. Gearóid Ó Tuathail, *Critical Geopolitics: The Politics of Writing Global Space* (Minneapolis, 1996), p. 24.
58. Mackinder, 'Geographical Pivot', p. 436.
59. 同前，p. 437.
60. Spencer Wilkinson et al., 'The Geographical Pivot of History: Discussion', *Geographical Journal*, 23/4 (1904), pp. 437–44, at p. 438.

61. 同前，p. 438.
62. Halford Mackinder, *Democratic Ideals and Reality: A Study in the Politics of Reconstruction* (1919; Washington, 1996), pp. 64–5.
63. 同前，p. 106.
64. Mackinder, 'The Round World', p. 601.
65. 同前，pp. 604–5.
66. Colin S. Gray, 'The Continued Primacy of Geography', *Orbis*, 40/2 (1996), pp. 247–59, at p. 258.
67. 引述於Kearns, *Geopolitics and Empire*, p. 8.
68. 同前，p. 17.
69. 同前，pp. 17–18.
70. 引句出自Geoffrey Parker, *Western Geopolitical Thought in the Twentieth Century* (Beckenham, 1985), pp. 16, 31.
71. Colin S. Gray and Geoffrey Sloan (eds.), *Geopolitics, Geography and Strategy* (Oxford, 1999), pp. 1–2; Parker, *Western Geopolitical Thought*, p. 6.
72. 引述於Saul Bernard Cohen, *Geopolitics of the World System* (Lanham, Md., 2003), p. 11.
73. Alfred Thayer Mahan, *The Influence of Sea Power upon History*, 1660–1783 (Boston, 1890), p. 42.
74. Kearns, *Geopolitics and Empir*e, p. 4; Zachary Lockman, *Contending Visions of the Middle East: The History and Politics of Orientalism* (Cambridge, 2004), pp. 96–7.
75. 引述於Ronald Johnston et al. (eds.), *The Dictionary of Human Geography*, 4th edn. (Oxford, 2000), p. 27.
76. Woodruff D. Smith, 'Friedrich Ratzel and the Origins of Lebensraum', *German Studies Review*, 3/1 (1980), pp. 51–68.
77. Kearns, *Geopolitics and Empire*; Brian Blouet (ed.), *Global Geostrategy: Mackinder and the Defence of the West* (Oxford, 2005); David N. Livingstone, *The Geographical Tradition: Episodes in the History of a Contested Enterprise* (Oxford, 1992), pp. 190–96; Colin S. Gray, *The Geopolitics of Super Power* (Lexington, Ky., 1988), pp. 4–12; Gray and Sloan, *Geopolitics*, pp. 15–62; and the special issue of *Geographical Journal*, 170 (2004).
78. 引述於Kearns, *Geopolitics and Empire*, p. 62.
79. Livingstone, *Geographical Tradition*, p. 190.
80. Christopher J. Fettweis, 'Sir Halford Mackinder, Geopolitics and Policy-making in the 21st Century', *Parameters*, 30/2 (2000), pp. 58–72.
81. Paul Kennedy, 'The Pivot of History', *Guardian*, 19 June 2004, p. 23.

第十一章　平等

1. 引述於Nicholas Mansergh (ed.), *The Transfer of Power, 1942–47*, 12 vols. (London, 1970), vol. 12, no. 488, appendix 1.
2. 引述於Yasmin Khan, *The Great Partition: The Making of India and Pakistan* (New Haven, 2007), p. 125.
3. 關於劃分，參見O. H. K. Spate, 'The Partition of the Punjab and of Bengal', *Geographical Journal*, 110/4 (1947), pp. 201–18, and Tan Tai Yong, '"Sir Cyril Goes to India": Partition, Boundary-Making and Disruptions in the Punjab', *Punjab Studies*, 4/1 (1997), pp. 1–20.
4. 引述於John Pickles, 'Text, Hermeneutics and Propaganda Maps', in Trevor J. Barnes and James S. Duncan (eds.), *Writing Worlds: Discourse, Text and Metaphor in the Representation of Landscape* (London, 1992), pp. 193–230, at p. 197.
5. 參見Jeremy Black, *Maps and History: Constructing Images of the Past* (New Haven, 1997), pp. 123–8.
6. Denis Cosgrove, 'Contested Global Visions: One-World, Whole-Earth, and the Apollo Space Photographs', *Annals of the Association of American Geographers*, 84/2 (1994), pp. 270–94.
7. 引述於Ursula Heise, *Sense of Place and Sense of Planet: The Environ-mental Imagination of the Global* (Oxford, 2008), p. 23.
8. Joe Alex Morris, 'Dr Peters' Brave New World', *Guardian*, 5 June 1973.
9. 參見Mark Monmonier, *Drawing the Line: Tales of Maps and Cartocontroversy* (New York, 1996), p. 10.
10. Arthur H. Robinson, 'Arno Peters and his New Cartography', *American Geographer*, 12/2 (1985), pp. 103–11, at p. 104.
11. Jeremy Crampton, 'Cartography's Defining Moment: The Peters Projection Controversy', *Cartographica*, 31/4 (1994), pp. 16–32.
12. *New Internationalist*, 124 (1983).
13. Jeremy Crampton, *Mapping: A Critical Introduction to Cartography and GIS* (Oxford, 2010), p. 92.
14. Derek Maling, 'A Minor Modification to the Cylindrical Equal-Area Projection', *Geographical Journal*, 140/3 (1974), pp. 509–10.
15. Norman Pye, review of the Peters Atlas of the World by Arno Peters, *Geographical Journal*, 155/2 (1989), pp. 295–7.
16. H. A. G. Lewis, review of The New Cartography by Arno Peters, *Geographical Journal*, 154/2 (1988), pp. 298–9.
17. 引述於Stephen Hall, *Mapping the Next Millennium: The Discovery of New Geographies* (New York, 1992), p. 380.

18. Robinson, 'Arno Peters', pp. 103, 106.
19. 引述於John Loxton, 'The Peters Phenomenon', *Cartographic Journal*, 22 (1985), pp. 106–10, at pp. 108, 110.
20. 引述於Monmonier, *Drawing the Line*, pp. 30–32.
21. Maling, 'Minor Modification', p. 510.
22. Lewis, review of The New Cartography, pp. 298–9.
23. David Cooper, 'The World Map in Equal Area Presentation: Peters Projection', *Geographical Journal*, 150/3 (1984), pp. 415–16.
24. *The West Wing*, season 2, episode 16, first screened 28 February 2001.
25. Mark Monmonier, *Rhumb Lines and Map Wars: A Social History of the Mercator Map Projection* (Chicago, 2004), p. 15.
26. Arno Peters, 'Space and Time: Their Equal Representation as an Essential Basis for a Scientific View of the World', lecture presented at Cambridge University, 29 March 1982, trans. Ward L. Kaiser and H. Wohlers (New York, 1982), p. 1. 有關彼得斯的傳記，參見二〇〇二年十二月十日《泰晤士報》刊載的訃告，紀念他生平和著作的系列文章，參見*Cartographic Journal*, 40/1 (2003).
27. 引述於Stefan Muller, 'Equal Representation of Time and Space: Arno Peters's Universal History', *History Compass*, 8/7 (2010), pp. 718–29.
28. 引述於Crampton, 'Cartography's Defining Moment', p. 23.
29. Peters, 'Space and Time', pp. 8–9.
30. Crampton, 'Cartography's Defining Moment', p. 22；亦參見《經濟學人》雜誌對彼得斯地圖集的評論，25 March 1989.
31. *The Freeman: A Fortnightly for Individualists*, Monday, 15 December 1952, p. 188.
32. Arno Peters, *The New Cartography [Die Neue Kartographie]* (New York, 1983), p. 146.
33. Norman J. W. Thrower, *Maps and Civilization: Cartogrophy in Culture and Society* (Chicago, 1996), p. 224.
34. Peters, *The New Cartography*, p. 102.
35. 同前，pp. 102, 107–18.
36. 參見Monmonier, *Drawing the Line*, pp. 12–13; Robinson, 'Arno Peters', p. 104; Norman Pye, review of 'Map of the World: Peters Projection', *Geographical Journal*, 157/1 (1991), p. 95.
37. Crampton, 'Cartography's Defining Moment', p. 24.
38. Pye, 'Map of the World', pp. 95–6.
39. Peters, *The New Cartography*, pp. 128, 148.
40. James Gall, *An Easy Guide to the Constellations* (Edinburgh, 1870), p. 3.
41. James Gall, 'Use of Cylindrical Projections for Geographical, Astronomical, and

Scientific Purposes', *Scottish Geographical Journal*, 1/4 (1885), pp. 119–23, at p. 119.

42. James Gall, 'On Improved Monographic Projections of the World', *British Association of Advanced Science* (1856), p. 148.
43. Gall, 'Use of Cylindrical Projections', p. 121.
44. Monmonier, *Drawing the Line*, pp. 13–14.
45. Crampton, 'Cartography's Defining Moment', pp. 21–2.
46. Gall, 'Use of Cylindrical Projections', p. 122.
47. 引述出自 *North-South: A Programme for Survival* (London, 1980). 數據出自 http://www.stwr.org/special-features/the-brandt-report.html#setting.
48. Paul Krugman, *The Conscience of a Liberal* (London, 2007), pp. 4–5, 124–9.
49. J. B. Harley, 'Deconstructing the Map', in Barnes and Duncan, *Writing Worlds*, pp. 231–47.
50. David N. Livingstone, *The Geographical Tradition: Episodes in the History of a Contested Enterprise* (Oxford, 1992).
51. Alfred Korzybski, 'General Semantics, Psychiatry, Psychotherapy and Prevention', in Korzybski, *Collected Writings* (Fort Worth, Tex., 1990), p. 205.
52. J. B. Harley, 'Can There Be a Cartographic Ethics?', *Cartographic Perspectives*, 10 (1991), pp. 9–16, at pp. 10–11.
53. Peter Vujakovic, 'The Extent of the Adoption of the Peters Projection by "Third World" Organizations in the UK', *Society of University Cartographers Bulletin* (SUC), 21/1 (1987), pp. 11–15, and 'Mapping for World Development', *Geography*, 74 (1989), pp. 97–105.

第十二章　資訊

1. 至少對於在歐洲使用這個應用程式的人來說；程式是預設以使用者登錄的地區為中心。
2. http://weblogs.hitwise.com/heather-dougherty/2009/04/google_maps_surpasses_mapquest.html. 感謝賽門・格林曼提供這項參考資料。
3. http://www.comscore.com/Press_Events/Press_Releases/2011/11/comScore_Releases_October_2011_U.S._Search_Engine_Rankings.
4. http://www.thedomains.com/2010/07/26/googles-global-search-share-declines/.
5. Kenneth Field, 'Maps, Mashups and Smashups', *Cartographic Journal*, 45/4 (2008), pp. 241–5.
6. David Vise, *The Google Story: Inside the Hottest Business, Media and Technology Success of Our Time* (New York, 2006), pp. 1, 3.
7. http://www.nytimes.com/2005/12/20/technology/20image.html.
8. http://spatiallaw.blogspot.com/.

9. Jeremy W. Crampton, *Mapping: A Critical Introduction to Cartography and GIS* (Oxford, 2010), p. 129.
10. Field, 'Maps, Mashups', p. 242.
11. 感謝Patricia Seed對應用程式的這個層面提出的觀點，並提供我「資料聚合器」這個說法（二〇一一年十一月個人電子郵件通訊）。
12. David Y. Allen, 'A Mirror of our World: Google Earth and the History of Cartography', *Coordinates*, series b, 12 (2009), pp. 1–16, at p. 9.
13. Manuel Castells, *The Information Age: Economy, Society and Culture*, vol. 1: *The Rise of the Network Society* (Oxford, 1998; second edn., 2007), p. 509.
14. Manuel Castells, *The Information Age: Economy, Society and Culture*, vol. 3: *End of Millennium* (Oxford, 1998), p. 1.
15. Castells, *The Rise of the Network Society*, pp. 501, 52, 508.
16. Matthew A. Zook and Mark Graham, 'Mapping DigiPlace: Geocoded Internet Data and the Representation of Place', *Environment and Planning B: Planning and Design*, 34 (2007), pp. 466–82.
17. Eric Gordon, 'Mapping Digital Networks: From Cyberspace to Google', *Information, Communication and Society*, 10/6 (2007), pp. 885–901.
18. James Gleick, *The Information: A History, a Theory, a Flood* (London, 2011), pp. 8–10.
19. http://www.google.com/about/corporate/company/.
20. Norbert Wiener, *Cybernetics: Or, Control and Communication in the Animal and the Machine* (Cambridge, Mass., 1948), p. 11.
21. 同前，p. 144.
22. Ronald E. Day, *The Modern Invention of Information: Discourse, History and Power* (Carbondale, Ill., 2008), pp. 38–43.
23. Claude Shannon, 'A Mathematical Theory of Communication', *Bell System Technical Journal*, 27 (1948), pp. 379–423, at p. 379.
24. Crampton, *Mapping*, pp. 49–52
25. 引述同前，p. 58.
26. Castells, *The Rise of the Network Society*, p. 40.
27. Duane F. Marble, 'Geographic Information Systems: An Overview', in Donna J. Peuquet and Duane F. Marble (eds.), *Introductory Readings in Geographic Information Systems* (London, 1990), pp. 4–14.
28. Roger Tomlinson, 'Geographic Information Systems: A New Frontier', in Peuquet and Marble, *Introductory Readings*, pp. 15–27 at p. 17.
29. J. T. Coppock and D. W. Rhind, 'The History of GIS', in D. J. Maguire et al. (eds.), *Geographical Information Systems*, vol. 1 (New York, 1991), pp. 21–43.

30. Janet Abbate, *Inventing the Internet* (Cambridge, Mass., 2000).
31. Castells, *The Rise of the Network Society*, pp. 50–51.
32. 同前，p. 61.
33. 這部影片更早的版本，片名叫《Rough Sketch》，製作於一九六八年，為一九七七年長度稍長的這個版本奠定了基礎，然後以現在的片名推出。參見http://powersof10.com/.
34. Christopher C. Tanner, Christopher J. Migdal and Michael T. Jones, 'The Clipmap: A Virtual Mipmap', Proceedings of the 25th Annual Conference on Computer Graphics and Interactive Techniques, July 1998, pp.151–8, at p. 151.
35. Avi Bar-Zeev, 'How Google Earth [Really] Works', accessed at: http://www.realityprime.com/articles/how-google-earth-really-works.
36. Mark Aubin, 'Google Earth: From Space to your Face ... and Beyond', accessed at http://www.google.com/librariancenter/articles/0604_01.html.
37. http://msrmaps.com/About.aspx?n=AboutWhatsNew&b=Newsite.
38. Mark Aubin, co-founder of Keyhole, Inc., in an article entitled 'Notes on the Origin of Google Earth', accessed at: http://www.realityprime.com/articles/notes-on-the-origin-of-google-earth.
39. Michael T. Jones, 'The New Meaning of Maps', talk delivered at the 'Where 2.0' conference, San Jose, California, 31 March 2010, accessed at: http://www.youtube.com/watch?v=UWj8qtIvkkg.
40. http://www.isde5.org/al_gore_speech.htm.
41. 賽門・格林曼，二〇一〇年十二月的個人電子郵件通信。我十分感謝賽門跟我分享他對地理空間應用程式發展的第一手知識。
42. Avi Bar-Zeev, 'Notes on the Origin of Google Earth', accessed at: http://www.realityprime.com/articles/notes-on-the-origin-of-google-earth.
43. 'Google Earth Co-founder Speaks', accessed at: http://techbirmingham.wordpress.com/2007/04/26/googleearth-aita/.
44. 視覺畫面例子參見 'Tiny Tech Company Awes Viewers', *USA Today*, 21 March 2003, accessed at: http://www.usatoday.com/tech/news/techinnovations/2003–03–20-earthviewer_x.htm.
45. http://www.iqt.org/news-and-press/press-releases/2003/Keyhole_06–25–03.html.
46. http://www.google.com/press/pressrel/keyhole.html.
47. 引述於 Jeremy W. Crampton, 'Keyhole, Google Earth, and 3D Worlds: An Interview with Avi Bar-Zeev', *Cartographica*, 43/2 (2008), pp. 85–93, at p. 89.
48. Vise, *The Google Story*.
49. Sergey Brin and Larry Page, 'The Anatomy of a Large-Scale Hypertextual Web Search Engine', Seventh International World-Wide Web Conference (WWW 1998), 14–18

April 1998, Brisbane, Australia, accessed at: http://ilpubs.stanford.edu: 8090/361/.

50. http://ontargetwebsolutions.com/search-engine-blog/orlando-seo-statistics/. These figures are estimates and not verified by Google.
51. http://royal.pingdom.com/2010/02/24/google-facts-and-figures-massive-infographic/.
52. Google的任務宣言，參見http://www.google.com/corporate/; http://www.google.com/corporate/tenthings.html.
53. Harry McCracken, 'First Impressions: Google's Amazing Earth', accessed at: http://blogs.pcworld.com/techlog/archives/000748.html.
54. 二〇〇九年四月及二〇一〇年十一月與艾德・帕森斯的個人專訪。後續引用帕森斯的話都出自這些訪談，我萬分感謝艾德花時間進行這些訪問。
55. Aubin, 'Google Earth', accessed at http://www.google.com/librariancenter/articles/0604_01.html.
56. http://www.techdigest.tv/2009/01/dick_cheneys_ho.html.
57. http://googleblog.blogspot.com/2005/02/mapping-your-way.html.
58. http://media.digitalglobe.com/index.php?s=43&item=147, http://news.cnet.com/8301–1023_3–10028842–93.html.
59. Jones, 'The New Meaning of Maps'.
60. Ed Parsons, personal interview, April 2010.
61. Crampton, *Mapping*, p. 133.
62. http://googleblog.blogspot.com/2010/04/earthly-pleasures-come-to-maps.html.
63. Michael T. Jones, 'Google's Geospatial Organizing Principle', *IEEE Computer Graphics and Applications* (2007), pp. 8–13, at p. 11.
64. http://www.emc.com/collateral/analyst-reports/diverse-exploding-digital-universe; http://www.worldwidewebsize.com/.
65. Waldo Tobler, 'A Computer Movie Simulating Urban Growth in the Detroit Region', *Economic Geography* , 46 (1970), pp. 234–40, at p. 236.
66. Personal interview with Ed Parsons, April 2010.
67. http://www.gpsworld.com/gis/integration-and-standards/the-view-google-earth-7434.
68. Steven Levy, 'Secret of Googlenomics: Data-Fueled Recipe Brews Profitability', *Wired Magazine*, 17.06, accessed at: http://www.wired.com/culture/culturereviews/magazine/17–06/nep_googlenomics?currentPage=all.
69. https://www.google.com/accounts/ServiceLogin?service=adwords&hl=en_GB<mpl=adwords&passive=true&ifr=false&alwf=true&continue=https://adwords.google.com/um/gaiaauth?apt%3DNone%26ugl%3Dtrue&gsessionid=2-eFqz0_CDGDCfqiSMq9sQ.
70. Levy, 'Secret of Googlenomics'.

71. Jones, 'The New Meaning of Maps'.
72. Matthew A. Zook and Mark Graham, 'The Creative Reconstruction of the Internet: Google and the Privatization of Cyberspace and DigiPlace', *Geoforum*, 38 (2007), pp. 1322–43.
73. William J. Mitchell, *City of Bits: Space, Place and the Infobahn* (Cambridge, Mass., 1996), p. 112.
74. http://www.nybooks.com/articles/archives/2009/feb/12/google-the-future-of-books/?pagination=false#fn2–496790631.
75. http://online.wsj.com/article/SB10001424052748704461304576216923562033348.html?mod=WSJ_hp_LEFTTopStories.
76. http://www.heritage.org/research/reports/2011/10/google-antitrust-and-not-being-evil.
77. Annu-Maaria Nivala, Stephen Brewster and L. Tiina Sarjakoski, 'Usability Evaluation of Web Mapping Sites', *Cartographic Journal*, 45/2 (2008), pp. 129–38.
78. http://www.internetworldstats.com/stats.htm.
79. Crampton, Mapping, pp. 139–40.
80. Ed Parsons, personal interview, November 2009.
81. Vittoria de Palma, 'Zoom: Google Earth and Global Intimacy', in Vittoria de Palma, Diana Periton and Marina Lathouri (eds.), *Intimate Metropolis: Urban Subjects in the Modern City* (Oxford, 2009), pp. 239–70, at pp. 241–2; Douglas Vandegraft, 'Using Google Earth for Fun and Functionality', *ACSM Bulletin*, (June 2007), pp. 28–32.
82. J. Lennart Berggren and Alexander Jones (eds. and trans.), *Ptolemy's Geography: An Annotated Translation of the Theoretical Chapters* (Princeton, 2000), p. 117.
83. Allen, 'A Mirror of our World', pp. 3–8.
84. Simon Greenman, personal email communication, December 2010.

結語　歷史之眼？

1. J. B. Harley and David Woodward (eds.), *The History of Cartography*, vol. 1: *Cartography in Prehistoric, Ancient, and Medieval Europe and the Mediterranean* (Chicago, 1987), p. 508.
2. Rob Kitchin and Martin Dodge, 'Rethinking Maps', *Progress in Human Geography*, 31/3 (2007), pp. 331–44, at p. 343.
3. Albrecht Penck, 'The Construction of a Map of the World on a Scale of 1: 1,000,000', *Geographical Journal*, 1/3 (1893), pp. 253–61, at p. 254.
4. 同前，p. 256.
5. 同前，p. 259.
6. 同前，p. 254.

7. A. R. Hinks, quoted in G. R. Crone, 'The Future of the International Million Map of the World', *Geographical Journal*, 128/1 (1962), pp. 36–8, at p. 38.
8. Michael Heffernan, 'Geography, Cartography and Military Intelligence: The Royal Geographical Society and the First World War', *Transactions of the Institute of British Geographers*, new series, 21/3 (1996), pp. 504–33.
9. M. N. MacLeod, 'The International Map', *Geographical Journal*, 66/5 (1925), pp. 445–9.
10. 引述於Alastair Pearson, D. R. Fraser Taylor, Karen Kline and Michael Heffernan, 'Cartographic Ideals and Geopolitical Realities: International Maps of the World from the 1890s to the Present', *Canadian Geographer*, 50/2 (2006), pp. 149–75, at p. 157.
11. Trygve Lie, 'Statement by the Secretary-General', *World Cartography*, 1 (1951), p. v.
12. 'Summary of International Meetings of Interest to Cartography (1951–1952)', *World Cartography*, 2 (1952), p. 103.
13. 'The International Map of the World on the Millionth Scale and the International Co-operation in the Field of Cartography', *World Cartography*, 3 (1953), pp. 1–13.
14. Sandor Radó, 'The World Map at the Scale of 1: 2500 000', *Geographical Journal*, 143/3 (1977), pp. 489–90.
15. 引述於Pearson et al., 'Cartographic Ideals', p. 163.
16. David Rhind, 'Current Shortcomings of Global Mapping and the Creation of a New Geographical Framework for the World', *Geographical Journal*, 166/4 (2000), pp. 295–305.
17. http://www.globalmap.org/english/index.html. See Pearson et al., 'Cartographic Ideals', pp. 165–72.

國家圖書館出版品預行編目(CIP)資料

十二幅地圖看世界史：從科學、政治、宗教和帝國，到民族主義、貿易和全球化，12個面向，看見人類歷史的全貌 / 傑瑞.波頓(Jerry Brotton)作；楊惠君譯. -- 二版. -- 臺北市：馬可孛羅文化出版：英屬蓋曼群島商家庭傳媒股份有限公司城邦分公司發行, 2024.03
面； 公分. -- (Historia歷史學堂；MU0057)
譯自：A history of the world in twelve maps
ISBN 978-626-7356-33-3(平裝)

1.CST: 地圖學 2.CST: 世界地理

609.2 112019469

【Historia歷史學堂】MU0057

十二幅地圖看世界史

從科學、政治、宗教和帝國，到民族主義、貿易和全球化，12個面向，看見人類歷史的全貌

A History of the World in Twelve Maps

作　　者❖傑瑞．波頓（Jerry Brotton）
譯　　者❖楊惠君
美術設計❖謝佳穎
總 編 輯❖郭寶秀
責任編輯❖李雅玲
協力編輯❖吳佩芬、陳俊丞

出　　版❖馬可孛羅文化
104台北市中山區民生東路二段141號5樓
電話：02-25007696
發　　行❖英屬蓋曼群島商家庭傳媒股份有限公司城邦分公司
10483台北市中山區民生東路二段141號2樓
客服服務專線：(886)2-25007718; 25007719
24小時傳真專線：(886)2-25001990; 25001991
服務時間：週一至週五9:00～12:00；13:00～17:00
劃撥帳號：19863813　戶名：書虫股份有限公司
讀者服務信箱：service@readingclub.com.tw
香港發行所❖城邦（香港）出版集團有限公司
地址：香港九龍土瓜灣土瓜灣道86號順聯工業大廈6樓A室
電話：(852)25086231　傳真：(852)25789337
E-MAIL：hkcite@biznetvigator.com
馬新發行所❖城邦（馬新）出版集團 Cite (M) SdnBhd
41, Jalan Radin Anum, Bandar Baru Sri Petaling, 57000 Kuala Lumpur, Malaysia.
Tel:(603)90563833　Fax:(603)90576622
Email:services@cite.my
輸出印刷❖中原造像有限公司
二版一刷❖2024年03月
定　　價❖680元（紙書）
定　　價❖476元（電子書）

ISBN 978-626-735-6333
EISBN 978-626-735-6616